项目单位

委托单位： 广西壮族自治区人民政府
牵头单位： 中国国土资源经济研究院
参加单位： 广西壮族自治区国土资源规划院
国家海洋局第三海洋研究所
广西师范学院
北京师范大学

主要人员

项目负责： 钟德超、孟旭光、邓强、阳柳凤
文本执笔： 强真、程力、林桂兰、周兴
专章研究： （以姓氏笔画为序）

于 涛　王 丹　王 尧　邓良德　甘廷炎　宁常郁
刘天科　安翠娟　农宵宵　贡 泽　杨小雄　吴尚昆
何 颖　陈江宁　陈建军　陈雅云　罗讲平　姜广辉
周 璞　郝 庆　顾海峰　黄国军　董卫卫　强海洋
雷 征　蔡 锋

青年学术组

组　长： 邓 强　强 真
副组长： 农宵宵　强海洋　程 力　郝 庆
成　员： 甘廷炎　宁常郁　陈江宁　陈建军　雷 征

国土资源经济研究青年系列丛书

区域国土空间规划编制实证研究

——以广西北部湾经济区为例

强 真 等◎著

人民出版社

目　　录

序

　　空间规划,也作国土空间规划,是根据国家和地区经济社会发展战略与国土自然资源环境本底条件,对各类开发、利用、保护和整治活动进行统筹谋划和综合部署的战略性、综合性、基础性规划。许多发达国家和地区都组织编制了国土空间规划,并将其作为最高层级的发展战略和空间发展政策,为实现产业发展、城镇化建设、基础设施布局和生态环境保护等专项规划顺利实施、优化国土空间开发格局提供了基本手段,发挥了重要的统筹、协调、引导和约束作用。党的十八大确定了"两个一百年"奋斗目标,对全面建成小康社会和实现中华民族伟大复兴的中国梦做出了重要部署。党的十八届三中全会、五中全会进一步提出了"建立空间规划体系,划定生产、生活、生态空间开发管制界限,落实用途管制""调整优化空间结构"等具体要求,这些对研究编制经济发展新常态下省级和重点区域国土空间规划提出了更新、更高的要求。

　　目前,我国尚未形成统一的空间规划体系,区域政策、空间政策和专项规划独立行事问题突出。加之,不同规划间在内容、指标、实施政策、规划期限等方面各自为政、交叉重叠矛盾,客观上不利于节约集约和环境友好型社会的建立。另外,资源能源约束趋紧、生态退化加剧、环境恶化、空间开发失衡、城乡差距较大,以及陆海缺乏统筹等国土开发深层次矛盾也日益突出。探索创新省级和重点发展区域国土空间规划编制的新理念、新思路、新技术和新路径,是力促生态文明建设的重要手段和途径,有助于细化和落实主体功能区战略,推进资源节约集约利用,统筹解决环境整治和生态修复问题,形成符合区域发展定位的新型工业化、新型城镇化、农业现代化发展空间体系,构筑规模恰当、强度适宜、布局合理、结构科学的生产、生活生态空间体系,促进国土空间开发格局优化,实现省域空间和重点区域经济社会永续发展。

　　本书中所阐述的《广西北部湾经济区国土规划(2014—2030年)》是国土

资源部在国务院新三定方案确定后,从全新视角审视当前我国省级和重点区域空间规划基本需求,在充分吸收借鉴发达国家和地区国土空间规划编制经验与做法的基础上,综合分析国民经济发展五年规划、区域发展规划、土地利用总体规划、城镇体系规划、城市总体规划、环境功能区划及重大基础设施建设规划等综合性规划和专项性规划基本内容、规划定位、规划实施间存在矛盾和问题的基础上,强调以土地、水等重点资源和生态环境承载力允许度为基础,细化落实区域发展总体战略、主体功能区战略,协调城镇建设、产业发展等重点国土空间开发、利用、保护、整治活动的规模、布局、强度和准入管制标准要求,系统融合了各项规划在各领域的定性部署,同时协调统筹了各专项规划对各类型国土空间数量需求和空间位置关系,在保持了现有区域规划、空间规划传统特色前提下,提出了四个方面的新思维:

一是建立了省级和重点区域层面若干规划的融合路径。规划融合的思想不是简单地将所有规划按照"合订本"模式进行归一,而是立足规划的空间性,将与空间开发密切相关的各项规划,基于统一的国土空间平台,通过建立一套全新的空间分类体系,将各项规划的定性任务和目标进行统筹,对各领域空间需求进行数量确定与位置协调,从而从空间协同角度,对各项规划进行融合,从而达到"合一"之目的。也就是说,从省域和国家级重点区域的空间层级来看,不是所有的规划都要纳入空间统筹范围,而是将空间需求量大、利用矛盾突出、急需协调统筹的规划进行协调,在"一张图"上进行绘制。

二是创新了空间规划空间分类组织路径。空间分区和分类是所有空间规划的灵魂,也是串起规划各项内容的组织路线。从省域和重点区域空间规划需求来看,其既要表达国家和地区确定的宏观战略部署,又要对重点国土开发利用和保护活动进行相对具体的空间安排,这就要求规划的空间组织路线既要体现宏观战略性,又要具备中观指导性,同时兼有重点类型空间的落地指引性和约束性。《广西北部湾经济区国土规划(2015—2030年)》继承了传统宏观性空间规划的国土分区和区域发展规划的"点轴"及廊道、轴带等理念,以资源环境承载力为基础,以土地用途管制为基础平台,在形成综合分区和发展轴带的基础上,构建形成了"国土发展空间类型体系"。其中,将区域"发展"定义为空间上的"科学开发"和"严格保护",形成由国土经济空间、国土生态空间、国土整治空间为1级类型空间,以各专项规划涉的空间领域为具体类型的2级空间单元,共同组成国土发展空间类型体系。其中,国土经济空间涉及城镇建设空间、农业经济空间、基础设施建设空间、工矿业发展空间、旅游经济空间、特色国土经济空间;国土生态空间涉及各级自然生态保护区、江河等水生态空间、自然生态旅游区、其他生态空间等;国土综合整治空间涵盖城镇低效用地整治空间、农村土地整治空间、矿山整治空间、土地闲置整治空间、边境国土安全整治空间、生态整治空间、中低产田改造空间、土壤污染防治空间、灾害防治空间、江河等水环境治理空间等。

三是突出强调重点空间问题的落地性。落地性体现在两个方面,一个是要将涉及空间统筹的专项规划所表达的定性内容进行统筹,比如相关城镇体系构架、发展定位、人口规模、产业导向等,这些大多可以作为省级和区域空间规划直接融合的内容;另一方面,对于城镇建设空间、各类农业空间、农村生产生活空间、基础设施建设空间和生态空间可以实现地市和县域单元的发展数量引导,也可以落到具体空间坐标。特别是为各地市和县域行政单位划定城市开发边界、基本农田保护红线和生态红线提供数量目标,这个目标的提出是基于全省和重点区域内容统筹后,在保障经济社会可持续发展和口粮、生态红线基础上,指导市县对三条"红线"进行落地实施,也是对各市县单元在发展空间上的统筹谋划与协调部署。

四是将政策改革和制度完善细化到空间类型单元。创新资源与空间管理的体制机制,是促进空间战略落实、优化国土空间开发利用格局的重要助推力。土地、水等资源资产管理制度改革,在很大层面上影响着新型城镇化、新型工业化和农业现代化开发,以及各项工程的部署实施。在省级和重点区域级空间规划层面,对重要资源和空间开发利用与保护的政策创新、制度完善,可以为地市政策供给提供方向性指引和原则性把控,既可对产业发展、三农建设、特殊地区帮扶等提供政策空间,也是实现资源与空间管理政策供给侧改革的重要路径和抓手,便于统一行使国土空间用途管制管理,完善资源环境、产业投资、财政税收等配套政策。这些都是省级和重点区域级空间规划的主要任务和立足点。

本书提出的空间规划理念和技术思路,是经过10余年空间规划全新探索中逐步形成和构建的,广西北部湾规划的技术路径已在很多市县级多规合一试点中得到实践和应用。在这几年的系统研究论证中,我们探索了一条年轻化的工作模式,在各领域知名专家的帮助和指引下,依托空间规划研究编制最前线的青年工作者,以及国土资源、城市规划、环境保护等基层部门管理者,统筹考虑各部门管理职能,将各类专项规划的工作实践作为空间规划理念和技术创新的起点,融会贯通学术界、规划界成熟的理论,结合地区实际进行研究创新。

　　当然,空间规划理论与技术尚处探索之中,书中定有不当之处,欢迎各界同仁批评指正。

张新安

2016 年 10 月于北京

第一章　国土空间规划总纲

第一节　总　则

按照广西北部湾经济区发展定位及中长期战略部署,《广西北部湾经济区国土规划(2014—2030年)》(以下简称《规划》)以生态文明建设为总纲,以国土资源环境承载力为基础,遵循经济区综合发展需求和优化国土空间结构布局需要,构建一体化、同城化国土发展空间类型体系,统筹国土开发、利用和保护的空间层级、梯度和次序关系,促进国土资源节约集约利用,形成定位清晰、功能明确的国土空间开发格局,为北部湾经济区科学发展、跨越发展提供基础性国土空间支撑。

《规划》依据《中华人民共和国土地管理法》《中华人民共和国矿产资源法》《中华人民共和国海域使用管理法》等相关法律法规,按照《全国主体功能区规划》《广西壮族自治区主体功能区规划》《广西北部湾经济区发展规划(2014年修订)》(以下简称《发展规划》)等规划要求和部署编制。

《规划》是指导经济区各类规划进行空间落地、促进经济区一体同城发展、优化国土资源配置、统筹国土空间开发利用保护、实施资源管理制度改革和创新的纲领性文件,具有战略性、基础性、综合性和管控性。

规划范围包括南宁、北海、钦州、防城港、玉林和崇左等6市行政辖区,陆域面积7.34万平方公里,近岸海域面积约为7000平方公里。

规划期为2014—2030年。规划近期为2020年,规划远期为2030年。

第二节　国土空间开发保护态势

一、资源环境承载力现状

（一）基本情况

1. 耕地资源

耕地总面积为 187.82 万公顷,人均耕地 1.21 亩,以人均粮食消费量 400 公斤为调控粮食安全的基本参考线,粮食自给率超过 60% 的县区个数占经济区约 73%。粮食自给率较高的县区主要集中在南宁市、钦州市和玉林市等区域。

2. 可开发建设土地资源

适宜建设用地面积约 28795.42 平方公里,其中已开发建设用地面积 5219.06 平方公里,后备可开发建设土地资源约 23576.36 平方公里,占土地总面积的 32.13%。后备可开发建设土地资源丰度较大的县区主要集中在南宁市、北海市和钦州市等区域。

3. 可利用水资源

可利用水资源量为 330.27 亿立方米,人均可利用水资源量为 1492.94 立方米,可利用水资源丰度中等以上的县区个数占经济区的 87%。可利用水资源丰度较大的县区主要集中在南宁市、钦州市、防城港市和崇左市等区域。

4. 可利用海岸线资源

海岸线总长约 1628.59 公里,扣除农渔业岸线、生态保护岸线、特殊利用岸线、保留岸线以及已利用的港口码头、临海工业岸线,后备可开发利用的岸线资源为 698.16 公里,占岸线总长的 42.87%。

5. 生态环境资源

城市环境空气质量保持良好,达到国家二级环境空气质量目标要求;地表水整体水质优良,满足水环境功能的比例达到 97%;近岸海域环境质量总体良好,海水环境功能区达标率达到 89.6%,自然岸线保有率达到 35% 以上;森林覆盖率达到 50% 以上。

6. 经济社会资源

国土经济密度为 899.52 万元/平方公里,人口密度为 306 人/平方公里（其中城镇人口密度为 0.84 万人/平方公里）。国土开发强度为 7.11%,较高的区域集中在北海市各县区、防城港市港口区、玉林市玉州区等,开发强度超过16%;开发强度较低的区域集中在南宁北部各县和崇左各县区。

（二）战略优势

1. 区位优势明显,战略地位突出

北部湾经济区东临粤港澳,背靠大西南,面向东南亚,地处华南经济圈、西南经济圈和东盟经济圈的结合部,集沿海、沿边、沿江优势于一体,是我国西部唯一的沿海区域,是最便捷的西南出海大通道,已成为深入实施西部大开发的战略高地、丝绸之路经济带和21世纪海上丝绸之路的重要结点,在我国与东盟、泛北部湾、泛珠三角、西南六省区等国内外区域合作中具有不可替代的战略地位。

2. 自然资源丰富

土地、矿产、水、海洋、旅游等自然资源丰富。其中,可开发建设土地资源潜力较大,后备可开发建设土地面积占国土面积的比例约为全国平均水平的10倍;可利用水资源较丰富,人均可利用水资源是全国平均水平的1.66倍;海岸线资源有较大的开发利用空间。

3. 生态环境容量大

大气及水环境整体质量优良,环境污染物和环境抗逆承载力较高,生态系统完备,可为6市新型工业化、新型城镇化、农业现代化、信息化和绿色化发展提供良好的生态环境基础。

4. 经济社会发展潜力大

国土经济密度高于全区平均水平,在全国19个重点开发区中,经济发展增速处于上升位置,人口密度高于全区平均水平,与东部浙江省、江苏省等地区相比,人口集聚发展空间巨大。在得天独厚的区位优势、资源优势和环境优势下,北部湾经济区未来经济社会发展仍有很大空间。

（三）存在的主要问题

1. 可开发建设土地资源分布零散,连片开发难度较大

后备可开发建设土地资源总量较大,但受地形地貌、基本农田保护、生态保护等多重因素的影响,其空间分布十分零散,给大规模连片开发带来困难,加大了开发建设成本。

2. 可利用水资源分布不均衡,地区差异较大

可利用水资源总量较丰富,但分布不均衡、地区差异较大,尤其是玉林各

县(市)区、北海市区、南宁宾阳县、马山县等区域水资源不足现象较为突出,水资源保障程度将对地区工业化和城镇化发展起到关键性作用。

3.人地矛盾凸显,土地人口承载力有待进一步提高

人均耕地1.21亩,低于全区1.26亩的平均水平,更低于全国平均水平;耕地质量不高,中低产田比重大,农业基础设施薄弱。在工业化和城镇化加速发展、人口持续增加的背景下,耕地保护和建设用地扩张之间的矛盾加剧,土地人口承载力有待进一步提高。

二、国土空间开发保护形势

随着《发展规划》的颁布实施,北部湾经济区经济实力明显增强,产业集群化发展水平逐步提高,基础设施配套日益完善,开放水平不断提高,体制机制逐步健全,发展环境明显优化。2010年至2013年,南宁、北海、钦州、防城港4市GDP年平均增长16%,增速在全国19个重点开发区和3个优化开发区中排名前列。但北部湾经济区总体经济实力不强,工业化和城镇化发展水平仍存差距,现代大规模工业较少,高新技术产业薄弱。"十三五"及未来较长一段时期内,随着工业化、城镇化的快速推进,北部湾经济区国土空间开发保护面临重大机遇和挑战。

(一)经济社会发展态势

1.产业发展

至2030年,北部湾经济区GDP将超过2.6万亿,力争保持年均增长8%左右,人均GDP达到8.84万元;工业增加值超过1.5万亿元,年均增长率保持10%—11%左右。随着现代工业,特别是战略性新兴产业加快发展,经济区现有产业格局必将发生深刻变化,逐步形成以石化、电子信息、造纸、新能源和新材料、冶金及有色金属、轻工食品、海洋产业、高端装备制造、节能环保、生物医药、信息技术等为核心的产业集群。

2.人口发展

北部湾经济区经济社会快速发展将引领自治区人口分布格局发生明显变化。随着产业不断升级和发展,环经济区和周边人口将逐步向南宁、北海、钦州、防城港4市流动,经济区内农村人口也将伴随新型城镇化发展,逐步向重点城镇转移。至2030年,北部湾经济区总人口将达到3100万人,城镇人口达到2300万人,其中,6市中心城区人口达到1100—1270万人。

3. 城镇体系发展

随着"南宁+沿海"双极发展战略的实施,南宁市在经济区城镇化发展中的引擎作用和极核作用将进一步增强,同时北海、钦州、防城港 3 市中心城市的带动作用也将显现,玉林和崇左等新增长区也将成为经济区发展的重要空间单元。以中心城市、副中心城市和重点县城、重点镇为主体的"双极、一轴、一走廊"城镇体系发展空间格局加速形成,必将带动周边农村生产、生活方式逐步城镇化,促进城乡统筹协调发展。

4. 生态保护与环境整治

随着城镇化、工业化发展加速,大气、水源、土壤等环境压力将逐步增加;部分产业发展导致的污染和环境破坏范围逐步增大,并将对近海海域的环境容量产生负面影响;各类生产、生活型环境污染防治压力将逐步上升。生态环境整治、保护任务将日益加重。

5. 对外开放合作

目前,北部湾经济区已构建形成了以广西钦州保税港区、南宁保税物流中心、凭祥综合保税区、北海出口加工区为核心的经济区保税物流体系,为加强对外开放合作奠定了良好基础。中国—东盟博览会、中国—东盟商务与投资峰会、泛北部湾经济合作论坛等重要会议多次成功举办,成为推动北部湾经济区参与区域合作的重要平台。与东盟各国签署了经贸合作协议或专项合作协议,一批先进先导产业合作正在加快实施。连接中国与东南亚的"中国—中南半岛"经济走廊初具雏形,以建设 21 世纪海上丝绸之路为目标的海上国际合作和交流战略已经实施,开放合作将不断深化。

(二)国土空间开发保护面临的挑战

1. 国土空间开发格局加快调整

随着经济区全面改革开放战略的实施,现有国土开发空间格局将发生调整。城镇建设空间将进一步拓展,各类工业园区建设规模不断增加,机场、高速公路、铁路、港口码头等交通运输建设空间不断扩大,物流、旅游、现代农业等产业配套建设空间不断拓展,已有的国土建设空间、农业空间、生态空间格局变化加剧。特别是产业发展空间、交通基础设施建设空间(包括港口空间)、城建空间的拓展使农业空间、海岸线、生态空间的保护压力增大。

2.国土资源开发利用矛盾突出

随着产业、港口、交通、物流、城建、旅游等中长期重大国土开发活动相继展开,重要支撑性资源供需矛盾日益突出,尤其是建设用地供应与经济区快速发展需求之间的矛盾将更加突出,局部地区水资源供给和需求之间的矛盾更为紧张,生态环境压力加大。

第三节 总体思路

一、战略定位

《发展规划》确定的北部湾经济区总体定位是:立足北部湾、服务"三南"(西南、华南、中南)、沟通东中西、面向东南亚,充分发挥连接多区域的重要通道、交流桥梁和合作平台作用,以开放合作促开发建设,努力建成中国—东盟开放合作的物流基地、商贸基地、加工制造基地和信息交流中心,成为带动支撑西部大开发的战略高地、西南中南地区开放发展新的战略支点、丝绸之路经济带和21世纪海上丝绸之路有机衔接的重要国际区域经济合作区。

围绕这一功能定位,必须优化国土空间开发格局,形成创新、协调、绿色、开放、共享的空间优势;必须完善产业布局,形成多层级、多领域的产业优势;必须着力加强生态环境保护,保持和改善优良的环境质量;必须提升国际大通道能力,构建开放合作的支撑体系;必须深化国际国内合作,拓展开放合作的新空间;必须加强社会建设,营造开放合作的和谐环境;必须着力推进改革,创新开放合作的体制机制。

二、指导思想

1.指导思想

以邓小平理论、"三个代表"重要思想和科学发展观为指导,深入贯彻习近平总书记系列重要讲话精神,以生态文明建设为总纲,以转变国土资源开发利用方式为主线,以实现国土空间开发保护格局最优化、效率最大化、资源配置"一体化"为首要目标,致力于尽职尽责保护资源、节约集约利用资源、尽心尽力维护群众权益,以土地、海洋等重要国土资源配置和开发利用管控为主要抓手,通过构建差别化、分类别的国土发展空间类型体系,统筹海陆开发,平衡新型城镇化、新型工业化、农业现代化发展,以及交通基础设施建设和生态保护等不同类型国土空间需求,优化国土空间开发利用结构和强度,引领国土资源开发利用管理制度创新和政策先行先试,构建广西北部湾经济区国土发展新格局,促进北部湾经济区实现跨越式发展。

2.基本原则

——坚持国土资源节约集约利用

统筹协调北部湾经济区经济社会发展对土地、矿产、海洋、淡水、能源等重要国土资源需求,实现有限资源在不同地区、部门和行业间优化配置,提高国土资源利用综合效益水平,促进国土资源节约集约利用。

——坚持国土空间保护优先和布局优化

根据北部湾经济区发展的战略定位,立足于区域资源环境承载力,强化耕地和生态空间的保护,划定耕地和生态保护红线。围绕科学发展主旋律,构建国土开发利用保护与整治相结合的国土发展空间类型体系,统筹产业、城镇、交通、生态保护和国土整治等空间需求。

——坚持国土开发一体化和同城化

促进南宁、北海、钦州、防城港、玉林、崇左6市一体化发展,促进"南宁+沿海"双极高效快速发展,加强对"南宁—滨海"城镇化发展主轴同城化发展引导,推进"玉崇发展走廊"协同化。

——坚持国土发展生态化和效益最优化

加强经济区6市在发展速度、发展路径、产业分工、公共服务、基础设施建设等方面的统筹和协调,实现国土空间发展向生态绿色化和效益最优化转变。

——坚持引导和统筹相关专项规划科学实施

做好与主体功能区规划、新型城镇化规划、海洋功能区划、生态功能区划等重要空间规划的衔接。加强对城市规划、土地利用规划、矿产资源规划、产业发展规划、基础设施建设规划等重要规划空间落地的统筹和协调。

三、主要目标

通过15年的不懈努力,以推进国土资源"一区两基地"建设为途径,促进形成广西北部湾经济区"六市一体、海陆统筹、资源节约、环境优异、科学发展"的国土空间格局,将北部湾经济区打造成为"开放、合作、绿色、和谐、富有竞争力"的沿海新一极。

——构建和谐有序的空间格局

引导国土空间合理开发,优化城乡建设空间布局,构建和谐有序国土空间格局。科学部署港口开发、工业与城镇建设、滨海旅游、渔业经济、海洋生态等海岸线国土发展空间类型,实现海洋空间开发格局优化有序。加大矿业经济发展与产业空间的协调统筹,实现矿产资源合理开发利用和保护。至2030年,在建立农村宅基地退出机制的基础上,农村居民点建设用地整体缩减12%以上。永久基本农田不少于153.73万公顷。禁止建设生态空间比重不低于陆域国土空间的7%,限制建设生态保护空间不低于26%。

——保障科学发展的国土需求

进一步落实节约优先战略,实施以供优需、供需协调的双向调节机制,统筹协调各类发展空间需求。将土地资源配置从重数量增长调整为重结构优化,从重保障调整为保护保障并举、保护为先,保持建设用地总规模合理适度增加,形成西部地区统筹保障与保护示范基地。规划近期,城镇建设用地规模达到1570—1720平方公里。至2030年,经济区国土开发强度控制在10%以内,重点城镇建成区总规模为1948平方公里。各级各类工业开发区建设空间占6市城镇工矿用地比例为15%—30%,填海造地规模不突破216平方公里。

专栏1-1　国土资源"一区两基地"

> "一区":是指中国西部地区国土资源管理体制机制改革创新先行先试区。
> ——以南宁征地制度改革试点为抓手,探索创新土地征收制度;
> ——以"征转分离"试点为抓手,探索创新有利于以时间换空间的土地管理机制;
> ——以农村土地综合整治与城乡建设用地增减挂钩试点为抓手,探索建立统筹城乡发展的国土资源管理新模式;
> ——以北流市农村集体经营性建设用地入市改革试点为抓手,探索建立城乡统一的建设用地市场管理体制;
> ——以用地用海审批换证衔接试点为抓手,探索建立有利于海陆统筹发展的新模式。
> "两基地":是指中国西部地区统筹资源保护与发展保障示范基地和资源节约集约示范基地。
> ——以建立基本农田保护补偿机制试点为抓手,积极探索创新耕地保护模式;
> ——以土地审批制度改革试点为抓手,探索建立保护有效、保障有力、维权到位的土地审批新机制;
> ——以资源节约集约指标纳入自治区绩效考核为抓手,大力提高节约集约用地水平,促进经济区土地产出及节约集约利用水平达到西部改革试验区领先、全国改革试验区先进水平;
> ——以未利用地、水库水面的使用计划管理制度改革试点以及存量建设用地挖潜、工矿废弃地调整使用与"三旧"改造试点为抓手,探索建立拓展用地新空间的机制。

——保护提升国土质量

实行国土资源数量、质量、生态三重保护,把生态保护摆在突出的位置。

着力建设国土生态空间,努力建立健全自然灾害预警和防护机制。提高国土质量,强化国土安全体系建设。至 2020 年,实现基本农田质量有提升,陆域和海域生态环境质量在全国继续保持领先水平。

——提高国土开发利用效率

严格控制开发准入标准,加大存量资源的盘活力度,走集约高效的国土开发利用道路,形成西部地区资源节约集约示范基地。到 2020 年,实现单位 GDP 建设用地消耗比规划基期明显降低,二三产业国土经济密度提高 10%以上。矿产资源开发利用效率明显提高。到 2030 年,国土经济密度达到我国西部地区领先水平。

专栏1-2　国土空间开发保护主要指标

类　型	指　标	单　位	2020 年	2030 年
国土开发	国土开发强度	%	≤8%	≤10%
	重点城镇建成区规模	平方公里	1508	1948
	填海造地规模	平方公里	≤161	≤216
国土保护	永久基本农田保护面积	万公顷	153.73	
	重点生态保护空间比例	%	≥33	
	水源地保护的空间比例	%	≥6.5	
国土整治	农村居民点用地减少率	%	≥10	≥12
	历史遗留矿山地质环境治理恢复率	%	≥63	≥80

第四节　国土发展空间布局

一、优化国土空间开发

以广西北部湾经济区功能定位和战略部署为导向,以国土资源环境承载力为本底,以加强国土空间规划管控为抓手,深入落实国家西部大开发、推进兴边富民行动和边境重点开发开放合作区建设的重大战略布局,促进形成北部湾经济区国土可持续发展的宏观格局,实现城镇功能完备、产业科学发展、城乡综合统筹、基础设施布局优化和生态空间保护强化。

1. 建设富有竞争力的国土

围绕《全国主体功能区规划》有关广西北部湾经济区作为国家级重点开发区的基本定位,以《发展规划》提出的"三基地一中心一高地一支点两衔接"建设为重点,提升中心城市的人口和产业聚集能力,加快工业化和城镇化发展步伐,增强综合经济实力。努力构建以优先保障南宁区域性国际城市建设,统筹保障北海、钦州、防城港、玉林和崇左等区域中心城市建设,积极保障北流、合浦、宾阳、容县、博白、横县、武鸣、东兴、凭祥、扶绥、龙州等中等城市建设,努力保障县城和重点镇发展为核心内容的国土空间梯度开发格局,提升国土竞争力和市场服务能力。

2. 建设一体化的国土

加大对土地、矿产、海洋、淡水等重要国土资源配置和开发利用的统筹调控力度,综合考虑生活空间、生产空间和生态空间部署,促进一体化配置、开发和建设。规划期间,要按照同城化与一体化发展趋势的客观要求,从战略的高度统筹"南宁+沿海""南宁—滨海""玉崇发展走廊"城乡建设、交通通信、能源保障、环境整治、市政工程等规划部署和建设实施;协调推进6市产业、港口、交通、城镇、保税物流等各项开发建设,加强北部湾港与玉林、崇左的共建共享,打破行政区域限制,形成"海陆统筹、六市一体、和谐发展"的新局面。

3. 建设开放合作的国土

在国土资源配置和国土空间开发布局上,支持和鼓励全方位、多层次、宽领域的对内合作和对外开放,积极融入国内外多区域合作,完善重要陆海通道建设和区域协作机制建设;支持和鼓励充分利用"两种资源、两个市场";支持和鼓励承接东部地区产业转移,加强与珠三角等地区产业、交通、水利、生态保护等方面的合作;支持和鼓励参与泛珠三角区域合作与发展,将广西北部湾经济区建设成为服务"三南"(西南、华南和中南),带动和支撑西部大开发的战略高地;支持和鼓励创新体制机制,深化与东盟等国家的开放合作,务实推进泛北部湾经济合作和中越"两廊一圈"合作,深度参与大湄公河次区域合作;支持和鼓励更多的中国—东盟合作机构落户,加快建设面向东盟的南宁商务总部基地和国家内陆开放型经济战略高地,加快建设中越跨境经济合作区,推动中国—中南半岛经济走廊和中马"两国双园"建设,努力打造服务"一带一路"发展的国际区域合作高地。

4.建设绿色安全的国土

以加强重点生态功能区的生态保护功能为基础,严格保护大明山、十万大山、六万大山等水源涵养和生物多样性保护区,加快构建以自然保护区、沿海生态屏障、沿江和沿重要交通线绿色走廊和城镇绿心组成的绿色空间体系为核心,以加强中小河流治理和山洪地质灾害与台风、风暴潮、海啸等海洋性灾害防治为重点的国土空间梯度保护格局,建立健全山洪地质灾害调查评价、监测预警、防治和应急等综合防灾减灾体系。

5.建设有序发展的国土

以区域发展现状及潜力评价为基础,兼顾重点发展与均衡发展。率先支持快速成长型重点城市发展,使之成为建设物流基地、商贸基地、加工制造业基地和信息交流中心的核心地区和参与国际国内区域竞争与合作的核心地区。以南宁为核心、沿海地区为重点,将"南宁+沿海"、铁山港组团—北海组团—钦防组团—东兴组团打造为重要发展轴,成为北部湾经济区人口、产业的重要集聚区段;以南宁—玉林、南宁—崇左—凭祥综合运输通道为纽带,建设新兴发展轴,带动周边县域经济发展和城镇建设;加强玉林—博白—铁山港—北海沿线的建设和东兴—爱店—凭祥—水口—硕龙沿边境线的开发开放,成为新的增长带;充分挖掘防城港—上思—崇左、钦州—灵山、南宁—武鸣—马山、南宁—隆安等区域发展轴带对沿线的辐射带动作用。构筑由重要增长极、发展轴以及产业功能组团、农产品主产区、生态功能区等点、线、面要素构成的多中心网络型国土空间发展格局。

二、分类管制陆域国土空间

根据国土开发适宜性和资源环境承载力调查评价结果,在先行划定陆域生态空间、农业生产、水源地等国土保护空间的基础上,科学划定工业化、城镇化发展等国土开发空间。

1.城镇与工业开发空间

城镇与工业开发空间是规划期内推进区域工业化城镇化优先开发的国土空间,新建城市与县城新区、工业园区、工业集中区应在本功能区范围内选址。本功能区总规模6540平方公里,约占广西北部湾经济区陆域国土总面积的9%,含允许开发空间和有条件开发空间。

允许开发空间是规划期内城镇与工业区新增建设用地规划选址的区域,是落实年度建设用地计划指标的预留空间,总规模为1531平方公里。有条件开发空间是为适应经济区经济社会发展和各项建设的不确定性需要,在满足一定条件下,城镇建设和工业开发可拓展的空间,总规模为 5009 平方公里。

2. 农村和农业发展空间

农村和农业发展空间是为适应农村与农业发展需要,保障农产品供给安全而划定的国土空间,是承载现代农业发展和社会主义新农村建设的主要区域,总规模 42093 平方公里,约占广西北部湾经济区陆域国土总面积的 58%。分为禁止开发农业空间和限制开发农业空间。

禁止开发农业空间是基本农田保护区与国家法律法规禁止开发的人文与自然保护区域,总规模 16575 平方公里。禁止各项非农业开发建设活动。

限制开发农业空间是严格限制各项非农业开发建设活动的区域,是农业主产区的载体,总规模 25518 平方公里。

3. 生态保护空间

生态保护空间是为了保证生态安全而划定的区域,是各类自然保护区、水源保护区和生态恢复区的载体,总规模 24025 平方公里,约占广西北部湾经济区陆域国土总面积的 33%。分为禁止开发生态空间和限制开发生态空间。

禁止开发生态空间是指经过国家、自治区和地方政府批准的各级各类自然保护区、风景名胜区、饮用水源保护区、森林公园、湿地公园等生态区位重要和生态脆弱地区中国家法律法规禁止开发建设的区域,总规模 4895 平方公里。严禁任何生产建设活动。要降低人类活动密度,逐步迁出原有各类产业活动。

限制开发生态空间是生态保护空间内扣除禁止开发建设空间以外的区域,总规模 19130 平方公里。以生态保护、建设与修复为主,在不损害生态系统功能的前提下,适度安排生态旅游、特色文化、林业、特色种植等产业发展。禁止进行大规模工业化、城镇化开发,严禁部署各类破坏性开发建设活动,适当降低人类活动密度。

三、合理开发保护海岸线资源

依据经济社会发展需要和海岸线的自然条件,在空间布局上,把北部湾经济区海岸线划分为 7 种类型,实行分类管控。

港口及工业岸线,总长 267 公里,用于深水港开发、渔港扩建及港口工业发展。

城镇建设岸线,总长 147 公里,用于城镇发展和功能拓展。

旅游观光岸线,总长 53 公里,用于观光游览、休闲度假、娱乐运动等旅游开发。

休闲游憩岸线,总长 133 公里,用于高档休闲疗养健身等设施建设。

养殖岸线,总长 213 公里,用于各类渔业生产、养殖。

生态保护岸线,总长 390 公里,用于保护重要海洋生态环境和稀有海洋动植物资源。

保留岸线,主要是自然岸线或保留现有使用状态、在规划期内不安排开发利用、留待远景开发利用或生态建设的岸线,自然岸线保有率不低于 40%。

第五节　城镇与乡村建设空间统筹与发展

一、重点城市、县城、镇科学发展

以国土资源环境承载能力为基础,结合广西北部湾经济区城镇群和产业发展战略需求,按照城乡统筹、科学布局、功能互补、以大带小、综合发展的原则,建立区域"一体化"发展模式下的"1-5-21-44"城镇国土空间发展体系。

专栏 1-3　广西北部湾经济区城镇体系框架

中心城市 (一级)	重点城市 (二级)	重点县(市) (三级)	重点镇 (四级)
南宁市	北海市、钦州市、防城港市、玉林市、崇左市	东兴市、凭祥市、北流市及宾阳、横县、上林、马山、隆安、合浦、灵山、浦北、上思、博白、容县、陆川、兴业、扶绥、天等、大新、龙州、宁明县	吴圩、三塘、黎塘、六景、那桐、大塘、张黄、陆屋、大寺、江平、企沙、小董、那良、硕龙、龙潭、文地、乌石、山口、西场、南康、水口、爱店、夏石、下雷、福成、犀牛脚、峒中、金陵、锣圩、白圩、周鹿、白沙、在妙、大平山、隆盛、黎村、沙河、东门、新和、龙茗、渠黎、驮卢、太平、海渊

1. 加快南宁特大城市发展

加速推进南宁市作为北部湾经济区中心城市的发展进程。按照建设面向东盟开放合作的门户枢纽城市和区域性国际中心城市进行定位,科学确立南宁市综合发展与建成区拓展空间梯度关系。坚持资源节约集约利用原则,加快提升国土开发强度,合理确定城市建成区人口密度,以南宁市主城区为依托,以五象新区为龙头,以物流基地、大学城、空港新城为重点,科学引导南宁市发展空间。

围绕南宁中心城市发展建设的总体要求,积极拓展宾阳、横县等重点县与重点镇的开发建设空间,引导其科学发展。

2. 促进临海3市城镇协同化发展

积极促进"北海—钦州—防城港"3市同城化发展,加强3市与南宁市的一体化发展,打造北部湾国家级沿海城市群。按照打造国家南部沿海重点发展城市群的基本定位,以海洋产业、现代工业、滨海旅游、特色农业等产业发展为基本导向,协调城市发展空间拓展与重点产业园空间拓展之间的关系。坚持海陆统筹、节地节能、水土协调、生态和谐、关联协同的原则,以提高国土建设空间经济密度为主攻方向,以3市关联协同开发建设为导向,引导3市主城区、城镇新区、工业新区等城镇和工业发展空间合理有序拓展。

围绕中国—东盟经济区合作发展战略建设需求,优先推进广西东兴重点开发开放实验区建设;积极推进合浦、灵山等重点县城与重点镇的科学发展;按照保护优先,以保护促开发、以开发促保护的原则,统筹涠洲岛国土空间开发与保护,将涠洲岛打造成为兼具火山地质景观和原始热带海岛生态风光的国际知名休闲度假目的地。

3. 构建统筹城乡发展的玉林城镇空间拓展模式

积极推进"玉林—福绵—北流"同城化建设。加快推进以玉林为中心,以兴业、容县、北流(市)、陆川、博白为重点的城镇国土空间体系协调发展,差别化确定各级重点城镇国土建设空间经济密度,科学引导玉林市、北流市和各县主城区建设空间规模合理有序拓展。致力城乡统筹发展,巩固农业基础地位,加快提升工业发展水平。加强与广东省联动建设,积极承接产业转移。

4. 引导崇左边境地区城镇特色化发展

稳步推进崇左市跨国交通贸易门户平台建设,打造面向东盟开放合作新高地、沿边开发开放桥头堡。充分考虑边境地区国土发展的区位特殊性和产业独特性,加快推进开放合作,大力推动兴边富民工程建设,按照边贸和陆路交通门户发展的总体定位,突出"点"状发展,串点成线。对凭祥(市)、龙州、宁明、天等、大新等县,以及硕龙、爱店、水口、夏石等重点镇,统筹安排建设空间拓展规模和时序,稳步推进边境线重点城镇建设。

二、城镇建设空间规模差别化引导

围绕国土资源"一区两基地"发展战略部署,逐步提升"1-5-21-44"城镇国土空间区域用地节约集约水平,协调好城镇核心建成区空间拓展与工业开发集中区、临海重化工业集中区的空间关系,根据空间规模拓展与发展时间梯度相结合的原则,按照城镇建设用地严格控制在每万人1平方公里以内的标准,科学确定各规划期重点城镇核心建成区空间拓展总规模。

规划近期:综合考虑北部湾经济区产业和人口发展规模与合理需求,稳步推进6市重点县、镇中心区空间拓展,加快提升中心城区建设空间开发利用效益水平。重点推进南宁主城区和五象新区建设,提高建设空间人口与经济密度。加快北海廉州湾新城、防城港海湾新区、钦州滨海新城、玉林市玉东和龙港新区、崇左城南新区等新城新区建设步伐。

作为市域优先发展的那桐、犀牛角、白沙、营盘、那良等镇,按照节约集约用地的原则,规划近期预留10—15平方公里的拓展空间。

做大做强南宁市五象新区。南宁、钦州、北海、玉林4市中心建成区综合开发利用效益显著提高,重点县、镇核心区国土经济密度稳步提升。钦州、防城港、崇左、玉林中心城区建设空间开发利用效益水平显著提升,基本形成完善的建设格局。6市重点县、镇科学合理的发展空间体系基本建立。至2020年,广西北部湾经济区特色、高效、和谐的城镇发展体系基本建成。

三、农村发展分类引导

综合考虑不同农村所处区域的功能定位和现代农业发展方向,以及与相邻重点城市、县、镇空间位置关系,差别化构建农业发展型、综合发展型、城郊发展型新农村建设模式。

分类型、分区域差别化推进新农村建设,协调农业与工业发展空间层次关系,科学部署城乡建设空间综合整治工程,更好促进北部湾经济区现代农业发展,繁荣农村经济。

专栏1-4　广西北部湾经济区农村发展类型

> 　　农业发展型农村:是指以种植业为主,距离重点城市、县、镇或各类工业区域有一定距离,不会因为城镇的拓展被合并,永久基本农田分布集中,农业具备一定规模的农村。
> 　　综合发展型农村:是指传统种植业和现代特色农业并重,已形成一定规模的农业加工等产业,受城市或工业开发影响较明显,且不会因为城镇的拓展被合并的农村。
> 　　城郊发展型农村:是距离重点城市、县、镇或各类工业园区较近,受城镇和工业发展影响较大,未来将要融入城镇拓展或工业园区建设的农村。

农业发展型农村。总面积约为1392平方公里,占北部湾经济区农村地区总面积的 72%。重点发展传统种植业,严格保护耕地,特别是永久基本农田。加强基本农田配套建设。按照优先部署、加大配套支撑的战略部署,先行安排农村道路拓宽、基本农田灌溉、抗旱排涝等配套工程;优先实施农村地区饮水安全工程;优先实施面源污染控制、垃圾集中处理、土壤污染防治等环境整治工程。

综合发展型农村。面积约为 484 平方公里,占北部湾经济区农村地区总面积的 25%。重点发展现代特色农业、农产品加工业。积极与邻近工业园区、空港园区、重点镇进行二三产业发展合作。适时适地、因地制宜进行抗旱排涝等水利工程部署。加大面源污染控制、垃圾集中处理、土壤污染防治力度。根据特色农业发展实际需要,科学部署农业基础设施建设工程。

城郊发展型农村。面积约为 61 平方公里,占北部湾经济区农村地区总面积的 3%。为满足未来北部湾经济区城镇化建设与工业建设空间拓展需求,优先部署城乡统筹等整治工程。在保证农产品质量安全的前提下,推进南宁、北海、钦州、防城港城市郊区蔬菜生产基地建设。严格保护耕地,做好建设用地整治与耕地增加衔接工作,协调好工业发展、城市新区建设与耕地保护之间的关系。

对具有地方独特历史文化特色的农村,优先部署农村道路、水利、通信等公共服务基础设施工程建设。根据地方实际需求,科学安排历史文化名村旅游项目建设。

四、新农村建设与居民点建设空间统筹

优化统筹不同类型农村生产、生活建设空间规模。按照国土资源"一区两基地"战略部署,分类别、有重点地推进农村居民点用地节约集约化,人均居民点用地不高于 150 平方米。进一步提高北部湾经济区农村生活水平和农业现代化水平,改善农村生产生活条件,协调城镇化发展与新农村建设关系,分地区、分类别引导和开展新农村建设。

1.农业发展型农村

规划近期,农民生产、生活建设空间规模不增加。根据地区农业发展实际需求及农业人口发展变化情况,科学优化生产、生活空间布局。进一步引导农村居民点空间布局适度集中。严格保护耕地,特别是永久基本农田。协调好新农村建设与耕地保护之间的关系。

2. 综合发展型农村

科学评价规划基期农民生产、生活建设空间规模现状与承载力。根据区域特色农业、农产品加工业等产业发展战略客观需求,科学引导农村居民点空间规模变化。适时适地进行农村居民点集中布局。建设新型农村社区机制。建立实施农村新增建设用地年度指标管理机制。严格保护耕地,协调好特色农业、农产品加工业发展与居民点拓展归并之间的空间关系。

3. 城郊发展型农村

保持规划基期农民生产、生活建设空间规模基本不增加。根据城镇化拓展及现代工业和服务业发展空间需要,按照《发展规划》农村居民点建设用地到 2020 年减少 10% 的部署,科学安排农村居民点空间统筹和优化,有序进行农村居民点整治和改造。实施城乡公共服务和基础设施建设一体化工程。实施农村存量建设用地与城市增量用地的互补置换。通过特大城市、大中城市和重点县镇建设发展,逐步实施饮水安全工程、乡村公路硬化工程、基础能源电力工程、邮政、医疗、教育等公共服务建设一体化。

对具有历史文化特色的村庄,要严格保护历史文化村落建筑。保持农村居民点空间规模不增加。科学指导特色村落保护与改造,完善农村基本公共服务设施。严格保护耕地,协调好非农产业发展与村落保护之间的关系。

4. 农村建设空间整治部署

按照农村发展类型部署,优先在城郊发展型农村和综合发展型农村部署农村居民点整治工程。按照"试点先行、逐步推进、客观可行、公平公正、尊重(农民)意愿"的原则,重点在南宁、钦州、玉林 3 市探索出台"以地换房"或"以房换房"等城乡用地统筹配套政策,建立有利于农村建设用地退出的机制,充分提高城市保障房建设对进城农民的安居支撑作用,促进空心村、闲置农村居民点土地整理,完善宅基地退出机制。结合农村土地综合整治工程、兴边富民重大整治工程等国家和自治区的重点工程部署,分时段确定重点整治区域。

规划近期,主要针对南宁市辖区、钦州市辖区、防城港市辖区、东兴市、北海市辖区、宁明县、龙州县和凭祥市进行土地整治部署。将各市县空心村、地质灾害隐患点、城乡风貌改造村庄等整治潜力大、整治工程易实施的农村作为重点整治空间。可优化整治潜力规模为 8996 公顷。规划远期,针对宾阳县、横县、合浦县、玉林市辖区、北流市、兴业县、博白县、崇左市辖区、扶绥县、天等县和大新县进行整治部署。可优化整治潜力规模 14993 公顷。

第六节　工矿产业发展与空间规模布局优化

一、区域工业发展导向

按照全面发展、功能互补、优化配置、提高效益、行业协作、积极竞争的原则,推动6市深入实施沿海工业新增长极发展战略。大力推进石化、林浆造纸、新能源和新材料、粮油轻工食品加工、电子、海洋产业、高新技术产业高端装备制造、节能环保、生物医药、信息技术等产业快速、协调发展,引导钢铁、铝加工冶金及有色金属、水泥等产业适度发展,强化生态环境保护准入。至2020年,在自治区范围内率先实现工业发展规模化、技术化、高附加值化,推动产业转型和结构升级,促进具有自主知识产权的战略新兴产业发展。利用10年左右时间,将广西北部湾经济区建设成为中国—东盟开放合作的加工制造基地和国家西部地区工业发展高效示范区。

南宁市率先实现工业经济增长方式由粗放向集约转变。规划近期,率先实现产业发展结构转型,重点发展电子信息、机械装备制造、食品加工、铝深加工、生物医药、清洁能源等总量规模大、集中度高、产业链长、优势突出产业,改变依靠资金投入和土地投放带动工业发展的增长模式。各重点工业园区率先成为带动北部湾经济区高技术、高附加值产业发展的龙头。

北海—钦州—防城港3市,逐步实现能源石化、电子信息、有色金属、化纤纺织、食品、钢铁、装备制造及海洋产业的高技术化和高附加值化。2020年,全面形成技术含量高、市场竞争能力强的沿海工业体系,各重点工业园区发展模式逐步由粗放型向集约型、高效型转变,建设成为我国沿海地区具有代表性的新型、高效、绿色工业增长极。

崇左市全面推进资源型工业发展升级。充分利用自有和东盟国家优势资源,积极拓展资源型工业链,促进配套产业发展。提升锰、铝、稀土等优势矿产资源加工业产品品级和层次。至2020年,将崇左市建设成为中国—东盟陆域开发合作交流先头基地和我国西部资源型产业综合高效发展示范区。

玉林市积极打造综合性工业和现代农业共同发展格局。做强机械制造业,做大水泥陶瓷、食品健康、服装皮革、生物医药、电子信息、矿冶、石化、林纸化工和电力等产业发展,逐步提高产业发展规模效益水平。充分利用国际产业转移、国内东部地区产业向中西部转移的契机,部署新材料、新能源、软件环保产业项目。到 2020 年,大力提升装备制造和农产品加工业发展水平,全面形成结构完整、布局合理、节能节地、效益突出的工业发展体系,建设成为北部湾经济区与珠三角地区合作的先头示范区和对接合作阵地。

二、重点产业园区建设空间部署

按照资源节约集约利用和规模集中部署的基本要求,围绕北部湾经济区产业发展战略目标,将各类园区作为实现经济区工业快速发展的空间载体,按照节约集约的基本原则,科学引导园区空间拓展。差别化提升 6 市工业发展效益水平,分步完善产业发展结构层次。积极引导产业项目向园区集中,优先做大做强国家级和自治区级产业园区,积极发展千亿元重点园区,逐步建设形成各具特色、层级清晰、效益优异、规模结构合理、布局优化、环境友好的现代工业发展空间体系。

1. 国家级工业园区

加强对已经批准的国家级产业园区建设空间规模拓展的科学引导和规范。对确需扩区的,按照节约集约用地的原则科学安排园区拓展规模。努力提高单位建设空间产值效益水平,率先实现产业发展高技术化和高附加值化。至 2020 年,注重通过技术改造和产业行业升级改造,率先实现建设空间开发利用效益规模化和最优化。

2. 自治区级工业园区

根据 6 市产业发展实际,积极推动自治区级工业园区产业技术升级和规模提升。努力提高园区产业产值规模和效益水平,科学设立各规划期园区单位建设空间产值效益标准。对确需扩容的园区,比照先进产业园区建设空间效益标准,科学确定扩容规模。2020 年,严格控制园区新增拓展规模,努力提高单位建设空间产值效益水平,加快实现产业发展高技术化和高附加值化。

逐步提高国家级和自治区级园区单位建设空间综合经济效益标准,推动重点园区产业发展效益提升和规模化,促进发展方式转变。以规划近期和远期为阶段时点,园区单位建设用地经济效益年均增长率与所属市工业增加值增幅进行有机衔接。

规划期间,对确需新设国家级和自治区级园区的,严格按照国家产业发展目录和广西北部湾经济区工业发展战略部署,以资源节约集约利用为原则,科学确定单位建设空间产出效益标准和社会效益标准,合理安排新设园区建设空间规模。根据中国与马来西亚产业合作战略实施需要,科学安排中马钦州产业园开发建设空间,总面积控制在 55 平方公里。

3.6 市其他重点工业园区

除国家级、自治区级园区外,将部分自治区人民政府统筹推进的千亿元产业重点园区作为经济区重点工业园区的重要组成部分,统筹保障自治区重点产业园区的发展空间。

至 2020 年,充分考虑经济区保增长和工业发展阶段性特征,根据经济区千亿元工业发展战略部署,逐步引导相关工业园区走向集约高效发展道路。比照国家级和自治区级园区建设空间效益标准,有选择部署相关产业项目入园。逐步淘汰高耗能、低效益产业项目,提高单位建设空间产值效益水平。支持玉柴工业园、企沙工业区、铁山港(临海)工业区等园区升级。

按照国土资源"一区两基地"节地战略部署,确定南宁、北海、崇左、玉林 4 市各类型工业园区、工业集中区用地总规模占城镇工矿用地总规模的比例约为 15%—20%。防城港和钦州作为工业发展大市,比例上限为 30%。

至 2030 年,全面建成由国家级、自治区级和优势园区为主要组成部分的北部湾经济区重点工业园体系。

三、市县级工业集中区空间引导

根据自治区和北部湾经济区 6 市工业发展的现状及需求,合理引导市、县域工业和农产品加工业发展空间部署。科学评价规划基期市、县域工业集中区发展规模和部署状况。按照节约资源、适度集中、科学整合、有序推进、提升水平、保护环境的原则,建立完善市、县域级工业发展空间体系。

规划近期,在各市土地利用总体规划所确定的城镇工矿建设用地总规模范围内,统筹安排县域级工业集中区,科学确定工业集中区产业发展方向。优先保障环境友好型和效益规模化行业发展。园区建设空间效益提升比照国家级和自治区级园区建设空间效益标准进行规范和管理。

2030 年前,有步骤、分重点、按秩序、差别化进行县域工业集中区整合。对于北部湾经济区重点发展的县(市),科学安排工业集中区规模和布局,所需建设空间通过重点县、乡镇农村居民点土地整治获得。严格限制占用耕地,禁止占用永久基本农田。

四、矿业经济发展与产业空间协调

充分利用北部湾经济区优势矿产资源,规模开发锰矿、高岭土、膨润土、建材等资源。合理部署重点矿产开采范围。协调经济区范围内勘查开采分区与生态环境保护空间、重大基础设施建设空间、耕地和基本农田等重要国土经济空间之间的位置关系。

加强矿产资源节约与综合利用,建立健全资源利用效率考核指标体系,逐步消除采富弃贫、采易弃难、乱采滥挖等破坏性开采现象。依靠科技进步逐步提高资源利用率。

率先提高优势矿产资源就地转化率,积极引导和促进经济区内资源型产业发展,形成资源型产业集群。

锰矿:充分发挥经济区锰矿资源优势,以大新下雷锰矿重点开采区、天等东平锰矿重点开采区为重点,按照规模生产、清洁生产和循环经济的要求,改造提升现有采选冶企业,延长产业链,重点发展碳酸锰矿地采工程建设,发展硫酸锰、电解金属锰、电解二氧化锰、四氧化三锰等深加工产品,提高产品技术含量,促进产业结构和产品结构升级,加快推进大新—天等锰业矿业经济区发展。

铝土矿:加强扶绥—龙州地区铝土矿勘查开发,利用周边地区丰富的铝土矿资源,发挥经济区沿海区位优势和南宁市已有的铝深加工工业基础,建设南宁、钦州、北海、崇左等沿海沿边现代铝加工基地,延长铝产业链,重点发展国内短缺急需的高精度铝板带箔材、铝箔胚料、地铁和轻轨车辆用材、汽车和集装箱用材、航空用材等精深铝加工产品。

稀土矿:充分利用崇左市丰富稀土矿资源,鼓励企业资源整合、技术改造、科技创新、节能环保,重点支持稀土深加工企业和项目建设,延伸产业链,发展稀土永瓷材料、稀土合金等深加工产品,打造稀土资源生产加工基地。

高岭土:充分发挥经济区高岭土资源优势,以合浦高岭土矿重点开采区、兴业龙安高岭土矿重点开采区为重点,主要加工陶瓷级高岭土,增加塑料、橡胶、油漆、涂料用填料级高岭土以及煅烧高岭土等高档次产品,进一步提高矿产品的附加值,实现产品多元化和结构合理化,推进北海合浦矿业经济区的发展。

膨润土:充分利用宁明膨润土特大型矿区的优势,加强技术攻关,重点培育大中型企业,将宁明县作为优先发展膨润土资源型产业的地区,延伸产业链,发展蒙脱石、有机膨润土等深加工产品,打造膨润土资源生产加工基地。

建材及其他:充分发挥经济区内水泥用灰岩、建材用灰岩、花岗岩等资源优势,以宾阳黎塘—贵港黄练水泥用灰岩开采区、北流望夫山—陆川荔枝寨水泥用灰岩开采区为重点,优先发展水泥、建筑石材等产业,促进贵港—玉林水泥矿业经济区的发展,打造北部湾经济区建材生产加工基地。充分利用坭兴陶土资源优势,打造钦州坭兴陶品牌。

积极引导矿产资源加工型产业合理布局。原则上尽量入园生产。对采选冶一体的生产企业,严格规范加工作业生产空间范围。加强生态环境保护和废弃物治理配套设施建设,协调好与邻近农业生产空间的关系。

第七节　农林旅游业发展与空间配置

一、种植业生产空间规模保护

充分发挥北部湾经济区光、温、水、土等农业生产自然条件优势,按照国土资源"一区两基地"发展战略,引导种植业向优质、高产、高效、规模、集约方向发展。综合提升种植业生产能力、抗自然灾害能力和抵御市场风险能力,促进传统种植业向现代种植业发展转变。规划近期,将广西北部湾经济区建设成为珠三角地区优质、安全、环保的特色农产品供应基地。

进一步稳定粮食种植面积和产量规模。严格保护耕地,特别是基本农田。综合考虑工业发展和重大基础设施建设空间布局,根据 6 市耕地资源保有量及未来二、三产业发展状况,重点在农业发展型和综合发展型农村空间范围内,率先划定永久基本农田,总规模为 153.73 万公顷。

大力加强粮食保障能力建设。以基本农田保护空间为主要基础,在北部湾经济区范围内形成水稻、玉米、马铃薯、木薯等优势作物集中生产区。

巩固糖料作物规模化种植和生产基础地位。稳定甘蔗种植面积,加强南宁市、崇左市等重点甘蔗种植区农田基础设施建设和农机服务配套。

二、特色农业发展空间构建

积极发展优势突出、高附加值、高技术化的特色农业,统筹特色农业与传统种植业空间关系,形成具有独特地域优势的特色农业生产及加工业空间体系。

鼓励亚热带水果、中草药、名贵花卉、特色蔬菜、茶叶、奶水牛、山羊、优质种鹅、淡水鱼鳖等优势农产品生产。在严格保护基本农田和实施土地用途管制的基础上,形成用地节约、结构清晰、布局合理、配套完善、6 市一体的特色农业园体系。

进一步建设好丝绸、剑麻和果蔬农产品专业园区。积极打造南宁大型农产品加工物流园区、中国—东盟林产品加工物流园区、玉林市中药材产业物流园区等重点农产品物流园区体系。

根据产业发展实际需要,科学安排各类型特色农业园布局,合理确定园区空间规模。园区中用于技术研发、原料储藏、产品加工、生活设施、餐饮服务、物流运输等非农建设用地比例不得超过 20%。需单独成立产品加工企业的项目,应进入县域工业集中区或其他工业园区统筹安排。

三、海洋渔业空间保护与规模优化

进一步控制近海捕捞规模,科学确定近海渔业捕捞海域作业空间范围和作业时段。鼓励外海及远洋捕捞,加快北部湾以南外海渔业资源开发。

积极推进海洋渔业捕捞与养殖产业结构调整。在北海—钦州—防城港 3 市海岸线,形成珍珠、对虾、牡蛎、文蛤、青蟹、优质鱼等优势海产品养殖基地和养殖示范区。加快发展形成规模化、集约化、高效化、安全化海水养殖产业空间体系。进一步完善海洋养殖产品加工产业布局,积极与 3 市港口产业园区进行联动,海产品加工企业集中入园。

处理好海水养殖与海岸带生态环境保护、港口作业、海岸旅游等不同类型产业发展的空间位置关系。加强海水养殖业污染等防治工作。

四、林业发展空间部署与引导

推动北部湾经济区林业可持续发展。将短轮伐期用材林种植业与林产品加工产业进行有机结合,合理确定林木种植与林产品加工产业空间规模与结构,促进重点林业资源优势地区实现工农互补。

根据不同地区规划基期林业发展基本情况,结合小区域水资源禀赋、土壤条件、排污容量、交通配套、劳动力、能源设施等基本条件,科学发展短轮伐期用材林种植业。规划近期,短轮伐期用材林种植总规模约为 140 万公顷,规划远期稳定在 147 万公顷左右。

大量耗水的以培育木材为主的速生丰产林种植空间,应远离各类水源地保护空间。根据实际,应采用科学种植手段,引导实现多林种套种,防止速生丰产林对水资源及土地生产能力的影响和破坏。

科学部署林产品加工业空间规模和基础设施配套。优先在南宁、防城港、钦州、北海部署发展林业加工产业,促进城乡工农产业联动。对重点规模加工企业,应统一安排入园。

加强造纸等林产品加工业污水、废气处理等基础设施用地建设。建立林产品加工业三废处理监管机制,探索林产品加工业公益性配套用地保障和管理政策。

发挥水、热条件优势,大力发展热带林业,培育珍贵树种用材林,建立国家储备林基地,调整优化林种、树种结构,提升森林综合效益。大力发展金花茶、罗汉松及花卉、观赏林木等特色产业。

五、农林产业空间基础设施建设与配套

分类别、有重点推进经济区 6 市农林产业空间基础设施建设与配套。率先推进永久基本农田集中分布的农村开展公共服务和基础设施建设。

规划近期,加快部署基本农田灌溉、农村人口饮水安全、生产生活用电、道路、农业气象服务等基础设施配套建设。加强动物疫病防疫防治体系建设。推进乡村公路硬化工程,提高道路通达度。加强农业生产基础电力保障,大力推进循环能源和可再生能源项目建设。基本完成农村危旧房改造,优先部署农村安居工程。开展与农村土地整治密切结合的农村垃圾集中处理、环境改善工程部署。

至 2030 年,基本实现经济区全部农村重要基础设施配套。建立健全大、中、小型农田水利灌溉设施建设与维护、农业规模化生产机械供应与维修配套、大宗农产品储存与加工设施及机械配套、石油产品供应设施配套体系。基本形成农村生活饮用水、电力、村镇道路、大宗农产品物流、农业信息化、电视广播、邮电通达等基础设施保障体系。

在土地用途管制基础上,强化林木良种基地基础设施建设,完善良种基地灌溉、机械化,以及种苗选育、快繁设施。

加强海洋农业基础设施配套建设。规划近期,部署完成外沙内港、南沥渔港、电建渔港、沙田渔港、官井渔港、企沙渔港、营盘中心渔港等重点渔港设施建设工程。

六、旅游业发展空间优化与提升

充分挖掘北部湾经济区旅游资源的总体优势和特色优势,发挥南宁、北海、钦州、防城港与玉林、崇左"4+2"城市旅游产业联盟的作用。根据地区特色,科学建设山水生态、健康养生、滨海休闲、海岛旅游、边境览胜、民族风情、会展商务等不同类型旅游产业发展空间。

南宁市加快形成国际都市休闲旅游、自然生态旅游、城郊农业旅游等为主要特色的旅游产业发展格局,积极打造国家 5A 级旅游景区,形成北部湾经济区综合旅游产业发展龙头。

北海市积极促进形成北部湾旅游核心发展区和旅游休闲之都。加强旅游商贸物流中心和生态宜居文明城市建设,形成以海岛海滨度假、休闲运动、康复疗养、文化观光、娱乐体验、美食购物为主要功能的区域性国际滨海旅游目的地和旅游集散中心。加快涠洲岛开放开发,积极打造南中国滨海休闲度假海岛基地。

钦州市积极打造以海洋生态旅游、滨海休闲度假、海上运动休闲、山水生态休闲、历史文化体验为主要功能的区域性国际滨海休闲度假旅游目的地、中国海洋生态旅游胜地。

防城港市借助于东兴国家重点开发开放实验区建设的契机,加快提升跨境旅游产业发展水平,形成独具地区特色的陆海边贸旅游景区。

崇左市围绕德天瀑布和凭祥友谊关景区,积极建设中越陆路国际旅游合作区,打造边关风情旅游带核心区。以中越陆路国际旅游合作区为平台,以凭祥市、宁明县、大新县、龙州县等边境重点县镇建设为依托,适时择地建设优质边境旅游风景点,带动边境地区加快发展。至2020年,充分利用优质自然风光与边关风情资源,基本形成边境优质旅游风景区体系。

玉林市充分发挥紧邻珠三角地区的区位优势,积极发展生态健康休闲旅游、海峡两岸特色农业观光游、宗教文化体验游、会展商务旅游等特色旅游产业,形成以重点县镇建设为中心,以地区特色文化为重点的旅游产业体系。2020年,基本形成体系完备、结构合理、布局清晰、设施配套、交通通达的特色产业旅游园区空间体系。

严格旅游产业用地管理。以重点旅游产业项目为核心,以资源整合、结构优化为主线,差别化、分重点引导6市旅游产业项目协调发展,合理确定不同类型旅游产业经营空间规模。完善不同类型、不同地区旅游产业发展用地管理制度。严格规范土地用途,因地制宜制定旅游景区建设用地有偿使用制度体系。优化旅游产业发展过程中的土地资源配置,促进旅游产业整体素质提升。

第八节　国土开发基础设施支撑体系部署

一、交通运输建设空间布局

加快建设完善北部湾经济区现代综合交通运输体系,支撑6市产业化、城镇化发展。协调好不同类型交通基础设施空间布局关系,充分提升已有设施用地效益水平,逐步形成"一核心、多结点、网络型"的铁路、高速公路、港口、机场等立体、高效、多层次交通运输设施空间体系。将南宁市建成北部湾经济区综合立体交通枢纽城市。

1. 铁路

加强对重点新扩建铁路项目用地节约集约引导,优先安排出省、出边铁路通道的开发建设空间。加强规划统筹,严格通道资源管控,避免重复建设。至2020年,基本形成高标准、大能力的出区、出海、出境通道,逐步形成以南宁为中心的对外高速铁路网及北部湾经济区城际铁路网,建成外强内畅、布局合理、点线协调、通达程度好、运输质量高的现代化铁路运输网络。

根据6市铁路客货运输需求实际情况,经充分论证,适度安排新增线路建设,并加强与已有重点线路的协调和统筹。

专栏1-5　广西北部湾经济区重要铁路线路建设项目

项目名称	性质	主要技术标准	建设时间
合浦至湛江铁路	新建	国铁Ⅰ级、双线、200km/h	近期
贵阳至南宁客运专线	新建	客运专线、双线、350km/h	近期
洛湛铁路永州至玉林段扩能改造	改扩建	国铁Ⅰ级、单线、140km/h	近期
湘桂铁路南宁至凭祥段扩能改造	改扩建	国铁Ⅰ级、双线、200km/h及以上	近期
防城港至东兴铁路	新建	国铁Ⅰ级、单线、160km/h	近期
广西沿海铁路扩能改造	改扩建	国铁Ⅰ级、单线、120km/h	远期
张家界至桂林至海口铁路	新建	国铁Ⅰ级、双线、250km/h	远期
玉林至贵港城际铁路	新建	国铁Ⅰ级、双线、200km/h	远期
玉林至铁山港增建二线	改扩建	国铁Ⅰ级、双线、160km/h	远期
防城港经崇左至百色铁路	新建	国铁Ⅰ级、单线、120km/h	远期

2. 高速公路

规划近期,重点建设桂林经柳州至南宁改扩建、沿海高速改扩建、贵港至隆安、隆安至硕龙、南宁吴圩机场至大塘、大塘至浦北、浦北至北流(清湾)、崇左至水口、荔浦至玉林、松旺至铁山港、贵港至合浦、柳州经合山至南宁、南宁吴圩机场第二高速等项目。至2020年,北部湾经济区范围内形成结构合理、高速快捷、联通6市的高速公路空间体系格局。各工程建设期间,加强与已有铁路、国道等大规模线状运输通道的衔接,做好与重点线路在运能、运力、运量方面的协调和统筹。

科学规划,严格通道资源管控,避免重复建设,合理确定新增高速公路用地规模,做好新增用地保障,优先安排出省、出边高速公路通道的开发建设空间。在科学分析高速公路需求规模的基础上,大力促进用地节约集约化。

3. 国道、省道

同步加快重要国道、省道和其他道路网络体系建设和改造,完善不同等级公路运输体系。协调好南宁作为经济区核心城市,与其他 5 市在高等级公路建设规模、建设强度等方面的层次差别。促进国道、省道建设用地节约集约,避免重复建设或超量建设。

4. 空港

建设形成南宁、北海双核空港运输空间规模和设施配套用地体系。规划近期,南宁机场正式建设成为经济区和中国—东盟贸易合作先行区航空运输枢纽,大力推进空港产业发展和园区建设,形成服务 6 市、支撑周边、具有区域影响力的空港产业竞争区。合理安排不同类型配套设施项目建设用地规模和布局。加快设施升级,机场跑道能够满足 B787、A380 等大型飞机起降。根据玉林市产业、城镇化发展情况,适时建设部署 1 个支线机场。适时安排通用航空服务设施工程建设。

推进实施北海机场迁建和逐步升级。2020 年,基本完成机场迁建和升级部署,与南宁机场共同形成北部湾经济区干线航空运输体系。

二、港口发展空间布局与功能协调

加强对岸线、港口、航道资源的规划管控,科学统筹安排港口开发建设空间。根据泛北部湾地区港口运输需求及布局优化需要,合理预测中长期北部湾经济区与周边地区海上客货运输总量发展规模,采用自治区统一管理模式,协调好北海—钦州—防城港 3 市港口功能及其分工,细化港口运输、储藏、工业加工、基础设施配套等建设空间规模、结构和布局。

规划近期,全面完成沿海 3 市港口及配套生产空间建设部署。基本形成布局合理、结构完善、节约集约的港口产业空间格局。

积极推进临海重化工集中区建设。按照节约集约用地的基本原则,根据沿海 3 市临海工业产值增长幅度,结合产业发展空间实际需求,与《发展规划》"城市备用"空间充分衔接,合理引导钦州港工业区、企沙工业区、铁山港工业区建设空间规模科学拓展。加快铁山港东岸码头建设,部署玉林市出海通道,充分发挥优势港口资源潜力。

科学引导填海规模优化和空间部署。协调好填海造地与海洋生态保护、养殖业、新农村建设、城镇化发展等重大领域之间的空间关系。规划近期安排部署填海造地 161 平方公里,远期不突破 216 平方公里,基本完成填海造地工程部署,形成综合开发、严格保护、产业协调、环境友好的海陆统筹综合发展空间利用格局。做好土地使用管理与海域使用管理的制度衔接与协调。至 2020 年,基本形成经济区岸线开发与保护空间格局体系。

科学部署沿海重工业海水淡化工程。到 2030 年,根据沿海工业和涠洲岛等旅游开发实际需要,适时开展海水淡化基地建设。

三、重点能源保障体系与建设布局

坚持开发和储备并举的能源发展战略,加强能源产业发展与基础设施建设的统筹,瞄准未来北部湾经济区发展逐步增加的能源需求,合理安排能源产业项目建设空间。

按照合理布局、保护环境、优化结构的原则,优化电力产业发展结构和布局。鼓励规模进口和充分利用东盟国家等国外煤炭资源,依托北海—钦州—防城港 3 市优势港口资源,建立 3—4 个煤炭储运配送基地,满足经济区 6 市火电用煤需求。加强经济区 6 市配电网络建设,保障经济社会发展电能有效供给。

科学设计防城港核电项目建设安全空间范围。以安全至上为原则,综合考虑防城港核电发展实际需要,在规定范围之内,不安排大量人口居住或部署大型、规模化工业项目建设。预先建立核电站应急处理缓冲空间及设施、设备体系,严格控制人口密度。

稳步建设绿色能源示范县。规划近期,重点围绕基本农田集中分布的农村,以建设新型能源设施为基本依托,支持农业发展,推动新农村建设,降低永久基本农田集中分布区域农民生活、生产成本。

第九节 生态空间保护与国土整治

一、重点生态保护空间规模确定

加强北部湾经济区绿色生态空间保护和建设,协调好绿色生态保护空间与各项国土开发建设活动之间的关系。

优先确定禁止建设生态保护空间红线。与自治区主体功能区划相衔接，将国家级、自治区级、地市和县级自然保护区、风景名胜区、森林公园、湿地公园、地质公园等各类生态保护区中国家法律法规禁止开发建设的区域划定为禁止建设绿色生态环境空间。规划近期，禁止建设的绿色生态环境空间总面积为4894平方公里，约占经济区全部陆域总面积的6.67%。严格按照生态保护法律法规相关要求，落实各项生态保护区政策和措施，禁止进行各类开发建设活动。大幅度降低人类活动密度和强度，将具有生态负效应的产业活动逐步迁出。

部署限制建设生态保护空间。除上述禁止建设生态保护空间外，将自然条件较好，环境质量高，植被及各类生物资源丰富的山区、丘陵、水域等空间，划定为限制建设生态保护空间，总规模为19129平方公里，约占经济区全部陆域总面积的26.08%。根据区域实际，以不破坏、不削弱区域生态功能为前提，在严格审批项目用地的基础上，适度发展生态旅游、特色文化、林业、特色种植、养殖等产业。禁止进行大规模工业化、城镇化开发，严禁安排各类破坏性开发建设活动，适当降低人类活动强度和人口密度。对国家级公益林用地集中分布的区域，按照限制建设生态保护空间发展准入要求进行管理。

保持北部湾海域优质生态质量不降低。积极保护海洋生态，严格确定生态保护岸线范围。规划确定390公里的生态保护岸线。以生态岸线为基础，向陆域方向推进5公里，作为生态保护岸线的陆域组成部分。确定重点海域生态保护范围，建立海陆生态协同保护的同一空间体系。

加强港口产业空间发展、城镇化空间拓展与生态保护岸线之间的关系协调。以红树林、珊瑚礁、海草、滨海湿地等重要海洋生态保护空间为重点，设立生态保护岸线缓冲区和缓冲带，构建协同保护和重点保护空间层次体系。

二、重点河流和水源保护空间管制

加大陆域优质淡水水源地保护力度，为经济区中长期可持续发展提供基础性生产、生活、生态水资源支撑。将主要江河、重点水库、湖泊、浅层地下水富集区确定为经济区重点水源地保护空间。保证重点江河在经济区范围内不产生一次或二次污染。

重点江河水源地保护空间。将郁江、左江、右江、清水河、北流河、九洲江、南流江、大风江、钦江、茅岭江、防城河、北仑河等重要河流及其支流上游河段，包括两岸平距在 100 米范围内的国土空间作为重点江河水源地保护空间，面积约为 2931.09 平方公里，占规划区域的 4%。

重点水库、湖泊水源地保护空间。将大龙洞水库、仙湖水库、西津水库、大王滩水库、小江水库、老虎头水库、灵东水库、洪潮江水库、那板水库、客兰水库、驮英水库等确定为重点水库水源地保护空间，包括与水库、湖泊相连的江河以及周边在 100—200 米范围内的国土空间，面积约为 1879.83 平方公里，占规划区域的 2.56%。

浅层地下水富集区保护空间。加强对经济区地下水资源的保护和水质监管，确定北海市银海区龙潭村、禾塘村等 2 个浅层地下水富集区作为地下水资源重点保护空间，总面积约为 128.9 平方公里，占规划区域的 0.18%。

饮用水源保护区设定为禁止建设的水域生态保护空间，其余非饮用水源保护区设定为限制建设的水域生态保护空间。规划近期，作为饮用水源区的江河、水库、地下水等禁止建设的水域生态保护空间为 795.06 平方公里，占规划区域的 1.08%；限制建设的水域生态保护空间为 4015.86 平方公里，占规划区域的 5.47%。

重点河流和水源地保护空间范围内，禁止部署任何具有生态负效应的国土开发建设项目。规划近期，全面完成相关村镇生活污水处理设施建设与配套。生态旅游、特色文化、特色种植、养殖等产业发展空间部署，须远离水源地保护空间范围 5 公里以上。科学安排水源涵养林业种植和生物多样性保护工程。适当降低人类活动密度，根据地区发展实际，对生产生活条件艰苦、贫困落后地区的农村居民，有规模、分步骤、有计划地进行转移，多方面保证水源地水质安全。

三、水污染防治及近海海域水生态治理

加强重点河流、湖泊、水库和地下水水质监测。重点对经济区空间范围内的郁江、左江、右江、南流江、大风江、钦江、茅岭江、防城河、北仑河等江河以及大龙洞水库、仙湖水库、西津水库、大王滩水库、凤亭河水库、屯六水库、小江水库、老虎头水库、灵东水库、洪潮江水库、那板水库、客兰水库、驮英水库等水库和各类生态保护区和水源涵养区内的水质进行动态监测。特别加强河流源头区和沿岸、水库周边森林保护和恢复。开展浅层地下水水质动态监测工作，优先部署重点城市及率先发展的县镇地下水质量监测工程。

根据水质监测结果,优先部署重点河流、湖泊、水库及浅层地下水的水生态保育工作。

近期对周边易被工业区、城镇、农业养殖等污染的郁江、左江、右江、南流江、钦江、茅岭江、防城河、北仑河等江河以及大王滩水库、洪潮江水库、老虎头水库、灵东水库、清水江水库、客兰水库、驮英水库等水库,先行部署水生态保育工程。切断水源地保护空间内的所有排污口,引导工农业生产活动空间外迁和改造;加快部署城镇污水处理工程,逐步部署村庄污水处理工程;开展农村养殖集中区建设,集中处理养殖污染;开展地下水水质监测防治。

加大近海,特别是内湾海域水质监测和污染防治工作力度。规划近期,围绕港口建设、沿海工业、水产养殖等产业发展,重点对茅尾海(内湾)等内湾海域海水水质进行动态监测。优先部署重点海域近海水质污染治理工程。研究出台广西北部湾经济区海洋产业分类废水处理排放标准或清洁生产技术规程。集中建设沿海工业污水处理厂及配套设施体系。

四、综合防灾减灾体系建设与重点防治措施

以地质灾害、洪水、台风、风暴潮、海啸等灾害为防治重点,建立广西北部湾经济区城乡一体化灾害防治体系。山区县镇集中分布地区,着力加强地质灾害防治,以崩塌、危岩、滑坡、泥石流、地面塌陷、不稳定斜坡等地质灾害为重点,优先部署整治重大地质灾害隐患点231处,包括崩塌81处,滑坡82处,不稳定斜坡27处,地面塌陷15处,泥石流5处,危岩21处,尽快部署完善灾害防治措施体系。

加强重点城市防洪体系建设,根据生态保护要求,在发挥防洪工程作用的同时,避免造成生态负效应。规划近期,基本完成城市周边、江河岸边多层次植被带建设,加快城市无涝化进程。

提高现有海堤标准,通过完善沿海湿地、林地、堤防工程建设,构建沿海城市防潮、防台风综合体系。规划近期,北海、钦州、防城港3市完成防潮标准体系建设。

加强地震预警预测,尽快完善经济区城市地震灾害防治机制。对重点城市高层建筑、大型基础设施、地下交通等项目建设,适当提高防震等级至8级以上。特别要提高防城港核电站防震抗震等级,核电站投入使用前,相关抗震应急措施体系应先行达标,预留充足的核电灾害疏导、缓冲空间。

五、土地石漠化、沙化整治

遵循自然规律,以生态恢复和重建为核心目标,以县为主体实施单位,以小流域为治理单元,全面开展林草植被的保护与建设、草食畜牧业发展、水土资源开发与利用、基本农田建设、农村能源建设,采用生物措施、工程措施和社会措施有机结合的方式,综合治理石漠化土地。恢复和重建岩溶山区生态系统,改善生态状况,发展生产,增加农民收入,促进岩溶山区经济社会可持续发展。

石漠化土地治理工程主要部署在崇左市的江州区、天等县、大新县、宁明县、龙州县、扶绥县、凭祥市和南宁市的马山县、上林县、武鸣县、隆安县等县(市、区),计划近期、远期分别治理石漠化土地 1794.67 平方公里和 3613.18 平方公里。沙化土地分布在钦州、北海、防城港市的 9 个县(市、区),面积 292.3 万亩。沙化整治采取人工造林、封山育林、低效林改造等专项措施,林、草药相结合,生物措施与工程措施相结合,治理极重度流动沙地 1.1 万亩,重度半固定沙地 0.5 万亩,中度固定水沙地 3.6 万亩,轻度固定沙地 62.5 万亩。

六、重点农业生产空间水土污染整治

加强耕地,特别是基本农田水土污染预防、整治。规划近期,以重点县为单位,以土壤污染源普查成果为基础,开展基本农田土壤重金属、农药、化肥、规模养殖等污染调查,分期分批部署基本农田土壤污染防治工程,确保大宗农产品及特色农产品质量安全。

逐步实施大宗农产品和特色农业灌溉用水、农村生产生活用水水质安全监测工程。规划近期,优先对永久基本农田集中分布区域,部署生产生活用水水质监测、水污染防治工程。

以县为单位,优先在基本农田集中分布区域及规模特色种植、养殖业集中分布区域,部署农村面源污染、农民生活垃圾污染防治、整治调查、评价和监测工程。根据调查评价结果,部署实施农村清洁工程。对基本农田周边存在的污染性工业企业,采取搬迁或关停等措施,降低造成土壤、水源污染的可能性。

七、矿山环境恢复和矿区土地复垦

建立北部湾经济区矿山地质环境保护管理体系和监测体系。分类别、分矿种、分地区、差别化推进矿山地质环境保护与恢复治理。特别加强地质环境问题比较突出、位于自然环境较好的山区大中型矿山的动态管理和监测。

规划近期,实现矿山地质环境状况根本性好转。全面控制和降低矿山"三废"排放总量,建立历史遗留矿山土地整治与城乡建设用地增减挂钩相结合的整治模式。历史遗留矿山地质环境恢复治理率达到 63% 以上,开展完成矿山土地复垦面积 7726 公顷以上。

第十节 区域合作与边境国土安全建设

一、区域合作总体战略

根据北部湾经济区发展实际需求,综合考虑东盟 10 国、泛珠三角等周边区域和国家未来中长期发展战略部署,按照区域互补、突出优势、合理开发、资源节约、加强落实的原则,通过产业合作、多边经贸、跨国旅游、基础设施建设等途径,以各类合作经济区为载体,科学落实区域合作战略。

加强现代高技术产业合作。积极推进高技术制造业、现代农业、高附加值农产品加工业、环保产业、新能源等产业合作。除积极与中国台湾、东南亚国家进行合作外,还积极争取荷兰、德国、法国、美国等欧美发达国家到经济区开展现代农业、高附加值农产品加工业、环保产业合作。

鼓励开发、进口国外资源。充分利用中国—东盟自由贸易区规则,鼓励国内大型矿业企业勘查开发东盟国家矿产资源。利用港口优势,鼓励大型矿业企业进口石油、天然气、煤炭、铁矿石、铜矿等大宗能源和紧缺矿产资源。

推进现代农产品供应基地建设。深挖经济区农业资源优势,瞄准中长期东部发达地区对大宗农产品、高质量农产品、特色农产品的需求增长态势,加大农业发展投入力度,建设多类别、多品种农业生产供应基地。

适时进行重大基础设施部署和连接。加快推进中国—东盟合作战略建设步伐,在互惠互利、多方共赢、保证安全的前提下,加快南宁—新加坡交通廊道建设,推进南宁—崇左经济带开发建设。规划近期,基本完成跨国经济合作区高速公路、铁路等重大基础设施建设。

二、重点区域合作园区空间部署

科学确定广西东兴国家重点开发开放试验区空间规模和不同类型开发保护空间的规模和结构,利用现有建设空间,科学安排中越边境、跨境经济合作区开发空间。积极推进凭祥国家重点开发开放试验区建设,打造中国—中南半岛经济走廊中心门户,在科学用地、合理布局、优化结构的基础上,合理确定试验区空间规模,提出试验区空间范围内生态保护空间、水源地保护空间、农业生产空间、工业生产空间、仓储物流空间、居民居住空间、废物处理设施等不同类型用地空间规模和结构。严格各项用地管理,提高建设用地效率和水平。

三、边境国土安全建设

优先做好边境地区国土安全体系建设和整治。规划近期,安排部署中越边境线河流中方岸基和河道整治建设工程。严格按照国境线河流中线划定位置,对北仑河、平而河、归春河、峒桂河、披劳河等国境线河流的中方岸基实施整治改造和建设,减少水流对中方岸基的侵蚀和冲刷作用,防止洪涝、塌陷等灾害发生,保证国土安全,防止水土流失。

大力推进边境线重点县、镇建成区的规模化、特色化发展和建设部署。鼓励居民到0—5公里边境线范围内长期定居。重点建设边境特色城镇体系,出台土地、财税、金融、保险等优惠政策,鼓励发展相关产业。在严格土地用途管制和国土空间开发利用管控的基础上,引导边境地区产业规模化发展,以"兴边富民"带动边境国土安全体系建设。

统筹安排边境国土战备空间预留与部署。预留战备道路、战略山体防空体系、战备转移区等国土安全空间,做好和平时期国土战略预警基础支撑。

第十一节 规划实施保障措施

一、规划实施法制保障

研究制定《广西北部湾经济区国土规划实施管理办法》,统筹建立共同责任机制,推进规划有效实施。依据《规划》合理安排国土资源开发利用规模、布局、结构和时序,注重发挥市场配置资源的决定作用。在充分实现共同利益的前提下,协调《规划》实施。

二、国土资源配置制度保障

按照国土资源"一区两基地"建设的总体思路与基本要求,以国家相关法律法规为基本依据,在严格管理、试点先行、科学实验、合理引导的基础上,有重点、分领域、制度化部署国土资源管理制度改革先行先试。

（一）土地资源管理制度保障

1.加快完善用地管理及土地市场新机制

根据北部湾经济区城镇工业发展实际需求,优先支持南宁五象新区、东兴开放开发试验区等城市新区加快发展,鼓励用综合统筹的办法保障经济社会发展对用地的需求,并在新增建设用地指标安排上重点倾斜;优先在南宁、玉林两市重点县和乡镇,研究建立城乡统一的建设用地市场。待以上先行先试试点取得经验成果并形成制度性措施后,逐步向经济区6市推行。

2. 科学拓展建设用地新空间

按照"从严控总量、集中挖存量、适度扩增量、重点放流量"的原则,积极推进节约用地制度。在充分尊重农民权益和被拆迁人利益的前提下,开展城乡建设用地增减挂钩试点;以南宁市为重点,开展城中村改造等"三旧"改造工程;以防城港、北海、钦州为重点,开展城镇与工业开发"下滩"试点;以凭祥等山区市、县为重点,探索低丘缓坡土地开发,稳步推进山地工业、坡地城镇建设;结合南宁市"中国水城"建设,探索建立水面使用管理改革配套政策措施。同时,有序推进南宁、钦州、北海、玉林等市土地二次开发,探索预出让等二级土地市场交易制度,盘活存量用地和历史遗留闲置地,大幅度提升城市核心区土地利用效益水平。

3. 探索建立集体土地流转机制

在国土资源部统一指导下,选择南宁、玉林、北海、崇左等特色农业和农产品加工业集中分布地区,进行集体建设用地管理制度先行先试。严格规范集体建设用地入市。加强土地收益分配管理,探索建立农村集体土地流转与收益分配制度体系。对流转模式、土地收益分配方式、农民就业等重要内容进行制度保障,加强各级政府联管。严格规范集体建设用地流转模式和种类,差别化部署土地流转数量指标。加强集体建设用地流转用途监管,不得用于商品住宅和高尔夫球场等项目开发。加强集体建设用地流转的产权管理。

4. 完善耕地保护补偿和土地整治新机制

根据6市土地整理实际情况,稳步推进低效园地山坡地整理,科学补充耕地,适度开发宜耕后备资源。

探索建立耕地保护调剂制度。在确保自治区内耕地总量和质量动态平衡的前提下,探索建立区内跨市耕地占补平衡机制。探索建立财政投入与社会投入相结合的土地开发整理多元投入机制,设立耕地保护补偿资金。

有序推进北海—钦州—防城港3市在同城化模式下进行海域滩涂资源开发。在新增建设用地土地有偿使用费的安排上,对符合条件的海域滩涂开发予以支持,新增耕地可用于经济区耕地占补平衡。

5. 健全旅游生态产业用地管理新机制

在不改变农用地性质、用途和不破坏耕作层的前提下,对南宁、崇左、玉林等具备资源优势的地区,按照依法自愿有偿的原则,允许农民以转包、出租、互换、转让、股份合作等方式参与旅游、生态产业项目开发。在特色村镇的开发建设中,探索集体建设用地通过出租、出让、作价出资或入股、合作、联营等方式进行旅游产业开发经营。加强对创新经济区旅游、生态产业用地模式的指导和支持。

6. 丰富完善矿山企业用地管理制度

进一步建立、完善崇左市等矿产开采产业集中区矿业临时用地使用政策及管理制度。根据不同矿种开采作业的差别化需要,全面创新土地整治复垦保证金使用制度,推进市场化和多元化参与,制定出台特定的配套机制,完善缴纳标准和使用管理制度规范。做好矿政管理与土地管理的制度衔接与协调。

7. 稳步推进用地审批、征地制度改革与创新

在国土资源部统一指导下,稳步推进经济区农用地转用和土地征收审批制度改革。探索建立重要的大型国际合作产业园项目依据土地利用总体规划和土地利用年度计划,组织拟订农用地转用方案,一次报批后组织实施的模式。

建立征地补偿和被征地农民安置新机制。改革土地收益分配使用管理制度。对于农业规模化种(植)养(殖)用地、生态产业用地、城市防护绿地、江河两岸防洪堤用地,探索尝试"只征不转"或者"征转分离"用地管理措施。

8. 逐步建立促进边境地区发展特殊用地管理制度

根据地区实际情况,探索土地管理制度优惠政策,可以采用年租、出让或租售并举的方式,鼓励崇左市边境地区重点县镇相关边贸产业发展,进一步提高贫困县经济发展水平。积极探索边境地区中的战备空间预留用地审批改革新机制。

(二)水资源配置与制度保障

建立重点河流、湖泊、水库、湿地水资源保护和开发利用6市共同责任机制。合理配置水资源,科学确定流域水资源开发利用规模,建立实施水资源调配及跨流域调水联动机制。合理开发利用地下水资源。建立自治区—地市—县水污染防治共同责任机制。

（三）矿产资源配置与制度保障

实行差别化的矿产资源开采管理制度，严格按照矿产资源规划分区管理要求设置矿业权。加强矿业权市场建设，加快建立公开、公平、公正、规范有序的矿业权交易市场。合理设置招标、拍卖、挂牌矿业权出让方式，健全二级市场。对国家战略性、保护性开采矿种，进一步加强开采统筹和管理。城镇化、工业化、重大基础设施集中分布区域，逐步退出露天开采。严格实施矿山土地复垦法律法规，依法落实土地复垦责任，逐步建立土地复垦监管体系，做到"边开采，边复垦"。

（四）海洋资源配置与制度保障

严格按照海洋功能区划明确的各海区主导功能开发利用海洋资源。在海域使用上，按照功能要求，该港则港，宜渔则渔，应旅游则旅游，适预留则预留。探索海域使用权整体出让招拍挂制度。重点保障港口产业、临海工业发展空间需求。

三、跨市国土资源开发利用与保护协调机制

按照6市一体化建设的基本战略要求，促进不同地区共同实现可持续发展目标，建立"6市一体、部门联动、上下衔接、区域互补"的国土空间开发利用与保护协调机制。自治区人民政府统一组织协调，完善工作衔接机制，明确各级各地重点部门工作责任，制定相关管理措施。

四、财税金融机制保障

以有利于国土资源的可持续利用为原则，积极探索跨区域、跨部门的财税金融联动机制，增强协同保障能力。一是加大财政支持力度。积极申请中央财政转移支付资金的同时，整合广西现有政策资源和财政专项资金，大力支持耕地保护补偿、高标准基本农田建设、农村基础设施完善、矿山土地复垦等公益性项目建设，从上至下构建北部湾经济区国土整治财政投入长效机制。二是完善税收制度体系。在全面落实现行国土资源开发利用相关税收政策的基础上，结合税制改革方向和税种特征，研究完善鼓励创新、引导投资的税收支持政策。三是积极推进金融制度改革。通过调整货币投放量引导土地投放总量，强化对土地市场的宏观调控作用；通过调整投资走向引导土地投放方向，推进城乡与区域经济协调发展；通过调整不同建设项目的信贷政策，落实产业政策和土地供应政策，推进产业结构调整。

五、国土规划信息系统建设

加强国土规划实施、监测信息系统建设。以自治区现有"金土工程"等国土资源管理评价信息系统为基础平台,构建经济区、设区市、县(市)、乡(镇)四级国土发展空间信息数据库,组成多部门联动的国土开发、利用、保护和整治监管平台,适时对国土规划实施、国土资源管理进行监测、分析和评估,在自治区范围内率先实现国土空间管理现代化。

第十二节　附　则

一、《规划》实施

本《规划》由国土资源部、广西壮族自治区人民政府联合组织领导,广西壮族自治区国土资源厅负责编制。《规划》经广西壮族自治区人民政府同意发布实施,报国土资源部备案。

二、部门配合与实施监督

充分发挥广西壮族自治区发展和改革委员会、国土资源厅、北部湾经济区和东盟开放合作办公室、工业和信息化委员会、教育厅、科学技术厅、民族事务委员会、公安厅、国家安全厅、监察厅、民政厅、司法厅、财政厅、人力资源和社会保障厅、住房和城乡建设厅、环境保护厅、交通运输厅、水利厅、农业厅、林业厅、商务厅、文化厅、卫生厅、人口和计划生育委员会、审计厅、外事办公室,以及统计局、旅游局、粮食局、扶贫开发办公室等政府部门和直属机构的积极作用;充分发挥自治区人大的法律监督、自治区政协的民主监督、新闻媒体的舆论监督、社会团体和公众的社会监督作用;各有关方面形成合力,共同推进《规划》有效实施。

附表 1-1　北部湾经济区重点城镇中心城区空间规模引导部署表

（单位:平方公里）

城镇名称	2013 年	2020 年	2030 年
南宁市城区	215	300	450
防城港市城区	50	116. 25	130
钦州市城区	77	120	163
北海市城区	108	140	156
玉林市城区	65	130	154

续表

城镇名称	2013 年	2020 年	2030 年
崇左市城区	27	50	72
边境城市:东兴市、凭祥市	20	33	50
中小城市: 宾阳、横县、上林、马山、隆安、合浦、灵山、浦北、上思、博白、北流、容县、陆川、兴业、扶绥、天等、大新、龙州、宁明	248	300	430
重点镇: 吴圩、黎塘、六景、那桐、南康、山口、犀牛脚、张黄、陆屋、大寺、江平、企沙、小董、峒中;三塘、大塘、那良、硕龙、龙潭、文地、乌石、西场、水口、爱店、夏石、福成、金陵、锣圩、白圩、周鹿、白沙、在妙、大平山、隆盛、黎村、沙河、东门、新和、龙茗、太平、驮卢、海渊、下雷、渠黎	76	220	428

附表 1-2 北部湾经济区农村发展类型部署表

(单位:公顷、%)

地 市	城郊发展型		综合发展型		农业发展型	
	面积	比例	面积	比例	面积	比例
南 宁	1956	31	14800	30	42444	31
北 海	605	10	4700	10	13494	10
钦 州	977	16	8753	18	25280	18
防城港	399	7	1590	3	4371	3
玉 林	1757	29	12841	27	36766	26
崇 左	399	7	5753	12	16860	12
合 计	6093	100	48437	100	139215	100

附表 1-3 北部湾经济区农村居民点空间规模表

(单位:千公顷)

地 市	空间规模		
	基 期	近 期	远 期
南 宁	70	56	51
北 海	23	15	11
钦 州	38	33	32
防城港	10	7	6
玉 林	72	63	62

续表

地　市	空间规模		
	基　期	近　期	远　期
崇　左	27	23	22
合　计	240	197	184

附表 1-4　国家级、自治区级园区空间规模及引导方向表

地　市	园区名称	规划面积 （平方公里）	引导方向
南　宁	南宁高新技术产业开发区	18	规划近期,率先实现产业结构升级与优化,率先成为经济区工业用地节约集约带动龙头
	南宁经济技术开发区	11	
	广西—东盟经济开发区	180	
	南宁六景工业园区	65	
	南宁综合保税区	2.37	
	江南工业园	41.03	
北　海 钦　州 防城港	广西北海出口加工区	3.29	逐步提升产业等级和附加值。规划近期,达到国家沿海地区临海工业用地节约集约先进水平
	广西北海工业园区	20	
	北海铁山港（临海）工业区	123	
	北海高新技术产业园区	1.23	
	合浦工业园区	10.78	
	广西钦州港经济技术开发区	10	
	广西钦州保税港区	10	
	钦州港综合物流加工区	18	
	中马钦州产业园区	55	
	东兴国家重点开发开放试验区	1226	
	防城港企沙工业区	93	
	防城港大西南临港工业园区	17	
崇　左	广西凭祥综合保税区	8.50	至2020年逐步实现用地节约集约化
玉　林	广西玉林龙潭产业园区	50	

附表1-5 国家级、自治区级园区建设空间效益目标表

（单位：万元/公顷）

产业园区类型	园区级别	2020年	2030年
高新技术产业园区	国家级	10000	≥10000
	自治区级	8500	≥8500
	其他类别	6900	≥6900
综合类产业园区 （包括经济开发区、工业园区等）	国家级	5500	≥5500
	自治区级	4500	≥4500
	其他类别	3500	≥3500
外向型产业园区（包括出口加工区、 边境经济合作区、保税区等）	国家级	4500	≥4500
	自治区级	3700	≥3700
	其他类别	2900	≥2900

附表1-6 北部湾经济区矿产资源型产业集聚区部署表

区　域	重点产业	分布区域
贸易—深加工资源产业集聚区	石油化工、钢铁、有色金属冶炼及深加工	南宁市：江南区 北海市：铁山港区 钦州市：灵山县、钦南区 防城港市：港口区、防城区 玉林市：龙潭镇
锰矿资源产业集聚区	黑色金属选冶及深加工业	崇左市：大新县、天等县、新和镇 南宁市：马山县 防城港市：防城区
高岭土资源产业集聚区	高岭土深加工产业、陶瓷等	北海市：合浦县、铁山港区、银海区 玉林市：兴业县、博白县、陆川县、北流市
建材资源产业集聚区	水泥及其他建材行业	玉林市：玉州区、兴业县、博白县、北流市 南宁市：横县、宾阳县 崇左市：扶绥县、天等县

附表1-7 北部湾经济区永久基本农田保护规模表

城　市	面积（万元/公顷）
南　宁	54.22
北　海	10.54

续表

城　市	面积（万元/公顷）
钦　州	18.77
防城港	7.26
玉　林	21.75
崇　左	41.19
合　计	153.7

附表 1-8　北部湾经济区海水养殖产业空间保护规模及部署表

城　市	岸线长度（公里）	发展方向
北　海	142.65	依托近岸滩涂和浅海空间以及大型深水抗风浪网箱发展虾、罗非鱼优势品种规模养殖和象鼻螺、珍珠等名特优品种特色渔业及休闲旅游渔业。
钦　州	4.30	依托近岸滩涂和浅海空间发展牡蛎、对虾、青蟹、石斑鱼等特色渔业，以及部分休闲旅游渔业。
防城港	98.40	依托近岸滩涂和浅海空间发展珍珠、对虾、青蟹、罗非鱼等为主的特色渔业，适时发展休闲渔业。

附表 1-9　北部湾经济区短轮伐期用材林空间规模及部署表

地　区	规模（万元/公顷）		主要位置
	近期	远期	
南　宁	33.1	34.7	邕宁区、宾阳县、横县、武鸣区、隆安县、马山县、上林县
北　海	5.1	5.3	合浦县
钦　州	23.3	24.5	钦南区、钦北区、灵山县、浦北县
防城港	24.3	25.4	上思县
玉　林	20.4	21.4	博白县、兴业县、陆川县、北流市
崇　左	33.8	35.4	凭祥市、宁明县、大新县
合　计	140	147	

附表 1-10 北部湾经济区规划填海规模及部署表

城 市	填海总规模 （平方公里）	主要用途
北 海	78.54	铁山港工业区、廉州湾新城区、北海港区、榄根港区、涠洲岛港区等工业、仓储、港口作业区开发建设。
钦 州	46.97	钦州港工业区、茅尾海滨海新城、龙门及观音堂港口开发区、三墩外港区、沙井港区、那丽港区等工业、仓储、港口作业区开发建设。
防城港	90.72	企沙工业区及其东部离岸人工岛、防城港港区、京岛港区、白龙尾工业建设区等港区、仓储、钢铁、能源、化工基地建设。
合 计	216	

附表 1-11 北部湾经济区生态保护空间规模部署表

级 别	面积（平方公里）	
禁止建设生态保护空间	自然保护区：	3421.59
	森林公园：	216.01
	地质公园：	83
	风景名胜区：	119.09
限制建设生态保护空间	重要生态功能区：	19129.56

注：各类禁止建设生态保护空间已扣除重叠部分。限制建设生态保护空间总面积不含与保护区、森林公园和风景区重复面积。

附表 1-12 北部湾经济区重点河流和水源地保护空间部署表

重点江河、湖泊、水库	保护面积 （平方公里）
郁江（含邕江）、左江、右江、清水河、北流河、九洲江、南流江、大风江、钦江、茅岭江、防城河、北仑河。	2931.09
大龙洞水库、东敢水库、六朗水库、仙湖水库、暮定水库、那隆水库、清平水库、桃园水库、六佑水库、陶鹿水库、西津水库、青年水库、北滩水库、吐天塘水库、六盘水库、大王滩水库、凤亭河水库、屯六水库、西云江水库、青龙江水库、英雄水库、龙潭水库、小江水库、冲粟水库、老虎头水库、清湖水库、共和水库、苏烟水库、民安水库、佛子湾水库、灵东水库、洪潮江水库、清水江水库、黄淡水库、三波水库、那板水库、客兰水库、驮英水库、新安水库、寺林水库、那江水库、乔苗水库、若兰水库、那利水库、金龙水库、青龙山水库、大王山水库、合浦水库、闸口水库、牛尾岭水库等。	1879.83

附表1-13　北部湾经济区重点保育水生态空间部署表

区域名称	面积 （平方公里）	具体位置
郁江（含邕江）	387.55	横县、青秀区、邕宁区、良庆区、江南区、西乡塘区
左江	598.35	西乡塘区、江南区、扶绥县、江州区、大新县、龙州县、宁明县、凭祥市
右江	281.98	西乡塘区、武鸣区、隆安县
南流江	317.92	北流市、兴业县、玉州区、博白县、浦北县、合浦县
大风江	76.53	灵山县、钦南区
钦江	139.07	灵山县、钦北区、钦南区
茅岭江	73.94	钦北区、钦南区、防城区
防城河	65.12	防城区
北仑河	19.03	防城区、东兴市
大王滩水库	141.47	良庆区、江南区
老虎头水库	40.09	博白县
灵东水库	27.53	灵山县
洪潮江水库	197.68	合浦县、灵山县、钦南区
小江水库	218.32	博白县、浦北县
清水江水库	27.71	合浦县

附表1-14　北部湾经济区近海海域水生态治理部署表

治理区域名称（近海海域）	面积（平方公里）
东兴潭尾岛周边海域生态修复区	10.8
防城港西湾海域综合治理区	27.8
防城港东湾海域综合治理区	53.9
龙门岛周边海域生态修复区	14.5
茅尾海海域综合治理区	79.3
南流江口（廉州湾）海域综合治理区	167.3
北海银滩至大冠沙海域综合治理区	36.3

附表1-15 北部湾经济区主要灾害防治工程空间部署表

地区	重点防灾减灾类型	主要防灾减灾工程部署
南宁	洪涝	主城区及县镇防洪工程;重点河段防洪工程;防洪控制性工程;病险水库(水闸)除险加固及中小河流治理。
	旱灾	重点旱片治理工程(桂中旱片、石山区旱片)。
	崩塌、危岩、滑坡	治理崩塌34处、危岩13处、滑坡21处。
北海	台风、风暴潮、洪涝	海堤标准化工程(150公里—300公里);城市防洪防潮工程(18公里);南流江防洪工程(20公里);水库除险加固工程(2座大中型水库18座小型水库)。
	旱灾	涠洲岛、合浦县乌家镇、山口镇、白沙镇等旱片治理工程。
	崩塌	治理崩塌4处。
钦州	台风、风暴潮、洪涝	标准海堤工程(50公里);中心城区、灵山县城、浦北县城及其他城镇标准化河堤(50公里)。
	旱灾	钦南区、钦北旱片治理工程;新建钦北区王岗山水库(中型);浦北县南水北调工程和北水南调工程;平陆运河工程;水库除险加固工程(144座)。
	崩塌、滑坡	治理滑坡18处、崩塌14处、不稳定斜坡9处。
防城港	台风、风暴潮、洪涝	沙潭江中心区、东兴市、防城区的防洪防潮工程;上思县城防洪工程;重点海堤建设项目18处;改建和重建大中型病险排涝纳潮涵闸13座;防城江、明江、北仑河(国际界河)等河流治理项目14个;水库除险加固工程(119座)。
	旱灾	上思县治旱工程。
	崩塌、泥石流	治理崩塌8处、不稳定斜坡3处、泥石流2处。
崇左	旱灾	左江治旱工程(新建驮英水库及其灌区、规划黑水河灌区、现有灌区及左江干流提水灌区续建配套与节水改造工程、旱地高效节水灌溉工程等,规划总灌溉面积169.17万亩)。
	洪涝	崇左中心城区、龙州县城、宁明县城、扶绥县城、天等县城、大新县城、凭祥城区等防洪工程;乡村防洪工程;水库除险加固工程(130座)。
	崩塌、危岩、滑坡	治理滑坡25处、地面塌陷8处、滑坡25处、崩塌7处。
玉林	洪涝	南流江、北流河及其他中小河流防洪工程(规划防洪堤或疏河护岸总长1468公里);水库除险加固工程。
	旱灾	龙潭旱区和兴业高峰—沙塘旱片治理工程。新建大容山平河水库、兴业县黄章水库、博白县蕉林水库等3座中型水库,扩建寒山水库。
	地面塌陷、滑坡、崩塌	治理地面塌陷8处、滑坡25处、崩塌7处。

附表1-16　北部湾经济区石漠化土地整治空间部署表

区域名称		治理面积（平方公里）
南　宁	上林县	503.33
	马山县	481.82
	武鸣区	389.15
	隆安县	59.55
崇　左	天等县	964.48
	大新县	425.63
	扶绥县	329.13
	江州区	289.75
	龙州县	159.83
	凭祥市	10.51
合　计		3613.18

附表1-17　北部湾经济区重点农业生产空间水土污染整治部署表

地　区	重点防治领域	工程部署
南　宁	农业面源污染 农村养殖污染 乡镇生活污水和垃圾处理	农村养殖污染治理工程 乡镇生活污水和垃圾污染治理工程
崇　左	有色金属矿区重金属污染 农业面源污染 农村养殖污染 乡镇生活污水和垃圾污染	大新县铅锌、锰矿区重金属污染治理工程 天等县矿业水土污染防治工程 农村养殖污染治理工程 乡镇生活污水和垃圾污染治理工程
北　海 钦　州 防城港 玉　林	农业面源污染 农村养殖污染 乡镇生活污水和垃圾污染	农村养殖污染治理工程 乡镇生活污水和垃圾污染治理工程

附表1-18　北部湾经济区重要矿山环境治理与土地复垦部署表

地　区	2014—2020年土地复垦规模（公顷）	分布方位
南　宁	4799	马山县、上林县、武鸣区、横县、隆安县
北　海	61	合浦县、银海区
钦　州	100	钦北区、钦南区、浦北县、灵山县
防城港	200	上思县、东兴市、防城区

地　区	2014—2020 年土地复垦规模（公顷）	分布方位
玉　林	66	北流市、陆川县、博白县、兴业县、容县、玉州区
崇　左	2500	大新县、天等县、凭祥市、江州区、扶绥县、龙州县
合　计	7726	

附表 1-19　北部湾经济区重点合作区国土空间开发利用结构引导表

合作区名称	发展规模（平方公里）	生态空间（%）	农业生产空间（%）	工业仓储物流空间（%）	居民居住空间（%）	公共设施空间（%）	其他空间（%）
东兴国家重点开发开放试验区	1200	10—25	20—30	20—25	15—20	10—15	5—10
凭祥国家重点开发开放试验区	1279	20—35	15—30	15—20	15—20	10—15	5—10
预　留	200	10—25	20—30	20—25	15—20	10—15	5—10

注：“东兴国家重点开发开放试验区”具体空间范围包括防城港市辖的东兴市、港口区，以及防城区防城镇、江山乡、茅岭乡等。“凭祥国家重点开发开放试验区”包括以凭祥市为核心，以崇左市辖主要园区为重点的“一核多区”的空间范围。

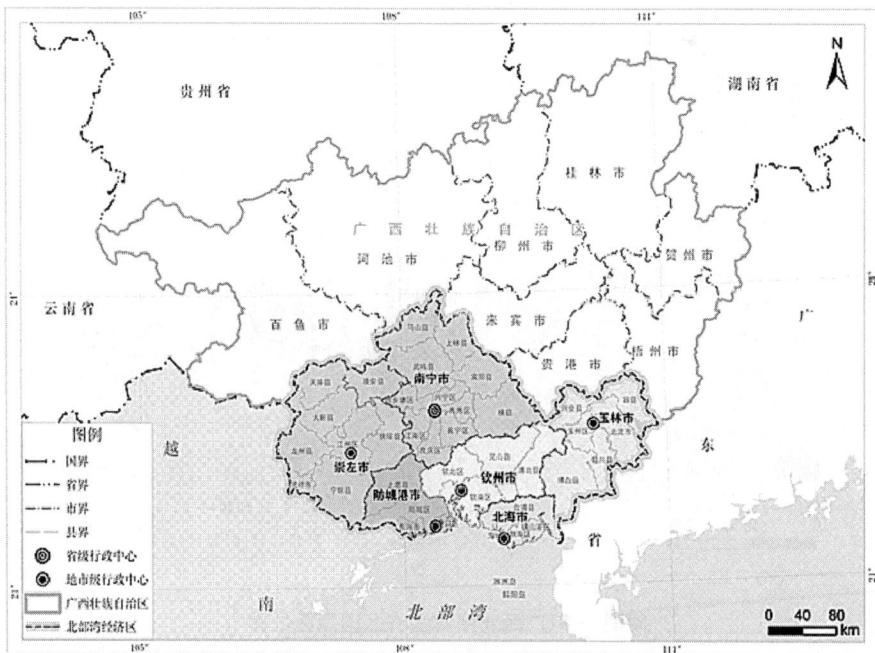

附图 1-1：广西北部湾经济区国土规划范围图

附图1-2:广西北部湾经济区国际区位图

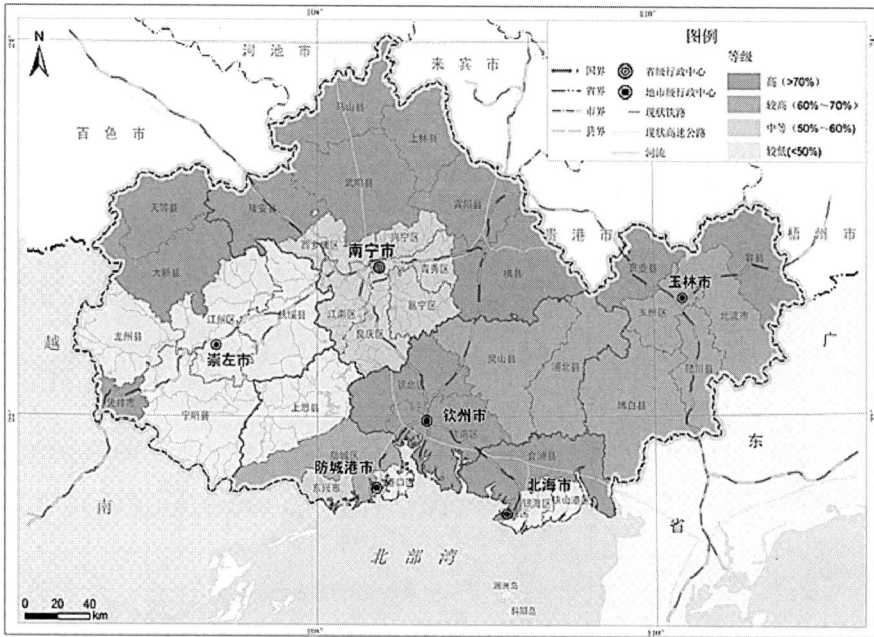

附图1-3:广西北部湾经济区土地资源人口承载力评价图

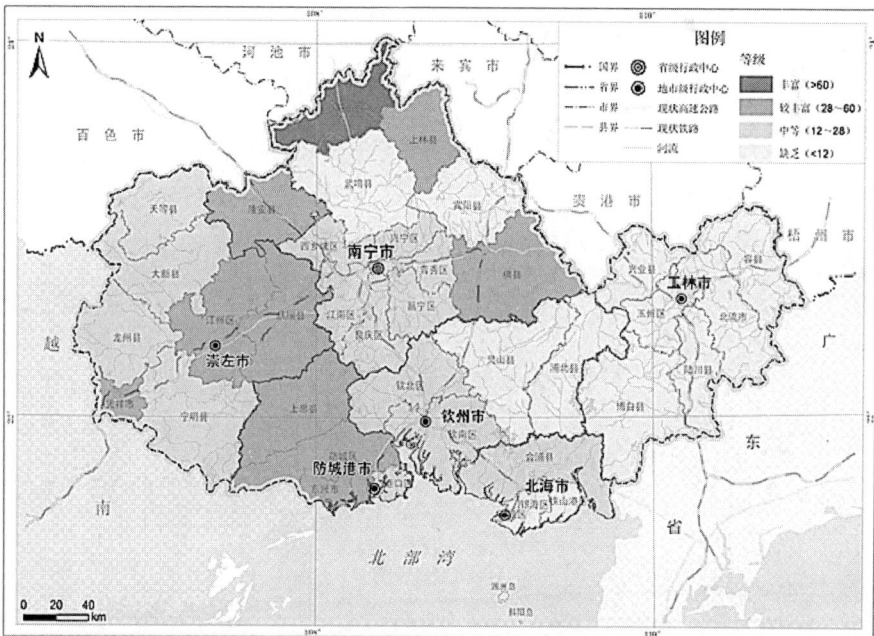

附图1-4:广西北部湾经济区水资源丰度评价图

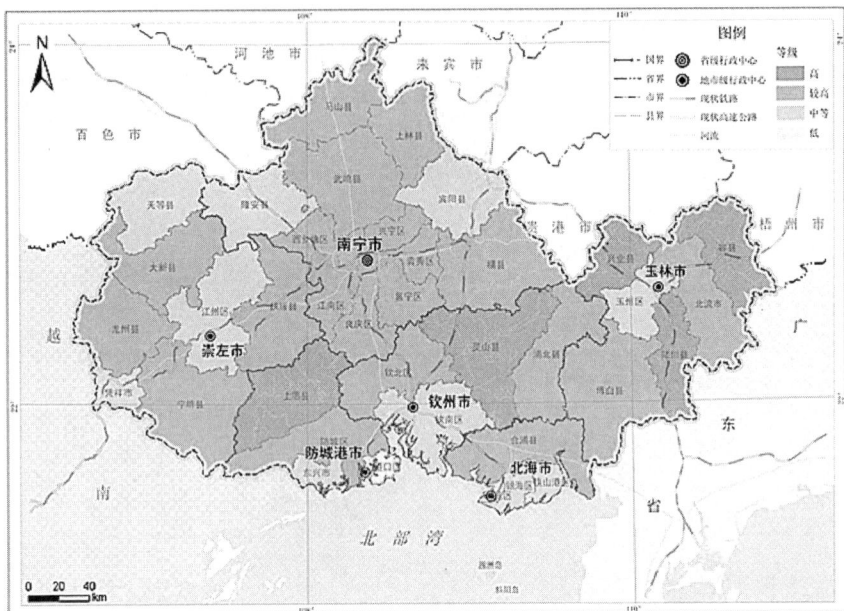

附图 1-5:广西北部湾经济区生态重要性评价图

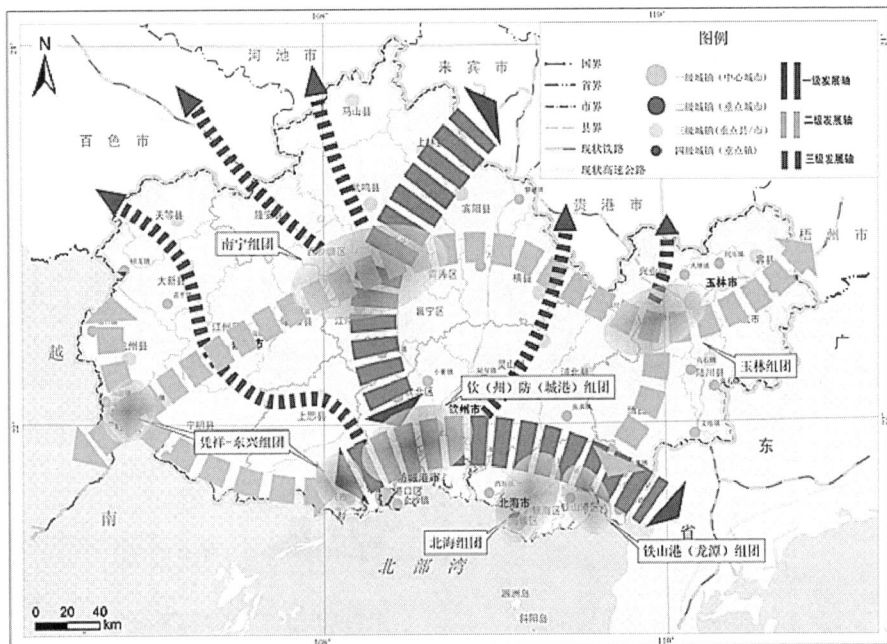

附图 1-6:广西北部湾经济区多中心网络型国土开发格局图

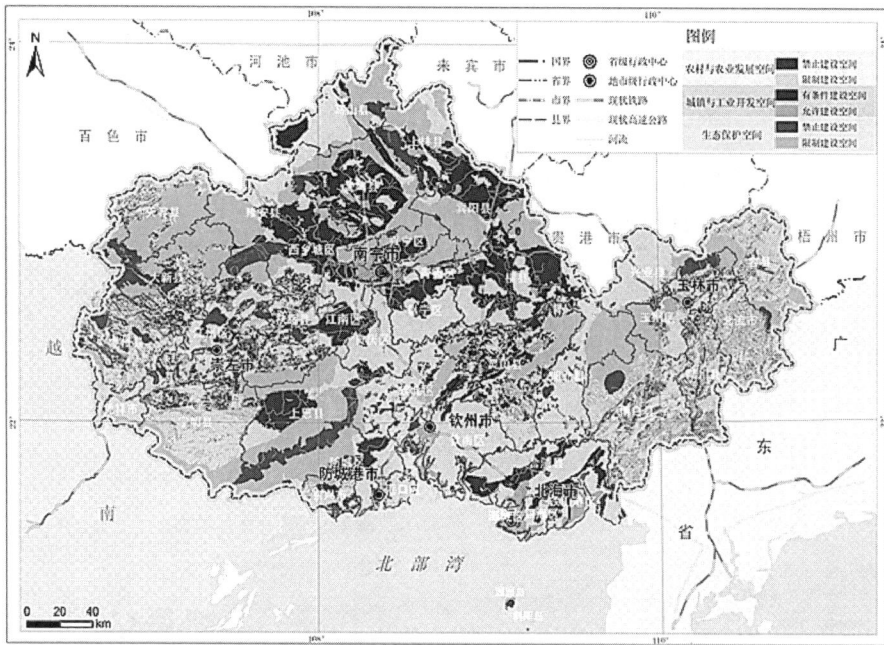

附图 1-7: 广西北部湾经济区陆域国土空间开发管制分区图

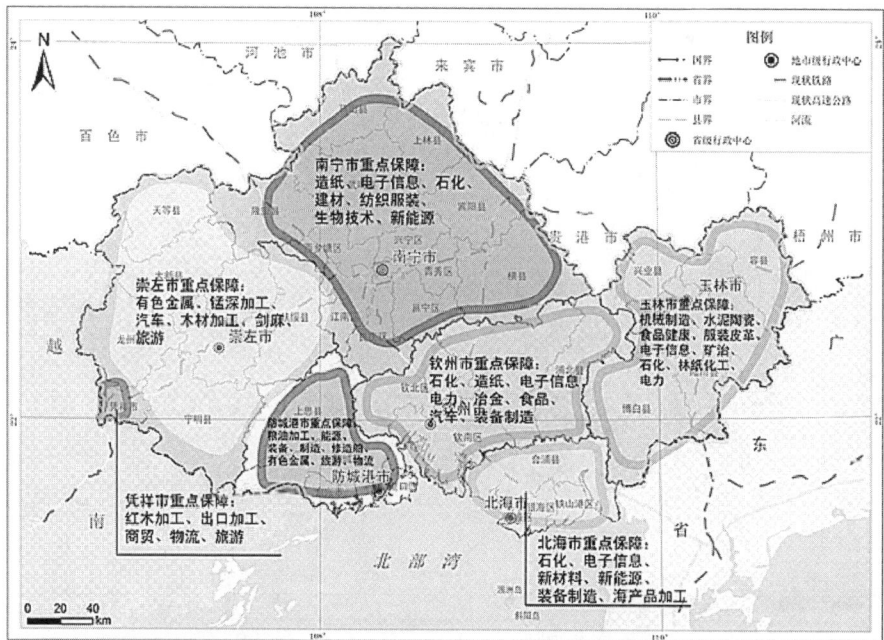

附图 1-8: 广西北部湾经济区工业发展导向图

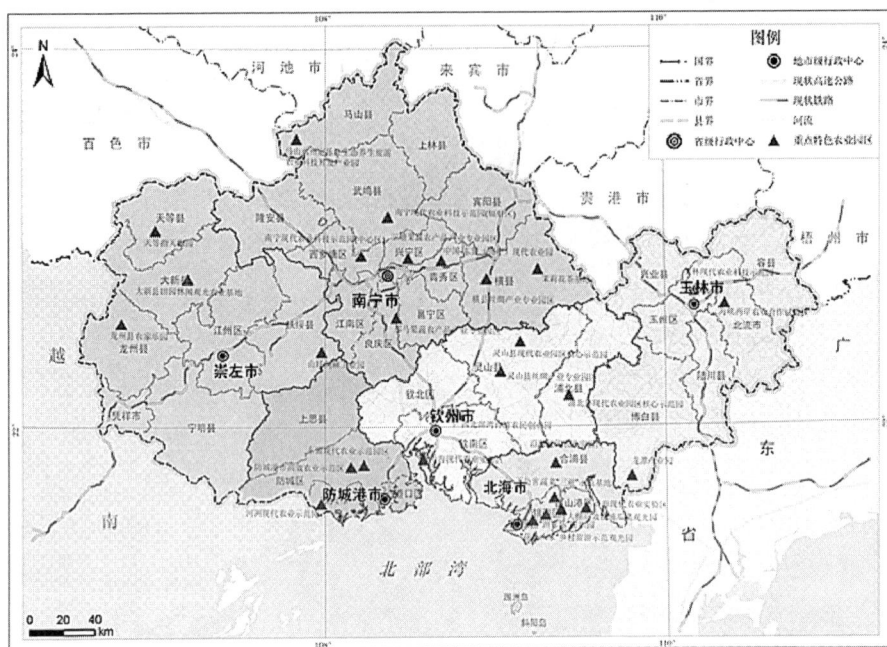

附图 1-9:广西北部湾经济区特色农业园空间部署图

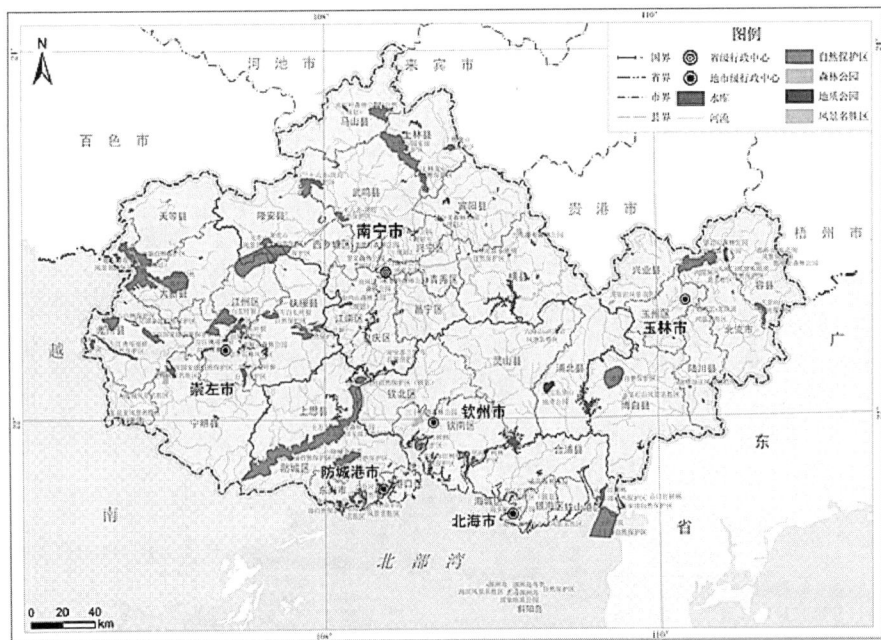

附图 1-10:广西北部湾经济区生态保护红线空间部署图

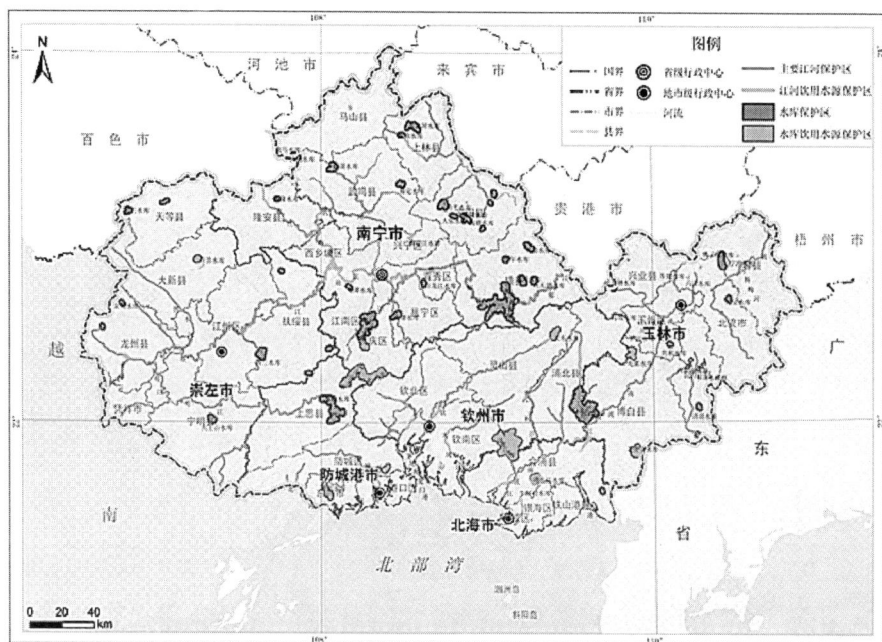

附图1-11：广西北部湾经济区重点水生态空间红线图

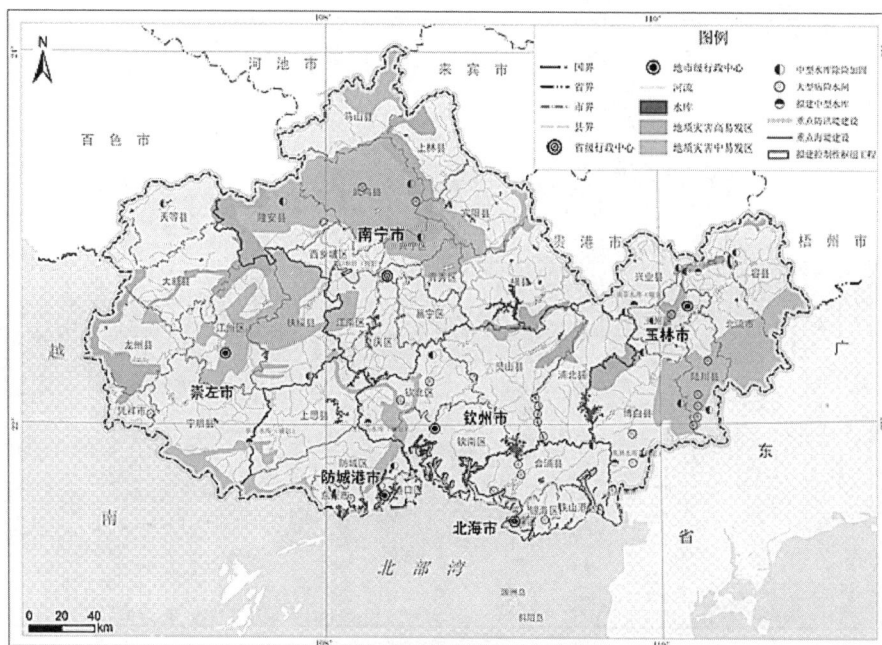

附图1-12：广西北部湾经济区主要灾害防治体系空间部署图

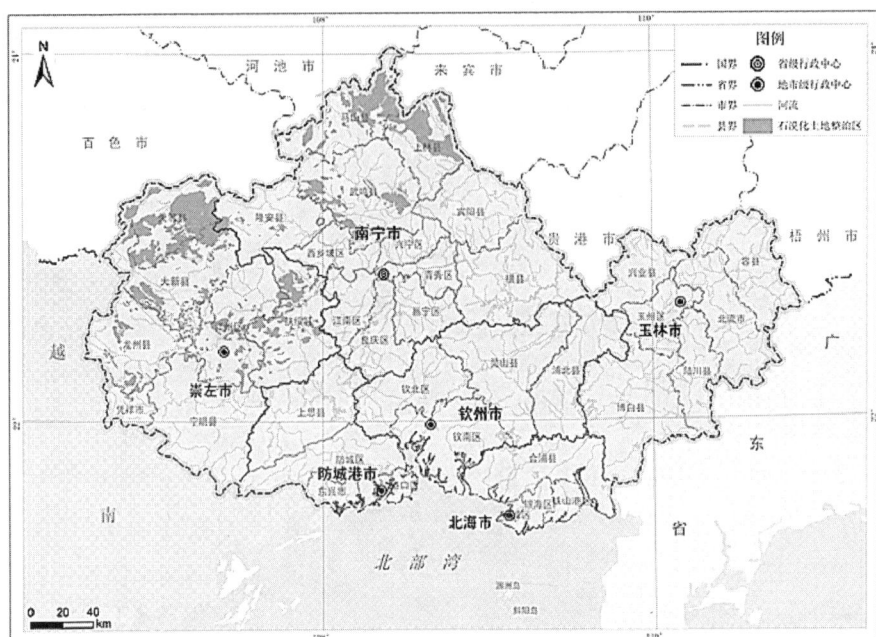

附图 1-13:广西北部湾经济区石漠化土地整治部署图

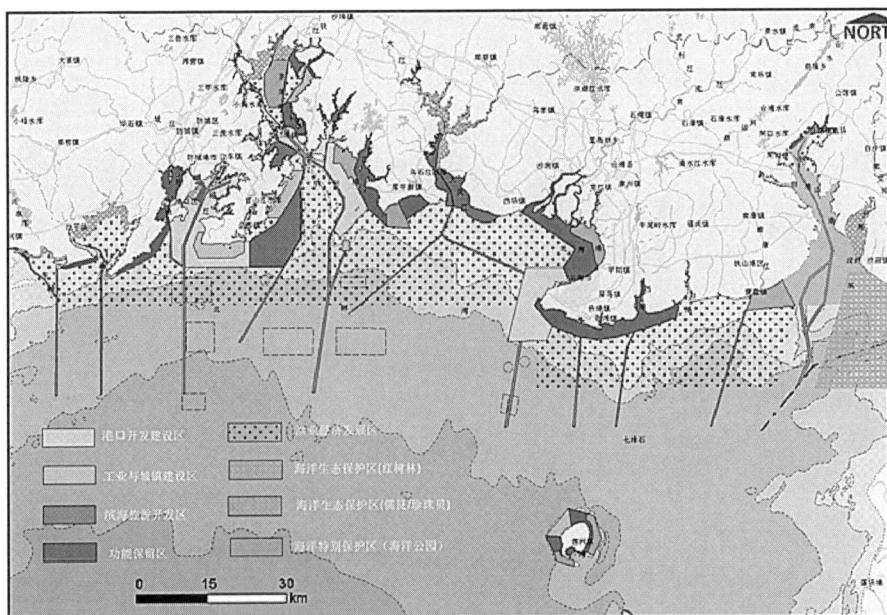

附图 1-14:广西北部湾经济区海洋国土空间开发保护总体部署图

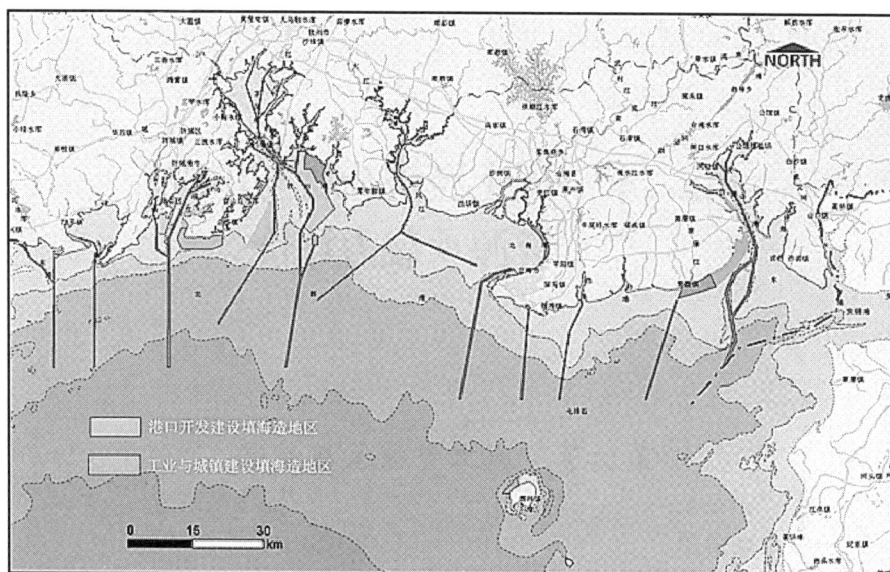

附图 1-15：广西北部湾经济区填海造地空间引导图

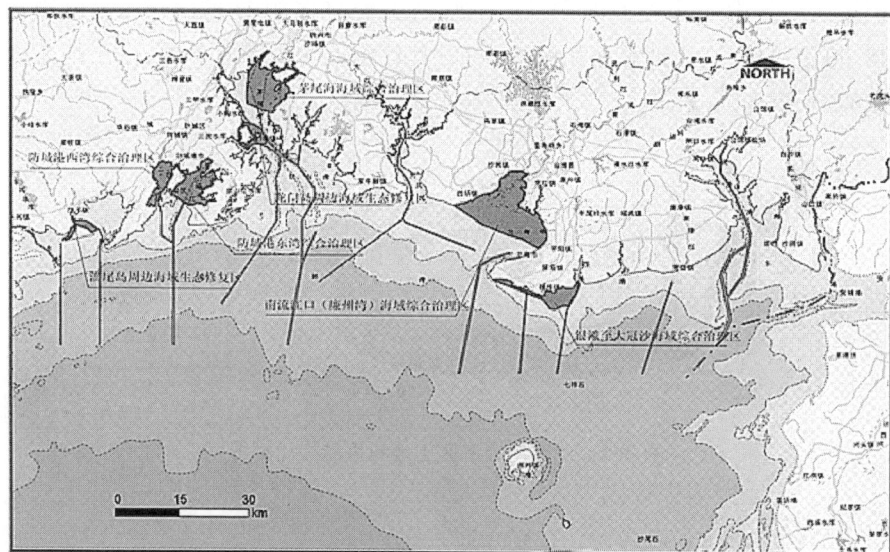

附图 1-16：广西北部湾经济区海洋国土综合治理空间部署图

第二章 国土经济分析与国土资源承载力评价

第一节 国土资源基本情况

一、土地资源

根据第二次土地资源调查数据,北部湾经济区(六市)土地总面积为733.55万公顷,占全区土地总面积的30.87%,区域内台地广布,丘陵平原面积较大。其中农用地605.01万公顷,占土地总面积的82.48%;建设用地48.90万公顷,占土地总面积的6.66%;其他土地79.65万公顷,占土地总面积的10.86%。

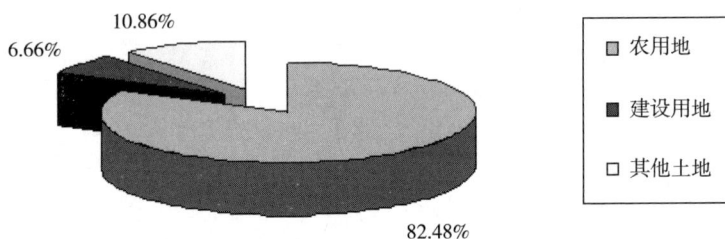

图 2-1 北部湾经济区土地利用结构比例图

1. 农用地

农用地中,耕地188.33万公顷,占农用地总面积的31.13%,主要分布在南宁盆地、南流江、钦江河谷及三角洲平原一带,水田以水稻为主,旱地以甘蔗、木薯和蔬菜为主;人均耕地为1.28亩,略低于全区1.31亩的平均水平。

园地42.57万公顷,占农用地总面积的7.04%,主要分布在玉林市和钦州市各县区,占园地面积的 63.75%,以种桑养蚕和芒果、菠萝、杨桃、荔枝、龙眼、枇杷、草莓、木瓜、香蕉、火龙果等亚热带水果为主。

林地 341.78 万公顷,占农用地总面积的 56.49%,以速丰桉、良种松、竹子等速生丰产用材林为主。

牧草地 0.13 万公顷,占农用地总面积的 0.02%,以天然牧草地为主。

其他农用地 32.20 万公顷,占农用地总面积的 5.32%,主要为农村道路、坑塘、沟渠、设施农用地和田坎等。

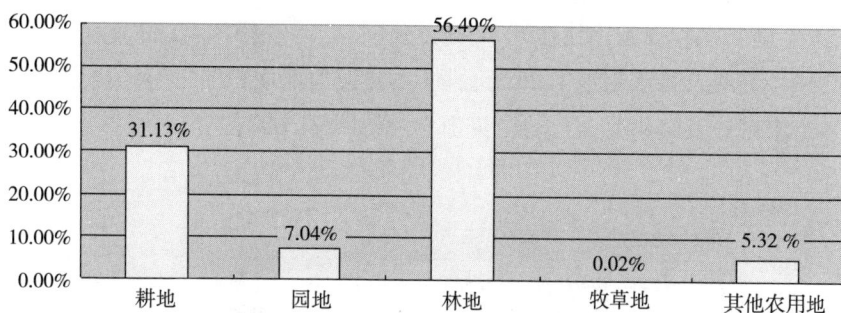

图 2-2 北部湾经济区农用地结构比例图

2. 建设用地

建设用地中,城市用地 4.59 万公顷,占建设用地面积的 9.38%,主要为各市市区用地,其中南宁市城市用地占北部湾经济区城市用地总量的 36.78%,最小的崇左市占 6.05%。

建制镇用地 4.99 万公顷,占建设用地面积的 10.20%,主要为各县县城及乡镇镇区用地,其中南宁市、玉林市和北海市 22 县(区)的城镇用地面积较人,占北部湾经济区城镇用地总量的 68.33%。

农村居民点用地 23.91 万公顷,占建设用地面积的 48.91%,其中玉林市、钦州市和崇左市的农村居民点用地比例较大,分别占各市城乡建设用地的79.07%、73.18% 和 69.40%,防城港市比例较小,占 47.98%。

采矿与独立建设用地 2.12 万公顷,占建设用地面积的 4.34%,以采石场、砖厂、木片加工厂为主,其中北海市的采矿与独立用地比例较大,占城乡建设用地的 10.38%,玉林市比例较小,占 2.88%。采矿与独立用地主要分布在合浦县、海银区、武鸣县、横县、上林县等区域。

线型基础设施用地4.29万公顷,占建设用地面积的8.78%,以公路为主,占线型基础设施用地总面积的88.47%,铁路占11.51%,管道运输用地占0.02%。线型基础设施用地主要分布在南宁、玉林、钦州各县区,以及防城区、上思县、江州区、扶绥县和宁明县等区域。

机场及港口码头用地0.16万公顷,占建设用地面积的0.34%,其中机场有南宁吴圩机场和北海福成机场,港口有北海港、钦州港、防城港以及铁山港。

水利设施用地7.57万公顷,占建设用地面积的15.49%,主要包括水库水面及水工建筑物等,其中横县、合浦县、陆川县、上思县的水利设施用地分布较广,其中横县水利设施用地达到1.30万公顷。

风景名胜及特殊用地1.25万公顷,占建设用地面积的2.56%。主要分布在各市市区以及陆川县、合浦县、灵山县、横县等区域。

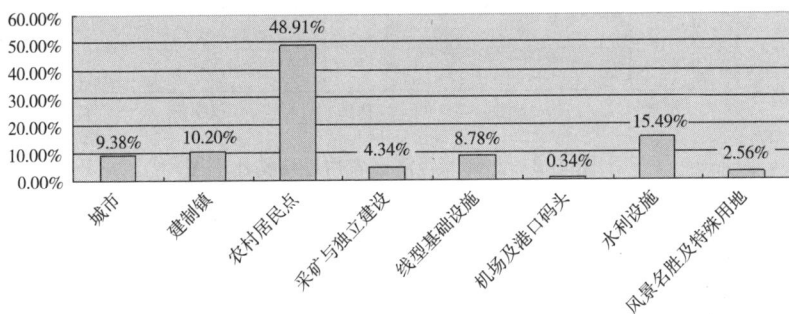

图2-3 北部湾经济区建设用地结构比例图

3. 其他土地

其他土地中,河流、湖泊10.18万公顷,占其他土地面积的12.78%。主要河流有邕江、南流江、大风江、钦江、防城河、茅岭江和北仑河等。

滩涂9.49万公顷,占其他土地面积的11.91%,以沿海滩涂为主,占滩涂总面积的89.85%,主要分布在沿海三市,其中北海市的分布面积最广,占沿海滩涂总面积的64.85%。沿海滩涂中拥有面积达8375公顷的世界珍稀濒危植物——红树林,占全国红树林总面积的38%。

荒草地27.34万公顷,占其他土地面积的34.20%,主要分布在防城区、上思县、钦北区、灵山县、浦北县、陆川县、江州区、宁明县、天等县等区域。

盐碱地、沼泽地、沙地和裸地等自然保留地32.74万公顷,占其他土地面积的 41.11%。其中以裸地为主,面积为 32.61 万公顷,主要分布在南宁的隆安县、上林县,崇左的江州区、扶绥县、龙州县、大新县和天等县。

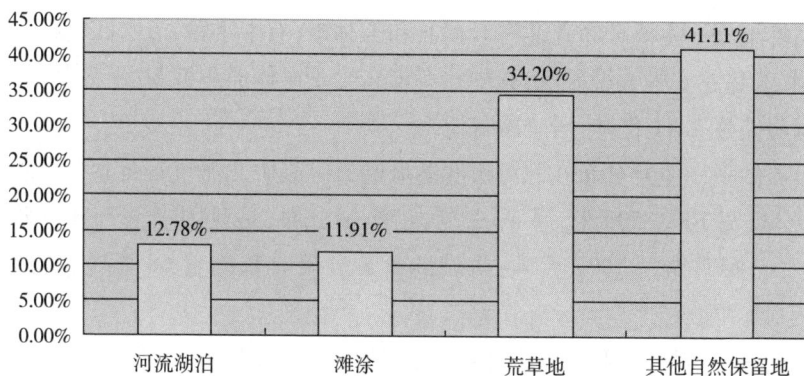

图 2-4 北部湾经济区未利用地结构比例图

二、矿产资源

北部湾经济区能源和矿产资源较为丰富。能源以石油和天然气为主;矿产资源以非金属矿产为主,主要有高岭土、石英砂、石膏、灰岩、粘土、膨润土、萤石、水晶、石灰石、稀土、花岗岩等;金属矿产主要有钛铁、锌铁、银、锡、锰、锑、铪等。

1. 能源

北部湾海底蕴藏着丰富的石油和天然气资源,有北部湾盆地、莺歌海盆地和合浦盆地三个含油沉积盆地。其中,北部湾盆地和莺歌海盆地两个海底油气盆地,是我国沿海六大油气盆地之一。北部湾油气盆地面积约 3.8 万平方公里,预测油气资源量为 22.59 亿吨;莺歌海盆地已探明含油气面积 5.4 万平方公里,天然气储量 900 亿立方米。此外,潮汐能和波浪能等海洋能源也具有较大开发价值,其中潮汐能开发条件良好。

2. 金属

钛铁矿——主要分布在钦州市、北海市各县(区),潜在资源储量超过 1000 万吨,已探明储量 163.50 万吨。较大的矿床主要分布在北海市西场镇官井、老屋垌、裴屋一带,矿体总面积 17.18 平方公里,含矿层厚 1—11 米,并伴生锆英石、独居石、钪等多种矿产,其中三氧化二钪 185 吨,属于特大型伴生矿床。

锰矿——主要分布在南宁武鸣县,崇左大新县、天等县,钦州钦南区、灵山县、浦北县一带,累积探明基础储量556万吨,保有基础量200多万吨。

3. 非金属

高岭土——主要分布在北海合浦县和玉林市,有十字路、清水江、新屋面、那车垌、玉林龙安等大型矿区,其中北海市高岭土矿体面积近30平方公里,目前已探明储量2.41亿吨,居全国首位。

石英砂——主要分布在北海市和防城港市。其中北海市石英砂矿层总长30多公里,宽100—500米,厚4—7米,沿海岸分布,是我国三大石砂英矿产区之一,已探明储量1982万吨;防城港石英砂保有基础量68万吨,资源量4434万吨。

粘土——包括砖用粘土、陶瓷粘土、耐火粘土、水泥配料粘土等,主要分布在南宁市、北海市、钦州市和玉林市。其中北海市粘土矿区面积达数百平方公里,埋深1—8米,厚度4—15米,资源量几十亿吨,已探明储量8388万吨;钦州陶瓷粘土储量达3000万吨以上。

石膏——主要分布在钦州市钦北区和灵山县、北海市合浦县。其中钦州市钦灵石膏矿区为特大型矿区,累计探明储量9.13亿吨;北海市合浦县矿区面积达7.2平方公里,累积探明储量2.71亿吨。

水晶——包括压电水晶和熔炼水晶,主要分布在南宁市上林县、马山县和崇左市大新县、天等县,累计探明储量777.28吨。

稀土——包括重稀土和轻稀土,主要分布在玉林市陆川县和北流市,累计探明储量7万吨。

三、水资源

按照水资源三级分区,北部湾经济区境内水资源主要属于珠江流域的郁江水系、粤西桂南沿海诸河水系、红柳江水系和西江水系,境内总流域面积7.24万平方公里。主要河流有西江水系郁江流域的郁江干流、上游段右江及支流左江,西江水系红河水流域的红水河干流及支流清水江,桂南沿海诸河水系的南流江、钦江、大风江、茂岭江、防城河、北仑河等。

表 2-1　北部湾经济区水资源三级分区表

序号	水资源一级分区	水资源二级分区	水资源三级分区	地级市名称	面积（平方公里）
1	珠江流域	红柳江	红水河	南宁市	5233
2		郁江	右江	崇左市	1799
3				南宁市	6635
4			左江及郁江干流	防城港市	2727
5				崇左市	15456
6				南宁市	10098
7				钦州市	1308
8				玉林市	933
9		西江	黔浔江及西江（梧州以下）	玉林市	3791
10		粤西桂南沿海诸河	粤西诸河	玉林市	2073
11		粤西桂南沿海诸河	桂南诸河	北海市	3337
12				防城港市	3305
13				南宁市	271
14				钦州市	9308
15				玉林市	6091
北部湾经济区合计					72365

北部湾经济区多年平均地表、地下水资源量为 564.95 亿立方米,占全区水资源总量的 29.89%。多年径流深 606.47 毫米。区域内的多年平均年径流量和水资源总量基本与年降水量对应,降雨年内分布极不均匀,雨季大都集中在 4—9 月,汛期降水量占年降水量的 70%—80% 以上,在空间分布上为自西北向东南递增的趋势,易形成洪涝和干旱灾害。

表 2-2 北部湾经济区多年平均水资源总量表

	年均水量 （毫米）	年径流深 （毫米）	地表水多年 平均径流量 （亿立方米）	地下水与 河川径流 不重复量 （亿立方米）	水资源总量 （亿立方米）
南宁市	1425.43	655.91	139.92	0	139.92
北海市	475.13	270.33	31.22	1.05	32.27
防城港市	1420.09	816.54	73.03	0	73.03
钦州市	1014.70	565.80	104.4	0	104.4
四市小计	1083.84	577.15	348.57	1.05	349.62
玉林市	1433.89	730.00	111.73	0	111.73
崇左市	1308.80	600.21	103.6	0	103.6
北部湾经济区	1179.67	606.47	563.90	1.05	564.95

四、海洋资源

1. 海岸线资源

北部湾经济区海岸线东起白沙半岛广西广东交界处的高桥镇，西至中越边境的北仑河口。大陆海岸线总长 1628.59 公里[1]。其中，防城港、钦州和北海市管辖区的岸线长度分别为 537.79 公里、562.64 公里和 528.16 公里。岸线类型中，以人工岸线为主，其长度为 1280.21 公里，占岸线总长度的 78.61%；沙质海岸、粉砂淤泥质海岸、生物海岸、基岩海岸和河口岸线长度分别为 111.96 公里、110.61 公里、89.30 公里、30.79 公里和 5.72 公里。粉砂淤泥质海岸和基岩海岸主要分布于防城港市管辖岸段；生物海岸主要分布于钦州和北海市管辖岸段；沙质海岸和河口岸线在三个沿海市管辖岸段分布较平均。

---

[1] 数据来源于《广西壮族自治区海洋功能区划(2011—2020年)》;《广西北部湾经济区发展规划(2006—2020)》专题——《北部湾(广西)经济区海岸线功能区划研究》中海岸线长为1595公里。

表 2-3　北部湾经济区岸线类型与长度统计表

岸线类型	长度（公里）	所占百分比
人工岸线	1280.21	78.61%
河口岸线	5.72	0.35%
沙质海岸	111.96	6.88%
粉砂淤泥质海岸	110.61	6.79%
生物海岸	89.30	5.48%
基岩海岸	30.79	1.89%
合　计	1628.59	100%

2.海洋生物资源

北部湾海域属热带海洋,适于各种鱼类繁殖生产,加之陆上河流携带大量的有机物及营养盐类到海洋中去,使北部湾成为中国高生物量的海区之一。出产的鱼贝类有 500 多种,其中具有捕捞经济价值的 50 多种,以红鱼、石斑、马鲛、鲳鱼、立鱼、金线鱼等 10 多种最为著名,其他海产中的鱿鱼、墨鱼、青蟹、对虾、泥蚶、文蛤、扇贝等品种,以优质、无污染而在国内外市场享有盛誉。鱼类总资源为 75 万吨,其中底栖鱼类资源量为 35 万吨,约占总资源量的 47%,总可捕量约为 40 万吨。北部湾渔场可分为湾北、湾中和南部外海三大部分,渔场面积近 4 万平方海里。

北部湾浅海滩涂广阔,水质肥沃,生物品种繁多。在 10 万公顷的滩涂面积中,可养殖面积达 6.67 万公顷,占滩涂总面积的 66.3%,其中近期可利用养殖的滩涂面积有 2.67 万公顷,分别占滩涂总面积和可养殖面积的 26.5% 和 40%;20 米水深以内的浅海面积有 65 万公顷,可养殖面积达 26 万公顷,占浅海面积的 40%。滩涂养殖具有较高经济价值的品种有文蛤、泥蚶和毛蚶、牡蛎、贻贝、瓜螺等贝类和方格星虫、沙蚕、竹蛏、海胆、三尤梭子蟹、锯缘青蟹、对虾等。从滩涂生态环境看,以南流江口以东的沙滩和沙泥滩,滩涂平坦、淡水较少,盐度较高,适宜星虫、文蛤、竹蛏、毛蚶生产繁殖;南流江口以西的泥滩和沙滩海岸弯曲,河流注入多,海水盐度较低,水质肥沃,适宜星虫、文蛤、泥蚶、沙蚕、牡蛎等生长繁殖。从潮间带分布看,高潮带以甲壳类为主,蟹类最多;中潮带以下以虾类为主。浅海养殖主要有珍贵鱼种、珠贝类、虾类、蟹类、藻类等。

3.海洋化学和能源资源

北部湾经济区海水化学资源丰富,海水平均盐度为 30‰—32‰,海水含溴量为 60ppm,平均海水温度 23℃,滩涂平坦、广阔,同时,日照时间长,热辐射达 $447KJ/cm^2$,气流交换条件好,是发展盐业和海水化工的较好场所。此外,还可利用现有盐田发展溴素、氯化钾、氧化镁、硫化钠等化工产品。

北部湾经济区相对集中且有较大开发价值的海洋能源主要是潮汐能,风能在局部地区具有开发价值,波浪能、潮流能和海流能有一定资源潜力。沿岸有 18 处港湾具有装机容量 500 千瓦以上的资源潜力;潮流能资源 1.2 万千瓦,海流能 0.2 万千瓦,波浪能 52 万千瓦(包括岛屿波能);广西沿海年有效风能为 $2500—3000kW.h/m^2$。

五、旅游资源

北部湾经济区旅游资源丰富,涵盖了滨海休闲、边关跨国、山水生态、民族风情、历史文化、商务会展等众多领域,具有良好的资源优势、环境优势和区位优势。

1.旅游资源丰富,涵盖面广。北部湾经济区山河秀丽,旅游资源集中、丰富、多样,既具有现代国际旅游所追求的"阳光、海水、沙滩、绿色、空气"五大要素,也兼具"河流、港口、岛屿、气候、森林、动物、温泉、岩洞、田园、风情"十大风景资源,集自然风光、人文景观、民族风情、珍稀动植物于一体。

2.民族风情浓郁,人文底蕴丰厚。北部湾经济区民族风情浓郁,拥有壮、京、瑶、苗、侗、黎、彝等少数民族的壮族歌圩文化、古代稻作文化、大明山龙母文化、宁明花山文化、古骆越文化等。此外,还有红色文化、海洋文化以及包括边情、边贸、边关、边疆等的边境历史文化和异国文化,人文底蕴丰厚。

3.旅游区位优势显著,前景广阔。北部湾经济区是全国唯一一个沿边、沿海、沿江的"三沿"区域,横跨西南、华南经济区,背靠大西南,面向东南亚,是大西南地区重要的出海通道,是中国—东盟自由贸易区的前沿和大湄公次区域旅游合作的东北门户,并构成了与环北部湾经济区域、泛珠三角区域及中国—东盟国家之间的旅游合作和交流的重要平台,有着显著的区位优势,旅游市场前景广阔。

六、生态环境

北部湾经济区的生态环境整体状态良好,空气质量和水质量均为良好,城市绿化面积较大,森林覆盖率较高。南宁市和北海市获得了联合国人居环境奖,钦州和防城港是环境优美的港口城市。

北部湾经济区城市空气质量常年均值均达到国家城市环境空气质量目标要求(达二级),城市环境空气质量保持良好;地表水整体水质优良,主要河流水质达标率为90%以上,重点流域14个监测断面水质达标率提高到100%;近岸海域环境质量总体保持良好,全年各监测项目平均浓度符合Ⅰ、Ⅱ类水质的监测站位数量约为90%;海水环境功能区达标率显著提升;城市声环境质量良好,环境噪声质量处于好或较好的状态;城市道路交通声环境质量整体优异。

随着广西北部湾经济区开发的大力推进,越来越多的大型工业项目如千万吨钢铁基地、大型林浆纸一体化、千万吨石化等项目落户该城市群,再加上区域内人口的高度聚集,将给北部湾城市群的资源利用、环境保护和生态平衡带来越来越大的压力。

第二节　国土经济发展评价与预测

一、人口发展

(一)人口现状

从人口规模——北部湾经济区人口规模最大的为南宁市,占经济区人口总规模的31.00%,其次为玉林市,占29.79%;人口规模最小的为防城港市,仅占经济区人口总规模的3.96%。其中,人口达到100万以上的县(市、区)有8个,分别为南宁市区、钦州市区、博白县、灵山县、北流市、横县、宾阳县和陆川县,人口规模占经济区人口总规模的比例达到60.32%。

从人口密度——北部湾经济区人口密度最大的为玉林市,人口密度为510人/平方公里,其中玉州区人口密度达773人/平方公里,是全区平均水平的3.61倍;其次为北海市、钦州市、南宁,人口密度分别达到403人/平方公里、341人/平方公里和316人/平方公里;人口密度最小的是防城港市和崇左市,人口密度为140人/平方公里左右,其中上思县人口密度仅为80人/平方公里,不到全区平均水平的一半。

从人口分布——北部湾经济区人口分布主要呈现"一区一带"的形态,"一区"位于经济区的中部,以南宁市区为中心,辐射到周边与其接壤的钦州市区、横县、宾阳、灵山等区域;"一带"位于玉林市南部县(市)与广东省湛江市、茂名市的交界带。

（二）人口发展预测

1.人口综合增长预测

人口综合增长法的计算包括人口自然增长和人口机械增长两个部分,其公式为:

$$P_n = P_0 \times (1 + K)^n + \Delta P$$

式中:P_0——基期年总人口;

P_n——目标年总人口;

K——人口自然增长率;

n——基期年到目标年的年限;

ΔP——机械增长人口。

(1)人口自然增长

根据统计年鉴数据,近 20 年来广西年平均人口自然增长率维持在 8.39‰左右。在参考历年统计数据和计生部门预测的基础上,结合国家计划生育政策和社会发展水平,预测北部湾经济区未来人口自然增长率稳定在现状的基础上略为下降,确定 2015—2030 年人口自然增长率将维持在年平均 8‰左右。因此 2020 年和 2030 年北部湾经济区总人口分别为 2414.83 万人和 2615.12 万人。

(2)人口机械增长

人口机械增长主要来自于两个方面:一是北部湾经济区面向东南亚、背靠大西南、东邻粤港澳琼、西接印度半岛,具有得天独厚的区位优势和地缘优势,作为连接多区域的重要通道、交流桥梁和合作平台,随着经济区基础服务设施的不断完善和服务功能不断提高,必将吸引更多的工业和企业到南宁落户,人口的吸纳和集聚效应将进一步增强。二是借助北部湾经济区开放开发的良好机会,与东盟各国、中国港澳台及国内其他省区市的经济合作将进一步深化,承接东部产业转移、招商引资和对外贸易也将取得了新的突破,这不仅能进一步促进经济区的产业优化升级,也将吸纳更多的产业人口,解决就业问题。

因此,基于以上两个方面的原因,北部湾经济区规划期年平均人口机械增长规模预计约 420 万人。其中,2015—2020 年人口增长增速放缓,年平均机械增长约为 20 万人左右;2015—2030 年人口增长趋于平稳,年平均机械增长约为 15 万人左右。结合人口综合增长法计算公式,即得到北部湾经济区 2020 年和 2030 年的总人口规模。

2020 年总人口:$P_{2020} = 2470.51 \times (1+0.008)^5 + 100 = 2670.93$ 万人

2030 年总人口:$P_{2030} = 2670.93 \times (1+0.008)^{10} + 150 = 3042.46$ 万人

2. 一元回归预测

根据回归分析理论,建立以时间为自变量,人口规模为因变量的一元线性方程:

$y = ax + b$(x:年份,y:人口规模)

在整理分析北部湾经济区各县(区)近 10 年人口数据的基础上,运用 SPSS V10.0 软件对数据做出分析处理,得 $a = 42.117$,$b = 1983.4$,$r^2 = 0.935$,模型的拟和优度比较好。其中:

南宁市:$y = 12.207x + 635.72$　　　$r^2 = 0.9975$

北海市:$y = 3.294x + 143.38$　　　$r^2 = 0.9613$

防城港市:$y = 1.766x + 77.124$　　　$r^2 = 0.9035$

钦州市:$y = 6.926x + 331.39$　　　$r^2 = 0.8291$

玉林市:$y = 14.842x + 570.6$　　　$r^2 = 0.8819$

崇左市:$y = 3.082x + 225.23$　　　$r^2 = 0.9386$

(单位:万人)

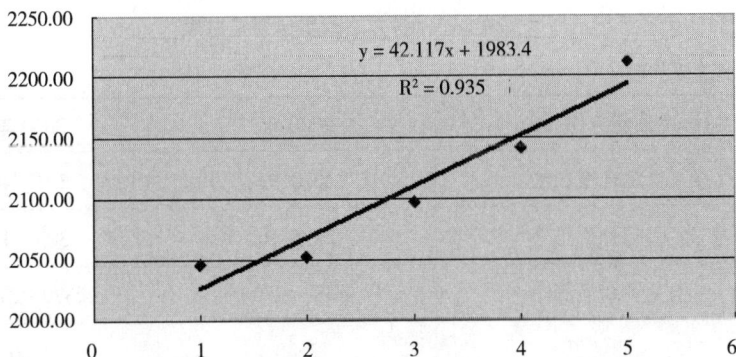

图 2-5　北部湾经济区人口规模发展趋势图

利用上述模型对北部湾经济区近期、中期和远期的人口进行预测,结果如下:2020 年为 2615.16 万人,2030 年为 3036.33 万人。

3. 相关规划预测

广西北部湾经济区发展规划、广西北部湾经济区城镇群规划、北部湾 6 市土地利用总体规划、城市总体规划,22 县(市)土地利用总体规划、城镇总体规划等相关规划对人口规模的预测情况如下表:

表 2-4　相关规划人口预测汇总表

（单位:万人）

区　分	广西北部湾经济区发展规划 （至 2020 年）	广西北部湾经济区城镇群规划 （至 2020 年）	土地利用总体规划 （至 2020 年）	城市（城镇）总体规划 （至 2020 年）
南宁市		—	780—800	800
北海市		—	256	290
防城港市	1900	—	115.89	180
钦州市		—	410.37	420
玉林市	—	—	678	693—699
崇左市	—	—	256	241.7
北部湾经济区	—	2400—2700	2496.26—2516.26	2624.7—2630.7

表 2-5　各方法预测结果汇总表

（单位:万人）

预测方法	2020 年	2030 年
人口综合增长法	2670.93	3042.46
回归分析法	2615.16	3036.33
相关规划预测法	2400—2700	2570—3144
预测结果	2680	3100

4. 预测结果

根据上述对北部湾经济区总人口的预测,结合相关规划的预测结果,最终确定北部湾经济区 2020 年、2030 年的总人口分别为:2680 万人和 3100 万人。

表 2-6　北部湾经济区总人口预测结果表

（单位:万人）

地　区	2020 年	2030 年
南宁市	850	945
北海市	270	360
防城港市	130	172
钦州市	420	480
四市小计	1670	1957
玉林市	740	823
崇左市	270	320
北部湾经济区	2680	3100

二、经济发展

1. 经济发展现状及评价

近年来,在国家战略支持和自治区党委、政府一系列政策措施引导下,北部湾经济区经济发展势头良好,区域经济持续高位运行,增长的稳健性和协调性不断增强,经济运行质量和效益得以提升,呈现出全面加速、整体提升的良好局面。

2. 经济发展趋势及目标

结合《广西北部湾经济区发展规划(2006—2020)》及各市"十三五"规划等相关规划,提出北部湾经济区经济发展目标。

到 2020 年,地区生产总值年均增长 16% 左右,人均地区生产总值超过4.88 万元,经济总量占广西的比重提高到 50% 左右,三次产业结构调整为 8:52:40。

到 2030 年,地区生产总值年均增长 14% 左右,三次产业结构调整为 5:55:40。

表 2-7　北部湾经济区主要经济指标预测表

地　市	年　份	地区生产总值（亿元）	人均地区生产总值（万元）	GDP 年均增速（%）
南宁市	2020 年	5363.74	6.31	15
	2030 年	11649.47	12.26	9

续表

地 市	年 份	地区生产总值 （亿元）	人均地区生产总值 （万元）	GDP 年均增速 （%）
北海市	2020 年	1329.93	4.93	16
	2030 年	2658.53	8.06	8
防城港市	2020 年	1279.68	9.84	16
	2030 年	2558.08	15.05	8
钦州市	2020 年	1711.82	4.08	16
	2030 年	3421.95	7.28	8
玉林市	2020 年	2404.43	3.25	15
	2030 年	4420.45	5.53	7
崇左市	2020 年	989.76	3.67	14
	2030 年	1819.64	6.50	7
北部湾经济区	2020 年	13079.37	4.88	15
	2030 年	26528.12	8.84	8

三、产业发展

（一）工业发展

结合《广西北部湾经济区发展规划（2006—2020）》《广西壮族自治区工业和信息化发展"十三五"规划》《广西北部湾经济区"十三五"规划纲要》《广西北部湾经济区重点产业园区布局规划》等相关规划，提出北部湾经济区工业发展目标。

到 2020 年，工业总产值达到 1.84 万亿元，年均增长 20% 左右；工业增加值达到 6172 亿元，年均增长 18% 左右。建设钦州大型炼油基地，发展原油加工等石化产业，力争"十二五"建设石化产业链后续工程，形成沿海石化产业集群。建设南宁精细化工基地。建设钦州、铁山港大型林浆纸基地生产高中档造纸系列产品，形成沿海林浆纸一体化产业群。建设南宁铝深加工产业，开发满足交通运输、航空、包装等领域发展需要的精深铝板带箔材等产品。加快科技成果引进消化吸收再创新，重点培育发展电子信息、生物工程、新材料、现代中药、节能环保等高技术产业，积极发展软件开发、新型电子元器件、生物基材料和稀土等高性能材料、生物质能源、节能环保材料及产品，建设南宁生物质产业基地。发挥海洋资源优势,大力培育发展海产品深加工、海洋生物制药、海洋化工等海洋产业,加强海洋油气等矿产资源勘查与开发。

到 2030 年,工业总产值达到 5.01 万亿元,年均增长 12% 左右;工业增加值达到 1.55 万亿元,年均增长 11% 左右。石化、林浆纸一体化、能源、钢铁和铝加工、水泥、粮油食品加工、电子、海洋产业、高新技术产业等产业集群基本形成,北部湾经济区将建设成为名副其实的中国经济发展新高地。

表 2-8　北部湾经济区主要工业发展指标预测表

地　区	年　份	工业总产值（亿元）	工业增加值（亿元）
南宁市	2020 年	5320.39	1845.55
	2030 年	15982.68	5117.85
北海市	2020 年	1152.07	485.86
	2030 年	3194.79	1145.62
防城港市	2020 年	3772.72	1036.80
	2030 年	9650.75	2444.72
钦州市	2020 年	1728.74	698.76
	2030 年	5193.22	1937.72
玉林市	2020 年	4265.31	1405.42
	2030 年	10910.82	3313.90
崇左市	2020 年	2200.00	700.00
	2030 年	5187.48	1520.33
北部湾经济区	2020 年	18439.24	6172.38
	2030 年	50119.75	15480.13

(二)农业发展

1.农业发展现状及评价

北部湾经济区地理位置独特,地处热带,光热充足,雨水丰沛,是全国水、土、热资源配合较好的地区之一,物产丰富多样而且生长快、产量大,主要盛产水稻、玉米、木薯、甘蔗、亚热带水果、蔬菜等农产品,农业经济发展势头良好。

结合《广西北部湾经济区发展规划(2006—2020)》《广西壮族自治区农业

（种植业）发展"十三五"规划》等相关规划,提出北部湾经济区农业发展目标。

表2-9 农业优势产业规划布局表

区域类型	重点发展市、县（区）	主要品种
水稻优势产区	南宁:武鸣、邕宁、横县、宾阳、上林、隆安;北海:合浦;防城港:上思;玉林、钦州各县（区）	—
薯类优势产区	南宁:武鸣、宾阳、横县;钦州:钦南、钦北、灵山、浦北;玉林:玉州、兴业、陆川、博白、北流;北海:银海、合浦;防城港:防城、东兴	冬种马铃薯、红薯
豆类优势产区	南宁:隆安、上林、宾阳、横县;崇左:天等、大新	大豆、杂豆
糖料蔗优势产区	南宁:武鸣、隆安、横县、宾阳、江南、良庆、上林、西乡塘;崇左:江州、扶绥、龙州、宁明、大新;钦州:钦南、灵山;防城港:上思;北海:合浦、银海	—
蔬菜优势产区	南宁、北海、钦州、防城港、玉林、崇左	食用菌、辣椒、萝卜、胡萝卜、芥菜、生菜、黄瓜、菜心等
水果优势产区	南宁、防城港、钦州、玉林、北海	香蕉、柑橘、荔枝、龙眼、芒果、菠萝等
桑蚕优势产区	南宁:横县、宾阳、上林、邕宁、武鸣、马山、良庆	—
中药材优势产区	南宁、北海、钦州、防城港	八角、玉桂、金银花、桂郁金、海生药材等
特色品种优势产区	东兴姑娘红薯;横县甜玉米	—

到2020年,农业增加值年均增长8%,农业总产值年均增加8%,农民人均纯收入年均增长12%。重点发展热带亚热带果蔬等特色园艺作物;扩大速生丰产林面积,发展优质香料种植,稳定甘蔗种植面积,扶持优势蔗区,提高单产和含糖率;积极推广冬种马铃薯,完善优良种薯繁育体系;适度扩大木薯种植面积,积极推广优良品种,增加产量;建设中药材良种繁育基地和种养基地;发展特色名贵花卉。大力发展奶水牛产业,积极开展草地改良、人工种草,提高畜牧业综合生产能力,促进畜牧业生产由粗放、耗粮型向集约、节粮型转变,重点发展特色优势畜禽。积极推广生态养殖,严格控制近海捕捞强度;合理开发北部湾渔业资源,积极稳妥发展远洋渔业。

到 2030 年,农业增加值年均增长 7.8%,农业总产值年均增加 7.8%,农民人均纯收入年均增长 10%。北部湾经济区的粮食安全和主要农产品供给能力进一步增强,现代农业产业体系全面形成,农业产业化经营水平大幅提高,农业效益和竞争力明显提升,农业可持续发展能力不断增强。

表 2-10　北部湾经济区主要农业发展指标预测表

区　分	年　份	农业总产值 (亿元)	农业增加值 (亿元)
南宁市	2020 年	685.95	405.25
	2030 年	1348.53	796.70
北海市	2020 年	263.15	147.06
	2030 年	517.33	289.11
防城港市	2020 年	126.49	76.10
	2030 年	248.66	149.60
钦州市	2020 年	358.99	217.61
	2030 年	705.75	427.80
玉林市	2020 年	502.37	290.15
	2030 年	987.63	570.42
崇左市	2020 年	272.09	165.90
	2030 年	534.92	326.14
北部湾经济区	2020 年	2209.04	1302.07
	2030 年	4342.83	2559.78

(三)旅游业

立足旅游需求,发挥特色优势,依托中国优秀旅游城市,把北部湾经济区培育成为区域性国际旅游目的地和旅游促进中心。完善旅游产品体系,积极发展生态旅游、康体旅游、温泉度假、邮轮游艇、海岛旅游、自驾车旅游等休闲度假旅游产品。依托国家 4A 级以上旅游景点,打造旅游精品,构筑泛北部湾旅游圈。加强旅游基础设施和公共服务体系、安全与质量保障体系建设,大力提升旅游业服务水平。

到 2020 年,建成世界级的旅游目的地。具体工作目标包括:

培育和壮大世界性品牌,即世界性旅游目的地城市、王牌旅游产品、国际精品旅游线路、经典节事会展、精品文化演出、特色化旅游名镇以及大型旅游企业集团。

将南宁、北海建设成母港型旅游城市,将钦州、防城港、崇左、玉林等培育为特色旅游城市;积极推动重点旅游区的建设,着力推进建设一批国家和省级旅游度假区。

整合北部湾重点旅游资源和产品,通过资本运营、兼并重组,推进北部湾旅游企业向集团化方向发展,重点培育一批具有北部湾本土特色的大型旅游企业集团、旅行社集团、饭店集团、景区集团、旅游交通服务集团等。

四、交通基础设施配套

结合《全国沿海港口布局规划》《国家高速公路网规划》《中长期铁路网规划》《全国民用机场布局规划》和《广西北部湾经济区发展规划(2006—2020)》《广西壮族自治区交通发展"十三五"规划》等相关规划,提出北部湾经济区交通基础设施发展目标。

到 2020 年,重点建设南宁—广州铁路,构建连接珠三角的高标准、大能力铁路通道;建设湘桂铁路复线和南宁—柳州城际铁路,构建连接中、东部省市并与京广大干线相衔接的高标准、大能力铁路通道;建设南昆铁路复线和黔桂铁路扩能工程,构建连接西南地区的高标准、大能力出海铁路通道;建设南宁—防城港铁路复线扩能工程、合浦—河唇铁路和连接沿海港口的铁路支线,构建便捷、高效的港口集疏运铁路通道。建成以南宁区域性铁路枢纽为中心,以港口集疏运铁路系统、快速客运网络为龙头,以中国—东盟国际铁路通道为主轴,以通往国内周边省份的辐射通道为主线的"一枢纽—系统—网络两通道"的现代化铁路运输体系。公路方面,重点建设通往云贵方向的南宁—百色—昆明、南宁—河池—贵阳和通往珠三角方向的南宁—梧州—广州等国家高速公路网项目;加快推进国道、省道干线路网改造,尽快打通省际通道,提高技术等级和路网整体效率;建设连接沿海港口的高等级公路,加大区域内公路路网密度。港口码头方面,推进港口经营一体化发展,建设广西沿海港口群;规划沿海港口新建一批万吨级以上泊位和深水航道,打造港口物流中心,加强能源、铁矿石、集装箱运输系统以及连接腹地的集疏运配套系统建设,提高沿海港口通过能力。航空方面,加快南宁、桂林机场扩能改造,完善配套设施,加密其通向国内主要城市的干线航班,开通并增加连接东盟、日韩、欧美等国家的国际航线航班;开辟覆盖广西主要城市的支线航班,形成支线航空网络。

到 2030 年,铁路、公路、港口码头、航空等交通网络实现有机衔接,形成多种运输方式共存互补的现代化交通综合运输大通道;综合枢纽基础设施建设以及联运建设得到大力推进,提高综合运输能力;交通运输服务业水平进一步提高,实现与现代化运输能力相配套的优质、高效管理和服务。

第三节　国土经济空间变化分析与预测

一、城镇建设用地空间变化分析与预测

(一)中心城区用地

从规模上看,城市扩张面积较大的是南宁市,年均新增城市用地 9.69 平方公里;从速度上看,城市扩张速度较快的是崇左市,年均增速 18.66%,主要是由于 2002 年经国务院批准进行了行政区划调整,撤销南宁地区和崇左县,设立地级崇左市,新设立的江州区纳入城市用地统计。

从空间上看,南宁市中心城区呈四周扩展态势,防城港市主要向港口区沿海区域扩展,钦州市主要在钦南区东南向茅尾海区域扩展,崇左市扩展方向则为江州区的新城片区。

结合《广西北部湾经济区发展规划(2006—2020)》预测:到 2020 年,南宁市建成区规模 300 平方公里;北海市建成区规模 140 平方公里;防城港市建成区规模 70 平方公里;钦州市建成区用地规模 120 平方公里;玉林市建成区用地规模 97.7 平方公里;崇左市建成区用地规模 50 平方公里。

参照历年城市发展速度,结合人口、经济社会发展趋势预测:2030 年,南宁市建成区规模 400 平方公里;北海市建成区规模 190 平方公里;防城港市建成区规模 100 平方公里;钦州市建成区用地规模 160 平方公里;玉林市建成区用地规模 123 平方公里;崇左市建成区用地规模 78 平方公里。

(二)城镇用地

1. 规模及空间变化分析

从规模上看,建制镇扩张面积较大的是南宁市各县区,年均新增用地

7.71 平方公里；从速度上看，建制镇扩张速度较快的是北海市各县区，年均增速 10.32%。

从空间上看，北部湾经济区城镇建设用地的主要扩展区为各县县城，合浦县、武鸣县、宾阳县、博白县县城扩展较为突出。

2. 重点城镇发展趋势预测

重点城镇主要包括《广西北部湾经济区发展规划》提出的三级和四级城镇建设区。三级城镇建设区，即东兴市区以及宾阳、横县、武鸣、灵山、浦北、上思、上林、马山、隆安等县城。其中到 2020 年，东兴市建成区建设用地控制在 20 平方公里以内，城市发展主要向东拓展；宾阳县城建成区面积控制在 50 平方公里以内；横县县城建成区面积控制在 30 平方公里以内；武鸣县城建成区面积控制在 22 平方公里以内；灵山县县城建成区面积控制在 40 平方公里以内；浦北、上思、上林、马山、隆安等县城建成区面积控制在 15 平方公里以内。

四级城镇建设区，即吴圩、六景、黎塘、那桐、南康、山口、犀牛脚、小董、大寺、张黄、陆屋、企沙、江平等 13 个重点建制镇，到 2020 年，建制镇人口规模发展到 10—20 万人。

二、农村居民点建设用地空间变化分析与预测

1. 规模及空间变化分析

从规模上看，农村居民点扩张面积较大的是南宁市和玉林市，年均新增用地超过 1 平方公里；从速度上看，农村居民点扩张速度较快的是防城港市和玉林市，年均增速超过 2%。

2. 农村居民点发展趋势预测

按照建设现代化农村和社会主义新农村的发展趋势，北部湾经济区内少部分农村居民点继续保持典型农村的特征或内涵，即居住人口仍以农业和相关产业活动为主，农村居民点经过整治成为现代化较高的集中居住区；一部分农村将成为以非农活动为主，兼具农业经营的新型农村社区；还有一部分农村将转变为基本脱离农业活动的城镇。农村居民点内部的变化主要是：人均居住用地面积将适度减少，居住用地利用效率有所提高；农村地区的产业用地总量和比重将明显增加；农村居民点用地中的基础设施和公共事业用地比重将提高；农村地区与城镇地区在文化和景观上有所区分，即保持较低的人口密度、建筑密度、水泥覆盖率以及较高的绿化覆盖率，打造富有地方特色的农村风貌和宜居环境，农村居民点用地规模上比现状减少 10% 左右。

三、线性基础设施用地空间变化分析与预测

(一)线性基础设施用地

结合《广西北部湾经济区发展规划》提出的发展目标,以及"大交通"战略的具体部署,规划期内,北部湾经济区将继续加大对铁路、公路等基础设施的投入,公路网密度和道路等级进一步提高,推进形成出海出边出省的高等级公路网、大能力铁路网。

四、机场及港口码头用地空间变化分析与预测

机场建设方面,南宁机场按照4E级标准已完成扩能改造工程,建成面向东盟的国际门户枢纽机场。

港口码头方面,规划建设"一港、三域、八区、多港点"的港口布局体系。"一港"指广西北部湾港;"三域"指防城港域、钦州港域和北海港域;"八区"即广西北部湾港八个规划期内重点发展的枢纽港区(渔澫港区、企沙西港区、龙门港区、金谷港区、大榄坪港区、石步岭港区、铁山港西港区、铁山港东港区);"多港点"即广西沿海分散布局的万吨级以下小港点。

五、耕地空间变化分析与预测

1. 规模及空间变化分析

根据第二次土地调查结果,南宁市、北海市和防城港市的耕地数量有所增加,耕地面积减少速度较快的区域位于崇左市和玉林市,年均耕地减少速度分别为2.46%和1.76%,耕地减少量分别达19.83万公顷和6.28万公顷。

2. 耕地变化趋势预测

耕地总量将得到有效保护。北部湾经济区各市县新一轮土地利用总体规划修编工作的启动,规划期内,北部湾经济区各区域耕地将得到有效的保护,耕地保有量将得到严格的落实。

耕地空间布局将发生局部调整。规划期内,新一轮土地利用总体规划已对建设占用耕地和耕地补充做了统筹安排,耕地将在保持总量动态平衡的基础上,局部空间分布有所调整。但由于建设占用的耕地多为城市(城镇)周边的优质耕地,在耕地后备资源整体不足的情况下,补充耕地多地处偏远地区,耕地的空间布局将呈现以城市(城镇)建成区为中心,局部外迁的趋势。

综上,规划期内,耕地将在总体稳定的基础上适度减少,但随着土地整理力度的逐步加大,耕地质量将有所提升,耕地效益产出进一步提高;空间布局上,耕地趋于平整、集中连片,适宜规模化生产的耕地规模比重加大。

第四节　国土资源承载力评价

一、土地资源承载力评价

本研究主要从开发建设土地资源、土地人口承载力两方面进行考虑。

（一）可开发建设土地资源

1. 计算方法

以县区为单位，用坡度图套和各行政区域范围图，得到各县区行政区域内25度以下的土地范围，在此基础上与第二次土地调查成果图（1：1万标准分幅图）中的现状图斑进行叠加，统计出该范围内的不适宜建设用地面积，将该部分不适宜建设用地扣减已有或已开发的建设用地后，可反映出各地的土地后备资源情况，即得到可开发建设土地资源。计算公式为：

适宜建设用地面积＝［坡度25度以下的土地面积］－［所含水域面积］－［基本农田面积］－［生态保护用地面积］

可开发建设土地资源＝［适宜建设用地面积］－［已有或已开发建设用地面积］

其中：生态保护用地面积包括森林公园、地质公园、风景名胜区、自然保护区以及水源涵养重要生态功能区等。

表 2-11　北部湾经济区可开发建设土地资源统计表

地　区	国土面积 （平方公里）	适宜建设 用地面积 （平方公里）	可开发建设 土地资源 （平方公里）	可开发建设 土地资源占 国土面积比例
南宁市区	6446.82	3089.54	2507.69	38.90%
武鸣县	3388.91	1248.10	1056.13	31.16%
隆安县	2305.59	814.99	734.68	31.87%
马山县	2340.76	599.91	511.64	21.86%
上林县	1871.00	585.83	485.60	25.95%
宾阳县	2298.17	635.12	467.42	20.34%
横　县	3448.06	1363.82	1112.55	32.27%
南宁市	22099.31	8337.30	6875.71	31.11%
北海市区	1226.50	954.68	691.89	56.41%

续表

地　　区	国土面积 （平方公里）	适宜建设 用地面积 （平方公里）	可开发建设 土地资源 （平方公里）	可开发建设 土地资源占 国土面积比例
合浦县	2762.17	1903.61	1616.54	58.52%
北海市	3988.67	2858.28	2308.43	57.87%
港口区	401.03	352.94	279.58	69.72%
防城区	2427.12	639.19	551.13	22.71%
上思县	2813.61	594.28	520.88	18.51%
东兴市	590.22	347.24	303.38	51.40%
防城港市	6231.97	1933.65	1654.97	26.56%
钦南区	2577.59	1822.87	1619.34	62.82%
钦北区	2217.17	1195.73	1071.06	48.31%
灵山县	3557.54	1836.44	1602.82	45.05%
浦北县	2526.40	883.89	751.43	29.74%
钦州市	10878.70	5738.93	5044.64	46.37%
玉州区	1264.53	500.05	295.23	23.35%
容　县	2255.06	576.95	444.48	19.71%
陆川县	1554.32	628.32	456.02	29.34%
博白县	3829.92	1612.26	1345.42	35.13%
兴业县	1468.10	529.21	397.40	27.07%
北流市	2452.26	539.72	329.44	13.43%
玉林市	12824.18	4386.50	3267.99	25.48%
江州区	2917.83	1042.70	916.52	31.41%
扶绥县	2841.08	950.84	804.58	28.32%
宁明县	3704.80	1556.01	1430.56	38.61%
龙州县	2310.99	653.60	578.49	25.03%
大新县	2747.50	585.77	501.61	18.26%
天等县	2164.90	467.76	403.65	18.65%
凭祥市	644.97	284.08	246.71	38.25%
崇左市	17332.08	5540.75	4882.12	28.17%
北部湾经济区	73354.91	28795.42	24033.86	32.76%

2. 计算结果

可开发建设土地资源是在综合考虑了适宜建设用地因素、基本农田因素、已有建设用地因素、生态保护用地因素基础之上的后备土地资源综合性评判，对区域的宏观发展战略具有重大的指导意义。从计算结果的总体数量特征来看，北部湾经济区适宜建设用地面积约 28795.42 平方公里，可开发建设土地资源约 24033.86 平方公里，占土地总面积的 32.76%。因此，从绝对数量上来看，北部湾经济区可开发建设土地资源面积比较丰富，但空间分布不均衡，各地差异较大。

3. 可开发建设土地资源丰度评价

可开发建设土地资源的丰度，主要从可开发建设土地资源的数量和分布情况来考虑，根据以下两个指标来确定：①可开发建设土地资源面积占其国土面积的比例；②可开发建设土地资源面积占北部湾经济区可开发建设土地资源的比例。将两个指标进行标准化处理后求和，得到各县区可开发建设土地资源的丰度。根据可开发建设土地资源丰度的差异，将北部湾经济区各县区分为四个等级，丰度大于 3.5 的为"Ⅰ"等级，即"丰富"；丰度介于 2.5—3.5之间的为"Ⅱ"等级，即"较丰富"；丰度介于 2—2.5 之间的为"Ⅲ"等级，即"中等"；丰度低于 2 的为"Ⅳ"等级，即"较缺乏"。

表 2-12　北部湾经济区可开发建设土地资源丰度评价表

地　区	人均可开发建设土地资源（平方米/人）	可开发建设土地资源面积/国土面积	可开发建设土地资源面积/北部湾可开发建设土地资源面积	可开发建设土地资源丰度	等级
南宁市区	938.72	38.90%	7.04%	4.28	Ⅰ
武鸣县	1538.21	31.16%	2.96%	2.24	Ⅱ
隆安县	1858.54	31.87%	2.06%	1.86	Ⅱ
马山县	958.85	21.86%	1.44%	1.29	Ⅲ
上林县	1006.21	25.95%	1.36%	1.37	Ⅲ
宾阳县	452.71	20.34%	1.31%	1.19	Ⅳ
横县	945.24	32.27%	3.12%	2.34	Ⅱ
北海市区	1133.50	56.41%	1.94%	2.53	Ⅰ
合浦县	1620.43	58.52%	4.54%	3.75	Ⅰ
港口区	2267.45	69.72%	0.78%	2.41	Ⅱ

续表

地　区	人均可开发建设土地资源（平方米/人）	可开发建设土地资源面积/国土面积	可开发建设土地资源面积/北部湾可开发建设土地资源面积	可开发建设土地资源丰度	等级
防城区	1394.21	22.71%	1.55%	1.36	Ⅲ
上思县	2307.86	18.51%	1.46%	1.20	Ⅳ
东兴市	2428.99	51.40%	0.85%	1.90	Ⅱ
钦南区	2583.50	62.82%	4.54%	3.88	Ⅰ
钦北区	1485.31	48.31%	3.01%	2.77	Ⅰ
灵山县	1069.33	45.05%	4.50%	3.33	Ⅰ
浦北县	868.60	29.74%	2.11%	1.82	Ⅱ
玉州区	301.84	23.35%	0.83%	1.06	Ⅳ
容县	562.13	19.71%	1.25%	1.14	Ⅳ
陆川县	455.02	29.34%	1.28%	1.44	Ⅲ
博白县	790.49	35.13%	3.77%	2.72	Ⅰ
兴业县	546.03	27.07%	1.12%	1.30	Ⅲ
北流市	247.09	13.43%	0.92%	0.81	Ⅳ
江州区	2560.11	31.41%	2.57%	2.07	Ⅱ
扶绥县	1812.13	28.32%	2.26%	1.84	Ⅱ
宁明县	3366.02	38.61%	4.01%	2.93	Ⅰ
龙州县	2103.58	25.03%	1.62%	1.46	Ⅲ
大新县	1339.05	18.26%	1.41%	1.17	Ⅳ
天等县	932.22	18.65%	1.13%	1.06	Ⅳ
凭祥市	2242.86	38.25%	0.69%	1.44	Ⅲ

北部湾经济区可开发建设土地资源丰度总体情况较好,但分布不均匀。其中,可开发建设土地资源处于丰富水平的县区有8个,占总数的26.67%,主要分布在南宁市区、钦南区、合浦县、灵山县、宁明县、钦北区、博白县、北海市区等。处于较丰富水平的有8个,占总数的26.67%,主要分布在港口区、横县、武鸣县、江州区、东兴市、隆安县、扶绥县、浦北县等。处于中等水平的有8个,占总数的26.66%,主要分布在龙州县、凭祥市、陆川县、上林县、防城区、兴业县、马山县、上思县等。处于较缺乏水平的有6个,占总数的20%,分布在宾阳县、大新县、容县、玉州区、天等县、北流市,其中大新县和天等县主要是受

喀斯特地貌的影响,岩溶山地较多,可开发建设土地资源缺乏;宾阳县、容县、玉州区、北流市则是由于基本农田和生态保护用地的共同影响,可开发建设土地资源分布零散,总量较小。

表 2-13　北部湾经济区可开发建设土地资源丰度分类结果表

标准化等级	丰度等级	所占全区比例	主要县区
I	丰富	26.67%	南宁市区、钦南区、合浦县、灵山县、宁明县、钦北区、博白县、北海市区
II	较丰富	26.67%	港口区、横县、武鸣县、江州区、东兴市、隆安县、扶绥县、浦北县
III	中等	26.66%	龙州县、凭祥市、陆川县、上林县、防城区、兴业县、马山县、上思县
IV	较缺乏	20%	宾阳县、大新县、容县、玉州区、天等县、北流市

　　人均可开发建设土地资源较充足,但不同区域差异较大。宁明县人均可开发建设土地资源最为丰富,为 3366.02 平方米/人;就市区而言,除玉州区外,南宁(除宾阳县)、钦州、北海、防城港、崇左市区范围内的人均可开发建设土地资源也较为丰富,均保持在 1000 平方米/人左右;整体而言,人均可开发建设土地资源较为丰富的区域集中在防城港市和崇左市中南部,大部分县区均超过 2000 平方米/人;人均可开发建设土地较少区域主要集中在北海市和玉林市各县区,其中北流市不到 300 平方米/人。

　　(二)土地人口承载力评价

　　1.评价方法

　　主要评价在现阶段,以现有的经济社会发展水平和农业生产条件,北部湾经济区土地资源所产出的粮食与人口基本粮食需求之间的匹配程度。

　　选取人均粮食占有量为评价因子,计算公式为:

$A_i = T_i / P_i$

A_i:人均粮食占有量

T_i:粮食总产量

P_i:总人口

　　2.承载力评价

　　利用上述公式,以县区为单位,计算得出 2009 年北部湾经济区人均粮食占有量。拟定人均粮食消费量400公斤为调控粮食安全的基本参考线,以此为标准计算各县区的粮食自给率,粮食自给率越高则土地人口承载力水平越高。依据《国家粮食安全中长期规划纲要》提出的要求,结合历年来全国各省区的粮食自给情况,对北部湾经济区土地人口承载力进行分等定级。粮食自给率大于70%的为"Ⅰ"等级,即"承载力高";介于60%—70%之间的为"Ⅱ"等级,即"承载力较高";介于50%—60%之间的为"Ⅲ"等级,即"承载力中等";低于50%为"Ⅳ"等级,即"承载力较低"。

表2-14　基期北部湾经济区土地人口承载力评价表

区分	总人口 (万人)	粮食产量 (万吨)	人均粮食占有量 (公斤/人)	粮食自给率 (以人均400公斤 为标准)	评价
南宁市区	267.14	54.3924	203.61	50.90%	Ⅲ
武鸣县	68.66	34.0615	496.09	124.02%	Ⅰ
隆安县	39.53	14.8167	374.82	93.71%	Ⅰ
马山县	53.36	15.7029	294.28	73.57%	Ⅰ
上林县	48.26	16.5156	342.22	85.56%	Ⅰ
宾阳县	103.25	33.7633	327.01	81.75%	Ⅰ
横　县	117.70	39.8576	338.64	84.66%	Ⅰ
南宁市	697.90	209.1100	299.63	74.91%	Ⅰ
北海市区	61.04	5.6471	92.51	23.13%	Ⅳ
合浦县	99.76	32.0829	321.60	80.40%	Ⅰ
北海市	160.80	37.7300	234.64	58.66%	Ⅲ
港口区	12.33	1.5757	127.79	31.95%	Ⅳ
防城区	39.53	10.1699	257.27	64.32%	Ⅱ
上思县	22.57	4.0696	180.31	45.08%	Ⅳ
东兴市	12.49	2.5448	203.75	50.94%	Ⅲ
防城港市	86.92	18.3600	211.23	52.81%	Ⅲ
钦南区	62.68	17.6391	281.42	70.35%	Ⅰ
钦北区	72.11	27.4432	380.57	95.14%	Ⅰ
灵山县	149.89	40.0369	267.11	66.78%	Ⅱ
浦北县	86.51	23.5488	272.21	68.05%	Ⅱ
钦州市	371.19	108.7100	292.87	73.22%	Ⅰ

续表

区分	总人口（万人）	粮食产量（万吨）	人均粮食占有量（公斤/人）	粮食自给率（以人均400公斤为标准）	评价
玉州区	97.81	26.2829	268.71	67.18%	Ⅱ
容 县	79.07	23.8485	301.61	75.40%	Ⅰ
陆川县	100.22	26.5587	265.00	66.25%	Ⅱ
博白县	170.20	47.5325	279.27	69.82%	Ⅱ
兴业县	72.78	22.1100	303.79	75.95%	Ⅰ
北流市	133.33	36.2622	271.97	67.99%	Ⅱ
玉林市	653.41	182.5900	279.44	69.86%	Ⅱ
江州区	35.80	4.3283	120.90	30.23%	Ⅳ
扶绥县	44.40	6.5546	147.63	36.91%	Ⅳ
宁明县	42.50	6.7451	158.71	39.68%	Ⅳ
龙州县	27.50	4.3762	159.13	39.78%	Ⅳ
大新县	37.46	10.8768	290.36	72.59%	Ⅰ
天等县	43.30	13.3540	308.41	77.10%	Ⅰ
凭祥市	11.00	1.5650	142.27	35.57%	Ⅳ
崇左市	241.96	47.8000	197.55	49.39%	Ⅳ
北部湾经济区	2212.18	604.3000	273.17	68.29%	Ⅱ

从评价结果来看,北部湾经济区土地人口承载力整体处于较高水平。其中,土地人口承载力较高以上水平的县区占行政区域总量的66.67%,主要分布在南宁市、钦州市和玉林市各县区,这些区域农业生产条件较好,粮食单产较高。土地人口承载力中等的占6.67%,主要分布在南宁市区和东兴市。土地人口承载力较低的占26.66%,主要分布在各市市区及上思县、扶绥县、龙州县、凭祥市等区域。主要原因:一方面由于各市市区是工业化、城镇化发展的主要阵地,人口密度相对较高,粮食供应以外部调入为主;另一方面由于地形地貌和农田水利设施缺乏等原因,造成部分区域粮食单产较低。

二、水资源承载力评价

本研究水资源承载力评价主要从可利用水资源和水资源承载力两方面进行考虑。

（一）可利用水资源

1. 评价方法

可利用水资源是指在技术上可行、经济上合理的情况下，以不影响生态环境为前提，通过工程措施能进行调节利用且有一定保证率的那部分可合理开发利用的水资源。主要以县区为单位，通过研究本地可利用水资源量和入境可利用水资源量，得出区域可利用水资源总量。

2. 可利用水资源计算

可利用水资源计算公式如下：

可利用水资源总量＝[本地可利用水资源量]＋[入境可利用水资源量]

可利用本地水资源量＝[地表水可利用量]＋[地下水可利用量]

可利用入境水资源量＝[入境水资源量]×γ

其中，γ为入境水利用系数，取值范围一般为0—5%，本次评价取值为5%。

表2-15 北部湾经济区可利用水资源评价表

（单位：亿立方米、立方米/人）

地　区	本地水资源总量	可利用本地水资源量	入境水资源量	可利用入境水资源量	可利用水资源总量	人均可利用水资源	可利用水资源丰度	等级
南宁市区	37.70	13.78	413.10	20.66	34.44	1289.02	29.03	II
武鸣县	16.41	4.87	5.10	0.26	5.13	746.43	15.46	III
隆安县	10.77	3.02	184.60	9.23	12.25	3098.91	63.38	I
马山县	17.71	4.95	662.70	33.14	38.09	7137.37	146.88	I
上林县	17.14	4.79	1.40	0.07	4.86	1007.05	20.68	III
宾阳县	18.29	5.60	18.50	0.93	6.53	631.96	13.29	III
横　县	21.90	7.77	463.40	23.17	30.94	2628.72	55.63	II
南宁市	139.92	44.78	1748.8	87.44	132.22	1894.54	50.08	II
北海市区	10.90	4.69	0.00	0.00	4.69	768.35	15.87	III
合浦县	21.37	8.55	77.50	3.88	12.43	1245.49	26.16	III
北海市	32.27	13.24	77.50	3.88	17.12	1064.37	22.94	III
港口区	5.75	2.27	0.00	0.00	2.27	1841.04	37.20	II
防城区	37.26	14.68	0.00	0.00	14.68	3713.64	75.96	I
上思县	21.67	7.78	0.00	0.00	7.78	3447.05	69.97	I

续表

地 区	本地水资源总量	可利用本地水资源量	入境水资源量	可利用入境水资源量	可利用水资源总量	人均可利用水资源	可利用水资源丰度	等级
东兴市	8.35	3.30	0.00	0.00	3.30	2642.11	53.39	II
防城港市	73.03	28.03	0.00	0.00	28.03	3224.80	67.35	I
钦南区	27.99	11.15	20.80	1.04	12.19	1944.80	40.19	II
钦北区	25.39	9.92	20.80	1.04	10.96	1519.90	31.54	II
灵山县	32.28	12.68	6.60	0.33	13.01	867.97	18.62	III
浦北县	18.74	7.26	0.20	0.01	7.27	840.37	17.55	III
钦州市	104.40	41.01	48.40	2.42	43.43	1170.02	27.46	III
玉州区	10.39	4.10	12.20	0.61	4.71	481.55	10.10	IV
容 县	18.15	5.26	14.20	0.71	5.97	755.03	15.71	III
陆川县	14.82	4.82	0.00	0.00	4.82	480.94	10.10	IV
博白县	36.26	13.76	30.10	1.51	15.27	896.89	19.41	III
兴业县	10.59	4.02	0.00	0.00	4.02	552.35	11.46	IV
北流市	21.52	6.56	2.40	0.12	6.68	501.01	10.67	IV
玉林市	111.73	38.52	58.90	2.95	41.47	634.59	16.52	III
江州区	16.37	6.04	183.10	9.16	15.20	4244.41	86.67	I
扶绥县	16.02	5.90	201.70	10.09	15.99	3600.23	73.80	I
宁明县	23.10	8.54	18.80	0.94	9.48	2230.59	45.68	II
龙州县	14.94	5.52	0.00	0.00	5.52	2007.27	40.84	II
大新县	17.43	6.28	20.90	1.05	7.33	1955.42	39.96	II
天等县	11.81	3.75	134.00	6.70	10.45	2413.39	49.45	II
凭祥市	3.93	1.45	52.00	2.60	4.05	3681.82	74.35	I
崇左市	103.60	37.48	610.50	30.53	68.01	2810.59	62.65	I
北部湾经济区	564.95	203.06	2544.1	127.21	330.27	1492.94	60.00	I

注:基础数据来源于《广西主体功能区规划专题报告之水资源承载力研究报告》。其中:可利用本地水资源量通过多年平均地表水资源量与地下水资源量汇总得到;可利用入境水资源量通过多年平均入境水资源断面控制的集水面积与参证站所控制的集水面积比乘以参证站多年平均水资源量得到。

3. 可利用水资源丰度评价

北部湾经济区可利用水资源为 330.27 亿立方米,人均可利用水资源 1492.94 立方米,是全国平均水平的 1.66 倍。本研究重点从可利用水资源丰度情况对各县区水资源差异情况进行分析评价。

可利用水资源的丰度,主要根据以下两个指标来确定:①各县区可利用水资源总量;②人均可利用水资源。将两个指标进行标准化处理后加权求和,得到各县区可利用水资源的丰度。将北部湾经济区各县区可利用水资源丰度分为四个等级,可利用水资源丰度大于60的为"Ⅰ"等级,即"丰富";丰度介于28—60之间的为"Ⅱ"等级,即"较丰富";丰度介于12—28之间的为"Ⅲ"等级,即"中等";丰度低于12为"Ⅳ"。

表2-16　北部湾经济区可利用水资源丰度分类结果表

标准化等级	丰度等级	所占全区比例	主要县区
Ⅰ	丰富	23.33%	隆安县、马山县、防城区、上思县、江州区、扶绥县、凭祥市
Ⅱ	较丰富	33.33%	南宁市区、横县、港口区、东兴市、钦南区、钦北区、宁明县、龙州县、大新县、天等县
Ⅲ	中等	30%	武鸣县、上林县、宾阳县、北海市区、合浦县、灵山县、浦北县、容县、博白县
Ⅳ	较缺乏	13.34%	玉州区、陆川县、兴业县、北流市

从评价结果来看,北部湾经济区可利用水资源整体处于中等以上水平,但空间分布不均衡,各地差异较大。从可利用水资源分布看,可利用水资源丰富的县区有7个,占行政区域总量的23.33%,主要分布在马山县、防城区、上思县、江州区、扶绥县等区域;可利用水资源较丰富的县区有10个,占行政区域总量的33.33%,主要分布在南宁市区、港口区、东兴市、钦南区、钦北区、宁明县、龙州县等区域;可利用水资源丰度中等的县区有9个,占行政区域总量的30%,主要分布在武鸣县、宾阳县、北海市区、灵山县、浦北县、容县、博白县等区域;可利用水资源较缺乏的县区有4个,占行政区域总量的13.34%,主要分布在玉州区、陆川县、兴业县、北流市等区域。

（二）水资源承载力

1. 评价方法

水资源承载力是指在一定的社会经济和技术条件下,以水资源合理开发利用为前提,当地天然水资源能够维系和支撑的人口、经济和环境规模总量。本研究在可利用水资源的基础上,对现阶段北部湾经济区农业、工业、生活用水进行分析,评价水资源供给与经济社会用水需求的匹配性。

2. 水资源承载力评价

2009 年北部湾经济区农业灌溉、工业和城镇村居民生活用水总量为 91.54 亿立方米。其中,农业灌溉用水 63.88 亿立方米,占总量的 69.78%;工业用水 15.11 亿立方米,占总量的 16.51%;居民生活用水 12.55 亿立方米,占总量的 13.71%。从各市的用水结构来看,南宁、北海、钦州、玉林、崇左 5 市的用水结构较相似,三类用水比例平均为 71∶15∶14;防城港市三类用水比例则为 58∶32∶10,主要是因为现已形成的粮油加工、钢铁、磷化工、电力、制糖、建材等产业对水资源的需求量较大。

在分析各市用水现状的基础上,选取各市总用水量占可利用水资源的比例为评价指标,研究各市可利用水资源的潜力。各市总用水量占可利用水资源的比例小于 20% 的为“Ⅰ”等级,即“潜力高”;比例介于 20%—40% 之间的为“Ⅱ”等级,即“潜力较高”;比例大于 50% 的为“Ⅲ”等级,即“潜力中等”。

根据上述测算,北部湾经济区总用水量占可利用水资源的比例为 27.72%,可利用水资源还有较高的利用潜力。从分布来看,防城港市、崇左市、南宁市、钦州市的可利用水资源潜力较高,规划期内在经济社会稳步发展、水利建设规划切实实施的基础上,水资源可以保障未来社会经济的协调发展;北海市和玉林市的可利用水资源潜力处于中等水平,可利用水资源的利用比例已超过 50%,规划期内应进一步加强水利设施建设,落实节水措施,切实保障工业、农业和居民生活的合理用地需求。

表 2-17 基期北部湾经济区水资源承载力评价表

地　区	总用水量(亿立方米)				可利用水资源量(亿立方米)	总用水量占可利用水资源的比例	评价
		农业灌溉用水	工业用水	居民生活用水			
南宁市	30.6	21.56	4.9	4.21	132.22	23.16%	Ⅱ
北海市	9.2	6.76	1.3	1.07	17.12	53.56%	Ⅲ
防城港市	5.1	2.98	1.6	0.49	28.03	18.16%	Ⅰ
钦州市	13.9	9.87	2.1	1.93	43.43	31.94%	Ⅱ
玉林市	22.3	15.04	3.8	3.43	41.47	53.65%	Ⅲ
崇左市	10.5	7.67	1.5	1.42	68.01	15.50%	Ⅰ
北部湾经济区	91.54	63.88	15.11	12.55	330.28	27.72%	Ⅱ

三、海岸带资源承载力评价

（一）可利用海岸线资源

海岸线资源承载力是在充分考虑渔业生产、生态保护和景观保护的前提下，海岸线资源能开发建设的最大潜力，即可利用海岸线资源。

1. 可利用海岸线资源计算

可利用海岸带资源计算公式如下：

可利用海岸带资源总量＝[海岸线总长]－[农渔业岸线]－[生态保护岸线]－[特殊利用岸线]－[保留岸线]

其中，农渔业岸线是指用于拓展农业发展空间和开发利用海洋生物资源，海水增养殖和捕捞生产，以及重要渔业品种养护的岸线。根据《广西壮族自治区海洋功能区划（2011—2020 年）》（以下简称《海洋功能区划》）共设海岸农渔业区 10 个，分别是珍珠湾农渔业区、企沙农渔业区、茅尾海西岸农渔业区、茅尾海农渔业区、三娘湾农渔业区、廉州湾农渔业区、营盘农渔业区、莉竹冲农渔业区、沙塍至闸口农渔业区和根竹山至良港村农渔业区。

生态保护岸线是指用于海洋生态环境和稀有动植物资源保护的岸线。《海洋功能区划》共设海岸海洋保护区 8 个，分别是北仑河口红树林海洋保护区、防城港东湾海洋保护区（海洋公园）、茅尾海红树林海洋保护区、茅尾海海洋保护区（海洋公园）、三娘湾海洋保护区（海洋公园）、大风江红树林海洋保护区、山口红树林海洋保护区和合浦儒艮海洋保护区。

特殊利用岸线是指用于国防设施建设，兼顾排洪泄洪、疏浚等功能的岸线。《海洋功能区划》共设海岸特殊利用区 3 个，包括茅岭江特殊利用区、茅尾海北部特殊利用区和廉州镇特殊利用区。

保留岸线是指保留区目前功能尚未明确，有待通过科学论证确定具体用途的岸线。《海洋功能区划》共设海岸保留区 7 个，分别是防城港红沙保留区、沙井北岸保留区、樟木环保留区、大风江口西岸保留区、大风江口东岸保留区、北海市保留区和公馆港至根竹山保留区。

2. 可利用海岸线资源评价

通过上述计算可得，北部湾经济区可利用海岸线资源为 756.16 公里，占海岸带总长的 46.43%，可利用海岸带资源较为丰富。

（二）填海造地资源

依据广西北部湾经济区发展规划和沿海三市城市总体空间布局规划，广西北部湾经济区规划期内填海造地的重点区域为防城港企沙工业区、渔溻港区、钦州港工业区、北海铁山港工业区,此外,还包括沿海主要港口建设和滨海旅游开发等区域。

表2-18　北部湾经济区可利用海岸带资源计算表

地　区		岸线总长（公里）	农渔业岸线（公里）	生态保护岸线（公里）	特殊利用岸线（公里）	保留岸线（公里）	可利用海岸带资源（公里）
北海市	海城区	27.1	4.79	0	0	6.28	16.05
	银海区	90.0	59.95	0	0	0	30
	铁山港区	81.8	0	0	0	0	81.82
	合浦县	329.3	36.7	73.57	23	39.28	156.73
北海市小计		528.2	101.44	73.57	23	45.56	284.6
防城港市	港口区	342.8	142.84	3.96	0	16.12	179.91
	防城区	141.7	28.53	39.84	0	0	73.29
	东兴市	53.3	0	0	0	0	53.3
防城港市小计		537.8	171.37	43.8	0	16.12	306.5
钦州市	钦南区	562.6	4.3	308.71	33.14	51.43	165.06
钦州市小计		562.6	4.3	308.71	33.14	51.43	165.06
北部湾经济区		1628.6	277.11	426.08	56.14	113.11	756.16

注:基础数据来源于《广西壮族自治区海洋功能区划(2011—2020年)》。

表2-19　北部湾经济区填海造地统计表

区　分		规划期内拟填海造地规模（平方公里）
重点建设区填海规模	防城港企沙工业区	17.6
	防城港企沙半岛东部离岸岛	36.2
	防城港渔溻港区	12.4
	钦州市钦州港工业区	41.5
	北海市铁山港工业区	49.8
小　计		147.5

续表

区 分		规划期内拟填海造地规模（平方公里）
其他主要建设区填海规模	白龙尾工业与城镇建设区	1.28
	企沙半岛东侧工业与城镇建设区	10.4
	茅尾海东岸工业与城镇建设区	6
	廉州湾工业与城镇建设区	9.09
	营盘彬塘工业与城镇建设区	7.5
	竹山港口开发区	0.12
	京岛港口开发区	0.85
	潭吉港口开发区	0.56
	白龙港口开发区	1.25
	防城港西湾港口开发区	0.82
	防城港暗埠口江港口开发区	9.24
	茅岭港口开发区	0.68
	沙井港口开发区	0.54
	龙门及观音堂港口开发区	5.37
	三墩外港航运区	2.66
	那丽港口开发区	0.22
	北海港口开发区	1.4
	榄根港口开发区	10.28
	涠洲岛港口开发区	0.46
小 计		68.70
北部湾经济区		216.20

综上,北部湾经济区现状填海造地面积为 17.27 平方公里,规划期内拟新增填海造地面积为 216.20 平方公里,合计 233.47 平方公里。填海造地工程的实施将有效增加可开发建设土地面积,对港口开发、临港工业建设将起到极大的推动作用,在此过程中应严格落实相关规划的要求,确保开发建设与海洋生态的协调发展。

第五节 基于国土资源承载力的经济社会发展评价

一、人口发展评价

土地人口承载潜力是指在未来不同时间尺度上，以预期的技术、经济和社会发展水平及与此相适应的物质生活水平为依据，一定区域利用其自身的土地资源能持续稳定供养的人口数量。

（一）计算方法

影响土地人口承载潜力（PSCL）的因素有：单位面积粮食生产潜力、耕地面积和人均基本粮食需求。其计算公式为：

$$PSCL = [P_{(e)} \times A] / N$$

$P_{(e)}$：单位面积粮食生产潜力

A：耕地面积

N：人均基本粮食需求

利用上述公式，以县区为单位，计算和评价北部湾区域土地资源在一定生产条件下，土地资源的生产力承载一定生活水平下的人口限度。

（二）土地人口承载力计算

1. 单位面积粮食产量预测

在各县区的粮食单产现状的基础上，结合不同区域粮食作物单产变化进程，充分考虑规划期内北部湾经济区将通过培肥地力、改造中低产田、配套和改造现有灌排设施、完善农田水利基础设施、扩大灌溉面积、建设旱涝保收的高产稳产粮田等一系列措施，进一步提高耕地的产出能力。因此，预测北部湾各县区粮食作物亩产可以年均4—9公斤的幅度持续增长。

表2-20 北部湾经济区粮食作物单位面积产量预测结果表

（单位：公斤/亩）

地 区	2020年	2030年
南宁市区	405.79	455.79
武鸣县	394.96	444.96
隆安县	346.21	396.21

续表

地　区	2020 年	2030 年
马山县	339.49	389.49
上林县	353.73	403.73
宾阳县	396.02	446.02
横　县	398.76	448.76
南宁市	386.02	436.02
北海市区	362.64	422.64
合浦县	407.13	467.13
北海市	399.57	459.57
港口区	366.49	426.49
防城区	358.14	418.14
上思县	349.73	409.73
东兴市	369.05	429.05
防城港市	358.94	418.94
钦南区	364.01	414.01
钦北区	399.03	449.03
灵山县	415.81	465.81
浦北县	409.80	459.80
钦州市	401.03	451.03
玉州区	433.26	473.26
容　县	457.03	497.03
陆川县	444.70	484.70
博白县	409.94	449.94
兴业县	424.60	464.60
北流市	444.08	484.08
玉林市	432.33	472.33
江州区	364.71	424.71
扶绥县	358.57	418.57
宁明县	373.00	433.00
龙州县	373.16	433.16
大新县	362.48	422.48
天等县	341.48	401.48
凭祥市	377.65	437.65
崇左市	358.74	418.74
北部湾经济区	389.44	442.77

2. 粮食播种面积预测

a、依据《广西壮族自治区国土资源"十三五规划"》以及各市、各县(市)土地利用总体规划(2006—2020年)确定的耕地保有量目标,结合第二次土地调查耕地面积和各地耕地变化的趋势,提出到2020年、2030年北部湾经济区耕地面积(S)分别为176.08万公顷和175.73万公顷。

b、考虑复种指数和粮食作物比例两方面因素。其中,复种指数是指农作物播种面积与耕地面积之比,是表示耕地利用强度的主要指标;粮食种植比例是指粮食作物播种面积占农作物(包括水稻、玉米等粮食作物和甘蔗、木薯、蔬菜等经济及其他农作物)播种面积的比例。计算公式为:

$$S_1 = S \times N \times K\%$$

其中:S_1——粮食播种面积;

S——耕地面积;

N——复种指数;

K%——粮食种植比例。

基于考虑经济发展、经济作物面积调整及保证粮食总产量等多方面因素,规划期内,预测南宁市、北海市、防城港市、钦州市、玉林市、崇左市粮食种植比例分别为46%、45%、58%、40%、67%、28%。

结合上述公式,预测得到北部湾经济区2020年、2030年粮食播种面积如下表:

表2-21　北部湾经济区粮食播种面积预测结果表

(单位:万公顷)

地　区	2020年	2030年
南宁市区	23.09	23.04
武鸣县	11.45	11.43
隆安县	6.07	6.06
马山县	4.36	4.35
上林县	4.47	4.46
宾阳县	10.06	10.04
横　县	12.52	12.49
南宁市	72.01	71.87
北海市区	3.27	3.26

续表

地　区	2020 年	2030 年
合浦县	7.96	7.94
北海市	11.23	11.20
港口区	4.29	4.28
防城区	38.08	38.01
上思县	50.77	50.67
东兴市	7.70	7.68
防城港市	100.84	100.64
钦南区	3.69	3.68
钦北区	4.51	4.50
灵山县	8.07	8.05
浦北县	4.09	4.08
钦州市	20.36	20.32
玉州区	5.85	5.84
容　县	4.67	4.66
陆川县	6.81	6.79
博白县	12.20	12.18
兴业县	6.78	6.77
北流市	8.70	8.68
玉林市	45.02	44.93
江州区	5.36	5.35
扶绥县	6.11	6.10
宁明县	3.32	3.32
龙州县	3.03	3.02
大新县	3.68	3.67
天等县	2.86	2.86
凭祥市	0.46	0.46
崇左市	24.82	24.77
北部湾经济区	274.27	273.73

3. 土地人口承载力评价

土地人口承载力的关键是粮食生产能力和人均粮食消费标准。人均粮食消费标准是指人们为维持正常生活而必需的最低粮食数量。参照我国食物结构标准,以人均粮食消费量 400 公斤为调控粮食安全的基本参考线,当规划期内北部湾经济区粮食自给率分别为 70%、60%、50% 时的土地人口承载力情况。利用上述人口承载力计算公式,得到各县区土地可承载的人口规模。结合自治区关于人口预测的相关规划,用预测人口数 P_0 和可承载人口数(P)进行比较,可得:$P_0>P$,超载;$P_0<P$,富余;$P_0=P$,临界。

表 2-22 北部湾经济区土地人口承载力评价表

(单位:万人,粮食自给率为 70%)

地　区	2020 年			2030 年		
	预测人口	可承载人口	评价	预测人口	可承载人口	评价
南宁市区	328	465	富余	385	464	富余
武鸣县	86	230	富余	102	230	富余
隆安县	50	122	富余	60	122	富余
马山县	62	88	富余	70	88	富余
上林县	55	90	富余	61	90	富余
宾阳县	117	202	富余	127	202	富余
横　县	130	252	富余	140	251	富余
南宁市	828	1450	富余	945	1447	富余
北海市区	120	66	超载	165	66	超载
合浦县	150	160	富余	195	160	超载
北海市	270	226	超载	360	226	超载
港口区	20	86	富余	27	86	富余
防城区	60	767	富余	80	765	富余
上思县	27	1022	富余	31	1020	富余
东兴市	23	155	富余	34	155	富余
防城港市	130	2030	富余	172	2026	富余
钦南区	76	74	超载	90	74	超载
钦北区	84	91	富余	96	91	超载
灵山县	168	162	超载	184	162	超载
浦北县	100	82	超载	110	82	超载
钦州市	428	410	超载	480	409	超载
玉州区	131	118	超载	164	118	超载

续表

地 区	2020 年			2030 年		
	预测人口	可承载人口	评价	预测人口	可承载人口	评价
容 县	85	94	富余	89	94	富余
陆川县	109	137	富余	117	137	富余
博白县	190	246	富余	208	245	富余
兴业县	79	137	富余	85	136	富余
北流市	146	175	富余	160	175	富余
玉林市	740	906	富余	823	904	富余
江州区	48	108	富余	58	108	富余
扶绥县	52	123	富余	58	123	富余
宁明县	47	67	富余	51	67	富余
龙州县	30	61	富余	32	61	富余
大新县	42	74	富余	46	74	临界
天等县	48	58	富余	52	58	富余
凭祥市	17	9	超载	23	9	超载
崇左市	284	500	富余	320	499	富余
北部湾经济区	2680	5521	富余	3100	5510	富余

由上表可知,规划期内,在农业投入不断加大、农业生产条件不断改善、粮食单产稳步提高的条件下,北部湾经济区土地人口承载力基本保持稳定,且保持在较高水平,但各区域的承载力水平差异较大。

2020 年,北部湾经济区可承载人口规模为 5521 万人,是预测人口规模的 2.06 倍。其中,承载力富余的县区有 24 个,占总量的 80%;超载县区为 6 个,占总量的 20%,除北海市区、浦北县和凭祥市外,原承载力富余的钦南区、灵山县、玉州区呈现超载现象。

2030 年,北部湾经济区可承载人口规模为 5510 万人,是预测人口规模的 1.78 倍。其中,承载力富余的县区有 20 个,占总量的 66.67%;超载县区为 9 个,占总量的 30%,除上述超载县区外,原承载力富余的合浦县、钦北区、容县呈现轻微超载,大新县处于承载力临界状态。

综上所述,规划期内,北部湾经济区自有耕地可以承载人口的集聚和发展,但对于北海、钦州和玉林市区等城镇化和工业化重点发展的区域,以及浦北县、灵山县、合浦县、容县、凭祥市等人多地少的县(市),应在进一步提高耕地质量,提升粮食产量的同时,拓宽粮食流通渠道,加大调入力度,以保障区域内人口的持续增长。

表 2-23 北部湾经济区土地人口承载力评价

(单位:万人,粮食自给率60%)

地　区	2020 年			2030 年		
	预测人口	可承载人口	评价	预测人口	可承载人口	评价
南宁市区	328	542	富余	385	541	富余
武鸣县	86	269	富余	102	268	富余
隆安县	50	143	富余	60	142	富余
马山县	62	102	富余	70	102	富余
上林县	55	105	富余	61	105	富余
宾阳县	117	236	富余	127	236	富余
横　县	130	294	富余	140	293	富余
南宁市	828	1691	富余	945	1688	富余
北海市区	120	77	超载	165	77	超载
合浦县	150	187	富余	195	187	超载
北海市	270	264	超载	360	263	超载
港口区	20	101	富余	27	101	富余
防城区	60	894	富余	80	893	富余
上思县	27	1193	富余	31	1190	富余
东兴市	23	181	富余	34	180	富余
防城港市	130	2368	富余	172	2364	富余
钦南区	76	87	富余	90	86	超载
钦北区	84	106	富余	96	106	富余
灵山县	168	189	富余	184	189	富余
浦北县	100	96	超载	110	96	超载
钦州市	428	478	富余	480	477	超载
玉州区	131	137	富余	164	137	超载
容　县	85	110	富余	89	110	富余
陆川县	109	160	富余	117	160	富余
博白县	190	287	富余	208	286	富余
兴业县	79	159	富余	85	159	富余

续表

地 区	2020 年			2030 年		
	预测人口	可承载人口	评价	预测人口	可承载人口	评价
北流市	146	204	富余	160	204	富余
玉林市	740	1057	富余	823	1055	富余
江州区	48	126	富余	58	126	富余
扶绥县	52	144	富余	58	143	富余
宁明县	47	78	富余	51	78	富余
龙州县	30	71	富余	32	71	富余
大新县	42	86	富余	46	86	临界
天等县	48	67	富余	52	67	富余
凭祥市	17	11	超载	23	11	超载
崇左市	284	583	富余	320	582	富余
北部湾经济区	2680	6442	富余	3100	6429	富余

表 2-24 北部湾经济区土地人口承载力评价表

(单位:万人,粮食自给率50%)

地 区	2020 年			2030 年		
	预测人口	可承载人口	评价	预测人口	可承载人口	评价
南宁市区	328	651	富余	385	649	富余
武鸣县	86	323	富余	102	322	富余
隆安县	50	171	富余	60	171	富余
马山县	62	123	富余	70	123	富余
上林县	55	126	富余	61	126	富余
宾阳县	117	283	富余	127	283	富余
横县	130	353	富余	140	352	富余
南宁市	828	2029	富余	945	2025	富余
北海市区	120	92	超载	165	92	超载
合浦县	150	224	富余	195	224	富余
北海市	270	316	富余	360	316	超载
港口区	20	121	富余	27	121	富余
防城区	60	1073	富余	80	1071	富余
上思县	27	1431	富余	31	1428	富余
东兴市	23	217	富余	34	217	富余

续表

地 区	2020 年			2030 年		
	预测人口	可承载人口	评价	预测人口	可承载人口	评价
防城港市	130	2842	富余	172	2837	富余
钦南区	76	104	富余	90	104	富余
钦北区	84	127	富余	96	127	富余
灵山县	168	227	富余	184	227	富余
浦北县	100	115	富余	110	115	富余
钦州市	428	574	富余	480	573	富余
玉州区	131	165	富余	164	165	富余
容 县	85	132	富余	89	131	富余
陆川县	109	192	富余	117	191	富余
博白县	190	344	富余	208	343	富余
兴业县	79	191	富余	85	191	富余
北流市	146	245	富余	160	245	富余
玉林市	740	1269	富余	823	1266	富余
江州区	48	151	富余	58	151	富余
扶绥县	52	172	富余	58	172	富余
宁明县	47	94	富余	51	93	富余
龙州县	30	85	富余	32	85	富余
大新县	42	104	富余	46	104	临界
天等县	48	81	富余	52	81	富余
凭祥市	17	13	超载	23	13	超载
崇左市	284	700	富余	320	698	富余
北部湾经济区	2680	7730	富余	3100	7715	富余

此外,充分考虑北部湾经济区的发展定位,随着规划期内城镇化和工业化的加快推进,北部湾经济区粮食流通渠道将进一步拓宽,粮食调入量加大的趋势将更加明显。若在粮食自给率分别调整至60%和50%的情况下,北部湾经济区对人口的承载力较大。但对于北海市区和凭祥市两区域而言,由于人口集聚增长的速度远超过粮食生产能力提高的速度,使得该区域人口呈现超载现象。因此,在规划期内,北海市区和凭祥市在发展工业化和城镇化的同时应更加注重保障粮食安全的相关问题。

4.基于土地人口承载力的人口发展优选方案

在土地人口承载力分析的基础上,以上述农业发展条件和粮食流通情况为标准,结合人口预测,假定北部湾经济区各县区人口发展均控制在可承载的范围内时,确定人口发展规模;在土地人口承载的最大潜力基础上,2015年、2020年、2030年分别按照55%、60%、65%的潜力测算支撑人口规模。结合上述两方面的考虑,得到北部湾经济区在不同规划时点内的人口发展优选方案,详见下表。

表 2-25　北部湾经济区人口发展优选方案表

(单位:万人)

项　目	2020 年	2030 年
人口规模	2545—3092	2782—3343

二、城镇发展

选取可开发建设土地资源、可利用水资源、环境容量等几项指标,与城镇人口、城镇用地的相关性进行分析。

(一)基于可开发建设土地资源承载力的城镇发展评价

1.评价思路及结论

根据近10年北部湾经济区城镇用地的发展情况,综合土地开发利用适应性本地特征和可开发条件,综合判断得到经济区土地资源城镇建设开发空间阈值。

表 2-26　基于可开发建设土地资源的城镇发展阈值表

地　区	适宜建设用地 (平方公里)	可开发建设土地资源 (平方公里)	城镇建设用地阈值 (平方公里)
南宁市区	3089.54	2507.69	1556.23
武鸣县	1248.10	1056.13	655.42
隆安县	814.99	734.68	455.93
马山县	599.91	511.64	317.52
上林县	585.83	485.60	301.35
宾阳县	635.12	467.42	290.08
横　县	1363.82	1112.55	690.43

续表

地　　区	适宜建设用地 （平方公里）	可开发建设土地资源 （平方公里）	城镇建设用地阈值 （平方公里）
南宁市	8337.30	6875.71	4266.95
北海市区	954.68	691.89	429.37
合浦县	1903.61	1616.54	1003.20
北海市	2858.28	2308.43	1432.57
港口区	352.94	279.58	173.50
防城区	639.19	551.13	342.02
上思县	594.28	520.88	323.25
东兴市	347.24	303.38	188.27
防城港市	1933.65	1654.97	1027.05
钦南区	1822.87	1619.34	1004.93
钦北区	1195.73	1071.06	664.68
灵山县	1836.44	1602.82	994.68
浦北县	883.89	751.43	466.32
钦州市	5738.93	5044.64	3130.62
玉州区	500.05	295.23	183.21
容　县	576.95	444.48	275.84
陆川县	628.32	456.02	283.00
博白县	1612.26	1345.42	834.94
兴业县	529.21	397.40	246.62
北流市	539.72	329.44	204.45
玉林市	4386.50	3267.99	2028.06
江州区	1042.70	916.52	568.77
扶绥县	950.84	804.58	499.31
宁明县	1556.01	1430.56	887.78
龙州县	653.60	578.49	359.00
大新县	585.77	501.61	311.29
天等县	467.76	403.65	250.50
凭祥市	284.08	246.71	153.11
崇左市	5540.75	4882.12	3029.76
北部湾经济区	28795.42	24033.86	14914.99

备注:北部湾经济区适宜建设用地面积约 28795.42 平方公里,可开发建设土地资源为 24033.86 平方公里,假定将可开发建设土地资源全部用于开发建设,则城镇建设用地的阈值为 14914.99 平方公里,约为现状城镇用地的 15.57 倍。

2. 重点区域发展评价

结合基于可开发建设土地资源承载力的城镇建设用地阈值,对重点城市(城镇)发展的合理性进行评价。

表 2-27　基于可开发建设土地资源的重点区域发展评价表

地　区		中心城区用地规模（平方公里）		城镇建设用地阈值（平方公里）	评　价
		2020 年	2030 年		
城市建成区	南宁市	300	400	1556.23	可承载
	北海市	170	260	429.37	可承载
	防城港市	110	180	515.52	可承载
	钦州市	120	190	1669.61	可承载
	玉林市	106	135	183.21	可承载
	崇左市	50.1	70	568.77	可承载
重点城镇	东兴市	17.6	23	188.27	可承载
	宾阳县	23	30	290.08	可承载
	横县	22	30	690.43	可承载
	武鸣县	23	34	655.42	可承载
	灵山县	37	53	994.68	可承载
	浦北县	13	19	446.32	可承载
	上思县	14	20	323.25	可承载
	上林县	14	20	301.35	可承载
	马山县	7	9	317.52	可承载
	隆安县	8	13	455.93	可承载
	博白县	30	39	834.94	可承载
	凭祥市	9	11	153.11	可承载

依据上述评价,对北部湾 6 市中心城区以及重点城镇用地扩展情况进行分析,并得出结论:北部湾经济区可开发建设土地资源潜力较大,能够支撑各市、各县中心城区的扩展需求。

（二）基于可利用水资源承载力的城镇发展评价

根据可利用水资源的测算，北部湾经济区可利用水资源为330.27亿立方米，人均可利用水资源1492.94立方米，承载的人口为2212.18万人，参照国际公认的人均严重缺水警戒线500立方米的标准，若北部湾经济区人均可利用水资源为500立方米时（现状人均可利用水资源不足500立方米的县区则以当前人均量计算），可承载的人口为6605.30万人，若该部分人口全部纳入城镇人口统计，当人均城镇用地控制在100平方米时，城镇建设用地的阈值为6605.30平方公里，是现状城镇用地的6.9倍。

表2-28 基于可利用水资源的城镇发展阈值表

地　区	可利用水资源（亿立方米）	可承载人口（万人）	城镇用地阈值（平方公里）
南宁市区	34.44	688.70	688.70
武鸣县	5.13	102.50	102.50
隆安县	12.25	245.00	245.00
马山县	38.09	761.70	761.70
上林县	4.86	97.20	97.20
宾阳县	6.53	130.50	130.50
横　县	30.94	618.80	618.80
南宁市	132.22	2644.40	2644.40
北海市区	4.69	93.80	93.80
合浦县	12.43	248.50	248.50
北海市	17.12	342.30	342.30
港口区	2.27	45.40	45.40
防城区	14.68	293.60	293.60
上思县	7.78	155.60	155.60
东兴市	3.30	66.00	66.00
防城港市	28.03	560.60	560.60
钦南区	12.19	243.80	243.80
钦北区	10.96	219.20	219.20
灵山县	13.01	260.20	260.20

地　区	可利用水资源 （亿立方米）	可承载人口 （万人）	城镇用地阈值 （平方公里）
浦北县	7.27	145.40	145.40
钦州市	43.43	868.60	868.60
玉州区	4.71	97.81	97.81
容　县	5.97	119.40	119.40
陆川县	4.82	100.22	100.22
博白县	15.27	305.30	305.30
兴业县	4.02	80.40	80.40
北流市	6.68	133.60	133.60
玉林市	41.47	829.30	829.30
江州区	15.20	303.90	303.90
扶绥县	15.99	319.70	319.70
宁明县	9.48	189.60	189.60
龙州县	5.52	110.40	110.40
大新县	7.33	146.50	146.50
天等县	10.45	209.00	209.00
凭祥市	4.05	81.00	81.00
崇左市	68.01	1360.10	1360.10
北部湾经济区	330.27	6605.30	6605.30

综上，北部湾经济区可利用水资源可以为城镇建设提供较好的用水保障，但对于人均可利用水资源较少的玉林市各县区和北海市区而言，应进一步实施调水工程和水利设施建设工程，确保城镇化和工业化发展的用水需求。

（三）基于国土资源承载力的城镇发展优选方案

根据上述可开发建设土地资源和可利用水资源的分析，从资源制约的角度来看，城镇的扩展更多地受限于可利用水资源。结合基于可利用水资源的城镇发展阈值估算，当人均可利用水资源为 1000 立方米（人均缺水警戒线为 1000 立方米）时，考虑在不同规划时点不同城镇化发展水平下，北部湾经济区城镇发展的优选方案。

表 2-29　北部湾经济区城镇发展优选方案

地　区	2020 年	2030 年
城镇化率	60%	70%
城镇用地规模（平方公里）	1982	2312

三、重大工业发展

1. 基于可开发建设土地资源承载力的工业产业发展评价

根据国家《城市用地分类与规划建设用地标准》（GBJ137-90）规定，工业用地占城市建设用地比例应为 15%—25%，但拥有大中型工业企业的中小工矿城市，其工业用地占城市建设用地的比例可大于 25%，但不宜超过 30%。根据国家和自治区提出的发展战略，工业产业的发展是北部湾经济区发展和建设的重要内容，规划期内，将进一步以做强"大产业"为目标，加快形成产业集群，提高产业竞争力。因此，确定北部湾经济区工业用地的比例为 15%—25%。依据基于可开发建设土地资源承载力的城镇用地测算，并结合广西主体功能区划对各县区的发展定位和城市（县城）总体规划，科学确定其工业用地比例，测算得出工业产业用地阈值为 3288.02 平方公里。

表 2-30　基于可开发建设土地资源的工业用地阈值表

地　区	城镇建设用地阈值（平方公里）	工业用地比例	工业用地阈值（平方公里）
南宁市区	1556.23	25.00%	389.06
武鸣县	655.42	25.00%	163.85
隆安县	455.93	16.00%	72.95
马山县	317.52	20.00%	63.50
上林县	301.35	16.00%	48.22
宾阳县	290.08	18.00%	52.21
横　县	690.43	23.00%	158.80
南宁市	4266.95	20.43%	948.59
北海市区	429.37	25.00%	107.34
合浦县	1003.20	25.00%	250.80

地　区	城镇建设用地阈值（平方公里）	工业用地比例	工业用地阈值（平方公里）
北海市	1432.57	25.00%	358.14
港口区	173.50	25.00%	43.38
防城区	342.02	25.00%	85.51
上思县	323.25	23.00%	74.35
东兴市	188.27	15.00%	28.24
防城港市	1027.05	22.00%	231.47
钦南区	1004.93	25.00%	251.23
钦北区	664.68	22.00%	146.23
灵山县	994.68	25.00%	248.67
浦北县	466.32	16.00%	74.61
钦州市	3130.62	22.00%	720.74
玉州区	183.21	25.00%	45.80
容　县	275.84	20.00%	55.17
陆川县	283.00	18.00%	50.94
博白县	834.94	25.00%	208.74
兴业县	246.62	16.00%	39.46
北流市	204.45	18.00%	36.80
玉林市	2028.06	20.33%	436.91
江州区	568.77	25.00%	142.19
扶绥县	499.31	25.00%	124.83
宁明县	887.78	16.00%	142.04
龙州县	359.00	16.00%	57.44
大新县	311.29	16.00%	49.81
天等县	250.50	15.00%	37.57
凭祥市	153.11	25.00%	38.28
崇左市	3029.76	19.71%	592.16
北部湾经济区	14914.99	22.22%	3288.02

2. 基于可利用水资源承载力的工业发展评价

经济区工业用水主要集中在火力发电、钢铁、石油石化、纺织和造纸5个行业。规划期内,经济区重点产业主要包括冶金、食品、电子信息、造纸与木材加工、能源、纺织服装与皮革、修造船、医药、汽车、机械、建材等方面,依据国家《工业企业产品取水定额编制通则》(GB/T18820—2002)以及火力发电、钢铁联合企业、石油炼制、棉印染产品、造纸产品等一系列工业取水定额标准,北部湾经济区工业取水量在现状基础上可进一步核减。

选取2020年为评价时点,假设北部湾经济区的可利用水资源在满足基本农业和居民生活用水的基础上,结余部分全部用于工业生产,由此测算可利用水资源可承载的最大工业产业增加值。

表2-31　基于可利用水资源的工业发展阈值表

地　　区	可利用水资源(亿立方米)	农业用水需求量(亿立方米)	生活用水需求量(亿立方米)	结余可利用水资源(亿立方米)	工业用水重复利用率	每万元工业增加值用水量(亿立方米)	可利用水资源承载的工业增加值(亿元)
南宁市区	34.44	6.34	2.13	25.96	0.85	100	4803.20
武鸣县	5.13	3.38	0.53	1.21	0.80	110	198.64
隆安县	12.25	2.11	0.29	9.85	0.80	120	1477.17
马山县	38.09	2.33	0.36	35.40	0.80	120	5310.25
上林县	4.86	1.27	0.33	3.26	0.80	120	489.11
宾阳县	6.53	2.33	0.67	3.53	0.80	110	577.99
横　县	30.94	3.38	0.75	26.81	0.80	110	4387.16
南宁市	132.22	21.14	5.07	106.01	0.81	112.86	16975.02
北海市区	4.69	1.64	1.53	1.52	0.85	100	281.79
合浦县	12.43	4.91	1.84	5.69	0.85	105	1001.96
北海市	17.12	6.54	3.37	7.21	0.85	102.5	1301.32
港口区	2.27	0.15	0.20	1.92	0.85	100	355.29
防城区	14.68	1.58	0.44	12.66	0.85	105	2230.95
上思县	7.78	1.92	0.15	5.71	0.85	130	812.49
东兴市	3.3	0.32	0.17	2.81	0.85	120	432.90
防城港市	28.03	3.98	0.95	23.10	0.85	113.75	3756.92

续表

地　区	可利用水资源（亿立方米）	农业用水需求量（亿立方米）	生活用水需求量（亿立方米）	结余可利用水资源（亿立方米）	工业用水重复利用率	每万元工业增加值用水量（亿立方米）	可利用水资源承载的工业增加值（亿元）
钦南区	12.19	2.35	0.56	9.28	0.85	100	1717.14
钦北区	10.96	2.61	0.56	7.79	0.85	100	1441.53
灵山县	13.01	4.29	0.93	7.79	0.85	130	1108.76
浦北县	7.27	3.09	0.57	3.61	0.85	130	514.41
钦州市	43.43	12.34	2.61	28.48	0.85	115	4581.57
玉州区	4.71	1.47	0.66	2.58	0.85	100	477.49
容　县	5.97	2.99	0.42	2.56	0.80	110	418.59
陆川县	4.82	1.81	0.56	2.45	0.80	115	384.24
博白县	15.27	4.90	0.98	9.40	0.90	110	1623.48
兴业县	4.02	1.82	0.41	1.80	0.80	110	294.28
北流市	6.68	3.09	0.75	2.84	0.80	105	486.62
玉林市	41.47	16.07	3.77	21.63	0.80	108.33	3593.91
江州区	15.2	1.45	0.25	13.50	0.85	100	2497.70
扶绥县	15.99	1.34	0.30	14.36	0.80	100	2584.56
宁明县	9.48	2.04	0.27	7.17	0.80	120	1075.71
龙州县	5.52	1.19	0.17	4.15	0.80	120	622.99
大新县	7.33	1.07	0.23	6.02	0.80	120	903.27
天等县	10.45	0.76	0.27	9.42	0.80	120	1412.87
凭祥市	4.05	0.34	0.08	3.63	0.80	100	654.22
崇左市	68.01	8.2	1.56	58.25	0.90	111.43	9932.37
北部湾经济区	330.27	68.3	17.3	244.67	0.84	110.64	40141.10

　　对工业产业发展的预测,2020 年和 2030 年,北部湾经济区工业增加值将分别达到 6172.38 亿元和 15480.13 亿元。结合水资源对工业产业的承载力,规划期内,在工业用水效率大幅提高的前提下(假定工业用水重复利用率平均达到 84%,每万元工业增加值用水量比现状核减一半),水资源可承载的工业增加值为 40141.10 亿元,总体上可以满足经济区工业产业发展的目标。但

是,在玉林市、北海市各县区以及武鸣县、上林县、宾阳县、灵山县、浦北县可利用水资源较为短缺的区域,应进一步加强用水调控、加大节水力度,并积极探索海水淡化、海水资源综合利用,保障居民生活以及工业农业的用水需求。

3.基于国土资源承载力的工业产业发展优选方案

结合上述城镇发展优选方案,测算在不同规划时点不同工业化发展水平下(工业用地占城镇建设用地比例按15%—25%),北部湾经济区工业产业发展的优选方案。

表2-32 北部湾经济区工业产业发展优选方案表

项 目	2020 年	2030 年
城镇用地规模(平方公里)	1982	2312
工业用地规模(平方公里)	297.3—495.5	346.8—578

四、港口码头建设

《广西北部湾经济区发展规划(2006—2020)》《广西北部湾港总体规划》《广西海洋功能区划(2011—2020 年)》等相关规划已对北部湾经济区港口码头的发展方向、建设规模、用地布局各方面做出了具体的部署和安排,本研究主要在上述规划提出港口码头建设规模的基础上,从可利用海岸带资源承载力的角度开展评价。

《广西北部湾经济区发展规划(2006—2020)》提出:根据经济社会发展需要和海岸线的自然条件,将北部湾经济区海岸线划分为 7 种类型,其中,规划港口及工业岸线 228 公里,主要用于深水港口开发、渔港扩建和临港工业发展。《广西海洋功能区划(2011—2020 年)》提出设置海岸港口航运区 14 个,分别是竹山港口航运区、京岛港口航运区、潭吉港口航运区、白龙港口航运区、防城港西湾港口航运区、防城港港口航运区、茅岭港口航运区、沙井港口航运区、龙门及观音堂港口航运区、鹰岭—果子山—金鼓江港口航运区、大榄坪至三墩港口航运区、那丽港口航运区、北海港口航运区和铁山港港口航运区,规划岸线 324.09 公里。《广西北部湾港总体规划》规划港口岸线(包括现已开发利用的岸线、规划开发的重点岸线及远期预留的岸线)共 267 公里,其中深水港口岸线 200 公里。

表 2-33 基于可利用海岸带资源的港口码头建设评价表

地　区		可利用海岸带资源（公里）	规划利用海岸带资源（公里）			评价
			《广西北部湾经济区发展规划》提出	《广西北部湾港总体规划》	《广西海洋功能区划》	
北海市	海城区	16.05	—	—	11.7	可承载
	银海区	30		6.77	88.82	可承载
	铁山港区	81.82	—	68.56		可承载
	合浦县	156.73		8.27	—	可承载
北海市小计		284.6		83.6	100.55	可承载
防城港市	港口区	179.91		86	137.77	可承载
	防城区	73.29		2.45	12.4	可承载
	东兴市	53.3		4.25	9.93	可承载
防城港市小计		306.5		92.7	160.1	可承载
钦州市	钦南区	165.06	—	66	64.11	可承载
钦州市小计		165.06	—	66	64.11	可承载
北部湾经济区		756.16	228（含港口及临港工业）	242.3	324.09	可承载

综上，北部湾经济区的海岸带资源可以承载相关规划提出的港口建设规模，在开发建设过程中应符合《广西海洋功能区划（2011—2020 年）》对各海岸带、海域的分区要求，确保经济和生态环境效益相协调。

第六节　基于资源承载力的国土资源合理利用建议

一、国土资源空间开发引导性建议

从国土资源承载力的角度出发，对北部湾经济区国土空间进行合理、有序开发和配置，确保经济社会发展与资源供给的匹配，实现国土资源的协调和可持续利用。

（一）北部湾经济区国土资源开发利用的优势及制约性因素

南宁市：可开发建设土地资源规模为 68.76 万公顷，居 6 市之首，大部分分布于南宁市区、武鸣县和横县;从空间上看,南宁市是北部湾经济区基本农田最为集中连片的区域,多呈现"田围城"的状态,城市(城镇)发展的空间由此受到局限。可利用水资源 132.22 亿立方米,居 6 市之首,大部分分布于南宁市区、马山县和横县;水资源承载力总体较好,但武鸣县和宾阳县的人均水资源量不足 800 立方米,对该区域的城镇化和工业化发展将产生一定的影响。

北海市:可开发建设土地资源丰度较好(Ⅰ级),人均可开发建设土地资源超过 1300 平方米;从空间上看,基本农田多连片集中于市域北面,可开发建设土地资源多集中于南部临海区域,且合浦县与北海市区的可开发建设土地资源连接成片,有利于城乡一体化和临海经济的发展。可利用水资源 17.12 亿立方米,总量较少,且全市用水多为从外部引入,水资源的保障程度将对北海市城镇化、工业化的发展起到关键作用。

防城港市:可开发利用土地资源与基本农田交错分布,上思县和防城区的大部分区域纳入生态保护范围,可开发利用的土地资源多集中于港口区临海区域以及东兴市沿边区域,有利于临港经济和沿边经济的发展。可利用水资源丰度较好(均处于Ⅰ、Ⅱ级),人均可利用水资源超过 3000 立方米,对重化工、钢铁等产业的发展将提供良好的用水保障。

钦州市:可开发建设土地资源丰度较好(均处于Ⅰ、Ⅱ级),可开发利用的土地资源多集中于钦南区临海区域,人均可开发利用土地资源超过 2500 平方米;填海造地工程的实施条件较好,通过填海造地可有效增加可开发建设土地面积,有利于临港经济的发展。可利用水资源总量为 43.43 亿立方米,钦州市区的可利用水资源丰度较好,可以为城镇化和工业化的发展提供较好的用水保障。

玉林市:可开发建设土地资源规模为 32.68 万公顷,分布零散,相对较为集中的区域分布于玉州区和北流市,且呈相连接态势,有利于两地的同城化发展。可利用水资源缺乏,人均水资源不足 650 立方米,玉州区、北流市和兴业县的水资源缺乏现象较为严重,可利用水资源丰度均处于Ⅳ水平,水资源的短缺将成为制约玉林市经济社会发展的重要因素。

崇左市:可开发建设土地资源规模为 48.82 万公顷,主要成片集中于江州区和扶绥县,其中江州新城四周的可拓展空间较大,扶绥县可开发建设土地资源多分布于东部,呈现与南宁市区相连接的态势;大新县、天等县、龙州县等区域受喀斯特地貌的影响,多属山地地形,坡度多大于 15 度,可开发建设土地资源分布零星、破碎,连片开发的难度较大。可利用水资源丰度较好(均处于Ⅰ、Ⅱ级),人均可利用水资源超过 2800 立方米,可以为全市城镇化和工业化的发展提供较好的用水保障。

(二)北部湾经济区国土资源空间开发引导性建议

在促进北部湾经济区一体化发展,局部区域同城化发展的总体思路下,结合各地土地资源和水资源优势及制约,提出北部湾经济区国土资源空间开发引导性建议。

1. 以国土资源承载力为基础,确定大规模城镇化和工业化发展的重点区域

北部湾经济区规划期内大规模城镇化、工业化发展可优先布局在南宁市区、武鸣县、横县、合浦县、港口区、防城区、钦南区、钦北区、灵山县、博白县、江州区、扶绥县等土地资源和水资源承载力均较好的区域。

从土地资源承载力的角度,一是可对基本农田布局进行优化调整,促进基本农田的集中连片以及可开发建设土地资源的集中连片,实现对基本农田的更有利保护和开发建设效益的更大化;二是对南宁市区—武鸣县,南宁市区—扶绥县,北海市区—合浦县,玉州区—北流市等区域进行统筹协调开发,促进同城化的发展;三是对生态环境有可能产生污染的产业应尽量远离生态保护区,尤其是水源保护区,避免对生态环境、生态安全造成影响和威胁。

从水资源承载力的角度,一是应将城镇化、工业化发展的重点区域优先布局于南宁市、防城港市、钦州市等可利用水资源丰度较好的区域;二是在产业布局时,尽量避免将耗水量大的产业布局在玉林市等水资源承载力较低的区域;三是结合水资源的供需形势,优化和调整产业类别、结构,有针对性地提高产业用水效率。

2. 优化城乡发展空间布局,促进城乡协调统筹发展

进一步调整城镇空间布局,做强大城市、做优中小城市、做特小城镇、做美村庄。一是突出发展大中城市。在加快南宁城市发展和城镇化进程的同时,将北海建设成为特大城市,钦州和防城港建设成为大城市,调整大中城市产业结构,明确产业政策,将重大项目布局在大中城市,集中力量办好大中城市工业园区,努力提高大中城市的服务意识和服务水平,使其发挥其更大的吸引力、辐射力和牵引力,带动整个北部湾以及广西经济社会的发展。

二是扩大小城镇规模,优先发展重点镇。适当归并、重新整合,选择那些

区位条件优越、发展基础好、潜力大的建制镇作为重点镇,形成聚集效益和区域竞争优势。针对中心城周围、新城周围、山区小城镇不同的基础条件、资源状况和发展水平,制定分类指导的发展规划和政策。引导和鼓励经济联系紧密、资源互补的城镇进行协作和联动发展,形成重点镇带动一般镇、平原镇带动山区镇、小城镇带动农村的发展格局。

三是大力推进农民向城镇或中心村集中。随着北部湾经济区未来工业化、城镇化发展,城镇特别是大中城市表现出强大的吸引力,大量农民进城,从农业向非农产业转移,农村宅基地大量空闲,因地制宜地适当引导农村迁村并点和村庄缩减。

3. 优化工业产业布局,促进工业产业与经济社会、生态环境协调发展

根据区域的港口、资源、区位条件、产业基础、发展阶段等条件,确定主导产业和主导产业群以及相关产业,进行合理布局,从而构建适合自身发展的产业结构。并随着经济发展不断优化产业结构和布局,促进临海工业发展和地区整体效益的发挥。在进行产业布局时应该考虑以下几项原则:

一是与城市的功能定位相一致原则。如南宁定位为经济辐射承接地,北海定位为商贸旅游城市,钦州定位为临海工业城市,防城港定位为综合性港口。按照城市功能定位,布局相适应的产业,有目的发展产业,实行错位发展。

二是提高工业产业关联度原则。目前,北部湾经济区各市工业发展要提升北部湾经济区临海工业竞争力,必须依托大型深水良港得天独厚条件,在南宁、北海、钦州、防城港四市布局产业关联度比较大的产业,促进临海工业的相对集聚,形成产业集群,形成规模经济效应,吸引更多的国内外龙头企业前来投资;要发挥大型临海工业企业的"榕树效应",延长产业链,形成产业集群,促进各工业区的协调发展。

三是竞争优势原则。利用临港土地资源丰富、物流业等成本低的优势,促进集群化发展,促进创新,获得竞争优势。北部湾经济区临海工业的发展,要以完善港口腹地工业基础设施,完善产业综合配套功能为契机,改善产业集聚条件,提升工业产业园区产业集聚能力。

四是坚持临海工业发展与城市发展相联系的原则。在临海工业布局和项目建设过程中,既要保证生产性项目建设用地,又要给城市当前和未来的发展留下空间,使临港产业发展和城市开发建设互相依存、互相促进、共同

发展。

五是可持续发展原则。坚持科学发展观,确保临海工业发展与经济社会、环境相协调;要把港口资源开发、临海工业建设、海洋生态环境保护有机地结合。在临海工业的选择及布局上,既要满足现实的、区域性的产业发展需要,更要兼顾长远的、全局性的经济发展需要。开发过程中,要注重集约利用,保护生态,在保护中开发,在开发中保护,切实加强生态建设和环境保护,促进人口、资源、环境与经济社会协调发展。

二、国土资源可持续利用建议

(一)稳定农业产业布局,加强农业基础投入,提高粮食产量

一是依据各市、县、乡镇的土地利用总体规划提出的耕地和基本农田保护目标,加大耕地保护力度,稳定耕地规模和布局、提升耕地质量;二是加强农田水利等基础设施建设,加强培肥地力等工程建设,大幅度改造中低产田,配套和改造现有灌排设施,完善农田水利基础设施,有条件的地方应适当扩大灌溉面积,建设旱涝保收的高产稳产粮田,进一步提高耕地的产出能力;三是进一步加大品种选育力度,挖掘种质资源潜力,培育高产、高抗、广适的优良品种,加大优良品种推广力度,提高良种商品化程度和规模化种植水平;四是应通过改革耕作制度和改进种植方式,建立合理的耕作制度,实施保护性耕作技术,充分利用光热水土资源,提高土地产出率;五是加强技术指导,引导农民进行全过程规范化、标准化种植,提高农业生产技术的有效使用率;六是配套使用测土配方施肥、水肥耦合等技术,推广农业节水技术,提高水资源利用率;七是推进粮食生产全程机械化,提高农业机械装备水平,提高粮食产量和自给率,提升土地资源人口承载能力。

(二)以资源承载力差异为基础,合理调整城镇和产业布局

结合主体功能分区和资源供给差异,引导人口、经济向资源潜力较大、适宜开发区域集聚,保护农业和生态发展空间,形成高效、协调、可持续的国土开发格局。一是引导城镇和产业向资源承载能力较强、集聚人口和经济条件较好的区域发展,通过加强科技进步和技术创新,加大结构调整和技术改造力度,强化监督管理,全面提升资源节约集约利用能力和水平,努力建设资源集约型城镇和产业。二是对资源承载潜力较差,资源供给不足的区域实行限制性或有选择性发展,如水资源紧缺、供需矛盾突出的地区,要根据自身水资源条件,严格控制新上高用水工业项目,合理调整产业结构和工业布局,优化配置水资源。三是对依法设立的各级各类自然文化资源保护区和其他需要特殊保护的区域,应实行禁止开发,并引导该区域内现有的城镇和产业逐渐迁出。

(三)大力推进水源工程和节水工程建设,在资源有限的条件下尽可能满足经济社会发展用水需求

1. 积极实施水源工程建设。一是加快重点骨干水源工程建设,解决部分区域水资源短缺问题,北海市重点推进两库一江综合调度工程(合浦水库、洪朝江水库的连网及南流江调水);玉林市重点推进罗田水库、龙门水库、老虎头水库、平河水库、黄章水库、蕉林水库、寒山水库以及北流河引水、郁江调水等工程建设;崇左市重点推进左江治旱工程建设。二是充分利用雨洪资源,大力发展"五小"水利工程(小水窖、小水池、小塘坝、小泵站、小水渠),在有条件的地方大力发展沉式蓄水工程,广泛发动群众参与小型水源工程建设的积极性。三是加强农村饮水安全工程建设,加强区域水资源调配和综合利用,积极开展集中式供水工程建设,加强饮用水源保护,重点解决水污染和局部区域严重缺水问题。

2. 大力开展节水工程建设。一是大力发展节水农业、节水工业和节水服务业,推进城镇节水,调整产业、产品结构,降低水消耗,突出抓好农田灌排工程建设,提高渠系利用率,减少输水损失,提高水利用系数。二是积极推进节水型社会建设,逐步建立初始水权分配制度和水权交易申报、登记、公示制度,充分发挥市场调控的作用,形成政府引导、市场调控和公众参与的节水型社会运行机制。三是推进科技兴水,加快水利信息化建设。四是严格依法管水,加大执法力度,全力推进水利综合执法,进一步完善有关水资源开发利用、保护、管理的政府规章,使各项水事活动有法可依、有章可循。

(四)积极推进海水淡化及海水综合利用工程,探索补充水资源缺口的有效途径

一是加强对沿海城市和海岛海水资源的开发利用,实施"海水开源"工程,明确海水在城市水资源配置特别是在市政供水中的作用,逐步建立并形成科学合理的淡化水水价体系。二是支持自主大型海水淡化和综合利用关键装备制造技术研发和推广,积极推进以供应城市居民饮用水为目标的大中型海水淡化工程、海水净化厂和集中供水系统建设;结合电力、化工、石化、冶金等企业的节水改造工程和新建项目,建设一批1—5万立方米/日级海水淡化工程;大力实施海水直接利用工程,置换出宝贵的淡水资源;大力发展海洋化工产业,提高海水化学资源的利用价值。三是建立健全工作机制,强化海水利用综合协调管理,并逐步建立起上下联动、左右协调的海水利用分级管理体系;探索有关海水淡化水水价补贴、海水淡化和综合利用工程资金补贴、相关企业减免税以及新产品推广等配套措施;进一步强化市场监管,保障产品质量和淡化水品质安全,引导规范产业健康发展。

第三章 国土规划实施制度体系

第一节 国土规划实施环境诊断

一、国土规划实施的宏观背景与面临的形势分析

1. 北部湾经济区社会经济发展态势分析

区域战略定位是立足北部湾、服务"三南"(西南、华南和中南)、沟通东中西、面向东南亚,充分发挥连接多区域的重要通道、交流桥梁和合作平台作用,以开放合作促开发建设,努力建成中国东盟开放合作的物流基地、商贸基地、加工制造基地和信息交流中心,成为带动、支撑两部大开发的战略高地和开放度高、辐射力强、经济繁荣、社会和谐、生态良好的重要国际区域经济合作区。

北部湾经济区土地、淡水、海洋、生物、旅游、岸线资源丰富,自治区、周边省及东盟国家矿产资源可供性强,人均资源数量较高,自然生态质量优异,环境容量较大,对未来经济区各项国土开发利用活动的支撑和保障能力较强,在我国沿海重点开发地区中,属于资源环境承载力能力较大的区域。随着产业、港口、交通、物流、城建、旅游等中长期国土开发项目的部署,建设用地、淡水、能源矿产、海岸线等资源需求规模日益提升,现有国土资源和国土空间开发利用格局将发生明显变化。特别是由于建设空间规模的拓展,现有农业空间、海岸线、生态空间、未利用空间结构与布局将发生明显改变。快速发展的北部湾经济区已成为全自治区国土资源开发利用格局深刻变化及空间配置重组的动力源。

区域的产业布局应发挥沿海港口优势,充分利用两个市场、两种资源,大力改善发展环境,加快完善产业布局,在沿海规划建设高起点高水平的现代加工制造业体系,培育跨国公司和国际知名品牌,主要发展石油化工、造纸、冶金、轻工食品、高技术、海洋等行业;发展高效优质生态安全农业、畜牧业和海洋渔业;大力发展物流服务业。

随着现代工业,特别是发展千亿元工业产业战略的部署与实施,北部湾经济区原有产业格局必将发生深刻变化。北部湾经济区的快速发展将引领自治区人口分布格局发生明显变化。四级城镇体系及中心、副中心和重点县镇的城镇发展空间格局已经形成,现代工业和服务业产业园区建设将进一步带动城市建成区、新区、重点县和乡镇建设空间的拓展。与快速城镇化和大规模工业产业发展相伴随的大气、水源、土壤污染压力将逐步增加。

2. 北部湾经济区相关规划内容规定

(1)《广西北部湾经济区发展规划(2004—2020 年)》

《广西北部湾经济区发展规划》是此次北部湾国土规划的基础依据,尤其对"南北钦防"4 市在产业发展、城镇化、人口布局、港口建设、基础设施配套、生态环境保护等核心领域进行了总体部署,并进行了城市地区、农村地区、生态地区、岸线分区、功能组团等空间格局安排。

(2)《广西壮族自治区"十三五"规划》

自治区国民经济和社会发展"十三五"规划战略目标体系中,提出北部湾6 市发展战略以及 6 市国民经济和社会发展五年规划目标和内容。

(3)《广西壮族自治区主体功能区规划》

自治区主体功能区规划提出要在北部湾6 市范围内落实重点开发、优化开发、限制开发、禁止开发,推动经济区协调发展,优化国土开发格局。

(4)重点部门规划

其中包括经济区城镇体系规划、产业发展规划、生态环境保护规划、基础设施规划、人口规划等规划。

3. 北部湾经济区国土利用相关政策需求分析

(1)做好各类规划的衔接,避免重复建设

目前经济区土地利用总体规划、城市总体规划以及各个专项规划正在抓紧编制和完善。应抓好各类规划的衔接,在规划层面为北部湾经济区的统筹安排、产业集群发展和资源集约利用奠定基础,提供保障。为避免重复建设问题,利于产业集群发展,各种项目建设需要在发展规划中做好衔接和协调。

(2)统筹区域协调发展

加强国土规划工作是促进区域协调发展的战略举措。应围绕国家重大区域发展战略,提出区域土地利用调控指标和措施;要结合实际,划分优化开发地区、重点开发地区、限制开发地区和禁止开发地区,并有针对性地制定管理政策,实行差别化管理。

（3）构建财税合作机制,发挥市场在国土空间配置中的基础作用

其实质就是通过经济杠杆来协调国土规划活动的各个方面、各个环节的利益关系。采用既定的经济保障措施,通过政府投资、发行债券、经济补贴、设立基金、减免税收,以及运用价格、税费、奖金、罚款、信贷等手段来引导国土规划资金流向,调节利益分配方式,确保国土规划的有效实施,并实现规划的目标。

（4）实施土地相关配套政策

国土规划实施制度框架应加强土地、财税、组织、管理相组合。具体土地配套政策包括:耕地保护和土地综合整治;土地利用规划与计划管理;土地节约与集约利用;城乡建设用地增减挂钩;城乡建设用地统一市场;用地审批、征地制度改革与创新等。

（5）逐步开展国土规划法制建设,提高国土规划的权威性

以国务院发布《关于加强国民经济和社会发展规划编制工作的若干意见》《关于编制全国主体功能区规划的意见》为基础,与《土地管理法》《城乡规划法》相衔接,逐步建立《国土规划法》,明确国土规划定位,确立国土规划的主要内容和任务,明晰各部门和各级政府在国土规划编制与实施中的职责,提出保障国土规划实施的政策要求。

二、国土规划实施条件分析

1. 区域职能定位已明确

按照《广西北部湾经济区发展规划》对南宁、钦州、防城港、北海4市的区域发展功能定位,结合崇左市和玉林市的发展方向和特征,此次国土规划仍将北部湾经济区"4+2"区域定位为:

立足北部湾、服务"三南"（西南、华南、中南）、沟通东中西、面向东南亚,充分发挥连接多区域的重要通道、交流桥梁和合作平台作用,以开放合作促开发建设,努力建成中国—东盟开放合作的物流基地、商贸基地、加工制造基地和信息交流中心,成为带动、支撑西部大开发的战略高地和开放度高、辐射力强、经济繁荣、社会和谐、生态良好的重要国际区域经济合作区。

2. 综合发展战略需求已明晰

以大规模工业发展为核心的大产业、大港口、大交通、大物流、大城建、大旅游、大招商、大文化发展战略,是提升北部湾经济区整体发展规模和发展水

平的迫切需求和实际需要,也是打造南部经济增长极的重要突破口。各领域的具体项目引进、落地、建设和实施是实现综合发展战略的根本途径和最终落脚点。其中,11 个重点产业园区建设已成为经济区发展的根本需求;港口和通达的交通体系项目建设是大工业发展的依托性需求;物流是促进生产要素有效集聚,带动经济区产业合理布局和协调发展的支撑性需求;重点城市建设是整个经济区竞争力提升的核心需求;旅游、招商和文化等发展又是体现 6 市特色,将北部湾经济区作为新经济增长点和树立新形象的带动性需求。

3. 工农业大融合发展态势凸显

农业产业是北部湾经济区的基础产业和重要经济组成。从北部湾 6 市的产业发展现状特征看,沿海水产、优质粮食、甘蔗糖料、水果蔬菜、茶叶木薯、中药材等农业产业,在 6 市均有布局,某些农业产业已成为县域经济支柱。同时,随着综合发展战略的确定,以石化、冶金、电子信息、木材加工、能源、纺织、机械制造等 12 个重点产业集群为代表的临海工业、特色加工、高新技术、劳动力和资本技术密集型产业同步发展,在 6 市均有重点部署和安排。北部湾经济区面临潜在大工业与现实大农业共同发展的态势,两者正在融合。未来"八大"领域的深入发展,必须以注重第一产业的保护和提升为前提,但与大工业发展在很多层面存在协调性挑战。

4. 国土空间开发格局变化趋势明显

随着大产业、大港口、大交通、大城建、大旅游的战略实施,6 市原有的国土开发空间类型格局将发生明显变化和调整。原有的城镇建设空间将进一步拓展,各类工业园区建设规模不断提升,机场、高速公路、货运和客运铁路、港口码头等交通运输建设空间不断增加,旅游配套建设空间不断增长,现有的国土建设空间、国土农业空间、国土生态空间格局变化趋势和调整程度不断变化。其中,以大产业空间、大港口空间、大交通空间、大城建空间、大旅游空间对农业空间、海岸线、生态保护空间产生的压力逐步增大,"八山一水一分田"的国土空间格局正明显转变。

5. 北部湾 6 市各自发展特征突出

在北部湾经济区"4+2"发展战略部署下,6 市将各自特色与北部湾经济区整体发展进行充分融合,"一体化"发展条件下的各市特色发展需求,体现得日趋明显。南宁市作为整个经济区的核心,是国际化、产业发展、综合交通、现代服务等领域的综合性城市。钦州市为"南—北—钦—防"发展廊道上的重要组成,是以石化等重要工业为主导,以保税区建设与沿海服务、商贸物流、农产品集散同步发展的中心城市。北海市首推滨海旅游度假产业,将成为结合高新技术和海洋产业发展的宜居城市。防城港市突出临港重工业部署,是集成航运、现代制造、边境贸易、海洋生态环境保护为一体的陆海结点城市。玉林市集大农业与动力机械制造龙头企业于一身,是连接北部湾和珠三角的区域中心。崇左市为中国与东盟进行陆路贸易的门户,是集农业、矿产加工和边境陆路旅游于一体的陆上边境发展中心。

6.国土建设空间需求激增

在未来3—5年内,土地资源和海岸线资源的开发需求将大幅度增长。首先,大城建发展要求6市在未来5年中城镇化率进一步提升,形成超过200万人口特大城市1个,50—100万人口的大城市2个,20—50万人口城市3个,6市、重点县、重点乡镇的建设空间拓展需求明显增加。其次,在国家给广西北部湾新增用地量不大的条件下,未来2—3年各类工业园区建设空间需求规模猛增,县域工业经济发展尤为明显。第三,随着港口工业发展战略的逐步实施,沿海3市的海岸线和填海造地需求规模逐年提高。第四,铁路、高速公路和机场等大型交通基础设施新增建设空间需求也已显现。在未来3—5年内,多领域、各种类开发建设规划将集中实施,大规模的建设空间新增需求会同时产生,这也将成为北部湾6市国土开发空间剧烈变化的主要驱动力和影响因素。

三、国土规划实施系统问题诊断

1.规划管理机构的法律地位不明确

为了强化对北部湾国土规划的管理,应尽快成立规划协调委员会、局长联席会议等规划管理机构。但成立之后,规划协调委员会、局长联席会议等协调机构的权责仍缺乏法律的支持,其法律地位无法明确,带来实施效力问题。如经规划协调委员会或局长联席会议协调的事项,协调意见是否有约束力? 当地政府不执行怎么办? 部分项目规划协调委员会或局长联席会议否决之后,依然开工建设怎么办? 当前各县(市)规划调整、变更不是很严肃,有些县(市)之间的规划衔接问题经规划局长联席会议协调之后,各县(市)在执行过程中出于自身利益考虑,极可能再次调整规划,后继跟踪督办怎么办? 确实,在这些问题的处理上,协调机构的处境很尴尬。

2. 编制部门职能与规划涉及的内容领域不对称

目前国土规划仅在国土资源部三定方案中有所提及，并未有法律对其地位、内容、程序、审批等进行规定，可操作性和权威性较差。同时，国土规划涉及土地、生物、矿产、水、能源等资源的利用，生态学、气候学、地质学、经济学、管理学、环境学等各个学科的内容，技术性较强，但由于过于宽泛，其结果常显模糊和不确定。

3. 各部门之间协调难度大

不同行为主体的错综复杂的利益关系常常也会直接引发利益纠葛，从而影响行政决策，影响行政执行。由于规划的内容涵盖了同级部门的许多职责，国土规划的实施需要多个行政部门相互配合协调，当前国土规划的法定主管部门国土资源部缺少国土规划顺利实施所要求的法律地位和协调机制，国家法律又没有赋予实施规划的管理部门相对于其他部门较高的权力，在这样的组织职能结构条件下，规划管理部门不容易开展工作，而且根本无能力、无地位统领其他各规模庞大、结构复杂、分工细致、门类繁多的专业部门和各种行政委员会。同时，国土规划也没有相应的资金、资源支持，在实施规划时管理部门难以获得地方政府、相关部门、社会团体以及个人的尊敬，注定是无为的。

4. 工作机制不清，规划实施抓手建立难度大

国土规划具有很强的技术性和专业性，是许多学科的共同研究客体，工作内容繁杂庞大，没有清晰的规划编制和实施办法，没有一套相应的方针政策、规章制度、反馈机制等，其编制和实施没有清晰的工作机制将很难进行。

第二节　国土规划实施制度体系框架设计

一、国内外国土规划实施借鉴

1. 国土规划实施模式借鉴

（1）强调控模式

以苏联及东欧等社会主义国家最为典型。在西方资本主义国家中，采用这种模式的以法国、荷兰、希腊及日本、新加坡等国家为代表。这些国家一般拥有较高的中央集权传统，社会主导价值观念提倡集体主义和国家主义，国家对土地有较强的开发控制权，规划权力比较集中掌握在中央政府及各级政府手中，并且大多成立了大区政府来协调较大范围内城镇群体的发展，规划是各

级政府的主要职责之一,拥有健全的规划机构与机制。

(2)弱调控模式

实施这种模式的国家一般对规划不作集中统一管理,也不强调区域安排,各种规划由区域或城市自行编制。虽然没有国家级规划管理机构,但其职能主要是制定全国或全区性的立法和分配国家对区域建设的财政补助,以此制订并执行政府的有关政策,最典型的例子是美国。美国基本不编制区域性的规划,因而也没有统管各州和地方政府规划的国家规划。在美国众多的城镇群体发展地区,许多区域性的问题则是由大量的单一机构来协调,并且私人企业的影响力很强。

(3)多元调控模式

实行这种模式的国家,对规划实行统一领导,有意识加以适度干预和总体协调,规划在一个主管部门负责下按统一程序分级进行,以英国、德国、丹麦、意大利等国为代表。这些国家既拥有较强的中央政府,地方政府又有较大的自治权,但中央政府通过多种方式鼓励、帮助形成跨城镇的大区领导机构,努力健全各级规划组织,积极促成各级政府编制区域性的规划,有时成立区域性的专门机构来解决区域发展中共同遇到的问题。中央政府对地方规划具有一定的指导权,并且在法律、政策、经济等多方面进行调控。

对区域发展实行多元调控模式的国家,政府通过有关预算、税收、福利、基础设施以及竞争等政策和立法,对社会和经济生活进行干预、指导和协调,并将其作为国土规划的实质。虽然一般不由中央政府制定统一的国土规划,对地方的发展控制亦多通过采取政策与经济措施来加以影响,但中央政府往往还通过制定、实施一些综合专项规划,如全国的铁路网规划、机场选址、高速公路网规划等,在很大程度上来影响着地区的发展,并要求地方的发展规划服从这些全国性的专项规划。这些方式既丰富了多元化的调控手段,也在其特定的政治体制下强化了政府的干预作用。

2. 国内国土规划的实施手段借鉴

我国的国土规划工作从 20 世纪 80 年代初期开始,大致经历了三个阶段。第一个阶段自 1981 年决定搞国土规划开始,以当时的国家建委,以及国土局于 1982 年划归国家计委后,以国家计委为主,在一些地区进行了国土规划试点。1985 年,国家计委开始编制《全国国土总体规划纲要》,于 1989 年基本完成。至 1993 年,全国有 26 个省市完成了国土规划的编制。但是,这些规划由于种种原因均没有得到很好实施。20 世纪 90 年代的相当长时间里，国土规划处于停滞状态。第二个阶段是 1998 年机构改革新成立了国土资源部，并明确将国土规划定为国土资源部的重要职能之一。

自 2001 年起，国土资源部开始在若干省市进行国土规划试点。近年来规划领域取得了不少成果，但总体来说，国土规划的功能和重要性还停留在理论阶段，还不具备许多国家国土规划的崇高地位。有学者认为国土规划权威性的缺失与我国的政治经济体制有关，表现在国民经济与社会发展中长期规划，而不是国土规划，才是最具战略性和权威性的规划。

我国国土规划的实施主要是通过纳入国民经济和社会发展中长期计划及其他规划予以实施的。我国也相继颁布了一些单项国土法，但始终没有颁布综合性的国土规划的国土法，使国土规划的性质、地位、作用以及编制和实施没有得到法律上的保障。在经济手段方面。我国有些省也建立了国土开发整治诱导基金，主要用于国土开发整治的试点地区，资金使用范围比较窄。

在国土规划编制过程中也注意征求有关方面和专家的意见，但限于内部一定范围内；规划被批准后也未向社会公布，没有动员公众监督规划的执行。国土规划管理机构原归属计划委员会系统，现已划归国土资源部。总而言之，我国目前的国土规划实施手段还相当不完善。

20 世纪 80 年代以来，我国各地区也对国土规划实施进行过较多有益的探索。京津冀地区先后成立过华北地区经济技术协作会、环京经济协作区、环渤海地区经济联合市长联席会等区域协调合作组织，这些区域组织通过谈判、协商、签订协议等方式，一定程度上调节了地方政府间的利益，增强了互信与合作。但总体来看，这些区域组织的作用十分有限，有些甚至早已销声匿迹。这些区域组织在协调合作内容上以推动企业间的联合为主，对于涉及地方主体利益的竞争则表现乏力，同时对于区域公共领域存在的问题也鲜有涉及。由于组织结构松散，缺乏有效的实施手段和工具，这些合作组织更多的时候充当了信息平台的作用。此外，有些地区建立了高层定期联席会议制度的建议为搭建一个面向实施的制度平台提供了一个潜在的契机。因此，为了使区域协调合作组织能够真正发挥作用，一方面要使其组织形式制度化，更重要的是要赋予其相应的财权和事权，能够对区域性问题展开一定的调查，提出有针对性的建议，并可以通过可资利用的财权和事权手段激励各地方主体的实施参与，如设立区域发展基金等方式。

同时,就区域内特定需要成立专门的区域协调机构也是一种有益的选择。京津冀地区针对首都第二机场的选址问题、沿海港口的协调发展问题、流域的污染防治及生态资源的保护与利用等问题也可以考虑采用这种方式,把众多的利益主体纳入到一个区域组织中展开有针对性的协商和谈判,如此将对区域问题的解决大有裨益。

长江三角洲地区是我国城镇最为密集、城市化水平最高的地区之一。区域内部城镇体系完整,包括 1 个直辖市、3 个副省级城市、11 个地级市、67 个县级市、1479 个建制镇组成结构呈现“金字塔型”,形成了我国最密集的城市群。

目前长三角城市群政府协调机制主要由三个层面组成:第一个层面为副省(市)长级别的“沪苏浙经济合作与发展座谈会”,每年举行 1 次,确定三省市合作的“大政方针”;第二个层面为(15+1)城市市长级别的“长江三角洲城市经济协调会”,这是最具实质性的一个工作会议,2 年举行 1 次,及时贯彻落实座谈会精神;第三个层面为长三角各城市政府部门之间的协调会,该层面包括交通、科技、旅游、金融等三十多个专业部门建立对口联系协调机制。这种多元的、立体的合作框架,有力地促进了区域经济的共同发展。

小珠三角位于广东省内,面积约 4 万平方公里,人口约 4000 万人,其行政区划包括广州、深圳、珠海、佛山、东莞、中山、惠州和江门。小珠三角地区是广东省密度最大、城市最为密集的区域,也是目前我国发育较为成熟的城市群之一。小珠三角加上香港、澳门两个特别行政区就构成了所谓的“大珠三角”。在此基础上,学术界又提出了包括内地 9 个省加两个特别行政区的“(9+2)泛珠三角”,小珠三角城市群的政府协调机制值得借鉴。

与长三角不同,小珠三角空间地域位于同一个省级行政区内,因此,省级政府在小珠三角城市群发展中的协调作用强于建立在自愿基础上的城市之间的协同。早在 1994 年 11 月,广东省委、省政府就成立了珠江三角洲经济区规划协调领导小组,该领导小组先后召开 8 次会议并组织编制了《珠江三角洲经济区现代化建设规划纲要(1996—2010)》。2005 年 10 月,国家建设部和广东省政府联合组织制订了《珠江三角洲城镇群协调发展规划(2004—2020)》,明确了小珠三角城市群协调发展的总目标,提出了小珠三角地区区域总体发展格局。

3. 国外国土规划的实施手段借鉴

国土规划属于区域性的宏观引导和控制性规划的范畴,在市场经济体制的国家,国土规划的目标也是对区域内的资源进行配置,制定实施规划的措施。研究分析发达国家的国土规划的管理模式有助于发展我国的国土规划工作,提高规划的管理水平。

(1)国土规划实施的法律方式

法律是制定规划的依据,也是规划实施的保障。国土规划开展得较好的国家无一不以完备的法律为保障。国外一些国家大都制定有对国土规划的基本任务、组织、管理进行界定的基本法,作为编制国土规划和综合开发计划的依据,并在实施中制定相关的具体法律、法令以及政策作为保障。而且从另一个意义上讲,一些区域综合规划本身就具有法律效力。

美国并没有明确的国土规划法,但《地区复兴法》《城市增长与社区发展法》等,也承担了一定的区域性管理权力。在美国土地利用规划就类似我国的国土规划,从其建国开始,各州的土地利用管制法规建设已经存在。且在过去几十年里,它还导致了强化州干预土地利用的力量。城市扩张、环境问题、基本农用和独特环境问题极大地影响到州法规的需求。当一个州面对快速发展和增长,尤其是开发使地方收益但有害于全州时,这些问题就会得以综合体现。所有这些问题都影响到对各州土地法规的需求。到1978年,有总体土地利用法案的州还不到1/4。虽然他们只代表少数州,但是采用州土地利用法案意义明显,因为他们代表了州级管制土地利用的思想。夏威夷州、佛蒙特州、俄勒冈州和加利福尼亚州提供了一些各州所采用的十分有效的土地利用管制机制的示例。

德国依照宪法颁布了《国土规划法》《国土整治法》,联邦、州和管理区的规划是指导性规划,市、县规划是指令性规划,规划经过议会通过后,均具有一定的法律效力。

日本在20世纪50年代制定了《国土综合开发法》,该法具有国土开发基本法或组织法的特点。此外日本还有包括地域开发、土地、水资源、交通、生活环境整备等关系到法律的较为庞大、完备的国土法律体系。针对一些大城市发展地区,还制定了地区性的区域法规,如《首都圈整备法》《首都圈工业配置控制法》等。法国早期在实施领土整治计划中就制定了不少法令,《国土规划法》就是建设的基本法。1995年,法国议会也通过了《领土整治与开发指导法》，包括制定全国性领土整治纲要、创建领土整治与开发全国委员会、设立新的行政区划试点、建立新的行业发展基金，极大地强化了国家财政补贴力度以及对重点地区的倾斜政策。

（2）国土规划实施的行政方式

每个国家在国土规划的行政管理方面差异很大。如美国随着人们对州土地利用管制兴趣的继续增加，1978年每一个州都设立了规划办公室，协调现有机构的规划，建立全州开发策略。

①国土规划实施管理机构。在这方面不同国家的情况有很大差异，基本上可以划分为几种类型。

强力健全型

典型的如20世纪90年代以前社会主义阵营中的匈牙利和资本主义制度下的日本。一般拥有自上而下的强有力的国土规划管理机构和明确的权力分配，上级规划对下级规划具有有力的指导或指令性。日本拥有自上而下的强有力的国土规划管理机构，分国家级、区域级和都道府县级三个层次。建设省是实施国土规划和城市规划的主体。不同层次的规划由相应的政府根据区域具体矛盾确定，负责组织编制，组织实施。日本的国土规划是集编制、管理、实施于一体的规划机制，对我国具有借鉴意义。

松散组合型

在实行高度自由市场经济的国家中采用，例如美国。没有直接、明确的国土规划机构，联邦政府主要通过联邦基金的划拨来获取一定的支配管理权力。美国相关规划战略管理的具体做法有：第一，首先要成立队伍—战略管理小组（SMG）。要做到工作有人做，事情有人管。第二，就原则、标准和指导方针进行协商。通过协商使更多的人参与、了解规划，既增加规划的合理性，又便于规划的顺利实施。第三，对机构计划的过程施加影响，保证搞活的合理性。第四，准则更易理解，广泛吸引公众参与规划实施的热情。第五，简化程序，便于执行。第六，建立激励机制，提高执行者责任心，认真努力完成规划确定的各项任务。第七，要求反馈，强调监督的作用。

采用土地利用法律这些州，重点是与地方政府合作，通过基金和专业技术支持，鼓励地方规划，要求地方规划机构编制总体规划和其他与指导方针一致的规划。而且每个州都有大量的跨城市、地区的组织，如教育、环保、住房、司法、交通、通讯、教会、公安、社会保障、妇幼保健等等。这些部门不隶属于某个具体的市镇,而是属于州一级的综合管理部门。这些区域的管理部门不仅有管理区域内事务的权力,而且"有相应的资金支持,真正是有职、有权、有资源"。这样的管理模式受地方政府制约少,能充分执行州政府的意图。

美国市场经济中行之有效的公司治理结构深深地影响了美国政府的组织结构。在公司治理结构中,股东大会、董事会和总经理是相互协调又相互制约的关系,由此形成合理的治理结构。在地方政府中,选民、市长或市政经理、市政理事会也是相互协调又相互制约的关系,由此形成合理的政府治理结构。选民们投票选举出市政理事会、市长或镇会议的代表,并由他们去聘用市经理或镇经理,由他们对市政的日常事务行使管理权。有关市镇的重大事项,要由市政理事会或镇会议讨论决定,市经理或镇经理则必须对市政理事会或镇代表会议负责。这种制衡不仅表现在选民、市政理事会(立法机构)、市政经理(行政机构)相互之间的关系上,而且就是在政府组织中,也存在着制衡关系。下面我们分析一下 Amherst 镇和 Salem 市涉及规划组织方面的管理体制。

由于镇政府操持的是公共财产,所以第一层管理部门直接由选民选举产生,如住房管理局(Housing Authority);再开发委员会(Redevelopment Authority)等。第二层是由理事会直接任命具有咨询作用的各种机构,如住房合作部门(Housing Partnership);土地规划批准理事会(Zoning Board of Appeals);设计审查理事会(Design Review Board)等。第三层才是由镇经理任命的部门和机构,有制定规则的权力的部门,这些部门在地方政府中的作用重大,也是最容易出现腐败等问题。其一方面要对选民、市政理事会或镇代表会议负责,同时也要协调好与市镇经理的关系。包括:自然保护委员会(Conservation Committee)、历史文物委员会(Historical Commission)、规划理事会(Planning Board)、公共交通委员会(Public Transportation Committee)、医疗卫生理事会(Board of Health)、固体垃圾处理理事会(Solid Waste Committee)等。美国地方政府中采用 Town Meeting+Select Board 组织形式的这种状况十分普遍,大同小异,其所包含的内容无非是反映了长期以来美国的一贯思想:即权力不能太集中,过分集中的权力只能产生腐败和官僚主义,侵蚀选民的基本权利。所以,但凡有可能造成权力集中的地方,他们都要在制度设计上加以防止,哪怕这种设计会在行政中造成种种不便也在所不惜。

而在采用 City Council + Mayor 政府组织形式的地方,权力就较前者相对集中。例如在 Salem 市,市长就被法律明确规定为政府的行政首脑和教育委员会、图书管理委员会和信托基金理事会的共同主席,有权任命政府各个部门和理事会的领导和成员,但是需要经过市政议会的批准。市长还有权否决市政议会的任何决议、法令和指令,但是这种否决能够被市政议会2/3的多数票所推翻。在这里,我们所看见的组织形式和运作方式,已经非常类似于美国联邦政府中总统和国会的关系。

折中型

主要是在实行"计划市场经济"的国家采用,例如英国和法国。英国环境部是全国最高区域与城市规划机构,并在郡级、市级设置规划部门,负责组织和指导各层次的国土规划。20世纪80年代以后,英国的国土规划实施管理部门已经完成了由一元走向多元,从政府单一行为到私人部门、相关团体的广泛参与的巨大转变。英国环境部下设城乡规划司、规划监察委员会,在郡级、市级设置规划管理部门,负责组织和指导层次的国土规划。在80年代出现了与区域发展有密切联系的社会团体,他们参与国土规划的热情非常高。表明英国国土规划已经完成了由一元到多元,从政府单一行为走向社会广泛差异的转变。

法国区域与城市规划的管理分国家、大区、省和市镇四个层次,国家在大区和省设有分支机构,贯彻落实中央政府的法规和政策,指导和协调市镇的规划工作,同时负责征求地方当局和公众的意见,向有关市镇指令实施基础设施、公共和防灾工程等国家重点建设计划。

②行政权力的行使方式。一般是通过审批、发放许可证、签订合同等,鼓励或限制某些地区、某些项目和企业的发展。例如,德国主要是通过行使土地管理和审查权,限制和制止某些企业的建设和发展。日本政府的干预中虽然没有相应的制裁措施,但各省(厅)都拥有相应的审批权力以及贷款、税收、补贴等奖励性政策。法国对巴黎的各项建设用地,只有不适合在外省搞的项目,经"外迁委员会"审核、发放许可证后,方可进入。

(3)国土规划管理财政和经济方式

财政和经济方式是指政府主要通过投资、经济补贴、基金、诱导资金、减免税等方式,来保障国土规划实施的资金来源和引导民间资金的投入,这些措施往往以法律和政策的形式出现。

据了解,美国大致有以下几种方式促进国土规划的实施。一是税收制度。美国最大的税种是个人所得税,这归联邦政府所有;消费税是州政府的收入;

地方政府的收入则主要来自于财产税。这种税收制度,使美国联邦和州政府集中了大量的财政资源,有利于在二次分配中通过转移支付使发展水平不同的地方政府在提供公共服务上尽量达到统一的标准。二是转移支付制度,得克萨斯州对地方政府没有一般的转移支付制度,但是州政府和联邦政府(大多通过州政府中转)每年都有对地方政府的专项转移支付资金,用于地方的特定项目。三是发行政府建设债券,杜姆市的大型公共设施建设主要依靠发行政府建设债券来筹集资金。按照北卡罗莱那州的法律,一个地方政府的发债规模可以达到其地方财产价值总额的几倍,建设债券用每年的财政收入来逐步归还。

　　法国采用设立各种专项基金,如领土整治部基金、农村整治与开发部际基金等,推进领土整治项目的实施。另外还采用补贴措施,改善发展部分区域内相对于其他区域的弱势项目。

　　德国采用诱导资金和减免部分税率的方式。历年德国各级国土部门均掌管部分对企业的补贴资金,用于带动社会按国土规划的要求进行建设。其财政政策中有关国土规划的内容主要有:①明确划分联邦、州、地方的事权和财权,《基本法》规定各级政府承担实现各自任务的支出。联邦政府承担建设和管理联邦基础设施、负责社会保障、进行跨区开发以及全国性经济发展与调整等;各州政府主要负责州的公路和住房建设,改善农业结构、环境以及科教文卫等事业;地方政府主要负责地方公路建设和公共交通事务、住宅与城市发展、城镇水电和能源供应、社会救济、文教体育保健等;②实行横向和纵向的拨款,保证各州财政平衡。《基本法》规定,人均收入高的州通过横向拨款帮助人均收入低的州,联邦政府通过纵向拨款补助财政不足的州;③国家投资政策,联邦政府财政预算中一直保持20%的社会基础设施投资。由于大部分的基础设施建设都是通过地方进行,各州和地方的财政预算中政府投资高达80%以上;④诱导资金和减免部分税率的办法。历年德国各级国土主管部门均掌握一部分对企业的补贴资金,用以引导企业按国土规划的要求进行建设。

　　日本各省(厅)也都具有贷款、税收、补贴等奖励性政策。

　　(4)国土规划管理社会方式

　　主要是采用公众参与和广泛的社会支持,以动员各种社会资源参与规划,保证与监督国土规划的实施。在这方面做得比较好的国家有德国、日本等。由于信息、科技的发展及社会中各种正式、非正式力量的成长,人们如今所崇尚与追求的最佳管理和控制往往不是集中的,而是多元、分散、网络性以及多样性的。国土规划作为对未来时空范围内经济、社会、资源、人口、环境、科技等方面发展协调的总体战略和宏观调控手段,其传统带有很强指令性色彩的单一、纵向模式已越来越不适应新时代的要求,实施的难度也越来越大。发展一个公平、公开又具有竞争力的区域管理与协调系统就成为保障区域、城市可持续发展的迫切要求。因而,管治理念在国土规划编制与实施管理中的应用成为当今国土规划发展的必然。

为了保证、监督国土规划的顺利实施,要动员各种社会资源参与规划。美国地方政府对权力的制衡、监督的力度是很大的。就地方政府的权力制衡来说,主要表现在他们的政府结构上。例如,布鲁克林镇政府有两套领导班子。一套是由镇代表大会、主席和理事会选举或任命的各种委员会、咨询会、理事会,他们涵盖了政府工作的所有方面。尽管在这些机构工作的大都是兼职的人员,很少从镇政府那里领取工资,但是,他们的职责一点也不少,有的如财政咨询委员会甚至是镇里唯一有权力批准动用镇财政储备金的机构。另一套是在镇行政长官领导下的政府日常运行机构。这些人都是全日制的政府雇员,由镇政府聘用。这两套班子的关系是相互制约的关系。镇代表大会和理事会对镇行政长官及其机构行使着监督的职责。他们是布鲁克林镇的真正最高权力机构。也有像 Hampshire 县一样,有由该县 20 个市镇代表组成的 Hampshire Council of Governments(翰浦士县政府理事会)组织,尽管这些组织没有任何实质性的权力,但是在协调县域内各个市镇在消防、学校、低收入住宅建筑、通信、供水、供气等关系上起着重要的作用。还有像杜姆市在大型公共设施建设发行政府建设债券之前,必须经过当地选民的全民公决,决定是否实施。

日本和德国在制定规划时都会反复听取除各级政府和部门以外的社会团体与公众的意见,形成共识后方能批准。批准后必须公布并向社会公众宣传,动员地方政府、社会团体和公众都来参加国土规划工作。

(5)国土规划管理"管治"方式

1989 年世界银行在讨论当时的非洲问题时提出管治危机一词。"管治"的概念最初源于环境问题,后逐渐被发展成为一个内涵丰富、适用广泛的理论,并在许多国家的政治、行政、城市、社会管理改革中得到广泛地运用。强调绩效评估的作用,必须推行"管治"理念。西方把管理、统治、管制和管治分开。政府与政府、政府与企业、市民实际是平等的关系,而不是居高临下的、指挥型的关系。规划需要靠千百万人的共同努力才能实施,光靠一个政府体系是完成不了规划的。

如美国地方政府已逐渐抛弃传统的地方主义思维和孤立主义态度,转而采取责任分担和合作主义的策略,政府间的合作不仅有横向的,即地方政府间的合作,也包括纵向的,即地方政府与州政府、地方政府与联邦政府之间的合作;既可能是正式的合作,也可能是非正式的合作。合作的方式和途径因合作目的不同而多种多样,如成立共同委员会、签订互助的非正式协定(如合作开展消防工作)、联合购买大型公共设施、设立政府理事会和地区规划理事会(Regional Planning Councils)等等。实践证明美国地方政府的做法行之有效。

全球管治协会认为,管治是个人与机构、公家与私人治理其共同事务的总和,是多种多样的互相冲突的利益集团走到一起寻求合作的过程。

世界经济合作组织认为,管治是运用国家权威管理和控制国家资源,以求经济和社会的发展。具体而言,管治是由许多不具备明确的等级关系的个人和组织进行合作以解决冲突的工作方式,它灵活反映着非常多样化的规章制度甚至个人态度。

阿尔坎得拉、库伊曼等认为,管治是在众多不同利益发生作用的领域建立一致或取得认同,以便实施某项计划。它所要创造的结构或秩序不能由外部强加,它的作用的发挥要依靠多种方式的进行以及互相发生影响的行为者的互动。

戈登克尔、韦斯认为,管治是一种值得追求的理想,是为无法由政府绝对解决的社会问题和政治问题寻找更有秩序和更可靠的解决办法的努力。

奥斯博恩、盖布勒认为,管治只是一种修辞需要而并无实际意义,其原因是在崇尚市场取向的私有化社会中,"统治"已无法找到买主,而管治却很有市场。因此,管治只是一种重新包装的较前为佳的政府管理形式。

综上所述,与传统的以控制和命令手段为主、由国家分配资源的治理方式不同,管治是指通过多种集团的对话、协调、合作以达到最大程度动员资源的统治方式,以补充市场交换和政府自上而下调控之不足,最终达到"双赢"的总和的社会治理方式。我们可以看出政府统治的权力运行方向总是自上而下的,它运用政府的政治权威,通过发号施令、制定政策和实施政策,对社会公共事物实行单一的管理。而"管治则是上下互动的管理过程,它主要通过合作、协商、伙伴关系、确立认同和共同的目标等方式对公共事物的管理,其实质在于建立在市场原则、公共利益和认同之上的合作。"

（6）其他促进国土规划实施的方式

a.定期汇报制度

对国土规划实施效果各国均相当重视,首先能监督规划实施,其次可以检验出规划的质量水平,再次又能为下一轮规划调整提高依据。荷兰政府制定了国土规划监督员制度,每个监督员负责二三个省的国土规划实施监督工作,并有权力向省国土规划委员会和市政府部门提出规划建议,以确保省、市规划符合国家政策。

b.利用先进的科学技术,提高规划的科学性

国外的国土规划广泛应用了数据库和计算机,进行区域发展、结构变化等数据分析。德国各州国土规划局都相继建立了为国土规划服务的数据库及电子计算机情报收集和加工系统,可以随时提取数据进行现状和远景的定量分析,使定性结论建立在大量的定量分析基础上。

c.稳定的行政管理队伍和规划咨询编制机构

健全的组织机构、稳定的行政管理队伍是搞好国土规划的保证。德国在联邦、州、管理区及市县均常设有国土规划管理机构,负责规划编制以及五年的滚动修改工作。同时,还有一些独立的国土规划研究机构,如德国国土研究和国土规划科学院,任务是在早期阶段认识空间及环境开发方面的问题并提出解决办法。日本的国土规划由国土厅负责,这是一个高效率的行政管理机构。韩国的国土开发研究院专门从事国土规划的研究和编制。法国的"达达赫"是领土整治的强有力的管理和协调机构。

（7）小结

在市场经济国家国土规划是政府提出的资源空间配置方针,其实施是采用法律、经济、行政、公众参与以及提高规划管理和科学性等手段,通过进行基础设施建设、提高生活环境质量、促进工业区形成等途径,采取引导的方式,使国土和区域开发按规划所示方向发展。

二、北部湾经济区国土规划实施机制

1.协调机制

构建6市间重大事务协商、区域性空间开发与建设、重大项目区域性共建共享、基础设施区域衔接与生态建设的协调机制,实现区域空间地域体系重塑、区域资源禀赋与资源优化配置、发展区域产业结构整合、国土规划实施支

撑系统强化。主要包括：

a. 区域性空间开发与建设

1) 跨区域(或对邻近区域有影响)空间规划建设

重点范围是跨区域的重点空间,以及其他县市域交界地带的规划布局、产业布局、基础设施设置(包括道路连接)等;各地编制国土规划及区域性专项规划时包括的相邻地区内容(或可能影响到相邻地区的内容);其他需要与周边地区衔接(或可能影响到周边地区的)的工程项目。

2) 重大项目区域性共建、共享

区域性水厂、污水处理厂、垃圾处理场等重大基础设施项目共建、共享;大剧院、体育场馆等重大公共设施区域性共建、共享。

3) 基础设施区域衔接

不同城市之间的道路、电力、水利设施的衔接;基础设施廊道衔接等。

b. 区域性空间(资源)管制与保护

1) 跨区域"城市发展阴影区"的管制

对中心城市周边跨区域的"发展阴影区"通过城市群规划加以研究和明确,实施有效的开发控制。

2) 江河流域污染控制

对流经多个城市范围的江河水质、污染排放控制以及邻江河产业的设置。

3) 区域性水源地、生态绿地(旅游区、自然保护区)保护

区域性水源地(如区域内的重点水库及周边集水区域)内的产业布局、城镇、村镇规划建设;区域性生态绿地,旅游区、自然保护区的"城市群绿心"的整体规划、协同管理、定期监督。

c. 区域一体化软环境建设

土地使用指标交易制度、产业转移补偿制度、建立区域旅游线协作、北部湾区域公交一体化协作、北部湾区域文化交流与商贸协作、北部湾区域联合招商引资、北部湾区域统一信息平台建设等。

d. 区外环境建设

主要是需要区政府及有关方面支持的财政、项目、转移支付、生态补偿、地市间沟通等事项的协调。

e. 保障协调资源

协调资源包括资金、土地等。北部湾区域协调机构的资金主要来源于两

个方面:一是建立北部湾区域共同基金,按各县(市、区)经济发展水平和财政收入的一定比例筹集。二是服务收入。主要是北部湾区域协调机构提供各种对外服务时取得的收入。按国土规划的要求,统一调配土地等资源。

2. 共赢机制

地方联合招商制度(结合各地发展情况,统一制定以出让地价、税费减免为核心的招商引资政策措施)、土地使用指标交易制度、土地异地开发制度、水权交易制度、污染许可权流通等制度,促进区域资源共享。

3. 补偿机制

建立北部湾区域生态保护补偿制度、区域性基础设施建设补偿制度、带动性基础设施建设补偿制度(如发达地区与欠发达地区的道路对接工程,对于发达地区而言,由于投入大、收益小,缺乏建设积极性)、产业转移补偿制度等补偿机制,平衡区域发展。

4. 规范机制

确定协调机构的法定地位,建设经济内城市各类协调事务的规范化机制,例如,对区域资源共享、设施共建的协议建立标准化的文本体例,确定标准内容、修改的原则与程序等。

5. "破壁"机制

改革地方政绩考核制度(改变以本地 GDP 增长为主导的现行领导政绩考核);推进户籍制度改革(如取消农业、非农业户籍政策差别);禁止地方实施垄断(如限制外地开发本地资源、限制本地资本投放外地、对外来商品销售实行歧视性税收政策等垄断行为);打击具有地方保护主义色彩的违法、犯罪活动(如排除外地商人的欺行霸市等);建立区域共享的信息平台等,建立共同市场。

三、北部湾经济区国土规划实施制度框架构建路径

1. 国内外经验对北部湾经济区国土规划实施的启示

国外发达国家的国土规划并不是简单地依靠指令性手段来完成人口、产业、基础设施等的布局和建设,而是综合通过法律法规、市场经济、行政管理、公众参与等方式,协同对国土规划实施战略管理,使国土规划内的各项建设能按规划所要求的方向实施。可以得出这样的结论,要实施好我国的国土规划管理工作,我们必须要做到以下几点:

第一,要有完备的法律为保证。没有相关细致、完善的规划法律体系,规

划工作肯定无法开展。

第二,要有机构健全、人员稳定、高效精干的管理队伍。必备的机构和充足稳定的人员是开展国土规划管理工作的首要条件。因此我们必须建立健全国土规划的办事机构,安排好相关工作人员。

第三,要妥善运用权力制衡和中央高度集权这两种组织形式。对这两种组织形式,我们需认真加以研究,确定哪一种形式更加适合我国的国情。我们既不能重回绝对强制计划模式的老路,也不能采用自由放权的市场经济模式,要建立收放得体的管理体制,制定松紧相宜的政策措施,真正通过组织形式的建设保障规划事业的稳步发展。美国各地区的组织形式虽然不尽相同,但是其组织职能结构每一个都是相当规范严密的,其组织职能结构设计时首先考虑"权力不能太集中",认为过分集中的权力只能产生腐败和官僚主义,侵蚀选民的基本权利。

所以认为凡有可能造成权力集中的地方,他们都要在制度设计、组织设计上加以防止,而不顾及这种设计会给政府行使行政活动中造成的不便。

第四,要充分发挥财政和经济杠杆的作用,保障国土规划实施的资金来源,引导和吸引民间资金的投入,带动社会、企业与个人按国土规划的要求建设。与整体财政政策相同,我国当前的财政支出仍然存在过去计划经济下过度干预的特点,并没有完全转变为与市场经济相适应的有限集中干预模式,财政支出严重缺乏透明度,不利于对这些支出进行监督。

第五,要大力宣传规划,在增进规划有效性的同时,广泛争取或吸引更多的人了解规划、参与规划和监督规划达到支持的目的,增进社会团体与个人参与规划实施的热情。

第六,要建立规划咨询研究队伍,充分利用专业技术力量制约和监督规划的编制和实施。

第七,要有协调的观念,建立健全协调机制,解决传统规划无法解决的现实性问题,要通过协调达到规划明确的目标。

第八,要建立健全包括定期汇报等制度在内的规划控制机制,制定一套切实可行的反馈机制实行反馈,便于管理者随时掌握规划实施情况,当内外部环境条件发生重大变化时,及时发现规划中存在的问题并予以矫正。重新修正规划目标,以避免造成重大损失。

第九,要最大限度地应用信息技术,提高信息技术力量在规划管理中的影响力。

2. 国土规划实施制度框架构建的指导思想

坚持控制与引导相结合,政府与市场相配合,土地、财税、组织、管理相组合,以空间问题为落脚,以经济、社会和生态环境持续协调发展为主线,加强国土规划对宏观调控与管理机制的建设,加强规划对区域发展的宏观调控作用,切实加强区域规划实施的组织领导,加强公众参与,建立和完善市场经济条件下国土规划的运行体系,综合运用行政、经济、法律、政策、技术等各种实施手段,建立健全规划的法制、机制、体制与技术保障制度体系。

3. 国土规划实施手段的强化路径

实施手段是我国国土规划中最薄弱的环节。国土规划除了切入经济计划中得以实施外,还要更好地借助法律、经济、行政、公众参与等手段,引导各经济主体的活动符合区域规划的方向和要求。

(1)加强立法工作,使国土规划可以依靠法律手段进行编制和实施。

尽快出台综合性国土法,界定我国国土规划的性质、地位和作用以及管理机构的主管事项及其权限,规定各级综合性国土规划应有的法律效力。

(2)健全组织。

L.芒福德曾经指出:"如果区域发展想作得更好,就必须设立有法定资格的、有规划和投资权利的区域性权威机构。"P.Roberts 和 G.Lloyd 在总结过去区域规划失败的原因时,指出失误的首要原因就是缺乏具有区域管理和责任的固定体系。同时,随着时代的变化,规划编制的主体和实施主体均呈现出多元化的趋向,应结合这种变化构建适宜的组织框架,保障规划顺利落实。

(3)制定相应的经济机制。

对规划中属于公益性的,主要由政府负担的项目要制定相应的中央和地方财权以及投资分担政策。属于竞争性的,主要是通过市场机制付诸实施,政府可以采取诱导基金和财政补贴、税收优惠等政策进行引导和调控。

同时,财政、投资体制对区域规划的实施具有重要的影响。一方面,由于区域性项目投资主体多元化、项目建设地段化的特性,易产生事权与财权不相对应或利益分配上的矛盾,财政、投资与建设主体的不统一、不独立是区域规划实施的重要障碍;另一方面,在市场经济条件下,企业投资已成为地方经济发展的一大动力。促进企业跨行政区域、跨部门、跨行业投资、兼并、联营,可以增强企业在地区经济协调发展中的作用,有利于区域规划的有效实施,对区域规划制度改革会产生积极的作用。

根据世界其他国家、地区成功的经验,区域规划及其实施组织应享有对区域性环境整治或重大基础设施建设等的认可权及相应的资金分配权,对区域性金融贷款拥有倡议权等,使其具有一定的经济调控能力与投资管理能力,以实现区域整体利益的优先发展。在西欧国家普遍遵循一条"从社会政策角度加以控制的市场经济"道路,通过有关预算、税收、福利、基础设施以及竞争等政策和立法,对社会和经济生活进行干预、指导和协调,并将其视为区域规划的实质。主管区域规划的部门,不仅拥有负责立法和制定政策的权力,还掌握部分资金,以便对各地区的发展进行引导协调。在我国长江三角洲城市经济协调会中(1997),已提议发行长江三角洲专项建设债券,建立长江三角洲建设基金。当然,财政体制的改革是实现这一切的内在基础条件。

(4)动员社会力量的参与。

在规划制定中,广泛吸收有关政府部门、专家学者参与,还可向公众公布规划要点,征求公众的意见,吸引公众参与。规划通过后,也应及时公之于众,让更多的人了解和参与国土开发整治的活动。

(5)强化技术手段。

建立实施评价和定期报告制度,及时掌握区域规划的实施动态。根据国土规划设立国土开发的目标库和项目库;每隔一段时间全面检查和汇报一次,做出实施效果的评价报告,比较实际情况与规划目标是否有大的出入,从而及时发现问题,并相应地调整规划,同时也可以起到监督实施效果的作用。

强化国土规划的管理机构和咨询机构,建立区域规划监察员制度。及时审批各级区域规划,以利于规划的顺利实施。

第三节　国土规划实施的法制建设

一、国土规划的立法现状与法学内涵

1. 国土规划的立法现状与问题

(1)国土规划立法现状

国土规划是根据国家社会经济发展总的战略方向和目标以及规划区的自然、经济、社会、科学技术等条件,按规定程序制定的全国或一定区域内的国土开发整治方案,是国民经济和社会发展计划体系的重要组成部分,是资源综合开发、建设总体布局、环境综合治理的指导性计划。而国土规划立法体系是指调整在国土规划的制定、审批、执行、监督、检查过程中所发生的各种社会关系的法律规范的总称。

1981 年中共中央发出要搞好国土整治的决定，1985 年国务院发出了在全国进行国土规划的通知，国家计委编制了全国国土总体规划纲要，1987 年 8 月，国家计委颁发了第一部关于国土规划的行政法规——《国土规划编制办法》。几年来，国土规划已显示出强大的生命力，全国已有 223 个地、市和 640 个县编制了相应的国土规划。

为保障国土规划工作的顺利实施，新中国成立以来，我国陆续颁布了一系列相关的法规文件：在总体规划方面，国家计委颁布过《国土规划编制办法》《全国国土规划纲要》等纲领性文件；在城市区域规划方面有《中华人民共和国城市规划法》；而在乡村区域规划方面则有 1993 年国务院发布的《村庄和集镇规划建设管理条例》；对特殊的区域，国家计委做出了《关于开展豫西地区国土规划试点的批复》，国务院也批转了《国家林业总局关于"三北风沙"危害和水土流失重点地区建设大型防护林的规划》，发布了《关于成立上海经济区和山西能源基地规划办公室的通知》，对规划工作的任务和原则作了规定。

（2）制度经验不足带来的问题

上述有关国土规划的法律、法规及文件，基本上对国土规划工作的大部分做了规定，但是还尚未形成完整的体系，无论在形式、内容上及相互间的协调上都存在许多缺陷。

a.缺乏统领国土规划工作全局的效力较高的主干法律

主干法律是指国土规划基本法。该法律应对国土规划工作的普遍性问题作出规定，以便为其他法规的制定提供依据，同时要明确国土规划基本法与其他法律之间的关系以及配套协调问题。而现行的《国土规划编制办法》并没有赋予国土规划工作以明确的法律地位和作用，影响了国土规划作用的发挥。另外，目前除城市规划法外，国土规划工作依据的实体法和程序法，多是有关环境保护管理部门和资源管理部门发布的行政规章制度，效力层次较低。

b.法律层次不配套，缺乏可操作性

有的规划有专门法律，而缺乏实施细则和辅助法律来保障上位的综合规划法的实施，并缺乏完善机制。有的单项资源规划缺乏具体的法律规定，即使有规定，也只是原则性条款，在实际工作中难以实施。一些领域规划工作，如区域规划,仍处于政策调控的水平,缺乏较高的权威性。

c.结构不规范

第一,形式不规范。多以决定、通知、意见、规定等命名,很难识别其颁发机关的效力级别。第二,法律规范的要素不全,内容笼统。有些法律规范只有假定、处理两部分,而在制裁部分只规定对违法者应予处罚,但未明确执法主体和处罚依据。第三,有些法律、法规赋予管理部门权利和义务不一致,尤其是缺少义务的规定。第四,大部分法律法规都缺少公众参与程序。

d.体制不健全

我国的国土规划体制过分依赖于中央政府,是以国家公共投资项目的空间配置为主要手段的中央集权型国土规划体制,具有不灵活性和不稳定性。自上而下的国土总体规划是国家级的空间宏观规划,无法适合地方特点和自立发展的需要,造成了规划和现实间的差距。

2. 国土规划实施法律保障的法学内涵与作用

(1)规划实施的法学内涵

从规划的法律特征分析,国土规划本质上来看是一种公共权力,是一项重要的政府行为,是政府的一项职能。国土规划的实施是合理利用资源,形成合理、高效、集约的资源利用格局,适应社会经济发展对土地需求的重要举措。

从规划实施管理的法学角度分析,国土规划实施管理是在组织编制和审批国土规划的基础上,依法对各类国土活动的安排实施控制、引导和监督的行政管理活动。国土规划实施是各级政府的一项行政职能,是国土资源管理领域的一个重要组成部分,具有行政管理的性质,必须遵循行政管理的一般原则,负有一定的行政责任。

规划实施管理作为一种技术手段和行政手段结合的功能性作用是规划实施管理立法最基础的价值表现。与其他一些具体部门法律一样,国土规划实施管理立法的基本价值是以一些实用性价值为基础的。鉴于其应用性和控制性的强度,在实际立法的探讨过程中,规划实施管理立法首先必须考虑对规划行政和规划运作的法律规范和保障。规划立法需要充分确定国土规划的法律地位,赋予政府机构对国家国土行为进行控制管理的行政权力,同时还须规范实施管理的技术、政策等内容,藉此保障国土规划社会关系的调整能够符合社会、经济发展的需要。这些都是国土规划实施管理的实用性价值。

但是,规划作为一种社会公共行政行为,规划立法作为调控资源合理配置的一项社会举措,其作用的结果必然涉及居民的衣、食、住、行等切身生活的方便舒适和公平获得,故国土规划实施的立法如果仅仅建立在这些实用性和功能性价值的基础上,而不是更高层次的价值理念上的话,它就不可能发挥法律应有的作用。

由以上对规划立法的作用分析来看,促进效率还是实现公平,始终交织在规划立法的理论和实践的发展过程中。因此,作为一般法律价值的公平和效率是国土规划实施管理立法应该着重考虑的基本价值内容。

(2)作用

通过具有强制性效力的法律、法规来规范规划实施管理是国际上通行的基本的方法。经济全球化的重要特征之一就是法制的社会化,在我国社会主义市场经济体制初步建立并逐步完善的过程中,规划的实施管理更需要由行政向法制的过程转变。因此,提供可操作性强的法律保障是规划实施管理保障体系最重要的功能之一。如今,我国规划立法还未达到相对独立、完整的状态,现行法律法规中对规划实施管理的条款还不够全面、深入,规划立法的历程将是一个渐进的实践过程。一些地方领导依法行政的观念不强,"人治"大于"法治",对规划实施仍有很大影响。这是导致有法不依、执法不严、擅自或变相修改规划等问题依然存在的根源。

二、法律保障的作用与构建途径

1. 国土规划立法的基本原则

国土规划法制建设的基本原则应体现法的本质和根本价值。国土规划法制建设是整个相应法律活动的出发点,构成相关法律体系或法规体系的神经中枢,决定着国土规划法的统一性与稳定性。在具体立法中,应包括下列几项基本原则:

第一,充分考虑国土规划工作的特殊性。国土规划的中心任务就是要搞好国土开发与整治相结合的国土建设的总体布局,将一定地域空间的各项建设与资源的综合开发、环境的综合整治、经济和人口的合理布局紧密地有机结合起来,以取得整体的最佳效果。国土资源分布存在地区差异性,深入分析这些差异,才能从总体上准确把握规划区的区情,形成合理的地域结构,促进合理的地域分工,发挥地区整体的优势。

国土规划工作是一个决策、编制、实施、评估的动态循环过程。决策是先导,编制是基础,实施是关键,评估是保证。尤其是评估这一环节最易被忽略,从而造成"规划滞后于现实","重规划数量,不重规划质量"等现象。只有在实施中发现问题,在评估中予以修正,并将信息及时反馈到规划部门,才能保证规划的科学性和可行性。

第二,综合协调。国土规划的战略性和国土资源的整体性,使国土规划不仅对国民经济发展具有全局性和长远性的影响,而且对环境带来巨大影响。编制国土规划必须正确处理局部与总体,目前与长远的关系,协调国土开发、利用、治理、保护之间的相互关系。不仅需要按不同层次的行政区进行纵向的规划协调,也需要对由同一层次的相邻行政区组成的经济区进行横向的规划协调,同时要协调好国土规划与经济发展计划之间的关系。

第三,权力分散化。地方具有个性的、自立型的发展和以人为本的国土规划理念,要求国土规划法应该改变过分依赖中央政府及其财政投资的做法,寻求地方政府、民间、NGO、NPO 的共同参与,鼓励地方策划和实施国家项目。将土地利用和区域发展决策权向地方政府转移,并鼓励私人投资者承担公用事业项目的开发。这种权力的分散化可以促进多方利益主体的参与,从而使得国土规划更具民主性。

第四,开放性。在经济全球化形势下,国土规划必须考虑全球化的影响因素和可持续发展,甚至与周边国家共同进行制定和实施国土规划,建立一套相互交流、负责综合协调的机制。不仅考虑解决国土问题,以提高本国的国土决策能力,而且要创造出有竞争力的国土条件,以应对日益激烈的全球化资源竞争局势。

2. 法律保障的构建途径

国土规划的实施以跨行政区域的协调为重点。面对北部湾经济区之间复杂的行政关系,若国土规划没有法律保障以及相应的法律体系支撑,其作用只能沦为对下层次规划的技术指导上,无法作为区域协调的法定依据。然而,在我国法律中,并没有赋予除国家和省域城镇体系之外的国土规划以相应的法律地位,因此,国土规划一经诞生,在法律层面上就具有先天不足的劣势。为了弥补这个缺陷,就需要通过后天的努力提高区域规划的权威性和法制性。具体可以采取以下两种方式。

一是将区域规划转译为法律。如《珠江三角洲城镇群协调发展规划(2004—2020)》2004 年编制完成后,广东省人大制定并颁布了《珠江三角洲城镇群协调发展规划条例》;《长株潭城市群区域发展规划》2005 年编制完成后,湖南省人大制定并颁布了《湖南省长株潭城市群区域规划条例》。为此,北部湾经济区跨区域规划也可以考虑进入全国人大的立法程序,以立法的形式对国土规划的法定地位、区域协调的执行机构及相应的职权划分、相关的激励机制和违法所承担的法律责任等加以明确。

二是将区域规划转译为区域政策,并通过相关法律的制定加以规范。《欧洲空间发展规划》(ESDP)即是一个区域公共政策指引型的规划,其中提出了一系列的专项政策,如共同体竞争政策、泛欧网络(TEN)、结构基金(Structural Funds)、共同农业政策、环境政策、研究和技术开发(RTD)、欧洲投资银行的贷款活动等,这些都对欧盟空间的整合产生了重要的影响。而阿伯克隆比20世纪40年代所作的大伦敦规划,其良好的实施效果很大程度上得益于一系列法律政策的有效支撑,如《新城法》《工业布局法》《办公及工厂建设限制法》等。为了促进北部湾经济区的协调发展,可考虑将区域规划中的相关内容转译为区域政策,如制定区域内的生态保护政策、不同性质用地的土地供应政策等,在可能的情况下通过法律的形式加以规范,以保障区域政策相对稳定性和权威性,便于指导和规制地方的实施行动。

3. 规划实施保障立法体系的构成

从系统的角度进行分析,规划实施保障立法分:

(1)执行系统,即如何有效地保证国土规划的有效实施;

(2)反馈系统,即国土规划实施的监督检查管理;

(3)保障系统,即国土规划法律规范制定。

从具体的立法层次进行分析,国土规划实施保障体系中的立法建设应包括两个层次:一是,要建立涉及规划及规划实施管理的国家级法律法规,主要有《国土法》(《国土规划条例》)、《国土规划实施管理条例》等,以此明确整个国家有关规划实施管理的目标、方针和实施规划的根本性法律依据;二是,由于国土规划实施管理的工作重心是地方性规划,因此,各地应在遵循国家法律法规的前提下,制定可操作性强的地方性配套法规(如规划实施条例或办法),并提出有关规划实施机构、管理程序、实施效果评价、监督管理、规划调整、违反规划的强制措施等具体规定来保证各级规划的落实。当然,国家现行的其他法律法规也应是法律保障体系中的重要组成部分,这些都是构成完整的规划实施法律保障体系的基本条件。

第四节　国土规划实施的组织管理制度

一、国土规划实施管理组织机构

1.北部湾地区协调与合作领导小组和联席会议制度

为了贯彻国务院领导关于北部湾经济区区域发展存在有关问题的批示精神,确保改革工作有计划、有步骤、有组织地实施,由广西壮族自治区人民政府负责组织成立改革领导小组和机构,加强对改革工作的指导和调控,加大完善管理体制和制度改革的力度,加快转变政府职能,理顺各级关系,优化结构,提高效能,形成权责一致、分工合理、决策科学、执行畅通、监督有力的行政管理机制。

加强对北部湾区域协调与合作工作的领导和管理,成立北部湾区域协调与合作领导小组并建立联席会议制度。领导小组应由国务院领导,国家发展与改革委员会、建设部、国土资源部与广西壮族自治区的主要领导组成。领导小组办公室设在广西壮族自治区政府。领导小组办公室组织并成立由自治区发展与改革委员会、建设厅、国土厅、各市政府等主管领导参加的北部湾经济区区域协调与合作联席会议制度。

(1)北部湾区域协调与合作联席会议的性质

北部湾区域协调与合作联席会议,负责统筹管理和组织安排北部湾区域的协调与合作工作;会议各成员单位按各自相应的职责开展工作,并会同其他部门,共同推进协调与合作工作。北部湾经济区区域协调与合作联席会议向领导小组负责。

(2)北部湾经济区区域协调与合作联席会议的组成

北部湾经济区区域协调与合作联席会议由自治区发展与改革委员会、建设厅、国土资源厅、各市政府等部门共同组成。各市作为轮值组长单位,直接负责轮值年份的各项工作。轮值组长由各市政府主管领导担任。

(3)北部湾经济区区域协调与合作联席会议的主要职责

研究确定区域合作的重点领域,制定加强区域合作的重大政策,协调区域发展过程中面临的重大问题;牵头编制北部湾经济区区域发展总体规划,包括基础设施、生态环境、资源开发与保护、产业布局等多个领域,指导地区间进行合理的分工与协作;督促规划、计划和有关重大合作项目的落实;协调部门、地方间的重大合作工作,促进各部门及各地区支持并参与合作,推动合作项目的发展。全面推动北部湾经济区区域经济一体化进程,包括城乡一体化,在规划、政策、市场、人才、信息、交通等多个方面实现一体化。

(4)北部湾经济区区域协调与合作联席会议的办事机构与职责

北部湾经济区区域协调与合作联席会议下设办公室,设在自治区发展与改革委员会,从各市发展与改革委员会抽调相应人员负责日常事务。各市发展与改革委员会设立相应办公室或赋予现有经济合作办公室该职能。办公室的主要职责是:在北部湾经济区区域合作联席会议的领导下,负责联系中央和地方各有关部门;对区域协调与合作工作中的重大问题进行调研,提出政策性建议;组织拟订区域合作工作的规划、计划,提交合作联席会议研究审定;安排联席会议的议程;受联席会议委托,承担交办的工作。

针对交通、生态环境、水资源等重大问题和重大合作项目,联席会议办公室还将牵头建立由各相关职能部门和专家组成的专题研究委员会,负责对合作项目进行研究、跟进、落实。

(5)北部湾经济区区域协调与合作联席会议工作制度

北部湾经济区区域协调与合作联席会议一般每年召开1—2次,总结前一阶段区域协调与合作工作的成效与问题;研究确定下一阶段区域合作工作的重点领域、重大政策和对策;研究解决重大的区域协调与合作问题;审议区域合作工作的规划、计划以及有关实施细则。根据工作需要,可不定期召开相关会议等。

(6)北部湾经济区区域协调与合作联席会议各主要成员单位的职责分工和工作重点

北部湾经济区区域协调与合作联席会议的各成员单位将按中央、国务院的要求,承担与各自业务职能相对应的职责。具体分工如下:

自治区政府:牵头负责北部湾经济区区域协调与合作工作,协调跨区域、跨部门的重大问题,联系中央相关部门;牵头编制规划、计划,部署工作,督促检查;组织研究确定区域合作的重大议题和重点项目,将区域合作中的有关重大问题纳入国家经济和社会发展中长期规划和年度计划;并负责向国务院汇报;制定加强区域合作的重大政策。负责各市区域协调与合作工作,协调跨部门的重大问题,充分调动相关部门的积极性;督促各市规划、计划和有关重大合作项目的落实。

6市发展与改革委员会：负责各市区域协调与合作工作；参与编制北部湾经济区区域发展总体规划和具体行动计划；负责落实各部门规划、计划和有关重大合作项目，开展相关协调和合作工作；承办协调与合作联席会议的日常事务。

2.北部湾地区国土规划实施专业指导小组

设立八个专业指导小组，主要是负责协调实施北部湾区域发展领导小组确定的专业事项。

（1）规划协调专业指导小组

负责北部湾总体发展规划、专项规划和其他跨区域规划的编制实施，区域规划和重点区块的协调落实，开展区域跨行政区域重大基础设施建设规划研究，协调开展产业、交通、物流、生态、旅游、水资源利用等方面的发展战略与规划研究等；加速北部湾区域一体化进程，实现区域空间结构优化，促进区域资源、环境与经济的协调发展。协调各项规划以及跨行政区的规划衔接问题；督促各项规划、计划和有关重大项目的落实。

（2）信息专业指导小组

负责制定实施区域信息发展规划，协调区域信息共建、信息互通问题，负责城市群各方面信息的搜集、共享，为区域内成员提供信息服务。负责规划实施监测工作，包括确定监测指标体系、滚动制定阶段规划目标、向各地派驻规划督察员、编制规划实施评估报告、建立面向公众的监测数据库等。

（3）建设专业指导小组

负责制定重大项目、重大基础设施、重大公建设施的布局和建设规划，牵头开展北部湾区域交通发展规划研究；促进区域间交通方面的分工与协作；确定跨区域交通基础设施建设的重点项目；推动跨区域交通网络的信息化建设和一体化进程；督促规划、计划和有关重大项目的落实。对拟建重大项目和基础设施实施审查，协调项目跨区域建设问题，对项目实施过程进行监督。引导区域之间的分工与协作，提高整体实力。

（4）产业发展专业指导小组

负责制定实施北部湾区域产业发展和布局规划、市场发展和布局规划、旅游业发展规划等，加强各市县间的联系与合作，促进区域间高新技术产业方面的协作与分工；制定区域产业发展支持政策，区域内各成员市场开放程度进行审查督促，协调统一区域对内、对外招商条件。探讨区域高新技术产业带开发与建设的机制,以及推进带内开发区之间合作的机制;建立高新技术产业带利益共享机制,对产业带进行统一、联合开发,所获利益按出资比例进行分配。共同构筑信息平台,联合开展推介活动,联手推进的项目按一定比例共享利益。

加强开发区的联系与合作,促进协作与分工,共同打造高新技术产业链,优化产业配套环境,强化产业集聚。充分发挥区域科技、人才优势,建立科研合作网络,促进"产学研"互动,鼓励科研成果在京津塘高新技术产业带的转化和扩散。

(5)环境资源专业指导小组

制定实施北部湾区域生态建设规划、土地利用、水资源保护利用等规划,对区域水环境实行流域管理,对生态市建设实施情况进行检查督促,建立实施区域生态补偿机制,对建设用地实施合理调配,协调落实耕地保护各项措施,建立区域内统一调配、有偿使用机制。确定区域生态建设、环境治理,以及水资源利用方面的重大项目;督促规划、计划和有关重大项目的落实;健全、完善区域生态环境建设与水资源利用的法规和监管制度。组织编制区域生态环境规划和生态功能区划,建立促进生态环境建设与保护的利益补偿机制。

(6)文化教育专业指导小组

编制实施区域文化、教育发展方面规划,协调区域内教育资源,对区域特色文化开展研究归集、宣传,对区域教育文化跨区域事务实施情况进行检查督促。

(7)财务和监督专业指导小组

主要负责北部湾区域领导小组资金收入的使用和管理,对区域发展相关财政事项实施情况进行监察。

(8)专家咨询专业指导小组

专题研究北部湾区域发展重大前沿课题,研究有关共同政策提交领导小组研究。

二、规划实施管理与监管措施

1.强化和规范规划的行政管理

国土规划确定的各项目标和主要指标应建立年度实施计划,各级人民政府应将国土规划的年度执行情况向同级人民代表大会报告。

建立和完善国土规划编制管理体系。各市、县、乡镇应在北部湾经济区国土规划的控制和指导下,尽快完成国土规划的编制工作。国土规划一经批准,就具有法律效力,必须严格执行。下级国土规划应当依据上一级国土规划确定的任务和整治要求进行编制。

规范各级国土规划的审查报批工作,建立规划审批报批办法。重点审查:一是方案是否符合当地实际,并与相关规划充分协调;二是国土规划是否体现了科学可行、可操作性强的要求;三是规划文本、图件是否规范,便于实施管理。

建立国土规划实施领导责任制,发挥政府的行政职能和宏观调控职能,落实各级政府保障推进国土规划实施的权限,稳步推进实施。

2. 规划实施行政监管

(1)设计绩效考核体系

在分析实施国土规划战略管理的管理者的基础上,应用各类激励理论,建立科学的绩效考核体系。考核体系内不仅要有考评管理者决策、计划、组织、实施及其用人、进行业务活动的情况内容,还要有班子团结与否,调动群众积极性,适应、利用、改造客观环境和条件的情况,管理者自身的相关内容,如工作态度、工作作风、道德品质以及业务能力、口头表达能力、文字能力、开拓创新能力等内容。更重要的是要有管理者贯彻中央的路线、方针、政策的情况和执行国家有关法律、法令、法规、条例的情况。要将国土规划中确定的约束性指标分解落实到各级地方政府和部门,作为地方政府、部门和管理者绩效考核的主要内容。

特别是要将国土规划中确定的约束性指标的完成情况作为管理者提拔任用的主要条件。

(2)推行制度制约机制

要强化权力制约权力的制度建设,一是要做到政府内部权力的均衡,这主要是通过政府权力的分立与制衡得以实现,分权体制是实现政府内部权力均衡的前提。二是要做到政府与公共社会的权力均衡,它主要通过民主政治制度得以实现。通过建立权力的分立与制衡从制度上保证遏制权力异化为私人权力,实现权力的非人格化,而且在一定程度上约束公共权力异化为国家权力,保证国土规划实施有法可依。

3. 健全科学民主决策机制,规划实施的社会监督

(1)社会监督的要点

社会监督制度即政府提供资源与机会,在规划阶段通过工作小组召开参

与说明会及进行实际资料调查等,规划过程中纳入民众和专家意见,鼓励民众参与地区公共事务,分阶段、持续开展规划编制及规划实施管理工作。

决策程序上要完善国土规划中重大事项集体决策、专家咨询、社会公示和听证制度。司法制度上要健全完善行政许可法,要建立决策失误责任追究制、执法责任追究制、政府问责制、行政赔偿制,对管理者的任何行为,特别是违法违规行为严加约束。监督形式上要推行政务公开使之制度化,完善政府新闻分布制度,提高政府工作透明度,提高社会团体、企业和个人参与国土规划的广泛性和深度,保障公民对政府实施规划的知情权、参与权、表达权和监督权。资金使用管理上要强化社会审计制度,充分发挥审计监督的作用,通过对官员任期审计,对管理者的工作完成情况进行事后监督。约束地方政府和管理者不负责任、公权滥用、违法违规等行为。控制手段上要加强反馈工作,采用定期不定期的检查或汇报方式,控制规划的执行情况,并随时纠正偏差。

(2)专家和专业机构辅助制度

国土规划专家、专业机构由政府和社会团体及公众代表组成工作小组从社会范围遴选,并由政府聘任,其中专家应在国土规划领域有突出贡献,专家每隔固定年份进行调整。国土规划的专业机构应是具有良好资质、优秀专业人才的中介结构。规划专家和专业机构提供规划编制、规划思路以及规划实施管理的专业咨询服务,达到促进各级政府、各职能管理部门、专业技术人员和民众有机联系的目标。国土规划专家和专业机构应具有固定场所进行定时、定点的咨询;设立含于国土规划管理行政部门的网站上开通论坛或者公布信箱,使得社会任何团体和公众能及时获得相关信息,并提供相应的反馈途径,形成新型社会监督制度。

(3)媒体、网络、非政府组织等多元化监督制度

尽快推动建立区国土规划实施管理及其引申项目的电子政务工程系统,以解决大部分公众难以亲临规划实施管理过程现场的现实问题,加快监督和反馈信息的流通速率,提高规划编制和实施管理周期及工作效率。

除应用较为先进的信息技术和网络技术外,还可以利用传统的电视、报纸等媒体,通过网络、电视等媒体公示,征集到大量来自各行各业群众、专家等社会的反馈意见,为编制国土规划提供有力支撑,真正体现法律制定和公共事务行使的公众利益基础。进行规划实施管理过程的信息予以对外公布,接受社会公众的广泛监督和反馈。

为了避免传统的政府与社会二元模式在公平与效率方面的缺位,非政府组织来监督政府的规划编制和设计工作,协助政府解决公众利益的分配矛盾。非政府组织是政府和社会之外的以公共利益或团体利益为目标取向、以组织成员自愿参与为运作机制的正式或非正式的自治性组织的总和,具有组织性、非政府性、非营利性和自愿性的特征。

第五节　国土规划实施的机制保障

一、国家重点发展区和综改区国土资源配套政策借鉴

1. 可供借鉴的主要地区或区域基本情况

通过综合比较,与广西北部湾经济区在总体发展战略定位、产业发展方向、地理区位、人口状况、国土资源环境禀赋等方面具有相似性的地区或重点区域。主要包括珠三角经济区、长三角经济区、长株潭城市群、重庆市统筹城乡试验区、成都市统筹城乡试验区、深圳综合改革配套区、横琴地区等。

(1)长三角经济区

区域战略定位:亚太地区重要的国际门户、全球重要的现代服务业和先进制造业中心、具有较强国际竞争力的世界级城市群。

发展主导方向:调整经济增长结构,优先发展现代服务业及高新技术产业,同时为中西部经济发展让路。长三角区域规划强调要重点发展三大产业:现代服务业(重点包括金融、地产、航运)、先进的制造业及战略性新兴产业(信息技术、新材料、生物医药、节能减排环保产业等)。

(2)珠三角经济区

区域战略定位:深化改革先行区、扩大开放的重要国际门户、世界先进制造业和现代服务业基地、全国重要的经济中心。

发展主导方向:促进信息化与工业化相融合,优先发展现代服务业,加快发展先进制造业,大力发展高技术产业,改造提升优势传统产业,积极发展现代农业,建设以现代服务业和先进制造业双轮驱动的主体产业群,形成产业结构高级化、产业发展集聚化、产业竞争力高端化的现代产业体系。

(3)长株潭城市群

区域战略定位:长株潭城市群是我国京广经济带、泛珠三角经济区、长江经济带的接合部,区位和交通条件优越。要把长株潭城市群建设成为全国

"两型"社会建设的示范区、中部崛起的重要增长极、全省新型工业化、新型城市化和新农村建设的引领区、具有国际品质的现代化生态型城市群提供动力支持和体制保障。

发展主导方向：近中期建设的重点地区为"一带五区"：即湘江生态经济带和大河西、云龙、昭山、天易、滨湖五大示范区。1）湘江生态经济带：从长沙月亮岛到株洲窄洲岛，面积128公里。2）大河西示范区：以长沙商新、金洲，益阳高新，常德德山等为核心区域先进制造业走廊，重点发展机械制造、新能源、电子信息，辐射带动益阳、常德等地区。3）云龙示范区：包括株洲的云龙和清水塘，云龙重点发展先进制造业和临空产业、清水塘依托循环经济试点发展新型产业。4）昭山示范区：自长沙暮云，至湘潭昭山、易家湾、九华，建设生态宜居新城。5）天易示范区：位于株洲天元区和湘潭易俗河之间，重点发展机电制造、加工、环保现代物流等产业。6）滨湖示范区：包括岳阳的湘阴、汨罗、望城的部分区域和城陵矶临港产业新区，建设长株潭产业转移承接基地、再生能源产业基地、绿色农产品生产加工基地、健康体闲服务基地。

（4）重庆市统筹城乡试验区

区域战略定位：加快把重庆建设成为西部地区的重要增长极、长江上游地区的经济中心和城乡统筹发展的直辖市，在西部地区率先实现全面建设小康社会的目标，努力为全国统筹城乡发展探索新路子。

发展主导方向：以主城为核心、一小时车程为半径的经济圈和以万州为中心、重庆三峡库区为主题的渝东北地区，以黔江为中心、少数民族聚居的渝东南贫困山区（"一圈两翼"）协调发展。1）完善长江上游地区综合交通枢纽和物流中心功能。2）加强旅游资源保护和旅游景区基础设施建设，加快旅游业发展。

（5）成都市统筹城乡试验区

区域战略定位：西南物流和商贸中心、金融中心、科技中心及交通枢纽、通信枢纽，中国重要的高新技术产业基地、现代制造业基地、现代服务业基地和现代农业基地。将成都试验区作为全国深化改革和统筹城乡发展的先行样板、构建和谐社会的示范窗口和推进灾后重建的成功典范，带动四川全面发展，促进成渝经济区、中西部地区协调发展。

发展主导方向：1）推进工业集中集约集群发展，以21个工业集中发展区为主要载体，按照"一区一主业"的要求，培育企业集团，延长产业链条，促进工业集约集群发展。2)促进服务业均衡发展,联动推进服务业发展与农民向城镇转移和集中居住,形成城乡一体的服务业发展格局。3)加快现代农业发展,提高农业集约经营和农村组织化程度。近郊区大力发展以都市农业为重点的现代农业,发展休闲农业和乡村旅游;中远郊区以优势农产品规模生产、加工和物流业为重点,拓展现代农业多领域的就业空间,促进农民转移就业。

(6)深圳综合改革配套区

区域战略定位:发展核心技术自主创新产业,实现电子信息、生物、新材料、新能源、航空航天、环保、海洋等产业技术的跨越式发展,打造国际化高技术产业基地,率先建成国家创新型城市,成为有国际影响力的创新中心。

发展主导方向:是经济特区的"窗口"、"试验田"、"排头兵"和示范区:全国科学发展的示范区、改革开放的先行区、自主创新的领先区、现代产业的集聚区、粤港澳合作的先导区、法治建设的模范区;全国经济中心城市和国家创新型城市,将建设为国际化城市和中国特色社会主义示范市。

(7)横琴地区

区域战略定位:"一国两制"下探索粤港澳合作新模式的示范区、深化改革开放和科技创新的先行区、促进珠江口两岸地区产业升级发展新平台。

发展主导方向:充分发挥横琴的区位、环境和政策优势,吸引港澳和国际高端人才和服务资源,重点发展商务服务、休闲旅游、科教研发和高新技术等产业。禁止博彩业。

(8)关中—天水经济区

区域战略定位:全国内陆型经济开发开放战略高地,统筹科技资源改革示范基地,全国先进制造业重要基地,全国现代农业高技术产业基地,彰显华夏文明的历史文化基地。

发展主导方向:依托西安阎良国家航空高技术产业基地,大力发展航空航天产业;以西安、咸阳、宝鸡、天水为集中布局区域,加强重点产业集群建设,强化区域整体实力和竞争能力,全面提升重要装备制造水平;以宝鸡、渭南、铜川、商洛、天水等地为重点,加快重要矿产资源开发及深加工;依托文化优势发展文化产业和旅游业;大力发展现代物流业,进一步加入物流基础设施建设力度,加快西安国际港务区、咸阳窄港产业园、宝鸡陈仓、商洛、天水、秦州、麦积等重点物流园区项目建设;优化农副产品加工布局,促进农副产品加工聚集区建设。大力提升农业产业化水平,重点发展粮油、果蔬、畜禽、奶制品等深加工业。

(9)辽宁沿海经济带

区域战略定位:立足辽宁,依托环渤海,服务东北,面向东北亚,建设成为东北地区对外开放的重要平台、东北亚最重要的国际航运中心、有国际竞争力的临港产业带、生态环境优美和人民生活富足的宜居区,形成我国沿海地区新的经济增长极。东北地区对外开放的重要平台。

发展主导方向:产业发展推进产业结构优化升级,做强具有基础优势的先进装备制造业和原材料工业,做大高技术产业,加快发展现代服务业和现代农业,利用信息技术改造提升传统优势产业,提高产品质量,逐步形成以先进制造业为主的现代产业体系。

(10)江苏沿海地区

区域战略定位:立足沿海,依托长三角,服务中西部,面向东北亚,建设我国重要的综合交通枢纽,沿海新型的工业基地,重要的土地后备资源开发区,成为我国东部地区重要的经济增长极和辐射带动能力强的新亚欧大陆桥东方桥头堡。

发展主导方向:大力发展现代农业、沿海生态农业、海洋渔业和农产品加工产业;发展技术含量高、附加值高的临港产业,优势产业和新兴产业;利用港口、机场等交通枢纽和重要节点,建立物流信息平台,发展成现代物流基地。

(11)武汉城市圈

区域战略定位:有"九省通衢"之称的武汉是中国中部长江中下游的特大城市,是华中地区最大的城市之一,是华中地区的金融中心、交通中心和文化中心。充分发挥"居中"的区位优势,努力把武汉和武汉城市圈建设成为我国内陆地区最大的满足内需为主的生产要素和产品服务市场中心;加快老工业基地改造步伐,尽快提升武汉和武汉城市圈优势制造业的能力,使武汉成为我国内陆地区最重要的重工业制造基地。

发展主导方向:以武汉东湖新技术开发区为龙头,包括鄂州、黄冈、黄石的高技术产业带;以武钢为龙头,包括鄂州、黄石的冶金—建材产业带;以武汉开发区为龙头的环城市圈汽车零部件产业带;以武汉开发区和武汉吴家山海峡两岸科技园为龙头的环城市圈IT设备及电器、电子元器件产业带;以武汉为龙头,包括仙桃、潜江、黄石、鄂州、黄冈、孝感、咸宁的环城市圈纺织服装产业带;以武汉为龙头,在城市圈两侧建设包括孝感、天门、潜江的化工产业带;城市圈农副产品加工工业产业带;农业建设6大优势农产品产业带;武汉及周边商品蔬菜产业带;以武汉周边5大湖泊为核心的优质水产品产业带;以孝感、黄冈为中心的优质稻米产业带;圈西4市和圈东4县市区两个优质棉花产业带;圈西4市和圈东8县市区两个"双低"油菜带;武汉市及周边县市优质"三元猪"产业带。建立8大特色农产品基地。武汉周边特色家禽产品基地;以武汉、黄石为中心的牛奶产品基地;大别山和圈南优质绿茶产品基地;圈东3县市和圈北大悟县优质板栗产品基地;陶西两县市优质蜂产品基地;圈南幕阜山区优质中药材产品基地;英山、罗田、麻城三县市蚕茧产品基地;圈东南苎麻产品基地。

（12）天津滨海新区

区域战略定位:天津滨海新区是东北地区通往欧亚大陆桥距离最近的起点,是从太平洋彼岸到欧亚内陆的主要陆路通道,也是华北、西北以至于中亚地区最重要、最便捷的海上通道。天津滨海新区具有启东开西、承外接内,辐射华北、西北、东北亚、中亚的强大战略功能。依托京津冀、服务环渤海、辐射"三北"、面向东北亚,努力建设成为我国北方对外开放的门户、高水平的现代制造业和研发转化基地、北方国际航运中心和国际物流中心,逐步成为经济繁荣、社会和谐、环境优美的宜居生态型新城区。

发展主导方向:建立先进制造业产业区、滨海高新技术产业区、滨海化工区、滨海新区中心商务商业区、海港物流区、临空产业区(航空城)和海滨休闲旅游区以及若干现代农业基地。

（13）中部地区

区域战略定位:中部地区位于我国内陆腹地,具有承东启西、连南通北的区位优势。是我国重要的粮食生产基地、能源原材料基地、现代装备制造及高技术产业基地和综合交通运输枢纽。

发展主导方向:以粮食生产基地建设为重点,积极发展现代农业;巩固和提升重要能源原材料基地地位;建设现代装备制造业及高技术产业基地;优化交通资源配置,强化综合交通运输枢纽地位。

（14）图们江地区

区域战略定位:以我国沿边开放开发的重要区域,我国面向东北亚开放的重要门户,东北亚经济技术合作的重要平台,东北地区新的重要增长极。

发展主导方向:以提高自主创新能力为支撑,大力推进产业结构升级,建设以现代农业和特色农业为基础,以先进制造业和现代服务业为主体的产业体系。新型产业:汽车产业、石化产业、农产品加工业、电子信息产业、冶金建材产业、装备制造业、生物产业服务外包、商务会展以及金融保险业,现代农业。

(15)黄河三角洲地区

区域战略定位:全国重要的高效生态经济示范区,全国重要的特色产业基地,全国重要的后备土地资源开发区,环渤海地区重要的增长区域。

发展主导方向:高效生态农业(绿色种植业、生态畜牧业和生态渔业),友好型工业(高技术产业、装备制造业和轻纺工业),现代服务业(现代物流业、生态旅游业、金融保险业和商务服务业)。

(16)鄱阳湖生态经济区

区域战略定位:全国大湖流域综合开发示范区,建设长江中下游水生态安全保障区,加快中部地区崛起的重要带动区,国际生态经济合作重要平台。

发展主导方向:发展高效生态农业,提高优质粮食生产能力,开发绿色有机农产品,推进农业产业化经营,建立生态农业服务体系;创建新型工业体系,大力发展循环经济,改造提升传统优势工业,大力发展先进制造业,加快发展高新技术产业;培育现代服务积极培育节能环保服务业,着力发展旅游业,打造特色文化产业,发展商贸物流业,拓展金融服务业。

(17)皖江城市带承接产业转移示范区

区域战略定位:要立足安徽、融入长三角、联结中西部,积极承接产业转移,不断探索科学发展新途径,努力构建区域分工合作、互动发展新格局,加快建设长三角拓展发展空间的优选区、长江经济带协调发展的战略支点,引领中部地区崛起的重要增长极。具体包括四大战略定位,即合作发展的先行区、科学发展的试验区、中部地区崛起的重要增长极、全国重要的先进制造业和现代服务业基地。

发展主导方向:重点从振兴装备制造业,加快提升原材料产业,加速壮大轻纺产业,着力培育高技术产业,积极发展与长三角联系紧密的现代服务业,建设现代农业等方面提出产业承接发展的重点。

(18)海南国际旅游岛

区域战略定位:我国旅游业改革创新的试验区,世界一流的海岛休闲度假旅游目的地;全围生态文明建设示范区;国际经济合作和文化交流的重要平台;南海资源开发和服务基地;国家热带现代农业基地。

发展主导方向:建设富有海南特色的旅游产品体系,打造精品旅游景区;大力发展与旅游相关的现代服务业,促进服务业转型升级;积极发展热带现代农业,加快城乡一体化进程;充分利用本地优势资源集约发展新型工业:节能环保新型工业、高技术产业和海洋经济。

(19)云南省

区域战略定位:一是我国向西南开放的重要门户;二是我国沿边开放的试验区和西部地区实施"走出去"战略的先行区;三是西部地区重要的外向型特色优势产业基地;四是我国重要的生物多样性宝库和西南生态安全屏障;五是我国民族团结进步、边疆繁荣稳定的示范区。

发展主导方向:云南省产业发展基本思路是进一步做大烟草、电力和冶金3个主导产业。构筑以现代能源、基础原材料、生物加工和装备制造为主体的现代产业体系,同时,要做优煤炭、化工、建材、轻工业等传统产业。

(20)陕西省

区域战略定位:在推动陕西省经济发展的"三驾马车"消费、投资、外贸中,陕西长期以来倚重投资。

发展主导方向:陕西要向西开放,应该认真考虑与新疆的合作方式,充分发挥各自的优势。让新疆成为陕西向西开放的重要平台。

(21)山西省国家资源型经济转型综合配套改革试验区

区域战略定位:山西经济在过去的二十年里随着全国经济的增长呈现出了巨大的变化,如服务业、房地产业的发展和电信业的进步,但从产业结构上来看,山西仍处于以重化工为主的经济发展模式,相对于全国来说是落后的。

发展主导方向:山西省将继续推进煤炭资源整合,建设现代化煤炭能源产业,建设煤电气一体化的综合能源基地和产业体系,倾力打造文化旅游强省,实现该省经济由单一资源化主导型产业向新型、多元、现代产业体系转型。

(22)海峡西岸经济区

区域战略定位:立足沿海,依托长三角,服务中西部,面向东北亚,建设我国重要的综合交通枢纽,沿海新型的工业基地,重要的土地后备资源开发区,成为我国东部地区重要的经济增长极和辐射带动能力强的新亚欧大陆桥东方桥头堡。

发展主导方向:加强海峡西岸区域创新体系建设,努力打造特色鲜明的区域创新体系;大力发展现代农业,构建现代农业产业体系,大力发展畜牧业、园艺业、林竹产业、水产业等优势产业,积极培育水产品、蔬菜、水果、食用菌、茶叶、花卉等特色农产品;建设海峡西岸先进制造业基地,重点发展电子信息、装备制造、石油化工等产业;加快发展现代服务业。积极承接台湾现代服务业转移,建设福州、厦门、泉州等物流节点和一批现代物流中心;建设现代化海洋产业开发基地。充分利用海洋资源优势,推进临港工业、海洋渔业、海洋新兴产业等加快发展。

2.可供借鉴的国土资源配套政策

(1)长三角经济区

耕地保护和土地综合整治:坚决实行最严格的土地管理制度,切实保护耕地和基本农田。积极开展土地复垦,大力加强农村土地整理,适度开发宜耕后备资源。

土地利用规划与计划管理:严格执行土地利用总体规划和土地利用年度计划。

土地节约与集约利用:提高土地节约和集约利用水平。加强土地资源需求调控,实行更严格的区域土地供应政策和市场准入标准,制定并实行合理的新建项目土地使用率标准,严格控制新增建设用地。加强对存量建设用地的调整和改造,加大对闲置土地行为的处罚力度,积极盘活闲置和空闲土地。

用地审批、征地制度改革与创新:加强围海造地的管理和调控,合理有序开发利用滩涂资源。

(2)珠三角经济区

耕地保护和土地综合整治:切实落实耕地和基本农田保护目标。统筹建设占用和补充耕地规模,积极整理开发部分低效园地山坡地补充耕地,加大土地整理复垦力度,严格实行耕地占补平衡。

土地利用规划与计划管理:严格执行土地利用总体规划和年度计划。

土地节约与集约利用:节约集约利用土地。积极探索耕地保护严、建设占地少、用地效率高的科学发展道路,创新土地管理方式,建设国家节约集约用地试点示范区。支持加大闲置土地处置力度,盘活存量建设用地。加强土地需求调控,实行更严格的区域土地供应政策、土地使用标准和市场准入标准,实行差别化供地政策,积极推进工业园区按照产业集聚、布局合理、用地集约的原则进行提升改造,推进交通基础设施、城乡建设用地集约化。探索建立土地收益调节机制,利用经济手段提高土地利用集约化水平。

用地审批、征地制度改革与创新:探索用地审批制度改革,简化程序,强化监督。有效保护河口和海岸湿地,合理有序将围填海造地和滩涂资源用于非农建设,减少对现有耕地的占用。

（3）长株潭城市群

耕地保护和土地综合整治:创新耕地保护模式。制定耕地和基本农田分区保护规划,开展农用地分类保护和耕地有偿保护试点,探索建立耕地保护有偿调剂制度。在确保省内耕地总量和质量动态平衡的前提下,探索建立省域内跨区域耕地占补平衡机制。完善耕地开发整理复垦制度,探索建立财政投入与社会投入相结合的土地开发整理多元投入机制,设立耕地保护资金。统筹实施耕地整理和农村建设用地整理,推进田、水、路、林、村的综合整治。

土地利用规划与计划管理:建立健全区域统筹规划和管理体制机制。编制城市群区域规划体系,理顺各类各级规划部门之间的管理关系,健全城市群规划协调机制,建立城乡衔接、统一协调的规划管理体系。探索建立经济社会发展规划、主体功能区规划、区域规划、国土规划、土地利用规划和城乡规划有机结合的规划编制和管理体制。开展长株潭城市群国土规划试点。

土地节约与集约利用:创新节约集约用地管理制度。实行城市土地投资强度分级分类控制,调整和实施工业用地最低价标准,探索建立工业园区和工业用地预申请制度,探索实施国家机关用地、基础设施以及各类社会事业用地有偿使用。开展土地立体开发等多种节约集约用地模式试点。实施"城中村"改造。健全土地利用动态监测体系,完善执法监察机制。将单位生产总值和固定资产投资的新增建设用地消耗纳入政府考核内容,考核评价结果与建设用地计划指标奖惩挂钩。对株洲清水塘、湘潭竹埠港等湘江沿线严重污染地区的耕地,在确保规划确定的耕地保有量不减少的前提下,依法变更土地地类。

城乡建设用地增减挂钩:探索城镇建设用地增加与农村建设用地减少相挂钩的实施机制和管理制度。

城乡建设用地统一市场:创新土地市场机制。建立长株潭城市群统一的土地市场信息平台,加快建立区域统一、城乡统筹的土地市场体系和土地价格体系。建立集体建设用地交易许可制度,建立流转交易平台,加强收益分配管理,探索建立集体建设用地使用权出让（出租）、划拨、转让、抵押等制度,引导和规范农村集体建设用地进入市场。探索土地粮食生产能力的定级分类办法,开展土地生产当量配额交易,推动土地资源的最佳使用。建立农村宅基地科学管理方式,建立宅基地退出机制。扩大"迁村腾地"的试点范围,稳步推进合理的迁村并镇工作。

用地审批、征地制度改革与创新:完善征地用地制度。对长株潭土地利用专项规划确定为建设用地范围内的集体用地,依据法定程序办理农用地转用、土地征收批准手续,纳入政府土地储备。试行统一的征地区片综合地价,探索建立征地协议制度。在确保"原有生活水平不降低、长远生计有保障"的前提下,先安置后拆迁,采取公寓式安置、集体建设用地土地使用权入股、土地股份合作等多种形式妥善安置被征地农民,建立完善被征地农民的就业培训和社会保障体系。

(4)重庆市统筹城乡试验区

耕地保护和土地综合整治:合理安排和调控城乡用地布局,实行最严格的耕地保护制度,严格执行耕地占补平衡制度。尽快划定永久性基本农田。建立保护补偿机制,确保基本农田总量不减少、用途不改变、质量有提高。加强土地整理工作,支持和指导重庆创新土地整理复垦开发模式。

土地利用规划与计划管理:加快重庆土地利用总体规划修编,按照"前期适当集中,后期相应调减"的原则,在近期新增建设用地总规模不变的前提下,试行近两年增加土地利用年度指标、后几年相应减少年度指标的管理方式。

土地节约与集约利用:实行最严格的节约用地制度。

城乡建设用地增减挂钩:稳步开展城乡建设用地增减挂钩试点。

城乡建设用地统一市场:设立重庆农村土地交易所,开展土地实物交易和指标交易试验,逐步建立城乡统一的建设用地市场,通过统一有形的土地市场、以公开规范的方式转让土地使用权,率先探索完善配套政策法规。

用地审批、征地制度改革与创新:稳定和完善农村基本经营制度,赋予农民更加充分而有保障的土地承包经营权。继续推进集体林权制度改革,严格农村宅基地管理,保障农户宅基地用益物权。积极推进征地制度改革。

(5)成都市统筹城乡试验区

耕地保护和土地综合整治:严格按规划保护耕地,确保全市耕地总量不减少、质量不降低。按耕地质量和综合生产能力对耕地进行等级划分,实行耕地的分级保护。探索耕地按等级补充的占补平衡机制以及独立选址等重大项目在省内跨区域实现耕地占补平衡的办法。

城乡建设用地增减挂钩:稳妥开展城镇建设用地增加与农村建设用地减少"挂钩"试验。按照有关规定在全市范围内统筹设置城乡建设用地增加挂钩项目区,优化城乡建设用地布局,提高土地节约集约利用水平,确保建设用地不增加,耕地面积不减少,质量有提高。

城乡建设用地统一市场:在明确农村集体土地使用权和集体建设用地使用权、宅基地使用权的基础上,探索建立城乡统一的土地市场。在符合土地利用总体规划和城乡规划的前提下,允许依法取得的集体经营性建设用地使用权通过出让、转让、出租、作价入股、联营、抵押等形式进行流转。集体建设用地不得用于商品住宅等房地产开发。在地震灾区开展农村集体建设用地引入社会资金重建住房的试验。

用地审批、征地制度改革与创新:开展农用地转用、土地征收审批和实施分离试验。成都市按照国务院和省政府审批的农用地转用和土地征收总规模,根据统筹城乡发展和灾后重建的需要,以及年度土地利用计划指标,分期分批组织实施。规范土地承包经营权流转。推进集体林权制度改革。开展征地制度改革试验。

(6)深圳综合改革配套区

耕地保护和土地综合整治:立法保护生态用地和基本农田,探索建立保护补偿机制。

土地节约与集约利用:深化土地资源的市场化配置,建立全方位的土地资产市场,促进土地资源有效流转和优化配置,加快包括工业楼宇在内的房地产流转,创新产业用地模式,合理控制土地开发强度,实行产业用地出让年期弹性化,探索产业用地租售并举的多元化供应方式。

用地审批、征地制度改革与创新:严格规范土地征收征用制度,完善利益补偿机制。

(7)横琴地区

土地利用规划与计划管理:根据横琴岛开发进展的需要,国家适当增加广东省新增建设用地指标,由广东省视具体情况进行安排。

土地节约与集约利用:支持横琴推进节约与集约用地试点工作,创新土地管理方式,增强政府对土地供应的调控能力。

用地审批、征地制度改革与创新：在不突破规划建设用地规模、不破坏海岸带和海洋生态环境的前提下，可依法适当填海，用于发展建设。

（8）关中—天水经济区

耕地保护和土地综合整治：稳定基本农田数量，加大耕地保护特别是基本农田保护力度，加强中低产田改造。加大土地整理复垦开发力度。统筹使用好新增建设用地土地有偿使用费等各类专项资金，用于土地整理复垦开发，补充耕地数量，提高耕地质量。

土地利用规划与计划管理：统筹建设用地计划。国家批准的重点基础设施项目用地计划指标，由国家统筹安排；省重点建设项目周地计划指标，由省在用地年度计划指标中解决。

城乡建设用地增减挂钩：经济区内开展农村建设用地整理符合城乡建设用地增减挂钩条件的，可在国家下达的周转指标控制下，开展挂钩工作。农村宅基地和村庄整理出的土地，优先用于增加耕地；用于建设用地的，应符合土地利用总体规划，并优先用于新农村建设。

（9）辽宁沿海经济带

耕地保护和土地综合整治：严格保护基本农田和涉及公共利益、具有特殊功能的林地和湿地。加大土地整理复垦力度，实施土地整理复垦开发重点工程。最大限度地利用矿山废弃地、废弃盐田、重度盐碱地和荒滩。落实耕地占补平衡的法定义务，做到基本农田数量不减少、用途不改变、质量有提高。

土地利用规划与计划管理：严格执行土地利用总体规划和年度计划。

土地节约与集约利用：严格土地用途管制，控制建设用地过快增长，重点用好存量建设用地和未利用地，支持重点发展地区优先使用规划起步区内土地。优化生活用地，提高小城镇和农村的建筑容积率，减少占用耕地。建立和完善土地收购储备制度，进一步规范经营性土地招、拍、挂出让制度，扩大土地有偿使用范围。

城乡建设用地统一市场：依据已批准的土地利用规划和城乡规划，促进土地合理流转。

用地审批、征地制度改革与创新：推进征地制度改革，逐步缩小征地范围，完善征地补偿机制。合理开发和保护海岸线资源，严格控制海岸线的使用，按照已批准的海洋功能区划确定的类型区推进岸线开发，保护原生海岸生态系统。统筹协调各涉海产业的用海布局，避免盲目圈占海域。加强海域使用的监督管理,从严控制填海用海项目。节约、集约使用稀缺的近海海域资源。

（10）江苏沿海地区

耕地保护和土地综合整治:支持海域滩涂资源开发,在新增建设用地土地有偿使用费的安排上,对符合条件的海域滩涂开发予以支持,新增耕地可用于全省耕地占补平衡。

城乡建设用地增减挂钩:实行城乡建设用地增减挂钩政策,推动农村建设用地向城镇集中。

城乡建设用地统一市场:开展农村集体建设用地流转及土地收益分配,增强政府对土地供应调控等方面的改革试验。

用地审批、征地制度改革与创新:支持土地管理改革,开展多种模式的征地安置试点;探索农用地转用和土地征收方案一次报批、分期分批组织实施。

（11）武汉城市圈

耕地保护和土地综合整治:建立圈城内耕地有偿保护和占补平衡机制,确保耕地占补的数量和质量"双平衡"。实施土地整理、矿山环境恢复治理。

土地利用规划与计划管理:完善国土资源规划体系。结合主体功能区划分,编制实施武汉城市圈国土规划,加强国土规划和土地利用总体规划的整体控制作用。

土地节约与集约利用:大力推进土地节约与集约利用。完善建设用地指标体系,实施集约用地评价考核办法、评价结果与建设用地计划指标奖惩挂钩。进一步完善存量土地管理制度,降低土地流转成本。重点治理工业污染严重的土地,合理调整土地用途。建立建设用地指标交易和储备制度。建立集约用地激励机制,调整和实施工业用地最低价标准,探索建立工业集中发展区和工业用地预申请制度。

城乡建设用地增减挂钩:积极稳妥开展城镇建设用地规模增加与农村建设用地减少挂钩试点。

城乡建设用地统一市场:改革农村集体建设用地使用权流转制度,建立流转交易平台,探索建立集体建设用地合理流转的新机制。

用地审批、征地制度改革与创新:健全城市土地市场运行机制,创新农村集体土地管理方式,完善被征地农民补偿制度。

（12）天津滨海新区

耕地保护和土地综合整治:在滨海新区开展耕地分类分级保护和有偿保

护试点,探索实现耕地占补平衡的各种途径和方式,实现数量和质量并重的耕地保护制度。

土地利用规划与计划管理:按照国家确定的原则,编制滨海新区土地利用总体规划,由天津市人民政府审批并组织实施。在国家批准的年度土地利用计划中,天津市将滨海新区有关计划指标单列。

土地节约与集约利用:支持天津滨海新区进行土地管理改革。在有利于土地节约利用和提高土地利用效率的前提下,优化土地利用结构,创新土地管理方式,加大土地管理改革力度。开展农村集体建设用地流转及土地收益分配、增强政府对土地供应调控能力等方面的改革试验。

城乡建设用地增减挂钩:依据总体规划,开展城镇建设用地规模扩大与农村建设用地减少挂钩试点。

城乡建设用地统一市场:改革集体建设用地土地使用制度。界定集体建设用地权益。改革集体建设用地使用权取得和流转制度,将集体建设用地纳入统一土地市场,完善配置方式,实行交易许可。建立健全集体建设用地流转中的土地收益分配机制。

用地审批、征地制度改革与创新:改革农用地转用和土地征收审批制度。天津市人民政府依据土地利用总体规划和土地利用年度计划,组织拟订滨海新区农用地转用方案,一次报国务院批准后组织实施。建立征地补偿和被征地农民安置新机制。改革土地收益分配使用管理制度。

(13)中部地区

耕地保护和土地综合整治:在切实保护耕地和基本农田的前提下,按照"总量不减少、用途不改变和质量有提高"的要求,探索实现耕地占补平衡的多种途径和方式,盘活城市群内现有土地资源,缓解用地供需矛盾。

土地利用规划与计划管理:支持中部地区发展势头较好、产业特色明显、带动力较强的省级开发区升级为国家级开发区,在原批准规划面积已得到充分利用的情况下,依据土地利用总体规划和城市总体规划,适当扩大用地规模。

土地节约与集约利用:统筹研究落实城市群土地利用政策,制定鼓励城市群开展建设用地整理的政策,严格建设用地审批管理,建立土地节约与集约评价、考核体系和奖励制度。

城乡建设用地增减挂钩:稳步开展城镇建设用地增加与农村建设用地减

少相挂钩试点。在城市群试点地区总结城镇建设用地增加与农村建设用地减少相挂钩试点经验,逐步完善政策措施。

城乡建设用地统一市场:建立城乡统一的建设用地市场,逐步实现集体建设用地与国有土地同地同价。

用地审批、征地制度改革与创新:加快荒地、污染地改造,在建设用地总规模不变的前提下,对受污染特别严重、难以整治的耕地,经法定部门认定不宜继续作为耕地利用的,依法予以调整,污染区域建设使用土地的,依法办理建设用地有关程序。

(14)图们江地区

土地利用规划与计划管理:统筹安排区域内新增建设用地计划指标。

土地节约与集约利用:盘活存量闲置土地,增加区域内建设用地增量供给,确保重大项目建设用地。

城乡建设用地增减挂钩:支持开展城乡建设用地增减挂钩工作。

(15)黄河三角洲地区

耕地保护和土地综合整治:强化耕地和基本农田保护,严格控制农用地转为建设用地,凡占用农业用地指标的,要按照占补平衡的要求实行"占一补一"。

土地利用规划与计划管理:要充分发挥土地资源的后发优势,用好国家鼓励荒地开发的政策,搞好土地利用总体规划和功能区划,各类土地资源要按规划集中开发,科学管理。对区域内因长期受海水侵蚀,土壤积盐滞化,质量下降严重而导致农作物产量低、效益差的农用土地重新进行测定评估,调整土地使用规划。

土地节约与集约利用:创新土地管理体制,高效集约利用土地资源。在国家政策范围内,创新土地管理方式,优化土地利用结构,增强当地政府对土地供应的调控能力。积极推进土地管理制度改革,依法规范土地市场秩序,提高土地配置的市场化水平。通过土地置换等形式,盘活存量,扩大增量,促进土地合理流转和高效利用。强化新增用地的前置控制和事后监督,禁止城镇和各类开发区无序扩张,确保产业向园区集中、人口向城镇集中、居住向社区集中。鼓励符合国家产业政策、规模大、产业链条长的项目,优先在黄河三角洲布局建设。借鉴天津滨海新区、辽东半岛等地的做法,按照"政府主导、市场运作、自愿组合、滚动发展"的原则,加快建立"飞地"制度,鼓励东营、滨州、潍坊、莱州等有条件的市县在其区域内确定若干平方公里设立"飞地",面向省内外、国内外招商引资,鼓励企业到该区域进行土地成片开发。

(16)鄱阳湖生态经济区

耕地保护和土地综合整治:国家在土地开发整理、农业综合开发、标准农田建设等项目资金上优先安排鄱阳湖生态经济区。

城乡建设用地统一市场:统筹土地利用和城乡建设,实行城乡建设用地增减挂钩试点。选择有条件的城市开展统筹城乡发展综合配套改革试点。

(17)皖江城市带承接产业转移示范区

耕地保护和土地综合整治:实行最严格的耕地保护制度,落实耕地保有量和基本农田保护面积。实施农村土地综合整治,整体规划,开展整村推进试点。

土地利用规划与计划管理:统筹协调承接产业转移特别是集中区的用地需求。加快土地利用总体规划修编,产业集中区等各类建设用地统筹纳入当地土地利用总体规划。国家在编制土地利用年度计划时,根据示范区建设情况,适当增加安徽省用地指标。

土地节约与集约利用:实行最严格的节约与集约用地制度。

城乡建设用地增减挂钩:继续推进城镇建设用地增加与农村建设用地减少挂钩试点,允许城乡建设用地增减挂钩指标在示范区内调剂使用。

城乡建设用地统一市场:建立城乡统一的建设用地市场,稳步推进农村集体建设用地使用制度改革,探索新增耕地指标、新增建设用地规划指标有偿调剂使用制度,切实维护农民合法权益。

(18)海南国际旅游岛

耕地保护和土地综合整治:落实最严格的耕地保护制度。

土地利用规划与计划管理:在不突破国家下达的耕地保有量、基本农田保护面积和建设用地总规模的前提下,试行对土地利用总体规划实施定期评估和调整机制。加强土地利用总体规划对经济各行业的布局规模、时序的调控。实施土地利用计划差别化管理,分类安排土地利用计划,优先保障国际旅游岛建设鼓励扶持类建设项目用地。实行建设用地指标分类管理,保障旅游、保障性住房、高科技、新型工业、社会事业、基础设施等甲类指标用地,适度安排乙类指标用地,禁止供应别墅类用地。

土地节约与集约利用:落实最严格的节约用地制度,严格实施土地用途管制制度,统筹和保障海南国际旅游岛建设发展各类用地需求,推进城乡土地一体化管理。

城乡建设用地增减挂钩:稳步开展城乡建设用地增减挂钩试点。

城乡建设用地统一市场:逐步建立城乡建设用地统一交易市场,推进城乡土地一体化管理,原则上土地一级开发由政府主导。

用地审批、征地制度改革与创新:稳步开展农村集体经济组织和村民利用集体建设用地自主开发旅游项目试点。科学论证、统筹规划岛屿的开发利用,依法加强西沙和无居民岛屿管理,按照属地管理原则依法进行土地确权登记。

(19)云南省

耕地保护和土地综合整治:创新旅游产业土地利用规划机制。国土资源部支持云南省创新土地利用规划模式,开展旅游产业用地规划,探索建立土地利用总体规划和旅游产业土地利用专项规划定期评估和修编机制:对云南省符合国家产业政策和供地政策的重大旅游产业项目在新增建设用地计划指标安排上予以倾斜。

土地利用规划与计划管理:建立旅游产业发展与耕地保护相结合的新机制。国土资源部支持云南省探索未利用地使用新模式,在土地整治项目上给予资金、技术及政策支持。

土地节约与集约利用:探索建立旅游产业节约集约用地评价体系。积极探索建立以单位土地投入、产出、能源损耗、环境污染、就业机会等为评价要素的节约集约用地评价体系和产业供地调控体系。国土资源部支持云南省探索建立新的节约集约用地评价体系,规范推进城乡建设用地增减挂钩试点工作。

城乡建设用地统一市场:在不改变农用地原性质、用途和不破坏耕作层的前提下,按照依法自愿有偿的原则,允许农民以转包、出租、互换、转让、股份合作等方式参与旅游项目开发。在旅游特色村镇的开发建设中,探索农村以依法集体建设用地通过出租、出让、作价出资或入股、合作、联营等方式参与开发经营。国土资源部加强对云南省探索旅游产业用地新方式的指导。

用地审批、征地制度改革与创新:在符合土地利用总体规划的前提下,可根据区位和用途,探索将农用地转用、土地征收两类土地管理行为有机组合,形成旅游产业中建设用地、农用地等各类用地的批地、供地、用地新机制建立健全旅游产业用地执法监管体系。建立部省合作工作机制。

（20）陕西省

耕地保护和土地综合整治：严格落实耕地保护责任。国土资源部支持陕西省积极建立耕地保护补偿机制，探索土地整治新模式。

土地利用规划与计划管理：推进国土资源规划管理。国土资源部指导陕西省建立健全规划实施管理制度，组织编制《关中—天水经济区土地利用规划》《陕北能源化工基地土地利用规划》《陕南循环经济区土地利用规划》等区域规划。创新土地利用计划管理。国土资源部支持陕西省在全省新一轮土地利用总体规划确定的建设用地规模范围内，按照总量控制、供需双向调节和差别化管理的要求，合理安排年度土地利用计划指标，适当增加利用未利用土地计划指标，探索土地利用计划管理的有效办法。

土地节约与集约利用：强化国土资源节约集约利用。国土资源部支持陕西省探索完善农村集体经营性建设用地流转和宅基地管理机制。

城乡建设用地增减挂钩：开展城乡用地增减"挂钩"试点。国土资源部适度倾斜安排陕西省挂钩周转指标并加强指导。

矿产资源开发保护与地质环境：鼓励推进地质找矿重大突破，深化陕西地勘单位体制改革，探索地质环境保护新机制，完善国土资源监管长效机制，建立部省合作工作机制。

（21）山西省国家资源型经济转型综合配套改革试验区

耕地保护和土地综合整治：对《土地复垦规定》出台前或矿山开发主体已灭失的损毁土地，由中央和地方财政投入资金组织复垦。鼓励对废弃工矿地和劣质地的整治利用，对于社会资金复垦整理增加耕地和劣质地的开发给予财政倾斜补贴。

土地利用规划与计划管理：在不突破国家下达的耕地保有量、基本农田保护面积和建设用地总规模的前提下，试行对土地利用总体规划实施定期评估和调整机制。

土地节约与集约利用：在确保耕地占补平衡和符合土地利用总体规划的前提下，对资源整合后关闭矿山、废弃工矿用地以及其他可以利用的建设用地进行整合利用，探索建设转型产业园区。开展矿业用地试点，统筹解决露天开采矿山采矿场、排矸场、排土场以及失去耕地功能的土地利用等问题。

城乡建设用地增减挂钩：按照城乡建设用地增减挂钩的政策，大力推进农村土地综合整治，在国家下达的挂钩周转指标规模控制下，有序开展增减挂钩试点。

矿产资源开发保护与地质环境：支持同煤、焦煤、阳煤、潞安、晋城五大国有重点煤炭企业集团的煤矿沉陷区和棚户区治理。

（22）海峡西岸经济区

耕地保护和土地综合整治：落实保护耕地目标责任制。

土地利用规划与计划管理：对重大台资项目用地指标实行单列。对重大项目使用林地、海域及围填海计划指标给予倾斜。

土地节约与集约利用：严格执行土地供应政策。

城乡建设用地增减挂钩：开展城镇建设用地增加与农村建设用地减少挂钩试点。

城乡建设用地统一市场：在严格执行土地用途管制的基础上，促进农村集体建设用地依法流转，逐步建立城乡统一的建设用地市场。

用地审批、征地制度改革与创新：对符合国家产业政策、土地利用总体规划的建设项目用地，加快审批进度。在土地管理法律法规框架下，支持在平潭开展土地管理综合改革试点。

3. 北部湾经济区国土资源配套政策集成

依据上述改革示范区政策经验，结合北部湾地区现状以及社会经济发展态势，提出以下国土资源配套政策。

（1）耕地保护和土地综合整治

内容：完善耕地保护责任目标体系和保障措施，加强耕地保护责任目标考核，探索建立耕地保护基金和分类分级保护的经济激励机制，切实落实耕地和基本农田保护目标。制定耕地和基本农田分区保护规划，尽快划定永久性基本农田。开展农用地分类保护和耕地有偿保护试点，探索建立耕地保护有偿调剂制度。统筹实施耕地整理和农村建设用地整理，统筹建设占用和补充耕地规模，推进田水路林村的综合整治，积极整理开发部分低效园地山坡地补充耕地。完善耕地开发整理复垦制度，探索建立财政投入与社会投入相结合的土地开发整理多元投入机制。

（2）土地利用规划与计划管理

内容：建立部区合作工作机制，国土资源部支持北部湾经济区探索土地使用新模式。创新土地利用计划管理模式，实施差别化土地利用政策。在严格执行土地利用总体规划和年度计划的基础上，统筹协调承接产业转移特别是集中区的用地需求,对重大项目用地指标实行单列,对其使用林地、海域及围填海计划指标给予倾斜,优先安排、重点保障新开工和续建项目用地,探索重大项目用地区市配套机制。探索海域使用与土地使用衔接的新机制,进一步加强围海造地的管理。改造用地审批、征地制度,建立旅游产业发展与耕地保护相结合的新机制,在符合土地利用总体规划的前提下,探索农用地转用、土地征收工作的有机组合制度,形成旅游产业中建设用地、农用地等各类用地的批地、供地、用地新机制。

(3)土地节约与集约利用

内容:大力推进土地节约集约利用。完善节约集约用地机制,制订和完善行业用地控制标准,建立节约集约用地考核评价制度,实施集约用地评价考核方法、评价结果与建设用地计划指标奖惩挂钩,纳入干部政绩考核体系。开展农村集体建设用地流转及土地收益分配、增强政府对土地供应调控能力等方面的改革试验。通过土地置换等形式,盘活存量,扩大增量,促进土地合理流转和高效利用。强化新增用地的前置控制和事后监督,禁止城镇和各类开发区无序扩张,确保产业向园区集中、人口向城镇集中、居住向社区集中。建立建设用地指标交易和储备制度。建立集约用地激励机制,调整和实施工业用地最低价标准,探索建立工业集中发展区和工业用地预申请制度。积极探索建立以单位土地投入、产出、能源损耗、环境污染、就业机会等为评价要素的节约集约用地评价体系和产业供地调控体系。

(4)城乡建设用地增减挂钩

内容:依据土地利用总体规划,稳步开展城乡建设用地增减挂钩试点,争取国家试点,适度扩大指标交易范围,结合实际,经批准增减挂钩结余指标可在经济区内进行交易。

(5)城乡建设用地统一市场

内容:建立城市群统一的土地市场信息平台,加快建立区域统一、城乡统筹的土地市场体系和土地价格体系。建立集体建设用地交易许可制度,建立流转交易平台,加强收益分配管理,探索建立集体建设用地使用权出让(出租)、划拨、转让、抵押等制度,引导和规范农村集体建设用地进入市场。积极争取国家试点,建立城乡统一土地市场。在不改变农用地原性质、用途和不破坏耕作层的前提下,按照依法自愿有偿的原则,允许农民以转包、出租、互换、转让、股份合作等方式参与旅游项目开发。规范推进农村土地确权及变更工作,依照国土资源部《关于农村集体土地确权登记发证的若干意见》《全国土地登记信息指标体系》以及《土地权属争议调查处理办法》,推进农村土地确权工作,实现 2020 年前全市农村集体土地确权全覆盖。

进一步健全和完善土地收购储备机制,适时建立统一的土地收购储备机构,加强土地收购储备资金的风险防范,打造经济区内统一的土地收购储备融资平台,降低政府储备用地的抵押融资门槛,放宽政府储备用地抵押贷款的使用范围。

(6)用地审批、征地制度改革与创新

内容:推进征地制度改革,逐步缩小征地范围,完善征地补偿机制。支持土地管理改革,开展多种模式的征地安置试点,探索农用地转用和土地征收方案一次报批、分期分批组织实施制度。在不突破规划建设用地规模、不破坏海岸带和海洋生态环境的前提下,可依法适当围填海,用于发展建设。建立健全建设项目用地审批制度,严格用地管理,简化申报程序,加快报件审查流转进程,对广西急需用地的国家重大基础设施等建设项目,采取特事特办、急事急办的原则,可申请先行用地。在确保"原有生活水平不降低、长远生计有保障"的前提下,先安置后拆迁,采取公寓式安置、集体建设用地土地使用权入股、土地股份合作等多种形式妥善安置被征地农民,建立完善被征地农民的就业培训和社会保障体系。进一步健全和完善土地收益分配机制,积极鼓励社会资金以联合、联营、入股等方式投资土地一级市场用于前期开发。并对占用耕地特别是基本农田数量大的重大建设项目,在项目可行性研究阶段提前介入用地论证。

(7)矿产资源开发保护与地质环境

鼓励推进地质找矿重大突破,深化地勘单位体制改革,探索地质环境保护新机制,完善国土资源监管长效机制,建立部区合作工作机制。

二、土地资源统一协调利用机制

1.土地管理的总目标

土地管理制度制定要以保障社会稳定、促进经济发展以及维护土地生态环境为目标,其政策取向要兼顾效率与公平;土地使用者或微观经济单位则在不损害他人利益、不破坏资源与环境的前提下,追求土地使用的经济利益最大化。土地管理政策的制定就是协调各利益方的关系与矛盾,最终在区域层面上达到土地利用社会、经济和生态效益的统一。

2. 区域土地利用跨区域问题解析

土地自然的整体功能体现在自然单元上,如一个流域等,以行政区划为单位的土地利用必然会产生一系列问题,主要表征为:1)区域土地主体功能与利用方式的错位;2)土地资源供给与需求空间格局的错位。

3. 土地资源统一协调利用机制

(1)设立北部湾经济区土地资产管理委员会

要管理好北部湾经济区的土地资源,成立相应的机构是不可缺乏的制度保证之一,提议成立一个超越原有市域的"北部湾经济区土地资产管理委员会",以期逐步建立起北部湾经济区一体化的土地资源共享机制、土地资源合作开发机制以及土地资源矛盾协调机制。

该机构可以代表国家行使该区域土地的储备、出让、租赁等土地资产的经营管理活动,目标是土地资产增值最大化以及土地资产收益的合理区域分配。例如,对于该区域的土地生态补偿,该委员会有权动用一部分资金予以补助。

该机构可以在规划区内行使土地流转的各项权利。但效能范围仅限于土地的一级市场,其下则完全由市场机制运作。其职责是:建立一套行之有效的依法公开交易的制度,建立和完善有形土地市场;制止土地隐形交易,确保国有土地资产的保值增值;保障产权安全和交易安全,形成土地使用权公开、公平、公正交易的市场环境。

(2)建立科学高效的土地资源监管体系

建立土地资源管理科学评估体系。通过实施该评估体系,确定国家宏观调控的策略,即土地征购和储备以及出让的数量、类型、空间区位和时机等,从科学层面保证土地供给的及时有效,不对国民经济发展造成制约性影响。同时,该评估体也应对区域层面的土地需求予以实时响应。

建立土地资源流转效能的监控体系。通过实施该监控体系,确保国家在一级土地市场交易过程中的效能得到提高。其效能包括经济效益,即确保土地资产在流转过程中得到增值。从目前情况看,第一是经济效益,由于一级土地市场被国家垄断,土地增值没有任何风险。第二是社会效益,即国家在土地流转过程中要确保社会成员基本权利得到保障,要保持社会的平稳运行。在目前的一级市场上,土地征购和出让环节的寻租行为使得该效能发挥较差。第三是生态效益,伴随着土地流转,土地用途也随之发生变化,农地的非农化现象较为常见。建设用地的使用者很难考虑土地用途变化后的生态效应。作为社会成员最广泛利益的土地管理者,应当充分考虑用途转换可能带来的生态负面影响,应及时采取措施加以防范。

建立土地流向途径的监督体系。通过该体系,土地管理者和使用者以及利益相关单位可以明晰土地资源类型的转换、价格变化、土地数量的变化、土地最终的用户。即通过建构完善的信息收集、发布平台,实施土地管理的"阳光工程"。经营土地资产,其核心是在市场规律的指导下,政府以高效有序的土地管理机制为基础,充分发挥政府宏观调控作用和市场机制自我调节功能,综合运用土地资本、地域空间资本等相关要素,实现土地资本效益的最大化和最优化,实现城市在规模和内涵上的增值。实施土地资产经营的运作模式,即"计划先导,垄断土地一级市场;规范运作,建立阳光交易市场;优化配置,彰显土地资产价值;创新机制,建立土地交易价格监测系统;优质服务,营造公平投资环境"。应当及时总结,并在规划区内加以推广。

4.区域土地管理政策保障

针对上述由于土地资源及其利用而出现的跨区域问题,从综合利用区内土地资源角度出发,在北部湾经济区层次上可以采取如下政策措施:

(1)在北部湾经济区实施"一体化"的土地管理政策

在"科学发展观"和五个统筹指导下,将北部湾经济区的土地资源作为一个整体进行科学规划与综合开发,才能使其发挥出最大的综合效益。因而,应当在北部湾经济区实施"一体化"的土地管理政策。

①制定跨市土地综合开发的土地管理政策

通过跨市大型土地利用开发、土地生态工程建设增加北部湾经济区土地的有效供给,解决城市和经济对建设用地的需求,缓解耕地与基本农田保护和建设用地需求之间的矛盾的压力,保障北部湾经济区耕地总量的动态平衡。

跨市区土地综合开发的土地管理政策实施的策略是:以市场运作为机制,以土地整理、复垦为手段,寻求耕地占补平衡政策的突破,实现既达到耕地占补平衡、耕地总量动态平衡,同时又能有效保障建设用地需求、服务经济发展需要的"双赢"。具体做法是:

用市场化机制实行土地开发整理和复垦,并用开发复垦新增的耕地以一定比例补充建设用地占用数量,实现占补平衡。采用市场机制进行土地整理和复垦,比较容易突破行政界限,因为土地整理和复垦的投资方以利益最大化为目标,跨市开发成为可能,最终实现耕地异地占补平衡。与此同时,积极探索耕地占补质量平衡的实施途径。

实行土地的置换机制，以适应城市与工业的发展对建设用地的需求。对存在着大量零星地块利用土地置换机制通过"易主""易位""易权""易用"，盘活分散土地，把这些土地归并整合到一起，使得位置趋于集中，面积更具规模，地块更加规整，以便于充分开发利用。

②实施更具弹性的基本农田保护政策

按照规划制定的土地利用分区合理确定基本农田保护区的数量和布局。基本农田保护区范围的界定应具有弹性，农业生产条件优越的地区，土地生产力高，可适当提高保护比例。生态保护任务较重的地区，可适当降低保护比例，不应强求本区域粮食自给和基本农田保护率达标。

根据粮食和生态安全等指标，建立北部湾经济区基本农田保护的预警体系，寻求具有一定弹性的基本农田保护等级体系。如划定优质农田保护底线（区），制定最为严格的耕地保护政策。此外，还应划定不同保护等级的线（区），相应的保护政策也应有所松动，以增大基本农田保护政策的适应性。

北部湾经济区土地管理"一体化"政策的实施，需要配套一些具体的措施，如建立区域土地监管、监督体系，提高区域土地资源管理水平；建立区域土地资源数据库和土地信息系统网络，提高区域土地信息化管理水平，实现动态监测，从而对区域总体土地利用开发情况及时准确的了解，更好地为土地利用服务。同时建立评估预警体系，对区域基本农田保护，以及区域规划等实现数字化的评估及预警等。

（2）在北部湾经济区进行土地利用的生态补偿

从长远看来，要实现北部湾经济区土地功能空间优化利用与分区管制，必须建立生态补偿机制，以补偿生态功能区进行生态与环境保护而损失的经济利益或接纳环境污染转移而造成的社会和经济损失，以体现社会的公平，并最终维持北部湾经济区整体的土地生态效益。

①补偿主体与受体

巨大的生态服务功能不仅使本区域居民受惠，而且对于整个区域具有不可替代的生态价值。而提供这些生态服务功能所需的土地利用类型转换行为具有明显的外部性特征，存在显著的溢出效益。所以生态功能较大地区的土地所有者或实际使用者，是生态补偿的受体，而以外的直接生态受益者，应是支付生态补偿的主体。

在现实情形下，补偿的主体和受体之间的认识还需要很长的时间才能够统一起来。特别是不同利益集团对补偿的依据、标准、支付方式以及收益面大小等的认识存在很大的分歧，而国内研究也表明直接向受益人收费的方式进行生态补偿在实践中难以开展，其经济可行性、社会可接受性以及政策可操作性还受到一定程度的质疑。所以，现阶段国家，或者说中央政府是生态补偿的主体，是生态效益的主要购买者。为此，本规划呼吁成立由国家相关部门授权的超越市区一级的北部湾经济区土地资产管理委员会，负责购买生态效益净输出地的生态资产，用于该区域的生态补偿。

②补偿机制

按照世界银行提出的四个基本经验，即资金可持续性、管理可持续性、改革支持性、决策综合性，考虑到充分利用市场、创建新的市场、规章制度和定量限制、公开信息和公众参与等四类政策手段，在北部湾经济区的生态补偿机制应该主要包括如下几个方面：

在补偿资金的来源方面，必须充分利用各种资源，建立和完善投资主体多元化和投资方式多样化的投资机制。建议资金来源包括：征收生态补偿费与生态补偿税、建立土地生态补偿基金、实施建设用地的生态恢复抵押金制度、优惠的信贷制度以及发行北部湾经济区土地生态补偿基金彩票等。

在管理可持续性方面，加强都市圈土地生态资产的产权界定，进一步明晰生态补偿的受体范围和补偿程度，确定合理的补偿时限和补偿时机。

在改革支持性方面，逐步建立国民经济绿色核算体系。通过建立和推行绿色 GDP 核算体系，将自然资源的消耗和生态损失纳入国民经济成本核算，改变整个国民经济的统计和计算方法。建议在北部湾经济区特别建立地区间资源流动的物理指标账户，为对生态服务输出地区进行生态补偿提供可靠的数据基础。同时，加大中央转移支付的力度，并建立横向财政转移支付制度，为生态补偿提供足够的资金支持。另外，倡导土地生态伦理，提高公众生态意识，让公众将生态与环境成本逐渐自觉地纳入行动决策之中，推动其生态恢复与环境保护行为。

在决策综合性方面，制定生态补偿的中长期规划。通过科学的生态补偿中长期发展计划的制定，稳定生态补偿主体、受体之间的利益关系，特别是使生态补偿受体建立长远的生态恢复信心，对国家的中长期生态补偿政策建立信心，从而树立长远的生态恢复与建设的目标，调动基层特别是农民的积极性,向自然资本进行投资。北部湾经济区中长期生态补偿计划的制定,要充分利用现有科研成果,吸引社会各方参与,充分体现不同生态补偿受体的利益,并充分考虑到该区域未来社会经济发展的前景和进行生态补偿的经济基础,抓住经济持续、快速、健康发展的大好机遇,对未来 10—15 年生态补偿机制进行详细的规划,包括不同时段不同地区的补偿主体和受体、融资机制、资金管理机制、制度保障机制等。

三、财税合作机制

1. 经济机制的作用与方式

经济机制是为了实现规划目标,按照土地利用的经济属性,在经济上所采取的管理措施。其实质就是通过经济杠杆来协调国土规划活动的各个方面、各个环节的利益关系。

随着当前社会主义市场经济体制的建立和不断完善,国土规划的实施要充分考虑经济规律,自觉运用经济机制,把积极的经济手段与政府的规划意图、社会整体利益结合起来。采用既定的经济保障措施,通过政府投资、发行债券、经济补贴、设立基金、减免税收,以及运用价格、税费、奖金、罚款、信贷等手段来引导国土规划资金流向,调节利益分配方式,确保国土规划的有效实施,并实现规划的目标。推动国土规划实施的主要经济政策包括:

(1)政府投资导向政策

综合全自治区资源现状及规划目标,针对能源、水利、交通、环保等重大基础设施建设分地域、有时序地进行投资,以引导企业的项目选址,科学进行重要资源的合理布局,提高各类基础设施项目建设效率,合理配置相关资源,推进各区域、各阶段国土规划目标实施。

(2)财政补贴政策

通过政府财政转移支付,加大调控力度,推进国土规划实施。第一,补贴退耕还林还草,对于封山育林禁牧工程,生态公益林和天然林保护工程,水源涵养林建设工程,"三北"防护林、沿海防护林、平原绿化为主的防护林建设工程,宜草地的禁牧、划区轮牧、季节性休牧工程,以及通过围封、补播、施肥、灌溉、治沙等措施改良草场等工程进行相应的补偿。第二,加大土地整理力度。增加财政投入,积极实施土地整理,一方面,加快传统工矿区、沿海废弃盐田等旧有工矿区的土地整理;另一方面,加快农村居民点的土地整理,提高农村建设用地使用效率。第三,加大生态移民的经济补偿。对于国土规划划定的生态修复和保育地区、限制发展地区的居民,通过给予相应的经济补偿,引导其向自治区内重点发展区域和优化发展区域转移,形成劳动力的合理流动。

（3）土地等重要资源调控政策

通过土地等重要资源的调剂,针对国土规划对不同的区域设定的目标,实行差别的资源配置政策,稳步推进国土规划的实施。第一,建设用地要严格控制增量,积极盘活存量,把节约用地放在首位,重点在盘活存量上下功夫。新上建设项目首先要利用现有建设用地,严格控制建设占用耕地、林地、草原和湿地。第二,建立和完善经济运行机制,推进土地资源的市场化配置。要通过不断完善市场制度和体系建设,强化市场管理,确保土地市场健康有序发展,有效发挥市场配置土地资源的基础性作用。要充分运用价格机制抑制多占、滥占和浪费土地,进一步加强划拨用地管理,严格控制划拨用地范围,逐步扩大国有土地有偿使用的范围,积极推进土地资源的市场化配置。第三,坚持使用非农建设占用耕地指标作为上缴土地收益的重要依据,合理调整新增建设用地土地有偿使用费收缴办法。第四,适当提高占用耕地经济成本,以鼓励和推动现有建设用地内部挖潜和盘活存量建设用地,促进土地的节约和集约利用。

（4）完善区域开发政策

根据统筹兼顾、区别对待、保证重点、科学发展的原则,强化空间规制,完善空间准入体系。根据主体功能区域的划分,实行差别的国土政策,对重点开发区域实行积极性的国土政策;对优化开发区域实行稳健性的国土政策;对限制开发区实行控制性国土政策;对禁止开发区实行最严格的保护性国土政策。

2. 财税合作机制的意义

（1）传统的地方政府间财税竞争给区域经济一体化带来了负效应

竞争与合作是地方政府配置资源的两种方式。地方政府通过相互间的竞争来改变资源的流动,促进本地区经济的发展,但也带来了一些负外部效应,使资源在整个区域间配置不合理,影响了区域的协调发展。财税竞争是地方政府间竞争的主要手段,区域内的各地各级政府是财税竞争的主体,具有"经济人"特征的地方政府,在自身利益的驱动下,为了发展地方经济,取得尽可能多的财政收入,必然围绕财税资源展开争夺。这种争夺对区域经济整体的影响是一把"双刃剑",一方面各地间的有度有序的财税竞争可以充分发挥地方在引资上的积极性,加快资源流动,促进当地就业和经济的发展,先发展起来的地区又会带动后进的地区,通过这种联动辐射作用,最终实现整个区域经济的平衡发展。

但另一方面,如果地方政府只从自身的利益出发,不从区域整体的发展着眼,就会走向恶性竞争,使竞争的正面效果被扭曲,造成"割喉竞争"的负效应。这些负效应主要表现为:一是地方政府以政府行为介入竞争,地方保护主义抬头,阻碍区域统一市场的形成和市场在资源配置中基础性作用的发挥。二是片面追求本行政区域的产业布局,造成重复建设、大量资源闲置和浪费。三是过分注重经济增长而忽视环境与社会效益,环境遭到严重破坏。四是为招商引资而进行恶性竞争,导致土地的粗放利用和税收的流失。这些负效应在我国一些老的区域经济合作区,如"珠三角"、"长三角"、"环渤海"等的发展过程中已有显现。

(2)区域经济的发展需要地方政府间财税合作

在市场经济中,竞争并不是单纯的对抗性竞争,个体无法脱离环境和群体而独自发展,个体只有在群体的共同发展中才能更好地实现自身的发展,这就是合作性竞争的理念。在经济全球化和区域经济一体化的大背景下,地方政府更要明白这个道理。只有各个地方政府基于互利共赢的理念,抛弃片面对抗性竞争的狭隘观念,树立合作性的竞争观念,才能在区域一体化发展过程中实现更好更快地发展。而同一区域体内各地方政府的财税政策由竞争转为合作就是合作性竞争理念在区域经济发展中的体现。

(3)区域内共享公共产品需要地方政府间的财税合作

区域经济一体化的发展催生了对区域内共享公共产品的需求,如区域的发展需要交通运输等基础设施,需要畅通的信息交流渠道,需要共同的环境维护,这使得区域交通网络建设、区域信息网络建设、区域环境治理成为能让区域内所有合作成员都能从中得益的公共物品,其建设成本理应由区域内各地方政府来共同承担;再如区域的发展需要人才、技术的自由流动,而人才与技术在区域内各地间的流动使得对科研、教育、研究开发等混合公共产品的财政支持不再由某一地区独自承担,而是由区域一体化组织的共同财政对其进行部分资助。

(4)平衡区域内各方利益需要地方政府间的财税合作

市场机制无法改变禀赋的公平。在区域一体化的合作中,禀赋相对优越的地区总能成为经济一体化的获益方,而禀赋相对弱的地区往往是经济一体化成本的主要承担者,地区间经济利益分配不平衡是区域经济一体化发展过程中不可回避的事实。因此为缓解成员间分配不平衡的矛盾,需要建立区域内合作各方间的利益分享和补偿机制,在成员间对收益进行再分配,以给所有成员发展的机会。这种补偿主要通过地方政府间的协商借助税收分配、转移支付等财政工具来实现。

(5)维持区域管理机构运作的行政费用支出需要

地方政府间的财税合作区域协作需要成立区域协调机构负责日常的规则、组织、管理、协调等事务。而协调机构的运转需要行政事业经费,用于支付工作人员的薪金、会议的开销,办公用品的支出等,这些也需要通过地方政府间的财税合作予以解决。综上所述,区域经济一体化的深入发展对区域内地方政府的财税政策提出了新的要求,从传统的以竞争为主的财税政策转向财税合作成为地方政府合作机制中不可忽视的一项内容。

3.区域经济一体化中地方政府间财税合作的实现路径

地方利益是影响地方政府间合作的关键性因素,区域经济一体化的发展过程是区域共同利益目标的探索过程和区域共同利益机制的形成过程。因此在区域经济一体化背景下,地方政府间财税政策的协调和合作路径的选择必须以区域内合作各方共同利益的最大化为准则。

(1)建立合理的区域税收利益分配协调机制

地方政府间关系是利益关系,在区域经济共同体内开展税收合作,重点在于建立合理的政府间税收利益分配协调机制。第一,区域内各地方政府应共同制定区域内税收利益分配协调的基本原则、解决程序、方法,如对跨地区重大交通工程施工单位代扣代缴的税款,按各行政区域的施工里程数进行分配,分别缴纳入库;对总部和税源来源地之间的税收利益可根据企业总部或税源来源地提供的生产要素,如企业经营收入、职工人数和资产总额的比例为权重进行分配。第二,成立区域税收利益协调分配的组织机构,明确日常征管职责、税款的征收与分成等。第三,建立税收利益争端处理机制,对税款征收、税收政策落实等方面出现的矛盾和问题进行协调处理,共同清理各地方政府自主出台的有碍税收竞争的政策规定和名目繁多的行政性收费,及时纠正和杜绝不良的税收竞争,避免矛盾激化。第四,加强地区间税收信息沟通与交流,建立跨区域纳税人征管信息定期交换制,定期交换与税收管理有关的政务信息及有关经济税收数据;建设信息网络平台,创建"跨区域税收合作"网站,推动电子税务应用和信息化建设;建立跨区域稽查协作机制,建立经常性稽查信息交换、情况通报制度和案件协查制度,加大对跨区域税收违法案件的打击力度,维护各方政府的利益。

(2)建立区域共同财政

由区域内各地方政府共同提供区域公共物品可以避免在区域基础设施建设中的重复建设、资源浪费等现象。而共建区域公共物品所需资金如何解决、比例如何分摊是区域中各地方政府必须面对的。有学者提出这部分资金可通过建立区域共同财政来解决,共同财政的资金来源于那些会引起利益分配矛盾的收入,如区域共建的交通网络的收入可部分以划归区域财源所有,也可以对增值税收入进行适当提成或由各地方按本地 GDP 的一定比例上缴。共同财政的支出则主要用于区域基础设施建设,区域信息网络建设,对区域内各合作地区科研、教育、研究开发的扶持,区域协调机构日常的行政费开支等。

(3)建立区域内横向转移支付制度

在现行的财政转移支付制度和政绩考核制度下,要求区域内各地政府超越本地利益去追求整体、长远的区域利益不太现实,建立区域内横向转移支付制度可以缓解这一矛盾。

财政转移支付制度的直接目标就在于协调区域经济的发展。财政转移支付一般包括纵向转移支付和横向转移支付,前者是中央政府对地方政府的拨款,后者则是地方政府间为实现公共服务水平基本均衡而进行的转移支付。从利益共沾、共同发展的理念出发,区域经济一体化要求建立区域内地方政府间横向转移支付制度,通过区域内各地区间财政资金的转移支付,使区域经济一体化中承担合作成本的一方获得相应的利益补偿,缓解地区间利益矛盾,促进区域的和谐发展。

在横向转移支付制度的建立中,合理、科学的区域内政府间财力横向转移办法的确定是关键。要做到科学、合理,需要注意以下三方面:一是分配的标准要坚持财权与事权相匹配,科学配置各级政府的财力。二是横向转移支付要在横向的税收分配基础上进行,这样做可以使承担合作成本的欠发达地区政府较为公平地获得提供公共产品和公共服务所需的财力;提高政府的工作效率,减少财政的划转环节。财政转移支付在横向税收分配的基础上进行可以保证财政转移支付金额更真实和准确,使财政转移支付更好地发挥调节区域财力和平衡区域经济发展的作用。三是必须对地方政府间的横向转移支付制度给予法律的规范和保障。

(4)建立区域财政支出监督机制和绩效评估机制

为了确保区域的财政资金高效利用,必须由区域内各合作政府共同协商建立区域财政支出监督机制和绩效评估机制,这也是区域财税政策协调中不可缺少的一项内容。有效的监督机制和评估机制必须坚持以下几点:一是财政支出监督机构和绩效评估机构要具有独立性,必须独立于财政部门及资金使用单位之外,不接受外部的行政指令,可独立行使职责。二是财政支出监督和绩效评估的主体要多样化,特别要将区域中的公民组织纳入评估主体。三是监督的内容和评估指标的设置要具有科学性,兼顾区域的经济利益和社会利益、区域的公平和效率。四是要建立奖惩制度,使监督和绩效评估结果落到实处,区域内各地方政府真正重视财税合作,而不是流于形式。

(5)建立北部湾经济区区域协调发展的利益分享和补偿机制

要使北部湾经济区协调合作的局面得到持续发展,就必须建立利益补偿机制。在经济社会发展中,地方政府作为推动地区发展的主体,同时也是地方利益的维护者,在区域协调发展的过程中,难免会使一些地方由于服从区域整体发展的需要,作出不同程度的牺牲和贡献,使当地社会经济发展因此而受到较大的影响,为此建立合理、有效的利益补偿机制显得尤为重要,可以说是建立了区域发展的"稳定器"和"发动机"。在区域利益补偿机制的协调下,各地政府以平等、互利、协作为前提,通过规范的制度建设来实现地方政府间的利益转移,对分工与合作中的受损方或长期落后地区给予资金、技术、人才和政策上的支持和补偿,从而实现各种利益在地区间的合理分配。

欧盟一体化的经验告诉我们,区域一体化政策的实施必须依托一定的政策工具。这种政策工具包括两种类型,一是体现为资金支持和政策倾斜的扶持政策,二是出于一体化的目标对区域内各成员所采取的控制政策。但在主权相对独立的地区成员之间,若失去"胡萝卜"措施的激励和诱导,"大棒"类的控制措施将难以奏效。欧盟机构基金的改革为各种措施的实施提供了充分的资金支持。从欧盟成员国对共同体区域政策的重视程度看,没有结构基金和聚合基金等金融资源的扩张,共同体区域政策就不会受到重视,一体化只是画饼充饥。

为此,建议设立北部湾区域协调发展补偿基金,其内容应该包括投资贸易促进基金、研发创新基金、项目风险基金、产业发展协调基金、人才培养和就业指导基金等,以建立在区域协调发展中产生的区域利益分享和补偿机制。

建立产业发展协调基金,可以缓解北部湾经济区的产业同构竞争的局面,发挥北部湾整体联动效应,而不是区内同类产品之间的内耗。建立项目风险基金可以缓解目前北部湾经济区基础交通设施瓶颈的问题。经过十多年的发展,目前北部湾经济区已初步建成了初步的道路骨架网络,但是完善、高效的北部湾经济区交通运输网络还未完成,配套的管理措施还未跟上,一些地方政府为了收回基础设施建设的投资成本,人为设置道路通行障碍,影响了区域协调发展,通过建立基金予以资金支持,可使这一现象得到有效化解。

四、公众参与制度

1. 公众参与的内涵界定

(1)公众

公众一词多用于社会学、政治学等学科中,其内涵因使用的对象、时间和地点不同而不同,因此,公众所指的对象是具有不确定性的。但是随着在法律文书中使用频率的增加,只有公众的概念才能广泛地包含所有对象,才能准确地表述实际问题,"公众"逐渐被视作一个确定的群体,但仅仅是广泛的包含,没有具体所指。

公众一般指社会中所有公民的集合。世界银行对公众的界定包括直接受影响的人群和团体,以及利益相关者,具体有在项目影响范围内的人和团体,间接参与项目决策的政府官员、机构和中介咨询机构,其他与项目有利益相关的如人大代表、群众、学术专家等人和团体机构。

土地整治规划中的公众指直接参与土地整治规划编制、土地整治项目设计、受土地整治项目直接作用或间接影响的个人、团体和机构,包括土地整治规划组织人员机构、编制人员机构、土地整治设计人员、土地整治项目具体涉及的群体和机构、直接参与之外的专家、中介机构等属于非政府组织的个人、群体和机构。

(2)公众参与

参与的古义是指君臣共谋政治决策之意。公众参与则源于古希腊雅典的直接民主模式,20世纪五六十年代的新公共行政学派提出"公众参与"主张,认为公众参与即民主参与,是一种公民权利的运用,是一种权力的再分配,使目前在政治、经济等活动中无法掌握权力的民众,其意见在未来能有计划地被列入考虑。公众参与的范围原本是局限在政治领域,如选举投票、参加政党、参加政治团体等。随着社会经济的发展,公众参与被运用到更为广泛的领域。现代社会的公众参与则强调公众对社会活动的参与、决策和管理过程。公众参与指的是公众通过正规或非正规的途径直接或间接地介入决策,但公众不参加项目的设计。

（3）国土规划中的公众参与

在土地利用规划中,公众参与是指规划区内有关部门和公民参与规划的过程。加拿大土地利用规划规程里对公众参与的解释是"同规划区有关的公民亲自参与土地利用规划的过程,而不是只对已决定决策做出反应"。土地利用规划的公众参与机制包括公众参与的范围、对象及结果,贯穿在整个规划编制和实施中,加强决策过程中的公众参与实质上就是决策的民主化过程,是规划权力的分配和再分配。公众参与是普通民众、专家等一起参与到土地利用规划的编制、实施和监督中,让民众有渠道维护自己的利益和权利。

国土规划中的公众参与就是在国土规划的编制、审批和实施过程中,通过民众的积极参与,专家的领衔辅助和相关群体机构的民主协商,使民众拥有国土规划的决策权,享有国土建设项目中的相关权利。国土规划的公众参与强调在规划编制和实施过程中,民众与其他直接或间接参与土地整治的个人、团体和机构拥有平等的地位,公众通过合理有效地参与方式介入到土地整治中,最终实现权利和利益的公平、合理分配和有效的管理。

2. 规划实施中公众参与制度的发展

（1）公众参与主体

公众参与的主体是受土地整治项目影响的,对规划的编制、规划方案选择、项目的设计及规划实施管理等过程提供意见和建议的个人、团体和机构,其意见最终会影响到国土规划编制、项目设计、实施决策。其中团体和机构包括各类专业性中介机构、非政府组织等。

（2）公众参与原则

1）公开透明、公平公正的原则

国土规划的战略地位和项目性质决定了土地整治项目的布局、项目设计、资金的使用和安排、权属调整方案等内容必须向公众公开,并广泛征求意见,保障国土规划的透明程度和公正性。

2）持续、稳定的原则

国土规划将对未来一定长度的时期内土地整治项目进行部署和安排,因此国土规划通过审批后,所确立的公众参与机制需要保持稳定,能持续作用一定时间,以保证土地整治规划能得到有效地贯彻落实。

3）权利制约权利原则

一方面,在规划实施管理过程中,公众参与权与政府行政权之间在相关司法保障条件下形成相互制约机制;另一方面,规划实施管理过程中,各参与主体在经济权益保护条件下为维护各自所属利益而形成的利益制约机制。

4）监督与被监督并举原则

国土规划实施管理工作的顺利开展重在建立监督机制,公众、政府机构以及各社会团体之间在行使各自权力和维护各自利益的过程中,因行为人存在对权与利的追求性,使得这些主体易于形成利益组织或集团,随之转变为规划实施管理工作持续下去的"路障"。

5）公众参与体系与法律制度和谐并进的原则

公众参与国土规划实施的每一个环节,不仅仅是简单的个体行为,而且更重要的是一种有组织、有保障的程序化社会行为;与公众参与的每一个基本架构相对应,都必须制定相关法律法规。

（3）公众参与方法与效力

1）公众参与的方法比较

公众参与的方法包括传统的媒体宣传、公开宣讲以及回顾和评论草拟的报告等。由于公众空间网络化的趋势,电子化参与方式正变得越来越重要。媒体宣传和规划细节宣讲能够直接面对公众但却不能对参与进来的投资者们给予充分的回馈。公开宣讲通常过于正式而不能征集到广大参与者有价值的建议。检查、评论草拟的计划,就像听证会那样,对"正式"的参与要求来说是很重要的因素,但是通常它们在整个过程中显得太迟,而且相对个体投资者来说更适用于其他的公司和有组织的机构。公开出版物、公众调查和投票通常能够激起公众的热情,既能将信息传递给公众,又能得到公众的反馈信息。但是,这些方法中没有一个是交互的,也就是说它们不能提供给参与者一个交流的对话平台来阐述他们的意见。

对各种参与方法进行比较,见下表:

表 3-1 公众参与的方法比较表

方　法	方法描述	优　点	缺　点
媒　体	公共宣传、印刷品传播	高效的信息传播方式	没有参与，结果有偏
公众会议	通常是信息交流会，缺乏互动	正式严肃的参与，提供公众演讲的机会	容易走极端；声音最大的容易得到支持；代表的典型性和广泛性问题
研讨会	提供交互平台以供交流和创造性思考	交互性更强；能更好地双向交流；如果设计好将会非常好	代表性和效益取决于设计的好坏
评　论	提供给其他团体对草稿的查看和评论的机会	半正式参与。提供给结构严密的草稿评论机会；对组织良好的团体有好处	在过程中显得太迟缓；没有交互性；对个体或组织性不强的团体不好；典型性问题
调　查	时事通报、信息册、邮件调查、测验；促进理解的工作手册	提供信息交流，面谈能够有交互作用；涉及面广；需要参与者较少的义务	通常交互性不强；成本高；反应率较低；容易误用；人员需要比较强的专业性
咨　询	被任命的小型具有典型代表性的团体，包括从参谋到决策的人	能够建立广泛的群众基础。消息灵通的参与者能够提供有价值的信息	代表的典型性问题；通常优秀；需要参与者履行义务
团　体	各种不同的有代表性的团体聚会，反映意见、想法和计划等	能够得到各种各样的信息，能够集中到问题上；趋于交互性	代表的典型性问题
电子网络	参与者使用信息技术和因特网进行交流	能够通过提供交流途径补充其他方法	不是所有人都能用电脑和信息技术
冲突解决	谈判、调解、仲裁、选择性争论解决方法等获取可接受的解决方案，而不是争论和控诉	新兴方法，能够节省时间和诉讼费用，能够求同存异，创造双赢的解决方案	通常太迟；倾向于双方谅解而不是舆论
协　作	长期在规划和执行时与关键团体、机构或公司合作	建立社会中心和合作。建立舆论；通常创造改革性的解决方法	不容易；需要在早期进行；通常是需要公开和参与者的学习的漫长过程

2）公众参与的效力

公众参与的效力是指公众的意见是否会对国土规划中一系列的决策产生约束力。当然公众的意见和建议对规划决策没有绝对的约束力，即公众意见的提出不能一票否决规划决策。公众参与的效力在于规划编制、设计的决策者对于公众意见的回应程序中，即是否接纳公众所提出的意见，如何对公众意见进行回应。因此，公众参与的效力具体有两种方式：一是根据公众意见作出修改,二是不采纳公众意见并进行说明。当然,决策者回应的基础是建立在专业权威的咨询机构的论证之上的。

(4)国土规划实施中的公众参与事项与方式

由于国土规划公众参与中的参与主体多没有经过专业的训练,理解专业性较强的国土规划具有一定困难,公众参与的事项与方式也较为有限,要求专业人员能通过通俗易懂的方式使公众理解国土规划中涉及的事项,因此,国土规划实施中的公众参与措施要通过明确公众参与的事项与公众参与的方法和方式进行制定。

1)公众参与的事项

国土规划的编制阶段,需要在规划编制过程中进行公众意见征询,并在考虑公众意见的基础上形成终稿,并对公众进行公示。国土规划已经不仅仅是执行上级下达的指令性规划指标的传统规划了,这一变化要求规划中有越来越多的公众参与其中,加强规划决策的科学化和民主化的手段

在规划审批阶段,需要组织专门的公众听证会。只有公众参与的规划,公众才有积极性去珍视它,维护它的权威性,这样才能制定充分协调和具有较强可行性便于实施的规划。

规划的实施阶段,通过项目的实施开展,公众开始主动反映实施存在的问题,揭示出国土规划中潜在的矛盾和复杂的利益冲突以及某些不公平现象。

2)国土规划的公众参与方式

国土规划公告制度。公告是公众参与国土规划的前提。通过报纸、电视、网络等媒介向社会公布规划信息,建立公众参与规划公示制度,使公众了解国土规划的对象、方案等主要内容,并且公告中应突出强调与公众密切相关的那部分内容,并进行说明,使公众能注意与自己息息相关的内容。

国土规划的听证、论证制度。由于公众数量众多,且观点多样,为了节省时间、人力、物力和财力,听证和论证会是常用的一种听取公众意见的方式。通过代表参与的会议式、民意参与的问卷式、舆论参与的媒体式和全民公决的投票式,以会议形式或者问卷、信函、电话、网络等方式接纳不同的意见,收集公众意见,并公开意见处理过程与结果。

国土规划宣传制度。举办公众培训班、集会、橱窗展示或公开展览等宣传和征求意见表等较正式的渠道,还有信访、电话、电子邮件和个别访问等方式强化公众参与意识,提高公众参与程度,广泛采纳公众意见。

国土规划实施的热线制度。通过设立专门的信访办公室、热线电话、网站论坛等方式,接受公众在规划实施阶段的意见和建议,通过专业机构论证来确定是否采纳并对规划进行修改。

(5)国土规划实施平台

1)提供推动区域合作的广泛交流平台

通过提供广泛的交流平台,拓宽北部湾经济区区域合作的渠道,建立起"专家引导、民间推动、政府促成、企业主导"的良性的官产学民互动机制。

2)创办由学者、企业家、政府官员共同参与的区域合作发展论坛

创办由学者、企业家、政府官员共同参与的北部湾经济区区域合作发展论坛,每年举办一次,介绍国内外区域合作最新进展,总结上一年区域合作情况,交流发展经验,研讨今后合作过程中需要解决的重大问题,开展合作的重点领域以及推动合作的重点项目和重要措施。

3)设立区域合作门户网站

设立北部湾经济区区域合作门户网站,及时公布合作项目,报道合作进展,并密切关注国内外区域合作动态。在各市电视台开播北部湾经济区区域新闻节目,扩大舆论宣传,提高民众意识,拓展民间合作渠道。

4)举办经贸交易会

举办北部湾经济区经贸交易会,每年举办一次,促进企业、机构之间的合作,并加强落实。

第六节　国土规划实施的技术保障研究

一、国土规划实施监测评价预警系统构建

1.系统目标

实现国土规划实施的目标管理向过程管理对提高规划实施的弹性、科学性、准确性以及有效性都具有重要意义。进行过程管理的前提和基础是要有先进的动态监测、实时评价与预警技术作为保障。近些年来,随着3S技术、专家系统和网络技术的迅猛发展,世界各国土地资源管理部门均高度重视这些技术在土地规划及其实施管理中的应用。

预警体系是指一套能对规划目标进行实时监测的科学体系。通过该系统可以及时、准确、全面地采集土地利用动态数据,并参照原定规划进行科学系

统地分析,对国土规划实施状况做出准确的判断,将结果集中汇总于国土资源管理部门,以便采取相应而有效的措施,确保国土规划的可持续实施。

2. 系统结构设计构想

建立规划实施的监测—评价—预警系统,与土地利用动态监测相结合,对国土规划的实施过程进行监测—评价—预警—决策的全程管理,并针对国土规划实施中相应的预测、决策,启用规划实施保障措施,为国土规划的有效实施、科学落实土地利用总体规划的各项要求、促进社会经济持续发展奠定土地资源保障。在借鉴国内外相关研究成果与管理经验的基础上,初步构建国土规划预警系统由4个子系统组成:规划实施管理监测子系统、规划实施评价子系统、规划实施预警子系统和规划实施决策子系统,其结构如下图所示。

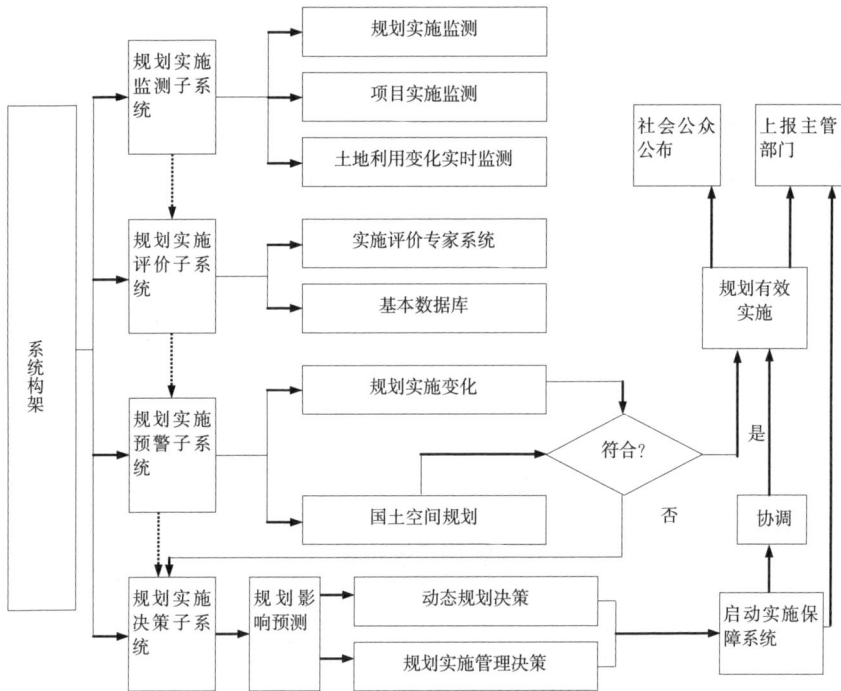

图3-1 国土规划实施监测评价预警系统结构图

3. 系统功能设计

(1)规划实施管理监测子系统

实现科学的土地利用规划实施管理在于准确实时的掌握决策对象信息。国土规划实施管理动态监测子系统主要是对全国国土规划实施的动态变化信息的及时获取和整理。国内外经验证明,利用航天遥感技术对于各种土地资源及其利用问题进行监测,是一种行之有效的手段。利用3S技术建立国土规划实施管理的监测系统,迅速、准确地获取国土规划实施情况,为规划实施管理决策提供科学依据,以达到科学管理的目的。

子系统的工作程序包括:首先对监测选取的遥感影像进行纠正、配准、融合等预处理,重点监测国土重点区域、重大工程所在区域;其次,对不同时相的遥感影像进行土地利用信息的提取,确定全国各个地区土地利用的时空变化特征;第三,在GIS的支持下,将规划数据库中的规划图件与动态监测的结果进行对比分析,确定实际执行情况与规划目标之间的关系;第四,将对比分析的结果统计汇总,然后制作图件,输出结果。

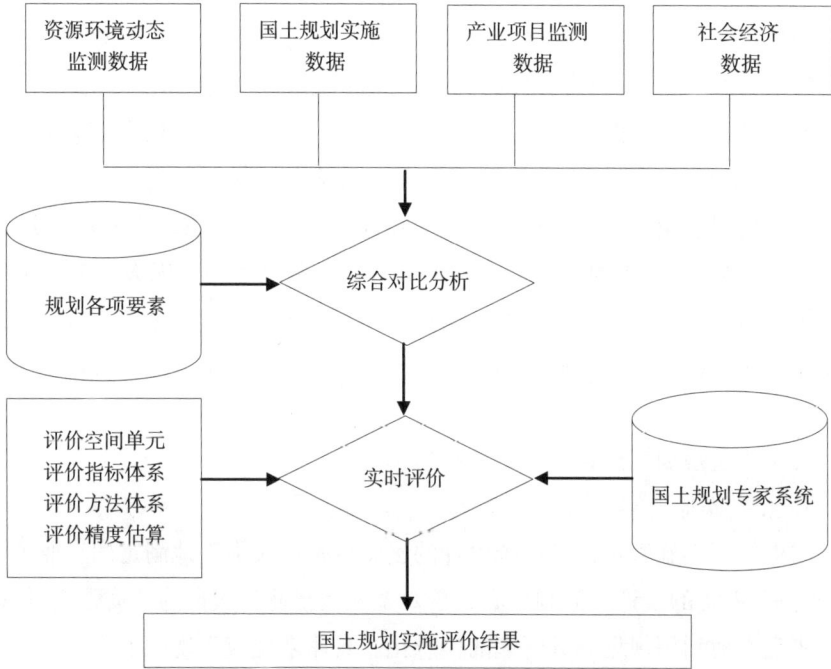

图3-2　国土规划实施评价子系统工作流程图

(2)规划实施评价子系统

根据规划实施管理监测的数据与现有的数据库资料,与规划目标进行对比,在专家系统等方法的支持下,对规划实施成效进行实时评价,并做出判断是规划实施管理中最重要的环节。

该子系统的运行主要是针对国土规划中各种要素在规划实施前后的情况,再利用专家系统中的专家知识对土地利用规划实施效果进行综合评价、判定。

(3)规划实施预警子系统

预警子系统是对区域经济社会活动、自然环境变化等各种因素引起的土地利用变化趋势和后果进行预测、评价和报警的系统。本系统是在监测、评价子系统的基础上,从时间和空间尺度上对国土项目的变化趋势做出预测,并与国土规划进行比较分析,向政府土地行政主管部门和规划实施管理部门提供警情,以便及时采取有效管理措施确保规划的实施或及时修正。

(4)规划实施决策子系统

决策子系统是国土规划实施监测—评价—预警系统的核心部分,包括动态规划决策和规划实施管理决策。其中,动态规划决策是针对预警子系统提出的警情,即规划方案与实际发展趋势之间的偏差,从可持续发展的角度,系统地预测该土地利用的整体利益与个人利益、生态环境效益、社会效益和经济效益,科学地判断原规划方案是否需要调整以及如何调整。该系统的任务是针对不同情况制定出切实可行的管理措施,以确保土地利用总体规划的实施。

由此可见,国土规划实施监测—评价—预警系统是一项庞大而复杂的综合系统,各种自然环境因素、经济社会因素都会对其产生不同的影响,系统的建立需要集合政府各级管理部门、调动社会各界的力量,本研究仅就该系统的建设构想进行了初步设计。

二、国土规划实施管理信息系统建设

1. 系统目标

国土规划实施管理信息系统设计的出发点是最大限度地满足国土业务管理的需求,系统的设计要达到提高办事效率和减轻业务人员的劳动强度,从而逐步实现土地利用规划业务管理的信息化。具体来说应实现以下目标:

(1)提高办事效率,强化规划实施监督管理职能,促进规划成果数据库建设,提高规划实施监督信息收集与管理水平。

(2)提高规划管理的科学性、准确性和透明度,减少规划实施中的人为干预因素,提高规划监管水平。

(3)实现国土规划项目的审批、实施、竣工验收与后评价方面的监督管理。

(4)科学存储土地利用总体规划信息,适时更新空间数据库和属性数据库,实现业务数据的动态管理。

（5）通过建立具有输入、存储、分析输出等功能的软件系统,实现土地利用规划信息的查询、检索、分析、更新,以支持土地管理工作日常办公的需要。

（6）为有关职能部门提供信息服务,领导可以轻松准确地了解相关业务信息,为更高层次的决策提供信息服务。

2. 系统框架设计

系统按功能软件构成分为两个部分:基于 WEB 的国土开发动态监测系统(LMIS-Land Monitoring Information System)和基于桌面 C/S 结构的国土规划空间分析系统(LEAS-Land Evaluating and Analyzing System),两套系统通过 Internet 共享一套数据库系统。

基于 WEB 的国土开发动态监测系统(LMIS)主要面向地市、县级国土资源管理用户,实现对国土资源调查数据库的采集、管理、维护、发布、共享等。

基于 C/S 结构的国土规划空间分析系统(LEAS)主要面向经济区级国土资源管理部门及其他相关国土资源管理部门,实现对国土调查数据、规划监测指标数据的统计、分析、监测、评估、可视化等功能。

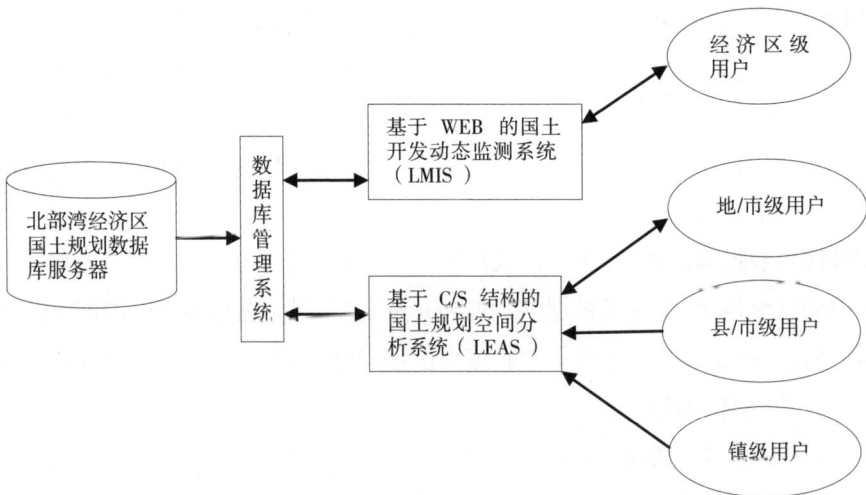

图 3-3　系统总体框架图

在软件架构的设计方面,将按三层模型(Three-Tier),即数据服务层、应用逻辑层、表现层等层次构造系统。应用逻辑层主要是各种应用组件(Java Bean),完成系统的数据管理功能,组件具有较好的重用性,可以对部件独立升级,增加新的接口(属性与方法),而不影响原有系统。

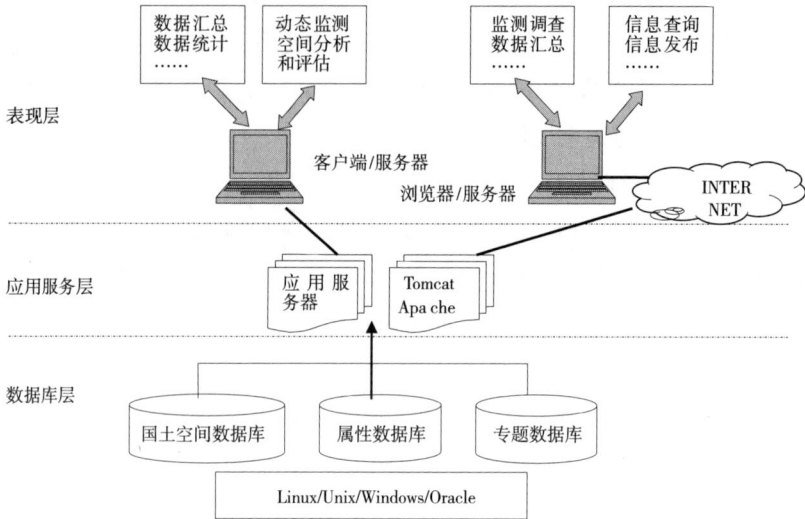

图 3-4　系统三层架构图

最顶层是用户界面的表现层,B/S 结构表现为 Web 浏览器的方式,C/S 结构表现为桌面客户端方式;中间层为应用服务层,主要由各种系统组件完成,用以实现系统的功能并完成数据库的访问;最底层为数据库层,主要为大型的数据库管理系统,数据库系统运行在 Linux/Unix 等操作系统上。

从流程设计上,系统以北部湾经济区国土信息数据库、空间数据和其他部门或系统的数据为基础,建立国土调查数据的采集、汇总、分析功能,实现从县市级调查数据到地市级、经济区级国土统计信息,并汇总、集成到国土数据库中的信息流机制,实现对数据的管理和共享功能;同时进行多方面的国土监测与评估,最终能够为国土政策的制定提供辅助分析、数据支持和监测评估。

3. 系统详细设计

(1)数据库结构设计

1)数据流设计

对数据的操作主要分为读取、查询、分析、统计等。原始数据的来源是地市、县市等调查问卷以及调查数据,经过地市级国土资源管理部门汇入总中心数据库;读取总数据库,运用指标定义得出指标,并结合空间数据库对国土数据进行分析、统计等。

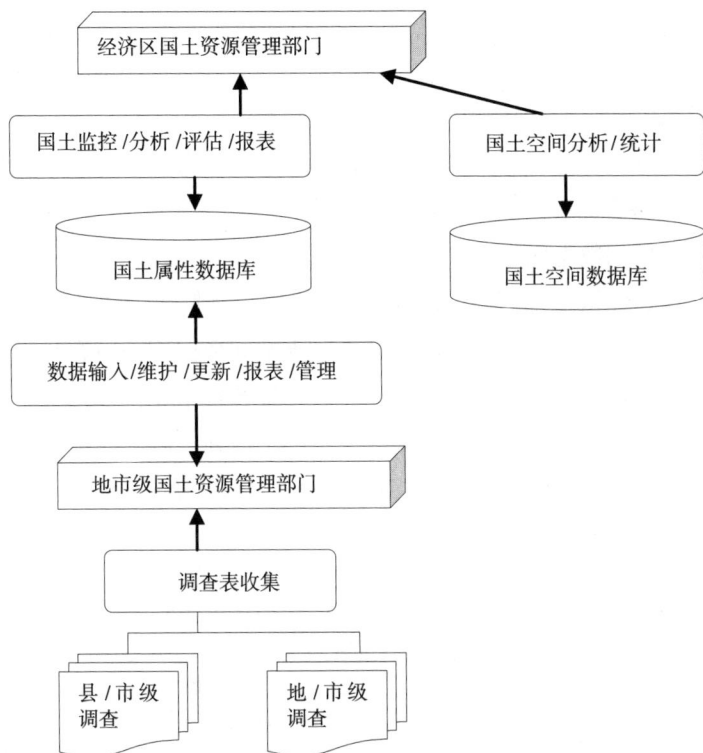

图 3-5　数据流设计图

2）数据库设计

①数据库设计原则

全面准确：所设计的数据库内容应该尽可能全面，字段的类型、长度应准确反映系统功能需求，且能够满足系统将来的扩充。

关系一致：应准确表述不同数据表的相互关系，如一对一、一对多、多对多等，准确维护空间数据之间、空间数据和非空间数据之间的关系。同时应包含是否使用各种强制关系，如强制存在、强制一对一等。

松散耦合：各个子系统之间应遵循松散耦合的原则，即在各个子系统之间不设置强制性的约束关系。一方面避免级联、嵌套的层次太多；另一方面避免不同子系统的同步问题。子系统之间的联系可以通过重新输入、查询、程序填入等方式建立，子系统之间的关联字段是冗余存储的。

适度冗余：数据库设计中应尽量减少冗余，同时应保留适当的冗余。如为了提高性能，如果数据的记录数较多，执行多表联合查询时会显著降低性能，通过在表中保留多份拷贝,使用单表完成相查询能显著改善性能。为实现耦合关系的松弛,需要保留冗余信息,否则当数据记录不同步时,会因为其中一个子系统无法运行而导致整个系统均无法运行。

高频分离:将高频使用的数据从主表中分离或者冗余存储(如限制信息的检测等),将有助于提高系统运行的性能。

②国土规划数据库设计

国土规划数据库包括国土规划空间数据库、国土规划统计调查数据库以及各种国土规划监测指标数据库。其中国土空间数据库的内容和结构与国土资源部数据库建设的相关标准和要求一致。统计数据库包括国土监测所涉及的各类统计调查数据。监测指标数据库是国土规划监测中所用的各类指标数据,这些指标可以根据不同的监测需求和目的从统计调查数据项中动态生成。数据库总体结构如下图3-6所示。

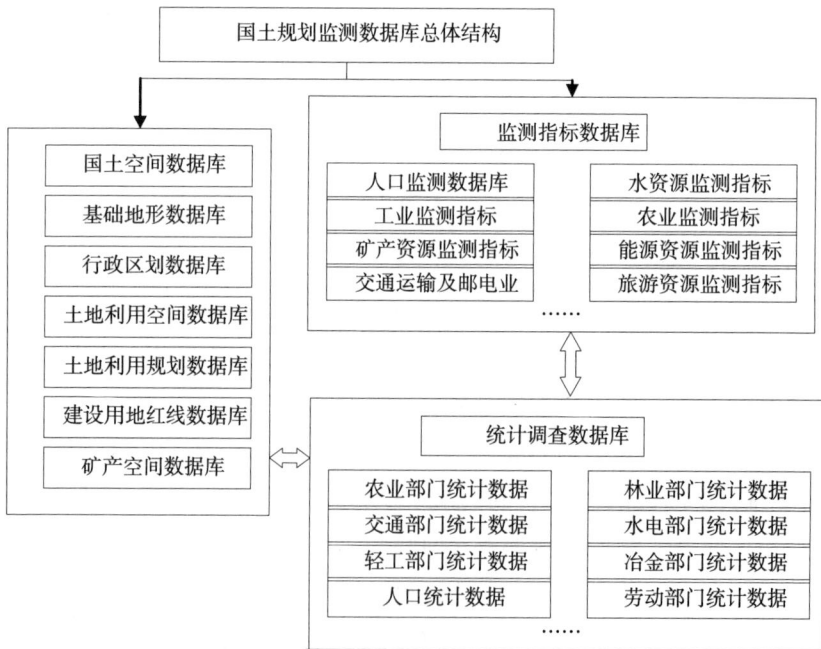

图 3-6　国土规划监测数据库总体结构图

国土空间数据库包括各行政区级别的各种类型空间数据,各级别行政区之间有上下级关系,在数据库中通过行政区的标识号进行关联。

统计调查数据库包括从农业、林业、交通、水电、轻工、劳动等部门获取的调查数据,这些数据包括了各类社会经济统计数据,获得的各种调查表格或报表数据可直接转入到系统的统计调查数据库。从不同地区以及不同部门级别所获取的这些统计数据中包含了地区信息,地区信息的标识码与空间数据库中的标识码一致,这样不仅可以读取空间数据库中相关信息,也可以使统计信息进行空间显示。统计数据根据调查的频度,包括各年度、季度、月或周的数据,按时间存储,以实现时间上的纵向监测。

监测指标数据库包括人口、交通、旅游、各类资源等监测指标,这些指标根据统计数据的具体统计项目产生,通过对统计项目进行各类数学和逻辑运算,生成监测指标数据,用于监测分析。

③元数据库

元数据库从数据源、数据集、字段几个级别上对调查数据进行描述,同时包括常量字段的描述。元数据库包括如下表:

表 3-2　元数据库包含的表

表　名	中文名	描　述
Meta_DS	数据源级元数据表	描述系统所有数据源信息,如数据库名称、所在服务器、内容
Meta_DT	数据集级元数据表	描述数据集名称、类型、内容等信息
Meta_Field	字段级元数据表	描述字段名称、类型、长度、非空、唯一性等信息
Meta_Const	常量表	描述系统的常量字段以及各字段的取值
Meta_DataItem	数据项元数据	数据项名称、内容和列表
Meta_Indicator	指标元数据	描述指标的名称、内容、类型、计算方法等
Meta_DataInd	指标数据项关系表	描述指标与数据项的关联

④组织机构数据库

表 3-3　组织机构数据库包含的表

表　名	中文名	描　述
Organ_District	地区表	地区表
Organ_Dept	部门表	部门表
Organ_Staff	员工表	员工表
Organ_Role	角色表	角色表
……	……	……

⑤调查表数据库

调查表数据是系统的核心数据。目前,调查表数据主要包括县级季报表,县级基本情况等。

在调查表数据库中,我们分别对这些表建立数据表,具体设计如下:

表 3-4　调查数据表设计表

字段名	描　述	类　型
Item1		文本型
Item2		文本型
……	确定后的数据项	……
ItemN		文本型
CollectedBy	数据项采集人	文本型
ProcessedBy	数据项处理人	文本型
District_ID	收集地区标识	文本型
Note	备注	文本型

其中,Item1……ItemN 是由调查项中获取的数据项。CollectedBy 是数据项采集人,ProcessedBy 为数据项处理人。数据项通过 District_ID 与地图信息相关联。无论是采用全面调查还是抽样调查,都要保证一定的样本量,系统要处理的调查数据量无疑是巨大的。同时,为了有效地监测评估,调查数据还需要定期地更新,以满足系统实时的监控。鉴于调查数据的这些特点,我们分别对调查表,数据项和指标建立元数据表,从而能够更加系统地管理这些复杂数据。

(2)系统功能设计

1)基于 Web 的国土开发动态监测系统(LMIS)

基于 Web 的国土开发动态监测系统(LMIS)采用 B/S 结构,应用 J2EE 等技术来实现,具体模块包括调查问卷模板管理、数据输入/编辑管理、数据导入/导出、数据统计等模块。主要运行在地市、县级或其他数据采集端,通过在线提交数据和导入外部交换数据的方式实现国土调查数据的采集,并进行一般的查询统计。

系统模块结构如下图所示:

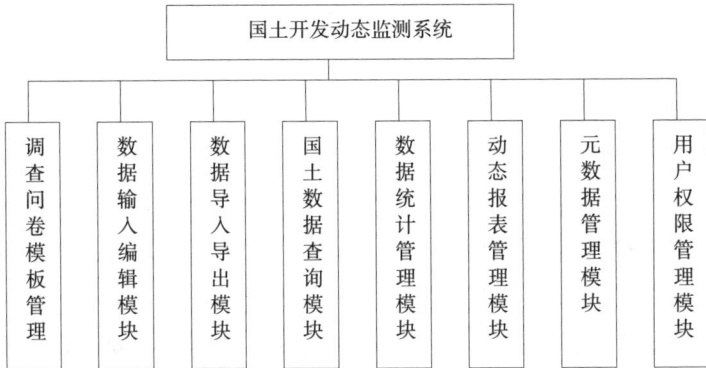

图 3-7　国土开发动态监测系统模块图

国土数据采集、汇总模块实现对北部湾经济区各个县/市、地/市的国土调查数据的采集、汇总功能;建立从最基层的乡镇调查数据到县市级、地市级、经济区国土信息,并汇总、集成到国土数据库中的信息流机制;实现对国土数据的管理和数据共享等功能。

调查问卷模板管理模块实现添加、删除、修改和打印调查问卷模板。调查问卷模板由 XML 格式的样式文件来定义,每一种问卷都有相对应的一个 XML 模板文件,使用时将 XML 转换成对应的 HTML 表单。基于 WEB 和基于 C/S 结构两个系统都调用国土数据库中的 XML 模板文件进行数据的编辑和显示,共享模板。

数据输入编辑模块提供调查表样式的用户界面实现对国土调查数据的手工录入、编辑、修改、删除等功能,本模块与数据导入导出模块相结合是系统两大重要的数据入口,也是所有国土数据分析、监测和评估的基础。

数据导入导出实现从其他格式数据文件(Excel、CSV 等)导入问卷数据,同时也能导出问卷数据到其他格式数据文件(Excel、CSV 等)。

国土数据查询实现对国土数据的组合查询、逻辑查询、调查数据分组显示、全文检索、查询结果导出、数据库导航等功能。

数据统计管理实现对国土调查数据的统计管理功能,可自定义统计关系式、常规统计、比例统计、统计结果导出、统计图表、统计规则维护。

动态报表管理实现报表模块定义、添加报表模板、修改报表模板、删除报表模板、生成报表、报表打印等功能。

元数据管理模块实现了多源国土数据库的元数据管理,通过对所有国土信息库建立数据源、数据集、数据项三个级别的元数据库,提供给用户对数据表、属性字段的逐步求精的查询功能,使用户可以在国土数据库列表中迅速查找到满足条件的信息。

用户权限管理模块通过 NDS 中的目录来建立国土用户权限,并通过 NDS 来配置人员能访问到的资源和服务项目,通过 NDS 的用户对于数据目录项中的权限指定来建立国土信息收集、发布和维护管理,通过目录服务实现的用户权限管理具有以下特点:实现系统的跨平台、使用 Netware NDS 目录服务系统具有更好地安全性、具有灵活性和可扩展性,每一个数据集都可以指派给多级国土资源管理机构内的任何用户,可以认证和查询所有用户对于数据的权限。

通过国土数据库的目录服务提供多源数据接口、统一授权和身份管理,以满足多级国土相关部门的数据共享需求,通过数据目录可以使用统一的数据接口来集成国土、规划、环保等多源国土数据,定义各种数据源的路径、数据内容、数据结构等,实现部门间异构数据的数据交换和共享;根据北部湾经济区国土信息的内容分类建立资源目录树,可以进行资源管理和权限设置。对资源树中每类信息的设置将控制北部湾经济区国土数据库中对应数据集的显示、查询、维护方式和可获得的权限;目录服务采用分级授权,以满足多级部门、多级权限的需要,系统对经济区、地市级、县级用户对数据资源赋予浏览、修改、管理等不同级别的权限,不同级别的用户在自己的权限范围内使用系统,可以提高国土数据库管理的安全性、易用性和可扩展性。

2)基于桌面 C/S 结构的国土规划空间分析系统(LEAS)

通过建立数据库的管理流程,在集成了国土空间数据库、国土基础属性数据库、专题数据库的基础上,北部湾经济区国土规划管理信息软件系统将提供进行国土信息的查询检索、数据管理以及机助制图等;其次,建立与国土开发整治规划相关的各类评价和决策模型,如国土规划综合分析与评价模型,国土规划编制的决策模型等,为深度分析国土规划状况、综合评价国土规划开发利用程度,辅助国土开发整治规划方案的编制等服务。

基于桌面客户端的北部湾经济区国土规划空间分析系统包括国土规划数据管理与分析、国土规划指标管理与分析、国土规划空间数据管理与分析、国土开发动态遥感监测、系统管理与维护等模块。

国土规划数据管理与分析模块:系统在国土规划数据库管理模块建立数据库的管理流程,数据经过采集、检查和传输集中到国土数据库中,并通过国

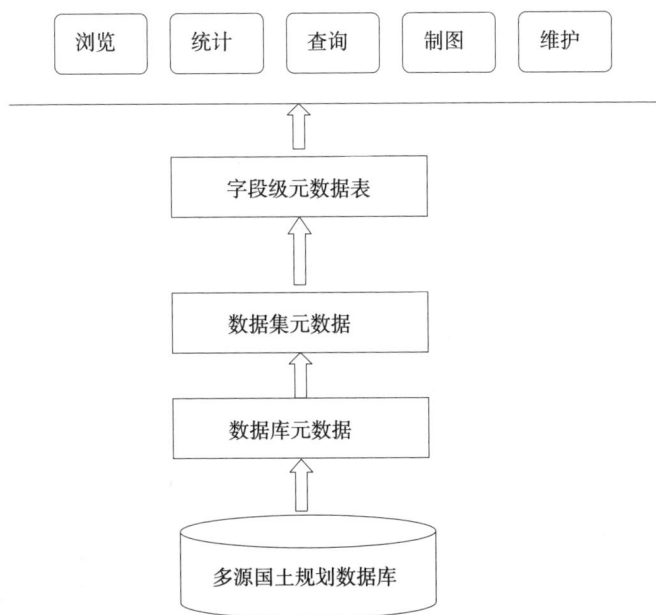

图 3-8　元数据管理结构图

土监测指标体系和数据目录来组织数据,对于不同类型、不同部门、不同空间区域的国土数据,用户可以通过统一的界面和数据接口来进行浏览、查询和数据管理。在集成了国土规划属性数据库、国土规划空间数据库、国土规划专题数据库的基础上,系统将提供国土规划数据导入导出、国土规划数据库管理、国土规划信息统计分析、国土规划数据信息查询和可视化表达的方法,使国土分析和决策者可以在大量数据中发现规律,调整措施等。

国土规划指标管理与分析模块:实现对国土监测评价系统的指标体系管理,支持建立、删除、修改指标等功能,通过指标对国土数据库进行导航;对土地利用、人口与社会经济等统计数据进行时空监控,建立多级、多时序的国土信息监测指标体系,并建立国土指标体系与时间、空间区域一体化的数据导航管理等功能。实现时间、区域、国土指标的一体化数据管理。

国土规划空间管理与分析模块:对自然、环境、资源、社会、经济及相关国土指标等进行空间区域分析和空间统计分析,用户可以进行空间数据的浏览与查询、选择国土数据指标、选择空间可视化符号进行统计分析。系统利用GIS 技术和已经开发的空间数据引擎对北部湾经济区国土空间数据库进行管

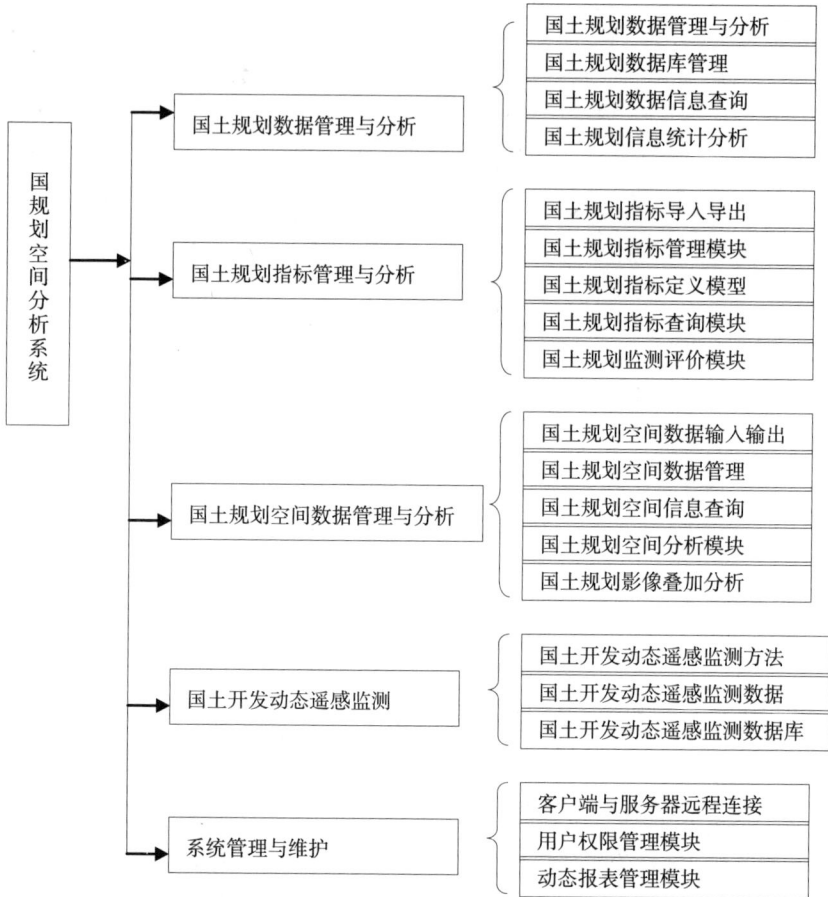

图3-9　基于 C/S 的国土规划空间分析系统模块结构图

理和可视化分析。

　　国土开发动态遥感监测模块:重点地区和重点项目国土规划的监督管理采用 RS、GIS 技术与实地调查相结合的手段来实现。

　　系统管理与维护模块包括客户端与服务器远程连接、用户权限管理、国土报表管理子模块。实现客户端与服务器的数据导入/导出,用户权限管理、国土报表管理功能。

　　4. 指标体系

　　(1)国土监测指标特征

　　国土规划是一种长远规划,是一个国家或地区国土开发、整治、建设的基

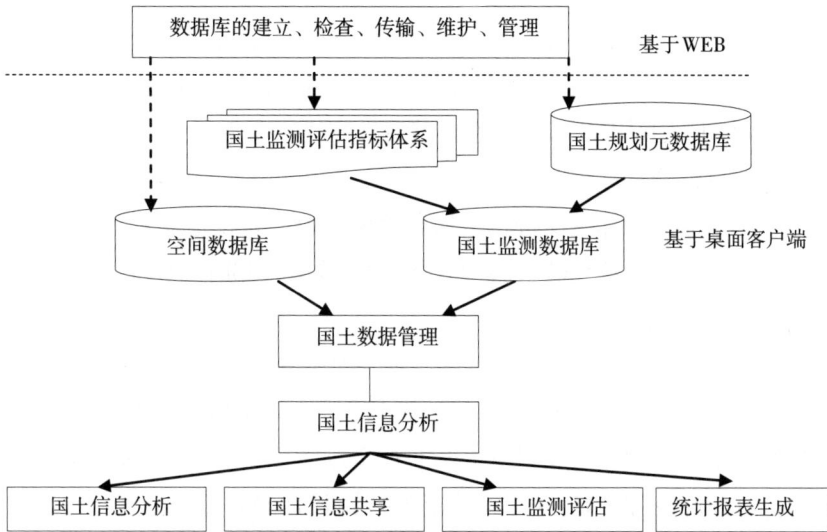

图 3-10 国土规划数据管理与分析流程图

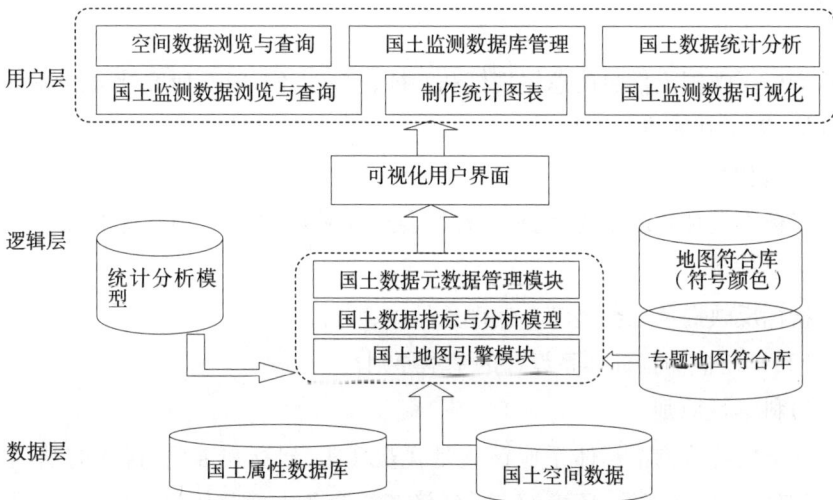

图 3-11 国土规划空间分析模块框架图

本蓝图。国土规划是国民经济和社会发展计划体系的重要组成部分,是资源综合开发、建设总体布局、环境综合整治的指导性计划,它具有鲜明的战略性、综合性、地域性和空间性等特点。为了促进国土规划的有效实施,加强国土开发现状宏观监控,及时协调规划冲突,有效集成多源国土信息,研究设计经济区、地市、县市和乡镇结构的国土信息监测体系就显得尤为重要。

国土规划是一个结构复杂的巨型系统,变量多而庞杂,只有通过一系列指标量化和具体化,才能说明国民经济的发展状况,才能将国土规划的目标、内容、基本思路和规划方案明确地表达出来。因此,在国土规划管理信息系统中,也应该对土地利用、人口与社会经济等数据进行时空监控,建立多级、多时序的国土信息监测指标体系。

国土信息监测指标是反映国土信息总体现象的特定概念和具体数值,它具有客观性、重要性、数量性、综合性、替代性、具体性和时间性等特征,其中:

1)数量性

任何一种指标都是从数量方面来反映它要说明的对象,构建指标的基本目的就是要将复杂的现象变为可以度量、计算和比较的数据、数字、符号。国土信息监测指标是对国土规划中涉及的社会经济现象、资源环境状况的数量反映,有直接和间接两种形式。直接反映指标是直接通过指标表示社会经济及资源环境的现象、数量、规模、水平、程度;间接反映指标是间接表示社会经济及资源环境状况。

2)综合性

指标反映国土信息的总体规模和特征,它是人们认识、研究社会经济和自然环境,揭示其规律的途径。

3)替代性

指标不是现象的本身,而是某种社会经济现象、资源环境状况的代表。

4)具体性

指标反映揭示社会经济自然现象具体、明确。

(2)国土监测指标体系设计的基本原则

1)科学性原则

国土信息监测指标体系应该立足客观现实,建立在准确、科学的基础之上,能够反映地区资源、环境、人口、经济和社会各方面整体发展的真实水平,能够反映目标与指标之间的支配关系。

2)全面性原则

指标体系应能全面反映地区发展的综合水平及各方面发展情况。既要反映经济、资源、人口、社会等总量指标,又要反映它们之间的内部结构关系。

3)可操作性原则

指标体系选择应尽量简单明了,容易理解,统计口径和使用范围对不同地区必须一致,具有可比性,相应指标量化及获取数据容易、准确可靠,尽量利用现存数据和已有规范标准。

4)动态性原则

指标体系应既能反映以往发展的历史状况和各项指标的变动情况,又能对地区发展现状作出客观描述和评价,还能对未来的发展作出预测。

5)层次性原则

国土信息监测涉及自然、社会、经济等多要素,指标体系应分层构成,指标设计自上而下由综合到具体。

(3)国土监测指标体系设计

为了更好地促进国土规划的有效实施,加强对国土规划建设情况的动态监测,有必要构建经济区、地市、县市及重点地区四级国土信息监测体系,对国土规划所涉及的资源、社会经济、人口和环境等数据进行时空监控。所以在国土规划管理信息系统中建立多级、多时序的国土信息监测指标体系。该指标体系分为土地利用、社会经济、人口与城镇化、综合交通运输体系格局、能源和矿产开发、水资源可持续利用、生态建设与环境保护、防灾减灾等8类一级指标,各大类又包含了二级、三级及四级等多层次指标以充分展示国土资源的各层面内容,为国土信息的监测、管理服务。

5.系统实施与部署

系统整体部署方案为使用集中式的中心数据库服务器管理,这台数据库服务器同时作为地市、县市级国土资源管理部门和经济区使用的两套系统的数据中心。经济区级系统作为中心节点,配置的硬件包括数据库服务器、Web服务器、应用服务器、磁盘阵列、路由器、交换机、UPS不间断电源、若干台式机、笔记本等。软件平台包括 Unix 操作系统、Oracle 数据库系统、ApacheWeb服务器、Tomcat 应用服务器。地市级和县市级作为从属节点,配置一台以上微机作为 WEB 客户端,满足录入和上传国土调查数据,以及对数据进行简单的分析和设计即可。

第四章　规划耦合及国土发展空间类型划分

第一节　重要规划空间开发内容梳理与空间耦合

一、广西北部湾经济区发展规划

1. 规划概况

2008 年 1 月,经国务院同意,国家发展与改革委员会批准实施《广西北部湾经济区发展规划》。该规划规划期为 2006—2020 年。规划范围,包括南宁、北海、钦州、防城港四市所辖行政区,在交通、物流的规划中还包括崇左和玉林一些区域。规划明确提出了广西北部湾经济区的功能定位,强调经济区要立足北部湾、服务"三南",即西南、华南和中南;沟通东中西、面向东南亚,充分发挥连接多区域的重要通道、交流桥梁和合作平台作用,以开放合作促开发建设,努力建成中国—东盟开放合作的物流基地、商贸基地、加工制造基地和信息交流中心,成为带动、支撑西部大开发的战略高地和开放度高、辐射力强、经济繁荣、社会和谐、生态良好的重要国际区域经济合作区。

2. 空间布局与分区思路

在空间组织上,《广西北部湾经济区发展规划》依据区域总体功能定位和资源环境承载能力、开发密度和发展潜力,将北部湾经济区划分为城市、农村和生态三类地区;根据经济社会发展需要和海岸线的自然条件,将北部湾经济区海岸线划分为 7 种类型;根据空间布局和岸线分区,规划建设南宁组团、钦防组团、北海组团、铁山港(龙潭)组团、东兴(凭祥)组团等 5 个功能组团。

城市地区占规划区总面积的 9%。空间组织思路是:工业向各类开发区集聚,人口向城镇集聚。农村地区占规划区总面积的 56%。空间组织思路是,发展特色高效农业,促进农产品生产向优势产区集中,实现专业化、规模化和基地化。生态地区,占规划区总面积的 35%。包括现有自然保护区、水源保护区和生态恢复区。生态地区的空间管制思路是禁止从事不符合生态功能定位的各类开发建设活动。

3. 区域政策

规划明确给予五大区域政策支持:一是综合配套改革方面的政策支持,支持推进行政管理体制、市场体系、土地管理制度等综合配套改革;二是重大项目布局方面的政策支持,国家在有关规划、重大项目布局及项目审批、核准、备案等方面给予支持;三是在保税物流体系方面的政策支持,国家支持广西北部湾经济区在符合条件的地区设立保税港区、综合保税区和保税物流中心,拓展出口加工区保税物流功能;四是在金融改革方面的政策支持,国家支持在北部湾地区设立地方性银行,探索设立产业投资基金和创业投资企业,扩大企业债券发行规模,支持符合条件的企业发行企业债券;五是在开放合作方面的政策支持,国家支持广西北部湾经济区发挥开放合作示范作用,推动泛北部湾经济合作成为中国—东盟合作框架下新的次区域合作,建立和完善开放合作机制,加快实施合作项目。

二、广西壮族自治区主体功能区规划

(一)主要内容及广西国土空间开发战略格局

《广西壮族自治区主体功能区规划》是基于广西全区的资源环境承载能力、现有开发水平和发展潜力等,将全区划分为重点开发区、限制开发区(重点生态功能区)、限制开发区(农产品主产区)和禁止开发区等四类空间类型,提出区域差别化的空间管制策略。并从现代化建设全局和国土空间永续发展的战略需要出发,着力构建广西国土空间三大战略格局。

一是,构建以北部湾城市群等"四群四带"为主体的城市化战略格局;二是,构建以桂西生态屏障、北部湾沿海生态屏障,桂东北生态功能区、桂西南生态功能区、桂中生态功能区、十万大山生态保护区,西江千里绿色走廊等"两屏四区一走廊"为主体的生态安全战略格局;三是,构建"五区十四带"为主体的农业发展战略格局。构建桂北地区、桂东南地区、桂中地区、桂西地区和沿海地区等农产品主产区为主体,以基本农田为基础,以其他农产品主产区为重要组成的农业发展战略格局。重点建设桂北、桂中、桂东南和沿海地区等十四条优势产业带。

（二）北部湾经济区各地区主体功能定位

1. 北部湾各地区主体功能定位

《广西壮族自治区主体功能规划》以县级行政区为基本单元，依据可利用土地资源、可利用水资源、经济发展水平、交通优势度和战略选择等综合评价为依据，按规划层级，将全区划分为国家层面的重点开发区、自治区层面的重点开发区、限制开发区和禁止开发区。其中限制开发区按开发内容，划分为提供生态产品为主体功能的重点生态功能区和以提供农产品为主体功能的农产品主产区。

表4-1　广西北部湾经济区主体功能区划表

主体功能区	行政区名称	总面积（平方公里）
国家级重点开发区	南宁市区、武鸣县、横县、北海市区、合浦县、防城港市区、东兴市、钦南区、钦北区、灵山县	28309.6
自治区级重点开发区	玉林市区、北流市、容县、江州区、凭祥市、扶绥县	12042.1
限制开发区（农产品主产区）	隆安县、宾阳县、浦北县、陆川县、博白县、兴业县、宁明县、龙州县、大新县	21724.8
限制开发区（重点生态功能区）	马山县、上林县、上思县、天等县	9183

2. 国家级重点开发区功能定位及开发方向

广西北部湾经济区南宁、北海、钦州和防城港四市所辖的13个城区，以及横县、武鸣、灵山、合浦、东兴5个县市属于国家层面的重点开发区域，位于全国"两横三纵"城市化战略格局中沿海通道纵轴的南端。其功能定位是我国面向东盟国家对外开放的重要门户，中国—东盟自由贸易区的前沿地带和桥头堡，区域性的物流基地、商贸基地、加工制造业基地和信息交流基地，建设成为支撑我国西部大开发的战略高地、沿海发展的新一极和重要国际区域经济合作区。在发展方向上提出，构建以南宁为核心、南宁至滨海为主轴、综合运输通道为纽带的北部湾城市群，形成在全国有重要影响的大城市群。在重视重点城市开发建设的同时，加强农业发展和生态保护也是其重要任务。在优化农业生产结构和区域布局方面，提出促进农产品向优势产区集中，积极发展农产品精深加工，建设特色农产品生产和加工基地，不断提高农业水利化、机械化和信息化水平。合理开发北部湾渔业资源,积极稳妥发展远洋渔业。深化与珠三角地区以及东盟国家的农业合作与交流。在生态建设方面,要加强对自然保护区、生态公益林、水源保护区等的保护,加强防御台风和风暴潮能力建设,构建以沿海红树林、珊瑚礁、港湾湿地为主体的北部湾沿海生态屏障和以大明山等生态功能区为重点的内陆生态屏障。

3. 自治区级重点开发区功能定位及开发方向

玉林区块和崇左区块被划为自治区级的重点发展区。玉林区块包括玉州区、北流市、容县,是我国商品粮的重要生产基地和亚热带水果生产基地、华南地区重要的商品集散地。崇左区块包括江州区、凭祥市和扶绥县,是广西壮族自治区重要边境口岸和边关旅游城市。

4. 重点生态功能区开发管制原则

马山县、上林县、天等县、上思县被划为限制开发区(重点生态功能区)。这些区域的管制原则是,维护生态系统完整性。在不损害生态系统功能的前提下,适度发展资源开采、旅游、农林牧产品生产和加工、观光休闲农业等产业,积极发展旅游业等服务业,保持一定的经济增长速度和财政自给能力,提供一定的就业岗位。

5. 农产品主产区的功能定位与发展方向

隆安县、宾阳县等为限制开发区(农产品主产区)。区域的功能定位为,全区重要的商品粮生产基地,保障农产品供给安全的重要区域,现代农业发展的示范区,社会主义新农村建设的示范区。

(三)区域政策

主体功能区规划中提出要调整和完善现行政策和制度安排,建立健全保障主体功能区布局的法律法规、体制机制、政策体系,以及绩效评价体系,加快形成市场主体行为符合区域主体功能定位的利益导向机制。具体在财政政策、投资政策、产业政策、土地政策、农业政策、人口政策、环境政策、应对气候变化政策、绩效评价体系等方面提出。

(四)主体功能区规划的积极意义及存在的问题

主体功能区规划在理念上重视资源环境承载力基础,注重对生态安全和农产品供给安全空间的保护,在一定程度上有助于完善开发政策,控制开发程度、规范开发秩序,对优化国土空间开发格局具有积极意义。但是由于主体功能区规划的理论研究和实践推进没有理顺,规划的核心理念与政治民主化、经济市场化的政治经济体制变革方向有待进一步衔接,规划方法和技术手段需要多样化。加上各部门和地方政府对相关开发理念认识上出现偏差,致使主体功能区规划在编制过程中遇到较大阻力,进而出现一些问题。

1. 主体功能区规划的尺度转化需要进一步研究

一般来说,区域的地域功能具有综合性,同一地域在不同空间尺度和时间尺度上的功能有可能是不同的。从空间尺度看,同一区域在不同尺度上的主体功能可能截然不同。例如,在全国尺度上处于限制开发区的中小城市,可能是省级尺度上的重点开发区。从时间尺度看,空间的地域功能是不断演化的。以长三角和珠三角为例,大部分的优化开发区在改革开放初期,其主要地域功能是提供农产品,而不是现在的工业产品。区域主体功能在尺度转换上的不清晰,容易导致对相关概念理解的混乱和功能区在空间落实上的重叠。

2. 促进主体功能区形成的相关政策需要进一步研究

尽管规划文本提出了建立健全保障形成主体功能区布局的法律法规、体制机制、规划和政策及绩效考核评价体系。但这些政策需要进一步研究,增强其可操作性。以财政政策为例,简单地将国土空间划分为四类,忽略了发展权的公平性问题,如果区域补偿机制和财政转移支付不到位,可能会进一步扩大生态地区、农业地区等限制开发区与优化开发、重点开发地区的发展差距。

3. 主体功能区规划的资源环境承载能力基础需要进一步夯实

在主体功能区评价指标体系中,虽然水文条件、生态重要性、生态脆弱性、自然灾害的危险程度以及环境容量等资源环境类指标在整个指标体系中占据过半份额。但这些指标主要是为评价是否适合大规模的工业化、城镇化服务的。对资源合理开发利用与经济社会可持续发展之间的关系研究不够全面,需要进一步加强。

4. 主体功能区规划的部分概念的界定不够全面

例如,该规划认为,工业化城镇化就是农业空间和生态空间转化为城市化空间的过程。将城镇化理解为土地的城镇化,将城市空间与农业空间和生态空间对立。从实践来看,通过完善城市土地二次开发、盘活存量用地,还可以实现部分人口的城镇化。通过统筹城乡建设用地,可以在不减少耕地和绿色生态空间的前提下,增加工业化和城镇化所需的部分建设空间。

5. 主体功能区规划实施有难度

主体功能区规划涉及地方政府的切身利益,对各地未来发展影响重大,尤其是对限制开发区的影响更大。因此,各地争相进入重点开发区,增加了规划的实施难度。

(五)主体功能区规划对国土规划的借鉴和启示

1. 主体功能区规划与国土规划的关系

主体功能区规划和国土规划在保护生态环境、保护耕地资源、保障发展、优化用地结构、促进国土空间和国土资源节约集约利用、促进可持续发展等方面存在共同目标。主体功能区规划侧重宏观划分,以国土资源环境承载力评价为基础,充分考虑国土空间开发的自然基础和社会经济基础,落实中央区域空间发展战略。科学合理划分主体功能区,为各地的国土开发和区域发展指明了方向,具有指导意义。

国土规划在编制过程中要做好与主体功能区规划的衔接,借鉴主体功能区规划的成果,在区域上规范、落实国土空间开发政策,优化国土空间开发格局,实施国土整治工程,研究制定差别化的区域土地利用规划政策,促成主体功能区的形成。

2. 对国土规划编制研究的启示

(1)尊重国土开发的多样性。

要因地制宜发展地方经济。国土规划的编制要以"发展"为第一要务,以提高对经济社会全面发展的保障能力为目标,不能随意限制地方的发展冲动。

(2)发挥国土资源部在资源环境承载力评价上的优势,以资源环境承载力为基础编制国土规划。

通过资源环境承载力评价,剖析区域经济社会发展中存在的问题,预警区域未来发展潜在的危机,调节区域发展模式和资源利用方式,确定区域经济社会发展总量,为国土空间开发布局及差别化的空间管制政策提供依据。

(3)国土规划编制要设计有力的实施抓手,建立相应的制度和措施。

充分发挥在"重要资源配合管理"、"国土空间准入"、"地质环境修复及地质灾害治理"、"国土资源综合整治"等方面的优势,设计抓手,提高规划的可操作性、实用性和权威性,切实发挥国土规划的作用。

(4)改进工作方式,重视宣传和凝聚工作。

一是开门编规划,重视公众参与。在规划编制过程中,使不同利益者享有均等的机会和发言权,参与制定政策、编制规划和管理全过程,尤其是重视与各有关部门和地方政府凝聚共识。二是重视宣传。广泛宣传国土规划的理念,在政界、学术界和民间形成一定的话语体系。使政界能正确理解国土规划的理念,配合国土规划的编制和实施。使学术界能够通过学术研讨,不断完善国土规划的理论体系,为国土规划编制献言献策。

(5)务实推进规划编制工作,谨慎进行规划改革

顺应中国现阶段的规划管理制度,"推进规划体系改革,整合现行各类空间规划,建立各类规划定位清晰、功能互补、统一衔接的规划体系"是完善规划体系的趋势。但是短期内,这一改革任务难以完成。国土规划编制和实施要客观认识"国土空间规划分属各部门,各成体系"这一既定事实,务实推进规划编制工作,谨慎进行规划改革。一方面,要加强与相关规划的衔接和协调;另一方面要整合系统内规划,对土地、矿产、海洋等各类规划进行整合和提升,加强与发展规划和空间规划的衔接;发挥国土规划对发展规划的指导作用,对资源规划和部门规划的统领作用,提升国土规划地位,发挥参与国家宏观调控、进行空间管制和指导重大战略布局的作用。

三、广西北部湾经济区城镇群规划

(一)内容概要

2010年3月,住房和城乡建设部批复同意《广西北部湾经济区城镇群规划纲要》(2008—2020)。该规划是继《广西北部湾经济区发展规划》之后,广西北部湾经济区获得国家批准支持的又一重要战略性宏观规划。《广西北部湾经济区城镇群规划纲要》规划范围为南宁、北海、钦州、防城港、玉林和崇左6市的行政区范围,包括15个区和22个县(市),土地面积7.27万平方公里。规划期限为2008年至2020年。

(二)空间布局和空间发展分区与管制

《广西北部湾经济区城镇群规划纲要》提出,构筑"南宁+沿海"发展双极、"南宁—滨海"城镇发展主轴,提升区域新功能的"玉崇发展走廊",形成"双极、一轴、一走廊"的空间发展结构。以大范围生态自然景观为背景,以网络化、开放式的交通体系为骨架,以区域经济联系主要方向为依托,以核心城市为中枢,构筑多中心、多层次城镇体系。构筑"一主、五副、多中心"的中心体系,以南宁为主中心,以北海、钦州、防城港、玉林、崇左5市为区域性副中心,以县城和重点镇为地区性中心城市(镇)的多中心结构。重点推进南宁大都市区、钦—防联合都市区、北海都市区、玉林都市区优先发展。

为了对城镇群内不同地区实现分类指导和空间管制,《广西北部湾经济

区城镇群规划纲要》根据北部湾城镇群内良好的生态环境、差异的经济和社会发展阶段与产业、交通发展的背景；按照生态环境保护与修复、多种城镇地区类型与重大基础设施发展，将北部湾城镇群划分为禁止开发区、限制开发区、重点开发区和优化开发区四类，实施区域差别化政策。同时，规划提出区域四线管制。即对东部云开大山、南部十万大山、西部大明山、北部大明山和中部六万大山5个区域绿色斑块地区实施绿线管制；对主要水系实施区域蓝线管制；对城市规划建设区以外的国家级重点文物保护单位等实施区域紫线管制；对重要交通通道地区和交通枢纽地区实施区域黄线管制。

（三）城镇发展规模指引

规划预测2020年北部湾城镇群总人口规模为2400—2700万，城镇化水平达到56%左右，即区域城镇人口为1344—1512万。其中南北钦防四市城镇化水平为60%。

表4-2　广西北部湾城镇群城镇发展规模指引

城镇规模（数量）	城　市	中心城区人口规模（万人）
特大城市3个	南　宁	300
	北　海	100—120
	玉　林	100—120
大城市3个	钦　州	90—100
	防城港	65—75
	崇　左	50—60
中等城市8个	北流、东兴、凭祥、宾阳、容县、博白、横县、武鸣	达到中等规模城市标准
小城市29个	县城14个，重点镇15个	达到小城市规模标准
小城镇272个		人口小于5万

（四）积极意义及存在的问题

《广西北部湾经济区城镇群规划纲要》对于促进广西北部湾经济区城镇的协调发展，提升城镇群的综合承载能力和辐射带动作用，落实国家西部大开发总体战略，加快中国—东盟自贸区建设，促进区域共同繁荣具有重要的意义。其制定和实施，有利于落实《国务院关于进一步促进广西经济社会发展的若干意见》和《广西北部湾经济区发展规划》。但是，也存在一些问题：

1. 城镇人口规模预测与其他相关规划预测衔接不够

对于多数城市规模的指引较大。以崇左为例,2010 年崇左市中心城区人口不足 13 万人。到 2020 年,崇左市人口达到 50—60 万人,进入大城市行列。而《广西壮族自治区土地利用总体规划》(2006—2020 年)预测,2020 年崇左市中心城市人口将达到 35 万人;《广西壮族自治区崇左市土地利用总体规划(2006—2020 年)》提出,规划至 2020 年,崇左市中心城区人口达到 39 万人。通过对比,《广西北部湾城镇群规划纲要》对崇左等市中心城区规模预测偏大。

2. 空间分区与主体功能区衔接不够

广西主体功能区划过程中,依据《省级主体功能区区划技术规程》的综合评价结果,在基于空间开发现状和强度的基础上,认为广西还没有一个地区达到国家优化开发区域的条件,故没有划分优化开发区。在《广西北部湾城镇群规划纲要》中则划分了优化开发区。此外,《广西北部湾城镇群规划纲要》中关于重点开发区、禁止开发区等的划分与主体功能区规划的划分方法和范围也有一定差别,两者缺乏必要的衔接。

四、广西壮族自治区土地利用总体规划

1. 规划概要

2009 年 9 月,国务院批复原则同意《广西壮族自治区土地利用规划(2006—2020 年)》(国函【2009】第 119 号)。《广西壮族自治区土地利用总体规划》阐明广西壮族自治区土地利用面临的形势,明确规划期内土地利用战略和土地利用管理的主要目标、任务和政策,引导全社会保护和合理利用土地资源,是实行最严格土地管理制度的纲领性文件,是落实土地宏观调控和土地用途管制、规划城乡建设和各项建设的重要依据,对统筹协调土地利用与经济社会发展的关系和土地开发、利用、保护、整治的关系,具有重要意义。同时,《广西壮族自治区土地利用总体规划》还是广西各级人民政府编制本级土地利用总体规划的依据,各级土地利用总体规划的主要用地控制指标、土地利用重大布局必须服从规划,各地的耕地保有量、基本农田保护面积、城乡建设用地规模等约束性指标也不得突破规划所下达的指标。规划还加强了对北部湾地区、桂中地区、桂东地区等区域节约集约利用土地的引导。其中北部湾地区的南宁、北海、钦州、防城港市要以节约集约用地为重点,加大存量土地盘活力度,严格控制城镇建设用地规模,以土地供给引导工业集中布局,促进土地利用方式的转变。

2.北部湾地区四市空间开发控制指标

规划围绕保障跨越发展的合理用地需求,统筹安排新增建设用地,重点保障工业化和城镇化发展的合理用地需求,对北部湾经济区等重点区域给予倾斜。并围绕优化国土开发格局,根据各市土地利用、经济社会空间差异以及各市未来发展定位,以市级行政辖区为单元,划定土地利用分区,明确各分区的调控目标、土地利用方向和引导措施,促进协调发展。其中,北部湾地区包括南宁市、北海市、钦州市和防城港市。

北部湾地区的区域定位是:努力将北部湾地区建成中国—东盟开放合作的物流基地、商贸基地、加工制造基地和信息交流中心,成为带动、支撑西部大开发的战略高地和开放度高、辐射力强、经济繁荣、社会和谐、生态良好的重要国际经济合作区。大力发展城镇化和工业化,引导各类工业向国家级和自治区级高新技术产业开发区、经济技术开发区、临海工业区、边境经济合作区集聚,人口向城镇集聚。

土地利用管控方向为:按照《广西北部湾经济区发展规划》的布局和要求,重点保障南宁组团、钦防组团、北海组团和铁山港组团建设,保障中心城市、沿海重化工业集中区和经济开发集中区的建设用地,增强中心城市的辐射能力。逐步提高城镇工矿用地比重,提高工业项目准入门槛,加大盘活存量土地力度,提高土地节约集约利用水平。保障出海出边交通基础设施建设用地需求。合理安排文化、教育、卫生、人口计生、体育等公益性用地需求。科学引导城镇发展方向,合理确定城镇发展边界,确保非农建设尽量少占或者不占耕地,减轻耕地占补压力。探索开展城镇建设用地增加与农村建设用地减少相挂钩工作,加大土地整理复垦的资金投入和整治力度,适度开发土地后备资源。严格保护耕地,加强区内高标准基本农田的建设,保留城市间开敞的绿色空间。加大对自然保护区、水源保护区和生态恢复区的保护和建设力度,保护近海生态环境。大力营造区域良好的城市生态环境,提高居民居住水平和生活质量。

五、北部湾经济区重要规划建设空间需求统筹

通过统筹分析《广西北部湾经济区发展规划》《广西壮族自治区主体功能区规划》《广西北部湾经济区城镇群规划(2008—2020)》《广西壮族自治区土地利用总体规划(2006—2020年)》等重要规划,总结分析出如下结果。

1.区域定位

各重要规划对于广西北部湾经济区的区域定位虽然各有侧重,但整体思路都是一致的。广西北部湾经济区处于中国—东盟自由贸易区、泛珠三角经济圈和大西南经济圈的中心结合部,地处中国与东盟、泛北部湾经济合作、大湄公河次区域合作、中越"两廊一圈"合作、泛珠三角合作、西南合作等多区域合作的交汇点,是我国西部唯一既沿海又沿边的地区,既是我国大西南地区最便捷的出海大通道和中国通向东盟的陆路、水路要道,又是促进中国—东盟全面合作的重要桥梁和基地,区位优势明显,战略地位突出,在整个环北部湾经济区中起着"前沿阵地"和"桥头堡"作用。

因此,将广西北部湾经济区定位为立足北部湾、服务"三南",即西南、华南和中南;沟通东中西、面向东南亚,充分发挥连接多区域的重要通道、交流桥梁和合作平台作用,以开放合作促开发建设,努力将北部湾地区建成中国—东盟开放合作的物流基地、商贸基地、加工制造基地和信息交流中心,成为带动、支撑西部大开发的战略高地和开放度高、辐射力强、经济繁荣、社会和谐、生态良好的重要国际经济区域合作区。要大力发展城镇化和工业化,引导各类工业向国家级和自治区级高新技术产业开发、经济技术开发区、临海工业区、边境经济合作区集聚,人口向城镇集聚。

2. 空间分区

《广西北部湾经济区发展规划》《广西北部湾城镇规划纲要》《广西生态功能区划》等相关规划对北部湾经济区空间发展、产业发展、生态功能区等进行了空间发展分区。各种空间规划对北部湾经济区的空间分区目的、思路和结果等均有所差别。

如在空间管制分区上,《广西北部湾经济区发展规划》将国土空间划分为城市、农村和生态三类分区;《广西壮族自治区主体功能区规划》将国土空间划分为重点开发区、限制开发区和禁止开发区等类型;《广西北部湾城镇规划纲要》将国土空间划分为优化开发区、重点开发区、限制开发区和禁止开发区;《广西壮族自治区土地利用规划》及各市土地利用总体规划将国土空间划分为城镇和工业发展区、基本农田集中区、农业综合发展区、生态环境安全和自然文化遗产保护控制区等。

此外,在《广西北部湾经济区发展规划》中,按经济社会发展现状及特征,可以划分为以北部湾城镇群为核心的中部重点发展区,以玉林为核心的东部引导发展区和以崇左为核心的西部协调区。

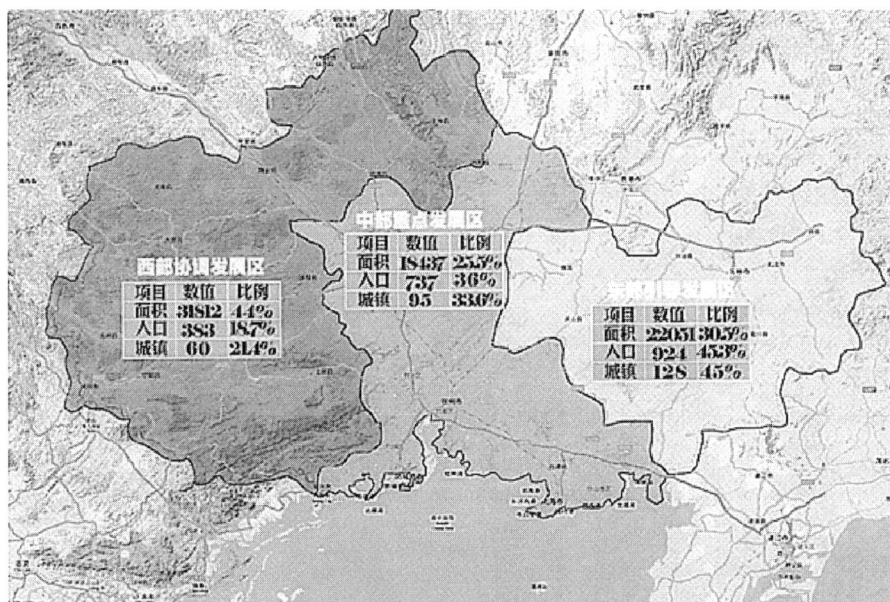

图 4-1 《广西北部湾经济区发展规划》空间发展分区图

按照产业发展特征,可以划分为以南宁为中心的综合产业发展区、以北钦防三市为核心的临海经济产业区、以崇左为中心的资源产品加工产业区以及边境经贸产业区等。

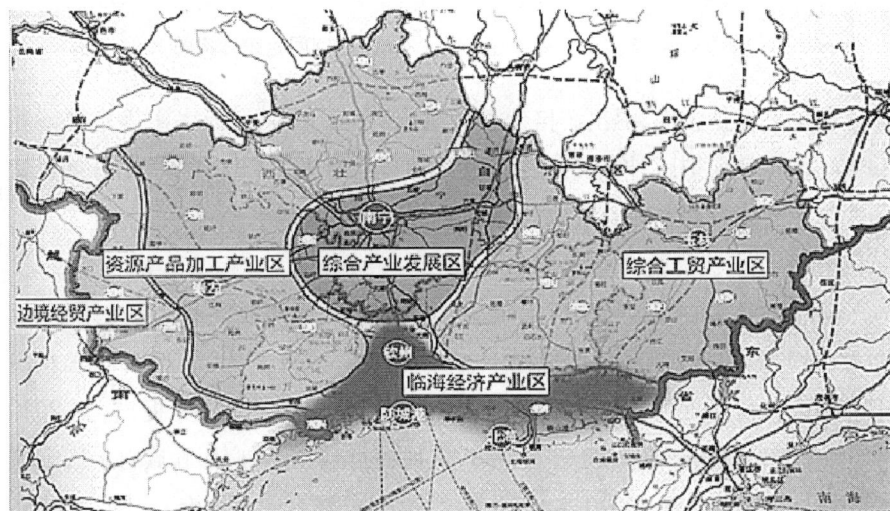

图 4-2 《广西北部湾经济区发展规划》产业发展分区图

3. 国土空间开发轴线

各种空间规划在国土空间组织结构上思路基本一致,均提出构建"两级两轴"的空间发展模式,即以南宁和滨海为核心和重要增长极、南宁至滨海为主轴、南宁至玉林、南宁至崇左凭祥综合运输通道纽带为二级发展轴,形成北部湾城镇群的空间组织结构。

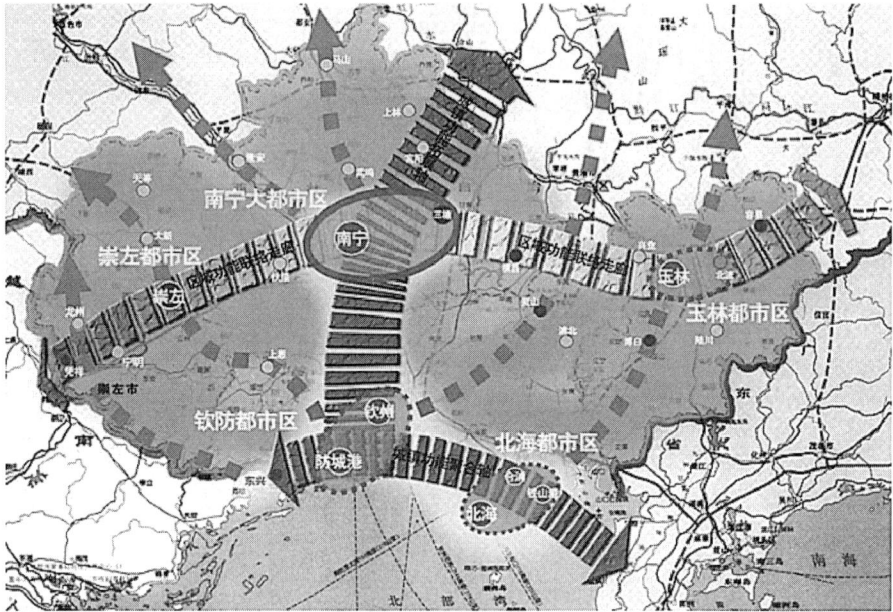

图 4-3 《广西北部湾经济区发展规划》空间组织结构图

在生态保护方面,提出严格保护大明山、十万大山、六万大山等水源涵养和生物多样性保护区,构筑由重要自然保护区、沿海生态屏障、沿江沿重要交通线绿色走廊和城乡绿心组成的绿色空间。

4. 中心城区功能定位与规模空间

各规划对中心城区的功能定位基本相同,但在城市规模控制上差距较大。在中心城区人口规模和用地规模上,差距较大。以崇左为例,2010 年崇左市中心城区人口不足 13 万人。《广西北部湾城镇群规划纲要》提出,到 2020年,崇左市人口达到 50—60 万人,进入大城市行列。而《广西壮族自治区土地利用总体规划(2006—2020 年)》预测,2020 年崇左市中心城市人口将达到 35万人。在用地规模控制上,各规划也不尽一致。

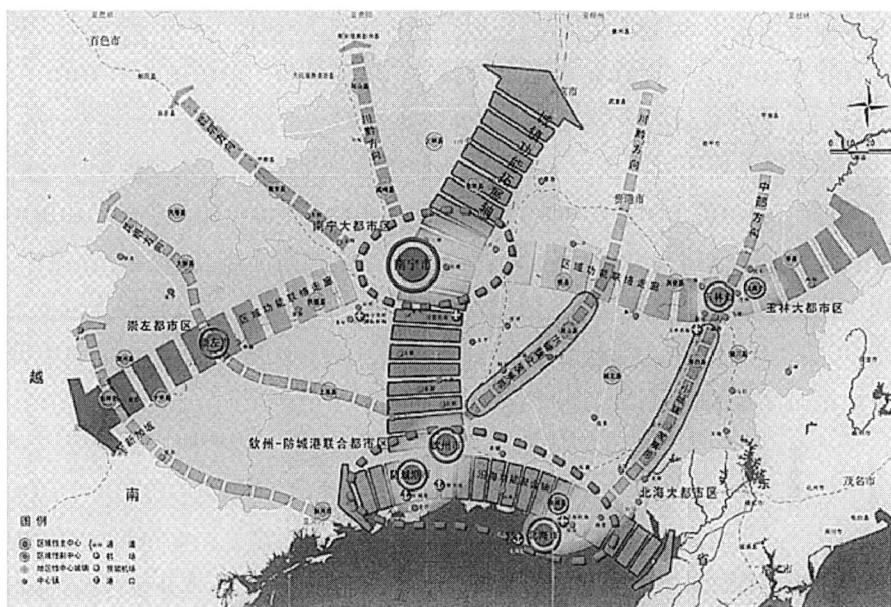

图4-4 《广西北部湾城镇规划纲要》空间组织结构图

第二节 国土空间类型划分基础分析评价

一、国土空间分区的技术路线

(一)国土空间分区现状及存在的问题

现有国土空间划分对规范国土空间开发秩序、强化国土空间管制起到了积极作用,但也存在一定的局限性,现有的国土空间分区体系和政策的区域化还不能完全适应经济社会发展的需要,政策的区域针对性和差别性不强。

1. 地域空间划分单元过大,难以体现地域特色和差别性

目前,我国实施区域差别化政策管制的空间划分单元过大,如西部大开发的范围包括12个省、自治区、直辖市,面积为685万平方公里,占全国的71.4%。在整个西部地区中,内部差异性很大,各具体区域承担的国土功能有所差别,需要的支持政策也不尽相同。区域单元面积过大,影响了政策实施的针对性。而主要发达国家在空间规划和开发中十分注重空间分区和区域政策的细化。以德国为例,国土面积35万平方公里,划分112个规划区,平均每个3125平方公里。在空间管理中,可以按照区别对待、分类引导原则,根据不同

地区的功能定位,配套实施更细致、更有针对性的区域财政、产业、投资、土地、人口管理、环境保护等政策,增强区域调控的有效性和针对性。

2. 各类功能区划未有效解决尺度转换问题

如主体功能区的四类分区主要是围绕能否进行大规模、高强度的工业开发来进行,虽在理念上比较清晰,但落实到具体空间上就会出现重叠。如重点开发区同样有优化开发的问题,限制开发区也有推进工业化城镇化的需求。如果简单地将国土空间划分为四类,一旦区域补偿机制和财政转移支付不到位,可能会进一步扩大生态地区、农业地区等限制开发与优化开发、重点开发地区的发展差距。

从理论上同一地域在不同空间尺度和时间尺度上的功能有可能是不同的。从空间看,在全国尺度上处于限制开发区的地区,可能是省级尺度上的重点开发区。从时间看,地域功能是不断演化的。因此,需要在空间和时间尺度上进一步提高区域政策的针对性。比如,在全国尺度上的重点开发区内,可能存在一些市县尺度上的生态保护区。对于这些地区要制定限制性开发政策,而不能适用于全国尺度的重点开发政策。

3. 各种空间分区类型缺乏衔接

目前,各部门基本形成了层次清晰、上下衔接的区划体系。区域规划、城乡规划、土地利用规划、矿产资源规划等相关规划空间分区的技术和方法已经比较成熟。但各部门的分区缺乏必要的衔接,不同规划之间的分区类型,常出现重叠、交叉、冲突和遗漏等问题,容易造成区域政策的混乱。不仅在宏观尺度上存在以经济区、行政区、自然区等为区划单元的空间分区方法,在微观的土地类型划分上也存在差异。如土地利用总体规划按土地利用类型将土地划分为3大类、15个二级类和71个三级类;城市总体规划则按用地性质将城市用地分为10大类、46中类和73小类。各部门空间分区缺乏衔接和协调,不利于对区域进行空间管制,影响规划发挥宏观调控的作用。

(二)国土空间分区的目标

国土空间分区是编制和实施国土规划的重要前提。空间分区既是空间规划的开始(界定空间控制区域),也是空间规划的深入(落实规划措施和相关政策)。国土空间分区是联系规划各项主要任务、落实规划目标,指导重大工程部署和政策配套与制度创新的主线。

随着经济社会的发展,我国地表宏观格局、资源环境格局和社会经济发展格局发生了显著变化。全球环境变化与全球化对我国的可持续发展和国家安全带来了新的机遇和挑战。资源环境和经济社会对区域发展产生了双重影响。传统的单要素或者自然综合区划等空间分区的技术方法难以适应经济社会发展的需要。世情、国情的发展变化,引起空间分区应用和服务对象发生改变。现阶段的空间分区要落实科学发展观、实现五个统筹,体现中国现有国情和发展阶段特征,适应经济社会发展和政府进行空间管理的需求,推动区域的可持续发展和重大战略目标的实现。

北部湾经济区国土规划作为区域性国土规划,既要对宏观发展战略进行空间落实,又要发挥战略性、基础性、综合性规划的作用,为城市规划、土地利用规划、环境保护规划等专项规划的编制提供依据。需要建立和完善国土规划空间分区体系,加强与其他规划空间分区的衔接和协调。在宏观尺度上与经济社会发展规划、空间规划相衔接,对全国性的产业、人口、资源、环境政策等进行区域化和空间落实。在微观尺度上与控制性详细规划相衔接,实现对国土的精细化管理。

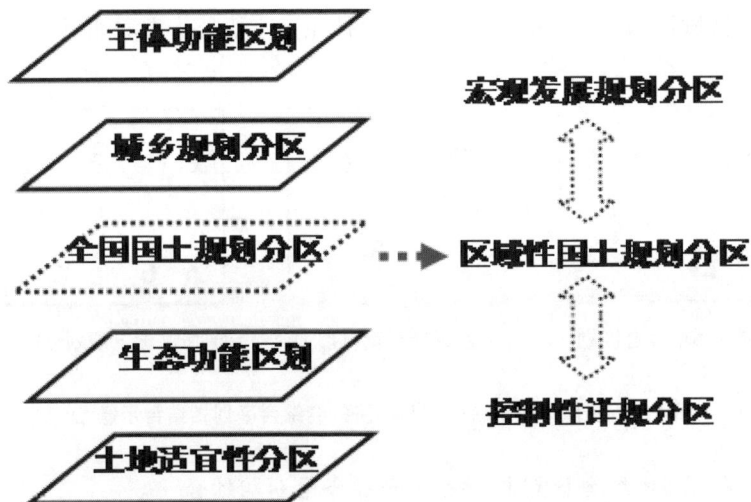

图4-5　不同层级、不同类型空间分区衔接示意图

(三)国土空间分区的原则

1.以服务区域经济社会发展为目的

发展是第一要务,尤其是在欠发达地区,亟需通过经济社会的快速发展,

改变区域经济基础薄弱、发展水平不高等现状。因此,在宏观尺度上的分区,应当按照经济区划的要求进行空间分区,为制定空间引导政策、整合区域资源、加强区域协作服务。

2.定量分析与定性判断相结合

国土空间分区是对包括国土资源、环境、空间以及依附之上的经济社会发展等全要素的综合分析。基于单要素或数个要素的定量评价不能全面反映国土全要素的特征。因为评价指标的选取不可能覆盖国土全要素,多个指标中的权重确定也不能科学反映其在国土分区中的贡献度。因此,需要在定量计算的基础上,进行定性的判断,并加以修正。

3.继承和发展

充分尊重已有重大战略部署和空间规划的空间分区,基于定量计算,结合行政管理需求,有所创新和发展。

(四)国土空间分区思路

此次国土规划空间分区将资源环境综合区划与经济社会综合区划相结合、功能类型划分与区域类型划分相结合,按照完善国土规划分区体系的要求,提出区域性国土规划的空间类型划分体系。主要技术方法如下:

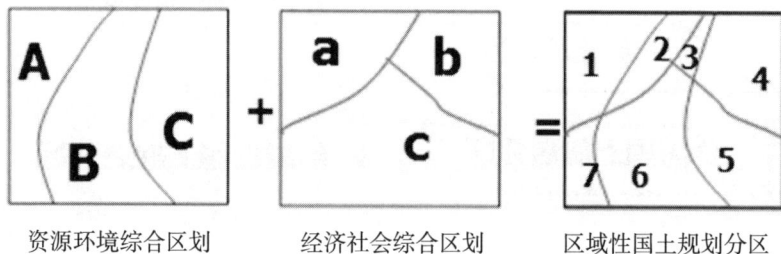

图4-6 资源环境综合区划与经济社会综合区划相结合示意图

1.资源环境综合区划与经济社会综合区划相结合

充分考虑地质环境、生态敏感性、土地适应性等资源环境要素,按照经济社会发展的需要进行国土空间类型划分。同时,要考虑行政管理的需要,保持行政边界的完整性。

2.功能类型划分与地域类型划分相结合

在以往相关工作研究中,曾以重庆为例提出过相关思路:在宏观尺度,按地域类型划分为都市核心经济区、库区经济区和少数民族特色经济区,在中观尺度上,地域类型与功能类型相结合,把库区经济区细化为渝东南都市区、地灾防治和生态建设区等类型区,微观尺度上进一步细化为发展空间、生态空间和整治空间。此次,在广西北部湾经济区国土空间分区中,将会对这一思路进行进一步的细化研究。

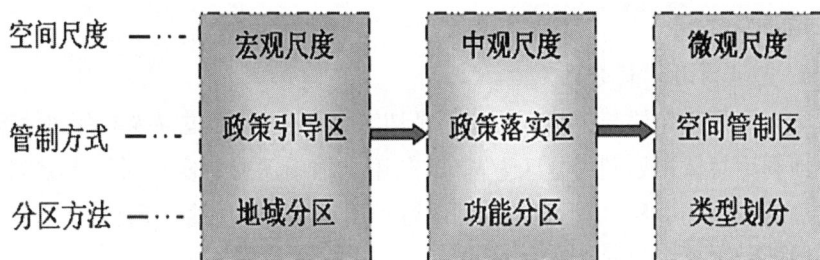

图4-7 功能分区与地域分区相结合示意图

3.国土空间分区与其他空间分区衔接分析

在宏观、中观和微观层面上,综合衔接协调区域性国土规划分区与其他规划的空间分区,建立适应空间分类管制和面向行政管理需求的区域差别化政策体系。

将资源环境综合区划与经济社会综合区划相结合,可以有效衔接资源环境基础和区域经济社会发展需求的关系;将功能类型划分与区域类型划分相结合,可以在宏观尺度上与其他发展规划、空间规划相衔接,在中观尺度上与其他空间规划相衔接,在微观尺度上与控制性详细规划相衔接,实现对国土的精细化管理。

4.区域差别化政策设计

完成国土空间分区后,针对区域特征和发展规划目标提出区域差别化管制政策。在政策设计上,按照政府调控和市场调节相结合、灵活性和务实性相结合、引导性和限制性、行政性和区域性相结合的原则,综合设计财政、土地、产业、投资、人口、环境保护、考核等政策,充分运用行政、市场和法律等手段,全面设计政府调控市场和引导国土开发的公共干预体系,实现对国土空间的有效管制。

二、国土空间分区的技术方法

市场经济体制下的国土规划是具有政策引导和空间约束的双重属性。在宏观尺度上,进行区域发展重大战略部署和差别化的区域政策,引导市场力量。在微观尺度上,强化土地空间管制,规范空间开发秩序,促进宏观战略部署目标实现,形成有序国土空间开发格局。因此在国土空间分区上,需要综合设计空间利用管制分区和空间政策引导分区,体现国土规划的引导性和约束性作用。

1. 空间利用管制分区

国土规划工作要与土地利用规划密切结合在一起,通过等级的合理设置,以土地利用总体规划利用分区为基础,利用土地用途管制实现对国土空间开发格局的控制和引导,加强国土规划对各项用地供需的综合协调功能,增强国土规划的实用性和权威性。

在空间分区上,综合考虑落实重大战略部署的空间落实、区域经济社会发展实际和行政管理需求,将国土空间划分为城市与工业开发区、农村和农业发展区、生态保护区三个一级区,根据空间利用管制的需求,一级区进一步细化为允许建设空间、有条件建设空间、严格限制建设空间、限制建设空间(农业)、限制建设空间(生态)、禁止建设空间等6个二级区。分区以土地利用现状图为规划底图、土地利用现状地块图为基本单元进行画线。

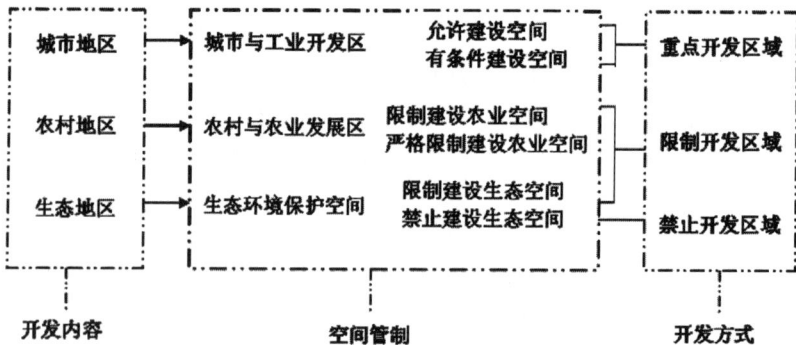

图 4-8　空间利用管制分区图

城市和工业开发区,主要是指城市地区,包括中心城市、县城、重点镇镇区的建成区和拓展区,临海重化工业集中区等各类工业区、边境经济合作区等经济集中开发区。此类地区是规划期内推进区域工业化城镇化的国土空间。分为允许建设区和有条件建设区。

农村和农业发展区，是除城市和工业开发区、生态保护区以外的其他地区。此类地区是重要的商品粮生产基地，保障农产品供给安全的重要区域，现代农业发展的示范区，社会主义新农村建设的示范区。其中，区域内的基本农田集中区为严格限制建设空间，其他为限制建设空间。

生态保护区，包括自然与生态保护区、水源保护区和生态恢复区等类型。此类地区是构筑生态安全屏障的国土空间，其中自然保护区的核心区、重要饮用水水源地等为禁止建设空间，其他为限制建设空间。

2. 空间政策引导分区

通过规划梳理和战略分析，广西北部湾经济区的功能定位已经明晰，即立足北部湾、服务"三南"，即西南、华南和中南；沟通东中西、面向东南亚，充分发挥连接多区域的重要通道、交流桥梁和合作平台作用，以开放合作促开发建设，努力将北部湾地区建成中国—东盟开放合作的物流基地、商贸基地、加工制造基地和信息交流中心，成为带动、支撑西部大开发的战略高地和开放度高、辐射力强、经济繁荣、社会和谐、生态良好的重要国际经济区域合作区。上述功能定位需要通过在广西北部湾经济区的陆域和海域空间上进一步进行空间细化和具体落实。如重要中心城市将承担人口集聚的功能，各类工业区将成为重要的加工基地和先进制造业基地。为此，需要进行空间政策引导分区，落实广西北部湾经济区经济的功能定位和战略部署，引导区域的人口、产业合理集聚，保护区域的生态环境。同时，研究制定差别化的区域政策，促进区域发展各项目标的实现。

具体的分区思路是：首先，在区域经济社会评价、重大战略部署分析、重要空间规划耦合和自然地理分区等综合分析与评价的基础上，识别区域中心城市；以一级中心为核心，根据资源环境基础的相似性和经济社会发展的差异性，按照次级经济分区划分一级国土发展空间；在一级国土空间中根据资源环境基础的差异性和经济社会发展的相似性，根据区域承担的主体功能划分二级国土空间。最后根据行政管理需要和国土空间管制需求，划分三级国土空间管制区。此次北部湾经济区国土空间分区流程如下：

三、国土空间类型划分的资源环境基础评价

1. 可开发国土空间分析评价

广西北部湾经济区各地可利用土地资源，是在分别计算各县级行政区的

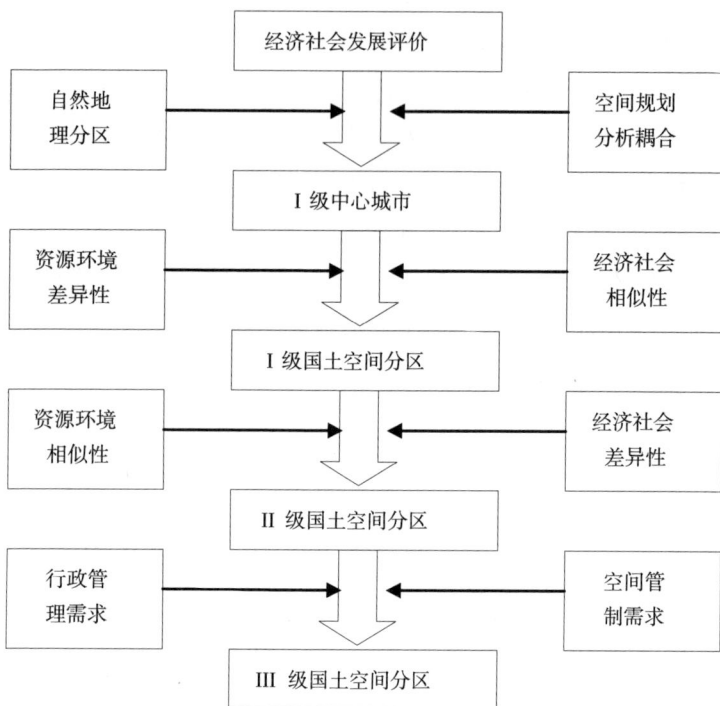

图4-9 广西北部湾经济区国土空间政策引导分区技术路线图

适宜建设用地规模、已有建设用地规模以及基本农田面积后,综合计算得出,反映了地区的后备土地资源状况。北部湾经济区可利用土地面积9626.33平方公里,占广西壮族自治区可利用土地总面积的42.45%;可利用土地面积占其国土总面积的比重为13.24%,高于自治区可利用土地面积比重9.58%。由此反映了广西北部湾经济区后备土地资源比较丰富、发展潜力空间较大。各县(区、市)可利用土地面积及比重详见下表。

表4-3 广西北部湾经济区可利用土地资源情况表

序号	地 区	行政区面积（平方公里）	可利用土地面积（平方公里）	可利用土地面积占全区比重	可利用土地面积占国土面积比重
1	南宁市区	6479.00	1081.83	11.24%	16.70%
2	宁明县	3695.00	656.02	6.81%	17.75%
3	灵山县	3550.00	562.80	5.85%	15.85%
4	钦南区	2533.00	553.55	5.75%	21.85%

续表

序号	地　区	行政区面积（平方公里）	可利用土地面积（平方公里）	可利用土地面积占全区比重	可利用土地面积占国土面积比重
5	博白县	3835.00	470.41	4.89%	12.27%
6	上思县	2810.00	457.33	4.75%	16.28%
7	横　县	3464.60	450.17	4.68%	12.99%
8	武鸣县	3378.00	420.26	4.37%	12.44%
9	钦北区	2197.00	409.46	4.25%	18.64%
10	江州区	2591.00	405.23	4.21%	15.64%
11	防城港市区	2822.00	386.83	4.02%	13.71%
12	扶绥县	2836.10	379.43	3.94%	13.38%
13	合浦县	2380.00	363.49	3.78%	15.27%
14	浦北县	2521.00	344.49	3.58%	13.66%
15	龙州县	1317.80	294.72	3.06%	22.36%
16	宾阳县	2299.00	279.87	2.91%	12.17%
17	马山县	2345.00	245.20	2.55%	10.46%
18	北流市	2457.00	236.34	2.46%	9.62%
19	隆安县	2277.00	232.82	2.42%	10.22%
20	陆川县	1551.00	198.03	2.06%	12.77%
21	大新县	2742.00	187.87	1.95%	6.85%
22	兴业县	1487.00	171.58	1.78%	11.54%
23	容　县	2257.00	158.11	1.64%	7.01%
24	上林县	1869.00	138.16	1.44%	7.39%
25	玉林市区	1251.00	134.56	1.40%	10.76%
26	北海市区	957.00	131.15	1.36%	13.70%
27	天等县	2159.00	102.21	1.06%	4.73%
28	东兴市	549.00	92.17	0.96%	16.79%
29	凭祥市	650.00	82.24	0.85%	12.65%
30	北部湾经济区	72703.00	9626.33	——	13.24%
31	广西壮族自治区	236700.00	22678.66	——	9.58%

按照可利用土地资源丰富、较丰富、中等、较缺乏、缺乏 5 个等级进行分类，如下表所示。

表 4-4　广西北部湾经济区可利用土地资源评价分级表

等级 （等级标准： 平方公里）	行政区数 （所占比重）	行政区名称	可利用土地总面积 （平方公里） （所占比重）
丰富 （>500）	4（13.79%）	钦南区、灵山县、宁明县、南宁市区	2854.2（29.65%）
较丰富 （320—500）	10（34.48%）	浦北县、合浦县、扶绥县、防城港市区、江州区、钦北区、武鸣县、横县、上思县、博白县	4087.1（42.46%）
中等 （150—320）	9（31.03%）	容县、兴业县、大新县、陆川县、隆安县、北流市、马山县、宾阳县、龙州县	2004.54（20.82%）
较缺乏 （100—150）	4（13.79%）	天等县、北海市区、玉林市区、上林县	506.08（5.26%）
缺乏 （<100）	2（6.90%）	凭祥市、东兴市	174.41（1.81%）

北部湾经济区 29 个县级行政单元共有可利用土地面积 9626.33 平方公里，平均每个行政区可利用土地面积为 331.94 平方公里，属于比较丰富的地区。在 29 个县级行政区中，23 个地区的可利用土地资源处于中等及以上水平，约占总数的 80%。不同地区之间的可利用土地资源数量差距很大。南宁市区可利用土地资源面积为 553.55 平方公里，凭祥市可利用土地资源面积仅有 82.24 平方公里，前者约是后者的 13 倍。6 市可利用土地资源总面积规模差异显著，但占其国土面积的比重相差不大。就规模而言，南宁市、崇左市后备土地资源潜力较大，北海市、防城港市潜力相对较小。从空间分布上看，可利用土地资源较丰富的地区主要集中在中部和南部沿海地区，北部各县及东部玉林地区可利用土地资源较为缺乏。

2. 生态脆弱性综合评价

广西北部湾经济区的生态脆弱性综合评价，是在石漠化脆弱性评价和土壤侵蚀脆弱性评价基础上，综合分析评价出北部湾各县级行政区的生态系统脆弱性。分为脆弱、较脆弱、一般脆弱、略脆弱和不脆弱 5 个等级。

表4-5　广西北部湾经济区的生态脆弱性评价表

等　级	行政区数（所占比重）	行政区名称	总面积(平方公里)（所占比重）
脆弱	5(17%)	灵山县、容县、陆川县、兴业县、天等县	11004(15.34%)
较脆弱	9(30%)	南宁市市辖区、马山县、上林县、横县、合浦县、钦北区、博白县、北流市、大新县	27754(38.69%)
一般脆弱	6(20%)	武鸣县、隆安县、宾阳县、北海市区、浦北县、扶绥县	14277(19.90%)
略脆弱	7(23%)	防城区、上思县、钦南区、玉林市区、江州区、宁明县、凭祥市	15486(21.59%)
不脆弱	3(10%)	港口区、东兴市、龙州县	3205(4.47%)

备注:因防城港市区内的港口区和防城区生态脆弱性差别较大,故在表中分列。

从上述生态系统脆弱性评价结果看,广西北部湾经济区超过一半的土地生态系统脆弱程度较高。在30个(防城港市区分为防城区和港口区)县级行政区中,仅有3个行政区表现为生态系统不脆弱,占北部湾经济区行政区总数的10%,土地面积为3205平方公里,占经济区土地面积的4.47%。14个行政区生态系统脆弱或较脆弱,占整个经济区总数的47%,土地面积为38758平方公里,占经济区土地总面积的54.04%。

生态脆弱地区主要分布在广西北部湾经济区的中北区和东部地区,南宁、玉林、北海、钦州4市的生态系统相对较脆弱,防城港、崇左的生态系统状况比较理想。从生态系统脆弱的主导原因来看,大部分地区都是由于土壤侵蚀造成当地生态系统脆弱,仅有天等、马山、上林、大新四县分布于岩溶地区,石漠化也是造成生态系统脆弱的重要原因。

3.生态重要性分析评价

广西北部湾经济区的生态重要性综合评价主要是综合考虑水源涵养重要性、土壤保持重要性和生物多样性维护重要性来评价各地区的生态重要性程度。根据评价结果将各地划分为高、较高、中等、低四个等级。

广西北部湾经济区是广西乃至全国比较重要的生态地区。在30个(防城港市区分为防城区和港口区)县级行政区中,生态重要性中等等级以上的县级行政区29个,占整个经济区总数的96.67%,土地面积为71388平方公里,占经济区土地总面积的99.53%。其中重要、较重要等级行政区的比重为66.67%,土地面积比重78.91%。仅1个行政区,防城港市防城港区,生态重要性程度较低,土地面积为 338 平方公里,占经济区土地面积的 0.47%。

表4-6　广西北部湾经济区生态系统重要性分级表

等级 (等级标准)	行政区数 (所占比重)	行政区名称	总面积 (平方公里) (所占比重)
高	5(16.67%)	上思县、灵山县、容县、陆川县、兴业县	11655(16.25%)
较高	15(50%)	南宁市区、武鸣县、马山县、上林县、横县、合浦县、防城区、钦北区、浦北县、博白县、北流市、扶绥县、宁明县、龙州县、大新县	44947(62.66%)
中等	9(30%)	隆安县、宾阳县、北海市区、东兴市、钦南区、玉州区、江州区、天等县、凭祥市	14786(20.61%)
低	1(3.33%)	港口区	338(0.47%)

备注:因防城港市城区内的港口区和防城区生态重要性差别较大,故在表中分列。

北部湾经济区绝大部分地区都是生态重要地区,仅崇左、玉林两市城区,天等、隆安、宾阳三县,以及沿海部分县市生态重要性程度较低。

4. 广西北部湾地区资源环境基础综合评价

广西北部湾经济区水土资源比较丰富,资源要素组合比较合理,具有较大的剩余环境容量,资源环境状况整体优于经济社会发展现状,总体上资源环境综合承载力较强。就资源来看,海洋资源、土地资源对经济社会发展的承载力较强,是广西北部湾地区的优势资源。北部湾大部分地区都是生态脆弱地区,并且生态重要性较强,未来在大规模开展城镇工矿和基础设施建设,加速经济社会发展的同时,要注意维护生态系统健康,加强环境治理和生态建设,力求建设成资源节约和生态友好的经济区。

基于本研究三个指标的评价结果,对广西北部湾经济区未来国土空间开发提出以下初步建议:

1. 北部湾6市可利用土地资源总面积规模差异显著,但占其国土面积的比重相差不大。从空间分布上看,中部和南部沿海地区可利用土地资源较多,能够适应未来产业发展和人口集聚的需求,该地区应是人口聚集和产业发展的重点地区。玉林地区可利用土地资源较少,但区域人口总量较大,需要通过实施城乡建设用地增减挂钩、实施"三旧"改造等手段,进行土地资源的内部挖潜。北部各县可利用土地资源较少,区域人口总量不大,且资源环境基础较差,要逐步转移区域人口,适当控制工业开发和城镇建设。

2.通过生态脆弱性评价,灵山县、容县、陆川县、兴业县、天等县的脆弱性等级最高。其中,天等县境内属于熔岩地区,石漠化是生态脆弱的主要原因。灵山县、容县、陆川县和兴业县靠近沿海,受降雨影响,土壤侵蚀是其生态系统脆弱的主要原因。在未来国土空间开发,要注意避让生态脆弱性地区。在实施国土整治工程中,因地制宜,分类防治,加强生态系统建设,降低生态系统脆弱性,减轻生态脆弱性对经济社会发展的影响。

3.通过生态重要性评价,上思县、灵山县、容县、陆川县、兴业县生态重要性最高。这些地区的生物多样性保护功能、水源涵养功能、土壤保持重要性等生态服务功能较高。在国土空间开发中,要正确处理经济社会发展与生态环境保护之间的关系,在强化生态保护的前提下,探索一条经济增长与生态协调发展的新型工业化城镇化道路,实现可持续发展。

第三节　国土空间利用管制分区

一、空间管制分区类型

国土规划工作要与土地利用规划密切结合在一起,通过规划内容和等级的合理设置,以土地利用总体规划利用分区为基础,利用土地用途管制实现对国土空间开发格局的控制和引导,加强国土规划对各项用地供需的综合协调功能,增强国土规划的实用性和权威性。

在空间分区上,综合考虑重大战略部署的空间落实、区域经济社会发展实际和行政管理需求,将国土空间划分为城市与工业开发区、农村和农业发展区、生态环境保护区三个一级区。

根据空间利用管制的需求,依据经济社会发展战略、国土空间主导利用方向和管理需要,制定差别化的空间管制政策和引导措施,加强对国土空间的控制和引导,以土地用途管制为基本手段,将上述一级区进一步细化为允许建设空间、有条件建设空间、严格限制建设农业空间、限制建设空间(农业)、限制建设空间(生态)、禁止建设空间等6个二级区。分区以土地利用现状图为规划底图、土地利用现状地块图为基本单元进行划分。

表 4-7　广西北部湾经济区空间管制分区表

(单位:平方公里)

区域	城市和工业开发区			农村与农业发展区			生态环境保护区		
	允许建设空间	有条件建设空间	小计	严格限制建设空间	限制建设空间	小计	禁止建设空间	限制建设空间	小计
面积	1531	1726	3257	16575	28800	45376	4895	19130	24025
比重	2.11%	2.38%	4.48%	22.81%	39.64%	62.45%	6.74%	26.33%	33.07%

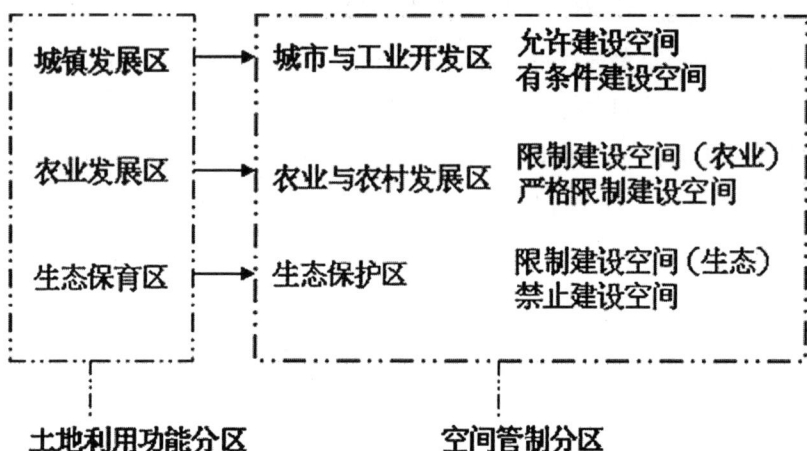

图 4-10　空间管制分区与土地利用功能分区衔接图

二、城市与工业开发区

(一)区域定位与管制措施

城市和工业开发区,主要是指城市地区,包括中心城市、县城、重点建制镇的建成区和拓展区,各类工业区、临海重化工业集中区、经济集中开发区等。此类地区是未来广西北部湾经济区重要人口和产业集聚的地区。

广西北部湾经济区城市和工业开发区总面积 3257.47 平方公里,占广西北部湾经济区陆域国土总面积的 4.48%。其中允许建设空间 1548.83 平方公里,限制建设空间 1708.64 平方公里。

(二)管制原则与措施

1. 城市和工业开发区是规划期内推进区域工业化城镇化优先开发的国土空间。新建城市与县城新区、工业园区、工业集中区应在本功能区范围内选址。本区域是实施城乡建设用地增减挂钩用地规模指标调入的重点区域。

2. 在国土规划中要制定优先开发的措施引导人口向本区域集中,形成强大集聚效应,强化中心城区在广西北部湾经济区的核心带动作用,培育壮大县城和重点镇的辐射带动作用,发挥城镇示范效应。

3. 严格控制本功能区内"城中村"规模的扩大并逐步改造,积极通过城市"三旧"改造,优先利用存量土地和闲置土地,盘活存量土地。

4. 加强开发区和工业集中区等园区管理,引导各类开发区和工业集中区等园区的合理选址布局,对已有产业进行升级改造,对新设项目提高准入条件,提高国土空间的集约节约利用程度。

5. 土地规划、城市规划以及其他专项规划要以国土规划为依据,规范空间开发和各项建设活动,土地规划确定的土地利用要符合本区土地利用主导方向,合理确定各级城镇建设用地规模,科学划定城镇建设用地规模边界和扩展边界,实行城镇建设用地空间管制;城市规划要完善城镇功能,优化内部用地结构和布局,严格按规划用途批地用地。

（三）允许建设空间

允许建设空间是城市与工业区、城乡现状建设用地与规划期内新增城镇、工矿、村庄建设用地规划选址的区域,是城乡建设用地指标落实到空间上的预期地区。空间开发的主导用途是为城市建设、工业开发提供发展空间。

（四）有条件建设空间

有条件建设空间是为适应经济社会发展和各项建设的不确定性,为城市建设和工业开发的预留空间和后备发展空间。使用有条件建设空间进行空间开发和各类建设活动,要按有关规定办理相关用地审批手续。

三、农村与农业发展区

1. 区域范围与功能定位

农村和农业发展区,是除城市和工业开发区、生态保护区以外的其他地区。此类地区是重要的商品粮生产基地,保障农产品供给安全的重要区域,现代农业发展的示范区,社会主义新农村建设的示范区。其中,区域内的基本农田集中区为严格限制建设空间,其他为限制建设空间。

广西北部湾经济区农村与农业发展区面积45376平方公里,占广西北部湾经济区陆域国土总面积的62.45%。其中严格限制建设农业空间16575平方公里,限制建设农业空间28800平方公里。

2. 严格限制建设空间

严格限制建设空间主要包括区域的基本农田集中区,空间利用的主导功能是进行粮食作物和经济作物的生产,提供农产品,保障粮食安全和其他农产品生产安全。

在空间管制措施上,要严格限制村庄与工业无序、分散发展以及各项非涉农建设活动;通过土地利用总体规划、土地整治规划等进一步划分基本农田保护区,划定永久基本农田;此类空间是安排土地整理、基本农田建设重大工程、进行农田水利建设的重点区域,土地整理复垦资金以及其他涉农资金要优先投入到严格限制农业空间。

3. 限制建设空间(农业)

限制建设空间(农业)是农业综合发展和新农村建设的重点区域,是进行农林牧果渔等综合开发、农林产品加工、乡村旅游等经营活动的区域。

在空间管制措施上,要通过土地规划和城乡规划确定农村居民点等生活空间以及农业生产空间的规模和范围;通过"空心村"整治等,逐步减少建设用地占用空间,严格限制非农业建设农地扩张;以市场为导向,科学合理的引导农业结构调整,优化农业结构,积极发展特色农业和现代农业,提高农业综合产出和利用效益;积极推动城乡统筹和新农村建设,积极筹措资金,改善基础设施,提高区域公共设施服务水平。

四、生态保护区

1. 区域范围与功能定位

生态保护区,包括自然保护区、水源保护区和生态恢复区等类型。此类地区是构筑生态安全屏障的国土空间,其中自然保护区的核心区、重要饮用水水源地等为禁止建设空间,其他为限制建设空间。

广西北部湾经济区生态保护区总面积24025平方公里,占广西北部湾经济区陆域国土总面积的33.07%。其中禁止建设空间4895平方公里,限制建设空间19130平方公里。

2. 禁止建设空间

禁止建设空间是指经过国家、自治区和地方政府批准的各级各类生态保护区的核心区、森林公园、地质公园、风景名胜区等。

在空间管制措施上,禁止建设空间是我国保护自然文化资源的重要区域,点状分布的生态功能区,生物多样性的重要保护地。在禁止建设空间内要严格保护自然景观、自然环境,不得随意改变现有生态环境,严格控制人工景观建设,除了必要的保护设施和附属设施外,严禁任何生产建设活动,降低人类活动密度,将已有产业活动逐步迁出。

3. 限制建设空间(生态)

限制建设空间(生态)是生态保护区内除禁止建设空间以外的区域,此类地区一般自然条件较好,环境质量高,植被覆盖率高,生物资源丰富,具有涵养水源、保持水土、维持物种多样性等重要生态服务功能。

在空间管制措施上,要维护生态系统的完整性。在不损害生态系统功能的前提下,根据经济社会发展实际需要,可以适度安排生态旅游、特色文化、林业、特色种植等产业发展。但禁止进行大规模工业化、城镇化开发,严禁部署各类破坏性开发建设活动,适当降低人类活动密度。

第四节　国土空间政策引导分区

一、区域中心城市识别

(一)已有规划的区域中心城市

《广西北部湾经济区发展规划》提出,以南宁为依托,建设辐射作用大的南北钦防城市群①。并将城镇建设区划分为四个等级。其中,南宁为一级城镇建设区,北海、钦州、防城港为二级城镇建设区。

《广西北部湾经济区城镇群规划纲要》提出,构筑以南宁为主中心,以北海、钦州、防城港、玉林、崇左5市为区域性副中心的"一主、五副、多中心"的城镇体系。

以上规划,均体现将南宁作为北部湾经济区的区域中心城市,北海、钦州、防城港、玉林、崇左作为区域副中心城市的规划思路。

(二)区域城市经济社会实力对比分析

通过经济总量分析,南宁、玉林、北海、防城港、钦州五市的市辖区经济规模较大,经济总量之和约占北部湾经济区经济总量的50%。其中,南宁市区经济总量最大,约占北部湾经济区经济总量的30%,为广西北部湾经济区的中心城市。崇左市中心城区经济总量较小,远低于其他五市市区的经济总量。

---

① 玉林和崇左两市未纳入该规划。

（三）自然地理及地形地貌

从自然地理条件分析,最适宜经济发展和城市建设的国土是气候条件适宜的平原和盆地,在全国范围内,华北平原、东北平原、长江中下游平原、珠江三角洲、四川盆地皆为适宜经济发展的优质国土。广西北部湾经济区内有平原、盆地、山地、浅海、滩涂等多类地形,其中十万大山、六万大山将北部湾经济的南宁、北海、钦州、防城港、玉林、崇左等地区划分为相对独立的南宁盆地、玉林盆地、右江谷地以及包括钦州平原、合浦平原等在内的沿海平原四个地理单元。这些平原和谷地是广西北部湾经济区内适宜经济发展和城市建设的优质国土,也是广西乃至全国最适宜发展工农业生产和城市建设的优质国土。

（四）行政区划及历史沿革与变迁

广西北部湾经济区国土规划编制研究中,涉及的地域范围包括南宁、北海、钦州、防城港、玉林、崇左六个地级行政区划单元。行政区划调整和变革在实质上是行政管理权限的调整,行政管理属于上层建筑范畴,是为经济社会发展服务的,行政区划的变革在一定程度上可以反映经济联系的变化。

1. 南宁市和崇左市行政区划历史变革

1958—2002 年,作为自治区首府的南宁市和南宁(专区)地区并存,现南宁市和崇左市的地域范围均在其中。2002 年 12 月 23 日,国务院批准撤销南宁地区设立地级崇左市,辖原南宁地区南部凭祥市和崇左、扶绥、大新、宁明、龙州等县。原南宁地区北部横县、马山、宾阳、隆安、上林四县划归南宁市。

2. 北海、钦州、防城港三市行政区划历史变革

北海、钦州、防城港三市,历史上属于原钦州地区分离出去的三个地级市。原广西钦州地区,下辖钦州、合浦、北海、灵山、防城、浦北、上思等七个县市。1983 年 10 月,北海市率先从原钦州地区分离出去,成立地级北海市,1987 年 7 月把合浦县划归北海市管辖;1985 年,防城港从防城县分离成立自治区直辖的防城港管理区,1993 年 5 月防城港市成立,划防城县和上思县归防城港市管辖;1994 年 6 月 28 日,经国务院批准,撤销原广西钦州地区建制,成立地级钦州市。

目前,对于推进三市一体化的呼声较高,甚至有学者提出,进行三地重组,成立北部湾市,以达到资源整合、避免无序竞争的目的。事实上,三市也采取了一定的措施,推动一体化进展,如组建成立广西北部湾国际港务集团,有效整合防城港、钦州港和北海港的港口资源。

3.玉林市行政区划历史变革

1997年4月22日,经国务院批准,撤销玉林地区和县级玉林市,设立地级玉林市,玉林市辖原玉林地区的容县、陆川县、博白县和新设立的兴业县、玉州区,原玉林地区的北流市由自治区直辖。

(五)结论

通过相关规划和经济实力分析。南宁为广西北部湾经济区中心城市,玉林为桂东南中心城市,也是北部湾经济区东南翼的中心城市。北海、钦州、防城港临海三市一体化趋势明显,是北部湾经济区临海城镇与工业带的区域核心城市(群)。崇左经济实力较弱,2009年经济总量,不仅低于其他中心城市,也低于武鸣等县级行政单位,区域经济中心城市的地位有待进一步形成。

综上,通过分析识别南宁、北(海)钦(州)防(城港)、玉林为北部湾经济区的三个区域中心城市。

二、I级国土发展分区——政策引导区

(一)基于区域中心城市的政策引导区划分

以三个区域中心城市,根据资源环境相似性和经济社会发展差异性计算,并按照行政区划范围、交通线路等进行调整,按经济区划的原则划分I级国土发展分区见下表所示:

表4-8　广西北部湾I级国土发展分区表

名称	核心区范围	功能定位
南宁都市圈发展区	南宁市区及周边重点开发区	中国—东盟合作的区域性国际城市、综合交通枢纽和信息交流中心。
临海重点开发区	北海、钦州、防城港市区、合浦县城、博白县龙潭镇以及临海工业区等	我国沿海重要的加工制造业基地。推动临海三市交通、港口、物流等一体化建设,打造成为服务"三南"、面向东南亚的重要交通通道和物流基地。
玉林都市圈发展区	玉州区、福绵管理区、北流市及周边重点开发区	以先进制造业和现代服务业为主导的宜居创业区域性现代化中心城市、承接产业转移的重要基地、中小企业名城和统筹城乡发展的示范地区。

(二)特殊政策引导区——沿边国土开发合作区

广西北部湾经济区共有东兴市、防城区、凭祥市、龙州县、宁明县、大新县等6县(市、区)与越南接壤。边境地区是广西北部湾经济区一个重要而又特殊的区域,集贫困地区、革命老区、少数民族聚居区和沿边地区为一体。由于

自然条件、长期战争等多种特殊原因,边境地区基础设施条件、经济社会发展状况、群众生活水平等方面,发展较为落后。为加快边境地区经济社会发展,国家出台了一系列"兴边富民"的扶持政策,推动了边境地区的经济社会发展,但与广西壮族自治区全区平均水平相比,仍有较大差距。为维护边境国土资源和生态环境,巩固国防、维护国家利益,促进中越双边和谐发展,改变边境地区贫困落后的局面,此次广西北部湾经济区国土规划应划分特殊的政策引导区——沿边国土开发合作区。

沿边国土开发区范围包括6个边境县,在此地区落实国家一系列扶持政策。同时,要发挥区位优势、通道优势和港口优势,凸显与东盟战略合作中的特殊地位,积极培育区域经济增长极,建设重点开发开发实验区、边境经济合作区、跨境经济合作区等特色园区,积极发展出口加工、商贸物流和边境旅游等产业,加快形成以东兴、凭祥为核心,具有边境特色的经济发展模式。

(三)政策引导区分区方案

根据以上分析结果,将广西北部湾经济区划分为四个政策引导区,分别为南宁都市圈发展区、玉林都市圈发展区、临海重点开发区和边境国土开发合作区。各政策引导区的范围、功能定位和核心城市如下表所示:

表4-9 广西北部湾经济区政策引导区分区表

代码	名称	核心区范围	功能定位	核心城市
I₁	南宁都市圈发展区	南宁市区、崇左市区、武鸣县、横县等及周边重点开发区	中国—东盟合作的区域性国际城市、综合交通枢纽和信息交流中心。	南宁、崇左
I₂	临海重点开发区	北海、钦州、防城港市区,合浦县城、铁山港区、博白县龙潭镇以及临海工业区等	我国沿海重要的加工制造业基地。推动临海三市交通、港口、物流等一体化建设,打造成为服务"三南"、面向东南亚的重要交通通道和物流基地。	北海、钦州、防城港
I₃	玉林都市圈发展区	玉州区、福绵管理区、北流市及周边重点开发区	以先进制造业和现代服务业为主导的宜居创业区域性现代化中心城市、承接产业转移的重要基地、中小企业名城和统筹城乡发展的示范地区。	玉林、北流
I₄	边境国土开发合作区	东兴市、凭祥市城区和边境经济合作区及周边重点开发区	中国—东盟陆海大通道的重要门户、商贸物流中心、加工基地和旅游目的地,跨境合作示范区。	东兴、凭祥

(四)基于Ⅰ级国土发展分区的空间政策引导思路

1.南宁都市圈发展区

(1)区域范围

南宁市区、江州区、武鸣县、横县和六景工业园区等工业园区及周边重点开发区。

(2)发展导向

以南宁市为核心,发挥首府中心城市作用,实现农业、工业和服务业综合发展,强调特大城市、大城市、中小城市和重点县镇协调发展,共同推进城镇化,率先实现资源节约集约利用,注重生态环境保护与大规模国土开发友好相处。建设保税物流中心,成为面向中国与东盟合作的先行地区、综合交通枢纽和信息交流中心。

(3)目标与任务

——优先发展南宁市区,增强南宁市综合实力,使之成为北部湾经济区辐射带动力强的中心城市和面向中国与东盟合作的区域性国际城市;重点发展崇左市、武鸣县、横县、隆安县、扶绥县,规划期内建成为中等城市,加强与南宁市中心城区的经济联系,承担区域副中心的功能。推动马山县、上林县、宾阳县等地的协调发展。

——重点发展高技术产业、加工制造业、商贸业和金融、会展、物流等现代服务业。以建设"三基地三中心"为载体,推动企业集聚,促进产业集群发展。重点发展现代加工制造业,加快建设先进制造业基地;大力促进商贸物流业融合发展,打造面向东盟地区的区域性商贸物流基地;重点发展服务城市的现代都市农业,建设特色都市型农业基地;加快信息基础设施建设与完善,发展中国—东盟国际数据通信业务,建设区域性信息交流中心;加快培育金融市场,建设区域性金融中心;统筹各种运输方式发展,建设服务大西南、面向东南亚的区域性国际综合交通枢纽中心。

——加快推进城镇建设,突出发展中心城市,大力发展中小城镇,促进产业和人口向城镇集聚,构筑与建设超大城市人口承载能力和区域性国际城市要求相适应的都市圈。围绕打造南宁都市圈,按照"中心城市提升、副中心城市跨越、小城市和重点镇多极并举、城镇轴线组团发展"的城镇化空间发展策略,推动形成由"中心城市—副中心城市—片区中心—重点镇"构成的城镇体系。

——按照城乡统筹的原则,发挥区域优势,合理分工,加快形成以工促农、以城带乡、城乡互动的发展机制,大力推进城乡区域协调发展。

2.临海重点开发区

(1)区域范围

北海、钦州、防城港市区,合浦县城、铁山港区、博白县龙潭镇以及临海工业区等。

(2)功能定位

依托重大产业集群、重要工业园区,提升临港重化工业发展,提高工业化水平,建设成为我国沿海重要的加工制造业基地。推动临海三市交通、港口、物流等一体化建设,打造成为服务"三南"、面向东南亚的重要交通通道和物流基地。

(3)目标与任务

——完善管理体制,加强三市同城化建设进程,整合区域资源、优化空间布局,提升交通、港口等一体化建设,快速提升区域合作水平。

——加强中心城市建设,提高城市品质。北海市要打造"北部湾休闲之都",建设区域性、国际化的现代产业集聚之地、旅游商贸物流中心、开放合作重要平台和生态宜商宜居文明城市。钦州市打造成北部湾临海核心工业区、区域性国际行业中心和物流中心,具有岭南风格、滨海风光的宜商宜居城市。防城港市要建设成为我国沿海主要港口城市,环北部湾地区重要临海工业基地和门户城市。

——依托龙头企业和重大产业项目,延伸上下游产业链,加快形成配套完善、市场竞争力强的石油化工、冶金、电子信息、造纸等产业集群,打造临海环保型重化工产业带。在改造提升传统产业的同时,积极培育生物医药、海洋产业、造船等新兴产业,形成新的经济增长点。坚持产业化、市场化、社会化方向,拓宽投资领域,提高旅游业、会展业、金融业、信息服务业等现代化服务业。

——加快发展海洋产业。坚持陆海统筹,科学规划海洋经济发展,合理开发利用海洋资源,建设海洋工业基地,大力发展海洋产业。

——加强对自然保护区、生态公益林、水源保护区等的保护,加强防御台风和风暴潮能力建设,构建以沿海红树林、珊瑚礁、港湾湿地为主体的北部湾沿海生态屏障。

3.玉林都市圈发展区

(1)区域范围

玉林市玉州区、福绵管理区、北流市、容县及周边重点开发区。

(2)功能定位

建设以先进制造业和现代服务业为主导的宜居创业区域性现代化中心城市、承接产业转移的重要基地、中小企业名城和统筹城乡发展的示范地区。加强农业资源保护和产业提升,引导实现资源节约集约利用,协调农业生产空间保护和城镇化、工业化空间拓展的关系。

(3)目标与任务

——加快建设以玉林—北流—福绵为核心的大城市框架,玉林市城区重点建设中心城区组团、福绵组团、玉柴新区、玉东新区,合理确定新区旧城功能分工,推动新区与旧城协调发展。北流市和容县重点建设城区组团。博白县龙潭镇重点向沿海发展,建设龙潭新区,与北海市铁山港区共同建设北部湾经济区城镇功能组团。

——大力发展先进制造业和服务业,建成全区承接东部产业转移的重要基地和新兴工贸城市。

——重点建设玉柴工业园、玉林市经济开发区、北流日用陶瓷工业园、容县经济开发区和桂台农业合作交流服务示范园区,建设非公经济示范市,创建中小企业名城。

——加快推进海峡两岸(广西玉林)农业合作试验区建设,建设成为农工贸一体化、对外开放农业和现代农业的示范园区,打造广西现代农业示范市。加快发展现代农业,建设广西特色农业基地。

——加快推进城乡统筹综合配套改革试点,形成和完善统筹城乡发展的体制机制。建立城乡统一的建设用地市场,促进土地增值收益投入主要向农业农村倾斜。

4.边境国土开发合作区

(1)区域范围

东兴市、凭祥市城区和边境经济合作区及其他沿边地区。

(2)功能定位

实施"兴边富民"战略,加强边境地区的开发、开放与区域合作,完善基础设施建设,做强糖业,做大锰业,加快发展国际贸易和旅游业。建设成为全区重要的边境口岸以及出口加工、国际物流、蔗糖等基地,重要的边关旅游文化城市和富有南国边关特色的山水园林城市。全面打造面向东盟开放合作的新兴发展区域。

（3）目标与任务

——依托区位优势和资源优势,进行机制体制创新,推动东兴、凭祥加快建设成为中等规模城市,增强城市基础设施和软实力建设,发挥边境门户城市作用。

——加快建设东兴等国家重点开发开放试验区,依托铁路、高速公路和边境口岸推动南宁—新加坡经济走廊、中越凭祥—同登、东兴—芒街跨境经济合作区的建设。

——加快发展特色产业,建设以资源开发型工业和进出口加工型为主,以凭祥—同登跨境经济合作区、凭祥综合保税区、中国—东盟凭祥物流园等为龙头的边境开发合作经济带。

——加大对沿边地区国防公路、农村道路等交通基础设施建设的支持力度;加大对农田水利、社区综合服务等基础设施建设的扶持力度;加大对边境地区的特色优势产业和重点企业的扶持力度。

——做好边境地区的生态保育、国土整治。通过实施跨界河流国土防护治理、矿山环境治理恢复等重大国土整治工程,改善边境地区经济社会发展环境,扶持边境地区开发建设。

三、Ⅱ级国土发展分区——政策落实区

（一）分区方案

在Ⅰ级国土空间中根据资源环境基础的差异性和经济社会发展的相似性,按照区域在经济社会发展中的重要性和承担的主体功能划分二级国土空间——政策落实区。分区结果如下表所示：

表 4-10　Ⅱ级国土发展分区

Ⅰ级国土 发展分区	Ⅱ级国土 发展分区	范　　围
南宁都市 圈发展区	南宁中心组团	南宁市中心城区及周边重点开发区
	南宁重点发展组团	江州区、武鸣县、横县、扶绥县以及六景工业园区等
	南宁外围发展区	隆安县、宾阳县
	南宁边缘发展区	马山县、上林县

续表

Ⅰ级国土发展分区	Ⅱ级国土发展分区	范　围
临海重点开发区	铁山港组团	北海铁山港区、博白县龙潭镇等
	北海组团	北海市中心城区、合浦县城及周边重点开发区
	钦防组团	钦北区、钦南区、港口区、防城区部分地区
	六万大山生态保护区	灵山县、浦北县
	十万大山生态保护区	上思县、防城区扶隆镇和大录镇
边境国土开发合作区	边境重点发展组团	东兴市、凭祥市及宁明县城中镇等地区
	边境开发与农业发展区	大新县、龙州县、宁明县(除城中镇以外地区)
	边境开发与生态保育区	天等县、防城区峒中镇和那良镇
玉林都市圈发展区	玉林中心组团	玉林市区、北流市及周边重点开发区
	玉林重点发展组团	容县、博白县
	玉林外围发展区	兴业县、陆川县

表 4-11　Ⅱ级国土分区功能定位

类型	Ⅱ级国土政策引导区	主体功能	政策落实	工业开发强度	农业发展程度	生态保护力度
城市与工业核心发展区	南宁中心组团、铁山港组团、北海组团、钦防组团、玉林中心组团、边境重点发展组团	提供工业产品和服务产品	重点开发政策	渐强 ↑		渐强
城镇化和工业化加速发展区	南宁重点发展组团、玉林重点发展组团	提供工业产品、服务产品、农业产品	重点开发政策、农业扶持政策		渐强 ↕	
县域经济和农业发展区	南宁外围发展区、玉林外围发展区、边境开发与农业发展区	提供农产品、生态产品、工业产品	农业扶持政策			
重要生态保护区	南宁边缘发展区、六万大山生态保护区、十万大山生态保护区、边境开发与生态保育区	提供生态产品、农产品	生态保护政策			↓

Ⅱ级国土分区根据其重要功能定位可以分为城市与工业核心发展区、城

镇化和工业化加速发展区、县域经济和农业发展区、重要生态保护区等类型。区域的主体功能、政策落实及未来国土开发方式如下表所示：

（二）基于Ⅱ级国土发展分区的空间政策落实思路

1. 城市与工业化核心发展区

（1）区域范围

包括南宁中心组团、铁山港组团、北海组团、钦防组团、玉林中心组团等地区。南宁、北海、钦州、防城港、玉林等中心城区，东兴市、凭祥市等边境开发与合作城镇，南宁经济技术开发区、广西北海工业园区、广西钦州港经济开发区、广西玉林经济开发区等国家和自治区级高新技术产业开发区、经济技术开发区，东兴边境经济合作区、凭祥市边境合作区、广西凭祥综合保税区等边境合作区以及钦州港工业区、企沙工业区、铁山港工业区等临海重化工业集中区均位于城市和工业化核心发展区。

（2）区域功能定位

城市与工业化核心发展区是广西北部湾经济区城市发展和工业化水平最高的地区，是落实区域定位中物流基地、商贸基地、加工制造业基地和信息交流中的核心地区，是成为带动、支撑西部大开发的战略高地和开放度高、辐射力强，参与国际国内区域竞争与合作的核心地区。

（3）政策落实

落实国家推进北部湾经济区行政管理体制、市场体系、土地管理制度等综合配套改革的主要地区。是国家在有关规划、重大项目布局及项目审批、核准、备案方面倾斜政策的具体落实区域。保税港区、综合保税区、综合物流中心、边境经济合作区、跨境经济合作区等主要落实在城市与工业核心发展区。为推动区域功能的高效发挥，在城市与工业核心发展区要推动土地管理、财税等方面机制体制的创新。

2. 城镇化与工业化加速发展区

（1）区域范围

包括南宁重点发展组团、玉林重点发展组团。崇左市江州区，武鸣县、横县、扶绥县、容县、博白等重点县城以及崇左市城市工业区、六景工业园区等工业园区位于城镇化与工业化加速发展区。

（2）功能定位

城镇化与工业化加速发展区是推动南宁都市圈做大做强，推动区域工业化进程的重要支撑地区和组成地区。是分散南宁中心城区产业升级改造、承接产业转移和产业配套的重要地区,同时,该区域也是重要粮食生产区和城市农副产品的供应区。

（3）政策落实

推动城乡统筹政策落实区,现代制造业和配套产业相关政策,都市型农业、特色农业等现代农业和农副产品加工业扶持政策落实区。

3. 县域经济和农业发展区

（1）区域范围

包括南宁外围发展区、玉林外围发展区、边境开发与农业发展区等地区。宾阳、隆安、兴业等县城,黎塘等重点镇以及隆安华侨管理区、陆川县北部工业集中区等工业园区位于县域经济和农业发展区。

（2）功能定位

该区域是全区重要的商品粮生产基地,保障农产品供给安全的重要区域,现代农业发展的示范区,社会主义新农村建设的示范区。

（3）政策落实

落实试行自治区直管县财政,发展壮大县域经济的相关政策;落实国家新增粮食生产能力政策,建立促进粮食增产增效的长效机制,落实对产粮大县的支持政策;落实发展特色农业,建设农业特色园区的支持政策;落实新农村建设,农田水利、交通通信等农村基础设施建设扶持政策;落实边境开发等扶持政策。

4. 重要生态保护区

（1）区域范围

包括南宁边缘发展区、六万大山生态保护区、十万大山生态保护区、边境开发与生态保育区等地区。马山、上林、上思等县城以及大明山生态保护区、十万大山生态保护区、六万大山生态保护区、石漠化防治区等重要生态功能区和生态修复区位于重要生态保护区内。

（2）功能定位

重要生态保护区是保护自然文化资源的重要区域,点状分布的生态功能区,生物多样性的重要保护地,是构筑区域国土生态安全屏障的重要地区。

（3）政策落实

落实生物多样性保护、生态公益林建设、生态修复和石漠化治理等生态保护和环境治理等相关政策;落实公益林补偿政策、跨行政区水资源保护等生态补偿机制;落实整村推进、异地扶贫搬迁、以工代赈等扶贫政策;落实生态移民、发展特色经济等政策。

四、III 级国土发展分区——空间管制区

在 II 级国土发展分区内,根据行政管理需要和国土空间管制需求,划分城市与工业开发区、农村与农业发展区、生态保护区等 III 级国土空间管制区。并通过土地利用总体规划、城市规划以及其他空间性详细建设性规划划分国土空间强制管制区。

第五节　空间开发导向与功能定位

一、国土空间开发面临的机遇和挑战

(一)影响未来二十年区域经济社会发展基本因素分析

1. 区位条件独特

广西北部湾经济区地处华南经济圈、西南经济圈、中南经济圈和东盟经济圈的结合部,是我国西部大开发地区唯一的沿海区,也是我国与东盟国家既有海上通道又有陆地接壤的区域。中国—东盟自由贸易区是一个拥有近 19 亿人口、2 万亿美元 GDP、1.2 万亿美元贸易总额的巨大市场空间,北部湾经济区处于中国—东盟自由贸易区的几何中心,其建设直接影响到中国经济,特别是中国南方经济进入东盟市场的问题。广西北部湾经济区独特的区位优势决定了其在国家经济社会发展战略中的重要性,发展潜力巨大。

2. 自然资源与环境优越

广西北部湾经济区是广西壮族自治区自然资源条件最优越的地区,拥有丰富的海洋、土地、淡水、农林牧和旅游资源,环境容量大、生态系统优良,具有较高的人口经济承载能力。尤其是海洋资源优势突出,结合区位优势,具备发展外向型经济的良好条件。北部湾经济区现状国土开发密度较低,丰富多样的自然资源和良好的环境条件,为北部湾地区经济发展提供了坚实的要素基础,后发优势明显。

3. 交通基础设施配套完善

经过近几年的开发建设,北部湾经济区的港口、公路和铁路等交通运输设施建设已经取得了跨越式发展。通过沿海三港资源整合,海港年吞吐量达

1.2亿吨,海港运输的配套基础设施建设迅速发展。以南宁为中心的便捷交通网络已形成,连接东盟及周边省市的一批高速公路、铁路、航线相继开通。北部湾经济区国际大通道框架基本形成,通过日益完善将逐步发展成为华南、西南、中南和东盟商贸货物的运输、中转枢纽,有力促进通道经济发展。

4.产业资本带动强劲

广西北部湾经济区成立并上升为国家发展战略以来,成为国内外社会经济关注的热点,成为国家投资和民间投资以及国外投资的重点和热点区域。广西被视为向东盟市场和西南地区进军的桥头堡,中国企业进入东盟市场的制造业基地。颇具成效的招商引资工作使北部湾经济区的投资总量飞跃增加,引进内资成效显著。和珠三角、长三角和环渤海经济带形成之初一样,北部湾蜂拥而至的各路资本中,产业资本仍是重中之重。产业资本的涌入直接带动了经济区GDP和固定资产投资的快速增长。工业增长尤其迅猛,目前临海工业已初具规模,为北部湾经济的跨越式发展提供了新起点。

5.国际开放合作深化

中国—东盟自由贸易区的建成,大湄公河次区域合作、泛北部湾经济合作的务实推进,为北部湾经济区面向东盟合作的桥梁和纽带作用奠定了基础。对北部湾地区经济增长的作用主要有:(1)拓宽了利用外资的渠道,通过利用亚洲银行贷款等途径加强和改善基础设施建设,完善北部湾经济区的海陆通道;(2)为经济区货物贸易、服务贸易等方面提供了更广阔的空间,既可以直接出口把商品打入东盟市场,也可以实现和东盟国家合作合资办厂,享受东盟国家的优惠政策;(3)为资源、技术、资金、人才等生产要素的流动提供了便利,有利于经济区更广泛、更合理地运用国际资本和外部资源,拓展经济和市场发展空间;(4)加快了相互间投资及产业转移步伐,有利于经济区与东盟国家在各领域开展合作事务,提高对外开放水平。

6.多重优惠政策支持

广西北部湾经济区具有三方面的政策优势:一是加快西部地区、沿海地区、延边地区、少数民族地区等边、穷、老、少地区的经济社会发展的扶持政策。二是国家批准的广西北部湾经济区在重大产业项目布局、建设保税物流体系、金融创新与发展、推进开放合作、综合配套改革等5个方面24条的政策保障,以及海关总署、检验检疫总局等部门出台的相关政策措施。三是广西专门出台了支持北部湾经济区发展的财税、土地、金融、基础设施建设等7个方面74

款优惠政策。这些政策优惠不仅增加了北部湾经济区的吸引力，而且优化了北部湾经济区的投资环境，能够促进北部湾经济区资金、技术和人才的引入，起到促进经济跨越发展的作用。

（二）区域经济社会发展前景预测

中国—东盟自由贸易区的正式建立、国家新一轮西部大开发战略的实施为广西北部湾经济区开放开发带来了新机遇，《广西北部湾经济区发展规划》的深入实施和其他一系列重大政策支持为北部湾经济区区域协调发展奠定了坚实基础。北部湾经济区正面临着良好的发展前景。

1. 区域经济合作蕴含巨大空间

对外，紧紧抓住广西北部湾经济区作为中国—东盟自由贸易区建设桥头堡的机遇，充分利用国际合作，强化与东盟各国的贸易往来，发展外向型经济，建设中国—东盟自由贸易区国际性区域经济中心。对内，利用泛珠三角区域合作等国内区域合作的有利条件，承接东部发达省市产业转移，承接东部，服务西部，主动承接粤港澳产业转移，强化与西南腹地的互动，作西部大开发的领头羊。

2. 区域规划协调力度加大

《广西北部湾经济区发展规划》要求经济区内各城市相互协调、相互促进、共同发展，既要谋求自身发展，又要推动经济区整体进步；既提倡发挥各自的积极性、主动性和创造性，又要服从和服务大局。《广西北部湾经济区发展规划》的深入实施将有助于促进化解当前制约生产力发展的不利因素，整合并优化各种资源，消除协调发展的障碍，从而迸发出新的发展动力。

3. 产业结构调整与升级加快

6市之间的合作加强，有利于城市合理定位及确定发展规模、产业比例。充分利用资源、产业互补性，加强国际、国内产业分工与协作，优选重点领域，推进产业对接。广西北部湾经济区产业结构调整和升级面临要素短缺和市场约束两大难题，借助多区域合作优势，吸引国内外资本、技术、人才、品牌等关键要素流入，同时也可拓展国际、国内市场。

4. 交通体系不断完善和物流体系逐步形成

区域交通区位条件继续完善，国际区域合作的重要通道、交通桥梁和合作平台逐步建立，服务西南、中南、华南，沟通中国—东盟的物流体系逐步形成。在今后一段时期内，广西北部湾地区将继续大力投资和建设公路、铁路、港口等交通设施项目。加快南宁—新加坡经济走廊建设,建设南宁—新加坡的多条铁路和高等级公路,实现铁路的全面连通和统一准轨化。围绕建成的这一通道,将形成一个新的中国—东盟经济带。继续完善分据海陆空三路的物流服务体系,经济区将逐步建成形成以保税物流体系为物流仓储平台,以南宁和沿海港口等为交易中心,以南宁、凭祥和玉林的陆路节点、沿海三市的海路节点、南宁的空路节点等为主要通道的区域性物流基地。

二、广西北部湾经济区功能定位分析

1. 在世界经济格局中的功能定位

抓住中国—东盟自由贸易区正式建立的机遇,加快建设并完善与东盟合作平台,拓展合作领域,扩大合作范围,创新合作机制,增强参与国际经济合作和竞争的能力,构建开放度高、辐射力强、经济繁荣、社会和谐、生态良好的重要国际区域经济合作区。

以滨海度假、跨国旅游、海洋旅游、国际商会会展、边境风情体验为主体,融合游览观光、主题娱乐、康体养生、文化体验、休闲地产等功能于一体,将北部湾打造成为与地中海、加勒比海等相媲美的世界级滨海旅游目的地。

2. 在中国—东盟自由贸易区的功能定位

发挥广西北部湾经济区位于中国—东盟自由贸易区前沿地带的区位优势,及其经济集聚辐射带动作用,完善产业布局,加快发展先进制造业、高技术产业和现代服务业,构建特色鲜明、集群发展、协调配套、竞争力强的现代产业体系,努力建成中国—东盟开放合作的物流基地、商贸基地、加工制造基地和信息交流中心。

3. 在中国国土空间开发格局中的功能定位

依托沿海港口,进一步加强西南出海大通道建设,构建连接多区域的国际通道,积极发展临海现代产业,优化沿海经济布局,充分发挥后发优势,建设成为支撑西部大开发的战略高地,服务"三南"、沟通东中西的重要通道、交流桥梁和合作平台,引领我国经济加速发展的"第四增长极"。

利用沿海区位优势,深化国际能源合作。建设国家石油、煤炭、天然气等能源储备库,将广西北部湾地区打造成为服务于南方地区的国家战略性能源安全生产和供应基地。

4. 在广西壮族自治区的功能定位

作为广西壮族自治区率先发展的排头兵、先行区、新引擎,加快推动广西经济社会全面进步,从整体上带动和提升民族地区发展水平,振兴民族经济,巩固民族团结,保障边疆稳定。

第六节　国土空间开发布局

一、塑造高效有序的国土空间发展格局

落实国家深入实施西部大开发和推进兴边富民行动的重大战略布局,抓住中国—东盟自由贸易区建设加快推进和国家高度重视广西沿海地区发展的重要机遇期,根据广西北部湾经济区功能定位和战略部署,以区域一体化为动力,以开发与开放合作为手段,整合资源、激发活力,构建以多中心网络型为形态的、高效有序利用的国土空间发展格局。

1.建设富有竞争力的国土

以提升中心城市的人口和产业聚集能力为重点,实现工业化和城镇化高水平发展。以重要工业园区和重大产业集群为依托,增强城市经济实力。通过加强城市建设,提高工业园区经济产区,打造重要产业集群,提高区域经济密度,增强经济实力,提升国土竞争力。

提升南宁市区域性国际城市的建设水平,重点发展金融业、物流业、会展业、商业服务业等生产性服务业,增强对广西北部湾经济区和东盟自由贸易区的综合服务能力;大力建设北海、钦州、防城港、玉林等区域中心城市,发挥辐射和带动作用;积极发展崇左、北流、宾阳、容县、博白、横县、武鸣等城市,进入中等城市规模,发挥北部湾经济区重要的经济增长极和节点城市的作用;大力支持东兴、凭祥两个边境贸易城市的发展,建设成为中等规模城市,成为重要的边境贸易口岸城市、出口加工基地和重要的国际旅游目的地;重视马山、上林等县城和三塘、吴圩等重点镇的发展,带动县域经济和特色经济的发展,重点提升面向农业和农村发展地区的公共服务能力和市场服务能力。

以19个国家和自治区级的工业园区为重点,加快发展重点工业园区,推动产业向工业园区集聚。按照"布局合理、特色鲜明、用地集约、生态环保"的原则,加快产业向工业园区集聚,充分发挥工业园区的产业集聚作用,推动优势产业、优势企业和优势资源向重点园区集聚,建成一批布局合理、产业优势突出、基础设施齐全的百亿元园区。支持和推动南宁经济技术开发、南宁高新技术产业开发、广西北海出口加工区等国家级开发区发挥政策优势,加快

产业结构优化升级,拓展发展空间;以东兴边境经济合作区和凭祥市边境经济合作区为依托,加快国家级开放开发试验区建设;优化布局一般工业集中区,鼓励各地依托农产品、矿产品等特色资源优势,发展特色产业,增强县域经济发展。

表4-12　广西北部湾经济区城镇发展导向

城市规模	城市类型	城市名
特大城市	区域性国际城市	南宁
大城市	区域中心城市	北海、钦州、防城港、玉林
中等城市	重要节点城市	崇左、北流、宾阳、容县、博白、横县、武鸣
中等城市	边境门户城市	东兴、凭祥
小城市	一般县城	马山、上林、隆安、合浦、上思、灵山、浦北、兴业、陆川、扶绥、天等、大新、龙州、宁明
小城镇	重点建制镇	三塘、吴圩、六景、大塘、黎塘、西场、南康、石康、山口、陆屋、大寺、小董、那丽、张黄、寨圩、六靖、民乐、杨梅、龙潭、文地、乌石、渠黎、濑湍、硕龙、雷平、水口、友谊、夏石、爱店

以重大项目和龙头企业为依托,按照"分工明确、布局合理"的原则,延伸上下游产业链,加快形成配套完善、市场竞争力强的石油化工、冶金、电子信息、造纸等产业集群。南宁都市圈重点发展高技术产业、加工制造业、商贸业和金融、会展、物流等生产性服务业,临海地区积极打造临海环保型重化工业带,玉林市大力发展先进制造业和服务业,边境开发合作区积极发展出口加工等特色经济。在改造提升传统产业的同时,积极培育生物医药、海洋产业、造船等新兴产业,加大对旅游业、都市型现代农业等特色产业的扶持力度,形成新的经济增长点。

2. 建设一体化的国土

通过"两共建、四同城、六一体",逐步整合资源、推动融合,充分挖掘区域一体化的发展动力,实现减少分割、统一部署。以广西北部湾经济区为整体,参与国际区域竞争。

加强北海铁山港区与玉林龙潭镇在铁山港大能力泊位和深水航道的共建共享,加快铁山港东岸码头建设,统筹部署铁山港东西两岸的交通枢纽、物流基地、重点项目以及配套基础设施,共同推动铁山港(龙潭)组团发展。统筹东兴市与凭祥市的对外开发合作建设,协调部署跨境经济合作区、重点开发开放试验区建设,推动相关机制体制创新研究,共同发挥中国—东盟大通道的门户作用。

促进南宁—崇左、钦州—防城港、北海—合浦、玉林—福绵—北流的同城化进程。按照同城化要求,统筹相邻城市的城乡建设、交通通信、能源保障、环境防治、市政工程等的规划部署和建设实施等工作。统筹考虑生活空间、生产空间和生态空间部署。

将玉林和崇左全部行政区域纳入广西北部湾经济国土规划予以统筹考虑,合理部署、统筹规划。打破行政区域,统筹部署土地资源、水资源等合理利用。推动区域内产业、港口、交通、城镇、保税物流等一体化进程,实现海陆联动、经济社会联动,最终实现区域统筹和谐发展。

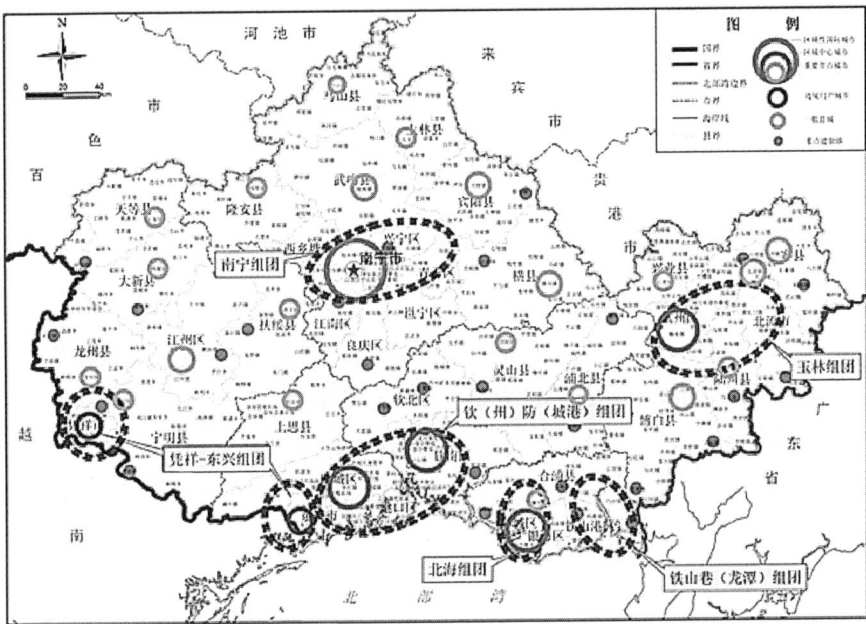

图4-11 一体化国土建设示意图

3. 建设开放合作的国土

全方位、多层次、宽领域扩大对内对外开放,积极融入国内外多区域合作,完善重要陆海通道建设和区域协作机制建设,充分利用两种市场、两种资源,以开放合作促开发建设。

积极深化国内区域合作,促进区域间的信息交流。积极承接东部地区产业转移,加强与珠三角等地区产业、交通、水利、生态保护等方面的合作,推动有关省市与经济区合作共建产业园区。积极参与泛珠三角区域合作与发展论坛、桂台经贸合作论坛等合作平台建设,以开放合作促开发发展,推动广西北部湾经济区建设成为服务三南,带动和支撑西部大开发的战略高地。

创新体制机制,深化与东盟等国家的全方位、多领域开放合作。务实推进泛北部湾经济合作和中越"两廊一圈"合作,深度参与大湄公河次区域合作,积极争取更多的中国—东盟合作机制和机构落户北部湾地区,加快建设面向东盟的南宁商务总部基地和国家内陆开放型经济战略高地。充分发挥已有保税港区、保税物流中心的出口加工、保税物流等功能,加快建设东兴等国家重点开发开放试验区,推动南宁—新加坡经济走廊、中越凭祥—同登、东兴—芒街跨境经济合作区和钦州中马产业园建设。

4. 建设集约高效的国土

优化空间布局,落实节约优先战略,转变发展理念和经济发展方式,提高国土资源利用效率,构建集约高效国土,增强可持续发展能力。

强化国土规划的空间政策引导力和强制管控力,通过实施区域差别化开发政策和空间管制措施,统筹谋划人口分布、经济布局、国土利用和城镇化格局,引导人口、经济向适宜开发的区域集聚,构筑区域经济优势互补、功能定位清晰、高效利用的国土空间开发格局。

落实节约优先战略,全面实行资源利用总量控制、供需双向调节、差别化管理,大幅度提高能源资源利用效率,提升各类资源保障程度。通过技术创新、推广节能新产品,合理控制能源消费总量,提高能源利用效率。实行节约集约用地制度,强化规划和年度计划调控,严格用途管制,加强土地整治,盘活存量建设用地,加大闲置土地清理力度,健全节约土地标准。建设节水型社会,合理调配生产、生活和生态用水,强化水资源有偿使用,大力发展高效节水产业。加强重点行业原材料消耗管理和技术改造,加大替代型材料、可再生材料推广力度,推进各领域、各行业节材。加强能源和矿产资源勘查和开发管理,强化矿产资源规划调控,加快推进矿产资源开发整合,对特定矿种严格实行保护性开发,促进形成优势矿产资源战略接续区,建立铝、锰、稀土等重要矿产资源储备体系。

按照减量化、再利用、资源化的原则,减量化优先,以提高资源产出效率为目标,推进生产、流通、消费各环节循环经济发展,加快构建覆盖全社会的资源循环利用体系。重点在制糖、铝业、钢铁、锰业、石化、电力、建材、林浆纸、林产加工、化工等行业构建循环利用产业体系,鼓励企业建立循环经济联合体。推动玉林进口再生资源循环利用示范园区、钦州石化产业循环经济示范区、崇左湘桂糖业循环经济园区和锰深加工循环利用园区、玉柴集团再制造产业示范园区等循环经济示范基地建设。

5. 建设绿色安全的国土

严格保护农业和生态发展空间,积极构建综合防灾减灾体系,确保农产品生产安全和国土生态安全。

实行最严格的耕地保护制度,严格限制村庄与工业无序、分散发展以及各项非涉农建设活动占用农业生产空间。加大基本农田保护力度,划定永久基本农田。加大农业综合生产能力建设投入,推动农业规模化、产业化和现代化,优化农业结构,积极发展特色农业和现代农业,综合发挥农业生产空间的生态效益和农产品产出效益。

坚持保护优先和自然修复为主,加强生态保育和修复,增强重要生态功能区的水源涵养、水土保持和生物多样性等功能。实施绿化造林和生态修复工程,推进山区生态林、海防护林、自然保护区、湿地生态系统建设。采取恢复自然植被、封山育林育草、小流域水土保持等措施,全面推进石漠化综合治理。加强生物物种资源保护和安全管理,防止境外有害物种对生态系统的侵害,保护生物多样性。加强矿山生态环境整治和生态修复。保护近岸海域红树林、珊瑚礁、海草和滨海湿地生态系统,协调临海重化工业产业带发展与生态保护的关系。

以中小河流治理和山洪地质灾害防治为重点,增强城乡防洪能力。提升沿海防台风、风暴潮、海啸能力。加快建立山洪地质灾害调查评价体系、监测预警体系、防治体系、应急体系。对地质灾害易发的城镇、村屯、重点工程建设区、交通要道和石山地区等区域开展重点防治。采取工程措施治理重大地质灾害隐患点,对治理难度大的危险隐患点采取搬迁避让。加强重大自然灾害的预测预警、灾害防御和应急救援能力,推行自然灾害风险评估,强化地质灾害抢险救灾措施,制定应急预案,普及防灾知识,增强群众防灾减灾意识,加强救援队伍建设,构建综合防灾减灾体系。

6.构建有序发展的国土

以国土空间开发利用适宜性和限制性为基础,以重点发展与均衡发展兼顾为原则,以重要城镇的发展为增长极,以重要产业带、交通走廊、城镇带为发展轴线,科学划分国土空间政策引导区和空间管制区,规范广西北部湾经济区国土空间有序开发,推动区域的可持续发展和重大战略目标的实现。

构筑由区域性国际城市、区域中心城市、重要节点城市、边境门户城市、一般县城和重点镇的组成的城镇体系,重点推进南宁中心组团、钦防组团、北海组团、铁山港组团、玉林中心组团和由东兴、凭祥组成的边境重点开发组团的优先发展。

通过南宁向沿海地区的辐射,形成南宁—滨海发展主轴;强化沿海三市之间的经济联动,串点成线形成铁山港组团—北海组团—钦防组团—东兴组团的一级发展轴;以南宁至玉林、南宁至崇左—凭祥综合运输通道纽带,建设二级发展轴,带动周边县域经济发展和城镇建设;加强玉林—博白—铁山港—北海沿线的建设和东兴—爱店—凭祥—水口沿边境线的开发开放,成为新的二级发展轴;充分挖掘防城港—上思—崇左、钦州—灵山—南宁—武鸣—马山、南宁—隆安等三级发展轴对沿线的辐射带动作用。沿不同层级的发展轴形成具有影响力的产业走廊,加强对发展轴沿线地区的扶持力度和带动力度。

严格保护大明山、十万大山、六万大山等水源涵养和生物多样性保护区,构筑由重要自然保护区、沿海生态屏障、沿江沿重要交通线绿色走廊和城乡绿心组成的绿色空间。重视基本农田的保护和建设,发挥农地的生产效益和生态效益,建设各具特色的农产品主产区。

通过建设富有竞争力的国土、一体化的国土、开放合作的国土和绿色安全的国土,构筑由重要增长极、发展轴以及产业功能组团、农产品主产区、生态功能区等点、线、面要素构成的多中心网络型空间开发格局,形成有序发展的国土。

二、科学引导空间开发

以区域发展现状及潜力评价为基础,进行空间政策引导分区,制定差别化的区域政策,落实广西北部湾经济区经济的功能定位和战略部署。

1.城市与工业化核心发展区

区域范围:包括南宁、北海、钦州、防城港、玉林和崇左中心城区,东兴市、凭祥市等边境开发与合作城镇。

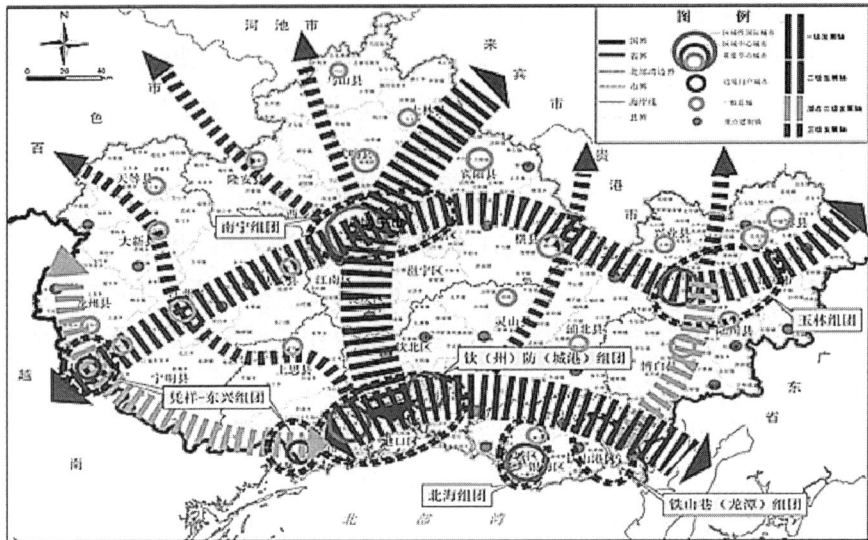

图 4-12 有序发展国土构建示意图

功能定位:是广西北部湾经济区城市发展和工业化水平最高的地区,是落实区域定位中物流基地、商贸基地、加工制造业基地和信息交流中的核心地区,是成为带动、支撑西部大开发的战略高地和开放度高、辐射力强,参与国际国内区域竞争与合作的核心地区。

政策落实:落实国家推进北部湾经济区行政管理体制、市场体系、土地管理制度等综合配套改革的主要地区,是国家在有关规划、重大项目布局及项目审批、核准、备案方面倾斜政策的具体落实区域,保税港区、综合保税区、综合物流中心、边境经济合作区、跨境经济合作区等主要部署区域。

2.城镇化与工业化加速发展区

区域范围:武鸣县、横县、扶绥县、容县、博白等重点县城及周边区域。

功能定位:推动区域工业化进程的重要支撑地区和组成地区,是分散南宁、玉林等中心城区产业升级改造、承接产业转移和产业配套的重要地区。同时,也是重要粮食生产区和城市农副产品的供应区。

政策落实:推动城乡统筹政策落实区,现代制造业和配套产业相关政策,都市型农业、特色农业等现代农业和农副产品加工业扶持政策落实区。

3.县域经济和农业发展区

区域范围:宾阳、隆安、兴业等县城及周边地区。

功能定位:全区重要的商品粮生产基地,保障农产品供给安全的重要区域,现代农业发展的示范区,社会主义新农村建设的示范区。

政策落实:落实试行自治区直管县财政,发展壮大县域经济的相关政策;落实国家新增粮食生产能力政策,建立促进粮食增产增效的长效机制,落实对产粮大县的支持政策;落实发展特色农业,建设农业特色园区的支持政策;落实新农村建设,农田水利、交通通信等农村基础设施建设扶持政策;落实边境开发等扶持政策。

4. 重要生态保护区

区域范围:包括大明山生态保护区、十万大山生态保护区、六万大山生态保护区、石漠化防治区等重要生态功能区、水源涵养区和生态修复区位。

功能定位:保护自然文化资源的重要区域,点状分布的生态功能区,生物多样性的重要保护地,是构筑区域国土生态安全屏障的重要地区。

政策落实:落实生物多样性保护、生态公益林建设、生态修复、水源涵养和石漠化治理等生态保护和环境治理等相关政策;落实公益林补偿政策、跨行政区水资源保护等生态补偿机制;落实整村推进、易地扶贫搬迁、以工代赈等扶贫政策;落实生态移民、发展特色经济等政策。

三、分类管制陆域国土

以资源环境承载力和区域国土空间利用现状为基础,将"正规划"思路与"逆规划"思路相结合,合理划分陆域生态空间和经济空间。"允许建设空间"等"正规划"空间的划定突出对工业化、城镇化发展的空间保障,"禁止建设空间""严格限制建设空间"等"逆规划"空间的划定强调对保护性国土空间的强制性保护。按照分类对待、区域差别化的空间管制思路,优化提升经济空间,合理保护生态空间,综合部署整治空间。国土经济空间与国土生态空间共同组成全覆盖,国土综合整治空间作为"覆区"在国土经济空间和国土生态空间范围内进行重点选择和部署。其中,经济空间分为城市与工业开发区、农村和农业发展区两个类型区。

1. 城市与工业开发区

广西北部湾经济区城市和工业开发区总面积 3257.47 平方公里,占广西北部湾经济区陆域国土总面积的 4.48%。其中允许建设空间 1548.83 平方公里,限制建设空间 1708.64 平方公里。

城市和工业开发区是规划期内推进区域工业化城镇化优先开发的国土空

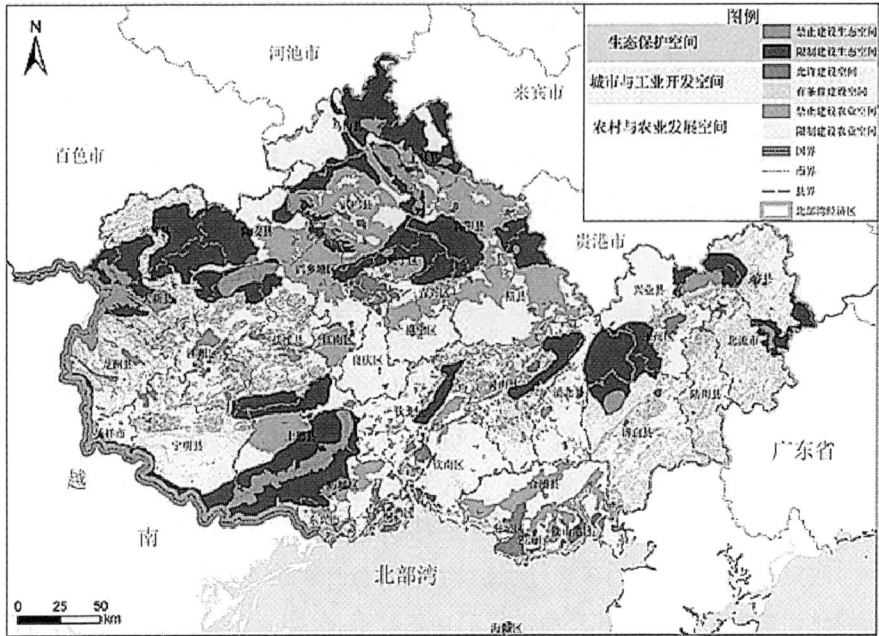

图4-13 国土空间管制分区图

间,新建城市与县城新区、工业园区、工业集中区应在本功能区范围内选址。在国土规划中要制定优先开发的措施引导人口向本区域集中,形成强大集聚效应,强化中心城区在北部湾经济区的核心带动作用,培育壮大县城和重点镇的辐射带动作用,发挥城镇示范效应,本区域是实施城乡建设用地增减挂钩用地规模指标调入的重点区域。土地规划、城市规划以及其他专项规划要以国土规划为依据,规范空间开发和各项建设活动,土地规划确定的土地利用要符合本区土地利用主导方向,合理确定各级城镇建设用地规模,科学划定城镇建设用地规模边界和扩展边界,实行城镇建设用地空间管制;城市规划要完善城镇功能,优化内部用地结构和布局,严格按规划用途批地用地。

允许建设空间是城市与工业区城乡现状建设用地与规划期内新增城镇、工矿、村庄建设用地规划选址的区域,是城乡建设用地指标落实到空间上的预期用地区。空间开发的主导用途是为城市建设、工业开发提供发展空间。

有条件建设空间是为适应经济社会发展和各项建设的不确定性,为城市建设和工业开发的预留空间和后备发展空间。使用有条件建设空间进行空间开发和各类建设活动,要按有关规定办理相关用地审批手续。

2. 农村和农业发展区

广西北部湾经济区农村与农业发展区面积45376平方公里,占广西北部湾经济区陆域国土总面积的62.45%。其中严格限制建设空间16575平方公里,限制建设空间(农业)28800平方公里。

农村和农业发展区,是除城市和工业开发区、生态保护区以外的其他地区。此类地区是重要的商品粮生产基地,保障农产品供给安全的重要区域,现代农业发展的示范区,社会主义新农村建设的示范区。

严格限制建设空间主要包括区域的基本农田集中区,空间利用的主导功能是进行粮食作物和经济作物的生产,提供农产品。在空间管制措施上,要严格限制村庄与工业无序、分散发展以及各项非涉农建设活动;通过土地利用总体规划、土地整治规划等进一步划分基本农田保护区,划定永久基本农田;此类空间是安排土地整理、基本农田建设重大工程、进行农田水利建设的重点区域,土地整理复垦资金以及其他涉农资金要优先投入到严格限制农业空间。

限制建设空间(农业)是农业综合发展和新农村建设的重点区域,是进行农林牧果渔等综合开发、农林产品加工、乡村旅游等经营活动的区域。在空间管制措施上,要通过土地规划和城乡规划确定农村居民点等生活空间以及农业生产空间;通过"空心村"整治等,逐步减少建设用地占用空间,严格限制非农业建设农地扩张;以市场为导向,科学合理地引导农业结构调整,优化农业结构,积极发展特色农业和现代农业,提高农业综合产出和利用效益;积极推动城乡统筹和新农村建设,积极筹措资金,改善基础设施,提高区域公共设施服务水平。

3. 生态保护区

广西北部湾经济区生态环境保护区总面积24025平方公里,占广西北部湾经济区陆域国土总面积的33.07%。其中禁止建设生态空间4895平方公里,限制建设生态空间191302平方公里。包括自然与生态保护区、水源保护区和生态恢复区等类型。自然保护区的核心区、重要饮用水水源地等为禁止建设空间,其他为限制建设空间(生态)。

禁止建设空间是指经过国家、自治区和地方政府批准的各级各类生态保护区的核心区、森林公园、地质公园、风景名胜区等。在空间管制措施上,禁止建设生态空间是我国保护自然文化资源的重要区域,点状分布的生态功能区,生物多样性的重要保护地。在禁止建设生态空间内要严格保护自然景观、自然环境,不得随意改变现有生态环境,严格控制人工景观建设,除了必要的保护设施和附属设施外,严禁任何生产建设活动。禁止建设生态空间是国土生态安全的红线区,要降低人类活动密度,将已有产业活动逐步迁出。

限制建设空间(生态)是生态保护区内除禁止建设空间以外的区域,此类地区一般自然条件较好,环境质量高,植被覆盖率高,生物资源丰富,具有涵养水源、保持水土、维持物种等重要生态服务功能。在空间管制措施上,要维护生态系统的完整性。在不损害生态系统功能的前提下,根据经济社会发展实际需要,可以适度安排生态旅游、特色文化、林业、特色种植等产业发展;但禁止进行大规模工业化、城镇化开发,严禁部署各类破坏性开发建设活动,适当降低人类活动密度。

4. 综合部署整治空间

广西北部湾经济区国土综合整治是指对构成国土生态环境系统基石的自然水体、大片天然林、大面积湿地、海岸带和有重要保护价值的自然与历史文化遗产区域划为重点保护和整治区域,提出重点保护和整治的规划措施。针对水土流失、水土污染、土地石漠化、土地盐碱化等生态环境问题严重区域,从生产安排、生态修复、工程改良等方面,提出区域性和综合性国土整治规划,促进经济区可持续发展,提高重要国土资源保障度,实现经济效益、社会效益和生态效益平衡。

在水土保持、土地"三化"防治、矿山地质环境治理恢复、土地"三旧"改造等方面实施国土综合整治工程,加大国土综合整治力度,优化资源开发利用和产业布局,增强资源环境承载能力和保障能力,构筑国土生态安全屏障,改善城乡生产生活条件,加快构建安全、和谐、可持续发展的国土空间,促进城乡统筹和区域协调发展。

四、合理开发海洋国土

(一)海岸线开发利用与空间管制

依据经济社会发展需要和海岸线的自然条件,在空间布局上,把北部湾经济区海岸线划分为六种类型。分别为:

港口建设岸线,用于深水港开发、渔港扩建等港口建设。

工业与城镇建设岸线,用于临海工业区或滨海城镇建设。

旅游开发岸线,用于观光游览、休闲度假、娱乐运动等旅游开发。

渔业发展岸线,用于各类渔业生产、渔业基础设施建设和水产品物流区建设。

生态保护岸线,用于保护重要海洋生态环境和稀有海洋动植物资源。

保留岸线,主要是自然岸线或目前保留现有使用状态、在规划期内不安排开发利用、留待远景开发利用或生态建设的岸段。

(二)合理开发利用海域空间

以《海域使用管理法》和《海洋环境保护法》确定的海洋功能区划为基础,把海洋空间划分为海洋经济空间、海洋生态空间和海洋保留空间。海洋经济空间、海洋生态空间和海洋保留空间组成全覆盖,海洋综合整治空间作为"覆区"在海洋经济空间和海洋生态空间范围内进行重点选择和部署。

1. 海洋经济空间

海洋经济发展空间主要为海洋经济产业发展和工业城镇拓展提供服务,包括港口开发建设区、工矿与城镇建设区、旅游开发区、农渔业区等Ⅱ级分区。针对不同功能分区,实施差别化空间管制政策。

2. 海洋生态空间

海洋生态保护空间包括海洋自然区和海洋特别保护区,用于保护珍稀、濒危海洋生物物种、经济生物物种及其栖息地,以及有重大科学、文化和景观价值的海洋自然景观和历史遗迹。保护区内应加强海洋生物多样性、重要海洋生境、海洋景观、海洋资源的保护,禁止其他用海干扰保护目标和保护对象。

第五章 农林产业发展与新农村建设

第一节 农村地区概况

一般而言,农村地区指农村居民区和农业地区,是保障农村经济社会发展和农村人口居住的重要区域。广西北部湾经济区主要包括广西首府南宁和广西沿海的北海、钦州、防城港及玉林市、崇左市,组成"4+2"的格局。广西北部湾经济区的农村地区包括南宁、北海、钦州、防城港四市所辖行政区域以及崇左、玉林两个市,即"4+2"的农村居民区和农业地区。

一、北部湾经济区农村经济发展状况

北部湾经济区的农村地区经过漫长的发展历史,一直以来主要为传统的农业型农村,改革开放以后,尤其是新农村建设和广西北部湾经济区建设的启动,北部湾经济区的农村地区经济发展快速,带动了产业结构调整和社会结构转型。

广西北部湾经济区是人少地多、民族杂居的地区,又是经济产业类型多样的地区。受民族文化、地区经济、地理环境、资源条件等因素的影响,目前北部湾经济区的农村呈现不同的经济产业类型,如传统农业型、资源新产业型、复合型。

传统农业型是以传统的农业耕作为主,表现为简单的农业生产、植树造林等,从而满足一家一户的日常生活的基本需求。这种经济产业类型主要集中在山区、丘陵地带的农村如宁明、大新、龙州等。

资源新产业型是一种新型的农村社会发展模式,因地制宜地开发本地区的新资源或资源的重新开发,主要表现为以文物古迹为主开发文化旅游业、以种植经济林为主发展现代木业加工、以种植热带果树为主发展水果生产或水果成品加工。这些经济类型主要集中在交通相对便利、又靠近山区的农村如北部湾经济区各高速公路附近的农村地区。

复合型是兼有传统农业、现代产业和"农家乐"服务业的新型农村社会发展模式。这种经济产业类型主要出现在平原兼丘陵地带,如武鸣县。

广西北部湾经济区成立后,该地区农村也有了很大发展,经济发展水平普遍提高,当地居民的生活条件也有明显改善,基本解决温饱问题并略有剩余。然而,从北部湾经济区的整体发展水平来看,经济区内各市农村的经济发展呈现不平衡趋势,各地之间存在很大的差距。从所处地理位置看,靠近市区的农村比县城的农村发展快,而县城附近的农村又比山区的农村条件好。从经济产业类型看,复合型农村快于资源型农村,而资源型农村又比传统农业型农村发展得快。即使是同一类别,也会出现经济发展差距。同时市级附近的农村,南宁附近的农村快于防城港附近的农村。当然,北部湾经济区农村经济发展的这种差距不是绝对的,这中间存在很大的可变性空间。通过进一步的发展,可以缩短各市农村之间的差距,从而实现地区经济的全面发展。

二、农村文化发展状况

文化资源,由有形的物质文化遗产和无形的非物质文化遗产两部分组成。北部湾经济区农村文化资源包括了整个区域内农村的历史资源、民俗资源、知识资源、信息资源等。内容上,包括民族民间流传的诗歌、音乐、舞蹈、戏曲、绘画、说唱、谣谚、剪纸、皮影、刺绣、编织、印染、服饰、首饰、雕刻、工具、器具、建筑、标识以及特定的文化区域或场所等等的有形物质文化遗产。形态上,它除了有形的主要部分外,还包括无形的部分即非物质形态化的部分,如口传文学及语言、传统表演艺术、传统工艺技能、传统民俗节庆、传统知识、特定的文化场所或空间等。

(一)有形的物质文化遗产

《保护世界文化和自然遗产公约》规定,可列为文化遗产的有:(1)文物:从历史、艺术或科学角度看,具有突出、普遍价值的建筑物、雕刻和绘画,具有考古意义的成分或结构,铭文、洞穴、住区及各类文物的综合体;(2)建筑群:从历史、艺术或科学角度看,因其建筑的形式、同一性及其在景观中的地位,具有突出、普遍价值的单独或相互联系的建筑群;(3)遗址:从历史、美学、人种学或人类学角度看,具有突出、普遍价值的人造工程或人与自然的共同杰作以及考古遗址地带。北部湾经济区农村的物质文化资源集中在具有历史价值、艺术审美价值的建筑物或建筑群和洋溢着民族特色的服饰。富有民族历史、审美文化的古建筑。根据《广西壮族自治区历史文化名城名镇名村评选办

法》,符合以下条件的可列入名镇名村范围:

在一定历史时期内对推动本地区的社会经济发展起过重要作用,具有地区范围的影响;或系当地水陆交通中心,成为闻名遐迩的客流、货流、物流集散地;在一定历史时期内建设过重大工程,并对保障当地人民生命财产安全、保护和改善生态环境有过显著效益且延续至今;在革命历史上发生过重大事件,或曾为革命政权机关驻地而闻名于世;历史上发生过抗击外来侵略或经历过改变战局的重大战役、以及曾为著名战役军事指挥机关驻地;能体现我国传统的选址和规划布局经典理论,或反映经典营造技术和精湛的建造技艺,或能集中反映某一地区特色和风情,民族特色传统建造技术;或具有矿业采掘历史文化并对当地经济曾起过重要作用的古建筑群及会所等。

建筑遗产、文物古迹和传统文化比较集中,能较完整地反映某一历史时期的传统风貌、地方特色和民族风情,具有较高的历史、文化、艺术和科学价值,现存有清代以前建造或在中国革命历史中有重大影响的成片历史传统建筑群、纪念物、遗址等,基本风貌保持完好。按照区域划分如下:

1. 南宁市及周边地区的古建筑

(1)南宁杨美古镇

(2)南宁蒲庙五圣宫

(3)南宁古宅大院

(4)南宁市横县伏波庙

(5)南宁新会书院

(6)南宁古桥

2. 北海市及周边地区的古建筑

(1)北海西式建筑群

(2)北海合浦大士阁和文昌塔

(3)北海合浦东坡亭

(4)北海涠洲岛天主教堂

3. 钦州市及周边地区的古建筑

(1)灵山大芦村明清古建筑群

(2)钦州刘永福故居

(3)钦州冯子材故居

(4)灵山县佛子镇大芦村

（5）灵川县大圩镇

4.崇左市及周边地区的古建筑

（1）崇左龙州陈勇烈祠

（2）龙州瑞丰祥钱庄

（3）崇左大小连城

5.玉林市及周边地区的古建筑

（1）兴业县石南镇庞村古建筑群

（2）玉州区城北街道办事处高山村

（3）容县经略台真武阁

（4）玉林陆川谢鲁山庄

（5）玉林容县近代建筑群

6.富有民族特色的服饰文化

（1）崇左市大新壮族服饰

（2）防城港市京族服饰

（二）无形的非物质文化遗产

联合国教科文组织在《保护非物质文化遗产公约》中，"非物质文化遗产"指被各群体、团体、有时为个人所视为其文化遗产的各种实践、表演、表现形式、知识体系和技能及其有关的工具、实物、工艺品和文化场所。非物质文化遗产由人类以口头或动作方式相传，具有民族历史文化积淀并有代表性的民间文化遗产，它曾被誉为历史文化的"活化石""民族记忆的背影"，包括：口头传统和表述，表演艺术，社会风俗、礼仪、节庆，有关自然界和宇宙的知识和实践，传统的手工艺技能。北部湾经济区是一个多民族聚居的地区，各族人民不仅创造了大量有形的物质文化遗产，而且创造了丰富的非物质文化遗产。这些遗产承载着民族精神和情感，维系着国家统一和民族团结，联系着世界的人类智慧，是北部湾经济区各民族千百年来创造的智慧结晶，是传承各民族文化根脉的宝贵资源财富。

1.口头传统和表述

（1）《百鸟衣》故事，是流传于横县校椅一带的壮族民间传说故事，富有幻想性的神话色彩，流传久远。故事流传随着历史的发展而不断丰富。

（2）合浦还珠传说位于现广西壮族自治区合浦县东北。

2. 表演艺术

表演艺术类包括民间音乐、舞蹈、戏曲等。民间音乐,指各民族创造、流传在民间的未经专业音乐工作者加工的各种原生态的音乐品种。广西北部湾经济区的民间音乐,最著名的是壮族三声部民歌、侗族大歌、瑶族蝴蝶歌,已经列入国家级非物质文化遗产名录,还有壮族师公音乐、天琴音乐、仫佬族依饭音乐、京族哈节音乐等。

(1)马山壮族三声部民歌

主要流行于马山县古零镇及其邻近的上林等县。壮族人民称为"三顿欢"或"三跳欢"。"欢",壮话意为"山歌"。"三顿"、"三跳",系指其由三个声部组成。

(2)戏曲

代表性的有桂剧、壮剧、彩调剧、采茶戏、邕剧、文场、渔鼓、春锣、末伦、琵琶歌、唱哈等,其中桂剧、壮剧、彩调剧、采茶戏、文场、邕剧已经列入国家级非物质文化遗产名录。北部湾经济区农村的戏曲主要有桂南采茶戏和邕剧等。桂南采茶戏流传于广西南部的玉林市博白县所辖的 33 个乡镇及其周边地区,以及相邻的钦州市部分地区。

3. 传统手工艺技能

北部湾经济区的民间工艺类的钦州坭兴陶、龙舟天琴、钦州跳岭头、壮族师公面具艺术等。

4. 社会风俗、礼仪、节庆

(1)京族哈节,京族最为重大的节日庆典,越南沿北部湾地区的越族村寨也有哈节文化分布。

(2)壮族歌圩,是壮族群众在特定的时间、地点举行的节日性聚会唱歌活动形式,壮语称为"圩欢""圩逢""笼峒""窝坡"等。凡是壮族较大的聚居区,都有歌圩。举办歌圩的时间主要在春秋两季。

(3)抢花炮,又称"花炮节""赶会期",是侗族和部分壮、汉、瑶、苗、仫佬等民族盛大的传统节日。抢花炮过去是庙会的一项内容,邕宁区是为庆贺"玄帝诞"。

此外,北部湾经济区节日习俗类还有宾阳的炮龙节。

为更好促进农业产业提升和新农村建设,综合考虑不同农村所处区域的职能定位和发展方向,以及与相邻或周边重点发展城市、县、乡镇的空间位置关系,将6市范围内所有农村进行分类,以保证北部湾经济区的新农村建设、农业产业提升、城乡建设空间整治、永久基本农田保护、土地改造和整治、生态环境保护等重要工作,结合所在不同区域的实际情况,制定差别化的政策。

近年来,北部湾城镇的快速发展造成了土地资源的紧缺,耕地资源的减少,环境质量存在恶化的趋势,北部湾经济区,作为我国中观空间发展的特征区域,农村发展环境复杂,发展形式灵活多样,根据城乡关系、自然环境、文化资源及经济发展的不同,呈现出多种类型,为了更好地明确该地区农村建设的特点,形成科学的发展方向,其分类研究不能仅以经济发展为主要标准,而需建立在该地区农村发展特点的基础上,体现城市发展、社会、文化及环境的综合影响,类型划分应具有灵活性和可操作性。

第二节 新农村建设分类

一、影响北部湾经济区新农村建设分类的主要因素分析

城市发展、区域自然环境、农村传统文化及产业发展基础等因素是影响该区农村发展的主要因素。

(一)城市主导下的农村发展

北部湾经济区农村与城市的距离、城市发展模式是影响农村发展的重要因素。其发展以外向扩张模式为主,近年来随着环境质量和可用地面积的不断下降,精明增长的紧凑发展模式将逐渐得到认可,不同发展模式对周边农村的发展影响也将有所变化。可根据农村与城市之间距离的远近为参照进行评定,包括城中村、近郊农村、距离适中农村及远郊农村。

1. 城市扩张式发展下的农村发展

城市扩张发展的基本特点就是对周边农村土地、人口的快速城市化转换,造成了一系列的问题,表现如下:(1)转化不完全的城中村。环境质量较差、人口流动性较大,社会问题较为严重;(2)近郊农村成为城郊结合部,是城市近期发展的预留用地,农业发展不受重视,等待城市化,低端高污染高能耗加工工业聚集,外来人口流动频繁,环境条件恶劣,社会问题严重;(3)距离适中农村发展多元化,多结合自身特点发展特色非农产业,农村各方面发展较为均衡,农业生产与非农生产比例适宜,环境条件一般;(4)远郊农村一般发展较

为独立,保持了较为完整的农村生产和生活习惯,但农村各方面发展较为滞后。

2. 紧凑城市发展下的农村发展

紧凑城市发展以较少的土地提供更多的优质城市空间,这种发展模式在有限的区域空间中为农村发展留有较多的余地,虽然这种发展模式在北部湾经济区尚未得到普及,但必将成为城市发展的趋势。在其影响下,发展的特征表现为:(1)近郊农村将作为城市不可或缺的组成部分与城市平行发展;(2)适中距离农村与远郊农村发展自主性与灵活性较强,可结合区位优势及自身特点,建立与城市在交通、物流及科技上的密切联系,加强特色化农村建设。

(二)自然环境制约下的农村发展

自然环境保护是北部湾经济区可持续发展的核心内容,而保护自然生态敏感区是较为有效的方法。所谓自然生态敏感区是指一旦被侵占将对人类产生危害的区域,在人为干扰下自我恢复能力较差,一般可分为灾害敏感区、生态敏感区、景观敏感区和其他。灾害敏感区是指自然灾害发生区域,包括崩塌、冲蚀、地层下陷、海岸侵蚀、强震敏感及洪水敏感等区域,生态敏感区是指重要自然生态系统,包括野生或特殊稀有动物栖息地、沼泽、海岸湿地等,景观敏感区是指具有突出景观价值的自然生境,例如重要的地形、地质景观、动植物景观、文化景观。新农村建设必须以敏感区域保护为基础,因而农村建设可分为禁止建设空间、控制性建设空间和适度发展空间。

(三)历史传统文化指引下的农村特色化发展

北部湾经济区农村历史传统文化涉及面广,形式多样,包括物质形式和非物质形式。物质形式包括古迹、古建筑、古村落、传统街道及在历史演进过程中形成的特色物质,非物质形式包括各类节庆活动、民俗活动及日常特色活动等。这些都是农村发展中需要保护和利用的资源,是指引农村特色化持续发展的重要依据。

物质和非物质形式的历史传统文化根据其重要程度,围绕保护原真性的目标,可分为整体保存、重点保存局部改造、整体改造恢复原貌及其他等四大类,它们影响着农村建设发展定位、发展方向、建设强度、建设风格等方面,因此农村发展空间可分为禁止建设空间、控制性建设空间和适度发展空间。

(四)产业发展推动下的现代农村建设

北部湾经济区农村产业发展多元化特色明显,有些农村多年来奠定了一定的工业发展基础,产业发展已形成一定的规模与特色;一些农村农业发展特色明显,并积极开拓农业附属产业化生产;还有一些农村第一、二、三类产业综合协调发展特色明显;同时尚有些农村多年来由于各类原因发展缓慢,没有形成产业特色和持续发展的可能,应对不同情况,农村发展可分为优先发展空间、适度发展空间和一般发展空间。

(五)基础设施带动下的现代农村建设

北部湾经济区铁路、公路、机场及码头等基础设施较为完善。在公路建设方面,以建设南宁—新加坡经济走廊和泛北部湾海上通道为重点,取得显著成绩。通往东盟的陆路国际通道的首条高速公路,即南宁至友谊关高速公路,已于 2009 年建成,同时已形成多条二级以上公路通道;4 个广西至越南的高速公路接点,以及防城港至东兴高速公路和崇左至水口高速公路也已建成;6 条出海高速公路已于 2012 年通车。铁路方面广西正积极推进泛亚铁路建设,已经通车的田德铁路将与在建的德靖铁路、规划中的靖龙铁路对接,成为通向中越边境的中线铁路;南宁至河内的国际列车已经开通,南宁铁路枢纽也已正式动工修建,这一枢纽建成后,将大大便利中国高速列车对接东盟国家。港口基础设施建设方面,北部湾万吨级以上泊位达到 46 个,随着泛北部湾港口合作的全面启动,北部湾港必将成为沟通中国—东盟的航运枢纽。航空方面,已开通至新加坡等东盟 8 个国家 11 个重要城市的国际航班,南宁机场扩建项目也已完成。根据距基础设施的远近程度,农村发展可分为优先发展空间、适度发展空间和一般发展空间。

(六)海洋开发引导的新农村建设

因地制宜、因势利导地开发海洋生物资源,是广西北部湾经济区发展的重要举措。北部湾经济区面临的海洋不仅是目前我国海洋中环境最优良的海区之一,也是海洋生物资源最为丰富的海区之一。北部湾海岸线长 1595 公里,浅海面积 6488 平方公里,滩涂面积 1005 平方公里,岛屿 513 个。鱼类总资源为 140 万吨,其中底栖鱼类资源量为 35 万吨,约占总资源量的 47%,总可捕量约为 70 万吨。另外,北部湾滩涂生物资源丰富,共有 47 科、140 多种,以贝类为主。值得一提的还有具有昂贵药用价值的海洋生物资源也较为丰富。按海洋资源的地域分布划分,海洋资源的开发有浅海(滩涂)开发、远海开发和海岛开发,同时具有旅游开发的价值。根据离海距离的远近程度,农村发展可分为优先发展空间,适度、控制发展空间和一般发展空间。

二、北部湾经济区新农村建设分类方案

（一）分类的原则

1. 以人为本的原则

新农村规划将遵循"科学规划、合理布局、因地制宜、规模适度、节约用地、突出特色、有利生产、方便生活、试点带动、村民参与"的方针。规划将与当地经济发展要求相适应，充分考虑地形地貌条件，兼顾当地的风俗习惯。规划将本着以人为本的原则，人畜用水严重短缺的地区、地质灾害区、防洪区、行洪区等不宜人居的区域内一律不得布局村庄。

2. 节约利用土地的原则

本着节约用地的原则，推进集聚发展，不搞大拆大建。同时，引导鼓励从事二、三产业的农民进入城镇。

3. 统筹城乡发展原则

新农村建设是我国整体的经济水平发展到一定阶段时必然要经历的过程，是我国社会经济整体水平发展到一定的阶段下提出来的战略政策，新农村建设的"新"字主要体现在城乡统筹、城乡互动、城乡和谐方面，注重发挥城市对乡村的带动作用，因此新农村建设类型的区划不能仅考虑农村地区的发展水平，必须兼顾农村地区所在城市的发展水平，从城乡联系的角度进行类型的区划。只有统筹城乡发展，从全局利益考虑，才能从根本上处理好当前与长远、局部与整体的关系，才能有力地促进社会主义新农村建设健康、有序地发展。

4. 以有利于发展农村经济为中心的原则

社会经济发展具有渐进性。总体趋势是由低往高发展的一个过程，北部湾经济区各地方经济社会发展水平差异很大，处于不同发展水平的地区，其新农村建设内容、重点、模式和方式上都应不同。当前新农村建设必须遵循以发展农村经济为中心原则，因此关于新农村建设类型的划分主要是依据当前农村经济发展水平的地区差异，兼顾各地区的资源条件与经济结构，它与北部湾总体经济的地域差异有很大相关性，但又存在一些不同。

（二）北部湾经济区新农村建设分类方案

根据北部湾经济区新农村建设状况，采用两种分类方法对北部湾经济区新农村建设进行分类，一种分类是从农村经济发展的角度进行分类，另一种是从农村的历史文化状况及是否需要保护的角度进行分类。

根据北部湾经济区农村发展的主要影响因素,将北部湾经济区新农村建设分为三种类型,即农业发展型农村、综合发展型农村、城郊发展型农村。

根据农村文化与历史状况,确定是否需要保护,将北部湾经济区新农村建设划分为保护型农村,非保护型农村。各分类含义如下:

1. 发展型分类

(1)农业发展型农村:是指距离重点城市、县、镇或各类工业区域有一定距离,以种植业为主,不会因为城市的发展被城市合并,具有较好的农业生产基础,农业产业具备一定规模的农村。

(2)综合发展型农村:是指传统种植业和现代特色农业并重,受城市或工业开发影响较明显,且不会因为城市的发展被城市合并,具有较好的农业生产基础,已形成一定规模的农业加工产业或非农轻工业产业的农村。

(3)城郊发展型农村:是距离重点城市、县、镇或各类工业园区距离很近,受城镇和工业发展影响较大,未来将要融入城镇拓展或工业园区建设的农村。

2. 保护型分类

(1)保护型农村:是指具有独特历史地域文化,保留有名胜古迹和重要文物遗址的农村。

(2)非保护型农村:指不具有独特历史地域文化、没有名胜古迹和重要文物遗址的农村。

三、北部湾经济区新农村类型划分

(一)划分标准

根据北部湾经济区新农村建设分类方案,从发展的角度确定的各类型划分标准为:

1. 城郊发展型农村:距城市(镇)建成区及工业集中区较近,规划期内深受城市(镇)发展影响。按距规模边界的距离,把距规模边界一定范围内(大城市为 10 公里,中等城市为 5 公里,县城为 2.5 公里,建制镇为 0.5 公里)的农村划分为城郊型农村。

2. 综合发展型农村:距城市(镇)建成区及工业集中区较远,距主要交通干线及其他重要基础设施较近,规划期内既受城市(镇)、工业集中区的发展影响,又受交通干线及其他基础设施的影响。把距规模边界一定范围内(大城市为 10—20 公里,中等城市为 5—10 公里,县城为 2.5—5 公里,建制镇为 0.5—1 公里)的农村划分为综合发展型农村;或距交通干线及其他重要基础设施 1 公里范围内的农村居民点划分为综合发展型农村。对于已形成一定规模的农业加工产业或非农轻工业产业的农村也划归综合发展型农村。

3. 农业发展型农村:距城市(镇)建成区及工业集中区较远,距主要交通干线及其他重要基础设施较近,规划期内受城市(镇)、工业集中区的发展影响较小,受交通干线及其他基础设施的影响也较小。把距规模边界一定范围内(大城市为 20 公里以上,中等城市为 10 公里以上,县城为 5 公里以上,建制镇为 1 公里以上)的农村划分为农业发展型农村;或距交通干线及其他重要基础设施 1 公里以上的农村居民点划分为农业发展型农村。

从农村历史与文化的角度确定分类标准为:

1. 保护型农村:根据《广西壮族自治区历史文化名城名镇名村评选办法》确定的名镇名村,或市级以上人民政府确定的非物质文化遗产名录中所在的农村为保护型农村。

2. 非保护型农村:既不是《广西壮族自治区历史文化名城名镇名村评选办法》中确定的名镇名存,也不是市级以上人民政府确定的非物质文化遗产名录中所在的农村。

(二)划分的结果

1. 按发展类型划分

(1)城郊发展型农村

北部湾经济区城郊发展型农村共 6094 公顷,占农村居民点面积的 3.15%,其中南宁市城郊发展型农村面积 1956 公顷,占城郊型农村面积的 32.10%;北海市城郊发展型农村面积 605.48 公顷,占城郊型农村面积的 9.93%;钦州市城郊发展型农村面积 977 公顷,占城郊型农村面积的 16.03%;防城港市城郊发展型农村面积 399 公顷,占城郊型农村面积的 6.55%;玉林市城郊发展型农村面积 1757 公顷,占城郊型农村面积的 28.83%;崇左市城郊发展型农村面积 399 公顷,占城郊型农村面积的 6.55%。

(2)综合发展型农村

北部湾经济区综合发展型农村共 48436 公顷,占农村居民点面积的 25%,其中南宁市综合发展型农村面积 14800 公顷,占城郊型农村面积的 30.55%;北海市综合发展型农村面积 4700 公顷,占综合发展型农村面积的 9.70%;钦州市综合发展型农村面积 8753 公顷,占综合发展型农村面积的 18.07%;防城港市综合发展型农村面积 1590 公顷,占综合发展型农村面积的 3.28%;玉林市综合发展型农村面积 12841 公顷,占综合发展型农村面积的 26.51%;崇左市综合发展型农村面积 5753 公顷,占综合发展型农村面积的 11.88%。

(3)农业发展型农村

北部湾经济区农业发展型农村共 139215 公顷,占北部湾经济区农村居民点面积的 72%,其中南宁市农业发展型面积 42444 公顷,占农业发展型面积的 30.49%;北海市农业发展型面积 13495 公顷,占农业发展型面积的 9.69%;钦州市农业发展型面积 25280 公顷,占农业发展型面积的 18.16%;防城港市农业发展型面积 4371 公顷,占农业发展型面积的 3.14%;玉林市农业发展型面积 36766 公顷,占农业发展型面积的 26.41%;崇左市农业发展型面积 16860 公顷,占农业发展型面积的 12.11%。

表 5-1　广西北部湾经济区农村空间部署及规模

(单位:公顷)

地　市	城郊发展型		综合发展型		农业发展型	
	面积	比重%	面积	比重%	面积	比重
南　宁	1956	32.10	14800	30.56	42444	30.49
北　海	605	9.94	4700	9.70	13494	9.69
钦　州	977	16.03	8753	18.07	25280	18.16
防城港	399	6.55	1590	3.28	4371	3.14
玉　林	1757	28.83	12841	26.51	36766	26.41
崇　左	399	6.55	5753	11.88	16860	12.11
北部湾	6094	100	48436	100	139215	100

2. 按保护类型划分

(1)保护型农村

北部湾经济区保护型农村共 1057 公顷,占北部湾经济区农村居民点面积的 0.44%,其中南宁市保护型农村面积 220 公顷,占北部湾经济区保护型农村面积的 20.76%;北海市保护型农村面积 285 公顷,占北部湾经济区保护型农村面积的 26.95%;钦州市保护型农村面积 152 公顷,占北部湾经济区保护型农村面积的 14.33%;防城港市保护型农村面积 60 公顷,占北部湾经济区保护型农村面积的 5.69%;玉林市保护型农村面积 281 公顷,占北部湾经济区保护型农村面积的 26.58%;崇左市保护型农村面积 60 公顷,占北部湾经济区保护型农村面积的 5.69%。

（2）非保护型农村

北部湾经济区非保护型农村共 238553 公顷，占北部湾经济区农村居民点面积的 99.56%，其中南宁市非保护型农村面积 70001 公顷，占北部湾经济区非保护型农村面积的 29.34%；北海市非保护型农村面积 22336 公顷，占北部湾经济区非保护型农村面积的 9.36%；钦州市非保护型农村面积 37887 公顷，占北部湾经济区非保护型农村面积的 15.88%；防城港市非保护型农村面积 9702 公顷，占北部湾经济区非保护型农村面积的 4.07%；玉林市非保护型农村面积 71471 公顷，占北部湾经济区非保护型农村面积的 29.96%；崇左市非保护型农村面积 27156 公顷，占北部湾经济区非保护型农村面积的 11.38%。

表 5-2　广西北部湾经济区特殊保护型农村空间部署及规模

（单位:公顷）

地　市	保护型农村		非保护型农村	
	面积	比重%	面积	比重%
南　宁	220	20.76	70001	29.34
北　海	285	26.95	22336	9.36
钦　州	152	14.33	37887	15.88
防城港	60	5.69	9702	4.07
玉　林	281	26.58	71471	29.96
崇　左	60	5.69	27156	11.38
北部湾	1057	100	238553	100

第三节　永久基本农田保护空间

永久基本农田划定是在第二次全国土地调查基本农田上图成果基础上，编制划定方案，将规划确定的基本农田逐图斑落实基本农田地块；健全相关图表册；设立统一标识；落实保护责任，将划定的基本农田落实到村组和承包农户，结合农村土地承包经营权登记试点工作，逐步将基本农田标注到农村土地承包经营权证书上；建立基本农田数据库。

一、北部湾经济区耕地资源及基本农田保护状况

1. 耕地资源存量

根据 2010 年二调变更数据，北部湾经济区共有耕地 1879520 公顷，占广西耕地总量的 42.64%，其中水田 767279.9 公顷，占北部湾经济区耕地总量的 40.82%，水浇地 1806 公顷，占北部湾经济区耕地总量的 0.10%，旱地 1110434 公顷，占北部湾经济区耕地总量的 59.08%。

表5-3　北部湾经济区耕地资源存量

（单位：公顷）

行政区域	小　计	水　田	水浇地	旱　地
南宁市	688398.2	240326.4	1150.39	446921.5
北海市	124977.5	48413.84	514.4	76049.24
防城港市	91688.15	40225.86	34.17	51428.12
钦州市	212426.7	129841.1	86.21	82499.46
玉林市	242284.4	194808.8	0	47475.55
崇左市	519744.9	113663.9	20.83	406060.1

2. 基本农田保护面积

根据北部湾各市土地利用总体规划数据，北部湾经济区共有基本农田保护面积 1465600 公顷，占广西基本农田保护面积的 40.68%；其中南宁市基本农田占北部湾经济区基本农田的 35.22%，北海市基本农田占北部湾经济区基本农田的 6.54%，钦州市基本农田占北部湾经济区基本农田的 13.06%，防城港市基本农田占北部湾经济区基本农田的 4.67%，玉林市基本农田占北部湾经济区基本农田的 16.74%，崇左市基本农田占北部湾经济区基本农田的 23.78%。

表5-4　土地利用总体规划北部湾经济区基本农田保护面积

（单位：公顷，%）

行政区域	基本农田保护面积	基本农田保护率	占北部湾基本农田面积的比率
南宁市	516200	84.06	35.22
北海市	95800	83.09	6.54
钦州市	191400	83.58	13.06

续表

行政区域	基本农田保护面积	基本农田保护率	占北部湾基本农田面积的比率
防城港市	68500	83.84	4.67
玉林市	245300	87.67	16.74
崇左市	348400	85.54	23.78
北部湾	1465600	84.63	100
广　西	3602700	84.83	—

3. 耕地资源变化趋势

二调变更数为1879520公顷,占广西耕地面积的42.64%;而2005年北部湾经济区土地详查变更数中耕地面积为1727215.42公顷,占广西耕地面积的40.67%。根据各市土地利用总体规划(2006—2020年)数据统计,2020年北部湾经济区耕地面积为1739189公顷,占2020年广西耕地面积的41.33%。从2020—2030年,由于耕地保护的进一步加强,耕地占补平衡制度的进一步落实,耕地占补平衡主要在广西全区范围内平衡,耕地减少的趋势将得到进一步遏制,2020—2030年,耕地递减率按2010—2020的75%计,即北部湾经济区的耕地递减率按0.58%计算,广西区耕地递减率按0.3467%计算,预计到2030年北部湾经济区耕地将达到1660925公顷,占2030年广西区耕地面积的40.37%。

表5-5　北部湾经济区耕地资源变化趋势

(单位:公顷,%)

行政区域	历史数	现状数	变化趋势	
	2005 年	2010 年	2020 年	2030 年
南宁市	614128	688398.2	615400	580624
北海市	115328.37	124977.5	116000	109445
钦州市	229012.66	212426.7	231000	217946
防城港市	81673.45	91688.15	79035	74569
玉林市	279767.45	242284.4	290949	274508
崇左市	407305.49	519744.9	406805	383817
北部湾	1727215.42	1879520	1739189	1640909
广　西	4247100	4407584	4208000	4064364

二、永久基本农田确定的原则与依据

（一）永久基本农田的内涵

永久基本农田是指空间位置和数量规模永久固定不变、土地生产力较高的耕地。

基本农田是指根据一定时期人口和国民经济对农产品的需求以及对建设用地的预测而确定的在土地利用总体规划时期内未经国务院批准不得占用的耕地，是从战略高度出发，而必须确保的耕地的最低需求量。

永久基本农田是在现有的基本农田上提出的，"基本农田"是其普遍性特征，其特殊性体现在"永久性"上。因此，永久基本农田的内涵可诠释为两个方面：其一，同属基本农田，在现有基本农田中择优划定，是真正的"吃饭田""保命田"；其二，一旦划定，其位置将"永久"固定，而且划定为永久基本农田的耕地在任何时候、任何情况下都不能改变性质或挪作他用。

（二）永久基本农田确定的基本原则

1. 永久性原则

永久基本农田一经划定，在保护时效内，即不能占用，不得通过规划修改将永久基本农田调整为一般农田，除对国家经济社会有重大影响的重点交通、水利、能源、军事项目外，不得占用作为非农业建设用地。

2. 统筹兼顾原则

划定工作中，既要保证高质量耕地划入永久基本农田，又要充分考虑地方经济社会发展需求，在规划划定时要综合考虑、留有余地。

3. 质量保证原则

划定永久基本农田要和新一轮土地利用总体规划修编相结合，与建设用地合理布局相联系，确保划定的永久基本农田数量充足、土壤肥沃、地力上等、设施配套完善、生态环境良好。

4. 科学协调原则

永久基本农田划定要以土地利用总体规划、第二次土地调查、农用地分等定级等成果为基础，并与城市规划、村镇规划、生态建设规划等相协调。要充分利用先进测绘和信息化技术，努力提高成果质量。

5. 实事求是原则

划定永久基本农田工作实行政府主导，部门协作。划定工作中，要充分征求民意，并实行严格的考核验收制度，防止盲目追求保护指标和以次充好。

（三）永久基本农田确定的依据

实际上,从人们对基本农田定义的变迁看,基本农田的存续与人口数量、经济发展、社会进步、环境影响等各种需求密切相关。耕地是人类生存的基础,人类生命活动80%以上的热量、75%以上的蛋白质和88%的食物来源于耕地,95%以上的肉蛋奶产量由耕地农副产品转化而来。人口增长必然要求保有一定数量和质量的基本农田以提供农产品;耕地同时是多种轻工业原材料的来源,是国民经济的重要基础性产业即农业的基础;随着社会进步,人民迫切需要改善居住条件,同时对农产品安全和健康的要求越来越高,势必要求调整城乡建设用地和基本农田的布局;再者,各种环境公害和生态灾难的发生使人们对生态环境质量要求也越来越高,构建生态文明社会成为经济社会发展的趋向,而基本农田的有效保护不仅为人们提供开阔空间,吐氧、纳碳、缓冲和消解各种废物,还为人们提供了好的生态环境。综上所述,永久基本农田的划定应该服务于未来粮食安全、人口增长需求、社会经济发展、生态环境和谐等因素发展变化的要求。

划定永久基本农田,首先必须对基本农田保护的合理规模进行估算。根据有关测算,按照《北部湾经济区发展规划（2008—2020 年）》等相关规划,到2030 年北部湾经济区人口将达到 3010 万人,根据北部湾 6 市土地利用总体规划预测粮食单产约 5600 千克/公顷,复种指数达到 190%,根据中国粮食问题白皮书和联合国人口基金会提出的小康水平标准,人均粮食需求量按 400千克/人,可以测算出 2030 年北部湾经济区耕地的需求量为 113.16 万公顷。由于农业经营有一定的风险性（制度风险、自然灾害等）,综合设为 6%,则到2030 年,耕地需求量为 120 万公顷。

实际上,北部湾经济区粮食基本不需要完全自给,如按目前的自给率75%供给,其他条件保持不变,可以测算出 2030 年北部湾经济区耕地的最小需求量为 90 万公顷。

如果能真正保护好这 90 万公顷的耕地,并不断提高农业科技含量和投入,保证其质量不下降,实现粮食安全是基本可行的。

三、北部湾经济区永久基本农田控制指标

永久基本农田的划定不是一成不变的,相反,其划定过程中要分阶段分层次地有序进行,而且在划定后也应当定期对其进行管理和补划,以满足永久基本农田的数量稳定、质量优质,以粮食生产为核心目标的要求。

1. 量控制

永久基本农田总体保护数量根据北部湾经济区经济社会和人口发展而最终确定,总规模不低于 6 市 2010 年规划基期基本农田规模的 61.41%,即 90 万公顷以上。永久基本农田一经划定,各规划期相关建设项目工程,必须避让,不能通过占补平衡进行调整。规划期北部湾经济区基本农田控制数量指标分解如下:

表5-6　北部湾经济区永久基本农田控制指标

(单位:公顷)

行政区域	耕地保有量(2010 年二调数)	耕地保有量(2020 年)	基本农田保护面积	永久基本农田	永久基本农田占基本农田面积比率	永久基本农田占 2010 年耕地保有量比重%
南　宁	688398.2	615400	516200	317463	61.50	61.49
北　海	124977.5	116000	95800	58917	61.50	62.86
钦　州	212426.7	231000	191400	117711	61.50	73.88
防城港	91688.15	79035	68500	42128	61.50	61.26
玉　林	242284.4	290949.2	245300	145340	59.25	79.98
崇　左	519744.9	406805.5	348400	218441	62.70	56.04
北部湾	1879520	1739190	1465600	900000	61.41	63.85
广　西	4407584	4208000	3602700	—	—	—

2. 质量控制

基本农田质量,是指能够满足农作物生长和清洁生产的基本农田的质量,包括土壤地力和土壤环境质量两个方面。县级以上农业行政主管部门应提出本行政区域基本农田质量管理的目标和任务,制定有利于提高基本农田质量的政策和措施,鼓励和支持利用各种途径和方式提高基本农田的质量,组织实施基本农田地力分等定级、土壤地力和环境质量与施肥效益监测、土壤培肥改良、高产稳产农田建设和中低产田改良及环境污染防治,建立基本农田质量管理和保护责任目标考核体系,做好培肥地力的技术指导,加强基本农田质量的监督检查,依法查处破坏基本农田质量的行为。

基本农田是耕地资源中最好的部分,而永久基本农田则是基本农田中具有较好的土地质量、交通条件、连片性及水利基础设施等条件的耕地。当前基本农田划定在实际基本农田保护规划操作中,一些地方政府从眼前利益出发,把满足建设用地放在第一位,为了迁就城镇村庄的建设,满足投资者的用地需求,完成上级下达的农保指标,往往采用"划劣不划优"的原则,如将一些偏远、地形复杂、水土质量差的耕地划为基本农田,甚至将应退耕还林的一些陡坡地也划入基本农田范围。另外,基本农田保护偏重数量指标,忽视质量指标。"占补平衡"政策中的补充耕地质量低,基本农田"占优补劣"现象较为普遍。为了杜绝这种只重数量,不重质量的基本农田保护现象,真正确保永久基本农田是一经划定就永不变动的高质量良田,国土行政主管部门应联合农业主管部门确定以土壤肥力、坡度、连片性、交通区位、水利基础设施水平等为基本框架的永久基本农田质量管理控制指标体系,并明确现状永久基本农田控制指标值,规划期控制指标值不得低于现状值。

四、北部湾经济区永久基本农田空间分布

北部湾经济区永久基本农田规划集中布局的重点区域为:南宁市南宁盆地、坛洛平原、苏圩平原、武鸣中部丘陵盆地、宾阳中部山前平原、横县中部郁江平原,上林中部、南部丘陵平原和清水河两岸等区域;玉林市玉林盆地、北流盆地、石南盆地、博白南流江平原、绣江两岸谷地、陆川九洲江两岸谷地等区域;北海市南流江河谷平原、公馆盆地以及沿海平原台等区域;钦州市钦江、茅岭江沿岸,武利江白石水到北通段、南流江石埇到张黄段等区域。规划期间应加大对永久基本农田的保护和建设力度,完善田间道路、排灌沟渠等农田基础设施,促进形成粮食、蔗糖、蔬菜等优势农产品生产基地。规划至 2030 年北部湾经济区永久基本农田保护规模保持为 120 万公顷。北部湾经济区各市永久基本农田具体布局如下:

1. 南宁市

规划至 2030 年,南宁市永久基本农田保护规模为 317463 公顷,集中布局在南宁盆地、坛洛平原、苏圩平原、武鸣中部丘陵盆地、宾阳中部山前平原、横县中部郁江平原,上林中部、南部丘陵平原和清水河两岸等区域。

2. 北海市

规划至 2030 年,北海市永久基本农田保护规模为 58917 公顷,集中布局在合浦县廉州、常乐、石康、石湾、星岛湖、党江、沙岗、西场镇等乡(镇);市区的福成镇、南康镇等乡(镇)。

3. 钦州市

规划至 2030 年,钦州市永久基本农田保护规模为 117711 公顷,集中布局在灵山县石塘、佛子、檀圩、新圩、伯劳、文利、旧州、那隆、三隆、陆屋镇等乡(镇);浦北县乐民、寨圩、福旺、泉水镇等乡(镇);钦北区青塘、平吉、小董、板城、那蒙、大寺、大垌镇等乡(镇);钦南区久隆、沙埠、尖山、那彭、那丽、那思、东场、犀牛脚镇等乡(镇)。

4. 防城港

规划至 2030 年,防城港市永久基本农田保护规模为 42128 公顷,集中布局在上思县的在妙镇、思阳镇、平福乡、华兰乡、叫安乡,防城区的滩营乡、华石乡、那梭镇、那良镇、扶隆乡。

5. 玉林市

规划至 2030 年,玉林市永久基本农田保护规模为 145340 公顷,集中布局在玉林盆地的仁厚、大塘、沙田镇等乡(镇);北流盆地的大里、新圩、西琅、民乐、山围、民安、新荣、塘岸镇等乡(镇);容县绣江两岸谷地的容西、十里镇等乡(镇);陆川县九洲江两岸谷地的珊罗、马坡、米场、大桥、横山、乌石、清湖、良田镇等乡(镇);博白县南流江平原的巫山、旺茂、沙河、东平、龙潭镇等乡(镇);兴业县石南盆地的大平山、葵阳、沙塘、高峰、蒲塘镇等乡(镇)。

6. 崇左市

规划至 2030 年,崇左市永久基本农田保护规模为 218441 公顷,集中布局在市区的新和镇、江州镇、左州镇、那隆镇、濑湍镇、驮卢镇、罗白乡等乡(镇);扶绥县的中东镇、渠黎镇、渠旧镇、柳桥镇、山圩镇等乡(镇);天等县的土湖乡、龙铭镇等乡镇;大新县的桃城镇、全铭镇、昌明乡、雷平镇、宝圩乡等乡(镇);龙州县的彬桥乡、武德乡、金龙镇、下冻镇、逐卜乡、响水镇等乡(镇);宁明县的亭亮乡、板棍乡、北江乡、海渊镇、那堪乡等乡(镇);凭祥市的上石镇、夏石镇等乡(镇)。

五、永久基本农田政策支持体系

永久基本农田要坚持"依法依规,规范调整;确保数量,提升质量;稳定布局,明确条件"的原则,按照基本农田"现场有标志,图上有标注,农户手中有标牌,管理者心中有标准"的建设标准,进一步优化基本农田保护区布局,建立基本农田保护共同责任机制,完善各项保护制度,夯实农业产业基础,实现基本农田保护管理信息化、网络化、常态化,使基本农田保护工作达到"保护责任社会化、基础工作规范化、日常管理制度化、执法监察网络化、动态监测信息化"的精细化管理水平,确保北部湾经济区基本农田数量不减少、用途不改变、质量有提高,为统筹城乡,推动北部湾经济区经济社会又好又快发展奠定坚实基础。

（一）明确法律地位,完善相关法律条文

永久基本农田的划定面积要实,质量要好,不能让一些地方借此机会将大量优质的良田划为普通耕地,而将水土条件差、地处边远的耕地划为永久基本农田,但质量好的耕地在社会历史发展中恰恰自然形成在城市周边。要考虑采取具体措施和标准来保护好这些耕地,同时对城市建设面积扩大加以规范和引导。

要想实现这个目标,就必须根据基本农田保护工作面临的新问题,明确的法律地位,对永久基本农田及其保护进行立法,适时修订原有的《基本农田保护条例》,加入永久基本农田划定和保护的相关内容和具体的实施措施,及时根据修改的《土地管理法》《农村土地承包法》等一系列法律法规的相关部分,突出实行最严格的耕地保护制度,为永久基本农田划定和保护工作提供强有力的法律支撑,进一步提高基本农田保护法规的规范性、可操作性和权威性。同时明确规定:永久基本农田一经划定,未来各项建设项目工程,必须避让,不能通过占补平衡进行调整。

（二）建立经济补偿机制,发挥经济激励作用

在以往的基本农田保护工作中,多数情况只强调保护,利益激励机制不够完善,措施不够深入。怎样保护永久基本农田制度的顺利实施,追根究底,只有让那些保有大量基本农田,为民族生存发展承担历史重任的地区得到长远的好处,让这些地方的政府和农民得到相应的利益,才能将这一措施真正落到实处。

1.根据种植业规模和作物产量,制定国家级专项补贴标准,分地区逐步实行国家级种植业生产区农业生产要素、生产机械国家配给制。

2.优先在永久基本农田所在的农村地区进行农村社会改造和基础设施建设,优先安排本地区农业人口的医疗、教育等公共服务和保险,提高国家专项配套投入水平。

3.制定永久基本农田所在的市、县政府绩效考核评价指标体系。中央和自治区财政给予永久基本农田所在的乡镇、县、市以一定数额的年度固定额度

财政支持。

4. 耕地保护各种支持资金和融资政策要向永久基本农田倾斜,构建补偿对象、补偿依据和区域补偿等政策机制框架都应以区域永久基本农田为依据,把耕地保护资金真正用于"保命田"的建设。

5. 要考虑地区平衡,加强财政转移支付。对基本农田保护多的地方,国家要加大补贴力度,以调动这些地方保护基本农田的积极性,补偿其土地开发的机会成本。具体实施过程中可通过制定粮食最低收购价格、加大对耕地保护区的财政转移支付、建立耕地保护基金等措施提高农民收入,提高永久基本农田集中区域的保护积极性。

(三)永久基本农田保护理念创新

从以往永久基本农田保护的实践情况来看,目前永久基本农田保护的特点可以概括为 3 点:一是面积与布局的刚性管理,二是质量的模糊管理,三是基本农田与粮食安全的简单对等。随着基本农田保护的不断发展,人们对基本农田的认识更进一步深化,永久基本农田保护不仅涉及保护面积,还涉及基本农田的质量和生态环境;不仅要保护基本农田,还要保障社会经济发展的用地需求。对基本农田保护的理念需要根据新的形势而不断拓宽,具体应包括如下两个方面。

1. 要以提高农业综合生产能力为目标

综合生产能力是一个综合指标,内涵十分丰富,需要多个方面的配合,不仅仅是面积保护,还有质量、生态环境与食品安全等多个方面。

2. 要以一个较长的时期为评价尺度

以一个较长的时期为评价标准有利于增加基本农田保护的统筹空间。如村庄的拆旧建新,从整体上看,由于原有居民点用地的粗放,通过拆旧建新可以节省一部分农村建设用地,但从短期看,一般需要先建新后拆旧,这样就不能用一年或二年来考虑基本农田的面积问题,需要从拆旧建新的整个项目周期来考虑,如果硬性的规定必须先拆旧再建新,既不会为农民所接受,也会造成巨大的经济损失。

(四)基本农田保护管理体系的创新

目前,基本农田保护实行地方政府分级负责,国土部门和农业部门具体管理,事实上农业部门很少涉及基本农田管理,一般只有国土资源管理部门在单独进行管理。涉及耕地管理的部门很多,如水利部门的农田水利建设、农业综合开发部门的土地整理、农业部门的沃土工程等,但目前这些部门还没有很好地纳入基本农田管理的体系范围。农田水利建设是目前土地整理的核心内容,农业综合开发部门的土地整理与国土部门的土地整理没有太大的区别,农业部门的缺位更是使基本农田的质量管理形同虚设。在目前较为分散的耕地行政管理体制下应统筹各个部门的职能,将各相关部门整合在一起,建立一个较为完善的基本农田管理体系,各司其职,共同促进基本农田的全面保护。该管理体系的具体内容应包括如下几个方面:

1. 强化地方政府分级负责

基本农田保护是着眼于农业发展需要而非某个区域的需要,只有通过加强对地方政府的行政管理才能顺利推动基本农田保护工作在各地的顺利开展。

2. 国土搭台部门联合共同参与

以国土资源管理部门为主,农业、林业、水利、农业综合开发等部门参加。需要将有关部门纳入基本农田保护的管理体系内,但又需要一个部门牵头管理,国土部门负责基本农田的划定等工作,是最合适的牵头部门。

3. 以农业部门为主进行基本农田的质量监测与评价

有关文件规定由国土部门与农业部门共同管理基本农田的质量,但在实际的操作过程中,农业部门基本上是缺位的,主要是由国土资源部门根据农用地分等定级成果来进行基本农田占用与补划过程中引起的质量变化评价。由于数据太粗与数据陈旧等问题,难以准确地反映基本农田质量变化的情况。同时,由国土资源部门既管理基本农田的占用与补划,又进行质量评估,缺乏制约机制,不利于评估结果的客观与公正,目前存在的占优补劣现象即与缺乏制约机制有关。目前对土壤、生态环境等监测评价的设施和技术力量主要集中在农业部门,建议建立以农业部门为主,林业、水利、国土等部门参与的基本农田质量监测与评价体系,可以避免自己开发整理与自己评价,有利于将基本农田的质量评价与施肥、翻耕、喷药、土壤保育、农田林网、水利设施维护保养等措施结合起来,促进基本农田质量的提高。

4. 农民广泛参与

农民是基本农田的所有者和使用者,更是基本农田的保护者,要引导农民参与统一的基本农田保护行动,监视对基本农田的非法占用,切实实施用地与养地相结合的农艺措施,不断提高基本农田的质量,改善基本农田的生态环境。

5. 资源共享与项目捆绑

各个部门都有许多有关基本农田的资料,包括图件、数据库、监测数据等,各个部门也都有一定的资金项目用于基本农田的保护与建设;部门之间数据共享是多部门联合保护的前提,各部门项目的捆绑使用是多部门联合保护的具体表现。

(五)基本农田保护手段的创新

1. 增强经济手段的作用

一个政策目标的实现往往需要多种措施的配套使用,要实现对遍及各区的基本农田进行有效保护这样大的政策目标,更需要行政、法规、经济等多种手段的配套使用。但在20世纪90年代中期国家提出基本农田保护的概念和保护目标之时,国家的财政能力有限,难以拿出足够的财力进行基本农田的保护,因此主要使用行政与法规措施。近十多年正是我国市场经济高速发展,非农用地刚性快速膨胀的时期,在市场经济条件下,缺乏经济措施的配合,使地方政府与民众缺乏参与基本农田保护的积极性,在基本农田保护与经济发展的矛盾中,往往是经济发展占上风,以至用各种方法非法占用基本农田的现象较为普遍。随着我国经济的快速发展和财政能力的不断增强,目前我国已进入以工补农和以城带乡的新时期,中央已取消农业税并对粮食种植进行补贴,在这种情况下,应不断加大对基本农田保护的资金投入,加强经济手段的引导作用。

2. 创新监测技术手段

基本农田面积大、分布广,需要借助先进的监测与信息技术手段才能够进行有效的监督与检查。目前,我国国土与农业行政管理部门的监测与信息技术设施有了较大的进步,但从总体上看仍很不足,需要进一步加强。如遥感技术的应用,目前还仅限于国家对大中城市的监测及重点区域的抽查,省级以下部门采用遥感技术进行基本农田监测的还很少。

近几年,我国对基本农田的监测技术也取得了较大的进步,在农业方面,公益性的农业推广体制不断完善,对基本农田的质量监测技术显著提高;通过第二次土地调查,以遥感、卫星定位和地理信息系统为主的空间信息技术在国土资源管理部门的应用将上升到一个新的水平。可以说技术的进步为加强对基本农田面积和质量的动态监测管理提供了良好的条件。可以建立一个集成国土资源部门与农业管理部门技术优势的技术监测体系,具体包括如下几个方面:

一要建立基本农田数据库,将基本农田的范围、面积、地类等指标进行矢量化,形成基本农田的数字化成果,建立栅格图像与矢量图形相结合的基本农田空间数据库。

二要利用 GPS、GIS、无线网络、卫星遥感等多种技术手段迅速、精确地进行基本农田动态信息的采集,及时更新基本农田信息。

三要信息的网络发布与反馈。通过对基本农田保护的各种台账和日常工作记录建立电子台账,并通过网络上传至上级主管部门,同时通过网站、电子显示屏、触摸屏等方式,为社会及时提供基本农田信息化数据服务。实现有关基本农田保护区的业务审批、案件查处、信访举报等工作的联网办公。

(六)创新永久基本农田整治的投入机制

1.吸引民间资金参与基本农田建设

政府投资的基本农田整治项目由于管理等方面的原因,需要以较大的规模实施,其效果是明显的,但其整治范围的有限性也是明显的,因此,在编制基本农田整治中长期规划的基础上,应吸引民间资金的参与。民间资金的投入量小但面广,对于有强烈需求而政府项目又一时难以顾及的区域,可以吸引农民出资建设,与政府资金相互补充,共同促进基本农田的保护。政府可以在现有的基本农田整理资金中分出一小块,根据农民出资建设情况进行奖励或补贴,之后政府在对该区域进行规模整治时可以将已建设列入规划,适当减少投资规模。

2.引导农民参与永久基本农田的日常保护

政府主导的永久基本农田整治活动所涉及的区域有限,全覆盖地整治一遍需要很多年,而农民的耕作年复一年在进行,年年都在对基本农田的质量产生影响,更重要的是有些影响是政府组织的项目难以达到的,如农药化肥的使用等对耕地质量的影响、井渠等基础设施的维护与管理等,只有通过农民生产行为的改变才能发生变化,因此农民参与基本农田保护是基本农田保护不可缺少的一环。对农民只要求其尽义务是难以达到目标的,建立基本农田日常养护基金,根据农民在日常生产经营活动中的用地、养地与护地行为,对农民进行适当的补贴或给予适当的奖励,建立保护与收益相挂钩的保护机制,引导农民采取有利于基本农田保护的生产经营行为。

(七)加大宣传力度,提高规划的科学性

要把基本农田保护作为一个全社会的共同目标来实现,需要多方面的共同努力,需要一系列配套政策措施来共同完成。

1.加大永久基本农田保护的宣传力度,形成全社会对基本农田保护的共识

进一步宣传我国对永久基本农田保护的重大战略意义,要强调永久基本农田保护对国家长治久安、社会经济可持续发展的基础性战略地位,同时,要普及耕地给公众带来的种种非生产性功能,要让民众了解这些非生产性功能是为全社会共同分享,社会必须为此承担起相应的责任和义务,分摊因基本农田保护而给农民、村集体、地方政府带来的机会成本。

2.提高永久基本农田规划的科学性,确保永久基本农田保护的可操作性

永久基本农田保护应是一项操作性很强的工作,要抓住当前新一轮土地利用总体规划修编和第二次土地资源利用调查的有利时机,制定切实可行的永久基本农田保护规划。

第四节 农林产业发展空间部署

农业是人类赖以生存发展的最基本的产业,在经济社会发展全局中发挥着重要的基础性作用,农业的发展壮大将会促进其他各业的兴旺发达。广西北部湾经济区农业人口占总人口的76%左右,第一产业在国民经济中比例为18%左右,可以说农业在北部湾经济区产业结构中的地位十分重要,发展农业是建立北部湾经济区现代产业体系的一项重要任务。《广西北部湾经济区发展规划(2008—2020年)》指出,坚持把发展现代农业,繁荣农村经济作为社会主义新农村建设的首要任务,大力发展高效优质生态安全农业,积极发展农产品精深加工业,不断提升水利、机械化和信息化水平。

一、北部湾经济区农林产业空间涵义及其分类

（一）农林产业空间涵义

农业空间指的是以农业为主导的产业发展所需要的空间资源,包括种植业空间、养殖业空间、农林加工业空间、林业空间、特色农业园空间。

（二）农林产业空间分类

1.种植业空间

种植业是农业的主要组成部分,其特点是以土地为基本生产资料,利用农作物的生物机能将太阳能转化为化学潜能和农产品。它是一切以植物产品为

食品的物质来源,也是人类生命活动的物质基础。

2. 养殖业空间

养殖业是利用畜禽等已经被人类驯化的动物,或者鹿、麝、狐、貂、水獭、鹌鹑等野生动物的生理机能,通过人工饲养、繁殖,使其将牧草和饲料等植物能转变为动物能,以取得肉、蛋、奶、羊毛、山羊绒、皮张、蚕丝和药材等畜产品的生产部门。是人类与自然界进行物质交换的极重要环节。

3. 农林加工业空间

农林加工业是指以人工生产的农业物料和野生动植物资源及其加工品为原料所进行的工业生产活动。国际上通常将农产品加工业划分为5类,即:食品、饮料和烟草加工;纺织、服装和皮革工业;木材和木材产品包括家具制造;纸张和纸产品加工、印刷和出版;橡胶产品加工。我国在统计上与农产品加工业有关的是12个行业,即:食品加工业、食品制造业、饮料制造业、烟草加工业、纺织业、服装及其他纤维制品制造业、皮革毛皮羽绒及其制品业、木材加工及竹藤棕草制品业、家具制造业、造纸及纸制品业、印刷业记录媒介的复制和橡胶制品业。

4. 林业空间

林业是指保护生态环境保持生态平衡,培育和保护森林以取得木材和其他林产品、利用林木的自然特性以发挥防护作用的生产部门,是国民经济的重要组成部分之一。林业在人和生物圈中,通过先进的科学技术和管理手段,从事培育、保护、利用森林资源,发挥森林的多种效益,通过持续经营森林资源,促进人口、经济、社会、环境和资源协调发展的基础性产业和社会公益事业。主要包括木材战略储备基地、生态公益林空间。

5. 特色农业与农业园空间

特色农业是以追求最佳效益即最大的经济效益和最优的生态效益、社会效益和提高产品市场竞争力为目的,依据区域内整体资源优势及特点,突出地域特色,围绕市场需求,坚持以科技为先导,高效配置各种生产要素,以某一特定生产对象或生产目的为目标,形成规模适度、特色突出、效益良好和产品具有较强市场竞争力的非均衡农业生产体系。特色农业的发展是适应当前社会消费需求、世界经济一体化和全球农业市场细分需要的必然结果。

根据北部湾经济区农村及农林产业分布、资源、环境、保护与开发、社会经济发展现状,北部湾经济区农村及农林产业发展空间分类体系如下表所示。

表 5-7　北部湾经济区农村及农林产业发展空间分类体系

产业空间	产业用地类型	含　义
种植业空间	粮食类	指种植水稻、玉米、红薯、马铃薯等作物的用地类型
	甘蔗类	指种植甘蔗作物的用地类型
	蔬菜类	指种植蔬菜的用地类型
	水果类	指种植水果的用地类型
	速丰林类	指种植松树、杉木、桉树、珍贵树种、竹子等速生树木的用地类型
养殖业空间	畜禽产业类	指养殖生猪、家禽产业的用地类型
	草食动物产业类	指饲养牛、羊、鹅、兔产业的用地类型
	水产养殖业类	指养殖鱼、虾等水产品为主的用地类型
林业空间	木材战略储备基地	为保障国家木材安全,提升木材自给能力需建设的木材基地
	生态公益林	生态公益林是指生态区位极为重要,或生态状况极为脆弱,对国土生态安全、生物多样性保护和经济社会可持续发展具有重要作用,以提供森林生态和社会服务产品为主要经营目的的重点的防护林和特种用途林
农林产品加工业发展空间	蔗糖加工业类	指以甘蔗为原料进行蔗糖生产的加工用地类型
	果品加工业类	指以水果为原料进行果品加工的用地类型
	木薯淀粉加工业类	指以木薯为原料进行淀粉加工的用地类型
	剑麻制品加工业类	指以剑麻为原料进行剑麻制品加工的用地类型
	茶叶加工业类	指以茶叶为原料进行茶叶加工的用地类型
	畜牧产品加工业类	指以畜禽、草食动物肉类产品加工为主的用地类型
	奶制品加工业类	指以奶类加工为主的用地类型
	水产品加工业类	指以水产品加工为主的用地类型

产业空间	产业用地类型	含　义
特色农业与农业园空间	蚕桑产业类	指种桑养蚕的用地类型
	花卉产业类	指种植花卉的用地类型
	中药材类	指种植中药材的用地类型
	非粮生物质能源类	指以木薯、小桐子等为原料生产的生物质能源
	特色农业园区类	指以高投入、高产出为特征的农业产业及加工业,或具有一定旅游价值的农业及农产品加工的用地类型

二、北部湾经济区农业发展存在的问题

近年来,北部湾经济区在推进农业产业化发展方面进行了积极的探索和实践,取得了明显成效。如整体发展水平提高,农业产业化组织结构优化,龙头企业的带动能力增强、结构趋于合理,农业产业化发展的动力机制继续完善等。但目前本区域农业产业化发展过程中仍面临一些不容忽视的问题,如农业产业化组织程度较低、农业科技推广应用力度不够、农村劳动力的文化素质普遍较低等。

1. 农业产业化组织程度较低

目前,虽然北部湾地区农工贸一体化的经营模式逐步推进,实现了部分规模经营,但其绝大多数农业生产基本上还是一家一户的传统小农式经营,农业结构调整处于一种农民自发状态,规模小、效率低、效益差、产品流通难,难以形成规模经营的支柱产业和主导产品,与现代农业规模化、集约化、产业化的要求仍有较大差距,影响了资源开发的力度和效益。

2. 农业科技推广应用力度不大

现代农业要用现代物质条件装备农业,用现代科学技术改造农业,特别是沿海的几个城市,自然灾害频发、农业生产极不稳定,必须要实行"三防""三避"技术。但是目前北部湾经济区除南宁和钦州外,北海和防城港的农业科技推广机构尚不健全,专业技术人员尚不稳定,科研设备落后,经费十分紧缺。

3. 农村劳动力的文化素质普遍较低

农业产业化的发展需要培养新型农民,需要提高农民的文化素质和接受科技知识的能力,但目前北部湾经济区的农村劳动力文化素质普遍偏低。以南宁市为例,根据第二次农业普查,南宁市农村劳动力资源中,文盲 5.96 万人,占 2.3%;小学文化程度 75.41 万人,占 28.8%;初中文化程度 151.89 万人,占 58%;高中文化程度 25.84 万人,占 9.9%;大专及以上文化程度 2.7 万人,占 1%。总的来看,初中和小学文化程度的农村劳动力分别占据了前两位,两者合计高达 86.8%,甚至仍有约 6 万劳动力不识字或识字很少。农村劳动力文化素质偏低,使得农业科技推广实施困难。

4. 农业基础设施建设滞后

北部湾经济区各市 50 年代修建的农田水利设备大都失修老化,目前农田有效灌溉面积已降为 50% 左右,致使农业抗旱防涝能力普遍减弱。由于基地水利设施老化,因此不能精准运用农业技术,难以建设健康种苗基地,难以实施测土配方施肥技术,难以改良土壤结构,化肥利用率低,作物产量和品质低;特别是一些热带作物如甘蔗,生产机械化程度低,劳动强度大,劳动生产率低,劳动成本较高,因此农民收入难以增加。

5. 农产品加工与流通不发达

农业产业化要求农产品较高的商品率,但是由于目前北部湾地区的农业生产基本上还是一家一户的传统小农式经营,各市农产品难以进行大规模的深加工,农民难以获取加工、流通部分的价值,除粮食、甘蔗、油料及部分水产品进行初步加工外,其余大多数都以原始形式进入流通领域,经济附加值较低,市场销售比较困难,因此农产品生产的风险较大,影响了农产品商品率的提高,不利于现代农业的发展。

6. 农业生态环境保护未能引起足够重视

农业产业化也应该是一种生态农业,在提高农业水利化、机械化和信息化水平,提高土地产出率、资源利用率和农业劳动生产率的同时,必须要考虑到农业的可持续发展。然而,北部湾地区的种植业、养殖业的病虫害和饲料、农药残留物污染,以及无序开发海滩涂养殖,对生态环境保护、无公害农产品生产和出口,以及农业可持续发展都产生了不良影响,"现代农业即生态农业"的概念并未深入人心,各部门及农民对生态环境的保护不够重视。

三、北部湾经济区种植业空间布局

(一)粮食产业

1. 存在的主要问题

(1)耕地质量不高,基础设施薄弱。北部湾大部分地方耕地地力水平比较低,北部湾6市中低产田比例高达60%以上。农田排灌设施差,有效灌溉面积仅有38.35%。

(2)粮食供需压力大,自给率下降。由于农资价格上涨过快,种粮比较效益下降,加之补给政策对种粮农民的激励作用相对减弱,调动农民种粮积极性的难度越来越大,粮食播种面积扩大的空间十分有限。粮食单产在连续增长情况下,进一步提高的难度增大。随着人口增长和粮食需求不断增加,广西粮食供需压力越来越大。

(3)科技投入不足,农技服务体系不健全。长期以来,北部湾农业科学研究与技术开发和示范推广经费投入不足,科技推广和管理机制不适应现代农业发展要求。基层农技推广部门多头管理,一线农技人员明显不足,队伍老化,服务功能弱化,农技人员待遇严重偏低,经费严重不足,农技推广工作推进难度加大。

(4)产业化经营程度不高,市场体系还不够完善。北部湾农户种植粮食小而散,粮食加工发展滞后,规模化、产业化经营程度不高,知名品牌不多。粮食物流体系不够完善,建设滞后。粮食加工企业仓储设施落后,大多数市、县的粮食仓储设施陈旧,不能满足粮食安全储藏的基本要求。粮食市场监管体系不完善,监管法规和机构未能有效运行。

2. 发展预测

北部湾经济区粮食产业的发展应在稳定基本农田保护空间的基础上,在区域范围内形成水稻、玉米、木薯等优势作物集中生产区。规划期间北部湾经济区粮食刚性需求较大,粮食供求偏紧。随着工业化、城镇化的快速推进,耕地、水资源不可避免地大量被占用,粮食生产发展将逐渐失去资源的支持,同时,由于比较效益低,扩大粮食种植面积的空间有限。因此,规划期北部湾经济区粮食产业发展要落实耕地保护制度和强农惠农政策,加强基础设施建设,依靠科技投入和加强主产区粮食综合生产能力建设,走产业化、集约化、精细化生产的道路。

根据国务院《国家粮食安全中长期规划纲要(2008—2020年)》要求,以及北部湾地区人口增长、食物结构变化和逐步实现小康目标对粮食需求变化的影响,预测到 2020 年、2030 年北部湾地区人均粮食消费量分别为 390 公斤、400 公斤。规划期,根据《广西北部湾经济区规划耦合及国土发展空间类型划分研究》《广西北部湾经济区国土经济分析与国土资源承载力评价研究》两个专题报告预测结果,到 2020 年、2030 年,北部湾地区总人口将分别达到 2680 万人、3010 万人。据此预测,到 2020 年、2030 年北部湾地区粮食需求量将分别达到 1045 万吨、1204 万吨。规划期,按照粮食自给率保持在 75% 以上、5600 公斤/公顷的单产测算,粮食播种面积应稳定在 161.25 万公顷以上,才能满足粮食需求,即至 2030 年粮食播种面积稳定在 162 万公顷(2418.75 万亩)以上,粮食单产达到 380 公斤/亩,粮食综合生产能力达到 919.13 万吨以上。

3. 区域布局

北部湾粮食产业发展自改革开放以来总体上呈现平稳发展的趋势,形成了优质稻、优质玉米、优质薯类、优质豆类四类优质产业带和以东兴红姑娘红薯和横县甜玉米为主的特色品种基地布局形式。

(1)优质稻产业带。重点布局在玉林和以南宁、钦州为主的沿海地区。

优质稻产业带又分为商品型和自给型两类。商品型优质稻产业带,以玉林为重点,主要包括兴业、博白、陆川、北流、容县、玉州等县(市、区),依托其毗邻粤港澳等地的区位优势,大力发展种植商品型优质高产品种,目标市场以外销、出口或替代进口为主。自给型高产优质稻产业带,以南宁、钦州 2 个市为重点,主要包括武鸣、横县、宾阳、上林、隆安、扶绥、灵山、浦北、钦北、合浦、上思等县(市、区),重点发展自给型高产优质品种,以满足区内需求为主。

(2)优质玉米产业带。重点布局在崇左市,主要包括天等、隆安、马山、扶绥、大新等县(市、区),突出发展优质玉米和其他旱杂粮。

(3)优质薯类产业带。重点布局在桂东南和沿海地区。优质薯类产业带又分为冬种马铃薯和红薯两个产业带。冬种马铃薯产业带,重点布局在桂东南和沿海地区,主要包括容县、浦北、灵山、钦北、钦南、玉州、兴业、陆川、博白、北流、武鸣、宾阳、横县、马山、合浦、宁明等县(市、区)。红薯产业带。以玉林、钦北、北海、防城港等市为主,包括博白、北流、陆川、钦南、钦北、灵山、浦北、合浦、防城、东兴等县(市、区)。

(4)优质豆类产业带。以南宁、崇左等市为重点,主要包括隆安、上林、宾阳、横县等县(市、区),通过在糖料蔗、木薯、玉米主产区推广间套种等措施,大力发展大豆和杂豆生产。

(5)特色品种基地。重点发展东兴墨米、东兴红姑娘红薯、横县甜玉米等。

表5-8　广西北部湾经济区粮食种植空间规模及部署

地　区	规模(公顷)	主要位置
南宁市	近期:572667 中期:572667 远期:572667	武鸣、横县、宾阳、上林、隆安、马山
北海市	近期:106667 中期:106667 远期:106667	合　浦
钦州市	近期:280000 中期:280000 远期:280000	灵山、浦北、钦北、钦南
防城港市	近期:61333 中期:61333 远期:61333	防城、东兴、上思
玉林市	近期:426000 中期:426000 远期:426000	容县、玉州、兴业、陆川、博白、北流、
崇左市	近期:166000 中期:166000 远期:166000	扶绥、宁明、江州、大新

(二)蔗糖产业

1. 存在的主要问题

(1)综合利用和精深加工有待提高。蔗糖产业链不长,综合利用不足,蔗糖产品只作为原料出售,附加值低,蔗糖深加工水平低,蔗叶综合利用率低,甘蔗乙醇酒精计划没有启动,既制约产业发展,又影响企业经济效益和农民增收。

(2)机械化水平低。北部湾经济区糖料蔗生产机械化水平低、用工多、效率低、成本高、效益低,成为制约农民增收和蔗糖业持续健康发展的瓶颈。特别是甘蔗采收机械化应用没有重大突破,收获成本高,严重影响种蔗积极性。

(3)蔗区基础设施薄弱。蔗区建设尚未形成完善的投入机制,基础设施建设投入不足,抵御自然风险能力较弱,严重制约糖料蔗综合生产能力的提高。区内 90% 的甘蔗种植在旱坡地上,干旱成为制约单产提高的最大障碍,区域内现有灌溉能力的甘蔗面积不足 15%。

2. 发展预测

综合国内食糖生产和销售情况、人口和经济增速,预计未来 5—10 年,国内食糖需求将以每年 8% 的速度持续增长。虽然国内食糖生产存在一定的不稳定性,但据相关部门调查统计数据表明,国内市场平均 1300 万吨的年消费需求量,对于食糖生产行业来说仍有较大的发展空间。

北部湾经济区特殊的地理区位和气候优势,决定了其成为全球最适宜种蔗的地区之一,发展蔗糖种植除自然地理优势外,还具有生产和技术优势、比较效益优势。北部湾经济区旱地资源丰富,未利用土地面积约为 44.64 万公顷(669.6 万亩),占北部湾经济区土地总面积的 6%,仍可在崇左等地开发一部分坡度在 15 度左右、土层深厚、以红壤土为主的宜农荒地发展糖料蔗生产,规划期内依靠科技测土配方施肥和良种培育推广,进一步提高单产,年产糖料 4300—4500 万吨是切实可行的。据此预测至 2030 年,北部湾经济区糖料蔗种植面积稳定在 58.67 万公顷(880 万亩)以内,糖料产量稳定在 4500 万吨以上,其中 2020 年糖料蔗种植面积和蔗糖产量分别为 58.27 万公顷(874 万亩)和 4600 万吨。

3. 区域布局

(1)产业优势重点发展区。重点发展崇左、南宁糖料蔗生产优势区域;巩固发展钦州、北海、防城港等仍具生产优势的老蔗区。

(2)糖料基地建设重点扶持区。重点扶持江州、扶绥、邕宁、龙州、宁明、武鸣、上思、隆安、大新、横县、宾阳、合浦、江南、良庆、钦南、灵山、上林、银海、西乡塘等年产糖料蔗 70 万吨以上的县(市、区)优质糖料蔗基地建设,使糖料基地生产能力占全区糖料蔗总生产能力的 85% 以上。

表 5-9　广西北部湾经济区甘蔗种植空间规模及部署

地　区	规模(公顷)	主要位置
南宁市	近期:153333 中期:160000 远期:166000	隆安、横县、宾阳、上林、西乡塘、良庆、江南、邕宁

续表

地　　区	规模（公顷）	主要位置
北海市	近期：28667 中期：30000 远期：31333	银海、合浦
钦州市	近期：40000 中期：42000 远期：43333	钦南、灵山
防城港市	近期：43333 中期：45333 远期：46667	上　思
玉林市	近期：10000 中期：10667 远期：10667	玉林全市
崇左市	近期：266667 中期：278667 远期：288000	江州、扶绥、龙州、宁明、大新

（三）蔬菜产业

1. 存在的主要问题

（1）基础设施建设滞后。北部湾蔬菜生产基地设施简陋、贮藏保鲜设施不足，水利基础设施薄弱，抗御灾害性天气能力差，蔬菜产量和价格差波动明显。

（2）组织化程度不高。蔬菜生产以千家万户分散经营为主，规模效益差，抗御风险的能力弱。产地批发市场、龙头企业、专业合作组织和经纪人数量少，加工、营销、信息等服务跟不上。

（3）采后加工处理落后。贮藏保鲜设施不足，蔬菜加工企业规模小，加工技术、设备落后，新产品开发能力弱，精深加工少。

2. 发展预测

蔬菜是维持人体健康所必需的维生素、矿物质和膳食纤维的主要来源，"宁可三日无荤，不可一日无菜"，国民蔬菜供应是刚性增长需求。北部湾经济区发展蔬菜产业具有气候资源、品种资源优势，季节性产品优势，生产成本优势以及国家政策的大力扶持，未来北部湾经济区蔬菜产业将依托以上优势，以国家推进新一轮"菜篮子"工程建设为契机，以秋冬菜生产为主攻方向，稳妥发展蔬菜产业。根据《广西北部湾经济区规划耦合及国土发展空间类型划分研究》《广西北部湾经济区国土经济分析与国土资源承载力评价研究》两个专题报告预测结果,到2020年、2030年,北部湾地区总人口将分别达到2680万人、3010万人。按每天人均消费蔬菜0.5公斤计,规划至2020年和2030年蔬菜年消费将分别为489万吨和549万吨。随着广大农村农民收入水平的提高,城镇化步伐加快,人均蔬菜消费将不断增加。同时,世界蔬菜消费量正在以年均5%以上的速度增长,消费量增长地区主要集中在北部湾经济区蔬菜传统出口的日本、韩国及东南亚地区,规划期北部湾经济区蔬菜出口潜力较大,出口率将达到60%以上。

根据前述分析,规划期北部湾经济区蔬菜产业将稳定增长,蔬菜产品质量管理水平明显提高,设施化、标准化、集约化、规模化"菜篮子"产品生产基本完善,保障蔬菜有效供应。预计至2020年和2030年蔬菜产业发展坚持科技支撑,推动品种结构优化;坚持以质为先,推动产业规模经营;加强产业发展组织管理,做好产销衔接工作,种植规模控制在53.33万公顷(800万亩)以内。

3. 区域布局

根据蔬菜主产区自然资源条件,种植规模,产业化基础产业比较优势等基本条件,将北部湾经济区蔬菜产业布局划分为秋冬菜优势产区、食用菌优势产区、夏秋反季节蔬菜优势产区、城市"菜篮子"优势产区、丘陵(山区)特色优质蔬菜优势产区以及创汇蔬菜优势产区等六大优势区域。具体布局如下:

(1)秋冬菜优势产区。以玉林、南宁、崇左、钦州等桂东、桂东南秋冬菜产地为重点布局区域,桂东秋冬菜重点建设区域主要布局在玉林市玉州区、北流市、陆川县、兴业县、博白县、福绵区、容县等(区)县。桂东南秋冬菜重点建设区域主要布局在崇左市江州区、宁明县、扶绥县、天等县等县(区),南宁市六县六城区,钦州市灵山县、钦南区、钦北区。

(2)食用菌优势产区。食用菌商品优势产区主要布局在南宁市和玉林市。南宁以横县、宾阳县、青秀区、兴宁区等县(区)为重点发展区域,以发展蘑菇、平菇等品种为主;以横县、宾阳县、青秀区为中心形成蘑菇产业带;以青秀区、兴宁区、邕宁区、西乡塘区为中心,发展秀珍菇、茶树菇、平菇、鸡腿菇、金福菇、木耳等城郊型食用菌;以横县、宾阳县、青秀区、邕宁区为主发展桑枝食用菌。以玉林市兴业、容县、北流布局蘑菇优势产区;以玉州、北流、兴业、福绵为中心布局鸡腿菇、秀珍菇、姬菇、金福菇、大球盖菇、大杯伞等珍稀食用菌优势产区;以博白、陆川为中心,布局茯苓、灵芝、猴头菇等为主的药用食用菌优势产区;以容县、博白、兴业、北流为中心布局野生菌优势产区。

（3）夏秋反季节蔬菜优势产区。以玉林市南部、钦州市、北海市、防城港市等为重点区域,建设反季节名牌蔬菜商品生产基地。主要种植适销对路的夏阳白菜、茄瓜、番茄、辣椒、萝卜、胡萝卜、芥菜、生菜、黄瓜、菜心、菜豆等名优新品种。玉林市以博白县、陆川县、兴业县为重点区域;北海市以合浦县石康、石湾、常乐、廉州,铁山港区南康,银海区福成等乡镇为重点区域;钦州市主要布局在灵山县、钦南区、钦北区;防城港市主要布局在防城区、港口区、上思县,东兴市。

（4）中心城市"菜篮子"优势产区。在6个中心城市近郊、中远郊及市管县郊区,重点建成速生叶菜、高档特需蔬菜、野生蔬菜为主的淡、旺季互补的蔬菜商品生产基地。崇左市重点布局在江州区、宁明县、扶绥县和天等县;玉林重点布局在玉林城区以及各县(市、区)县城郊区乡镇;南宁重点布局在江南、西乡塘、兴宁、良庆、青秀、邕宁六城区及武鸣县;钦州重点布局在钦南区、钦北区、灵山县、浦北县;北海重点布局在市郊、合浦至灵山公路沿线乡镇、铁山港区南康等;防城港市重点布局在防城区、港口区、上思县,东兴市。

（5）丘陵、山区特色无公害蔬菜优势产区。在丘陵、山区生态环境符合无公害蔬菜生产条件的区域内,重点建设可通过有机、绿色食品认证的特色无公害商品基地。

（6）创汇蔬菜优势产区。以沿海、沿江、沿边等交通较发达以及有一定蔬菜出口基础的地区为主,建设一批标准化生产起点高、规模效益好的外向型创汇基地。重点布局在玉林、钦州、北海和防城港。

表5-10　广西北部湾经济区蔬菜种植空间规模及部署

地　　区	规模（公顷）	主要位置
南宁市	近期:180000 中期:189333 远期:189333	上林、武鸣、横县、宾阳、青秀、兴宁、邕宁、西乡塘、江南、良庆
北海市	近期:40000 中期:42000 远期:42000	银海、铁山港、合浦
钦州市	近期:66667 中期:70000 远期:70000	灵山、浦北、钦南区、钦北区

续表

地　区	规模（公顷）	主要位置
防城港市	近期:20000 中期:21333 远期:21333	防城区、港口区、上思县,东兴市
玉林市	近期:100000 中期:105333 远期:105333	博白县、陆川县、兴业、北流、福绵
崇左市	近期:100000 中期:105333 远期:105333	江州、宁明、扶绥、天等

（四）水果产业

1.存在的主要问题

（1）生产经营组织化程度不高。北部湾经济区户均种果 2 亩以下的果园面积占 70% 以上,50 亩以上的仅占 1%,经营分散导致生产行为难统一,产销脱节。加工龙头企业数量少,规模小,带动支撑不足。专业合作组织力量薄弱,现代流通方式尚未建立,市场开拓能力不强,销售比较被动。同时,果园机械化生产程度不高,果园生产效率低。

（2）减灾防灾体系滞后。北部湾地区旱、涝、风、霜等灾害经常发生。全地区大部分果园位于山坡地,基础设施薄弱,排灌条件差,抵御自然灾害能力弱,因灾减产问题较为突出。目前,柑桔黄龙病已局部蔓延,香蕉枯萎病防疫形势严峻,果实蝇对部分品种造成较大威胁,严重影响产业安全。

2.发展预测

广西水果特色突出,优势明显,在国内外市场均有较强的竞争力,未来将面临总体有利的市场变化。北部湾经济区四季常青,森林覆盖率高,工业污染少,利于生产高品质果品。境内铁路四通八达,高速公路纵横贯通,水果运销交通条件良好。水果属于劳动密集型产业,在广西 400 多万富余劳动力中北部湾经济区占了大约五分之二,目前正值发达省区产业转移关键时期,"东果西移"趋势明显,北部湾经济区具有承载转移的地理优势,又享受国家西部大开发政策,再有北部湾经济区发展规划将热带亚热带果蔬等特色园艺作物确定为北部湾经济区农业发展的重点,加快发展水果产业正当其时。

目前我国年人均水果消费不到 50 公斤,比发达国家人均低 45%,比发展中国家人均低 17.7%。随着我国经济社会发展和人民生活水平提高,水果消费市场将进一步扩大。北部湾经济区自然条件优越,温度、降雨等条件十分有利于水果生长,在 7335490.57 公顷土地总面积中,宜果土地近 86.67 万公顷(1300 万亩),已开发种果 32 万公顷(497.56 万亩),尚有宜果荒山荒地 53.5 万公顷(802.44 万亩),粮果用地互不冲突。对水果产业发展用地规划,预计至 2030 年北部湾经济区发展水果种植规模 70.73 万公顷(1061 万亩),2020 年水果种植规模达到 60 万公顷(900 万亩)。

3. 区域布局

(1)重点布局柑桔、香蕉两大优势产业带。一是柑桔产业带:特早熟温州柑、砂糖桔、马水桔、茂谷柑及红江橙等喜温型柑桔重点布局在崇左、南宁、钦州;各市可根据小气候条件发展一批特色柑桔基地。二是香蕉产业带:重点布局在左右江流域和桂东南优势产区,其中春夏熟栽培区主要为崇左、玉林、防城港;秋冬熟栽培区主要为钦州、南宁、北海和玉林、崇左部分地区。

(2)科学建立荔枝、龙眼、芒果三大特色产区。荔枝重点布局在钦州、玉林及南宁、防城港等市;龙眼重点布局在南宁、钦州、崇左等市;芒果重点布局在钦州等地。

(3)积极建设时令优稀水果生产基地。围绕推动休闲农业和旅游产业,注重发展大青枣等春夏熟水果,莲雾等珍稀水果,火龙果、番石榴、杨桃等延熟型水果。莲雾、火龙果、番石榴、杨桃、青枣等重点布局在南宁、钦州、北海、防城港等地区。基地主要建在城市近郊和观光农业景区。

(4)合理建设加工型水果原料基地。建立一批加工常用的菠萝、荔枝、龙眼等原料生产基地。菠萝布局在南宁、防城港;荔枝、龙眼产区可将传统大宗品种改造为加工基地,重点布局在钦州、玉林。其他水果产区根据企业和品种特性选择、建立原料基地。

表 5-11 广西北部湾经济区水果种植空间规模及部署

地　　区	规模(公顷)	主要位置
南宁市	近期:93333 中期:103333 远期:121333	武鸣、邕宁、良庆、横县、西乡塘、隆安

续表

地　区	规模（公顷）	主要位置
北海市	近期：10000 中期：11333 远期：13333	合浦县、银海区福成、铁山港区南康、 海城区涸洲
钦州市	近期：186667 中期：206667 远期：24333	灵山县、钦南区、钦北区、浦北县
防城港市	近期：12000 中期：13333 远期：15333	防城区、港口区、上思县、东兴市
玉林市	近期：156667 中期：173333 远期：204000	北流、博白、兴业、福绵、陆川
崇左市	近期：84000 中期：92667 远期：109333	江州区、扶绥县、龙州县、宁明县、 大新县、凭祥市

（五）速丰林产业

1.存在的主要问题

（1）经营水平较低，森林质量不高。北部湾经济区的速丰林已有一定规模，但经营水平较低，管理较为粗放，单位面积蓄积量偏低，平均每亩活立木蓄积累还不足3.8立方米，同时，木材生产多以中小径材为主，很少有大径材，材种结构不合理，资源储备后劲不足。

（2）林业基本建设投入不足。经过几十年的努力，北部湾经济区林业基础设施建设不断完善，但与建设比较发达林产业的要求高，还有相当大的差距。由于林业基本建设投入不足，林木种苗基地、林业"三防"体系建设以及林业科研、技术推广、资源与环境的监测、保护等设备和手段还比较落后，基础研究停滞不前，技术服务推广和宣传不到位，林业信息化建设才刚刚起步，难以适应新形势下林业发展的要求。

（3）木材精深加工发展滞后。北部湾经济区林浆纸、人造板、细木加工、家具制作等产业有一定的发展，但发展相对滞后，拉动力不够强。从林产品结构看，木竹材的利用大多是锯材、木片类初级加工品，用于制浆造纸木竹材还不足 18%。由于木浆造纸能力低、木竹材精深加工品、拳头产品少,制约了优势产品和著名品牌的创立及市场开发力,产业的带动作用还没有真正形成。

2. 发展预测

我国是森林资源匮乏国家,也是木材消耗大国,国产木材远不能满足发展的需求,广西出台了桂政发[2002]22 号、桂政发[2005]14 号等多项政策,鼓励速丰林产业发展,各级政府还成立了专门的管理机构为速丰林发展提供服务、指导和协调。北部湾经济区光、热、水等自然条件优越,具有 400 多种材质优良、用途广泛、生长适应性强的优良树种,其中松、杉、桉、竹子、西南桦等优良树种在广西乃至全国占有十分重要的地位。经过多年的发展,北部湾经济区具有成熟的丰产栽培技术,林浆纸、林板一体化产业建设稳步推进,同时,北部湾经济区地处华南经济圈、西南经济圈和东盟经济圈的结合部,是我国西部大开发地区唯一的沿海区域,也是我国与东盟国家既有海上通道、又有陆地接壤的区域,区位优势明显。规划期北部湾经济区速丰林发展将以森林分类经营为基础、以资源培育为中心、以市场为导向、以科技为支撑,按照市场牵龙头、龙头带基地、基地联农户的发展思路,充分调动社会的积极性,大力发展速丰林,实现森林面积和木材产量双增长,使速丰林产业真正成为广西国民经济发展,全面建设小康社会建设的重要基础产业。

考虑到林木采伐管理政策的制约、林业资源流转的矛盾纠纷、林业经营风险保障机制不完善等不利因素,兼顾市场、自然以及生产经营等风险,按照北部湾经济区发展规划要求,有控制地扩大速生丰产林面积。预计到 2030 年北部湾经济区速丰林种植面积将达到 146.67 万公顷(2200 万亩),其中,2020 年速丰林种植规模达到 140 万公顷(2100 万亩)。

3. 区域布局

(1)速丰林基地。根据全国和广西林业发展规划和农业地理分区以及规划造林树种的产区区划,以现有资源分布为基础、以市级行政区划为单位,充分考虑当地自然地理特点和社会经济条件,林地利用情况和传统种植习惯,按照“因地制宜、适地适树、重点突出、统筹兼顾”的原则,规划发展树种和建设规模,分松树、杉木、桉树、珍贵树种、竹子等 5 大造林树进行布局。

表 5-12　广西北部湾经济区速生林种植空间规模及部署

地　区	规模（公顷）	主要位置
南宁市	近期：299333 中期：299333 远期：346667	邕宁区、宾阳县、横县、武鸣县、隆安县、马山县、上林县
北海市	近期：46667 中期：51333 远期：53333	合浦县
钦州市	近期：211333 中期：233333 远期：244667	钦南区、钦北区、灵山县、浦北县
防城港市	近期：219333 中期：242667 远期：254000	上思县
玉林市	近期：184667 中期：204000 远期：214000	博白县、兴业县、陆川县、北流县
崇左市	近期：306000 中期：338000 远期：354000	凭祥市、宁明县、大新县

1）松树速丰林。主要布局在防城港、崇左两个市。重点培育浆纸纤维树、建筑材。兼顾培育脂材两用林和大径级用材林。

2）杉木速丰林。主要布局在防城港及一些边缘产区定向培育木线条、杉指接材等小径材。

3）桉树速丰林。主要布局在北海、钦州、防城港、南宁、崇左等 5 市；重点县有：合浦、钦北、钦南、浦北、灵山、上思、邕宁、良庆、横县、武鸣、隆安、马山、上林。主要是培育浆纸纤维材、人造板材等短轮伐期工业原料及建筑材。

4）珍贵用材树种速丰林。北部湾经济区 6 市皆有布局；重点布局县有：宾阳、横县、武鸣、灵山、浦北、合浦、凭祥、宁明、大新。

5）竹子速丰林。主要布局在南宁；重点布局县有：马山、上林、横县等。

（2）林木种苗产业

林木良种培育是以国家和自治区的优良品种种源区、母树林及良种繁育基地、示范苗圃为主体，通过新建、建设形成具有区域优势的林木良种生产基地，通过加强良种选育繁殖，提高林木良种优选率和贡献率，辐射带动全区种苗产业的升级。良种基地建设总体布局是：

1）桉树：主要布局在南宁和钦州。

2）松树：主要布局在南宁、崇左、玉林。

3）阔叶林：主要布局在玉林、钦州。

四、北部湾经济区养殖业空间布局

（一）畜禽产业

1. 存在的主要问题

（1）产业大而不强。畜禽产业作为北部湾经济区最大的农业产业，具有一定的规模优势。然而，在标准化生产、出栏率、产品质量、品牌、附加值等方面优势不突出，龙头企业多而分散，全国性知名品牌不多，产业整体竞争力不明显，影响了生猪和家禽产品在区外及境外市场的占有率和产业效益。

（2）深加工薄弱。深加工一直是广西畜禽产业化发展中的薄弱环节，随着养殖规模的不断扩大，加工业的严重滞后已成为制约畜禽产业稳定发展的重要瓶颈。缺乏精深加工技术、加工能力严重不足，市场开拓严重滞后，深加工产品销售半径受到限制。随着市场准入制度的逐步确立和完善，将制约生猪和家禽产业的快速发展和做大做强。

（3）规模化养殖污染日趋严峻。集约化养殖是畜禽养殖业的发展方向，然而伴随着养殖规模的不断扩大，畜禽排泄物中含有的大量有机物、悬浮物及致病菌，已上升为农业面源污染最主要的来源之一，规模化养殖所迅速增加的大量粪尿对环境的影响越来越严重，成为畜禽产业发展进程中亟待解决的重要问题。

2. 发展预测

我国是世界上最大的猪肉生产国和消费国，猪肉产量约占世界总产量的70%。在相当长一段时期内，猪肉仍将是我国肉类消费中的第一大品种，绝对消费量将持续增长，广大农村市场增长潜力巨大。广西是我国生猪生产大省，全区生猪出栏总数3000万头左右，其中北部湾经济区出栏1400万头左右，因人口自然增长以及社会经济的快速发展，将使广西肉猪消费年均递增2%左右，每年增加60多万头，北部湾经济区约占该增加量的45%左右。家禽是我国第二大传统优势畜牧产业，以肉鸡为主，肉鸡作为传统主要食品，具有广阔的市场前景。国内市场每年以5%的速度增长，但与世界相比，国内消费水平仍较低，肉鸡占肉类消费比例，我国为20%，而国外是25.4%，发达国家是

30%以上。从人均鸡肉占有量来看,我国人均 6 千克,巴西为 22.1 千克,泰国为 12.4 千克,因此,我国肉鸡市场空间较大。

按照《广西北部湾经济区发展规划(2008—2020 年)》,北部湾经济区畜禽产业发展思路为:积极调整畜牧业结构,转变畜牧业发展方式,改良畜禽品种,开发地方家禽品种资源,大力发展奶水牛产业,积极开展草地改良、人工种草,提高畜牧业综合生产能力,促进畜牧业生产由粗放、耗粮型向集约、节粮型转变,重点发展特色优势畜禽。预计到 2020 年生猪出栏 1500 万头,家禽出栏 2 亿只,肉牛出栏 80 万头,奶牛存栏 15 万头;2030 年生猪出栏 2000 万头,家禽出栏 2.5 亿只,肉牛出栏 110 万头,奶牛存栏 20 万头。按照北部湾经济区集约化养殖用地的要求,一个万头猪场或千万羽禽场需占地 50 亩以上。据此可预测 2020 年、2030 年,北部湾经济区畜禽产业用地空间规模将分别达到 5700 公顷(8.55 万亩)、7620 公顷(11.43 万亩)。

3. 区域布局

(1)生猪产业布局

生猪养殖重点布局在博白县、武鸣县、陆川县、北流市、兴业县、合浦县、浦北县等 7 个全国生猪优势区域优势县的基础上,增加宾阳、上林、马山、隆安等 4 个自治区级生猪优势区域优势县。

(2)家禽产业布局

1)肉鸡产业:优质三黄鸡重点布局在玉林市,麻鸡重点布局在南宁市和钦州市,霞烟鸡重点布局在玉林市容县。

2)肉鸭产业:重点布局在南宁市郊、武鸣、邕宁和钦州,以发展春江鸭为主。

3)蛋禽产业:蛋鸡重点布局在南宁市,蛋鸭重点布局在北海、钦州、防城港等沿海地区。

4)肉鹅产业:主要布局在博白、陆川、合浦、浦北等县。

(3)其他养殖产业布局

1)肉牛产业:重点布局在合浦、灵山等县。

2)肉兔产业:重点布局在玉林市。

(二)水产养殖业

1. 存在的主要问题

(1)基础条件薄弱,发展后劲不足。目前北部湾经济区 75%以上的养殖池塘池底淤积严重、保水性差、水位浅、产出低、面积小、老化严重；进排水系统不规范；养殖废水缺乏处理设施，对牡蛎的选育、保种、健康养殖、病害防控、育肥、净化、低温保活流通等技术的基础研究不够。

（2）养殖投入不足，产业化程度较低。北部湾渔业以农民散养为主，主体分散，投入资金以自有资金为主，养殖规模小、经营单一、抗风险能力脆弱。

（3）健康养殖示范场建设缓慢，水产品质量有待提升。

2. 发展预测

据联合国粮农组织（FAO）预测，未来30年全球水产品消费量将继续保持增长态势，这为北部湾经济区水产品出口提供了广阔的空间。由于环境污染和过度捕捞等原因，国际水产品市场的需求主要靠养殖产品供给，优质水产品的供需矛盾将进一步加剧。罗非鱼国际贸易需求量大，罗非鱼是FAO向全世界推广的养殖品种，国内外具有广阔的消费市场，我国年消费量达80万吨左右，近几年，欧美罗非鱼的年消费增长率在15%—20%之间。对虾供需缺口较大，全球对虾一直供不应求，年需求量约为250万吨，年供应量约为170万吨。对虾是北部湾经济区主要的出口创汇水产品，发展空间较大。龟鳖发展潜力巨大，因其药用功效，使得其需求市场越来越旺，且价格居高不下。牡蛎素有"海上牛奶"之美称，其特殊营养价值，使得其市场前景十分看好。北部湾经济区适宜水产养殖的20米等深线以内的浅海滩涂面积约63.33万公顷（950万亩），内陆河流、水库、坑塘等水面面积约28.6万公顷（429万亩），但平均利用率不到10%，养殖发展空间很大。

根据《广西北部湾经济区发展规划（2008—2020年）》，规划期北部湾经济区水产养殖发展思路为积极推广生态养殖，严格控制近海捕捞强度；合理开发北部湾渔业资源，积极稳妥发展远洋渔业；完善渔政渔港设施建设。重点发展罗非鱼、对虾、龟鳖和牡蛎四大产业带。根据2010年水产品产量和养殖面积统计，每万吨罗非鱼、对虾、龟鳖和牡蛎所需的养殖规模分别为1233.33公顷（1.85万亩）、1120公顷（1.68万亩）、1246.67公顷（1.87万亩）和400公顷（0.6万亩）。按照罗非鱼、对虾、龟鳖和牡蛎养殖规模年平均增长率分别为9.6%、16.35%、22.74%和5.10%，预计到2020年和2030年，北部湾经济区水产养殖规模将分别达到13.27万公顷（199万亩）和16.73万公顷（251万亩）。

3. 区域布局

(1)罗非鱼产业带：重点布局在南宁、北海、钦州、防城港、玉林等市；

(2)对虾和牡蛎产业带：重点布局在北海、钦州、防城港三市；

(3)龟鳖产业带：重点布局在钦州、南宁等市。

五、北部湾经济区林业空间布局

(一)木材战略储备基地

木材战略储备基地作为我国林业规划中的重大林产业发展举措，受到国家和地方林业部门的高度重视。我国是世界上森林资源比较贫乏的国家之一，森林资源的稀缺性和经济社会发展对木材刚性需求的矛盾已日益尖锐，解决木材安全问题和国内木材供应问题，已成为我国经济社会发展的迫切要求。为保障我国木材生产安全，提升我国的木材自给能力，国家决定建设全国木材战略储备生产基地。

基地建设对于解决 2020 年后我国的木材供需矛盾、确保"双增"目标实现、天然林保护和地方林区的社会经济发展有重要意义。基地建设将以集约经营和提高林地生产力为手段，以建立国家优质高效木材战略储备生产基地为重点，发展短周期工业原料林(轮伐期 15 年以下)、中长期用材林(轮伐期 16—30 年)和珍贵树种用材林。

2011 年，国家林业局确定将广西作为全国木材战略储备基地试点省区之一。根据广西木材战略储备初步规划，北部湾经济区木材战略储备基地建设规模达 170 万公顷，预计建成投产后，年生产商品材达 3700 万立方米，增量商品材产量超过 1780 万立方米，可弥补当前国内木材供应缺口的十分之一。

(二)生态公益林布局

生态公益林是指生态区位极为重要，或生态状况极为脆弱，对国土生态安全、生物多样性保护和经济社会可持续发展具有重要作用，以提供森林生态和社会服务产品为主要经营目的的重点的防护林和特种用途林。包括水源涵养林、水土保持林、防风固沙林和护岸林等；自然保护区的森林和国防林等。生态公益林也是保护和改善人类生存环境、维持生态平衡、保存物种资源、科学实验、森林旅游、国土保安等需要为主要经营目的的森林、林木、林地。

1. 北部湾经济区六市分布情况

根据《广西壮族自治区完善自治区级以上公益林区划界定报告》，北部湾经济区自治区级以上公益林面积 1030604.8 公顷，占全区自治区级以上公益林面积的 18.83%。其中：

（1）南宁市 338056.8 公顷，占北部湾经济区自治区级以上公益林面积的 32.80%；

（2）北海市 7506.3 公顷，占北部湾经济区自治区级以上公益林面积的 0.07%；

（3）防城港市 165325.6 公顷，占北部湾经济区自治区级以上公益林面积的 16.04%；

（4）钦州市 37753.2 公顷，占北部湾经济区自治区级以上公益林面积的 3.66%；

（5）玉林市 57390.7 公顷，占北部湾经济区自治区级以上公益林面积的 5.57%；

（6）崇左市 424572.2 公顷，占北部湾经济区自治区级以上公益林面积的 41.20%。

2. 生态区位分布情况

根据《广西壮族自治区完善自治区级以上公益林区划界定报告》，北部湾经济区公益林主要分布于江河源头、江河沿岸、大型水库周围、自然保护区、海岸沿线、中越边境沿线、森林公园、国铁、国道两侧等生态区位极端重要和生态状况极端脆弱的区域，其中：

（1）江河源头

北部湾经济区沿海诸河河长 100 公里以上且流域面积在 1000 平方公里以上的主要江河干流源头有南流江、钦江、大风江、茅岭河等；珠江流域河长 100 公里以上且流域面积在 1000 平方公里以上的一、二级支流源头有：一级支流河池的赐福河、宾阳县的清水河、北流市的北流江等，二级支流上思县的龙江等。该区公益林面积 77306 公顷，占北部湾经济区自治区级以上公益林面积的 7.50%。

（2）江河沿岸

流经境内的河流主要包括：红水河、郁江、红水河一级支流赐福河、刁江、清水河、北流江等，红水河二级支流曹渡河、龙江、武鸣河等，以及桂南直流入海的南流江、钦江、大风江、茅岭河等。保护好沿江两岸的森林，对于减少河水泥沙，改善江河水质，增强抵抗自然灾害能力，维护流域生态安全具有重要意义。该区公益林面积 269217.8 公顷，占北部湾经济区自治区级以上公益林面积的 26.12%。

（3）大型水库周围

水库汇水区范围内的防护林对涵养水源、减少地表径流、防止水土流失、减缓库底泥沙淤积、延长水库寿命、确保水库正常运转，起到重要作用。该区公益林面积 187983 公顷，占北部湾经济区自治区级以上公益林面积的 18.24%。

（4）红树林及沿海防护林基干林带

北部湾经济区沿海范围包括北海市的银海区、海城区、铁山港区和合浦县，钦州市的钦南区、钦北区和港口区，防城港市的港口区、防城区、东兴市 10县（市、区）等，海岸线长 1595 公里，土地面积 65.2 万公顷。其最大的生态危害是土地沙化、台风、暴雨等，生态状况十分脆弱。台风沙暴严重影响当地农业、渔业生产和人民生命财产安全。另外该区的红树林是陆地过渡到海洋的特殊森林，是地球上生产力最高的海洋四大生态系统之一，是国际上生物多样性保护和湿地生态保护的重要对象，近年来，已成为国际上普遍关注的环境资源热点之一。该区公益林面积 8925.0 公顷，占北部湾经济区自治区级以上公益林面积的 0.86%。

（5）自然保护区及世界遗产

自然保护区是保护、利用、监测和研究自然资源和自然环境的特定区域，它既是自然生态系统的本底和生物种质资源的储源地，又是研究自然生态系统的重要场所，在自然生态环境日趋恶化的今天，加强自然保护区的建设，对于保护拯救濒危生物物种，维护和改善自然生态环境，具有十分重要的意义。广西自然条件优越，生物种质资源丰富，自然保护区类型多样，目前，林业部门建成各种类型自然保护区 62 处，该区公益林面积 383969 公顷，占北部湾经济区自治区级以上公益林面积的 37.26%，这些保护区保存了广西 90% 的野生动物种群和 75% 的高等植物群落，是我区重要的物种基因库。

（6）中越边境沿线

范围涉及崇左的宁明、大新、龙州、凭祥，防城港市的防城、东兴等 2 个市6 个县（市），与越南接壤的边境线长约 600 公里。由于这些县（市）大多数属于岩溶石漠化地区，生态恶化、经济发展缓慢。因此，为了保护和建设好边境线的国防林，维护国土完整，并塑造良好的国际形象。该区公益林面积 93822公顷，占北部湾经济区自治区级以上公益林面积的 9.10%。

（7）森林公园

森林公园指国家级森林公园和自治级森林公园范围内的林地,北部湾经济区涉及的森林公园有 5 处：（1）大容山森林公园；（2）金鸡山森林公园；（3）良凤江森林公园；（4）十万大山森林公园；（5）五象岭森林公园。该区公益林面积 6810 公顷,占北部湾经济区自治区级以上公益林面积的 0.66%。

（8）国铁、国道两侧

国铁、国道两侧是指国铁、国道（含高速公路）、省道两侧山坡以内或平地 50 米范围内,以保护铁路、公路免受风、沙、水、雪侵害为主要目的的森林和灌木林等林地。该区公益林面积 2572 公顷,占北部湾经济区自治区级以上公益林面积的 0.25%。

六、农林产业空间基础设施建设与配套

（一）农林产业空间基础设施建设内容

农林产业基础设施建设一般包括农田水利建设,农产品流通重点设施建设,商品粮棉生产基地、用材林生产基础和防护林建设,农业教育、科研、技术推广和气象基础设施等。强化农林产业基础设施建设,是推动农村经济发展、促进农业和农村现代化的重要措施之一。一个国家或地区的基础设施是否完善,是其经济是否可以长期持续稳定发展的重要基础。改革开放 30 多年来,北部湾经济区农林产业基础设施建设取得了长足进展,农业生产条件得到不断改善。但比较于现代农业发展的要求和国内其他地区农林产业基础设施条件,北部湾经济区农林产业基础设施仍然较为落后。

（二）北部湾经济区农林产业空间基础设施建设重点

1. 农村基础设施

（1）防疫监测体系建设

完善和稳定基层动物防疫机构,稳定和加强技术队伍建设,不断提高防控重大动物疫病的能力。加强种畜禽场主要疫病控制与净化工作,从源头切断疫病传播,维护畜禽产业健康发展。重点建设自治区水生动物疫病防治中心站、北部湾 6 市 6 个水生动物疫病防治分中心,改善 30 个县级水生动物疫病防治站,100 个乡镇监测点。

（2）现代农业产业技术体系建设

衔接国家现代农业技术体系,依托科研、高校部门,建设北部湾创新团队。在水稻、玉米等大宗粮食作物方面,针对粮食生产中存在的共性及关键问题,

开展联合攻关,为粮食生产提供科学技术支撑。采取中央和地方联合投资方式,建设主要粮食作物科研基地设施。

(3)农业科技入户工程建设

增加投入,培育粮食生产科技示范户,大力推广主导品种、主推技术,使一批粮食优良新品种和先进适用技术得到推广应用,确保北部湾经济区良种覆盖率、农业科技入户率95%以上,其中水稻、玉米、马铃薯"三免"技术推广面积40万公顷(600万亩)以上。

(4)水产养殖基础设施建设

稳定和完善养殖池塘权属,全面提升养殖池塘标准,严格保护池塘生态环境,提高池塘养殖产品质量和综合生产能力。充分考虑水体环境承载能力、水环境功能要求,科学规划,在北部湾经济区水面养殖水域资源丰富的地区,建造标准网箱(5米×5米)40000个,适度发展罗非鱼网箱养殖和牡蛎养殖。在钦州、北海和防城港市,建造养殖牡蛎浮排。

2. 农田水利

北部湾大部分地方耕地地力水平比较低,北部湾6市中低产田比例高达60%以上,农田排灌设施差,有效灌溉面积仅有38.35%。所以,必须加强农田水利基础设施建设。

(1)蔗区治旱建设项目

整合各种专项资金,支持路渠、涵管、排灌设施等田间基础设施建设,改善蔗区公路、灌溉设施和生产条件,提高抵御自然灾害能力。建设控制性灌排骨干工程和水利工程等,力争到2015年蔗区灌溉面积达200万亩以上,解决干旱和抗旱水源问题。

(2)新增50亿斤粮食生产能力工程建设

重点抓好列入国家新增1000亿斤粮食生产能力工程的粮食生产大县和粮源基地县建设,开展灌区续建配套完善与节水改造工程,加强病险水库除险加固,完善农田基本设施,强化地力建设,推广良种良法,提升生产能力。

(3)基本口粮田建设

采取综合措施,改造中低产田,将粮食主产区基本农田逐步建设成为高产稳产的粮田。

(4)沃土工程

采取套犁或机耕实行深耕改田,逐年加深耕作层。增施有机肥,种植绿肥,实行秸秆还田。针对土壤存在的渍潜、盐碱、渍涝、沙化、瘠瘦等障碍因素采取相应的工程、农艺、生物和农化等综合措施进行改良。

3. 生产基地

(1)糖料基地建设

规划期选择江州、扶绥、龙州、宁明、武鸣、上思、隆安、大新、横县、宾阳、合浦、江南、良庆、钦南、灵山、上林、银海、西乡塘等18个年产糖料70万吨以上的县(市、区)建设高产高糖料生产基地。重点改善蔗区基础设施,建立健全良种繁育推广体系,完善生产技术服务体系,配套完善农机、土肥、植保等服务装备。使糖料基地生产能力占北部湾经济区糖料总生产能力的85%以上。

(2)速丰林基地建设

根据广西林浆纸一体化工程建设布局和产业发展需要,以市场为导向,实行产业化经营,定向发展桉树、松类、竹子等为重点的纸浆原料林。以北海、钦州、南宁的大中型浆纸企业为轴心,在合理半径范围内建设,为浆纸企业生产提供原料基地保障,建设总规模20万公顷(300万亩)。

(3)商品猪基地建设

建设地点主要分布在生猪养殖优势县,每个优势县新增建设2—3个养猪场。

(4)粮食生产基地建设

完善粮食基地农田水利和良种繁育、农技推广体系基础设施建设,普及推广粮食新品种和新技术,推行标准化生产,提高产业化发展水平。

(5)种子工程

实施以推广千万亩超级稻和高产优质玉米新品种为突破口的种子工程。加强对粮食作物种质资源收集、保存和利用工作,加快新品选育及引进步伐,开展转基因育种技术研究;着力抓好新品种试验示范体系建设,促进一批具有突破性的优质高产抗性强的新品种示范推广;加强粮食作物种子质量监督检测体系和种业信息服务体系建设。

4. 农林产品流通加工

(1)生产机械化

抓好机械化深耕深松技术推广以及加快收获机械化进程。在地方政府和企业投入部分资金基础上,将农作物种植收获农机列入国家农机购置补贴范围。扶持农作物收获机械研发、试验及示范推广,支持研发单位技术引进、消化吸收与自主创新。

（2）肉猪加工基地建设

在南宁和玉林分别建设一个大型肉猪加工厂。

（3）家禽产业示范园建设

在南宁建设水产畜牧业科技产业园区，其中包括家禽产业示范园建设项目，园内建设自治区级家禽活体基因库1个，投资1000万元；建设7个地方家禽品种资源保种场，投资8500万元。建设家禽产业技术创新支撑体系、物流配送中心各一个，成为北部湾经济区家禽产品仓储、物流和信息中心，在钦州、玉林等优势区域建设中转站各一个。

（4）粮食加工储备流通设施建设

增加投入，支持大中型粮食加工企业进行技术改造和产品升级；完善现有储备粮库仓储设施，扶持一批农户建设标准化小型粮仓或配置标准化储粮器具；在华南主销区粮食流入通道的内陆城市散粮物流节点南宁和沿海城市散粮物流节点防城港、北海建设物流中心。

（三）北部湾经济区农林产业基础设施建设与配套目标

1. 近期目标

优先开展永久基本农田保护区和海洋农业基础设施建设。分类别、有重点推进经济区6市农林产业空间基础设施建设与配套。率先推进永久基本农田集中分布的农村公共服务和基础设施建设进度。部署完成外沙内港、南潭渔港、电建渔港、沙田渔港、官井渔港等重点渔港设施建设工程。

加快部署灌溉设施、农村人口饮水安全、生产生活用电、道路、农业气象服务等基础设施配套建设。加强动物疫病防疫防治体系建设。推进乡村公路硬化工程，提高道路通达度。加强农业生产基础电力保障，大力推进循环能源和可再生能源项目建设。基本完成农村危旧房改造，优先实施农村安居工程项目部署。

2. 中远期目标

基本实现全部农村重要基础设施配套建设。建立健全大、中、小型农田水利灌溉设施建设与维护、农业规模化生产机械供应与维修配套、大宗农产品储存与加工设施及机械配套、石油产品供应设施配套体系。基本形成农村生活饮用水、电力、村镇道路、大宗农产品物流、农业信息化、电视广播、邮电通达等基础设施保障体系。

七、北部湾经济区农林产业发展的配套政策研究

(一)健全和完善农业社会化服务体系

农业社会化服务体系是为农业生产提供社会化服务的成套的组织机构和方法制度的总称。它是运用社会各方面的力量,使经营规模相对较小的农业生产单位,适应市场经济体制的要求,克服自身规模较小的弊端,获得大规模生产效益的一种社会化的农业经济组织形式。农村欠缺的不仅仅是资本,其实还有现代化社会所缺的许多东西。如医疗服务体系、交通运输体系、科技服务体系等。

与发展现代农业、建设和谐新农村的新形势相比,与现阶段农民需要的社会化服务是全方位、多层次的新要求相比,现行的农村社区社会化服务体系还有诸多不相适应的地方,仍然存在一定的现实反差。当前农村社区社会化服务与农民的客观需求存在现实反差、农村综合改革目标与公共服务职能的发挥存在现实反差、各类组织服务愿望高涨与服务手段不足存在现实反差、农业市场化进程加快与服务主体发育缓慢存在现实反差等问题。

(二)完善农产品流通渠道,加快农林产品物流体系建设

农产品流通渠道:农民在短距离的生产地市场自己销售自己生产的农产品;由零售商直接面对生产者和消费者的收购和销售;通过中间批发市场异地销售,即依托有一定规模的农产品批发市场,生产者自己或由中间收购者将分散的农产品集中到批发市场由批发商收购,然后再通过零售商销售通过农业产业化中的龙头企业加工并异地销售。在发展现代农业,必须要建立现代化的农产品流通体系。

林产品流通渠道:南宁—中国—东盟林业物流园建设;充分利用钦州保税港区、凭祥保税物流区的优惠政策,大力发展林产品进口、贮存、中转、加工贸易等保税物流产业,努力把钦州、凭祥建设成我国南方主要的进口木材集散地之一;依托林业产业园区和林产品专业市场,在玉林等地建设区域性和专业性林产品物流中心,推动林业与物流业融合,发挥集聚优势,提高产业配套服务能力,提升产业竞争力。

1.加强农产品市场基础设施建设

改善交易条件农产品市场的开拓需要将潜在的市场转化为现实的市场,这需要付出艰辛的努力。与城市相比,农村市场具有分散、落后和发展缓慢的特点,相当数量的农村基础建设落后,供水、供电、道路、交通、通信设施不足,

有些农村虽然农、林、牧、副、渔及养殖业有些收入,但是,由于基础设施不配套,制约了商品消费,农产品市场发育不全。农村居民在供电、供水得到满足的情况下,才能对家电等耐用品有消费的需求。因此,新农村建设应在水电路配套的基础上,硬化市场场地、加强交易厅以及农产品加工和贮藏保鲜等设施建设,尽快改变市场设施简陋和脏、乱、差的状况。

2. 搞好搞活原有的市县流通企业

首先,办好县市零售企业,吸引农民进城购物的同时,要充分利用个体及私营经济机动灵活的经营优势,鼓励农民参与流通,构建以非公有制成分为主,多种所有制共同发展的农村销售网络。可以试点利用现有网点设施,兴办便利店。农村不仅可以进行粮食品种串换,还可以用粮食换生活日用品和农业生产资料。其次,把连锁经营、代理配送等现代流通形式引入农村市场。当前的重点,应放在抓好城市大中型商场在周边县镇开设连锁分店的工作。无论是直销店,还是加盟店,都要尽可能地利用县镇原有的流通设施和网点,由总部输出商誉、输出产品、输出管理,扩大对农村的销售。最后,要把旧货市场逐步办到农村去。

做好城乡之间旧货流通的衔接工作,先在城乡结合部建立旧货市场,再把旧货流通网络延伸到县城,逐步把旧货市场办到农村,向广大农民提供在城市消费已经跟不上时尚但是在农村仍然有很大使用价值的二手商品。这样,既能满足农村居民消费品的更新换代,还能带动工业消费品的生产。另外,继续发扬农村流通企业艰苦奋斗的光荣传统,采用赶集卖货,大篷车送货下乡、背篓商店走村串户销售,组织家电、机电设备、农机产品以及耐用消费品的展销会,现场操作表演,使农民亲眼见到商品的功能,并了解使用方法,刺激消费需求,促进购买。现有农村供销社销售系统,在过去几十年中,练就了对农副产品收购和农资供应的看家本领。在新的市场经济条件下,还应充分发挥农村流通主渠道的作用,以保质、控价和新颖的服务方式取信于政府和农民。同时,在发达地区的农村供销社系统还应向"三产"延伸,开拓房地产、建材、娱乐、旅游、休闲服务业的广阔市场。

3. 加强农产品流通体系的信息化建设,逐步建立农村的信息市场

近几年来,农副产品市场信息变化莫测,难以把握。为了扭转这种局面,使农民按照市场规律组织好生产和销售,推进农村信息市场建设,首先,政府要加强对农村经济信息体系化建设,建立快速、准确、有效的农村农副产品信

息传播网络,建立健全信息收集发布制度,通过电子屏幕、电话语音信箱以及建立网站和电视广播、报刊等媒体,每天向社会发布信息;其次,建立信息中介组织,专门从事对农村农副产品短期、中期、长期市场信息分析预测工作,适时向农民发布准确、实用信息;最后,加强农村信息市场的管理,建立有效的监控机制,识别真假信息。另外,可依托省市级商品流通主管部门,建立起农、工、商市场信息系统,并通过县级电视台、广播电台、报刊等,开办专门栏目,固定播出时间,及时面向广大农村,以指导农民的生产、销售和消费。还要实现市场内部管理的信息化,包括交易结算、物业管理、客户管理、财务管理、人才管理的信息化。

4.建立农产品质量安全检测检验机构

严把市场准入关,特别是批发市场都应该配备快速检测仪器,配备经过培训的专业技术人员,切实开展农产品质量检测工作,并且建立农产品质量安全检测信息公开发布制度和不合格农产品就地销毁制度,防止含有毒有害物质的农产品流入市场。

5.创新农产品流通市场的交易方式

一是积极推行电子统一结算,规范市场交易活动,保证交易安全。二是扩大农产品拍卖制度的试验试点,提高交易效率。

6.提高市场建设和管理的现代化水平

要提高市场建设和管理的现代化水平,就必须培育和发展新型的流通企业、推进农产品市场与现代流通业态对接。连锁经营、现代物流和电子商务三大现代流通业态正在我国快速兴起和发展,这对传统的集贸市场和农产品批发市场既是机遇,也是挑战。必须加快集贸市场和农产品批发市场改造升级的步伐,从推行农产品的标准化和规格化的分级包装做起,搞好贮藏加工,建立配送中心。在大中城市和有条件的地区可逐步发展农产品的连锁经营。通过互联网沟通供需信息,开展网上洽谈贸易。

(三)扶持农林业龙头企业,加快农林产品市场体系建设,提高农林产品加工水平

在农林业产业化系统中,龙头企业起关键性作用。大力扶持具有一定规模、效益好、对农户带动能力强的外向型农林产品加工龙头企业,做大做强广西百洋集团有限公司、广西正五海洋产业股份有限公司、北海洪恩集团、北海市果香果汁有限公司等农产品加工企业,形成一批以主导产业为主的外向型

种养、加工龙头企业和出口基地,积极帮助农林产品出口企业"走出去",增强其拓展国际市场的能力,以龙头企业的发展带动整个区域外向型农业向产业化、标准化、规模化、国际化发展。

依托中国—东盟开放合作商贸基地,构建"一个中心,六大节点"的林产品市场体系。把南宁打造为面向东盟、辐射内陆的国际性林产品商贸中心,带动全区林业市场发展;在柳州、桂林、贺州、玉林、百色、钦州等六地建立区域性大型林产品专业市场;在凭祥、东兴等沿边地区,建设以家具、工艺品为主的红木产品交易市场。逐步形成支撑和辐射全区林产品市场新格局。

发挥特色资源农产品加工龙头企业的带动作用,以糖料蔗、茧丝绸、木薯、果蔬、畜禽、海产品、水牛奶、中药材等优势农产品的综合利用和精深加工为重点,做大做强明阳生化科技股份有限公司、钦州新天德能源公司、灵山百强水牛奶乳业有限公司、广西鸿雁食品有限公司等农产品加工企业,提高农产品加工率,延长农业产业链,增加农产品附加值,拓展产业发展空间。

(四)深化土地制度改革,走规模化、集约化经营模式

现代农业要求实现土地集约化和规模化经营,而现阶段农村分散、粗放的土地经营方式,难以推广先进的科学技术和发挥大型农业机械的作用,这就要求农村土地进行适度流转和集中经营。农村土地流转制度改革已经成为农业产业现代化过程中亟待解决的问题。

农业经济发展的最大障碍在于传统的以家庭为单位的经营模式缺乏统一的规划,农民缺少适应市场的科学计划和可持续发展的环保意识,以过度开发土地资源的代价换来的反而是城乡经济差距的拉大。如在转移剩余劳动力和农村城镇化的基础之上实现农业产业化与公司化、规模化经营,使农村能在统一的农业发展规划框架之下实施科学的可持续发展,合理利用区域内的土地资源和自然资源,最终形成农作物成片种植、农产品初加工及深加工、观光农业或旅游农业等产业的配套发展,农村经济才能实现腾飞式的发展。与此同时,在统一规划体系下的农业产业化与公司化经营模式还能有效地继续推进高山耕地、高坡度耕地等不适宜耕作土地的退耕还林、退耕还草,促进农村环保事业的开展。深化土地使用制度改革着重从以下几个方面进行:

第一,改革和完善农村土地产权制度和土地管理制度。特别要明确农村耕地、林地、宅基地、住房等资源的财产权利,给农村居民核发《土地承包经营权证》《集体建设用地使用权证》(即宅基地使用权证)、《房屋所有权证》、《集体林地使用权证》等土地产权证书,并允许其抵押转让;建立农村不动产的抵押登记、交易流转制度。

第二,建立一个开放、竞争、公平、有序的农村土地产权交易和租赁市场。市、镇两级农村设立土地流转管理服务中心,每个村设立土地流转服务站,形成了市、镇、村三级土地流转服务体系。提供土地流转信息登记发布、土地评估、谈判交易、合同签订鉴证、法律政策咨询、纠纷调解等服务,促进农村土地流转的有序进行。

第三,建立健全农业投入保障制度、农产品价格保护制度、农业生态环境补偿制度。为保证粮食安全,一方面,必须严格土地征用制度,完善土地补偿机制,避免耕地资源的流失;另一方面,应对农民保护基本农田和种粮所支付的机会成本实行财政补贴,增强农民保护农田和种粮的积极性。

第四,为了降低农业经营和土地流转的风险,引入农业保险机制。由政府对农业保险给予保费补贴,降低农村土地合作社土地使用权的抵押风险和银行贷款风险。

第五,大力加强和完善农村土地流转仲裁体制建设,从编制、经费上给予保证,以便及时处理土地流转过程中出现的各种纠纷。

(五)加强科技服务,全面提高技术水平

农业现代化是一个国家经济现代化的重要方面,而拥有较为完备的科技服务体系是实现农业现代化的重要前提。如何建立一个既能有效解决落后地区发展的难题,又能反映市场经济时代要求的实现农业现代化和建设新农村的科技支撑体系,就显得尤为重要。

1. 构建农业科技资金投入增长的长效机制

建立和完善以政府投入为主导,企业投入为主体,银行信贷为支撑,社会团体投入为补充的多层次、多渠道的科技投入增长的长效机制。首先,设立财政支农科技专项资金,保证农业科技资金投入不低于正常水平,不断增加基础性和公益性农业科研投入,增加农业科研成果转化专项资金,增加重大技术项目和实用、先进技术推广专项资金。其次,创立农业科技多渠道融资方式,促进社会化农业科技服务体系的发展,培育科技投资主体的多元化、市场化,并配套以财政支持、金融优惠等政策。

2. 构建农业科技人才培育机制

首先,采用多种形式、多种渠道,造就一批涉农学科带头人、农业科技型企业家、高级农业科技管理专家、农业技术专家和农业专业技术人才。增加农业科研、教育投入,加大对农业科技人才的培训力度。其次,创造条件,培养留得住的本土农业科技人才,推动农业实用科学技术的推广和普及。最后,培育和造就新型农民,提高农民的科学文化素质和农业科技水平,尤其要加强对成年劳动力的职业技术教育。

3. 构建农业科技研发创新体制

当前,针对北部湾经济区现代农业发展和新农村建设的实际,应着力加强民生实用技术和基础性研究与开发,包括现代农业生产急需的高效优质栽培、饲养、养殖技术以及节水灌溉技术、土壤改良技术、病虫害与自然灾害的综合防治技术等。有选择地发展农业高新技术,有效解决农业科技供求脱节问题。

4. 构建农业科技成果转化推广促进机制

积极稳妥地推进农业科技推广体制改革,充分调动科技人员、农民和企业、农村合作化组织等社会各界参与农技的转化与推广,完善农技推广的社会化服务体系。应切实保障政府科技投入,促其实现企业化经营,形成农技推广的多种传导模式。

5. 构建农业科技管理服务协调机制

首先,优化涉农科技部门管理制度,形成分工合理、协调有力、高效联动的工作机制,提高管理和服务效率。其次,涉农科技部门也应改变管理理念,着力搭建农业科技信息服务、技术服务及培训推广等平台,加强农业科研、教育和推广部门之间的合作。最后,强化农业科技项目的管理,完善立项与评审制度,确保科技成果的质量。

(六)成立公益林管理机构,加强公益林保护、建设和管理

建立完善自治区、市、县(市、区)各级公益林管理机构,赋予公益林行政管理职能,明确经营管理职责、权利和义务,是加强公益林建设、保护与管理的基础和重要保障。

(七)提高公益林补偿标准,实行公益林分级补偿

生态公益林是以保护和改善人类生存环境、保持生态平衡、保存物种资源、维护国土安全等需要为主要经营目的的森林和灌木林。解决公益林生态效益补偿或补偿过低问题,已成为当前我国公益林建设面临的主要问题之一,关系到公益林的安全和稳定。因此,进一步完善公益林生态效益补偿制度,提高补偿标准,使补偿标准达到区域用材林地地租标准。

（八）编制公益林经营方案

遵循《国家级公益林管理暂行办法》规定和经营管理要求；结合广西实际，应着手编制自治区、县、林场公益林经营方案，确定经营目标、经营原则、经营管护措施等，并将经营管护措施分年度落实到山头地块。为科学经营管理公益林提供依据。

第五节　农林产品加工产业发展空间部署

一、北部湾经济区农产品加工产业发展现状

农产品加工业是地方财政收入重要来源，是安排就业的重要渠道，已成为推动北部湾经济区经济结构战略性调整和农村经济发展的重要力量。

（一）北部湾六市农产品加工业发展主要特点

1. 形成一批具有较强经济实力的骨干企业

经过"十一五"以来的发展，北部湾经济区涌现了南糖集团、东亚糖业集团、南宁卷烟厂、黑五类食品集团、广西高峰集团、明阳生化集团等一批经济实力较强、装备较先进、技术水平较高的大型农产品加工龙头企业和企业集团。

2. 产业布局初具雏形，涌现一批知名品牌

北部湾经济区农产品加工业以优势资源、优势产业为依托，基本形成了以肉类、果蔬、水产品、乳制品、烟草、食用菌、蚕茧等为重点的特色农产品加工业体系，区位分布形成了南宁的果蔬加工业带、北部湾沿海三市的水产品加工业带、钦州北海的林产品加工业带、南宁的烟草加工业带、南宁和崇左为重点的甘蔗加工业带，玉林的中药材加工业带。花红中药药片、真龙香烟、南方芝麻糊、源安堂肤阴洁等品牌以当地特色产业布局为基础，品牌知名度不断延伸，密集圈逐步形成。目前，北部湾经济区已获得 10 多个中国名牌产品、广西名牌产品和国家地理标志保护产品。

3. 形成了具有广西特色的循环经济产业链

北部湾经济区农产品加工业在传统加工基础上，结合市场需要，挖掘地方产业优势，积极探索现代农产品加工精深模式，产业链不断延伸。食糖精深加工围绕"甘蔗—制糖—糖蜜—酒精—酒精废液—复合肥，甘蔗—制浆造纸—废液碱回收—再利用"模式，形成了具有广西特色的循环经济产业链。金花茶、茉莉花茶等茶产业探索出了一条"科研单位+龙头企业+行业协会+基

地+农户"发展模式,从茶叶加工、茶饮料开发、茶业连锁经营到茶园旅游兴起,全面拓宽发展道路,取得了良好的经济效益。

4.招商引资取得新进展,形成一批东盟特色进出口农产品加工基地

近年来,北部湾经济区各级各部门一直把招商引资作为发展农产品加工业的重要工作来抓,从特色区位出发,积极参与大区域市场调配,农产品加工业招商引资取得显著成果。主动做好项目前期工作,先后组织有关部门和企业到广东、江浙、京津沪招商引资。通过招商引资、引进嫁接等方式,吸引了大批国内外企业前来投资落户。伴随着中国—东盟自由贸易区零关税政策的正式实施及"中国—东盟博览会"等活动的成功举办,吸引了一大批国内外投资者前来投资洽谈。加快建设南宁、北海、钦州、防城港等市加工贸易梯度转移重点承接地,大力发展面向东盟的农产品加工贸易基地:如南宁保税物流中心农产品出口加工基地,防城港企沙工业区粮油出口加工基地,以凭祥等边境县市为主,建设面向东盟市场的出口农产品加工、木材进口加工基地。

(二)北部湾经济区农产品加工产业存在的问题

1.农产品加工总体水平低

除了糖和烟之外,北部湾经济区目前农产品加工率只有15%,全国平均水平为30%,而发达国家为90%;北部湾经济区农产品加工业的产值为农业总产值的49.5%,而全国为80%,发达国家一般为农业总产值的2—3倍。北部湾经济区农产品加工业总体竞争力较弱,企业绝大多数规模较小,大型企业不多,装备差、工艺落后、技术水平低、产品名牌少、档次低、初级产品多、精加工产品少。

2.原料基地建设滞后

虽然,目前已形成了两大蔗区(崇左、南宁)、三大蚕桑优势产业带(桂南、桂中、桂西北)、三个木薯主产县、六大水果版块(柑桔、香蕉、荔枝、龙眼、柿子、梅李)以及优势水果产业区,但是,北部湾经济区原料基地建设还存在着原料供应与加工需求矛盾冲突的问题,与其他省区行业领先企业相比,北部湾经济区除甘蔗、蚕桑基地建设有一定规模外,许多农产品加工企业缺乏专有、优质的原料供应基地,加上原料生产的分散,规模化、标准化程度低,直接制约了相关企业发展规模的壮大。

3.科技基础薄弱,科技含量低,企业创新发展后劲不足

目前,北部湾经济区农产品加工企业的设备和技术总体上处于落后的水

平。多数企业缺乏产品自主开发能力。新工艺、新材料、新技术在农产品加工方面的应用程度低,农产品加工的技术攻关对产业发展的支持弱。企业技术人才和管理人才缺乏,缺少一批具备创新、开拓进取精神的企业家。

4. 投资不足,影响了加工业整体水平的提高

长期以来,北部湾经济区各市县在财政方面或是信贷、税收等方面对农产品加工业发展的优惠政策倾斜不够,社会资金向农产品加工业投资不够活跃,没有形成社会资本强有力地对农产品加工业的投入,使北部湾经济区农产品加工业的投入严重不足。

5. 产业发展环境和管理体系有待完善

宏观调控乏力,缺乏总体规划,支持政策不到位,还未形成良好的农产品加工业发展环境和有效的管理体系。

6. 农产品质量安全检测技术水平有待提高

农产品及其加工产品质量安全问题突出,农兽药残留、土壤污染、畜禽疫病、使用违法禁用药物、添加剂等问题,严重影响了产品质量和消费安全,也影响了产品出口和在市场上的竞争力。

(三)北部湾经济区农产品加工业面临的形势与环境分析

1. 经济形势

2008 年 1 月中旬,国家正式批准实施《广西北部湾经济区发展规划(2008—2020 年)》,这标志着广西北部湾经济区的开放开发正式纳入国家战略,并作为我国第一个"重要国际区域经济合作区"全面拉开建设开发序幕。《广西北部湾经济区发展规划(2008—2020 年)》给广西带来了前所未有的机遇和挑战。2011 年 1 月 1 日,中国与东盟国家自由贸易区正式启动。中国—东盟自由贸易区建成后,在中国、东盟国家或地区间的货物贸易,特别是工业制品和消费品的关税降低到零,服务贸易、投资环境更加自由、公平、公正、透明。

(1)全面开放开发、迅速崛起的广西北部湾经济区,作为泛北部湾合作核心区,必将为深化泛北部湾经济合作提供新的广阔舞台。有利于拓宽中国与东盟泛北部湾次区域合作的领域和内容,加快中国—东盟自由贸易区建设进程。

(2)全面开放开发、迅速崛起的广西北部湾经济区,开拓了中国经济发展新格局。推进形成了"两角两湾"四个经济增长极新格局、有力推动了泛珠三

角经济圈新发展、加快形成了西部发展新引擎。

（3）全面开放开发、迅速崛起的广西北部湾经济区，创造了广西经济发展新机遇。真正实现了以广西为枢纽的华南经济圈、西南经济圈、东盟经济圈的对接和融合，进一步提升了广西的战略地位。

2. 社会环境

北部湾经济区的社会、生态环境正在发生深刻变化。广西北部湾经济区在开发建设中正逐步从"高投入、高消耗、高污染、低产出"的传统老路向新型工业化道路转变，大力发展循环经济，实现社会经济发展与环境生态的共赢。各地方政府日益重视循环经济的发展，把发展循环经济的近期目标与长远目标结合起来，制定切实可行的建设目标责任体系，引进先进技术，为循环经济发展提供技术支持。通过开展国际合作和国内合作，运用国际国内先进环保工艺和技术，以节能降耗、综合利用和提高环保效益的新工艺和新技术为重点，加快传统产业的技术和设备改造，合理布局石油化工产业、造纸产业和钢铁产业，严格控制沿海近岸的工业污染；通过建立生态工业园区，为循环经济发展提供载体。广西北部湾经济区以生态工业园为载体，以产业链为纽带，以"减量化、再利用、再循环"为原则布局临海重化工业，防止产生新的生态环境问题；通过加强国际间的交流和合作，积极融入中国—东盟自由贸易区建设、中越"两廊一圈"建设、中国与东盟"一轴两翼"区域合作战略等区域合作中，参与国际循环经济合作网建设以及全球范围内的人才、技术和信息交流。

3. 资源环境

北部湾经济区具有丰富的港口资源、旅游资源、海洋生物资源、矿产能源资源、动植物资源，环境容量大，腹地广阔，开发潜力巨大，可以为经济区的起飞提供强大的能量。

港口资源。北部湾经济区地理位置重要，岸线曲折，海岸线长1500多公里，深水条件好，港口资源十分丰富，开发潜力巨大。

旅游资源。北部湾经济区滨海风光旖旎，旅游资源丰富。拥有享有中国"绿城"美誉的首府南宁、赢得"中国第一滩"美誉的北海银滩，还有钦州三娘湾、防城港京岛风景名胜区、上思十万大山国家森林公园等。

海洋生物资源。北部湾天然港湾众多，海洋生物资源丰富，是中国著名的四大热带渔场之一。鱼类资源有500多种，虾蟹类220多种；浅海有主要经济鱼类50多种、经济虾蟹类10多种。北部湾还是我国著名的"南珠"产地。

矿产能源资源。已探明的矿产种类繁多,开发潜力巨大。北部湾海底蕴藏着丰富的石油天然气资源,开发前景广阔。潮汐能和波浪能等海洋能具有较大开发价值,其中潮汐能开发条件良好,年发电量可达10.8亿千瓦时。

动植物资源。北部湾经济区阳光充足,雨量充沛,很适合亚热带农、林、经济作物的种植。同时,具有丰富的森林资源,是重要的速生丰产林等生产基地,中草药资源有砂仁、淮山、半夏、茯苓、银花、桂皮等300多种。

二、北部湾经济区农产品加工产业发展预测

目前至2030年甚至更长一段时间,农产品加工业将始终处于战略机遇期:从历史上看,国内中东部地区产业梯度有序转移,造就了农产品加工业多年连续的两位数增长;从现实上看,随着中国—东盟自由贸易区的建立,给农业品加工业的外部环境打造了新的平台;从长远上看,在东盟前沿、西部大开发腹地、泛北部湾经济区等绝对优势的区域基础上建立的农产品加工业,市场广阔,特色突出,前景看好。

(一)蔗糖加工产业发展预测

当前国际上尤其是发达国家,人们消费的食糖基本上是精制糖;而在我国,食品工业用糖及一般家庭消费还以一级白砂糖为主,随着全面小康社会主义发展目标的实现,高品质的精糖必将是市场消费的趋势。根据国家把广西作为全国食糖主产基地的要求,糖产量稳定在全国总产的50%以上,原糖占食糖总产量的30%,精制糖占20%—25%,1/10糖进行二次转化成低聚糖,蔗渣制浆造纸60万吨以上,综合利用率达30%以上。综合国内食糖生产和销售情况、人口和经济增速,预计未来5—10年,国内食糖需求将以每年8%的速度持续增长,10—20年之后以5%的速度持续增长。而广西制糖业日处理甘蔗能力达到62万吨,占全国的60%以上,产糖量占全国第一位。据此,预测到2020年、2030年北部湾经济区食糖产量将分别达到875万吨、1377万吨。

(二)果蔬加工业发展预测

北部湾经济区水果种植面积497.56万亩,年产量263万多吨,是我国南亚热带水果重要产区;蔬菜种植面积达到649.7万亩,成为我国南方重要蔬菜生产基地。但果蔬以鲜销为主,绝大部分未经清洗、分级就投放市场。加工基础薄弱,加工率低于8%,加工水平低,企业规模小,品牌缺乏,多为传统干品加工,同时缺乏加工专用的农产品生产基地,质量安全标准化生产程度低。按目前北部湾经济区城乡居民消费水平,本地只能消费鲜果的1/5,80%要靠加工和外销。因此,开展龙眼、荔枝、芒果等主产水果和蔬菜保鲜技术的研究,对于扩大北部湾经济区的水果和蔬菜外销,扩大出口创汇,丰富广大人民的物质生活,提高果农的经济效益,具有十分重大的现实意义。未来要积极发展有机果蔬和绿色果蔬加工,首先,搞好蔬菜、水果的储藏、保鲜、分级、包装的初加工;其次,适应市场需要大力发展果蔬深加工,重点发展果汁、果酱、果粉、果酒、罐头和果蔬萃取保健食品等产品;此外,加强野生蔬菜资源的开发利用,加快高档食用菌种、培养材料的研发,发展具有北部湾经济区特色的高档食用菌加工系列产品。目前我国居民鲜果消费占总量90%以上,人均果汁占有量仅1升左右,而发达国家人均达40升以上,发展中国家人均也有10升左右。随着人们生活习惯的改变,果汁、果酒等加工品消费将有一个大的增加。

规划期北部湾经济区果蔬加工业发展思路为加快招商引资,优化原料布局,扩大加工比重,推进精深加工和综合利用。预计到2020年,主要水果基地初步建立起水果加工体系,在重点地区初步建成果蔬清洗、分级、包装、冷藏、配送加工中心,果蔬产品的加工率提高到30%;到2030年基本形成以保鲜和果汁加工为主的果蔬加工体系,形成一批知名品牌,建成年产值超10亿元的大型企业或企业集团2—3个,果蔬产品的加工率达到40%以上。

(三)水产品加工业发展预测

目前广西最具发展前景的海产加工品种是虾、蟹等优质海产品的冷冻小包装,鱼糜及其制品,海洋药品及保健品,珍珠系列加工品,大蚝、文蛤贝类的加工等。北部湾经济区沿海对虾历来深受消费者的欢迎,除活虾大量空运销往全国各大中城市外,通过加工可以做成鲜冻虾,去头成品虾、虾仁、虾干及深加工虾枣虾饺、虾罐头等产品出口。国际市场对虾的需求量为100万吨左右,而实际产量仅为60万吨;国内对鱼糜的需要量为2.5万吨左右,但目前国内产量仅为1万吨,另外,日本是鱼糜的生产和消费大国,年进口量超过23万吨,开发日本市场潜力大;国际市场海水珍珠年需求量为70吨,但目前产量徘徊在40—50吨左右。淡水鱼加工也有很大的发展潜力。未来10到20年内,北部湾经济区水产品加工业发展思路为利用北部湾丰富的海洋生物资源,促进水产品初加工向深加工转变,形成一批拳头产品。改变海产品传统的小作坊晒腌制作方法,开发油浸海产品、微波海产品、牡蛎保健品、海鲜调味品等品种,提高海产品的质量和档次。把北海建设成为广西规模最大的水产品加工、配送和交易基地。

根据《广西北部湾经济区发展规划(2008—2020年)》等相关资料,预计到2020年,北部湾经济区通过改造、扩建和新建一批水产品加工大型企业,培殖产值超亿元的水产品加工龙头企业3—5家,水产品加工率由2015年的50%提高到55%;到2030年,水产品加工率提高到60%以上,形成以加工海产品和罗非鱼产品为重点,以冰鲜冷冻加工为主,冰鲜冷冻与低质鱼类综合加工相结合的广西水产品加工体系。

(四)畜禽乳制品加工业发展预测

北部湾经济区畜牧业生产快速增长,水牛奶业别具特色,成为畜牧业发展新的亮点。但目前存在的主要问题是畜禽加工非常薄弱,肉类加工率不到5%,加工以鲜销为主,缺乏规模生产和具有品牌效应的大型骨干企业。肉类加工严重滞后于畜牧业发展的需要以及消费结构的变化和市场的要求,奶业的发展仍处于起步阶段,畜禽副产品加工也较落后,加工水平低且分散,质量和品种远不能满足市场的需求。随着我国经济发展和人民生活水平提高,消费结构发生了新的变化,由传统的白条肉和直接鲜肉消费,逐步向分割肉、预冷肉、肉食制品发展。我国人均牛奶消费量远低于世界平均水平,而北部湾经济区人均消费量又低于全国水平,因此奶制品发展前景是非常好的。以南宁市为例,每日需奶品30多吨,但全市只有奶牛3000多头,日产鲜奶不到10吨,产品供不应求。而目前南宁人均消费牛奶不到7公斤,远远低于世界平均100公斤的水平。

规划期北部湾经济区应大幅度增加畜禽产品加工能力和提高加工水平。随着畜禽养殖规模的扩大,促进畜牧业生产由粗放、耗粮型向集约、节粮型转变,重点发展特色优势畜禽,畜禽乳制品将朝着精深加工的方向发展,预计到2020年,畜禽乳制品加工率达到20%;到2030年,加工能力在现有水平基础上翻一番,逐步建立和完善安全质量检测体系,培育发展产值超5亿元的畜产品加工龙头企业10家,畜禽乳制品加工率提高到40%,全面提升北部湾经济区畜禽加工产品的竞争力。

(五)中药材加工业发展预测

广西中医药资源丰富,有动植物原生药4000余种,居全国第二位,本地产药材120余种,是我国为数不多的中医药主产区之一。目前北部湾经济区中草药加工生产已初具规模,北海北生药业已上市,中成药产值超亿元的有4个品种,西瓜霜、三金片、金嗓子喉宝、岩黄连注射液等一批优秀品牌已形成。但产品整体水平不高,产业发展后劲不足,产业集约化程度低等制约了中草药加工业的发展。自 2005 年以来,北部湾经济区中药材加工和中成药制造获得长足发展。规划期北部湾经济区中药材加工业发展思路为巩固提高现有的中药研究开发基地,建立中药材研发体系建设,全力打造有较强竞争优势的——"桂药"系列中药原料产品(饮片、精制饮片、颗粒饮片、提取物等)。建成新药研究与开发、药材种植与加工、中间体分离与精制、现代中药生产与销售等四大体系。

根据《广西北部湾经济区发展规划(2008—2020 年)》等相关规划预测,规划期推进中药加工园区(集中区)建设,建设先进中药自动化生产线,形成一批年产值超亿元龙头企业。重点支持北海北生药业等大型中药加工企业,使北部湾经济区现代中药加工业形成大中型中成药加工企业带动新兴中小企业发展的良好态势。预计到 2020 年北部湾经济区中药材加工业总产值达100 亿元,利税总额达到 20 亿元,比 2015 年翻一番,单一产品销售收入超亿元 6 个,形成玉林制药等一批大型龙头企业;到 2030 年,中药工业总产值达到200 亿元,在 2015 年基础上再翻一番,单一产品销售收入超亿元 12 个。

(六)粮油加工业发展预测

北部湾经济区优质稻谷品种内在品质好,有的可与泰国米相媲美,但由于稻米加工设备和技术落后,对稻米的精深加工和多级转化能力弱,粮食加工增值空间大。粮食加工业以稻谷加工和小麦加工为主。推进企业技术改造力度,使粮食加工产业链向食品化半成品化延伸,同时要提高粮食加工的综合利用率,研发和引进生产米糠埋麸等健康产品。稻谷加工方面,推广大米加工的多机碾白、抛光、色选、配米技术和包装工艺改良,鼓励开发免淘米、营养强化米及各种配制米,鼓励开发各种大米深加工产品、米粉、米饼、米饮料、米糊等。小麦加工方面,开发针对性强、方便、营养、品种繁多、花色齐全的各类面粉和面制品,主攻各类面条、面点专用面粉,开发营养强化面粉和面制品。重点支持黑五类、国泰、力源、五丰、桂井、雄达、铜鼓王、银象、金泰、银雪、骏驰、月桂等知名品牌,利用技术优势和产品质量优势,打入周边省市粮食市场和越南等东盟粮食市场。利用港口优势和国内国外两个市场、两类资源,发展粮油深加工,扩大生产能力,形成粮油食品加工基地,小麦粉生产能力稳定在 500 万吨左右,营养、专用粉产量达到总产量的 50%以上;食用油产能稳定在 400 万吨左右;玉米深加工根据市场需求情况,加大谷氨酸、变性淀粉、有机醇、玉米油等产品的开发力度。

根据《广西北部湾经济区发展规划(2008—2020 年)》等相关规划预测,预计到 2020 年北部湾经济区粮食精深加工率将达到 45%;到 2030 年,粮食精深加工率达到 55%以上。

(七)烟草加工业发展预测

北部湾经济区具有优质烟叶生产的地理、气候等自然生态条件,是我国生产优质烟叶不可多得的烟区之一。广西年卷烟需求量 130 万箱以上,而销量仅为 90 万箱左右,仍有 40 万箱以上的市场空间。区内一、二类高档烟比重为 0.5%,与全国平均比重 16.5%的水平相比低 16 个百分点。区内平均单箱卷烟的利税仅为 1600 元/箱,与全国平均值 3500 元/箱相比低 1900 元/箱。因此,无论是从市场需求、产品结构还是盈利水平上看,北部湾经济区卷烟工业仍有较大的发展潜力。

规划期北部湾经济区利烟草加工业发展思路为用北部湾良好的自然地理条件,加快南宁市卷烟产业发展。根据《广西北部湾经济区发展规划(2008—2020 年)》等相关规划预测,至 2020 年、2030 年北部湾经济区烟草加工业保持年销量 300 万箱的规模。

(八)林产品加工业发展预测

北部湾经济区发展林产加工业有得天独厚的自然条件和林产资源,区内林业用地 341.4 万公顷(5121 万亩),森林面积 242.47 万公顷(3637 万亩),其中可发展速生丰产林 211.67 万公顷(3175 万亩),以及大量的松脂松香、八角、玉桂等林化工业原料,林产业可以发展成为北部湾经济区的支柱产业。

1. 林浆纸加工

北部湾经济区具有发展速生丰产短轮伐期工业原料林的条件,以速生树种、竹子为原料的制浆、造纸业符合广西发展的需要,具有巨大的发展空间和潜力。根据《广西北部湾经济区发展规划(2008—2020 年)》等相关规划,预计到 2020 年、2030 年北部湾经济区木竹纸浆产量分别达到 165 万吨、180 万吨。规划期北部湾经济区林浆纸加工业发展方向为:培植壮大大型制浆、造纸龙头企业,通过“公司+农户”的方式,带动农民加快建设以桉树、相思树、竹子为主的速生丰产林基地,尽快实现造林、制浆、造纸加工一体化经营。

2. 林板加工

根据《广西北部湾经济区发展规划(2008—2020 年)》等相关规划预测,

到 2020 年、2030 年,北部湾经济区人造纤维板产量将分别达到 600 万立方米、700 万立方米。规划期北部湾经济区林板加工业发展方向为:整合现有林板加工能力,以综合利用次小薪材、木材剩余物为重点,通过重点发展高、中密度纤维板、适度发展胶合板、刨花板、实木集成材、强化地板、新型板材及其深加工产品,培植壮大大型人造纤维板龙头企业;继续扩大和扩展竹木日用品、工艺品等生产规模,进一步提高出口创汇能力。

(九)香料加工业发展预测

北部湾经济区是全国最大的松脂、茉莉花、灵香草种植和加工基地,更有八角、茴香、桂皮、桂油、桐油等名特优经济林产品。但目前香料加工整体水平处于粗加工阶段,加工产品以初级产品为主,极具发展潜力。

根据《广西北部湾经济区发展规划(2008—2020 年)》等相关规划,2015—2020 年北部湾经济区要稳定八角、肉桂的原料林面积,重点发展八角、肉桂、茉莉、玉兰深加工产业;通过引进,技术改造,全面提升加工企业水平,使特色香料加工成为山区县市的支柱产业,成为北部湾经济区农产品加工业创汇重要产业,培育大型香料香精深加工企业 2 家。在此基础上预计到 2020 年加工产值达到 220 亿元,深加工率提高到 40%;到 2030 年加工产品产值达到 250 亿元,深加工率提高到 50%。

(十)特色农产品加工业发展预测

1. 非粮生物质能源加工

木薯燃料乙醇、小桐子生物柴油、甘蔗燃料乙醇,是世界农产品加工业发展前沿,是北部湾经济区新兴战略型产业。木薯燃料乙醇利用木薯酒精废液生产沼气后的废液、废渣和废弃的木薯秆,通过脱水技术等手段,分离物体间的分子结合水,通过机械压制,生产出具有经济价值的生物复合型燃料。规划期北部湾经济区非粮生物质能源加工产业发展思路是在生物质能资源较丰富地区,建设和改造以秸秆为燃料的中小型锅炉,在南宁等地依托科研优势,开展生物制药研究,把新兴产业培育成为我区农产品加工业发展新的经济增长点。根据《广西北部湾经济区发展规划(2008—2020 年)》等相关规划,预计到 2020 年、2030 年,北部湾经济区非粮生物质能源加工业销售收入将分别达到 65 亿元、75 亿元。

2. 蚕丝加工

桑蚕是北部湾经济区一个传统产业,我国加入 WTO 后丝绸市场空间进一步拓宽,蚕桑产业布局西移为我区蚕桑产业发展提供了良好的发展机遇。目前北部湾经济区桑树种植面积达3.73多万公顷(56万亩),蚕茧产量达5.8万吨,但加工水平低,只能生产原料丝,且质量较差,市场竞争力弱。

规划期北部湾经济区蚕丝加工业应抓住国家"东桑西移"战略调整契机,加强优质原料茧基地建设,加快培育扶持一批缫丝、丝制品加工龙头企业,引进针织、织绸、服装、家纺等深加工项目。在南宁、钦州市布局2个丝绸产业专业园区。其中以横县、灵山丝绸工业园区为重点,加强基础设施建设和环保配套设施建设,推进坯绸、针织和印染丝织品、服装加工产品的快速发展。到2030年,形成"种桑—养蚕—缫丝—丝织品加工"较完整产业链,做大蚕产业,蚕茧加工业销售收入达到50亿元,其中2020年蚕茧加工业销售收入达到40亿元。

3.剑麻加工

北部湾经济区剑麻产业主要布局在崇左市扶绥县、龙州县和江州区。规划期致力于促进剑麻产业发展,加快引进和推广高纤高产剑麻品种,扩大优质剑麻种植规模,建设高纤剑麻生产基地,剑麻种植规模将扩大到1万公顷(15万亩)以上,建成6667公顷(10万亩)高纤高产剑麻生产基地。发展与越南广宁省、高平省和谅山省合作建立高纤高产剑麻种植基地,北部湾经济区提供优质剑麻种苗、化肥、农药和技术培训,越方提供土地和劳动力,与越南剑麻种植农户签订剑麻购销合同,在越南主产区建立剑麻粗加工厂,为本市提供剑麻加工原料,促进剑麻产业做大做强。

4.茶叶加工

北部湾经济区茶叶种植主要布局在崇左市、钦州市和南宁市。崇左和钦州主要发展苦丁茶、乌龙茶、绿茶、姑辽茶等茶叶;南宁和防城港主要发展花茶。根据《广西北部湾经济区发展规划(2008—2020年)》,规划期北部湾经济区茶叶发展方向是,稳步扩大种植规模。预计到2030年将超过2万公顷(30万亩),支持茶叶加工企业进行技术改造和设备更新,扩大企业加工规模,发展茶叶精深加工,确保茶叶产量稳步增长的同时,形成3—5个知名茶叶品牌,在钦州建设广西茶叶产量最大的生产、加工和流通基地。

三、北部湾经济区农产品加工产业发展目标

(一)指导思想

以推进农产品加工业的结构调整和升级改造为主线,以优势、特色农业产业带为依托，以发展产地加工为重点，积极转变经济发展方式，引导农产品加工企业向优势产区聚集，着力提高产业集中度，推动农产品加工业变资源优势为产业优势。用"项目带动""规模生产""品牌经济""综合利用"等现代工业理念，以"高技术开发"为突破口，大力推动农产品加工企业加大项目投资、扩大生产规模、实施自主创新、打造知名品牌、推行清洁生产，培育农产品加工领军企业。

（二）基本原则

1. 以市场为导向

根据市场需求调整产品结构，鼓励企业走差别化、高质化、品牌化、多样化道路，提高产品档次和市场知名度，巩固城市消费市场，开拓广大农村、小城镇和国际市场。培育一批新的大中型农产品加工龙头企业，鼓励企业开拓以东盟为主的国外市场。

2. 以科技为动力

加强国内外先进技术的引进、消化和吸收，全力打造农产品加工科技创新基地和产业化示范基地，重点发展农产品精深加工，提高产品质量、档次，推动农产品加工业由粗放型向集约型转变。鼓励和扶持具有自主知名品牌的规模以上农产品加工企业建立企业技术中心。

3. 坚持集聚发展

推动优势产业、优势企业、优势资源向农产品加工园区集中。发挥各地区位、资源、产业等优势，推进同业集聚和产业协作，实现加工园区错位发展。发挥园区的辐射、带动功能，加大功能整合力度，以优势农产品产业（产品）链为纽带，发展"一区多园"，发展关联性强、集约水平高的产业集群和优势产品加工带。

4. 坚持可持续发展

积极发展环境清洁型和资源节约型农产品加工业，原料基地建设须服从生态环境建设的要求，农产品加工的过程要重视清洁生产和循环利用，引导企业加强原料替代和深度开发利用、工艺改进和产品设计，提高资源、能源利用率，实现废物排放"减量化"，促进循环经济的健康发展。

（三）发展目标

2010 年，北部湾经济区已由工业化初期阶段逐步进入中期阶段，未来 10 年期间，农产品加工业将在工业化基础较为稳固的背景下，加快产业结构调整和产业发展速度,力争形成与优势农产品产业带相适应的加工布局,建立一批农产品加工骨干企业和专用原料基地;建立农产品加工业技术创新体系;健全农产品加工标准化提升和质量安全检测检验体系;着力打造加工产业集群,初步形成产业链比较完整、核心竞争力强、综合效益高的现代农产品加工业产业体系,使北部湾经济区农产品加工业主要指标有较大提高。通过10—20年的努力,形成一批在同行业有竞争力的农产品加工领军企业、一批有竞争优势的产业集群、一批在全国有影响力的知名品牌、一批特色农产品加工产业专业园区,即"四个一批工程"。到2020年,北部湾经济区农产品加工转化率达到50%,到2030年,北部湾经济区农产品加工转化率达到60%。

四、北部湾经济区农产品加工业发展布局

按照农产品优势产业向优势区域集中的布局思路,规划至2030年,北部湾经济区将建设三大特色产业专业园区、打造三大农产品加工现代物流专业区,发展八大优势农产品加工产业集群。

(一)建设三大特色产业专业园区

1. 广西丝绸产业专业园区

在南宁、钦州两市布局丝绸产业专业园区。其中以横县、灵山丝绸工业园区为重点,加强基础设施建设和环保配套设施建设,推进坯绸、针织和印染丝织品、服装加工产品的快速发展。

2. 广西剑麻特色产业专业园区

以广西农垦剑麻集团为核心进行园区开发建设,园区占地10平方公里。重点扶持生产剑麻地毯、剑麻建筑材料、剑麻直纤维、白棕绳、剑麻纱、捻线、剑麻布、钢丝绳主芯、抛光轮、剑麻环保拖鞋及编织工艺品等产品的剑麻加工企业。

3. 南宁果蔬农产品产业专业园区

在兴宁区三塘镇、良庆区那马镇、武鸣县双桥镇、江南区吴圩镇等"绿色食品"基地和无公害蔬菜基地,布局一个大型的果蔬农产品加工园区,依托当地果蔬资源优质、丰富的优势,打造南宁果蔬的品牌和竞争力。

(二)打造三大农产品加工现代物流专业区

1. 南宁大型农产品加工物流园区

该园区布局在南宁金桥农产品批发市场。占地1474亩,建筑面积76万平方米,主要建设批发交易市场、集中屠宰中心、净肉加工中心、净菜加工中心、物流配送中心、信息网络系统、检测检验系统、冷库、停车场等项目。建成后将成为覆盖南宁市及周边地区,辐射大西南,面向东南亚等国际市场的大型农产品批发物流中心、净菜加工配送中心。

2. 中国—东盟林产品加工物流园区

该园区布局在南宁市青秀区邕宾路二塘镇,占地面积 3000 亩,总建筑面积 205 万平方米,拟建设林产品流通加工区、林产品仓储区、林产品展销区、林产品物流配送区、产权交易及电子交易区、林业机械展销区、林业新品种技术展销区、后勤和综合服务区等八大功能区。建成后将成为集林产品加工、仓储、展销、物流配送、研发和管理服务为一体、辐射整个北部湾经济区的大型物流园区。

3. 玉林市中药材产业物流园区

该园区布局在玉林市江南区民主南路东侧,南流江畔。总投资 36 亿元人民币,规划占地面积 1032 亩,总建筑面积 200 万平方米,分期实施建设。拟建成商品交易、产业服务、电子商务、国际博览、商务配套、仓储物流中心和远景规划的加工产业园、GAP 种养基地等八大功能,建成后将成为覆盖大西南,辐射泛北部湾集中草药的种植、加工及物流为一体的中国南方最大的中药材产业物流园区。

(三)发展八大优势农产品加工产业集群

1. 糖业产业集群

一是以崇左市大企业集团为依托,重点发展循环经济,提高综合利用水平,打造全国蔗糖循环经济示范基地,形成糖业产业集群;二是依托南宁—东盟经济开发、广西良庆经济开发区、南宁仙葫经济开发区集中布局制糖业,推进产业链延伸,综合利用制糖余料。

2. 食品产业集群

一是构建玉林健康食品产业集群,重点支持燕京啤酒(玉林)有限公司、玉林制药有限责任公司、南方食品股份有限公司、旺旺食品有限公司、亮亮食品有限公司、春茂农牧有限公司、巨东种养有限公司、凉亭禽业发展有限公司等龙头企业做大做强,打造食品健康产业集群;二是构建南宁市食品产业集群,大力发展肉禽加工、乳品加工、水产品加工、果蔬加工、粮油加工、茉莉花茶加工,重点建设皇氏乳业特色乳品、双汇食品等重大项目,扶持皇氏乳业、国泰粮油、百洋集团、双汇食品、集盛食品等企业做大做强;以珠江啤酒、青岛啤酒、康师傅饮品等知名企业为依托,稳步发展果蔬饮料、功能饮料、瓶装饮用水等产品。

3. 海洋产业集群

以北海、防城港、钦州为核心,形成三点一线的海洋产业带发展格局。重点发展海洋渔业、水产品加工、海洋运输、滨海旅游、海洋生物医药、海洋化工等。

4. 粮油产业集群

依托北部湾沿海三市港口和农产品资源优势,在防城港市发展食用植物油深加工产品,围绕副产品发展饲料等相关产业,在钦州发展食用植物油加工、食品工业和饲料工业,形成产业集群。

5. 生物医药产业集群

以南宁、玉林、北海为中心,引导中药、生物制药在南宁国家高新技术开发区、南宁—东盟经济开发区布局。发挥北部湾海洋优势,打造"桂药"品牌,以海洋生物资源利用和海洋药物研发为重点,大力扶持海洋生物、海洋药物及保健品的研制,建设北海海洋生物制药基地。

6. 南宁蚕桑产业群

依托台湾(南宁)轻纺产业园,辐射带动南宁六景工业园区,打造以蚕丝绸、棉、麻纺织加工及皮革制品为主的轻纺产业集群,建设农副食品加工企业总部和研发中心。

7. 玉林林产化工集群

重点支持粤景浆纸、容县万力纸厂、高峰容洲人造板等龙头企业做大做强,形成林产化工集群。

8. 造纸产业集群

以钦州、北海、南宁为核心,集聚造纸上下游产业链项目,形成造纸产业集群。钦州市钦州港工业区和北海市铁山港工业区,重点开发林浆纸一体化产品,大力发展中、高档生活用纸、包装纸板、印刷文化用纸产品。南宁市六景工业园区重点开发蔗渣造纸、桑秆造纸、竹浆造纸产品,大力发展中高档新闻铜版纸、生活用纸、包装纸板、印刷文化用纸产品,建设南宁六景工业园区纸制品交易市场。

五、北部湾经济区农林产品加工产业发展的配套政策研究

1. 加大对外开放力度,进一步改善投资环境

鼓励民营企业投资发展农产品加工业,积极创造公平的市场准入条件和竞争环境。民营企业在信贷、税收、上市融资、发行债券、贷款贴息和土地使用

等方面,应与国有企业享有同等待遇。鼓励、支持民营企业通过租赁、承包、兼并、参股、控股、收购、合作、联营等方式参与国有企业、集体企业的转制、重组,引导转制、重组后的企业进入农产品加工领域。要严格依法行政,保护投资者的合法权益。进一步清理和规范收费事项,禁止乱收费,不得对农产品加工企业新设收费项目。

2. 加强规划指导和协调,引导农产品加工业健康发展

北部湾经济区各地要重视规划工作,根据自治区农产品加工业发展规划,结合实际,制定本地的发展规划和实施方案,明确主攻方向和发展重点。在产业发展上要处理好初加工和深加工的关系,初加工普及,深加工集约,使初加工和深加工有机结合起来。在区域布局上要处理好大中小企业的关系,合理布局北部湾经济区、市、县、乡镇农产品加工业的发展,大城市或中心城市周边主要布局大型的加工企业,县(市)所在地主要布局具有比较优势、地方特色、规模较大的加工企业,乡镇主要发展农产品的初加工。在行业布局方面,重点行业要建立起若干个覆盖面广、起到行业支撑作用的大型加工龙头企业,各地的主导产品都要培育1—2个加工重点龙头企业。

3. 加大招商引资力度,组织好项目的实施

重点抓一批带动当地发展的重大项目对外招商。要建立北部湾经济区、市、县三级农产品加工招商引资项目库和招商网,完备项目前期工作,增强招商项目的针对性和实效性。要注重引进国内外实力强的大公司、大企业。对招商成功的项目,要关注并协调解决好在实施过程中出现的问题,使引进的项目建得成、留得住、办得好。要建立招商引资激励机制,对引资者给予奖励。要分层次认真抓好项目的实施,北部湾经济区主要抓对全局有重要影响、规模大、带动面广的重点项目,市、县主要抓对当地有重要影响、具有区域比较优势、有特色的重点项目。建立项目建设推进工作责任制、定期检查制度和重点企业联席制度,确保项目的顺利实施。

4. 合理布局,抓好农产品加工园区建设

农产品加工园区布局要科学合理,园区建设要与城镇发展相结合,要突出产业特色,突破行政区划限制,与北部湾经济区农产品加工业发展规划相衔接。园区的规划,要从实际出发,分类指导,避免盲目建设,防止一哄而起,力求做到高起点、高标准,一次规划,分步实施。园区建设要注重实效,首先配套完善水、电、路、环境治理等基础设施建设,利用好现有工业园区,同时合理布

局建设一批新的农产品加工园区。北部湾经济区在主要农产品生产区和集散地,重点扶持建设 1—2 个规模大、起点高的农产品加工园区。各地也要根据实际情况,重点建设一批农产品加工园区或综合工业园区。

5.培育壮大龙头企业,加强原料生产基地建设

要积极培育壮大投资和经营主体,重点培植一批有自主知识产权、产业关联度大、带动能力强、有国际竞争力的大中型农产品加工龙头企业。支持北部湾经济区农产品加工龙头企业引进国外资金、技术和管理经验,提高农产品加工水平,增强农产品加工制品国际市场竞争力。

要按照区域化布局、专业化生产、标准化管理、产业化经营和社会化服务的发展思路,突出地方特色,充分发挥区域比较优势,以农产品加工企业为龙头,建立一批与加工企业相配套的粮油、蔬菜、果品、畜禽、蛋奶和水产品原料基地。大力提倡发展有机农业和绿色农业,按照讲究营养、保证卫生、注重特色、符合保健、崇尚美味、回归自然的要求,生产无公害农产品,为农产品加工企业提供安全、优质的加工原料。农产品加工基地建设,提倡农产品加工企业主要通过定向投入、定向服务、定向收购等方式,兴办稳定的农产品原料基地。加快产地贮藏库和冷藏、运输等基础设施建设,在农产品重要集散地和交通枢纽建立集加工、保鲜、流通为一体的大型农产品物流配送中心。

6.推进技术创新和产品创新

要加快科技进步,不断提高农产品加工业的科技含量,实现农产品加工业由初加工向深加工、由粗加工向精加工的转变。

要提高企业的科技创新能力。企业要设立科技发展基金,建立科技开发中心。鼓励企业加速折旧,增加新产品开发费用和风险调节基金的提取,提高企业技术创新和产品创新的能力,开发具有自主知识产权的技术和产品。

要加大农产品加工技术研究和新产品开发的力度。加强现代生物技术、微电子、新材料等技术在农产品加工业中的应用研究。北部湾经济区各级财政每年安排一定的科研经费用于农产品加工业的研究。技术持有单位要努力通过直接开发或技术入股、转让等方式,尽快实现技术的商品化。

要加大国内外先进技术、工艺、设备和管理的引进。在重视"硬件"引进的同时,更要注意"软件"的引进,推动国内农产品加工企业的科技进步和管理水平的提高。要发挥现有科研机构的作用,充分利用已有的研究开发条件,扩大国际交流与合作,引进人才和技术,形成一批推进北部湾经济区农产品加

工业发展的骨干力量。

7. 完善质量标准体系,强化服务功能

要加紧制定符合北部湾经济区实际和国际惯例的农产品原料和加工制品的质量标准,尽快完善农产品加工业质量标准体系。要把推行农产品质量标准与建设各类农产品加工基地和相关的科技示范园区结合起来,逐步建立标明产成品的产地、质量、标准的等级标识制度。

要加强农产品质量监督检验检测体系建设,尽快形成以北部湾经济区农产品质量检测中心为核心、以县为基础、以企业为单元覆盖全区的农产品质量检测检验体系,逐步实现全过程、有效的动植物检疫、农药(兽药)残留检测、环境质量监测和产品质量控制,在加工过程中,防止使用违禁药品,确保食品卫生安全。

要加快建立和完善覆盖面宽、时效性强的国家与地方农产品市场信息网络,拓宽信息的收集和发布渠道,加强信息资源的分析与处理,为农产品加工企业和农户提供及时、准确的信息服务。建立多层次、多元化市场体系,扶持和发展各种中介组织,建立健全技术推广、职业培训等社会化服务体系,为农产品加工业的健康发展奠定坚实的基础。

第六节　特色农业及农业园空间部署

北部湾经济区特色农业主要包括蚕桑产业、花卉产业、中药材产业、草食动物产业、非粮生物质能源产业、农业生态旅游业等。

一、北部湾经济区特色农业空间布局

(一)桑蚕产业

1. 发展现状

桑蚕产业是北部湾经济区新兴优势特色产业,2010 年以来,广西蚕业生产保持快速发展态势,桑园种植面积达到 14 万公顷(210 万亩),蚕茧产量 21.4 万吨,其中北部湾经济区种植面积达到 3.73 万公顷(56 万亩),蚕茧产量约 5.8 万吨。近年来资源综合利用加快推进,重点加大桑枝、蚕沙、蚕蛹、桑果、废丝等的开发利用。一大批资源综合利用加工企业先后建成投产,桑枝造纸、蚕沙制造沼气、生产有机肥,蚕蛹食品、保健用品,桑叶茶、果桑开发、蚕丝被开发等资源综合利用取得了初步成效。茧丝加工取得重大进展,茧丝单产

质量全面提升,良种实现安全生产足量供应,蚕农增收成效显著。

2. 存在的主要问题

(1)基础设施建设薄弱

近年来各级政府对北部湾经济区桑蚕业的投入虽有所增加,但与其他省区、其他产业相比,经费总体投入不足,影响了良种繁育体系、基础设施建设、高产高效示范基地的建设、科技创新及成果转化。

(2)比较效益有所下降

桑蚕属劳动密集型产业,近年来由于劳动力成本急速上升和农资价格大幅度上涨,养蚕成本快速增加,再加上其他农产品价格上涨,而蚕茧价格却徘徊不前。随着北部湾经济区蚕业快速发展,蚕桑病虫危害增加,蚕区和桑蚕加工企业治污投入增加,加上洪涝、干旱等自然灾害影响,水利基础设施建设薄弱,导致桑蚕产业与其他农业产业的比较优势和投资收益率有所下降。

3. 发展预测

丝绸自古以来就为人们所喜爱,历经千年而不衰,随着世界经济的发展、人口的不断增加及茧丝新用途的不断开发,丝绸消费将持续稳步增长,未来世界丝绸需求呈增长趋势。按照蚕丝产量占世界纤维总产量的比例为0.175%、鲜茧出丝率平均为12%,可以预测未来几年世界蚕丝和蚕茧需求量,规划期,北部湾经济区将紧紧抓住国家"东桑西移"战略调整契机,围绕蚕业强省(区)建设的目标,推动北部湾经济区桑蚕产业实现区域化布局、专业化生产、产业化经营、规模化发展,全面提升桑蚕产业整体效益和综合竞争力。我国每年有3万吨蚕茧增长空间,广西增长空间为1万吨左右,而北部湾经济区蚕茧产量占广西的27%,增长空间为0.25万吨左右。据此预计到2020年、2030年蚕茧产量分别达到8.3万吨、9.8万吨,桑蚕种植规模将分别达到5.33万公顷(80万亩)、6.33万公顷(95万亩)。

4. 区域布局

(1)原料茧基地建设布局。按照最适生态和比较效益原则,把北部湾经济区蚕区划分为优势区域和次优势区域。

优势区域:多为丘陵坡地,间有平原盆地,主要布局在南宁市的横县、宾阳、上林、邕宁、武鸣、良庆等县(区)。本区域重点发展高产高效蚕业。

次优势区域:主要布局在钦州市的钦北、灵山、浦北,北海市的合浦,防城港市的防城区,崇左市的天等、宁明等县。本区域重点打造蚕桑特色乡(镇)、村,生产茧质优、丝质好的特色原料茧。

（2）蚕种生产区域布局。根据广西壮族自治区蚕业生产总体规划和北部湾经济区优势区域布局,将北部湾蚕种生产区域布局划分为区域性重点蚕种场和一般性蚕种场,根据所处区域和现有规模及发展潜力把崇左、邕宁、横县、上林和具有较大发展潜力的玉林等蚕种生产单位列为区域性重点蚕种场,其他为一般性蚕种场。

（3）茧丝精深加工区域布局。实行因地制宜、相对集中布局。

缫丝加工基地布局:在南宁、钦州、北海等蚕茧产区大力发展缫丝工业,加速蚕茧资源就地转化。以横县、合浦、北流等县（市）为重点,培育和扶持一批集蚕茧生产、收烘、缫丝加工农工贸一体化的茧丝生产龙头企业。

（4）丝绸工业园区布局。新引进的丝绸加工企业相对集中在横县的自治区级丝绸工业园内。

（二）花卉产业

1. 发展现状

花卉产业是现代农业和现代林业产业集群的一个重要组成部分。发展花卉产业对推动农村经济结构调整,改善生态环境,增加农民收入都将产生重大而深远的影响。近年来,北部湾经济区重点抓花卉示范基地建设与特色花卉拳头产品培育,因地制宜地发展花卉产业,花卉产业成为北部湾经济区农村经济新的增长点。北部湾经济区花卉种植面积已达 1.33 万公顷（20 万亩）以上,年产值超过 30 亿元,培育出南宁绿垦现代农业有限公司、广西桂台花卉有限公司、广西桂人堂金花茶产业集团股份有限公司等一批在区外有较高知名度的花卉龙头企业。目前,北部湾经济区花卉种植区域主要集中在南宁、玉林和北海等中心城市。

2. 存在的主要问题

（1）起步较晚,发育不全。北部湾经济区花卉产业兴起于近几年,还处于产业生命周期的初创期。其特征是市场增长率较高,需求增长较快,企业进入壁垒较低,但技术不确定性大,行业特点、行业竞争状况、用户特点等方面的信息不全。由于北部湾经济区各市对花卉产业发展认识不足,对花卉项目的投入与招商引资力度不够,没有安排专项财政进行扶持,融资渠道不畅,尚未形成规模投资、良性发展、高投入高回报的产业格局。

（2）规模较小,竞争力弱。北部湾经济区花卉产业总体规模小,行业结构不合理,产业链不完整,集约程度低,未形成专业化分工协作发展的社会化大生产格局。多数花卉产品质量不符合市场标准,没有自主的花卉品牌,产品研发水平、市场拓展能力、售后服务层次等均处于初级阶段,市场竞争力弱。

(3)需求较窄,消费较低。花卉产业是消费性产业,通常在人们收入达到工业化中期社会水平后才得以大量消费。由于北部湾经济区尚处于工业化初期,正在向工业化中期过度,同时城乡经济发展不平衡,区域经济发展差异较大,因此花卉的消费水平较低,市场需求较狭小,主要集中在政府城市基础设施建设项目、房地产小区及单位绿化,所生产的花卉产品销售严重依赖广东等经济发达地区。

(4)市场薄弱,服务不全。现阶段广西花卉产业中各行业的企业主要致力于开辟新用户、拓展新市场。但由于政府投入培育的支持力度小,广西花卉流通市场数量少,规模小;同时全区各地花卉协会种植、销售、流通等环节与市场脱节。市场与服务的瓶颈制约了广西花卉产业的发展。

3. 发展预测

未来5到10年我国将总体进入工业化后期,北部湾经济区将进入工业化中期,花卉消费将进入高速成长时期。北部湾经济区拥有丰富的花卉种植资源和优越的自然环境,桂台花卉产业合作交流初具基础,东部花卉产业向广西转移渐成气候。北部湾经济区丘陵地面积约206.67万公顷(3100万亩),约占北部湾经济区土地总面积的28.9%,主要分布于中低山地边缘及主干河流两侧。利用水源便利的丘陵山地发展花卉产业,不与粮争地,既符合国家基本农田保护政策的要求,又具有土地低成本优势。按照《广西北部湾经济区发展规划(2008—2020年)》规划,规划期北部湾经济区花卉产业发展思路为,依照"发展现代林业、建设生态文明、促进科学发展"的总体要求,立足北部湾经济区特殊区位、资源和产业优势,抓住北部湾经济区进入工业化发展中期、花卉产业正在进入投资高增长的成长期的战略机遇,建立立足于北部湾经济区、服务全国、面向海内外的现代花卉产业体系。预计到2020年、2030年北部湾经济区花卉生产规模将分别达到3万公顷(45万亩)、3.33万公顷(50万亩)。

4. 区域布局

(1)滨海热带花卉产业片区:高标准建设以南宁为核心,以北海、钦州、防城港为扇面,代表广西水平、以现代化滨海热带花卉产业基地和专业市场为标志、建设北部湾滨海热带现代花卉产业集聚区。

（2）外向型创汇花卉产业片区：依托玉林等城市信息交通发达，花卉资源丰富和发展优势得天独厚的条件，重点发展"西江黄金水道"沿江外向型创汇花卉产业带。提升玉林市的花卉产业创汇升值水平，大力发展精品花卉种植业、花卉观光休闲、花卉旅游、花卉文化展示和桂台花卉合作试验等外向型创汇花卉项目。建设玉林桂台花卉合作试验区等外向型创汇花卉基地和产业园区。

（3）特色名优花卉产业片区：重点发展崇左等特色花卉资源分布地区，加大桂花、山茶花、兰花、罗汉松盆景、珍优花木等特色名优花卉的新品种研发与产业化利用。

（三）中药材产业

1. 发展现状

中药材产业是北部湾经济区传统农业优势产业。北部湾经济区拥有 1 个国家级中药材专业市场（玉林药市）和 2 个国家级一类中药材进出口口岸（防城港东兴、凭祥友谊关）。近年来北部湾经济区中药材生产稳步发展，种植面积已达 2.13 万公顷（32 万亩），全国 400 多种常用中药原料药材中有 70 多种来自北部湾经济区，占全国总产量的 50%—80%。目前，北部湾经济区大面积人工开发利用、具有较完整产业基础并形成区域特色的大宗中药材主要有八角、肉桂、广豆根、桂郁金等。中药材加工和中成药制造获得长足发展。北部湾经济区已形成大中型中成药工业企业带动一批新兴中小企业发展的良好态势。"玉林"等品牌全国驰名；珍黄丸、云香精、湿毒清胶囊、正骨水、消石胶囊等多个中成药产品质量、市场占有率、资源利用方面具有优势。

2. 存在的主要问题

（1）新药开发不足。八角、肉桂、金银花等大宗本地药材，北部湾经济区内企业加工量占不到总产量的 10%。企业研发水平不高，转化能力不强，新药不多。

（2）开发保护不够。北部湾经济区开发利用品种不到拥有量的 10%，产业化程度低；拥有许多壮、瑶、侗等少数民族医药及医方、验方共 14000 余种，但得到发掘利用的很少，每年都有药方失传。北部湾经济区不少野生药材生长地域不断缩小，数量不断减少，红芽大戟、地枫皮、山豆根、野生鸡骨草、野生金钱草等因资源枯竭而供不应求；黄精、天冬、龙胆草等连年减产。

（3）竞争力不强。北部湾经济区中药材大多由农户分散种植,质量参差不齐。中成药以原料药材、中药材粗提物或中药材粗加工产品为主,产业链短,附加值低。民族医药产品大都是健字号或医械号类产品,品种单一,医效有限。

（4）研究人才不足。中药材规范化种植（养殖）和药效成分开发研究方面的人才严重不足。

3. 发展预测

中药已经传播到世界上 120 多个国家和地区,发达国家逐步放宽对中药的限制,目前有 70 多个国家制定了草药法规,130 多个国家和地区办有传统医药机构。2004 年 4 月,欧盟公布《欧洲传统植物药注册程序指令》,大幅降低植物药市准入条件,当年国际植物制品年销售额近 300 亿美元,中药及其他植物药制剂市场增速超过世界药品市场增速（8%）。就国内市场而言,广西药材尽管在 2009 年的金融危机时期,大货销售仍然保持 10% 左右的同比增长,需求不断增加。规划期按照北部湾经济区发展规划确定的思路,利用广西中药资源优势及区位优势,加大中药材 GAP 生产和研究投入及政策扶持,加快发展现代中药产业化,建设中药材良种繁育基地和种养基地。预计到 2020 年、2030 年,北部湾经济区中药材种植面积稳定在 2.4 万公顷（36 万亩）。

4. 区域布局

规划期北部湾经济区中药材产业应大力发展加工型中药材,重点扶持地道中药材,抓好濒危药用动植物的保护利用。山银花基地重点布局在马山县,鸡骨草基地重点布局在玉州、福绵等区,海洋药珍珠、海马基地重点布局在沿海地区。其他中药材品种也要在适宜的区域发展,并向优势区域集中。具体布局如下:

（1）中药材种植业。重点布局在南宁、玉林。

八角、肉桂:重点布局在防城港、南宁、崇左。

广豆根:重点布局在南宁。

桂郁金:重点布局在钦州。

海洋药材:在北部湾沿海地区发展,以养殖珍珠、海马为主。

适度发展的中药材:主要是蛤蚧、两面针、扶芳藤、岩黄连、萝芙木、肿节风、铁皮石斛、天花粉、田七、巴戟天、红大戟、广金钱草、灵香草、剑叶龙血树等30 种特色药材。

（2）中药制造业。重点布局在南宁。

（3）中药现代物流业。近期布局在玉林，中远期布局在南宁。

（四）草食动物产业

1. 发展现状

大力发展草食动物对调整优化北部湾畜牧业结构具有重大意义，目前北部湾经济区草食动物产量比重仅为 4.3%，较全国低 10 个百分点。草食动物发展催生了一批企业，如合浦鸿雁鹅肥肝加工厂等。草食动物发展使北部湾经济区畜牧业资源节约环境友好特点逐步展现，草食动物每年转化消化农作物秸秆等副产品，产肉折（节）粮，生产有机肥，为农村能源和种植业提供了大量优质原料。近年，山羊舍饲圈养示范逐步推广，圈养羊技术效果好于放牧，种草养羊经济效益高于种粮，经济快速发展与生态有效保护更趋和谐。

2. 存在的主要问题

（1）草食动物发展空间保障水平低。资源核查和国土利用总体规划结果表明，现存草地面积已大大少于 20 世纪 70 年代末至 80 年代初农业部组织的草地资源普查结果，根据第二次全国土地调查数据表明，草地面积仅有 27.27 万公顷，占北部湾经济区土地总面积的 3.7%。

（2）天然草地生产力下降。据预测，北部湾经济区天然草地已有 60% 发生不同程度的退化。其中以石山地区的石漠化趋势比较严重，退化草地导致水土流失加剧；2007 年度的 100 个草地监测结果中，超载和严重超载的样方 14 个，产草量和覆盖度下降较为严重。

（3）畜禽良种基础薄弱。北部湾经济区除种牛（主要是水牛）和牛冻精供给相对充足和有保障外，种羊、种鹅、种兔的供给能力都十分欠缺，特别是种鹅，除专用于生产鹅肥肝的朗德鹅有一个种鹅场外，肉用鹅方面还未建有种鹅场，鹅苗量少价高，严重影响到肉鹅的发展。

（4）饲草产业支撑能力不适应草食动物科学发展需要。北部湾经济区饲草资源总量较大，但零星分散于千家万户，分散于不同的季节时段，没法进行规模利用；饲草品种数量较多，但优质饲草特别是豆科蛋白类饲草（料）十分短缺，结构性供求矛盾十分突出。一旦建起规模型草食动物养殖场，普遍面临季节性缺草、结构性缺草，营养不全面，供给不平衡，生产潜能不能充分发挥。

3. 发展预测

30 年以来，广西草食动物肉类消费量年均增幅为 11.31%，到 2020 年、

2030年,北部湾经济区人口总量将分别达到2680万人、3010万人。预计到2020年,按草食动物肉类消费水平达到全国2000年6.60公斤(牛羊肉)/人计,需草食动物肉类总量为17.69万吨;2030年维持17.69万吨的草食动物产量不变。北部湾经济区无天然草地,草食动物养殖主要依靠秸秆饲料和人工种草,潜在的草地资源来源主要是冬闲田、种植业结构调整、园地间种套种牧草。

4. 区域布局

(1)肉牛生产重点区域:崇左市。

(2)肉羊生产重点区域:南宁市。

(3)肉兔生产重点区域:玉林市。

(4)肉鹅和鹅肥肝生产重点区域:北海市、玉林市。

(五)非粮生物质能源产业

1. 发展现状

非粮生物质能源产业是北部湾经济区农业新兴优势产业。广西是全国首个推广使用非粮原料乙醇汽油的省区。目前燃料乙醇产业初具规模。2010年底,广西以木薯为原料生产燃料乙醇产量20万吨以上,建立了燃料乙醇试点生产和销售体系,积累了经验。木薯燃料乙醇产业带动了木薯的发展。另外,以甘蔗为原料生产燃料乙醇的关键技术取得突破性进展,以糖厂废蜜或乙蜜为原料发酵制取乙醇,已在北部湾经济区部分糖厂试运产。此外,广西是生物柴油用树小桐子(麻风树)的适宜生产区,小桐子种植规模近2万公顷(30万亩)(含野生半野生),规模居国内前列,其中北部湾经济区种植规模为1万公顷(15万亩)。国内一些科研院所和企业已拥有生物柴油生产技术和生产实力。北部湾经济区生物柴油开发企业有所发展,部分企业已建立小桐子良种繁育基地和规模化原料基地,生物柴油生产线处于建设阶段。

2. 存在的主要问题

(1)扶持政策不完善。虽然国家已颁布《可再生能源法》,自治区也出台相关政策措施鼓励非粮生物质能源产业发展,但相关政策法规还不完善,在财政、金融、市场开放等方面缺乏有效激励措施。相关政策之间协调性不够,政策难以落实。没有形成支持非粮生物质能源产业持续发展的长效机制。

(2)资金投入不足。非粮生物质能源产业属于高新技术和新兴产业,其技术研发和市场培育需要大量资金。但目前投融资渠道较为单一,除农村户用沼气等部分领域外,国家及地方政府财政投入严重不足,研发能力较弱,技术水平较低,制约了非粮生物质能源产业发展。

（3）比较成本较高。在不考虑石油对生态、环境造成负面影响的情况下,目前大多数生物质能源产品成本仍高于石油能源产品。以木薯为原料生产的燃料乙醇每吨成本约为 4000 元,而等效热值的汽油成本仅为 3300 元左右。在现行能源价格条件下,生物质能源产品缺乏市场竞争能力。如果没有国家补贴,企业发展难度很大。

3.发展预测

目前国内四家以木薯为原料的燃料乙醇定点企业已形成年产 102 万吨生产能力,在推广使用中,按 8%—12%的添加比例,车用燃料乙醇汽油需求量达到 1000 万吨左右,占全国汽油消费量的 20%左右。今后一个时期,广西及周边地区燃料乙醇市场需求呈快速增长趋势。以小桐子树为原料的生物柴油,是优质的石油柴油替代品,排放的二氧化碳大大低于其生长过程中吸收的二氧化碳,有利于提高空气环境质量,生物柴油前景非常广阔。北部湾经济区发展燃料乙醇和生物柴油等非粮生物质能源符合国家生物质能源发展战略,具备一定的技术研发基础,同时,该区域水、热条件非常适合扩大种植在生物量单产潜力上极具优势的木薯、甘蔗、小桐子等能源作物,非粮生物质原料十分丰富。

按照《广西北部湾经济区发展规划（2008—2020 年）》规划,规划期北部湾经济区非粮生物质能源的发展思路是坚持立足优势、市场主导、政府推动的原则,重点发展木薯燃料乙醇,适当发展小桐子生物柴油、甘蔗燃料乙醇,加强科技创新,加大政策扶持,努力把非粮生物质能源产业培育成北部湾经济区新兴支柱产业。规划期适度扩大木薯种植面积,积极推广优良品种,增加产量。预计到 2020 年、2030 年木薯种植规模为 13.33 万公顷、16.67 万公顷;小桐子种植规模为 2.33 万公顷、2.67 万公顷。

4.区域布局

（1）木薯燃料乙醇原料基地布局:主要发展南宁市 20 万吨燃料乙醇原料生产,木薯原料生产基地,重点布局在武鸣、隆安、马山、西乡塘、邕宁等县（区）。

（2）小桐子种植基地布局:主要安排发展崇左市 1.33 万公顷小桐子种植基地,重点布局在江州、龙州、大新、天等、宁明、凭祥等县（区、市）;发展南宁市 6667 公顷小桐子种植基地,重点布局在宾阳、上林、武鸣、隆安、马山等县。

（六）农业生态旅游产业等其他相关产业

1. 发展现状

发展农业生态旅游产业,是拓展农业功能,促进农业增效、农民增收和农村发展的有效措施。北部湾经济区农业生态旅游产业逐步形成,到 2010 年,北部湾经济区共有农业生态旅游园 15 个,森林公园 5 个,自然保护区 5 个。助农增收成效显著,农业生态旅游产业发展后劲较足。

2. 存在的主要问题

(1)基础设施薄弱。农业生态旅游景点主要分布在农业生产现场,交通、通讯、水、电、环境卫生等基础设施不够完善。

(2)旅游产品开发不足。旅游产品的类型比较单一,以采摘、垂钓或餐饮为主;旅游商品开发严重滞后,精深加工、高档次的品牌商品很少。

(3)宣传力度不够。农业生态旅游产业是一个新兴产业,北部湾还没有统一的对外宣传,不少景区从来没有做过宣传。

3. 发展形势

从世界旅游发展规律来看,一个国家人均 GDP 超过 1000 美元时,属于国民观光旅游时期;人均 GDP 超过 2000 美元时,属于旅游休闲多样化选择时期;人均 GDP 超过 3000 美元时,属于休闲旅游全面扩张时期。自 2007 年以来,城市居民黄金周出游时选择乡村旅游和农业生态旅游的比例逐年上升。规划期北部湾经济区农业生态旅游产业发展思路是围绕社会主义新农村建设总体目标,充分发挥农业和旅游两个行业的优势,统筹安排,加强服务,因地制宜,分类指导,大力推进广西农业生态旅游产业发展。

4. 区域布局

(1)种植业旅游布局:按照"一县一个点,一市一条线"进行布局。每个县(市、区)重点建设 1 个接待能力在 30 万人次以上的农业生态旅游点。北部湾经济区 6 个地级市各选择 2—3 个景点进行重点建设,建成本市 1 条农业生态旅游精品线路,通过精品线路辐射面上发展。

(2)森林旅游布局:按"一带一群一品牌"进行布局。一带为西江黄金水道森林旅游经济带;一群为北部湾滨海森林旅游集群;一品牌为以十万大山和良凤江为领衔品牌的"北部湾滨海森林体验游"。

(3)水产畜牧旅游布局:沿海旅游包括北海、钦州、防城港三市,主要有渔港游、红树林保护区游、近海捕鱼垂钓、重点海生动物保护区游、绕岛风光游和海洋捕捞体验游；内陆主要在南宁、北海市开展重点水产畜牧加工企业游；在南宁、扶绥开展水产畜牧科技示范园区游。

二、北部湾经济区特色农业园区空间部署

（一）南宁市

1. 发展现状

南宁市良庆区采取政策倾斜、财政扶持、信贷支持等措施，加快农业龙头企业的培育和发展，积极引导企业与生产基地及农户结成利益共享、风险共担的利益共同体，逐步形成了"企业（协会）+基地+农户"的产供销一条龙、农工贸一体化的经营格局。目前，该城区拥有重点龙头企业8家。南宁河洲现代农业示范园通过运用农业高新科技，生产经营名、特、新、优蔬菜瓜果，引导周边地区农业生产技术革新和农业产业结构优化，实现产前、产中、产后相互衔接，形成科技经贸一体化的农业产业模式。而南宁市心圩镇现代农业科技示范园分设一个中心区，一个辐射区。中心区规模为2000亩左右，建成集生产、科研、服务、信息、培训、观光于一体的农业高新科技试验示范园，对农业新技术、新成果、新产品进行引进、试验、开发、生产、示范、推广；辐射区建设在武鸣县双桥镇伊岭村，面积1000亩，重点发展城市园林绿化所需的花卉、园林绿化种苗等植物品种，通过城市园林绿化工程带动产业化经营的发展。

武鸣县是城郊型农业大县，旅游资源丰富。近年来，该县因地制宜，创新发展休闲观光和食物供给功能兼具的果菜农作物。该县双桥镇下渌村和杨李村分别办起千亩优质龙眼园、橘子园，每年果熟时节，吸引一批又一批游客前来观光和购果；太平镇林渌村春种千余亩优质西红柿，每年三月陆续成熟上市，同样引来各地游客观光和购买，当地农民从中获得了良好的经济效益。在发展公园型都市现代农业上，该县依托落户当地的花花大世界和大明山旅游风景区的辐射带动，积极发动群众种植油葵，发展花卉苗木产业。目前全县已发展双桥、两江、府城等3000多亩油葵双季生产基地；玉泉苗木和伊岭花卉等10多个花卉苗木生产基地，逐步形成了一个新兴产业，带动了本地经济发展。

横县则是全国最大的茉莉花生产加工基地，其产量占全国一半以上。该区域盛产的八角、罗汉果等品质好，出口量较大。由于气候温暖，这里一年四季瓜果飘香，鲜花烂漫，蔬菜品种繁多，为大力发展特色农业提供了条件。

此外，南宁市已建成多种农、牧、药材、花卉、水果等经济作物示范园和基地，形成了多种联合体。如广西农科院农业示范园、广西农业职业技术学院农

业示范园、广西药材植物园等。

2. 发展方向

按照高产、优质、高效、生态、安全的要求,加快发展现代农业。在稳定粮食生产的基础上,按照增产增效增收的原则,优化农业区域布局,加大农业结构调整力度,大力发展优势特色产业,构建现代特色农业产业基地。大力推进农业规模化、标准化生产。加快发展生态农业、休闲农业,为现代农业发展注入新的活力。

3. 发展规模

根据南宁市农业规划及相关规划,确定农业特色园区面积 2020 年为64.53 万公顷(968 万亩),2030 年为 73.8 万公顷(1107 万亩)。

4. 重点建设园区

(1)中国—东盟(南宁)现代农业园建设

园区在青秀区长塘镇洞江村、定西村、长塘村、军山社区等 12 个坡,总面积 3220 公顷(4.83 万亩)。园区规划布局为"一带(邕江滨水休闲带)两轴(园区主干道为景观轴、青龙江湿地为生态轴)两村(两个新农村社区)五区(现代农业产业区、农耕体验区、东盟合作区、台湾合作区、休闲度假区)一中心(园区管理服务中心)",总投资 12 亿元,其中市、区财政各投资 1 亿元。力争在"十二五"期间,把园区打造成为展现南宁和东盟特色、国内一流、国家知名的综合型现代农业园、国家现代农业示范区、国家 AAAAA 级景区和广西新农村建设示范区。同时,通过园区建设,探索我国农业第二次飞跃的有效实现方式。

(2)马山永州定乐江生态养生旅游、农业科技开发产业园建设

园区规划布局为农、林、牧、渔等六大产业链,即特色生态农业产业区、名贵花卉产业区、经济林木产业区、特色养殖产业区、生态畜牧产业区和特色中草药(百草园)产业区,总投资 8 亿元,其中"十二五"期间投资 4 亿元,力争建设成为集观光、休闲度假、旅游娱乐、科技农业种植、养殖于一体的农业观光休闲旅游产业区。

(二)北海市

1. 发展现状

北海市近年来开始扶持龙头企业,把龙头企业作为农业产业化的重要载体、实现农业产业升级的重要依靠。在当前结构调整中,北海注重支持龙头企业的建设,形成了"公司+基地+农户""订单农业"等经营模式,延伸了农业产业链,实现了"龙头带基地、基地连农户"的一体化经营模式。近几年来,北海市建立了金品、田野、北生等现代农业示范园区,努力发挥农业科技示范带动作用,先后引进试种成功开发近一百多种名特优新瓜、果、菜、花新品种和产品,引进有果蔬花采后处理、智能温室有机栽培、生态果园栽培、有机果品栽培、变频灌溉、膜下滴灌栽培等农业先进适用技术。

2. 发展方向

立足果、菜、花等特色农业资源,开拓现代农业多功能性。以休闲观光、旅游娱乐、文化传承为重点,建成 10 个生态休闲观光农业旅游示范点,4 个农业精品观光旅游线路。大力发展集休闲、娱乐、体验、农业科技示范、农耕文化展示等为一体的农业观光旅游景点,打造特色农业旅游亮点,与银滩等城市旅游互动,开拓农业生态旅游观光产业,做强做大农业旅游市场。

3. 发展规模

根据北海市农业规划及相关规划,确定农业特色园区面积 2020 年为3.73 万公顷(56 万亩),2030 年为 4.73 万公顷(71 万亩)。

4. 重点建设园区

按照农业旅游示范点的标准,建立北海田野生态旅游观光园、北海金品东盟百花园、东园家酒厂农业生态循环科普教育基地、高德赤西无公害蔬菜生产采摘园、中盛生态农业园、农科所科技园、店塘花卉长廊观赏区、平阳镇平阳村"花香人家"乡村旅游示范观光园、福成镇宁海村大棚高效设施瓜菜观光园、营盘镇青山头"渔家乐"娱乐园等 10 个生态观光农业示范点。建设现代农业产业园区观光旅游线路,生态观光休闲农庄等 4 条农业精品观光旅游线路,做好线路基地道路系统及配套旅游设施的建设,开展无公害产地认定和产品认证和技术培训,加大宣传力度,保护环境,严格控制污染。以"农家乐""渔家乐"等为载体,大力发展生态观光园区,休闲度假农庄、农(渔)家体验、特色果菜采摘等农业观光旅游景点,将龙头企业、特色农产品生产基地、观光园区的建设与生产性项目有机结合,打造特色观光景点,提供农字头的旅游产品,开展独具特色的乡村旅游业,打造精品农业旅游线路。

(三)钦州市

1. 发展现状

钦州市积极扶持发展农产品加工流通企业,在政府的指导下,企业与农户订立购销协议,企业还在种子、技术、资金等方面扶持农户,建立"公司+农户"

的经营机制和工业反哺农业的扶持机制。与此同时,该区以农村经济能人牵头,成立农业专业化合作组织 133 个,会员 1.18 万人。全区初步形成了以林产加工、食品加工、海产品加工、竹藤棕草制品加工、果蔬制品加工为主的农产品加工业体系,特色优势农产品加工率、商品率达到 80%以上。

钦州沿海现代农业实验区则按照"政府启动、企业运作、示范带动"的经营理念,通过招商引资、合作经营等方式发展壮大项目建设。到目前为止,实验区已拥有 500 亩对虾高产养殖示范场一个,2500 立方米水体对虾种苗繁育示范场一个,106 亩海蛋鸭种鸭场一个,500 亩大蚝串吊高产养殖示范基地一个,占地 1700 平方米的技术信息服务中心楼一幢,资产总额达 960 万元。

2. 发展方向

以建设现代农业示范园区为切入点,搭建现代农业发展平台,全面推进钦州市农业现代化进程。现代农业示范园区建设,要以市场为导向,以农户为基础,以企业为依托,以效益为中心,以社会化服务为手段,建成种养加、产供销、农工贸一体化,集科技、科普、教育、试验、示范、推广、休闲和旅游于一体的现代农业示范基地。

3. 发展规模

根据钦州市农业规划及相关规划,确定农业特色园区面积 2020 年为5.67 万公顷(85 万亩),2030 年为 6.13 万公顷(92 万亩)。

4. 重点建设园区

表 5-13　钦州市农业园区建设项目

项目名称	建设内容	建设地点	投资总额	预期效益
广西北部湾台湾农民创业园	园区基础设施建设,一、二、三产业项目建设,农业观光旅游业	钦南区久隆镇 20000 亩	100 亿元	带动就业 1 万多人,年产值 50 亿元
各县区现代农业园区核心示范园	园区基础设施建设,种植业新品种展示,高效经济作物、水果种植,农产品加工、物流,农业观光旅游业	两县两区各 500 亩	5000 万元	带动就业 160 人,年产值 2000 万元

（四）防城港市

1. 发展现状

防城港市已培育和发展具有一定规模的农业企业 9 家,并进一步规范发展农村专业合作经济组织。全市已发展农民专业合作组织 30 个,带动农户 23.63 万户,占总户数的 28%;建立各类农业产业化服务组织 38 个,从业人员达 2300 多人,初步形成了以农民联合为主、乡村为辅的社会化服务网络。农业产业化生产基地种植面积 91 万多亩,养殖水面 14 万多亩;产业化龙头企业固定资产总值 13 亿元,年利润 3 亿多元,创汇 350 多万美元,上缴税金 1.5 亿元。

防城港市现代农业示范园面积为 120 亩,该示范园引进了台湾莲雾、马来西亚杨桃、优质荔枝、台湾大果枇杷、红皮果蔗等南亚热带优质水果试种,长势较好。在栽培管理技术上,该园采用新技术,如使用生物肥料、液肥、微量元素、进行地膜覆盖,全部安装喷灌,采用节水灌溉技术,从而推动了该市现代化农业的发展。

2. 发展方向

加快由传统农业向现代农业的重大转型。在发展途径上,重点是着力促进现代农业基地建设从分散试点向成片整体推进转变。打造规模效益突出、区域功能显著、扩张能力较强、带动作用明显的优势特色农业产业带;调整农业结构,形成现代农业的核心竞争力。在生产方式上,重点是促进传统生产方式向现代生产方式转变。大力推进设施化、标准化农业基地建设。在经营规模上,促进分散经营向适度规模经营转变。在农业功能上,促进单一生产功能向经济、生态、旅游和文化等复合功能转变。建设农产品精深加工园区,打造以休闲、观光、体验为特色的乡村旅游。

3. 发展规模

根据防城港市农业规划及相关规划,确定农业特色园区面积 2020 年为 5.73 万公顷(86 万亩),2030 年为 5.93 万公顷(89 万亩)。

4. 重点建设园区

表 5-14 防城港市农业园区建设项目

项目名称	建设内容	建设地点	投资总额	预期效益
东盟现代农业示范园区	占地面积 600 亩,集科研、展示、休闲旅游和科普教育于一体。	防城区	1000 万元	带动就业 80 多人,年产值 2400 万元
防城港市高效农业示范区	示范区面积 5000 亩及配套设备设施	防城区	18000 万元	带动就业 650 人、年产值 2 亿元

（五）玉林市

1.发展现状

玉林市坚持用工业的理念经营农业，大力培育发展农业龙头企业、农民专业合作社等农业产业化组织，扶持种养大户，支持农民通过各种形式开展与产业化组织的合作，加快提高产业化水平。全市现有农业龙头企业 560 家，其中国家级 3 家，自治区级 16 家，居广西领先地位，培育了南方食品、春茂食品、巨东鸡蛋、富英制革等一批知名品牌。全市农民专业合作社 1640 个。各类产业化经营组织直接带动农户 57.9 万户，占农户总数的 47.9%。培育了自治区级"一乡一业"乡镇 2 个、"一村一品"村屯 4 个。农产品加工业加快发展，以百谷、铜鼓王、宏润等企业为龙头，形成年加工稻谷 40 万吨的能力；以春茂、凉亭、银龙和神龙王等企业为龙头，生猪、肉鸡等畜禽加工规模不断扩大。农产品流通基础设施不断完善，玉林中药港是全国十大中药药材批发市场之一、玉林宏进农产品批发市场是华南地区规模较大、设施较先进、交易量较大、辐射范围较广的大型农批市场之一。

海峡两岸（广西玉林）农业合作试验区于 2006 年 4 月获准成立，2010 年 9 月 29 日，《海峡两岸（广西玉林）农业合作试验区条例》经广西区十一届人大常委会第十七次会议审议通过，成为桂台农业合作交流平台，吸引了 53 家台资企业落户，总投资额 43 亿元，引进台湾新品种、新技术 210 项，建立示范基地 56 个。依托"南博会"、"玉博会"平台，玉林与文莱合作研发水稻项目取得显著成果，得到两国政府关注与肯定。旺旺集团、农友种苗、台湾福昌等一批台湾知名企业，以及台湾农业合作社联合社等台湾经济组织相继进驻试验区投资和合作。

2.发展方向

以稳定粮食生产、促进农业增效和农民增收为目标，以发展"高产、优质、高效、生态、安全"现代农业为方向，以加快转变农业发展方式为主线，以海峡两岸农业合作试验区为平台，以建设广西现代农业示范市为任务，大力推进农业经营产业化、专业化、标准化、规模化、集约化，着力提高农业综合生产能力、抗风险能力和市场竞争力，促进农业提质增效，建设广西特色农业基地。

3.发展规模

根据玉林市农业规划及相关规划，确定农业特色园区面积 2020 年为 6.47 万公顷（97 万亩），2030 年为 6.93 万公顷（104 万亩）。

4. 重点建设园区

(1)农产品加工园区(基地)建设。推进海峡两岸农业合作试验区农产品加工园区、龙潭产业园农产品加工基地的建设。

(2)年加工10万吨粮食项目。扶持旺旺食品、南方食品、北流铜鼓王、北流宏润、兴业百谷、福绵大智等粮食加工企业扩建和技改,扩大产能,提升产品档次,树立品牌。

(3)果蔬深加工项目。扶持壮大博白亮亮、北流思味特、兴业大自然等果汁和果蔬罐头加工企业,提升博白桂圆和北流荔枝干加工能力和水平,发展容县沙田柚产品深加工。

(4)海峡两岸农业合作试验区万亩民族药材种植及深加工基地。建设智能化玻璃温室、试管苗组培工厂及药业生产加工基地。

(5)农业生态旅游精品线路建设。规划建设"海峡两岸农业合作试验区花卉基地—城北高山村明清古民居—玉州番石榴、香水莲花基地—福绵天河生态园—福绵梦幻水乡"、"海峡两岸农业合作试验区葡萄基地—北流思味特百香果标准化生产基地—荔宝果场—全国生态农业旅游示范村北流罗政村—大容山有机农产品基地"、"容县国兰基地—真武阁—都峤山—黎村漂流—黎村温泉"、"陆川龙珠湖—珊罗韭菜基地—陆川猪生态养殖示范园—陆川温泉—谢鲁山庄"、"兴业鹿峰山—城隍千亩无公害西瓜种植基地—全国综治先进村四新村—兴业桔香庄园—庞村明清古建筑民居"等5条农业生态旅游精品线路,完善景点设施,建立特色农业园区、农业基地,发展农家乐。

(六)崇左市

1. 发展现状

近年来,崇左市农业产业化进一步发展,带动了结构调整、科技创新、市场开拓和农民增收。早在2010年,全市规模以上农业产业化重点企业38家,其中自治区重点龙头企业5家,市级重点龙头企业16家,登记在册的农民专业合作社(协会)69个,较大规模的农产品市场26个。

2. 发展方向

围绕"构建南宁—新加坡经济走廊"的发展战略,凭借崇左市独特的区位条件,即作为南宁—河内和南宁—新加坡经济走廊的中国境内的主要组成部分,依托南宁至凭祥交通干线,形成人口、产业、资源、城镇集聚,实现畅通的人流、物流、资金流和信息流,形成具有自我发展功能和辐射力强的现代农业实验区,提高全市农业整体竞争力。

3.发展规模

根据玉林市农业规划及相关规划,确定农业特色园区面积 2020 年为 52.73 万公顷(791 万亩),2030 年为 58.13 万公顷(872 万亩)。

4.重点建设园区

(1)建立南宁—凭祥经济带现代农业实验区。现代农业实验区的范围:南宁—扶绥—江州—宁明、龙州—凭祥的交通主干线周边带状区域。依托中国—东盟国际大通道(广西段),即南宁至凭祥的综合交通体系,形成南宁—扶绥—江州—宁明、龙州—凭祥的城镇发展轴沿线的农业优势产业带。布局全国及广西甘蔗良种试种推广基地和建成全国最大的甘蔗高产高糖示范基地,以及建设规模化的优质桑蚕、蔬菜、水果(西瓜、香蕉等)、食用菌、中药材、苗木、花卉、油茶等生产基地。做大做强剑麻、指天椒、乌龙茶、苦丁茶、中草药、特种养殖基地,做大经济带的特色产业。

(2)建设特色农业旅游产业。①扶绥县农家乐、科普教育基地。依托扶绥县紧邻南宁市和崇左市区的优势,积极发展农家乐和科普教育基地,完善基地基础设施建设。②大新县田园休闲观光农业基地。依托大新县喀斯特地形地貌和明仕田园,在明仕田园风景区及大新县—靖西县二级公路沿线大力发展田园休闲观光农业,扩大明仕田园水稻种植面积,发展具有当地特色的餐饮业,建设标准农家旅馆。③龙州县农家乐、果园、生态茶园休闲游。在人间仙境景区附近发展农家乐,提高农家餐饮和旅馆服务水平。建设标准化果园、茶园,完善果园、茶园基础设施,开发游客参与水果、茶叶采摘项目。④天等县指天椒节项目。加大宣传每年举办一次的"指天椒节"力度,吸引游客积极参与指天椒节的指天椒采摘比赛等游乐活动,组织游客参观指天椒加工企业。

第七节　新农村建设空间部署

一、北部湾经济区村庄用地状况及发展趋势

(一)村庄用地建设中存在的问题

1.土地配置不合理,集约利用水平低

由于土地使用制度等历史原因,村庄用地容积率低,功能不合理,基础设施不配套,土地利用经济效益普遍比较差;村庄建设缺少系统规划,土地利用

结构不合理。主要表现在居民点建设处于自发状态,"空心村"现象普遍,村庄建设缺少规划。

2. 内部存在闲置土地,外围盲目追求扩张

近几年农村建房热衷于弃旧建新,开辟新宅基地,致使原先村庄内部人口减少,不少居民点长期无人居住而破落不堪。村庄建设用地内部存在闲置土地,主要表现为:(1)旧宅基地面积过大而荒芜;(2)房屋四周边角地闲置;(3)农房之间夹杂着一些宗族业地、祖传宅基地、菜地、争议地等;(4)抛弃的旧房只是用于堆放杂物或完全不用;(5)村民小组抢占较好地段建房,造成小组之间交界处留下空闲地。在乡村的城镇化建设热潮推动下,纷纷向外部发展,建设选址一般是"线状沿路爬"扩张,公路通到哪儿新房就建到哪儿。

3. 村庄建设占用耕地较多

随着农村经济的发展,农村宅基地用地增长很快,占用耕地的比例居高不下,尤其各地掀起了建房热,相互攀比占好地,建新房,且选址多围绕村庄周边及道路扩展,导致大量良田被占。

4. 基础设施不完善,村内基础设施用地比例不协调,服务功能低

交通的建设一直都是农村居民点的一个重要的影响因素,路网不太完善,土地利用结构不合理,公路横穿农村居民点等,大多数村庄没有像样的街道,道路等级低,路况差,极大地降低了农村建设用地的土地集约利用水平;供水设施极其简陋,电力设施也相当落后;文化、教育、医疗、卫生等服务设施不完善。

5. 居民点建设违法用地现象时有发生

村庄建设未批先建、乱圈乱占现象普遍。违法用地的表现形式主要有以下几种:少批多建、未批先建、超面积建围墙、建新不拆旧、私自买卖宅基地以及越权审批等。

6. 规模小,分布松散,布局零乱

长期以来,以家庭为单位的农业生产方式使农村土地利用格局形成了"农村居民点+家庭责任田"的相对封闭的不规则单元,受传统生产方式和居住观念影响,农户长期习惯于以自然院落的形式分散居住,由此形成了村民住宅"满天星"式的分布格局,以山区地区最为明显,地形限制比较大。

7. 土地利用效率比较低

大多数住宅以单层和低层建筑为主,占地面积较大,建筑容积率很低;村

容村貌脏、乱、差,道路和供排水等基础设施建设滞后。村庄四周新房林立,内部却破破烂烂,结果造成土地利用粗放,而这些外围的土地多是交通便利、长期耕作、土质肥沃、农业基础设施较完善的耕地,这些耕地的不断减少将威胁当地农业生产的稳定性和持续性。

(二)村庄用地发展趋势

北部湾经济区农村用地发展趋势从总体上看,主要呈现由分散向集中发展的趋势。该区由于受地形地势的影响,分布比较分散,呈点状布局。其农村居民点发展趋势呈现由分散向集中发展的趋势,但零星户和分散的自然村仍将大量存在。

1. 农村人口变化趋势

根据统计局数据,伴随着北部湾经济区工业化、城镇化进程的加快,农村人口不断向城镇迁移,2015—2030 年农村人口逐渐减少,2009—2030 年城镇人口不断增加,预计北部湾经济区农村人口 2020 年为 1134.48 万人,2030 年为 868.66 万人。

2. 人均农村居民点用地变化趋势

随着北部湾经济区工业化、城镇化速度的加快,农村人口向城镇的转移,农村人口将呈现减少的趋势,相应的农村居民点也呈现相对减少的趋势,按照《村镇规划标准》规定的人均农村居民点用地 150 平方米的限高标准预测,至规划期末北部湾经济区人均农村居民点用地应减少到 150 平方米以内。

3. 农村居民点总用地变化趋势

加强乡村基础设施建设,优化村庄用地布局,重点建设好交通比较便利、地形比较平坦、水源有保障、受灾可能性较小的乡村,促使交通不便、地形不利、受灾可能性大,以及其他不适宜居住村庄的人口逐步有序迁移。

根据二调变更数据,北部湾经济区 2009 年村庄用地 239610.3 公顷,占总土地面积的 3.27%,按照《广西北部湾经济区发展规划》到 2010 年,农村居民点建设用地实现零增长,到 2020 年减少 10%,到 2030 年减少 20%。预测到 2020 年北部湾经济区农村居民点用地 215649 公顷,到 2030 年 191688 公顷。

二、北部湾经济区新农村建设的状况分析

(一)北部湾经济区新农村建设状况

自 2006 年以来,北部湾经济区各市普遍开展新农村建设试点,如南宁市试点范围为武鸣县和兴宁区、江南区、青秀区、邕宁区、梁庆区共 33 个乡镇、454 个行政村、50 户以上的农户 2433 个，农户 30.45 万户，人口 122.6 万人；北海市开展了 15 个村的新农村建设示范村；玉林市开展了 27 个村的新农村建设试点工作，涉及人口 12.98 万人，2.77 万户，占全市农业总人口 2.29%，总户数 2.21%，试点村占全市总村数 2.21%。

各市在新农村建设中，建设的内容主要体现在农村基础设施与生活设施的完善方面。如南宁市在新农村建设中，以水、电、路、房、环境建设为重点，提出"六通五改两建设一提高"的建设思路，即通路(村屯道路)、通安全饮用水、通气(燃料)、通电、通广播和电视、通讯；改厕所、改厨、改圈舍、改校舍、改环境卫生(包括人畜分离、危旧房拆除改造、村庄绿化、美化等)；建公共活动场所、生活垃圾集中处理设施；提高农业生产条件和农民收入。

（二）北部湾经济区新农村建设的主要模式

1. 生态旅游与历史文化旅游模式

指以开发农村旅游资源来促进农村综合发展的新农村建设模式。它将农村风情风貌、历史文化、自然景观等作为旅游产品推向市场，来实现第三产业快速发展。根据北部湾经济区实际，可充分利用当地优美的滨海风光、生态景观、民族风情、边关特色，引资建设集休闲、观光、娱乐、商务活动为一体的旅游胜地，为农村富余劳动力增加就业机会，推动了该区旅游产业跨越式发展。

2. 能人牵头型模式

能人牵头型指发挥能人作用、引导鼓励能人投入新农村建设，通过能人的示范、带动和扶持，带活一方经济，促进一方发展，使"新型农民"成为当地新农村建设的重要推动力量。这种模式需要选择合适的产业，以产业为主体，能人为纽带，带动村组实现新农村建设目标。

3. 基础建设推动型模式

北部湾经济区的基础设施水平与经济发达地区还是有很大差距的，基础设施整体水平较低。其落后的基础设施建设严重阻碍了经济健康快速的发展。因此，要更好地发展北部湾经济区的经济，缩小与经济发达地区的差距，更好地建设北部湾经济建设中心，就必须加强基础设施的建设，使基础设施水平更好地与经济发展相适应。而基础设施的建设主要依靠政府投入，从通水、通路、通电等基础设施建设入手，夯实新农村建设的基础。

4. 产业引领型模式

特色产业带动型模式是依据所在地区的独特优势,围绕一种特色产品或产业链,实行专业化生产,专业化经营,通过规模经济来带动乡村综合发展的新农村建设模式。采用这种模式的地方需要具有生产某种特色产品的历史传统和自然条件,市场对该产品需求旺盛,比价效益明显,并且能够通过产业集群来形成规模化生产经营。其在产业结构上,依托所在地特有的资源、技术、市场等优势,在种植、养殖中做大做强一个产品或产业,形成一村一品、一村一业,进而带动乡村综合发展。初步形成生态粮食、经济作物种植、高效设施蔬菜、有机特色果品、健康畜禽养殖、特色名品花卉、生态垂钓观赏渔业和旅游农业、籽种农业、加工农业九大优势主导产业。

5. 企业带动型模式

企业带动型模式是以发展乡村企业为导向,推进农村经济由农业主导型向企业主导型转变,增强企业对农业的拉动力,以企业经济实力为基础,整合农村的土地、人力等资源,以企业反哺农业的新农村建设模式。采用这种模式的地方需要有发展工业的基本要素,如土地、资源、信息、技术、资金和能力强、威望高的村干部。

6. 政府整村推进型模式

村屯灾后重建或其他原因需要整体搬迁,由政府统一规划,投入资金帮助建设路、水、电等基础设施和文化、体育、休闲娱乐等公共设施,并给村民适当补助,引导村民积极筹资建设新家园。这是政府主导、整体推进新农村建设的一条捷径。

7. 城镇化发展型模式

城镇化发展型模式是在发展过程中始终依托城市,充分利用城郊乡镇的区位优势、资源优势和产业优势,依托新城建设、重点工程建设及产业带动来推进农村发展的新农村建设模式。参照城镇的布局、结构、功能,规划新农村建设,实现"设施齐全,功能完善,路网相联",群众足不出村就可以解决食、住、行、娱、学、医等日常问题,使新农村建设与城镇化进程有机结合在一起。

(三)北部湾经济区新农村建设的主要成效

1. 交通水利基础设施得到明显改善

通过新农村建设,农村道路得到很大的改善,形成了四通八达的农村水泥路网络。如南宁市 2007—2008 年试点县(区)建成了 2287 条 4846 公里等级水泥路,50 户以上自然屯通水泥路达 90%以上,建成农村安全饮水工程 349个,有效解决了 34 万农村人口的安全饮水问题。

2. 农业优势产业及产业化经营得到较快发展

农村道路、水利设施的改善,带动了农业优势产业的发展,形成了一批优势产业集群,每个村都有了一个特色主导产业。

3. 农民生活水平得到显著提高

通过新农村建设,农民人均纯收入显著提高。如南宁市新农村建设的试点村,2007 年农民人均纯收入已达到 3889 元,比全市农民人均纯收入多427 元。

4. 农村文明和谐得到协调推进

通过基础设施建设,不断完善教育、文化、体育、卫生设施和广电通信设施,推进农村社会事业的发展。

5. 村容村貌得到有效整治

通过村屯规划,生态能源建设和屯内道路硬化、屯内绿化等项目的实施,改善了村容村貌。

(四)北部湾经济区新农村建设中存在的主要问题

1. 村庄布局和建设规划编制工作落后。

2. 现行的农村土地政策,制约土地规模经营和新农村建设规划的实施。

3. 尚未建立新农村建设投入机制,财政资金对新农村建设的投入有限。

三、北部湾经济区新农村建设框架

按照"生产发展、生活宽裕、乡村文明、村容整洁、管理民主"要求,把生产发展、生活宽裕、生态良好作为首要任务,以农民增收、农业增效,加大农业产业结构的调整,服务农村经济的发展为目标,以合理利用土地资源为先决条件,以全面整体推进北部湾社会主义新农村建设、经济全面发展和农民收入持续提高为最终目的,立足当地资源优势,发展有特色、可持续的农业产业化经济。积极参与公益事业和社会保障体系建设。不断提高农民群众的综合素质和农业综合生产能力,实现经济社会又好又快发展,率先实现农业现代化。

(一)北部湾经济区新农村建设的原则

以构建"两型社会"为切入点,坚持生态优先、和谐发展原则。充分考虑北部湾的资源和环境承载能力,根据水资源和农田生产能力核定各村承载量和人口居住量。坚持统筹兼顾、远近结合原则。正确处理近期建设和长远发展的关系。坚持因地制宜、突出特色的原则。根据各地自然条件和资源优势,发展特色产业。坚持注重实效、稳步推进原则。从农民群众迫切需要,并有条件实现的事情做起,立足当前、着眼长远、量力而行、讲求实效、突出重点、逐项推进。坚持依靠农民、多方支持原则,充分发挥农民在建设中的主体作用,积极争取政府、企业及社会各界的大力支持。

(二)北部湾经济区新农村建设内容体系

1.农村农业生产设施建设与完善

农村农业生产设施建设与完善,主要包括:标准农田的建设,大、中、小型农田水利灌溉设施建设与维护,农业规模化生产机械供应与维修配套,大宗农产品储存与加工设施及机械配套,石油产品供应设施配套等。

2.农村农民生活基础设施建设与完善

农村农民生活基础设施建设与完善,主要包括:农村住房的改造、生活饮用水、电力、村镇道路、上下水、信息化、电视广播、邮电通讯、家庭用能源、农村医疗卫生、社会保障体系建设等。

3.经济投入向农业农村转移

经济投入向农业农村转移方向,主要是土地出让收益、财政投入、固定资产投入对农村农业生产、农民生活的各项领域投入。包括中央、自治区级、地市级三级投入,根据不同农村的类型和地域特征确定投入支持的重点方向和领域。

4.农村环境综合整治与优化

围绕建设社会主义新农村,不断改善农村环境。积极实施农村小康环保行动计划和乡村清洁工程,推进农村环境污染防治和环境综合整治,将环境保护纳入新农村建设总体规划。以土壤污染防治为重点,保证农村饮水安全,促进资源循环利用,大力推进无公害食品基地建设,积极开展有机食品、绿色食品基地建设,从强化监测和监管入手,保障食品安全。加快生态示范县、生态示范区和环境优美乡镇建设步伐,创造良好的生产和生活环境。

四、北部湾经济区新农村建设空间统筹优化

进一步提高北部湾经济区农村生活水平和农业现代化水平,改善农村生产生活条件,协调城镇化发展与新农村建设关系,分地区、分类别引导和开展新农村建设。优化统筹不同类型农村生产、生活建设空间规模。

（一）统筹优化的原则

1.集约节约用地原则,通过制定相关指标与控制标准,建立节约与集约利用土地的长效机制。

2.根据社会经济发展需要,建立完善的控制指标体系,促进村庄建设用地的集约与节约利用土地的长效机制。

3.对总量指标的控制,建议主要由农村人均用地进行宏观控制。

（二）统筹优化的方向

1.农业发展型农村

保持规划基期农民生产、生活建设空间规模现状。根据地区农业产业发展实际需求及农业人口发展变化情况,科学优化生产、生活空间布局。农村居民点空间总规模保持不变。严格保护耕地,特别是永久基本农田,协调好新农村建设与耕地保护之间的关系。

2.综合发展型农村

科学评价规划基期农民生产、生活建设空间规模现状与承载力。根据区域特色农业、农产品加工业等产业发展战略客观需求,科学引导农村居民点空间规模变化。适时适地进行农村居民点集中布局。建设新型农村社区机制。开展实施农村新增建设用地年度指标管理机制。严格保护耕地,协调好特色农业、农产品加工业发展与居民点拓展归并之间的关系。

3.城郊发展型农村

保持规划基期农民生产、生活建设空间规模不增加。根据城镇化拓展及现代工业和服务业发展空间需要,按照《广西北部湾经济区发展规划》农村居民点建设用地到2020年减少10%的部署,科学安排农村居民点空间统筹和优化,有序进行农村居民点整治和改造。实施城乡公共服务和基础设施建设一体化工程。通过特大城市、大中城市和重点县镇建设发展,逐步实施饮水安全工程、乡村公路和公路硬化工程、基础能源电力工程、邮政、医疗、教育等公共服务建设一体化。

4.特色保护型农村

严格保护历史文化村落建筑。控制农村居民点用地规模不增加。适时适地进行特色村落改造,完善农村基本公共服务设施配套建设。严格保护耕地,协调好非农产业发展与村落保护之间的关系。

(三)统筹优化主要控制指标

1.村庄缩减目标

大力开展城乡增减挂钩,在增加城市建设用地的同时,缩减村庄用地,撤并部分村庄。至2020年、2030年,村庄数量分别比2010减少15%、40%。合并重新组成新型农村社区。通过集中安置,将原来零散分布的各居民区统一布局,最大限度地优化辖区土地利用,方便社区综合配套管理。至2020年、2030年,村庄用地分别为193746公顷、170814公顷。分别比2010年减少45864公顷、68796公顷。

2.环境整治目标

大力开展土壤环境改善工程,减少农药、化肥、除草剂、生长激素等化学品的使用,提高土壤肥力,改善土壤环境。加快农村饮用水工程建设,实施农村饮用水改造工程,彻底解决农村饮用水问题。规划至2020年、2030年农村自来水普及率和区域供水率分别达到80%、90%的目标。

重视农村垃圾问题,加大对农村固体垃圾分类、集中处理,实施农村清洁工程。到2020年,村容村貌得到较大改观;到2030年,村容村貌得到全面改观,实现庭院美化、厨房亮化、圈厕净化。

开发农村新能源,充分利用北部湾经济区良好的气候条件和本地资源优势,大力推广太阳能热水器,进一步减少薪木和秸秆的使用量。到2020年、2030年农村清洁能源利用普及率分别达到60%、80%。

3.人均用地控制指标

北部湾经济区城乡建设用地增减挂钩整治工程,按照统一指标安排,充分尊重农民意愿和合理要求,通过《广西壮族自治区土地整治规划(2016—2020年)》,对重点土地整治项目进行具体部署和实施。

表5-15　广西北部湾经济区新农村建设农村居民点缩减规模表

(单位:公顷)

行政区	2020年规模		2030年规模	
	总规模	缩减量	总规模	缩减量
南宁市	59200	11020	53690	16530
北海市	18800	3821	16889	5732
钦州市	35010	3028	33496	4542

续表

行政区	2020 年规模		2030 年规模	
	总规模	缩减量	总规模	缩减量
防城港	6360	3402	4660	5102
玉林市	51364	20387	41169	30582
崇左市	23012	4204	20910	6306
北部湾	193746	45864	170814	68796

表 5-16 广西北部湾经济区农村居民点空间规模控制指标表

国土发展区	空间规模（平方公里）	人均标准（平方米）
南宁市	近期：64710	近期：201—180
	中期：59200	中期：180—160
	远期：53690	远期：140—150
北海市	近期：20711	近期：200—210
	中期：18800	中期：160—180
	远期：16889	远期：140—150
钦州市	近期：36524	近期：180—200
	中期：35010	中期：160—180
	远期：33496	远期：140—150
防城港市	近期：8061	近期：130—140
	中期：6360	中期：120—130
	远期：4660	远期：110—120
玉林市	近期：61558	近期：156—137
	中期：51364	中期：129—137
	远期：44169	远期：115—129
崇左市	近期：25114	近期：176—150
	中期：23012	中期：150—144
	远期：20910	远期：130—144

五、北部湾经济区新农村建设分类引导

规划期北部湾经济区新农村建设按照统筹城乡一体化发展的"三个集中"和"六个一体化"进行:一是"三个集中",工业向园区集中,农民向城镇和新型社区集中,土地向适度规模经营集中。二是"六个一体化",城乡规划一体化,城乡基础设施一体化,城乡产业一体化,城乡公共服务一体化,城乡市场体制一体化,城乡管理体制一体化。

(一)城郊发展型农村

1.建设方向和重点领域

(1)建设方向:城郊发展型农村发展的总体方向是城市规模进一步扩大,城乡一体化步伐加快,建设生态优美、交通便捷、层次合理的城镇群或城镇连绵区已成为科学、合理的战略选择。新农村建设要纳入到城镇群或城镇连绵区建设中去,成为城乡布局体系中重要的组成部分。

(2)重点建设领域:大中城市城郊参照城市的布局、结构、功能,规划新农村建设,重点加强道路、饮水、医疗、教育等公益性特别强的公共设施和社会服务体系建设。结合城市总体规划,加强村庄规划和综合整治,推进农村耕地和宅基地整理,避免因缺乏规划约束导致的"脏、乱、差",有序建设规模较大的居住小区,推进城郊型房地产业健康发展,避免成为贫民区;加强垃圾收集中转、截污管网、生态廊道等基础设施建设,加快村民生产和居住环境的改善。中小城镇城郊发展型农村加强城市基础设施的延伸共享,配套实施"村改居",有重点、分步骤地推进乡镇撤并和迁村并点工程,改善村庄空间结构,发展一批规模较大的人居小区。

2.建设模式

城郊发展型农村适宜建设模式主要有:城镇化发展型模式、生态旅游与历史文化旅游模式、能人牵头型模式、基础建设推动型模式、企业带动型模式等。大中城市城郊重点发展都市型农业和环保型工业,逐步推进集体经济股份化改革,稳步推进镇改街道、村改社区;中小城镇城郊重点发展奶业、特种养殖、休闲观光等高效生态农业,部分条件具备的村镇可适度发展特色轻工业。

(二)综合发展型农村

1.建设方向和重点领域

(1)建设方向:科学引导农村居民点空间规模变化;适时适地进行农村居民点集中布局;建设新型农村社区机制;开展实施农村新增建设用地年度指标

管理机制;严格保护耕地,协调好特色农业、农产品加工业发展与居民点拓展归并之间的关系。

(2)重点建设领域:进一步加强规划,明确所在村镇在城镇群和城市连绵区中的功能定位和与周边城市、村镇的网络联系。优化村镇基础设施、社会设施、高效生态农业、特色优势工业集聚区块、生态网络的布局。加大农业和农村经济投入,兼顾公共投资的社会效益和资金利用效率,不断推进城乡基础设施和公共服务的一体化进程。加强大型水库、沟渠等农田水利设施建设,实施农村饮水安全工程,完善农村电网,建设农村沼气工程及服务网点等。加强交通、环保、自来水等基础设施和教育、医疗等社会设施建设,成为周边山区人口内聚和经济发展的主要载体。

2.建设模式

综合发展型农村适宜建设模式主要有:生态旅游与历史文化旅游模式、能人牵头型模式、基础建设推动型模式、企业带动型模式、产业引领型模式等。积极发展生态旅游业,适度发展绿色有机农业、食品加工业和竹木加工业;适当控制开发强度,突出发展生态农业,以工业功能区为载体,适度发展无污染特色工业。

(三)农业发展型农村

1.建设方向和重点领域

(1)建设方向:保持规划基期农民生产、生活建设空间规模现状;根据地区农业产业发展实际需求及农业人口发展变化情况,科学优化生产、生活空间布局;严格保护耕地,特别是永久基本农田,协调好新农村建设与耕地保护之间的关系。

(2)重点建设领域:农村农业生产设施建设与完善,主要包括:水土流失治理和生态保护建设,大、中、小型农田水利灌溉设施建设与维护,农业规模化生产机械供应与维修配套,大宗农产品储存与加工设施及机械配套,石油产品供应设施配套等。农村生活环境基础设施建设与完善,以集镇或中心村为中心,撤并自然村,围绕建设社会主义新农村,不断改善农村环境,积极实施农村小康环保行动计划和乡村清洁工程,推进农村环境污染防治和环境综合整治,将环境保护纳入新农村建设总体规划。

2.建设模式

农业发展型农村适宜建设模式主要有:产业引领型模式、政府整村推进模式。因地制宜大力发展特色农业,如糖、茶、果、药材、花卉、畜禽、水产养殖等,增强自身能力,鼓励形成具有地方特色和民族特色的原材料生产加工基地,提高产业集聚度,通过繁荣乡镇企业来增加就业,从而增加农民收入。

六、北部湾经济区新农村建设资金筹措

1. 整合财政支农资金

财政支农资金整合工作的基础是统筹规划,突出重点,集中使用。要通过创新机制,扩大财政资金,加大支农惠农政策力度,逐步构建以财政投资为导向、以信贷资金为支柱、以集体和社会资金为补充、以保险资金为保护的多层投资保障体系。

2. 发行新农村建设特别国债

发行专门债券既为新农村建设筹集资金,又为农民拓宽投资渠道;解决居民有钱无投资项目的问题,能真正做到"取之于民,用之于民",让居民得到真正的实惠,同时也可以提高农民的收入。实践证明,在经济鼎盛时期,以发行国债的方式募集大量资金用于专项建设,既符合我国国情,又能满足社会公平、社会和谐,是一项成功之举。

3. 发售新农村建设彩票

除利用现有各级社会福利机构运作农村社会福利保障资金以外,可通过发行农村社会福利彩票的形式,建立用于新农村建设的社会福利保障基金。也可采用民间组织的形式,如扶贫基金会、社会学术团体、合作经济组织等。发售新农村建设彩票可以成为社会力量参与新农村建设的有效载体,而且发行彩票不需要还本付息,不会引发财政风险,可以缓解政府建设新农村的财政压力。

4. 建立新农村建设基金

农发基金通过小额信贷,获得农田改造、水利和粮食、经济作物、畜牧以及鱼类生产等方面的发展资金。我国在推进新农村建设中,必然要向农民提供更多且还款期限灵活的小额金融服务,这正是基金功能的优势所在。新农村建设是一项系统工程,需要各方面的投入,通过设立新农村建设基金的方式保证资金投入,实践证明是一个很有效的途径。要整合财政投入将各部门涉农资金统一起来,成立新农村建设基金,由一个机构统一管理和使用,最大限度地发挥财政资金使用效益。

5. 开征新农村建设特种税

开征新农村建设特种税可做可行:符合"工业反哺农业,城市支持农村"的方针政策,政治上可行;我国经济高速增长,经济总量巨大,税源充分,经济上可行;支持新农村建设,是政界、学界和民间共同的所思所想,社会基础上可行;我国现行的税收征管体系完备,技术上可行。设计新农村建设特种税可以考虑以下两种:一是耕地占用特别税。对被占用的农用地和三年前曾用于种植农作物的土地征收特别税。纳税人为占用耕地从事建房或其他非农产业的单位和个人。二是土地增值特别税。征税范围是被转让的国有土地使用权、地上的建筑物及其附着物,纳税人为转让国有土地使用权、地上建筑物及其附着物并取得收入的单位和个人。

6. 建立农村土地银行

农村土地银行是指农民将土地像货币一样存入银行,获取存地利息,土地的所有权和承包权不变,但经营权改变。土地银行由国家来办。农民把土地存在银行,按当地行情领取地息。农村土地银行会在一定程度上盘活农村土地,通过价格机制鼓励土地实现规模化经营。土地银行的建立在很大程度上,既能解决目前"三农"发展难题的瓶颈,从根本上保护农民的利益,保证土地的适当集中和规模化经营,又能做到与国家层面的宏观经济结构的战略性调整保持一致,进而有利于实现"一举多赢"的目标。

7. 创办新农村建设特区

新农村建设特区,就是在社会主义新农村建设过程中,由国家特别划定创办的,实行特殊政策,进行特殊管理,采取特殊运行方式的一定农村建设区域。新农村建设特区的设立,必将推动农村新的伟大变革。

8. 自筹资金

发挥农民在新农村建设中的主体作用,积极引导农民在新农村建设过程中投资投劳。创新财政引导民营企业投资的方式,充分利用财政预算资金贴息、担保、配套、补贴、税收抵免等有效形式,引导民营企业投资新农村建设。采用公私合作伙伴关系管理模式筹集民间资金,为农村提供完善的公共基础设施。

七、北部湾经济区新农村建设政策支持体系

(一)创新农村社区管理模式

北部湾经济区作为少数民族聚集区,农村人口多、城乡差别大、农村社会

事业相对落后,在统筹城乡发展、推进城乡一体化、建设新农村的实践中,必须以科学发展观为指导,建立健全适合乡村经济、社会、文化发展的基层治理模式。在农民集中居住区实行城市社区综合管理,建立由政府主导,民政牵头,公安、卫生、农发、文体等有关部门配合的协调机制,将农村社区管理工作纳入目标考核;适当给社区自主权,社区建设选址应建在农民集中规划区内,便于搞好社会服务。

(二)依法规范土地承包经营权流转

1.建立一套完善的法规制度,加强农民的法律意识

北部湾经济区应根据《宪法》《行政诉讼法》《土地承包法》《物权法》制定地方性法规,对土地流转的原则、形式、程序、鉴定、调解等方面作出具体规定,使土地流转有法可依,规范进行。

2.土地承包经营权流转中政府应转变职能,加强管理,规范土地有序流转

在土地流转中,政府部门要从宏观上对土地流转动态和土地使用方向进行调控、监督和监测,既要防止不作为导致农民的土地流转权益受损,又要克服对土地流转的微观干预,妨碍土地流转交易的顺利进行。建立健全的土地流转管理机构,把握土地流转的供需总量,监督土地流转的程序、合同是否合法和规范。

3.大力培育土地承包经营权流转的中介、监管机构等组织

建立土地承包经营权的流转制度是加快城乡一体化的必然趋势,而完善中介服务组织是实现土地承包经营权流转的关键。中介服务组织在土地的供给主体和需求主体之间起媒介和桥梁作用。成立"农用地价格评估机构",为土地流转提供有效服务。建立土地纠纷调处和仲裁机构,及时化解各种矛盾。中介组织要努力提升土地的价值评估、土地测量、合同管理以及法律咨询等方面的业务能力,从而形成规模化土地流转市场体系。

4.培育健全的土地承包经营权流转的市场机制

土地承包经营权流转应该以市场供求关系决定价格标准,实行自愿有偿的原则,保护农民对土地投资所取得的增值利益。以法律明示的方式禁止政府在流转过程中的干预,通过市场机制,使农民通过自愿协商来实现对土地承包经营权的流转。

5.加强对流转土地农业用途的监管,确保土地农用

流转的农用地不得改变农业用途,属于基本农田的,流转后不得改变基本农田性质,不得从事种树、挖鱼塘、建造永久性建筑等破坏耕作层的活动。加强对流转面积大、流转期限长且有商业企业参与流转的监督,有效防止改变土地农业用途。

（三）促进农村劳动力的转移

构造和谐社会,全面建设小康社会,重点在农村,难点在农民,而重中之重是解决农村贫困人口的脱贫问题。农村富余劳动力转移开辟了农民增收的新途径,为农村发展注入了活力,形成多一个人就业,社会就多一分稳定,个人就多一分收入,市场就多一分购买力理念,为农村贫困人口的脱贫及农村经济的繁荣起到了一定的推动作用。但是,目前农村富余劳动力转移工作还存在相当大的开发空间,工作中还存在许多亟待解决的矛盾和问题。主要途径包括:

1.农业产业化促进农村劳动力转移

农业产业化一方面直接吸纳农村劳动力,另一方面农业产业化可以间接推动农村劳动力转移。

2.改革和发展职业教育,促进农村劳动力转移

加强农村劳动力转移培训是提高农民就业能力,促进农民增收、加快农村小康建设的一项基础性工作。

（四）大力发展农村公共事业

建设新农村,就要大力发展农村公共事业,这是建设社会主义新农村的必然要求。

1.进一步优化空间布局,加大规划协调工作力度

根据规划既要顾全大局,又要符合农民意愿、可操作性强的原则,深入实际,了解民意,结合各地风俗民情和文化底蕴,制定相关政策,严格控制农民建房区域范围,鼓励农民向中心村迁移,逐步扩大中心村规模,优先完善中心村基础设施建设和公共事业建设。要加快村庄土地整理和宅基地置换,因地制宜推进宅基地复垦工作,积极探索各种打破组与组、村与村界限的农民建房方式。同时,抓好撤村建居和"城中村"的改造。

2.壮大村级经济,夯实农村公共事业建设基础

重点抓基础设施建设步伐,营造良好的生活生产环境;整合教育资源,改善农村幼儿园办学条件;更新运营模式,推进农村公共事业发展;创新投入机

制,培育各种利益主体投资农村公共事业;完善保障体系,扩大社保覆盖范围。

（五）建立健全农村社会保障体系

就目前而言,北部湾经济区广大农民的基本要求和愿望是实现"生有所靠、病有所医、老有所养",因此,农村最低生活保障制度、农村医疗保障制度和农村养老保险三项制度的建设是建立健全农村社会保障体系的重点。

1.加快地方法规体系建设,为农村最低生活保障制度的健康发展提供法律支持

建立地方性法规,确定农村居民最低生活。规范政府的责任和义务,明确农村低保工作的组织机构、保障对象、保障标准、申请与审核程序、资金的筹措和管理等方面的问题,从根本上保证最低生活保障制度的权威性和连续性,使农村最低生活保障工作走上规范化、法制化的轨道。

2.建立健全农村医疗保障制度

构建农村医疗保障制度;实现资金来源渠道的多样化,维护农村医疗保障制度的财政稳定和健康发展;建立农村医疗救助制度,加强农村卫生扶贫工作;积极发展新型合作医疗,既要考虑让群众普遍受益,又要考虑对大病、重病患者的重点补偿,同时在以大病统筹为主的互助合作医疗制度为重点的基础上,完善其他形式的农村合作医疗制度,积极建立多层次、多类型的农村医疗保障制度。

3.建立健全农村养老保险制度

农村社会养老保险是国家保障全体农民老年基本生活的制度,是政府的一项重要社会政策。要健全与农村养老保险制度相关的法律法规;切实做好养老保险基金的保值增值工作;要加强农村社会保险基金的管理,建立健全农村养老保险基金的财务核算、审计监督等制度;要加强农村社会养老保险队伍的建设,对农村养老保险工作人员进行系统培训、统一考核、实行持证上岗制度。

（六）改革集体建设用地使用制度

1.集体土地使用权享有国有土地使用权同等的权能

无论是集体土地还是国有土地,其价格的高低不是取决于"身份",而是取决于其所处的地理位置。出让价格均由评估机构按常规方法进行评估,即相同区域的集体土地与国有土地,地价基本相同,但总体上集体土地出让价格略低于国有土地出让价格。集体建设土地与国有建设土地,享有同样的土地

抵押贷款的权力。

2. 实施城乡建设用地增减挂钩政策

耕地面积有效保护,通过土地综合整治与城乡建设用地增减挂钩,将农村原有建设用地整理为与邻近质量相当的耕地,集体建设用地的面积则置换到乡镇土地利用总体规划确定的发展区域内,盘活存量土地,促进了农村集体土地的集约利用,有效地控制了新增建设用地的增加。

3. 实施农村宅基地换城镇户口、换城镇住房、换社会保障的政策

为了加快农村土地整治,实现城乡建设用地增减挂钩,对于有意愿放弃农村宅基地的农户,可采取农村宅基地换城镇户口、置换城镇住房的政策,并享受城镇社会保障的政策。

（七）加强村庄文化价值研究,出台村庄保护名录

北部湾经济区农村文化生态多样,文化遗产内容丰富多彩,其独特的地理位置,也决定了其别具特色。应加强对农村村庄文化的综合研究,挖掘其历史传承价值、科学认识价值、审美艺术价值、社会和谐价值、经济开发价值,在新农村建设中,防止因对历史文化的无知而出现破坏性活动。加强对村庄文物的普查与管理,科学评价村庄历史文化价值,划定完善各级文物的保护范围和建设控制地带,出台村庄保护名录。对具有一定保护价值的村庄进行保护性建设,并坚持"原址保护"的原则。

第六章 城乡建设发展空间统筹与优化

第一节 城乡建设空间发展战略与方向

一、城乡空间建设发展定位

（一）总体定位

2008年,国务院批准了《广西北部湾经济区发展规划》,将其功能定位为:立足北部湾,服务"三南"(西南、华南和中南)、沟通东中西、面向东南亚,充分发挥连接多区域的重要通道、交流桥梁和合作平台作用,以开放合作促开发建设,努力建成中国——东盟开放合作的物流基地、商贸基地、加工制造基地和信息交流中心,成为带动、支撑西部大开发的战略高地和开放度高、辐射力强、经济繁荣、社会和谐、生态良好的重要国际区域经济合作区。

为实现这一定位,北部湾经济区城乡建设空间发展应着重实现以下定位:

1.城乡空间资源利用集约、高效、可持续的示范空间;

2.城乡规模等级均衡有序、空间布局科学合理的示范空间;

3.城乡环境舒适宜居、景观协调自然的示范空间;

4.城乡产业统筹协调、功能互补互促的示范空间;

5.城乡建设发展一体化、同城化的示范空间。

（二）城镇建设空间发展定位

城镇是区域政治、经济和文化的中心,城镇建设发展的定位对区域经济社会发展具有重要的影响作用。根据国家和自治区相关文件,以及《广西北部湾经济区发展规划》《广西北部湾经济区城镇群规划纲要》等重要规划,北部湾经济区主要城镇的定位如下:

南宁市——作为广西壮族自治区首府,要打造成为中国东盟自由贸易区中的区域性国际化城市,区域性综合交通枢纽,西南现代服务中心与创新基地,北部湾城镇群的旅游服务基地和生态绿城。

北海市——建设成为服务全国、面向国际的亚热带滨海旅游度假胜地；中国东盟区域经济合作中重要的商贸基地；广西海洋产业基地和高新技术名城，南国宜居城市。

钦州市——依托港口和国家保税港区，发展外向型经济，建设成为中国西南沿海重要的工业基地，北部湾沿海生产性服务中心，商贸服务中心和农产品集散中心。

防城港市——建设成为国际性航运中心，沿海现代制造业基地；西南沿海重要的新型能源基地；以海洋文化和边境贸易为特色的风景旅游城市。

玉林市——建设成为以动力工程机械制造为龙头的国家中小企业名城，承东启西的贸易枢纽和物流基地，桂粤毗邻地区的区域中心；以地方文化、观光旅游、生态休闲度假为主题的区域性旅游目的地。

崇左市——中国与东盟陆路交通门户和跨国贸易平台；广西重要的资源加工基地；重要的农业产业化基地；边境旅游中心。

东兴市——依托沿边沿海优势和口岸资源，打造成为跨国旅游城市，边境贸易口岸城市和出口加工基地。

博白县——加强建设完善龙潭产业园，加强龙潭产业园与铁山港的组团发展。

凭祥市——依托沿边优势，加强边境贸易和物流业发展，打造成为边境地区跨国旅游城市，中越边境贸易口岸城市和出口加工基地。

宁明县——以花山壁画等旅游资源为依托的重要旅游城市和边贸城市。

龙州县——历史文化名城，加工基地，边贸城市。

（三）农村建设空间发展定位

新时期，农村建设发展已成为我国经济社会发展的重要内容。科学引导农村建设，优化农村建设空间布局，美化农村居住生活空间是今后一段时期农村建设发展的重要内容。因此，农村建设空间发展定位为：着重加强新农村规划建设，以整治空心村、旧村和存在地质灾害隐患的村庄为手段，科学引导农村居民集中居住，把农村建设成为环境优美、景观协调、生态和谐、舒适宜居的国土空间。

二、城乡空间建设拓展方向

（一）人口发展方向

在北部湾经济区现状城镇规模等级的基础上，结合人口预测及《广西城

镇体系规划(2003—2020 年)》《广西北部湾经济区发展规划》、《广西北部湾
经济区城镇群规划纲要》,各市县土地利用总体规划和城市(镇)总体规划等
相关规划,确定了北部湾经济区各城市和城镇人口发展方向。

1. 特大城市

南宁——作为自治区首府城市,未来仍将作为"首善之区"重点建设,成
为区域性国际城市。结合《广西北部湾经济区发展规划》、《南宁市城市总体
规划(2008—2020 年)》等相关规划,至 2020 年,南宁市中心城区人口规模达
到 300 万人,2030 年达到 380—420 万人。

北海——北海作为我国最早的沿海开放城市之一,经济社会发展历来受
到国家和自治区的高度重视。北部湾经济区成立后,北海市迎来新一轮重大
发展机遇。根据相关规划,北海市未来作为特大城市建设发展,2020 年,北海
市中心城区人口发展到 120 万人,步入特大城市行列;2030 年,中心城区人口
达到 180—220 万人。

玉林——玉林是一个具有两千多年历史的城市,目前正逐步崛起为泛北
部湾地区著名中小企业的名城,作为桂粤毗邻的区域中心,未来经济社会发展
必将出现新的飞跃。根据相关规划,北海市未来作为特大城市建设发展,2020
年玉林市中心城区人口发展到 120 万人,步入特大城市行列;2030 年中心城
区人口规模达到 150—180 万人。

2. 大城市

在《广西北部湾经济区城镇群规划纲要》《广西北部湾经济区发展规划》
的基础上,确定钦州、防城港、崇左三座城市,到 2020 年规划发展成为大城市,
钦州市中心城区人口规模达到 100 万人,防城港市中心城区人口规模达到 80
万人,崇左市中心城区人口规模达到 60 万人。2030 年,分别发展到 160—180
万人、130—150 万人、100—120 万人。

3. 中小城市

北流、东兴、凭祥 3 个县级市,以及宾阳、容县、博白、横县、武鸣 5 个县城
逐步建设为中等规模城市,2020 年中心城区人口达到 20 万人以上,2030 年达
到 30—50 万人。建成小城市 29 个,其中县城 14 个,按小城市规模引导建设,
重点镇 15 个,人口规模达到小城市建设标准,2030 年建成区规模达到 10—20
万人。

（二）空间拓展方向

根据《广西北部湾经济区发展规划》，北部湾经济区城乡建设空间拓展方向遵循以下规律：

（1）城镇建设空间迅速向农村建设空间拓展；

（2）城乡居住空间主要向交通干线沿线蔓延；

（3）陆地空间向沿海空间拓展。

1. 城市建设空间拓展方向

根据《广西北部湾经济区发展规划》，以及北部湾经济区6市城市总体规划，城市建设空间拓展方向如下：

南宁——城市空间拓展以邕江为轴线，西建东扩、完善江北、提升江南、重点向南；加快建设五象新区。

北海——城市空间重点向东向北推进，铁山港区作为城市功能区布局建设，重点向北向西拓展，拉近与主城区的距离；统筹北海城区与合浦县城、铁山港区基础设施建设。

钦州——城市空间重点向东、向南拓展，重点建设钦州主城区、钦州港区和三娘湾滨海区。

防城港——城市空间重点向北、向东及企沙方向拓展，沙潭江核心区、企沙半岛和防城河西是城市建设发展的重点区域。

玉林市——城市发展主要以向东、向南发展为主，向北、向西发展主要控制在二环线以内。向南以拓展工业空间为主，向东以建设城市新中心为主，完善城市功能，提升城市品质。

崇左——城市发展主要以沿江轴向发展与片区开发相结合的形态，在旧城区南部发展新城区，在友谊大道两侧建设新城区，工业则向北发展，形成沿山工业带。

2. 农村建设空间优化方向

广西北部湾经济区农村建设发展空间按照"自然村逐步向中心村靠拢，城镇、中心村基础和公共服务设施建设逐步向自然村延伸"的总体模式建设发展，逐步将"散、小、边、穷、危"自然村进行迁并，并布局在中心村周围。

（三）空间结构布局

广西北部湾经济区城镇建设发展空间总体布局形式为：以南宁市为核心，北海、钦州、防城港、玉林、崇左为副中心，以湘桂铁路、南北高速、南梧高速等重要交通干线为骨架,形成"一核、两极、三轴、多中心"的城镇空间结构体系。

1. 一个发展核心

南宁市作为广西壮族自治区首府,是全区政治、经济、文化的中心;南宁市又是我国西南各省出海大通道上的枢纽城市,也是中国面向东盟的门户城市,理所当然成为北部湾经济区经济社会发展的核心。

2. 两个增长极

南宁市作为北部湾经济区核心增长极重点建设的同时,整合沿海发展资源,依托国际港口、保税区,打造沿海新兴增长极。

3. 三个重点发展轴带

桂西南城镇发展轴——以凭祥—崇左—南宁为主要节点,南友高速、湘桂铁路为轴带的城镇发展带,主要包括南宁市城区、扶绥县城区、崇左城区、凭祥城区等市或县城镇建设空间。此轴带是广西乃至我国西南地区面向东南亚的大通道,也是南宁—新加坡经济走廊的重要发展轴带,其城镇带建设意义十分重大。

南北钦防城镇发展轴——主要是南北高速沿线的重点城镇,包括:南宁、钦州、北海、防城港、合浦县等重要城市和城镇。作为沿海城镇带,担负了港口贸易、重化工、现代制造业和海洋产业发展的重要功能,是未来沿海经济向内陆腹地拓展、实施海陆互动发展的重点区域,也是未来广西核心竞争力所在。

南宁—玉林城镇发展轴——以柳南高速、广昆高速一线为轴带,包括南宁、横县、兴业、玉林、北流等城镇在内的城镇发展轴。本轴带是广西连接东盟和粤港澳的重要陆路经济联络线,是南宁—新加坡经济走廊的延伸和拓展,是国际性功能培育与提升的重要聚合轴。

4. 多个中心城镇

广西北部湾经济区形成以南宁市为主中心,以北海市、钦州市、防城港市、玉林市和崇左市为区域性副中心,以县城和重点镇为地区性中心城市(镇)的多中心结构,把东兴、凭祥、宁明、龙州、大新等县城建设成为中国与东盟开展自由贸易的陆路门户和专业化中心。

三、城乡空间建设发展战略

1. 突出中心城市集聚发展

大城市特别是特大城市、区域首位城市有其不可忽视的优越性。特大城市是经济活动、商业交往的中心,商业、服务业的需求和消费数量巨大,聚集效应造成了经济的高度繁荣。经济繁荣和人口密集也创造了相当多的就业机会。在特大城市的发展中,周边卫星城的发展是非常重要的环节,卫星城与中心城市相呼应,形成了广阔的经济增长地带,往往带动了整个国家和地区的经济发展。我国的珠三角、长三角和环渤海地区就是很好的例证。

一是突出发展核心城市。根据国家和自治区的重大战略部署,南宁市、北海市、玉林市按特大城市规划建设,钦州市、防城港市和崇左市按大城市规划建设。南宁市是北部湾经济区核心增长极,其他 5 市是区域性增长核心,优先保障其建设发展。二是加强中心城市辐射带动作用。

2. 保障中小城市和重点县镇快速发展

广西北部湾经济区城镇体系中,中等城市规模普遍偏小,防城港市、崇左市作为地级市,地区性中心城市,城市规模等级仍为小城市,规模等级低。可见,北部湾经济区中心城市发展十分滞后。根据《广西北部湾经济区发展规划》,到 2020 年,防城港市、崇左市要发展成为大城市等级,建成包括北流、东兴、凭祥 3 个县级市,以及宾阳、容县、博白、横县、武鸣 5 个县城在内的 8 个中等规模城市,建成小城市 29 个。为实现这一目标,必须重点支持和保障中小城市(县城)和重点镇快速发展。

3. 积极促进城镇群带协调发展

重点城镇是区域经济战略空间的重要组成部分,也是区域经济链条上的重要节点。优先保障重点城镇建设和发展是促进区域空间结构体系完善和优化的重要发展战略。

一是保障城镇带上的重点城镇建设。保障南宁—新加坡经济走廊及其延长线上的重点城镇建设发展,包括凭祥市、宁明县、扶绥县、兴业县、容县、北流市等。

二是保障沿海沿边重点城镇建设。沿海城镇始终是北部湾乃至广西经济增长和建设的重点,保障沿海城镇建设和发展是打造以北海为核心的沿海增长极的必然需要。沿边城镇建设和发展是国家国防安全建设的重要内容,是保障地区稳定、社会和谐的重要战略举措。加强大新县、龙州县、凭祥市、宁明县、东兴市等沿边城镇建设,是未来城镇建设发展的重要内容。

4. 支持特色名镇名村建设发展

《广西壮族自治区人民政府关于促进特色名镇名村发展的意见》指出:推进特色名镇名村的跨越式发展,是广西经济社会发展的重要支撑点和新的增长点。建设发展具有鲜明产业特色、发展势头好、潜力大的工贸强镇、旅游名镇(村)、文化名镇(村)、生态(农业)名镇(村),是促进农村经济结构战略性调整,破解三农问题的重要途径。广西北部湾经济区大小乡镇共计384个,而具有一定建设规模、产业特色的乡镇是凤毛麟角,乡镇经济发展的带动作用难以体现。

全国重点城镇和自治区示范城镇,主要包括:吴圩、三塘、黎塘、六景、大塘、张黄、陆屋、大寺、寨圩、小董、那丽、硕龙、龙潭、杨梅、民乐、文地、乌石、六靖、山口、西场、南康、石康、水口、爱店、夏石、雷平、渠黎、濑湍、城厢镇、峦城镇、芦圩镇、大丰镇、山口镇、南康镇、康州镇、新宁镇、东门镇等37个。

已命名的特色名村主要包括:大新县硕龙镇德天村、东兴市东兴镇河洲村、容县容西乡祖立村立垌屯、容县容州镇千秋村、玉林市福绵管理区樟木镇旺老村、陆川县温泉镇中兴村、钦州市浦北县三合镇马头村、钦州市灵山县伯劳镇邓阳村、玉林市陆川县古城镇陆因村、南宁市青秀区刘圩镇团黄村、北海市合浦县石湾镇东江村等。

5. 加快农村建设空间优化发展

农村聚落的自由发展和演变促成了农村居民点分散布局的特点,农村建设管理无序导致了农村建设空间"脏、乱、差"的现状局面。新时期,新农村建设成为"三农"发展的重要内容,旨在改善农村居住条件和环境,促进农村建设发展空间集聚发展。合理迁并"小、空、穷、危"农村居民点,使其向中心村靠拢,构造"中心村—自然村"辐射状空间结构,促进其集聚发展是农村建设空间发展的重要战略。

6. 统筹推进城乡建设协调发展

一是统筹城乡建设资源配置。土地是一切经济社会活动的载体,是城乡建设和发展的必要物质基础。在长期的城乡二元制土地管理模式下,土地成为城乡争夺资源、爆发矛盾的焦点。科学、合理统筹城乡土地资源配置是新时期城乡建设发展的重要战略。建立城乡建设用地置换、城乡建设用地增减挂钩的有效机制,探索城乡土地资源科学的流转模式,以促进城乡土地资源统筹利用、高效配置。

二是统筹推进城乡基础设施和公共服务设施建设。统筹城乡建设规划,统筹考虑城乡基础设施建设和公共服务设施建设。建成以城镇为中心,逐渐向农村地区延伸、发展的基础设施网络。增加公共财政对农村教育、文化、卫生、体育、就业服务和社会保障等基本公共服务的投入,加强农村社会事业专业技术人才队伍建设,促进城乡基本公共服务均等化。

四、城乡空间统筹优化策略

1. 指导思想

以科学发展观为统领,以促进国土资源节约集约利用、国土空间适度开发开放为出发点,结合北部湾空间区位优势,科学引导城乡建设空间规模和布局,深入挖掘城乡空间发展潜力,贯彻落实"五个统筹思想",深入实施"八大发展战略",努力提高国土资源配置效率和国土空间开发利用综合效益水平,建设形成资源节约、层次清晰、职能互补、结构优化的国土空间发展格局。

2. 总体思路

北部湾经济区城乡建设空间发展的总体战略是"外拓内优"。"外拓"是发展的主轴线,着重加强对城乡新增建设规模的科学引导,统筹城乡建设、城乡产业、城乡基础设施和公共服务设施等重大开发建设空间布局,引导城乡空间科学有序发展;"内优"是发展辅轴线,着重加强对现状城乡建设空间内部结构的调整和优化,深入挖掘现状城乡空间利用潜力,引导城乡内部空间高效配置。

3. 目标任务

为加快北部湾经济区城镇化进程和加强城镇发展布局的宏观调控,充分发挥城镇的中心作用,带动区域协调发展,新时期应逐步建立以南宁市为核心,大、中、小城市和小城镇有机结合的结构完整、规模适度、职能明确、布局合理、基础设施和公共服务设施完善、生态环境良性循环、经济社会繁荣发展的城乡建设空间结构体系。

为实现上述目标,构建形成资源节约、空间合理、结构优化、城乡协调的城乡空间发展格局,新时期城乡建设发展空间统筹与优化应按照"外拓内优"的总体思路,完成以下几项重要任务:

一是科学引导城乡建设发展方向和布局,加快形成城乡一体化建设空间格局。依托资源环境承载能力,科学测算城乡建设空间人口规模、用地规模,明确城镇建设发展方向,引导农村建设空间合理布局,加强城乡基础设施和公共服务设施均等化建设,促进城乡一体化空间格局形成。2030年,北部湾经济区农村道路实现"通畅通达",农村道路硬化率达90%,实现农村饮水安全率100%,农村生活垃圾污水处理率90%。

二是科学引导城乡人口流动和空间分布,加快城镇化进程。新时期,探索逐步消除城乡二元制户籍制度,完善城乡社会保障体系,促进农村人口和剩余劳动力向城镇、产业园区流动集聚,加快人口城镇化进程。2030 年,北部湾经济区城镇化整体水平达到 70%以上,人口总规模达到 3000 万人,城乡人口空间分布结构比达到 7∶3。

三是科学引导产业协同集聚发展,加快新型工业化进程。差别化确定北部湾经济区城乡产业发展空间结构布局,引导同类产业集聚发展,加强产业链条发展,增强协同作用,真正做大做强龙头产业。

四是科学引导城乡现状建设空间结构调整和优化,加快城乡空间职能转变。根据城乡建设空间发展现状和问题,科学测算城镇和乡村建设空间优化潜力,明确规划期内重点优化的空间区域,并通过差别化优化措施,促进城乡建设用地资源配置高效化,城乡建设空间结构和布局合理化。2020 年,通过城乡建设空间统筹优化,实现城乡建设空间结构比由 2009 年的 3∶7 优化为 4∶6,2030 年基本实现城乡建设规模结构 1∶1。通过挖潜新增城镇建设空间 2 万公顷,农村居民点建设用地整体缩减 11.66%。

4. 策略路径

根据"外拓内优"的总体思路,依据"点—轴—面"的空间组织构想,北部湾经济区城乡建设空间统筹与优化的发展策略概括为"强心、联动、挖潜"三大策略。

"强心"发展策略是指区域经济发展和城乡建设围绕区域核心城市发展。增强核心城市对人口、产业的集聚能力,从而增强起辐射带动能力。规划期内,重点加强省级中心城市南宁,区域性中心城市北海、钦州、防城港、玉林和崇左,以及重点城镇的发展。

"联动"发展策略是指区域联系紧密、产业关联度高的城镇之间形成连接互动的发展格局,主要是位于同一发展区或发展带上的城镇之间协同发展。规划期内,重点加强北海、钦州、防城港三市港口一体化建设,消除产业重构和恶性竞争;加强南宁—崇左—凭祥三市联动发展,充分发挥南友高速、湘桂铁路的大通道作用;加强玉林市与北流、博白、陆川、兴业、容县发展,各具特色,相互支撑,促进玉林城市群联动发展。

"挖潜"发展策略是指着重加强内涵式、紧凑型发展发展,重点对现状城乡建设空间闲置、低效用地进行再配置,根据城镇职能类型和发展定位,进行建设空间结构和布局调整,从而使城乡内部建设空间结构合理、利用高效。

第二节　城乡建设发展空间规模结构引导

一、人口与城镇化发展趋势

（一）人口规模预测

合理预测北部湾经济区未来发展的人口规模是统筹安排城乡建设、科学布局城乡产业的基础条件。传统的人口预测方法，例如趋势外推法、自然增长法等，对人口规模扩张的动态性和结构性考虑不足，难以真实反映区域未来人口的变化和发展。人口规模的变化除与人口自然增长密切相关外，还受资源环境的承载能力、经济社会的发展水平等因素的限制和影响，因此，需从不同的角度综合分析人口的发展趋势，以合理确定未来北部湾经济区的人口规模。本专题分别采用综合增长法、回归分析法预测广西北部湾经济区不同时期的人口规模，并综合确定最终预测结果，过程如下。

1. 人口综合增长预测

人口综合增长法的计算包括人口自然增长和人口机械增长两个部分，其公式为：

$$P_n = P_0 \times (1 + K)^n + \Delta P$$

式中：P_0——基期年总人口；

P_n——目标年总人口；

K——人口自然增长率；

n——基期年到目标年的年限；

ΔP——机械增长人口

① 人口自然增长

根据统计年鉴数据，参考历年统计数据和计生部门预测的基础上，结合国家计划生育政策和社会发展水平，预测北部湾经济区未来人口自然增长率将维持在年平均 8‰ 左右。因此，当只考虑人口自然增长因素时，2020 年和 2030 年北部湾经济区总人口分别为 2414.83 万人和 2615.12 万人。

② 人口机械增长

人口机械增长主要来自于两个方面：一是北部湾经济区面向东南亚、背靠大西南、东邻粤港澳琼、西接印度半岛，具有得天独厚的区位优势和地缘优势，作为连接多区域的重要通道、交流桥梁和合作平台，随着经济区基础服务设施的不断完善和服务功能不断提高,必将吸引更多的工业和企业到南宁落户,人口的吸纳和集聚效应将进一步增强。二是借助北部湾经济区开放开发的良好机会,与东盟各国、港澳台及国内各省区市的经济合作将进一步深化,承接东部产业转移、招商引资和对外贸易也将取得了新的突破,这不仅能促进经济区的产业优化升级,也能更多吸纳产业人口,解决就业问题。

因此,基于以上两个方面的原因,北部湾经济区 2015—2030 年年平均增长人口数约为 20 万人。结合人口综合增长法计算公式,即得到:

2020 年广西北部湾经济区人口总规模为 2514.83 万人;

2030 年广西北部湾经济区人口总规模为 2815.12 万人。

2. 一元回归预测

根据回归分析理论,建立以时间为自变量,人口规模为因变量的一元线性方程:

$y = ax + b$(x : 年份, y : 人口规模)

在整理分析北部湾经济区各县(区)人口数据的基础上,运用 SPSS V10.0 软件对数据做出分析处理,得 $a = 42.117$, $b = 1983.4$, $r^2 = 0.935$,模型的拟和优度比较好。

利用上述模型对北部湾经济区近期、中期和远期的人口进行预测,结果如下:

2020 年人口总规模为 2615.16 万人;

2030 年人口总规模为 3036.33 万人。

3. 相关规划预测

《广西北部湾经济区发展规划(2006—2020 年)》预测,广西北部湾经济区(4 市)人口总规模到 2020 年将达到 1900 万人;《广西北部湾经济区城镇群规划纲要(2008—2020 年)》预测,广西北部湾经济区(6 市)人口总规模到 2020 年将达到 2400—2700 万人,具体见下表:

表 6-1 相关规划确定的目标年人口规模表

(单位:万人)

规划名称	目标年人口规模		备注
	2020 年	2030 年	
广西北部湾经济区发展规划	1900	/	4 市

规划名称	目标年人口规模		
	2020 年	2030 年	备注
广西北部湾经济区城镇群规划纲要	2400—2700	/	6 市
6 市土地利用总体规划	2496—2516	/	汇总数
6 市城市（城镇）总体规划	2601—2631	/	汇总数

根据北部湾经济区 6 市土地利用总体规划预测,广西北部湾经济区（6 市）人口总规模到 2020 年将达到 2496.26—2516.26 万人;北部湾经济区 6 市城市（城镇）总体规划预测,广西北部湾经济区（6 市）人口总规模到 2020 年将达到 2604.7—2630.7 万人,具体见下表。

表 6-2　相关规划人口预测汇总表

（单位:万人）

区　分	土地利用总体规划（2020 年）	城市（镇）总体规划（2020 年）	区　分	土地利用总体规划（2020 年）	城市（镇）总体规划（2020 年）
南宁市辖区	300	550—600	玉州区	106（中心城）	107.5
武鸣县	20	60	容　县	87.3	85.8
隆安县	9	60.32	陆川县	104.22	107.1
马山县	57.58	57	博白县	186	179.7
上林县	51.5	51.5	兴业县	81.67	77.8
宾阳县	116.52	112.98	北流市	141	141.1
横　县	30	125	玉林市	678	693—699
南宁市	780—800	780—800	江州区	38.04	—
北海市区	146	180	扶绥县	46.82	50.3
合浦县	110	112.55	宁明县	44.84	48.75
北海市	256	290	龙州县	29.69	42.4
市辖区	60.1	100	大新县	39.43	39.43
上思县	11	19.7	天等县	45.48	46
东兴市	13.9	36.6	凭祥市	11.70	27.2
防城港市	115.89	180	崇左市	256	241.7
市辖区	153.73	116	北部湾经济区	2496—2516	2605—2631

续表

区　分	土地利用总体规划（2020 年）	城市（镇）总体规划（2020 年）	区　分	土地利用总体规划（2020 年）	城市（镇）总体规划（2020 年）
灵山县	163	163	—	—	—
浦北县	94	85	—	—	—
钦州市	410.37	364	—	—	—

4. 预测结果

表 6-3　各方法预测结果汇总表

（单位：万人）

预测方法	2020 年	2030 年
综合增长法	2514.83	2815.12
回归分析法	2615.16	3036.33
相关规划预测法	2400—2700	2570—3144
预测结果	2680	3100

　　根据上述对北部湾经济区总人口的预测，结合相关规划的预测结果，最终确定北部湾经济区到 2020 年、2030 年的总人口分别为：2680 万人和 3100 万人。

表 6-4　北部湾经济区总人口预测结果表

（单位：万人）

区　分	2020 年	2030 年
南宁市	828	945
北海市	270	370
防城港市	130	172
钦州市	428	480
玉林市	740	823
崇左市	284	320
北部湾经济区	2680	3100

（二）城镇化水平预测

世界城镇化发展规律表明,城镇人口超过 30% 时,城镇化呈现加快发展趋势,直到这一比例达到 70%。据此,广西北部湾经济区城镇化进程已经步入快速发展时期。

城镇化的内涵十分丰富,可以从不角度对某一地区未来城镇化水平进行预测。综合城市规划、土地利用总体规划等重要规划的预测方法,结合已有相关发展目标,综合确定广西北部湾经济区未来重要发展阶段的城镇化水平。

（1）趋势外推法

北部湾经济区成立以后,经济社会发展步入快速增长时期,城镇化速度也不断加快。预计未来 10—15 年内,广西北部湾经济区城镇化速度仍然呈快速增长趋势。原因有三:一是中国—东盟自由贸易区建成,北部湾经济区上升为国家发展战略,西部大开发、泛北部湾经济合作等区域外经济合作不断加强,将有力加快城镇化进程;二是广西将重点培育城市群城镇带,重点实施"大城建"等八大发展战略,将直接推动北部湾经济区城镇化发展。三是随着户籍制度对城乡人口流动限制的逐渐减弱,农村剩余劳动力向城镇转移的速度将逐渐加快。但是,根据世界城镇化发展的规律,城镇化速度达到一定水平后会呈缓慢稳定增长趋势。而且,城镇化速度并不是越快越好,从健康城镇化的角度出发,城镇化率应保持合理的稳定增长态势。据此,2016—2020 年,北部湾经济区建设和发展进入稳定增长时期,城镇化率年均将提高约 1.1—1.5 个百分点;2021—2030 年,城镇化率达到较高水平后将呈现缓慢增长,年均将提高约 0.8—1.1 个百分点。据此推算,2020 年北部湾经济区城镇化率将达到 59.98—64.38%;2030 年北部湾经济区城镇化率将达到 67.98—75.38%。

（2）联合国法预测模型

联合国法预测模型是根据已知两个时间点城镇人口和乡村人口,求取城乡人口平均增长率差,假设城乡人口平均增长率差在预测期内保持不变,外推求得预测期末的城镇人口比重。预测模型为:

$$\frac{PU(i)}{1 - PU(i)} = \frac{PU(1)}{1 - PU(1)} \times e^{k \cdot t}$$

式中,$PU(i)$ 为 i 时期的城镇人口比重,$PU(1)$ 为前一时期的城镇人口比重,t 为年数,k 为城乡人口平均增长率差。

根据北部湾经济区城镇和乡村人口比重,计算求得城乡人口平均增长率

差 k 为0.103,据此计算,2020年为69.11%,2030年为86.24%。

（3）发展目标法

政策对经济社会发展的影响十分重大。广西北部湾经济区成立后,国家、自治区政府均给予优厚的政策支持其发展,同时制定了一系列发展目标,这些目标将是引导北部湾经济区今后发展的重要方向。其中,以下规划明确了不同时期北部湾经济区城镇化水平发展目标。

表6-5　相关规划确定的城镇化率目标（一）

规划名称		预测城镇化率	
		2020 年	2030 年
北部湾发展规划		60%	—
北部湾城镇群规划纲要		58%	—
本研究	趋势外推法	59.98%—64.38%	67.98%—75.38%
	联合国法	69.11%	86.24%

表6-6　相关规划确定的城镇化率目标（二）

（单位:万人、%）

区　分	土地利用总体规划（至2020年）		城市（城镇）总体规划（至2020年）	
	城镇人口	城镇化率	城镇人口	城镇化率
南宁市	496.13	62	470—505	62
北海市	164	64.06	220	76
防城港市	85	73.35	128	71
钦州市	246.52	60	218.40	52
玉林市	339.20	50	385	55
崇左市	99.16	38.73	113.6	47
合　计	1430.01	56.83—57.29	1535—1570	58.93—59.68

（4）城镇化率与城镇总人口确定

综合上述测算结果,两种方法的预测结果与相关规划确定的城镇化发展目标较为相近。未来15年,全区将加快推进城镇化建设进程,城镇化速度将全面提速,预计发展目标将会提前实现。北部湾经济区作为广西龙头地区,正处于城镇化加快发展期,"十三五"期间城镇化率将会大幅提高,2020年后逐渐减慢,转为内涵型增长。因此,结合测算结果,综合研究确定各时期城镇化水平与城镇人口为:2020 年,城镇化率为 65%,城镇人口为 1740 万人;2030年,城镇化率为 74%,城镇人口为 2301 万人。

表 6-7　主要城市城镇化率指标表

(单位:万人、%)

区　分	2020 年		2030 年	
	城镇人口	城镇化率	城镇人口	城镇化率
南宁市	566	68%	720	76%
北海市	187	69%	278	77%
防城港市	97	74%	141	74%
钦州市	274	64%	348	72%
玉林市	458	62%	600	73%
崇左市	159	56%	209	65%
北部湾经济区	1741	65%	2296	74%

二、城乡建设用地规模现状

1. 城镇建设用地规模现状

用地规模与结构——根据全国第二次土地调查数据,北部湾经济区城镇工矿用地总规模为 368660.38 公顷,占北部湾经济区土地总面积的 5.03%。其中,城市和建制镇用地总量为 95767.23 公顷,村庄用地 239130.27 公顷,采矿用地 21224.37 公顷。

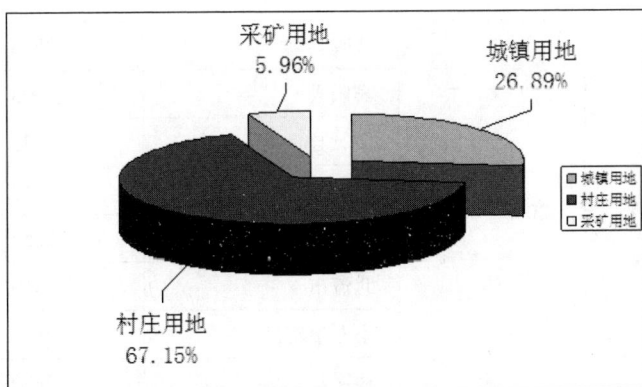

采矿用地 5.96%
城镇用地 26.89%
□城镇用地
■村庄用地
□采矿用地
村庄用地 67.15%

图 6-1　城镇村及工矿用地构成图

总体分布——北部湾经济区6市中,南宁市城镇及工矿用地面积最大,占6市总量的30.44%,玉林市次之,占25.73%,防城港市最小,占5.64%。37个县区中,城镇村及工矿用地面积超过2万公顷县区有3个,包括横县、合浦县和博白县;在1万公顷到2万公顷之间的县区有11个,主要分布在西乡塘区、武鸣县、宾阳县、钦南区、浦北县、灵山县、玉州区、容县、陆川县、兴业县和北流市。

城镇用地规模与分布——6市中,城镇用地面积最大的是南宁市,其次是北海市、玉林市、钦州市、崇左市和防城港市。6个市辖区和22个县按城镇建设用地规模分为5级,南宁市辖区、北海市辖区处于I级,城镇建设用地面积均超过10000公顷;II级县区有3个,城镇建设用地面积均在5000—10000公顷,分别是防城港市辖区、钦州市辖区、玉林市辖区;III级县区有8个,城镇建设用地面积在2000—5000公顷,多分布在南宁市和玉林市;IV级县区有10个,城镇建设用地面积在1000—2000公顷,主要分布在玉林、崇左等市;V级县区有5个,城镇建设用地面积均在1000公顷以下,其中天等县最小,仅576.40公顷。

表6-8 北部湾各市市辖区、县城镇建设用地规模分级表

(单位:个、公顷)

等级	数量	区间	名称	规模
I	2	>10000	南宁市辖区	22999.84
			北海市辖区	12794.75
II	3	5000—10000	防城港市辖区	7102.48
			钦州市辖区	8867.10
			玉林市辖区	6337.06
III	8	2000—5000	武鸣县	3563.01
			宾阳县	2603.06
			横 县	3235.35
			合浦县	4919.49
			博白县	2754.35
			北流市	3369.46
			崇左市辖区	2828.71
			扶绥县	2330.59

续表

等级	数量	区间	名称	规模
IV	10	1000—2000	隆安县	1108.75
			东兴市	1983.59
			灵山县	1936.78
			浦北县	1908.05
			容　县	1453.07
			陆川县	1980.69
			兴业县	1540.43
			宁明县	1097.91
			龙州县	1233.53
			凭祥市	1181.92
V	5	<1000	马山县	704.00
			上林县	827.13
			上思县	840.03
			大新县	883.81
			天等县	576.40

2. 农村建设发展现状

农村居民点建设用地规模与分布——北部湾经济区城乡建设用地在空间上主要分布在农村地区。根据第二次土地调查数据,北部湾经济区6市农村居民点建设用地总规模为239130.27公顷,其中玉林市最高,南宁市次之。从农村居民点用地占城镇村及工矿用地的比例来看,玉林市、钦州市最高,超过70%以上,北海市、防城港市最低,不足50%。

从空间分布上来看,农村居民点用地主要分布在低丘、平原地区,以玉林市、南宁市最为集中。37个县区中,村庄用地规模超过8000公顷的县区有11个,包括玉林市全部6个县区,南宁市横县、宾阳县和武鸣县3个县区,以及北海市的合浦县和钦州市的灵山县。村庄用地规模较小的县市有上思县、凭祥市和东兴市等,规模均在3000公顷以下。

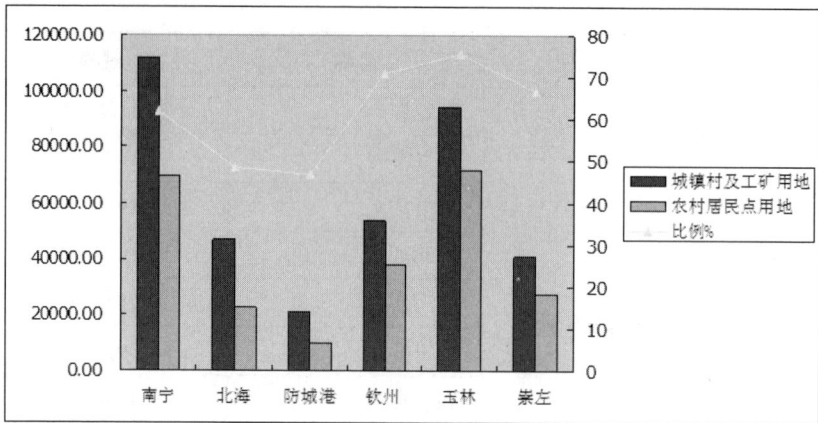

图 6-2　北部湾经济区农村居民点用地规模图

三、城乡建设用地差别化管控指标

(一)管控的原则和依据

不同地形地貌、不同经济发展水平下,不同地域对城乡建设空间的需求也各有差别。因此,结合广西北部湾经济区城乡建设用地现状和问题,采用差别化的人均建设用地控制标准对各时期城乡建设用地规模进行调控,是城乡建设用地资源高效配置、管理的有效路径。

管控指标着重体现差别化,指标的确定主要遵循以下基本原则:

1. 重点发展区域从严控制原则

各重点国土发展区建设区域,从严控制人均建设用地规模,以缓解建设发展与耕地保护之间的矛盾。

2. 因地制宜原则

各个地区经济的发展水平不同、地形地貌特征不同,人均建设用地管控的标准也应各有差异。充分考虑各时期各区域的建设发展方向和职能定位,结合地区地形地貌特征,合理确定人均建设用地管控标准。

3. 近远期相结合的原则

规划期间内,将各发展区域人均建设用地规模调整至合理范围内,需要分阶段、分目标推进实施,通过近期、中期、远期相结合的方式逐步实现。

管控指标确定的主要依据包括:《城市用地分类与规划建设用地标准》(GB50137)、《镇规划标准》(GB50188—2007)等国家法律法规标准,以及《广西壮族自治区城乡建设用地增减挂钩项目区实施规划(试行)》等广西及其他省份关于规划建设用地的标准和经验。

管控指标确定的总体思路是:以人均建设用地现状规模为基础,依据相关法律法规规定,根据空间类型、地形地貌、经济发展水平等因素合理调减人均规模,确定差别化的人均建设用地管控标准。

(二)人均建设用地规模现状

1. 城镇村人均建设用地现状

根据第二次土地调查数据,广西北部湾经济区城乡建设用地总规模为368660.38公顷。其中,城镇(城市和建制镇)建设用地总量为102961.31公顷,农村居民点建设用地239130.27公顷,分别占27.33%和64.86%;2009年末,北部湾经济区城镇人口规模为863.44万人,农村人口规模为1198.50万人,即人均城镇建设用地为119.25平方米,人均农村居民点建设用地为199.52平方米。

表6-9 北部湾经济区人均建设用地面积情况表

(单位:平方米/人)

地级市	县 (市、区)	人均城镇 建设用地	人均居民 点用地	地级市	县 (市、区)	人均城镇 建设用地	人均居民 点用地
南宁	市辖区	100.32	145.39	玉林	市辖区	101.33	138.99
	武鸣县	123.23	159.28		容县	78.79	131.68
	隆安县	122.45	107.04		陆川县	89.95	121.88
	马山县	90.34	110.44		博白县	85.26	119.09
	上林县	81.22	150.70		兴业县	94.43	125.86
	宾阳县	77.57	119.18		北流市	78.85	114.55
	横县	108.15	149.44	崇左	市辖区	154.20	159.75
北海	市辖区	254.60	205.58		扶绥县	164.03	146.14
	合浦县	162.69	196.30		宁明县	101.12	164.88
防城港	市辖区	321.42	165.95		龙州县	152.45	158.91
	上思县	88.09	195.33		大新县	75.00	118.50
	东兴市	182.24	201.61		天等县	70.77	84.50
钦州	市辖区	165.27	127.66		凭祥市	162.78	127.74
	灵山县	60.40	114.00	北部湾经济区		119.25	199.52
	浦北县	74.62	101.30				

2. 重点县镇城区人均建设用地现状

根据城市建设统计年报以及土地利用总体规划和城市总体规划相关统计研究,对北部湾经济区 6 个地级市城区、3 个县级市城区和 19 个县城建成区的人均用地现状情况进行分析。各单元城区人均用地情况见下表。

表 6-10　各市、重点县建成区人均建设用地现状表

（单位：平方米/人）

地级市	县(市、区)	城区人均用地	地级市	县(市、区)	城区人均用地
南宁	市辖区	102.32	玉林	市辖区	111.33
	武鸣县	113.23		容县	88.79
	隆安县	112.45		陆川县	86.95
	马山县	95.34		博白县	81.26
	上林县	80.22		兴业县	91.43
	宾阳县	75.57		北流市	88.85
	横县	98.15	崇左	市辖区	156.20
北海	市辖区	224.60		扶绥县	165.03
	合浦县	152.69		宁明县	98.12
防城港	市辖区	251.42		龙州县	155.45
	上思县	85.09		大新县	85.00
	东兴市	180.24		天等县	75.77
钦州	市辖区	155.27		凭祥市	152.78
	灵山县	65.40			
	浦北县	76.62			

建成区空间利用较为粗放的主要有北海市辖区、合浦县城、钦州市辖区、东兴市、崇左市辖区、扶绥县、龙州县和凭祥市,人均建设用地均超过 140 平方米/人。规划期内,应着重加强内部空间的优化整合,提高集约利用率。

3. 重点镇城区人均建设用地现状

对 28 个重点镇建成区空间利用情况进行分析,各重点镇建成区人均建设用地现状如下表所示。各重点镇建成区用地基本上较为集约,只有大塘镇、小董镇、大寺镇、民乐镇、六靖镇、硕龙镇和夏石镇人均用地规模相对较大,其中

大塘镇、民乐镇、六靖镇和夏石镇人均用地超过了 150 平方米/人,其他均在规划建设用地标准范围内。规划期内,应进一步引导重点镇建设空间提高节约集约利用程度。

表 6-11　重点镇城区人均建设用地现状表

(单位:平方米/人)

地级市	重点镇	城区人均用地	地级市	重点镇	城区人均用地
南宁	吴圩镇	101.94	玉林	杨梅镇	112.90
	大塘镇	190.14		乌石镇	104.44
	黎塘镇	106.04		文地镇	116.77
	六景镇	102.23		龙潭镇	114.52
北海	南康镇	1.99		民乐镇	180.34
	西场镇	0.93		六靖镇	208.52
	山口镇	1.31	崇左	濑湍镇	105.91
	石康镇	1.34		渠黎镇	110.54
钦州	那丽镇	119.88		爱店镇	100.94
	小董镇	136.06		水口镇	101.21
	大寺镇	130.17		雷平镇	103.37
	陆屋镇	113.64		硕龙镇	132.02
	张黄镇	104.06		夏石镇	252.43
	寨圩镇	109.28			

(三)规划人均建设用地控制标准

1. 规划标准

城镇人均建设用地规划管控指标的确定以《城市用地分类与规划建设用地标准》(GB50137)为主要依据。标准如表 6-12 所示。

《城市用地分类与规划建设用地标准》规定:现状人均建设用地超过 120 平方米/人的,允许采用的规划指标级别为Ⅲ级或Ⅳ级,相应的规划人均建设用地标准宜采用 90.1—105.0 平方米/人、105.1—120.0 平方米/人;现状人均建设用地为 90.1—105.0 平方米/人的,可控制在Ⅳ级以内,可以采用Ⅱ级标准,即 75.1—90.0 平方米/人。远边地区、少数民族地区以及部分山地城

· 391 ·

市、人口较少的工矿业城市、风景旅游城市等具有特殊情况的城市,应专门论证确定规划人均建设用地指标,且上限不得大于 150 平方米/人。

表 6-12　人均城镇建设用地标准调减表

现状人均城镇建设用地面积	调减幅度	人均城镇建设用地标准
≥200	缩减至 140 平方米以内	140 平方米/人
≥120,<200	缩减至 120 平方米以内	120 平方米/人
≥100,<120	缩减至 100 平方米以内	100 平方米/人

重点镇和农村居民点人均建设用地控制指标的确定主要以《镇规划标准》(GB 50188—2007)和广西开展城乡建设用地增减挂钩工作的建设用地标准为依据。根据《建筑气候区划标准》(GB50178—1993),广西处于第Ⅲ、Ⅳ级气候区,镇规划人均建设用地标准应采用二、三级标准,即人均建设用地规模应调整至 60 平方米/人—120 平方米/人。农村人均建设用地面积可调整的最低标准为 80 平方米/人。

表 6-13　人均城镇建设用地指标调减标准表

级别	现状人均建设用地指标(平方米/人)	规划调整幅度(平方米/人)
/	≤60	增 0—15
一级	>60—≤80	增 0—10
二级	>80—≤100	增、减 0—10
三级	>100—≤120	减 0—10
四级	>120—≤140	减 0—15
/	>140	减至 140 以内

根据以上标准,对各市县和重点镇城区人均用地,以及城镇人均建设用地指标和农村人均建设用地指标进行调整。规划期间内,调整至规划标准范围内。

2. 修正因子

根据地形地貌条件,综合确定规划期内可调减的人均建设用地面积。

(1)地形地貌条件

位于山地、丘陵或平原的不同地区的城镇或农村,建设条件差异很大,因此,考虑将地域地形地貌特征作为确定地域人均建设用地控制指标的重要因素之一进行分析。根据北部湾各县自然地理特点,山地、丘陵、平原面积占各辖区土地总面积的比例,将各县按山地地区、丘陵地区和平原地区进行划分、归类。

表6-14 北部湾各县(区、市)地形归类表

地区	地 形		
	山 地	丘 陵	平 原
南宁		市辖区、马山、上林、武鸣、横县	隆安、宾阳
北海		合 浦	市辖区
钦州		浦 北	市辖区、灵山
防城港		上 思	市辖区、东兴市
崇左	凭祥、龙州、大新、天等	市辖区、宁明	扶 绥
玉林		北流、容县	市辖区、兴业、陆川、博白

按照建设难易程度将各市县进行分类划等,以百分制分别进行简单的量化处理:高山地区建设难度较大,人均建设用地控制标准应酌情控制在稍大范围内,赋值50分;丘陵地区,难度中等,赋值30分;平原地区建设较为容易,也是耕地保护形势最为严峻的地区,人均建设用地标准应酌情控制在较小的范围内,以促进有限的土地资源得到高效利用,赋值20分。赋值结果如下表所示。

表6-15 建设难易程度赋值表

(单位:百分制)

地级市	县(市、区)	赋值	地级市	县(市、区)	赋值
南宁	市辖区	30	玉林	市辖区	20
	武鸣县	30		容 县	30
	隆安县	20		陆川县	20
	马山县	30		博白县	20
	上林县	30		兴业县	20
	宾阳县	20		北流市	30
	横 县	30	崇左	市辖区	30
北海	市辖区	20		扶绥县	20
	合浦县	30		宁明县	30
防城港	市辖区	20		龙州县	50
	上思县	30		大新县	50
	东兴市	20		天等县	50
钦州	市辖区	20		凭祥市	50
	灵山县	20			
	浦北县	30			

（2）修正系数

对经济发展水平指标和建设难易程度指标分别进行标准化处理,使其全部落在[0,1]区间,综合确定调整系数。标准化公式如下:

$$X = \frac{\log_{10}X}{\log_{10}\max}$$

根据修正系数对各单元规划期内人均建设用地拟调减的规模幅度进行修正,从而得出不同时期的、差别化的人均建设用地管控指标。调整系数越大,表示规划期内需调减的幅度越大。

表 6-16　调减规模调整系数

地级市	县(市、区)	调整系数	地级市	县(市、区)	调整系数
南宁	市辖区	0.91	玉林	市辖区	0.88
	武鸣县	0.98		容　县	0.68
	隆安县	0.95		陆川县	0.79
	马山县	0.72		博白县	0.64
	上林县	0.79		兴业县	0.97
	宾阳县	0.86		北流市	0.78
	横　县	0.93	崇左	市辖区	0.89
北海	市辖区	0.97		扶绥县	0.92
	合浦县	0.96		宁明县	0.68
防城港	市辖区	0.91		龙州县	0.79
	上思县	0.62		大新县	0.75
	东兴市	0.86		天等县	0.64
钦州	市辖区	0.95		凭祥市	0.95
	灵山县	0.91			
	浦北县	0.76			

3. 差别化人均建设用地控制标准

结合北部湾经济区发展实际,“十三五”期间将是城乡建设大发展,优化整治重点推进的阶段,因此,规划近、中期分别按总调减规模的 35% 和 20% 进行调减,具体结果如下所述。

(1)城镇、农村

表6-17 各单元差别化人均建设用地管控指标表

(单位:平方米/人)

地 区	城 镇		农 村	
	2020 年	2030 年	2020 年	2030 年
南宁市辖区	100.12	100.03	123.74	121.89
武鸣县	118.01	115.06	134.89	121.59
隆安县	98.22	98.12	109.06	110.35
马山县	90.17	90.09	105.10	108.52
上林县	80.55	80.26	111.60	104.85
宾阳县	94.03	93.66	115.60	115.49
横县	102.85	100.57	124.24	121.86
北海市辖区	133.21	128.04	150.31	133.77
合浦县	134.00	121.71	148.15	124.65
防城港市辖区	133.11	120.00	131.20	127.74
上思县	104.58	103.07	145.28	123.83
东兴市	134.77	119.71	158.40	137.02
市辖区	135.16	122.26	122.97	120.38
灵山县	82.88	88.24	109.34	108.06
浦北县	87.48	87.71	98.97	98.11
玉林市辖区	100.51	100.16	122.65	117.08
容县	79.37	79.61	117.08	106.54
陆川县	84.45	82.09	118.72	115.79
博白县	82.91	81.90	101.57	99.07
兴业县	91.42	90.13	109.72	108.38
北流市	79.48	79.75	109.69	107.60
崇左市辖区	132.89	123.76	126.07	118.77
扶绥县	121.68	113.52	128.55	125.29
宁明县	100.59	100.36	134.47	127.16
龙州县	134.50	126.81	125.27	121.57
大新县	77.63	78.75	108.29	105.63
天等县	84.91	86.68	86.48	85.62
凭祥市	134.33	122.14	105.99	102.39

（2）各市、县建成区

各市中心城区和县或县级市建成区人均建设用地管控指标在科学预测的基础上，与各单元土地利用总体规划、城市规划的规划目标进行充分的衔接，综合确定各单元、各阶段人均建设用地管控指标。

表6-18　各市、县中心城区人均用地管控指标表

（单位：平方米/人）

地　区	人均用地		地　区	人均用地	
	2020年	2030年		2020年	2030年
南　宁	100.00	99.00	玉　林	108.58	106.43
武鸣县	108.30	105.52	容　县	111.72	109.89
隆安县	107.18	105.73	陆川县	99.01	98.46
马山县	111.88	109.23	博白县	103.12	102.06
上林县	112.56	108.18	兴业县	90.36	89.87
宾阳县	95.15	95.03	北　流	97.81	97.01
横　县	88.28	88.25	崇左城	130.20	120.22
北海城	155.00	145.00	扶绥县	142.52	126.40
合浦县	132.11	126.66	宁明县	97.67	97.02
防城港	152.78	146.00	龙州县	119.27	115.66
上思县	97.17	97.03	大新县	120.40	115.05
东　兴	129.05	120.20	天等县	122.40	119.12
钦州城	144.04	128.75	凭　祥	128.83	121.68
灵山县	112.43	109.33	浦北县	99.02	97.18

（3）重点镇建成区

人均用地紧张的重点镇建成区，现状人均用地低于120平方米/人的，2020年调整至100平方米/人以内。规划期末控制在二级标准内，即80—100平方米/人；人均用地较为宽松的，现状人均用地高于140平方米/人的，2020年调整至三级标准内，即小于140平方米/人，规划期末控制在二级标准内，即120平方米/人以内。

表6-19　重点镇建成区人均建设用地管控指标表

（单位：平方米/人）

市	重点镇	2020年	2030年	地级市	重点镇	2020年	2030年
南宁	吴圩镇	99	98	玉林	杨梅镇	102	97
	大塘镇	140	120		乌石镇	100	97
	黎塘镇	103	100		文地镇	106	100
	六景镇	100	98		龙潭镇	104	100
北海	南康镇	140	120		民乐镇	130	120
	西场镇	140	120		六靖镇	140	120
	山口镇	140	120	崇左	濑湍镇	100	97
	石康镇	140	120		渠黎镇	100	96
钦州	那丽镇	100	95		爱店镇	99	98
	小董镇	125	100		水口镇	99	98
	大寺镇	120	110		雷平镇	100	98
	陆屋镇	103	100		硕龙镇	120	100
	张黄镇	100	95		夏石镇	140	120
	寨圩镇	100	95				

四、城乡建设空间规模预测

（一）中心建成区建设空间规模

1.各市、县中心建成区空间建设规模

各市、县中心建成区建设空间管控规模在对其人口规模科学预测的基础上，结合上节确定的人均建设用地管控指标，采用定额指标测算各市、县中心建成区不同发展阶段的空间建设规模。定额指标法测算公式如下：

$$S_t = P_t \times B_t$$

其中，S_t 为 t 时期中心建成区空间建设预测规模；P_t 为 t 时期中心建成区人口预测规模；B_t 为 t 时期中心建成区人均建设用地管控指标。

根据公式测算 6 市中心城区和 22 个县或县级市建成区不同阶段的空间规模，并将结果与各市县土地利用总体规划、城市（镇）总体规划进行衔接，充分征求相关部门意见后研究确定。

表 6-20 各市县城区用地规模表

（单位：平方公里）

地　区	2020 年	2030 年	地　区	2020 年	2030 年
南　宁	300	400	玉　林	106	135
武鸣县	23	34	容　县	25	35
隆安县	9	13	陆川县	18	24
马山县	7	9	博白县	30	39
上林县	14	20	兴业县	15	20
宾阳县	23	30	北　流	35	47
横　县	22	30	崇　左	50.1	70
北　海	170	260	扶绥县	12	16
合浦县	36	42	宁明县	13	18
防城港	110	180	龙州县	12	14
上思县	14	20	大新县	8	10
东　兴	17.6	23	天等县	7	10
钦　州	120	190	凭　祥	9	11
灵山县	37	53	北部湾合计	1319	1823
浦北县	13	19			

2. 重点镇建成区空间管控规模

根据《广西北部湾经济区城镇群规划纲要》，到 2020 年，吴圩、三塘、黎塘、山口、西场、南康、石康、陆屋、张黄、大寺、小董、龙潭、杨梅、民乐、文地等 15 个重点镇要建设成为小城市，人口规模达到 5—20 万人；寨圩、那丽、江平、乌石、水口、爱店、夏石、雷平、渠黎、濑湍、硕龙等 11 个建制镇建设成为小城镇。根据本专题对上述 26 个重点镇人口发展规模的预测，2020 年完全可以实现上述目标，而且至 2030 年，寨圩等 11 个重点建设的小城镇也将达到小城市规模。通过与上述规划及土地利用总体规划等相关规划对比分析，人口预测结果科学可信。因此，结合前文确定的重点镇建成区人均用地管控指标，可以采用定额指标法测算各重点镇建成区空间建设规模。

表 6-21　重点镇建成区空间建设规模表

(单位:平方公里)

地级市	重点镇	2020 年	2030 年	地级市	重点镇	2020 年	2030 年
南宁	吴圩镇	5	10	玉林	杨梅镇	6	11
	大塘镇	7	12		乌石镇	6	11
	黎塘镇	16	22		文地镇	8	13
	六景镇	5	9		龙潭镇	7	11
北海	南康镇	9	14		民乐镇	8	13
	西场镇	7	12		六靖镇	9	14
	山口镇	8	13	崇左	濑湍镇	3	5
	石康镇	8	13		渠黎镇	3	5
钦州	那丽镇	3	5		爱店镇	3	5
	小董镇	9	13		水口镇	2	5
	大寺镇	8	13		雷平镇	3	5
	陆屋镇	8	13		硕龙镇	3	5
	张黄镇	7	12		夏石镇	4	6
	寨圩镇	4	6				

(二)城镇建设空间需求预测

城镇建设发展空间是指用于城市和城镇建设发展的用地空间。科学合理预测城镇建设空间规模是调控城市和城镇建设发展规模和方向,优化城市和城镇建设空间布局的重要基础。结合前文分析,采用定额指标法,并结合已有重要规划预测结果,综合预测各阶段城镇建设空间总体规模及各市县城镇建设空间规模。

采用定额指标法测算不同时期不同单元城镇建设用地规模,公式如下:

$$S_t = P_t \times B_t$$

其中,S_t 为 t 时期城镇建设用地规模;P_t 为 t 时期城镇人口规模;B_t 为 t 时期人均城镇建设用地标准。不同时期的人均城镇建设用地标准采用上节测算结果,按上述公式分别测算不同时期的城镇建设用地规模。测算结果如下。

表 6-22　城镇建设用地总规模表

（单位:公顷）

地　区		城镇建设用地预测规模	
		2020 年	2030 年
南宁	南宁市辖区	35276.47	47712.97
	武鸣县	5365.34	7198.31
	隆安县	1934.20	2767.28
	马山县	1006.22	1312.97
	上林县	1393.10	1965.22
	宾阳县	3473.17	4342.48
	横　县	4092.56	5011.93
	小　计	52541.06	70311.17
北海	北海市辖区	18233.55	26466.93
	合浦县	5381.80	6115.78
	小　计	23615.35	32582.70
防城港	防城港市辖区	10920.63	17091.98
	上思县	1400.41	1965.13
	东兴市	2438.69	3039.22
	小　计	14759.73	22096.33
钦州	钦州市辖区	15952.06	22370.73
	灵山县	3972.87	5647.58
	浦北县	4020.75	6176.00
	小　计	23945.68	34194.31
玉林	玉林市辖区	12880.61	19469.80
	容　县	3473.51	5517.99
	陆川县	2600.28	3258.35
	博白县	3524.95	4332.59
	兴业县	2739.85	3944.80
	北流市	4324.22	5287.27
	小　计	29543.42	41810.79

地　区		城镇建设用地预测规模	
		2020 年	2030 年
崇左	崇左市辖区	10282.88	16871.54
	扶绥县	2639.60	3315.06
	宁明县	1801.97	2507.51
	龙州县	1989.98	2727.18
	大新县	1471.75	2059.43
	天等县	1112.70	1654.09
	凭祥市	1861.57	2498.99
	小　计	21160.44	31633.80
北部湾经济区合计		165565.68	232629.10

(三)农村建设发展空间用地需求

根据上节确定的差别化农村人均建设用地管控标准,采用定额指标法估算各地区、各时期农村建设用地规模,首先需要预测各时期农业人口规模。

"十三五"期间是广西北部湾经济区城镇化、工业化大发展的时期,考虑到城镇化等因素,预计农业人口的年均增长速度将呈下降趋势,结合相关规划发展目标,规划期间,年均增长率预计在 8—10‰。预计 2030 广西北部湾经济区农业人口将达到 2111.74 万人。

表 6-23　农村建设用地总规模表

(单位:公顷)

地　区		农村建设用地预测规模	
		2020 年	2030 年
南宁	南宁市辖区	16560.79	16642.34
	武鸣县	7346.64	6787.02
	隆安县	3694.33	3797.69
	马山县	5374.93	5564.07
	上林县	5759.05	4608.88
	宾阳县	9792.35	9818.78
	横　县	13339.90	12746.75
	小　计	61867.99	59965.53

续表

地　区		农村建设用地预测规模	
		2020 年	2030 年
北海	北海市辖区	4989.16	3879.65
	合浦县	10758.57	9951.58
	小　计	15747.73	13831.23
防城港	防城港市辖区	4371.29	4046.21
	上思县	2193.45	1883.63
	东兴市	946.60	801.99
	小　计	7511.34	6731.83
钦州	市辖区	13519.74	13584.92
	灵山县	14806.59	14970.36
	浦北县	8152.78	8590.33
	小　计	36479.11	37145.61
玉林	玉林市辖区	9525.88	9392.33
	容　县	9042.09	8157.59
	陆川县	10751.67	11093.50
	博白县	18782.03	19665.57
	兴业县	8165.55	8228.42
	北流市	13919.36	14592.35
	小　计	70186.57	71129.76
崇左	崇左市辖区	3695.55	3078.97
	扶绥县	4540.97	4379.72
	宁明县	5253.99	3853.91
	龙州县	3027.06	2656.36
	大新县	3669.90	3728.11
	天等县	3830.39	3815.97
	凭祥市	929.40	933.67
	小　计	24947.26	22446.71
北部湾经济区合计		216740.01	211250.66

（四）城乡建设空间用地规模对比分析

根据测算结果,相比二次调查数据,至 2030 年,北部湾经济区城市和城镇建设发展空间增长至 23.26 万公顷,年均增长 6174.66 公顷,主要原因是城镇建设和发展不会无限制扩张,达到一定程度后将会转为内涵型增长为主。与此同时,城市和城镇建设空间占城乡建设空间总规模的比例增长为 52%。主要原因是城镇建设空间增长的同时,农村建设空间规模由于城镇化、农村综合整治等原因逐渐减少。至 2030 年农村居民点建设空间缩减 2.79 万公顷,年均缩减 1327.6 公顷,至 2020 年农村居民点整体缩减比例为 9.36%,2030 年整体缩减 11.66%。与《广西北部湾经济区发展规划》确定的至 2020 年农村地区整体缩减 10% 的目标较为接近。

五、城乡建设发展空间差别化引导策略

1. 继续推进实施土地利用年度计划指标差别化管理

2009 年开始,广西实施土地利用年度计划指标差别化管理。土地利用年度计划指标优先保障中央扩大内需重点项目,自治区统筹推进重大项目,自治区重大能源、交通等基础设施项目,自治区 1500 亿元工业技改项目,经国家批准的重点工业园区项目及重大民生项目用地。自治区预留一部分指标,依据土地利用计划执行情况、耕地保护目标等考核结果,对计划执行严格、土地整理复垦开发补充耕地和推进节约集约用地成效显著的市给予计划指标奖励。

实行土地利用计划差别化管理有两大好处,一是可以促进各地更加主动地节约集约用地。地方政府通过加强土地利用计划管理,严格保护耕地,促进内部挖潜,不仅可以缓解用地难题,而且可以争取到更多用地指标。二是可以更好地发挥土地利用年度计划的调控作用。通过实行差别化管理,可以使有限的用地指标向节约集约用地工作做得好的地区转移,实现土地利用效益的最大化。

2. 实施差别化人均建设用地控制标准

根据各地经济综合实力、自然地理条件和城镇建设发展用地迫切程度,对各地区城镇和乡村人均建设用地标准进行调控。现状人均建设用地规模大的地区,分阶段、分目标,逐渐引导至规划建设标准范围内。研究制定差别化的人均建设用地指标管理办法,实施差别化的人均建设用地控制标准,可以有效促进城乡建设用地资源集约化、精细化利用,提高城乡建设空间利用效率。

3. 推进实施城乡建设用地优化整治工程

摒弃无序扩张,注重内涵挖潜,是促进现状城乡建设用地高效利用的重要途径。根据各地发展实际,分别对城镇建设空间和农村建设空间实施差别化的优化整治工程,对潜力大,易释放的潜力划定重点整治区域,优先安排整治工程,并根据经济社会发展水平的差异等因素给予差别化的管理政策,制定差别化的实施措施,最大限度、最高效率的优化城乡建设空间结构和布局,提高城乡建设空间利用效率。

第三节　城乡建设发展空间优化整治分析

一、城镇建设发展空间整治

(一)城镇内部空间整治潜力估算

1.潜力内涵

城镇建设发展空间整治是指根据国家相关用地标准,遵循土地利用总体规划和城镇规划的具体要求,以促进城镇土地集约、高效利用为目的,对城镇规划区内建设用地中的粗放、低效用地进行更新改造和结构调整。整治潜力即是指通过对城区低效、粗放建设用地更新改造和结构调整,可以再利用的城镇建设用地面积。

城镇建设发展空间整治的根本任务:一是消除城镇建设用地中对城镇社会经济发展起限制作用的因素,改善用地条件,形成合理、高效、集约的土地利用结构,提高土地利用效率,适应城镇社会经济发展对土地的需求;二是改善城镇生态环境,改善城镇土地利用系统的协调度,实现可持续发展。

城镇建设发展空间整治的内容主要包括:对旧城区整理,对闲置土地、畸零地块的开发和权属调整,对国有改制企业土地资产重组、归并企业用地,优化用地结构,增加优势区位用地,开发区建设,增加城镇绿地,治理城镇污染地等。其整理的形态既包括调整土地利用的平面布局,又包括科学调整其三维利用空间。城镇建设用地整理可理解为针对城镇土地利用不合理,不充分,甚至混乱等现象,对土地利用方式、强度及土地权属进行重新调整、理顺,以充分、合理、有序地利用土地的动态过程。

2.潜力规模

目前,由于缺乏旧城改造潜力的评判标准,这部分潜力还缺乏专门的统计或测算。在测算区域整治潜力总体规模时,可以采用人均城镇建设用地标准法和人均住宅密度法进行估算。在确定建设用地还建标准时,根据不同地区实际,采用了不同的还建标准,以获得更接近实际、可释放利用的潜力规模。

（1）人均城镇建设用地标准法

人均城镇建设用地标准法计算公式如下：

$$\Delta E = E_0 - E_t \times P_0$$

其中：ΔE——城镇建设用地整治潜力规模

$\quad\quad E_0$——现状城镇建设用地面积

$\quad\quad E_t$——城镇人均建设用地标准

$\quad\quad P_0$——现状城镇人口数量

根据第二次土地调查数据，北部湾经济区城镇建设用地总规模为102961.31公顷，现状人均城镇建设用地面积为119.25平方米/人。根据《城市用地分类与规划建设用地标准》（GB50137）和《镇规划标准》（GB50188），规划期内应调整至100—120平方米以内，新建镇区应控制在二级标准，即80—100平方米/人以内。根据各市县城镇建设用地利用的实际差异，以及经济发展水平和地形地貌等特征差异，综合研究采用80平方米/人作为2030年北部湾经济区人均城镇建设用还建面积标准。根据以上公式测算，北部湾经济区城镇建设用地整治潜力规模为33886.11公顷，各市、县可优化整治的潜力规模见下表6-24。

表6-24　北部湾经济区城镇建设用地整治潜力（一）

（单位：公顷）

地级市	县（市、区）	现状人均	整治规模	地级市	县（市、区）	现状人均	整治规模
南宁	市辖区	100.32	4659.30	玉林	市辖区	102.98	1413.88
	武鸣县	123.23	1249.91		容县	61.99	0.00
	隆安县	100.29	227.29		陆川县	82.46	59.11
	马山县	85.93	84.12		博白县	85.26	170.05
	上林县	81.22	14.92		兴业县	94.43	235.49
	宾阳县	94.47	398.60		北流市	78.85	0.00
	横县	104.65	762.18	崇左	市辖区	139.04	1201.14
北海	市辖区	231.56	7161.91		扶绥县	164.03	1193.93
	合浦县	162.69	2692.34		宁明县	101.12	229.33
防城港	市辖区	272.15	6955.43		龙州县	152.45	586.21
	上思县	110.97	226.07		大新县	75.00	0.00
	东兴市	142.86	432.79		天等县	84.21	28.84
钦州	市辖区	165.27	5086.47		凭祥市	143.07	331.83
	灵山县	69.00	0.00	北部湾经济区		119.25	33886.11
	浦北县	88.46	199.49				

（2）人均住宅密度法

人均住宅密度法是根据现状城镇建设用地特点,通过确定规划期人均住宅密度标准和城镇居住用地占建设用地比例,估算城镇建设用地整治的潜力。计算公式如下:

$$\Delta E = E_0 - A \times M/R$$

其中,ΔE——城镇建设用地整治潜力

E_0——现状城镇建设用地面积

A——规划人均住宅密度标准

M——现状城镇人口数

R——规划城镇居住建筑用地比例

《城市用地分类与规划建设用地标准》规定,城市居住用地人均指标应控制在18—28平方米,居住用地占建设用地的比例应控制在20%—30%。目前,北部湾经济区城镇人均用地面积普遍较高,一般在50平方米/人以上。结合各区县发展实际,测算城镇建设用地可集约利用的规模时规定:人均住宅用地面积超过100平方米的,还建时缩减至50平方米以内;人均住宅用地面积超过30平方米小于100的,还建时缩减至30平方米以内。根据公式,北部湾经济区城镇建设发展空间整治潜力总规模为47868.50公顷,各县区整治潜力规模见下表所示。

表 6-25　北部湾经济区城镇建设用地整治潜力(二)

（单位:公顷）

地级市	县(市、区)	整治规模	地级市	县(市、区)	整治规模
南宁	市辖区	9310.81	玉林	市辖区	3050.56
	武鸣县	1576.34		容县	489.47
	隆安县	608.35		陆川县	769.15
	马山县	5.67		博白县	1300.35
	上林县	302.13		兴业县	922.10
	宾阳县	806.66		北流市	1723.06
	横县	1887.35	崇左	市辖区	1769.11
北海	市辖区	7198.75		扶绥县	880.59
	合浦县	2675.49		宁明县	302.31
防城港	市辖区	3192.48		龙州县	301.86
	上思县	83.03		大新县	402.81
	东兴市	1190.09		天等县	279.40
钦州	市辖区	4579.10		凭祥市	640.25
	灵山县	688.78	北部湾经济区		47868.50
	浦北县	932.45			

（3）整治潜力

通过上述两种方法测算，测算结果存在一定的差别，但差别在可接受范围之内。取两种测算结果的平均值，北部湾经济区城镇建设用地可优化整治的潜力规模为41734.57公顷。北部湾经济区各县区现状城镇建设用地可整治的潜力规模如下表所示。

表6-26　北部湾经济区城镇建设用地整治潜力表

（单位：公顷）

地级市	县（市、区）	城镇建设用地整治潜力规模	占城镇建设用地的比例	地级市	县（市、区）	城镇建设用地整治潜力规模	占城镇建设用地的比例
南宁	市辖区	6985.05	30%	玉林	市辖区	2232.22	35%
	武鸣县	1413.12	40%		容县	244.74	17%
	隆安县	417.82	38%		陆川县	414.13	21%
	马山县	44.89	6%		博白县	735.20	27%
	上林县	158.53	19%		兴业县	578.80	38%
	宾阳县	602.63	23%		北流市	861.53	26%
	横县	1324.77	41%		小　计	5066.61	29%
	小　计	10946.82	31%	崇左	市辖区	1485.13	53%
北海	市辖区	7180.33	56%		扶绥县	1037.26	45%
	合浦县	2683.92	55%		宁明县	265.82	24%
	小　计	9864.82	56%		龙州县	444.04	36%
防城港	市辖区	5073.96	71%		大新县	201.41	23%
	上思县	154.55	18%		天等县	154.12	27%
	东兴市	811.44	41%		凭祥市	486.04	41%
	小　计	6039.94	61%		小　计	4073.81	40%
钦州	市辖区	4832.78	55%	北部湾经济区		41734.57	41%
	灵山县	344.39	18%				
	浦北县	565.97	30%				
	小　计	5743.14	45%				

从可优化整治的潜力规模来看，潜力规模较大依次是北海市辖区

(7180.33公顷)、南宁市辖区(6985.05)、防城港市辖区(5073.96公顷)、钦州市辖区(4832.78公顷);从整治潜力占城镇建设用地的比例来看,整治潜力较大的依次是防城港市辖区(71%)、北海市辖区(56%)、合浦县(55%)、钦州市辖区(55%)。整治潜力等级分布如下图。

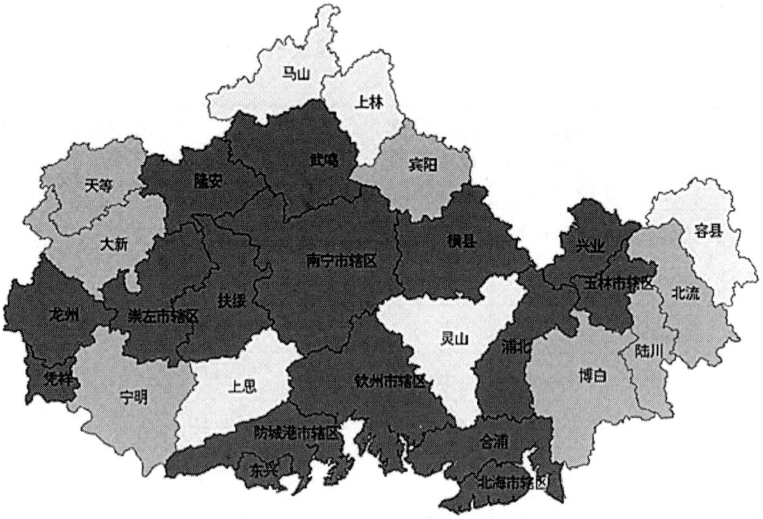

图6-3　城镇建设空间整治潜力规模分级图

(二)重点整治区域选择

城镇建设用地因为权属关系复杂、拆迁工程量大、整治投入资金大等原因较难推进,因此,必须根据地方特点,筛选出可行的整治区域。整治区域的选择必须考虑两个因素:一是是否具备整治的潜力,二是是否有经济实力开展整治工作。通过闲置建设用地分布区域、人均建设用地超标区域、人均地区生产总值较高区域和地均工业生产总值较低区域、地均二、三产业增加值较低区域等四项指标区域相互叠加,可以筛选出可行的整治区域。

1.城镇空闲地规模及分布区域

根据北部湾经济区城镇第二次土地调查汇总数据,6市城镇范围内空闲地面积达2935.04公顷,占城镇建设用地总规模的2.85%。

6市中,城镇空闲地规模最大的是北海市,达1327.99公顷,占北部湾六市全部空闲地规模的45.25%,其次是钦州市、玉林市、防城港市、南宁市,分别占总量的14.41%、13.48%、12.34%和9.07%,崇左市空闲地规模最小,为

160.06 公顷,仅占 6 市总量的 5.45%。从城镇空闲地占城镇用地的比例来看,所占比例最大的依然是北海市(7.5%),其次是防城港市、钦州市,均高于 6 市的平均水平,所占比例最小的是南宁市,仅占 0.76%,说明南宁市城镇土地利用率相对较高。各县市城镇空闲地规模及所占城镇建设用地总规模的比例情况见下表 6-27。

表 6-27　各市县城镇空闲地规模

(单位:公顷、%)

地级市	县(市、区)	空闲地规模	占空闲地总量的比例	占城镇用地的比例	地级市	县(市、区)	空闲地规模	占空闲地总量的比例	占城镇用地的比例
南宁	市辖区	100.40	3.42	0.44	玉林	市辖区	148.23	5.05	2.34
	武鸣县	0.00	0.00	0.00		容县	0.00	0.00	0.00
	隆安县	3.44	0.12	0.31		陆川县	21.27	0.72	1.07
	马山县	30.98	1.06	4.40		博白县	16.98	0.58	0.62
	上林县	/	0.00	0.00		兴业县	97.40	3.32	6.32
	宾阳县	122.78	4.18	4.72		北流市	111.80	3.81	3.32
	横县	8.65	0.29	0.27		小　计	395.68	13.48	2.27
	小　计	266.25	9.07	0.76	崇左	市辖区	8.47	0.29	0.30
北海	市辖区	748.38	25.50	5.85		扶绥县	55.28	1.88	2.37
	合浦县	579.61	19.75	11.78		宁明县	12.07	0.41	1.10
	小　计	1327.99	45.25	7.5		龙州县	39.18	1.33	3.18
防城港	市辖区	337.00	11.48	4.74		大新县	31.29	1.07	3.54
	上思县	25.10	0.86	2.99		天等县	10.59	0.36	1.84
	东兴市	0.00	0.00	0.00		凭祥市	3.18	0.11	0.27
	小　计	362.10	12.34	3.65		小　计	160.06	5.45	1.58
钦州	市辖区	375.30	12.79	4.23	北部湾经济区		2935.04	100	2.85
	灵山县	47.38	1.61	2.45					
	浦北县	0.28	0.01	0.01					
	小　计	422.96	14.41	3.33					

综合来看,城镇土地利用率相对较低的县区依次是合浦县(11.78%)、兴业县(6.32%)、北海市辖区(5.85%)、防城港市辖区(4.74%)、宾阳县(4.72%)、马山县(4.4%)、钦州市辖区(4.23%)等,提高城镇用地利用效率的重点区域应该在上述县区。城镇土地利用率低、中、高等级情况见下图6-4。

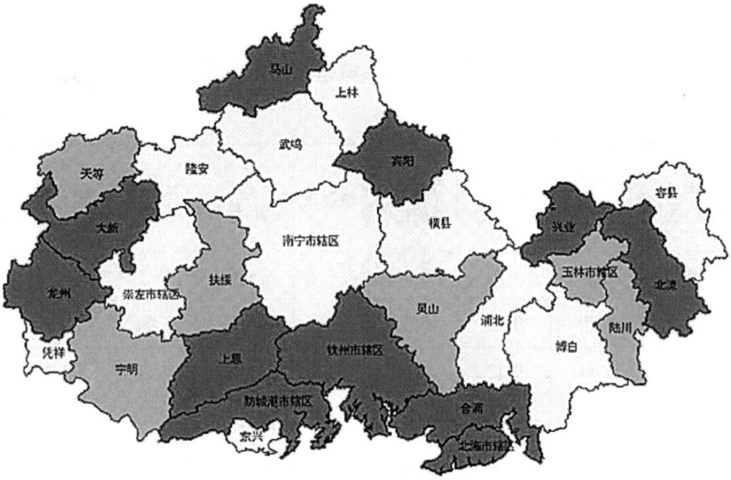

图 6-4　北部湾各市县城镇土地利用效率情况图

2. 人均建设用地超标区域

根据第二次土地调查数据,北部湾经济区6市城镇建设用地人均城镇建设用地面积、人均住宅用地面积和人均工矿仓储用地面积指标情况见下表。

表 6-28　城镇建设用地人均指标情况表

（单位:平方米/人）

地级市	县　区	人均城镇用地面积	人均住宅用地面积	人均工矿仓储用地
南宁	市辖区	100.32	41.94	23.84
	武鸣县	123.23	43.81	43.48
	隆安县	100.29	29.18	35.12
	马山县	85.93	53.30	2.50
	上林县	81.22	41.13	5.76
	宾阳县	94.47	27.25	25.43
	横　县	104.65	41.17	45.59

地级市	县　区	人均城镇用地面积	人均住宅用地面积	人均工矿仓储用地
北海	市辖区	231.56	71.50	68.81
	合浦县	162.69	57.02	41.92
防城港	市辖区	272.15	84.58	88.76
	上思县	110.97	53.67	29.88
	东兴市	142.86	33.95	30.42
钦州	市辖区	165.27	47.89	60.01
	灵山县	69.00	31.34	7.89
	浦北县	88.46	27.67	28.31
玉林	市辖区	102.98	23.81	20.44
	容　县	61.99	16.00	14.34
	陆川县	82.46	28.11	25.71
	博白县	85.26	34.01	27.66
	兴业县	94.43	35.01	17.19
	北流市	78.85	24.76	25.71
崇左	市辖区	139.04	42.44	27.30
	扶绥县	164.03	63.25	53.35
	宁明县	101.12	36.39	20.12
	龙州县	152.45	75.51	22.38
	大新县	75.00	31.92	12.84
	天等县	84.21	29.21	16.33
	凭祥市	143.07	57.37	29.21

　　从人均城镇建设用地面积来看,防城港市辖区、北海市辖区、钦州市辖区、扶绥县、龙州县、东兴市、合浦县、凭祥市等县区人均城镇建设用地超过140平方米/人。

从人均住宅用地面积来看,超过 50 平方米/人的县区有 8 个,分别是马山县、北海市辖区、合浦县、防城港市辖区、上思县、扶绥县、龙州县和凭祥市,40—50 平方米/人的共计 6 个,超过标准(28 平方米/人)的县市占总数的 79%。

从人均工矿仓储用地来看,人均工矿仓储用地超过 40 平方米/人的县区有 7 个,分别是武鸣县、横县、北海市辖区、合浦县、防城港市辖区、钦州市辖区和扶绥县,其中防城港市辖区、北海市辖区、钦州市辖区位居前三,说明三个沿海城市工业园区土地集约利用潜力的提升空间还很大。

综合上述结果,人均建设用地超标的主要县区包括:武鸣县、北海市辖区、合浦县、防城港市辖区、钦州市辖区、崇左市辖区、扶绥县、龙州县和凭祥市,其空间分布情况如下图所示。

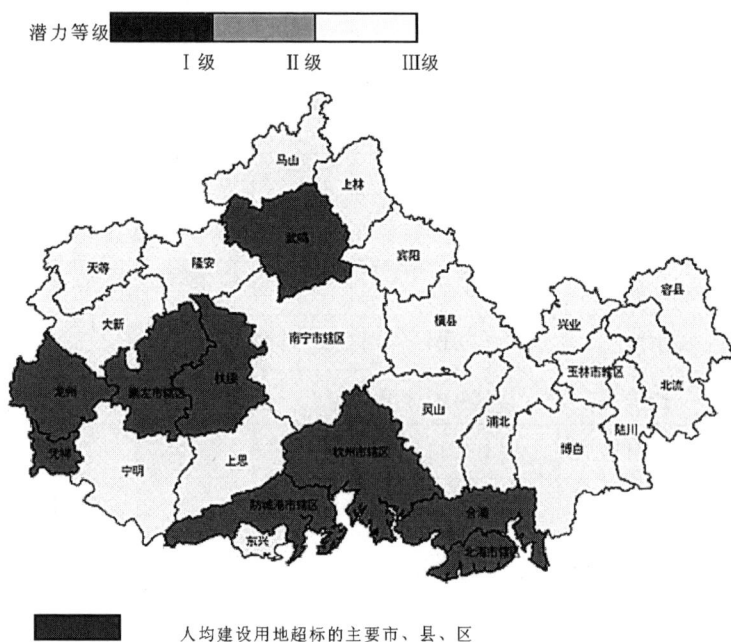

图 6-5 人均城镇建设用地严重超标区域分布图

3. 地均工业用地生产总值较低区域

单位工业用地产出水平是反映工业用地集约利用水平的重要指标。通过地均工业用地生产总值指标,分析工业用地产出水平较低的区域,也即工业用地集约节约利用潜力较大的区域,作为整治区域选择的重要因素。

表 6-29　北部湾经济区经济产出水平分析表

地级市	县 区	工业总产值	地均工业用地产值
南 宁	市辖区	7159730	1310.26
	武鸣县	528133	420.13
	隆安县	86724	223.38
	马山县	72777	3551.83
	上林县	56580	963.88
	宾阳县	309200	441.22
	横 县	319272	226.54
北 海	市辖区	1739514	457.50
	合浦县	327422	258.29
防城港市	市辖区	2940172	1269.30
	上思县	135880	600.71
	东兴市	77698	183.94
钦州市	市辖区	1926530	598.37
	灵山县	290393	1310.73
	浦北县	206642	338.39
玉林市	市辖区	2214199	1760.61
	容 县	244824	728.23
	陆川县	348957	565.11
	博白县	382498	428.12
	兴业县	148375	529.10
	北流市	459520	418.25

地级市	县 区	工业总产值	地均工业用地产值
崇左市	市辖区	502987	905.68
	扶绥县	174559	230.29
	宁明县	124755	571.20
	龙州县	96043	530.30
	大新县	206887	1366.94
	天等县	85185	762.01
	凭祥市	31735	131.50
北部湾经济区合计		21197191	754.70

从工业用地的产出来看,地均产出水平较低的(小于500)县区有12个,分别是武鸣县、隆安县、宾阳县、横县、北海市辖区、合浦县、东兴市、浦北县、博白县、北流市、扶绥县、凭祥市,此12个县区应为集约利用水平提高空间最大的县区,也是工业用地统筹优化的重点区域。

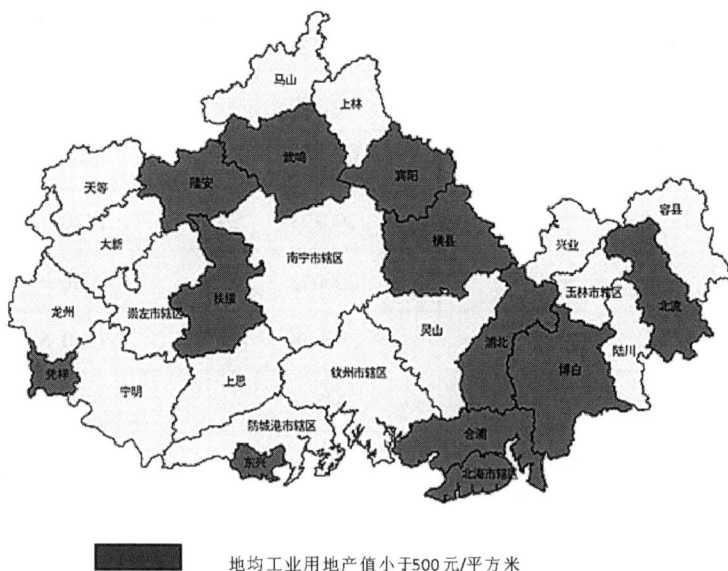

地均工业用地产值小于500元/平方米

图6-6 地均工业生产总值较低的区域图

4.地均二三产业增加值较低区域

单位城镇工矿用地二、三产业增加值是反映城镇和工业用地集约利用水平的重要指标。通过城镇工矿用地二、三产业增加值指标,分析二、三产业用地产出水平较低的区域,也即二、三产业用地集约节约利用潜力较大的区域,作为整治区域选择的重要因素。

表 6-30　北部湾经济区经济产出水平分析表

(单位:万人、亿元、元/平方米)

地级市	县　区	商服、工矿仓储、公共管理与公共服务用地	二、三产业总产值	地均二、三产业增加值
南宁	市辖区	11803.44	1018.06	862.51
	武鸣县	1923.10	86.89	451.83
	隆安县	644.65	20.34	315.55
	马山县	160.89	18.88	1173.57
	上林县	207.01	16.37	791.00
	宾阳县	1162.59	65.30	561.69
	横　县	1815.91	86.49	476.28
北海	市辖区	6666.34	172.63	258.95
	合浦县	1798.75	71.36	396.75
防城港市	市辖区	3530.72	87.08	246.64
	上思县	373.43	98.26	2631.34
	东兴市	814.90	25.82	316.82
钦州市	市辖区	4670.52	170.58	365.22
	灵山县	766.47	62.69	817.88
	浦北县	1041.87	48.87	469.09
玉林市	市辖区	3430.16	206.87	603.09
	容　县	692.72	47.51	685.90
	陆川县	1069.65	70.93	663.08
	博白县	1457.95	72.20	495.20
	兴业县	740.81	37.57	507.13
	北流市	1739.36	96.35	553.96

续表

地级市	县 区	商服、工矿仓储、公共管理与公共服务用地	二、三产业总产值	地均二、三产业增加值
崇左市	市辖区	1696.81	62.90	370.68
	扶绥县	1190.66	37.10	311.60
	宁明县	530.38	26.78	504.93
	龙州县	531.75	25.54	480.36
	大新县	424.09	35.33	833.03
	天等县	321.34	10.57	328.89
	凭祥市	646.47	19.20	297.02
北部湾经济区合计		51852.74	2798.48	539.70

从二、三产业产出来看,地均产出水平较低的(小于500)县区有14个,分别是武鸣县、隆安县、横县、北海市辖区、合浦县、防城港市辖区、东兴市、浦北县、博白县、崇左市辖区、扶绥县、龙州县、天等县、凭祥市,此14个县区应为集约利用水平提高空间最大的县区,也是城镇工矿用地统筹优化的重点区域。

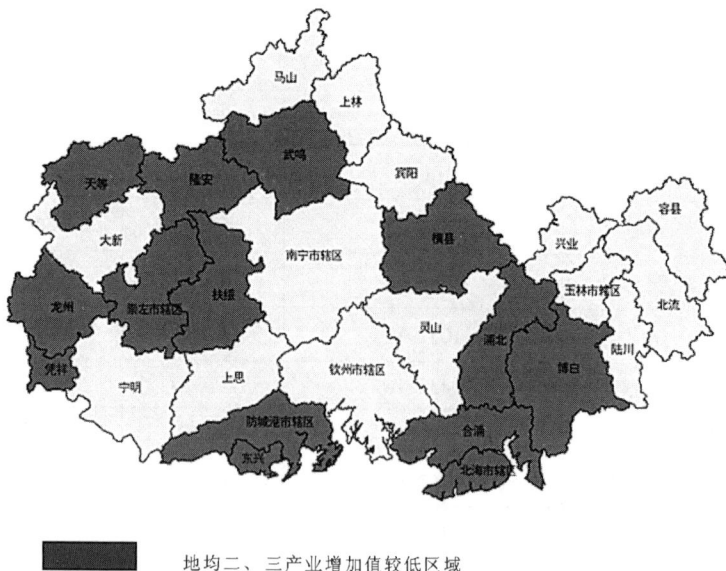

地均二、三产业增加值较低区域

图6-7 地均二、三产业用地增加值较低的区域

5.整治区域划定

根据城镇建设用地整治潜力的规模分布,综合城镇人均建设用地指标超标区域、人均经济指标较高区域和工业用地产出水平较低区域以及城镇地均二、三产业增加值较低区域的分布情况,利用 mapgis 空间分析功能进行叠加,筛选出规划期需整治的城镇建设用地区域,并以优先整治区、重点整治区和一般整治区为划分等级。

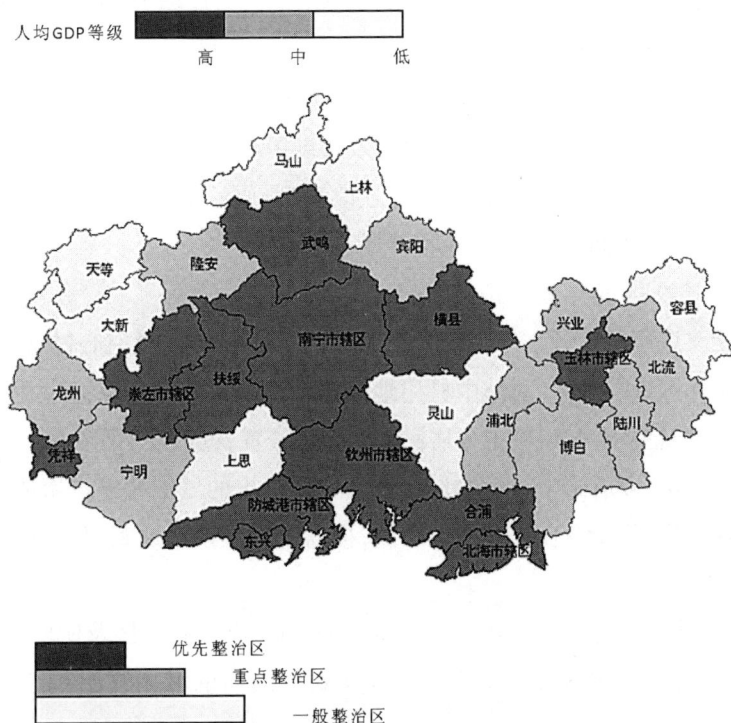

图 6-8　城镇建设发展空间统筹优化重点区域图

优先整治区是城镇建设用地可优化整治潜力较大,经济发展水平较高,规划期内优先建设发展的区域。包括南宁市辖区、武鸣、横县、钦州市辖区、防城港市辖区、东兴、北海市辖区、合浦、玉林市辖区、崇左市辖区、扶绥、凭祥,城镇建设用地总面积为 78143.86 公顷,可优化整治的潜力规模 35546.02 公顷,占城镇建设用地总规模的 45.49%。

重点整治区是优先整治区以外,城镇建设用地可优化整治潜力较大,具有一定经济实力,规划期内重点建设发展的城市和城镇。主要包括宾阳、隆安、龙州、宁明、博白、浦北、北流、陆川和兴业县,城镇建设用地总面积为17596.23公顷,可优化整治的潜力规模为4885.93公顷,占城镇建设用地总规模的27.77%。

一般整治区是除优先整治区和重点整治区以外,城镇建设用地整治潜力规模较小,但有一定规模的城镇空闲地或人均建设用地指标超标,作为远期推进的整治区域。主要包括马山、上林、天等、大新、灵山、上思、容县等地区,城镇建设用地面积为7221.22公顷,可优化整治的潜力规模为1302.62公顷,占城镇建设用地总规模的18.04%。

(三)差别化整治模式

根据不同地区、不同类别的城镇低效建设用地,采取不同的整治模式进行统筹优化,主要包括以下7种类型:外迁改造型、原址重建型、收回再利用型、提高容积率型、功能转变型、拆除重建型和生态改善型。

1.外迁改造型整治模式

外迁改造型是指通过一定政策措施,科学合理引导城镇空心村、城中村居民搬离居住区,政府统一对城中村用地进行改造和改建。可以通过在城镇周边集中建设新型小区,将城中村居民集中妥善安置,也可以采用由居民自行在其他地方购房,政府给予补助的形式来安置。腾出的城中村建设用地采取招拍挂形式出让,用于商业等服务性产业,提高城镇建设用地利用效率,出让收入用于居民安置。

南宁、北海、钦州、防城港、玉林、崇左的等6市中心城区及所辖22个县(市)中心城区、工业园区(或集中区)规划范围内的城中村适用于该整治模式。

2.原址重建型整治模式

原址重建型是指对位于城镇中心或城镇周边的空心村、城中村,外迁难度较大,人均建设用地指标较高的,可以按照规划要求,缩减人均建设用地指标,并在原址集中建设居民安置区,安置区以外的城中村建设用地采取招拍挂方式出让,用于商业或服务性产业,以提高城镇建设用地利用率和产出水平。

南宁、北海、钦州、防城港、玉林、崇左的等6市及所辖22个县(市)城镇中心或城郊结合部、现状人均建设用地高于140平方米、外迁难度较大的空心村或城中村适用于该整治模式。

3.收回再利用型整治模式

收回再利用型整治模式是指对城镇中长期闲置、废弃，或闲置时间超过国家有关法律规定的城镇建设用地，采取依法收回土地使用权，并另行出让，以促进闲置、废弃城镇建设用地高效率利用的整治模式。

南宁、北海、钦州、防城港、玉林、崇左的等6市及所辖22个县(市)城镇范围内闲置1年以上土地、批而未用满2年的土地、废弃土地等适用于该整治模式。

4.提高容积率型整治模式

提高容积率型整治模式是指针对可以通过追加投入来提高单位城镇用地产值的城镇低效用地进行整治的模式，主要是指城镇建筑容积率低的城区、工业园区，提高其容积率，从而提高单位面积土地产出率和土地利用效率。

5.功能转变型整治模式

功能转变型整治模式是指通过改变城镇建设用地功能类型，由低产出用地类型转变为高产出类型，从而提高城镇建设用地集约利用水平。一是城镇中的工矿企业符合进入产业园区标准的，统一进入产业园区。以将高地价地段土地用于单位建设用地面积产出率高的商业、金融等服务性产业。二是改变部分或全部建筑物使用功能，但不改变土地使用权的权利主体和使用期限，保留建筑物的原主体结构。主要建筑物使用性质和功能的转换，推动城市土地的高效产出置换，以满足增加城市公共空间和推动城市产业升级的需求。

南宁、北海、钦州、防城港、玉林、崇左的等6市及所辖22个县(市)城镇范围中心地段的不具有历史保护价值的旧建筑，以及位于中心地段的学校、工矿等适用于该整治模式。

二、农村建设发展空间整治

(一)农村建设用地整治潜力估算

农村建设发展空间增减统筹优化是指通过城乡建设用地增减挂钩的方式对农村地区废弃宅基地、空心村、废弃采矿用地等低效利用的土地进行整理、复垦，减少的建设用地指标用于城镇建设和农村基础、公共服务设施建设，从而优化城乡建设用地结构和布局。其潜力内涵是指在现有社会经济条件下，通过城乡建设用地增减挂钩的方式对农村建设用地进行整理，能够增加的耕地面积和其他农用地面积，以及能为城镇建设发展提供的空间指标。具体途径包括：一是农村居民点整治，即对农村空闲、闲置宅基地进行整理、复垦；二是废弃采矿用地整治，即对农村地区已废弃的采矿用地进行整理、复垦。

1. 农村居民点整治潜力测算

结合各地区实际,农村居民点整治潜力测算采用差别化的人均建设用地指标和户均宅基地标准分别进行测算,并综合两种方法的测算结果,确定北部湾经济区实际可利用的农村居民点整治潜力。

(1)人均建设用地指标法

人均建设用地指标法是潜力测算的常用方法,是指根据农村居民点建设用地现状和确定的人均建设用地标准与规划期末农业人口乘积的差值,计算出农村建设用地整治的潜力。计算公式如下:

$$\Delta S = S_0 - S_t \times P_t$$

其中:ΔS——农村建设用地整治潜力

S_0——现状农村居民点建设用地面积

S_t——农村人均建设用地标准

P_t——规划目标年农业人口数量

现状农村居民点建设用地面积采用第二次土地调查数据。现状农村人均建设用地为现状农村居民点建设用地面积与农业人口的比值。

经过测算,南宁大部分辖区、北海、防城港以及崇左,现状人均建设用地面积较大,集约程度较低。其中现状人均居民点用地超过140平方米的就有11个,包括南宁市辖区、武鸣县、上林县、横县、北海市辖区、合浦县、防城港市辖区、上思县、东兴市、崇左市辖区、扶绥县、宁明县、龙州县。现状人均建设用地小于140平方米,超过120平方米的县有6个,主要分布在玉林市,包括:钦州市辖区、玉林市辖区、容县、陆川县、兴业县以及凭祥市。根据《镇规划标准》(GB 50188—2007)对各县(市、区)人均建设用地进行调整。

表6-31　镇规划标准(GB 50188—2007)

(单位:平方米/人)

现状人均建设用地指标	规划调整幅度
≤60	增 0—15
>60—≤80	增 0—10
>80—≤100	增、减 0—10
>100—≤120	减 0—10
>120—≤140	减 0—15
>140	减至 140 以内

　　根据全区第二次土地调查数据,北部湾经济区农村居民点现状用地面积为239130.27公顷,人均居民点建设用地为133.86公顷。按照《镇规划标准》,现状人均建设用地在120—140平方米/人的,规划调整减少0—15平方米,因此,到2030年,北部湾经济区农村人均建设用地标准应控制在120平方米/人以内。各县区根据实际情况相应调减人均建设用地控制标准,根据公式,目前北部湾经济区农村居民点建设用地可优化整治的潜力规模为78357.87公顷。

表6-32　人均标准法测算整治潜力规模

(单位:公顷)

地级市	县(市、区)	整治潜力	地级市	县(市、区)	整治潜力
南宁	市辖区	7214.43	玉林	市辖区	3718.58
	武鸣县	3930.84		容县	2960.96
	隆安县	602.71		陆川县	2860.07
	马山县	1005.19		博白县	4527.38
	上林县	2610.78		兴业县	2476.71
	宾阳县	2576.36		北流市	2936.78
	横县	6195.32	崇左	市辖区	1881.15
北海	市辖区	3749.32		扶绥县	2005.90
	合浦县	8616.48		宁明县	2689.51
防城港	市辖区	2453.84		龙州县	1512.65
	上思县	1580.00		大新县	925.53
	东兴市	803.56		天等县	0
钦州	市辖区	4268.39		凭祥市	294.03
	灵山县	3297.91	北部湾经济区总计		78357.87
	浦北县	885.50			

　　(2)户均宅基地标准法

　　参照相关户均建设用地标准,现状建设用地超过标准的部分即为农村居民点用地整理复垦理论潜力。计算公式如下:

$$\Delta S = S_0 - A \times M/R$$

其中, ΔS——农村居民点整治潜力

S_0——现状农村居民点用地面积

A——户均宅基地标准

M——规划目标年农户数

R——居住建筑用地比例

根据《广西城乡建设用地增减挂钩实施办法(试行)》,农民集中居住区用地标准分为三级,城镇集中模式执行一级标准,新村集中模式执行二级,原址集中模式执行三级标准,中心村集中模式可根据实际情况执行二级或三级标准。

表6-33　农民集中居住区用地标准

（单位:平方米/人）

级　别	人均建设用地面积	居住区人均用地面积		预留生产设施和仓储用地面积
			其中人均宅基地标准	
一级	≤70	≤60	≤20	≤10
二级	≤90	≤75	≤25	≤15
三级	≤105	≤90	≤30	≤15

按新村集中模式测算北部湾经济区农村居民点整治潜力,执行二级标准,即规划目标年人均宅基地面积取25平方米,按每户四口人计算,户均宅基地为100平方米。根据《镇规划标准》(GB50188—2007)一般镇区居住用地占建设用地比例为33%—43%,中心镇区为28%—38%。因此,结合北部湾经济区人口和经济发展情况,以及新农村建设情况,确定合理的居住用地占建设用地比例为30%。

表6-34　规划建设用地结构

（单位:%）

类别代号	类别名称	占建设用地比例	
		中心镇镇区	一般镇镇区
R	居住用地	28—38	33—43
C	公共设施用地	12—20	10—18

续表

类别代号	类别名称	占建设用地比例	
		中心镇镇区	一般镇镇区
S	道路广场用地	11—19	10—17
G1	公共绿地	8—12	6—10
四类用地之和		64—84	65—85

根据公式测算,北部湾经济区农村居民点整治潜力规模为 82980.27 公顷。

表6-35　户均宅基地法测算整治潜力规模

(单位:公顷)

地级市	县(市、区)	整治潜力	地级市	县(市、区)	整治潜力
南宁	市辖区	6938.52	玉林	市辖区	3557.80
	武鸣县	3810.65		容县	2810.47
	隆安县	993.14		陆川县	2079.67
	马山县	1184.12		博白县	3173.42
	上林县	2767.30		兴业县	2330.40
	宾阳县	3128.65		北流市	2683.41
	横县	5974.55	崇左	市辖区	2116.31
北海	市辖区	3680.60		扶绥县	2135.92
	合浦县	8444.77		宁明县	3086.12
防城港	市辖区	2385.40		龙州县	1531.38
	上思县	1548.23		大新县	1043.69
	东兴市	788.31		天等县	223.51
钦州	市辖区	4028.28		凭祥市	342.76
	灵山县	3797.96	北部湾经济区总计		82980.27
	浦北县	952.38			

(3)潜力规模

两种方法测算结果较为相近,取二者算术平均值,计算得出规划期内北部湾经济区农村居民点整治潜力规模为 80669.07 公顷。

6 市整治潜力规模普遍较高,以南宁、北海、防城港和钦州 4 市分布最为集中。整治潜力规模较大的县区主要分布在南宁市辖区、武鸣县、横县、上林县、宾阳县、北海市辖区、合浦县、防城港市辖区、钦州市辖区、灵山县、玉林市辖区、博白县、北流市、崇左市辖区、扶绥县和宁明县等。

表 6-36　北部湾经济区农村居民点整治潜力规模

(单位:公顷)

地级市	县(市、区)	整治潜力	地级市	县(市、区)	整治潜力
南宁	市辖区	7076.47	玉林	市辖区	3638.19
	武鸣县	3870.74		容县	2885.72
	隆安县	797.92		陆川县	2469.87
	马山县	1094.66		博白县	3850.40
	上林县	2689.04		兴业县	2403.55
	宾阳县	2852.50		北流市	2810.09
	横县	6084.93	崇左	市辖区	1998.73
北海	市辖区	3714.96		扶绥县	2070.91
	合浦县	8530.62		宁明县	2887.81
防城港	市辖区	2419.62		龙州县	1522.01
	上思县	1564.11		大新县	984.61
	东兴市	795.93		天等县	0.75
钦州	市辖区	4148.33		凭祥市	318.40
	灵山县	3547.93	北部湾经济区总计		80669.07
	浦北县	918.94			

2.农村废弃采矿用地整治潜力测算

农村建设用地整治工程中,农村废弃采矿用地是重要的整治内容之一。根据全国第二次土地调查对农村土地分类的解释,采矿用地是指采矿、采石、采砂(沙)场,盐田,砖瓦窑等地面生产用地及尾矿堆放地。农村废弃采矿用地整治即是对农村地区因采矿、采石、采砂(沙)、盐田、砖瓦窑等生产活动形成的矿坑、石坑、废弃窑厂及废弃物堆放地等进行综合整治。

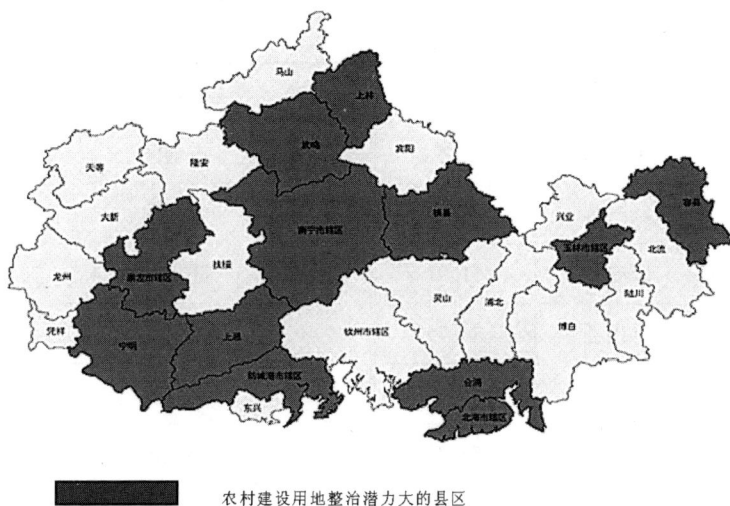

农村建设用地整治潜力大的县区

图6-9　6市各县区农村居民点整治潜力规模分布图

潜力测算采用比例系数法,计算公式如下:

$$\Delta M = M_0 \times R$$

其中,ΔM——采矿用地可整治潜力规模

$\quad\quad M_0$——农村现状采矿用地面积

$\quad\quad R$——规划期内农村废弃采矿用地整治比例系数

由于第二次土地调查统计的采矿用地中没有具体细分采矿用地的性质和矿区现状,因此,采矿用地废弃比例只能采用抽样调查法和估值法。即废弃采矿用地比例系数获取有两种途径:一是采用抽样调查法,在六市范围内分别选取典型的、具有代表性的县、区,调查废弃采矿用地占现状采矿用地的面积比例,并综合考虑规划期内仍在生产使用的采矿用地矿种类型、可生产年限,修正规划期内废弃采矿用地的面积比例系数;二是采用估算法,各县(市、区)根据当地废弃采矿用地现状情况,及当地矿厂、窑厂等生产情况,科学估算现状采矿用地在规划期内废弃的比例,从而确定采矿用地废弃比例系数。

取两种方法确定的比例系数的平均值作为农村地区废弃采矿用地整治潜力规模测算的比例系数,测算的各县(市、区)整治潜力规模如下表6-37所示。

表6-37 北部湾各县(区、市)农村废弃采矿用地整治潜力规模表

（单位:公顷）

地级市	县(市、区)	整治潜力	地级市	县(市、区)	整治潜力
南宁	市辖区	215.94	玉林	市辖区	72.12
	武鸣县	176.16		容　县	8.58
	隆安县	51.91		陆川县	73.85
	马山县	71.75		博白县	48.85
	上林县	97.00		兴业县	46.57
	宾阳县	56.78		北流市	11.06
	横　县	110.51	崇左	市辖区	22.42
北海	市辖区	241.32		扶绥县	40.03
	合浦县	220.04		宁明县	15.43
防城港	市辖区	96.79		龙州县	16.59
	上思县	18.50		大新县	69.12
	东兴市	13.04		天等县	64.40
钦州	市辖区	186.14		凭祥市	17.27
	灵山县	42.15	北部湾经济区总计		2122.44
	浦北县	18.15			

从调查统计来看,采矿用地废弃比例较高的县区主要有南宁市辖区、武鸣县、横县、北海市、钦州市辖区等。这些地区的采矿用地年限较长,采挖程度较高,废弃比例相对较高。从上表来看,采矿用地整治规模较大的县区主要有南宁市辖区、武鸣县、横县、北海市辖区、合浦县、防城港市辖区、钦州市辖区、玉林市辖区、陆川县、大新县、天等县等县区。

3.潜力修正

根据城乡建设用地增减挂钩项目经验,农村集体建设用地和废弃采矿用

地整理后可复垦为农用地或耕地的面积比例差别较大,不同地形地区整理后增加耕地的面积也有所不同。因此,分类考虑各种情况,对以上潜力规模进行修正。

根据北部湾各县自然地理特点,将各县按高山地区、低丘地区和平原地区进行划分、归类。

表6-38　北部湾各县(区、市)地形归类

地　区	地　形		
	山　地	丘　陵	平　原
南宁		市辖区、马山、上林、武鸣、横县	隆安、宾阳
北海		合浦	市辖区
钦州		浦北	市辖区、灵山
防城港		上思	市辖区、东兴市
崇左	凭祥、龙州、大新、天等	市辖区、宁明	扶绥
玉林		北流、容县	市辖区、兴业、陆川、博白

根据【0,1】赋值法,结合已开展城乡建设用地增减挂钩项目经验,不同地形、不同地类的整治潜力修正系数如下:

表6-39　不同地形、不同地类建设用地整治潜力修正系数

土地类型	高山地区	低丘地区	平原地区
农村居民点用地	0.2	0.3	0.5
农村废弃采矿用地	0.2	0.3	0.5

农村集体建设用地整治潜力总规模=农村居民点整治潜力规模×农村居民点修正系数+废弃采矿用地整治潜力规模×废弃采矿用地修正系数。

表 6-40　修正后潜力总规模

（单位：公顷）

地级市	县（市、区）	潜力规模	地级市	县（市、区）	潜力规模
南宁	市辖区	6563.18	玉林	市辖区	2604.43
	武鸣县	3642.21		容　县	2026.87
	隆安县	764.85		陆川县	1787.99
	马山县	480.91		博白县	2734.36
	上林县	2507.43		兴业县	1719.74
	宾阳县	2618.35		北流市	1975.92
	横　县	5575.90	崇左	市辖区	1417.05
北海	市辖区	3560.65		扶绥县	1899.84
	合浦县	7875.60		宁明县	2612.92
防城港	市辖区	1025.92		龙州县	618.76
	上思县	636.75		大新县	435.32
	东兴市	326.20		天等县	38.94
钦州	市辖区	3901.02		凭祥市	137.72
	灵山县	3231.07	北部湾经济区总计		63377.65
	浦北县	657.78			

4.潜力规模等级

耕地增加系数是反映农村建设用地整治潜力等级的常用指标。耕地增加系数是指土地整治新增加的耕地面积占农村建设用地面积的比例，其计算公式为：耕地增加系数＝潜力总规模÷现状总面积。

表 6-41　北部湾经济区各县耕地增加系数

地级市	县(市、区)	耕地增加系数	地级市	县(市、区)	耕地增加系数
南宁	市辖区	0.31	玉林	市辖区	0.23
	武鸣县	0.34		容县	0.21
	隆安县	0.18		陆川县	0.15
	马山县	0.08		博白县	0.14
	上林县	0.34		兴业县	0.19
	宾阳县	0.24		北流市	0.14
	横　县	0.33	崇左	市辖区	0.31
北海	市辖区	0.39		扶绥县	0.34
	合浦县	0.43		宁明县	0.43
防城港	市辖区	0.16		龙州县	0.17
	上思县	0.20		大新县	0.10
	东兴市	0.21		天等县	0.01
钦州	市辖区	0.24		凭祥市	0.12
	灵山县	0.20			
	浦北县	0.08			

　　采用经典统计软件 SPSS13.0,对耕地增加系数进行聚类分析,经分析验证,其划分三等的聚类结果,分类中心距离显著,分类结果可行度较高。等级结果见下表。

表6-42　北部湾经济区各县整治潜力等级

地级市	县(市、区)	潜力等级	地级市	县(市、区)	潜力等级
南宁	市辖区	Ⅰ	玉林	市辖区	Ⅰ
	武鸣县	Ⅰ		容　县	Ⅰ
	隆安县	Ⅱ		陆川县	Ⅲ
	马山县	Ⅲ		博白县	Ⅲ
	上林县	Ⅰ		兴业县	Ⅱ
	宾阳县	Ⅱ		北流市	Ⅲ
	横　县	Ⅰ	崇左	市辖区	Ⅰ
北海	市辖区	Ⅰ		扶绥县	Ⅰ
	合浦县	Ⅰ		宁明县	Ⅰ
防城港	市辖区	Ⅱ		龙州县	Ⅱ
	上思县	Ⅱ		大新县	Ⅲ
	东兴市	Ⅱ		天等县	Ⅲ
钦州	市辖区	Ⅱ		凭祥市	Ⅱ
	灵山县	Ⅱ			
	浦北县	Ⅲ			

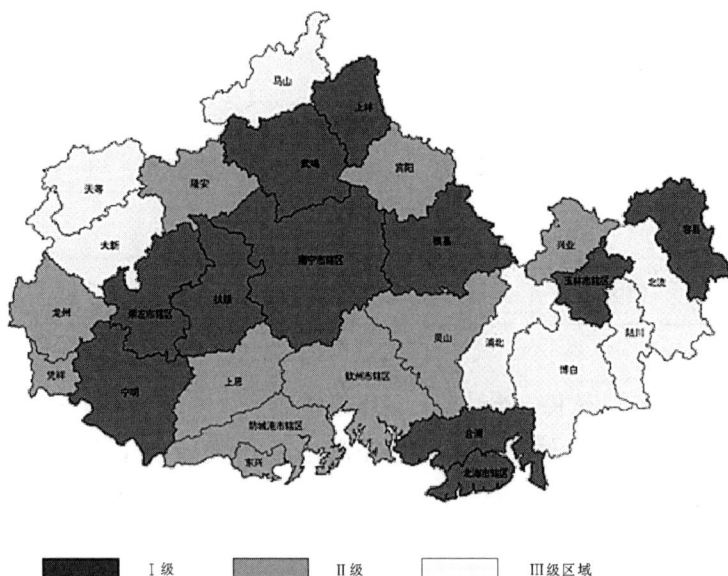

Ⅰ级　　Ⅱ级　　Ⅲ级区域

图6-10　北部湾经济区农村建设用地整治潜力等级分布图

（二）增减统筹优化重点区域划定

不同区域、不同经济发展水平的乡镇，开展城乡建设用地增减统筹的必要性和紧迫性也不相同。因此，以整治潜力规模为基础，综合考虑整治区经济发展水平、整治土地适宜性、人均建设用地超标区域分布、城镇工矿用地增长速度等因素，对各乡镇开展增减统筹优化的重要性进行专项评价，从而划定北部湾经济区城乡建设发展空间增减统筹优化的重点区域。

1. 因素指标

（1）整治潜力规模

根据规模效益原则，整治潜力规模较大的区域开展整治工程才容易产生规模效益，才符合整治项目的基本要求。因此，选择整治潜力规模作为重点区域划定最为基础的要素之一。

（2）经济发展水平

整治项目需要大量的资金投入，经济发展水平高的地区才有能力开展整治工作。落后、欠发达地区，即使整治潜力规模很大，但因为没有资金支持，开展整治项目的可能性也不大。因此，经济社会发展水平也是决定区域整治可行性的重要因素。

（3）人均农村建设用地面积

人均农村建设用地面积反映了农村建设用地整治结余指标规模情况。人均农村建设用地指标超标的区域是整治时优先、重点考虑的区域，也是整治后效果最为明显的区域。因此，选择人均建设用地面积指标作为重点区域划定的重要因素之一。

（4）城镇工矿用地增长速度

城镇工矿用地增长速度反映了工业化、城镇化建设对建设用地指标的需求程度。根据《广西壮族自治区土地利用总体规划（2006—2020）》确定的2020年与2010年城镇工矿用地规模差值，用城镇工矿用地增量规模指标作为重点区域划定的重要因素。

2. 指标标准化与聚类分析

使用SPSS13.0对上述各项指标数据进行标准化处理后，根据标准值进行聚类分析，划分各县区整治重要性等级。

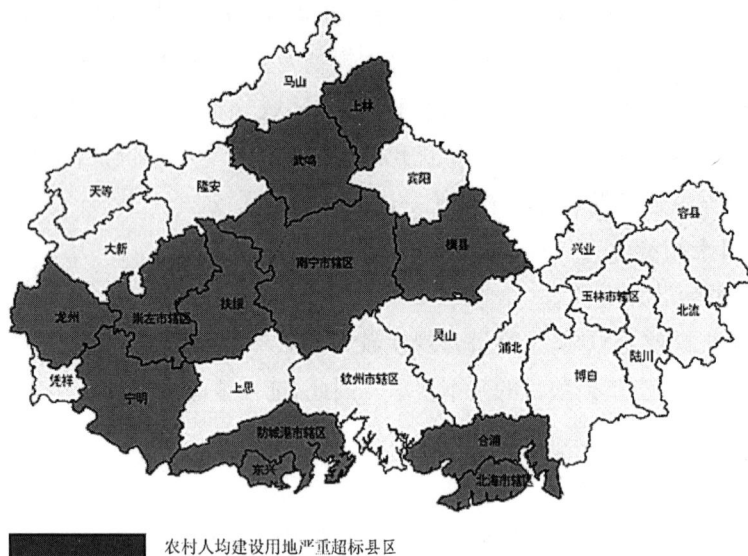

农村人均建设用地严重超标县区

图 6-11　人均农村建设用地超标区域分布图

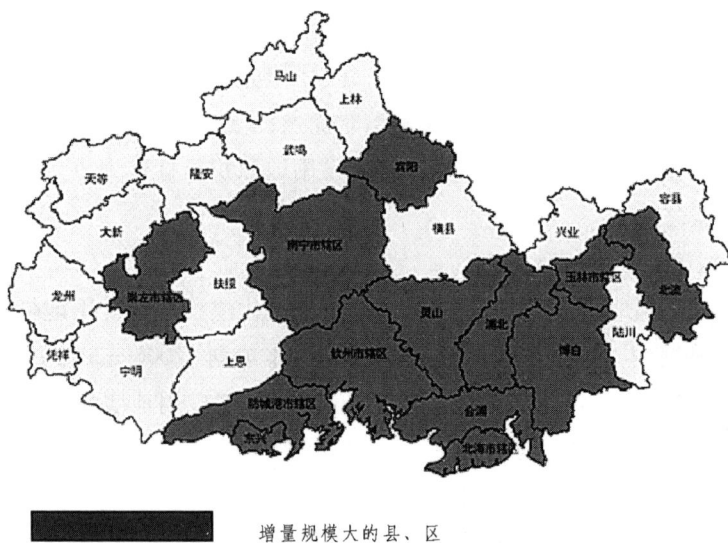

增量规模大的县、区

图 6-12　城镇工矿用地增量等级分布图

表 6-43　最终得分与整治实施等级次序

地级市	县(市、区)	等级	地级市	县(市、区)	等级
南宁	市辖区	I	玉林	市辖区	I
	武鸣县	I		容县	
	隆安县	II		陆川县	I
	马山县	II		博白县	I
	上林县	II		兴业县	III
	宾阳县	I		北流市	II
	横县	I	崇左	市辖区	I
北海	市辖区	I		扶绥县	I
	合浦县	I		宁明县	II
防城港	市辖区	I		龙州县	II
	上思县	II		大新县	II
	东兴市	II		天等县	II
钦州	市辖区	I		凭祥市	II
	灵山县	III			
	浦北县	II			

3. 重点区域划定

根据上述评价结果,可以将北部湾经济区农村建设用地整治空间划分为优先整治区、重点整治区和一般整治区,其空间分布如下图 6-13 所示。

(1)优先整治区

优先整治区是整治潜力较大,经济发展水平较高,规划近期重点建设发展的地区。整治区域包括:南宁市辖区、武鸣、横县、北海市辖区、合浦、钦州市辖区、玉林市辖区、博白、崇左市辖区和宁明,整治区域现状农村建设用地总面积119917.3 公顷,整治潜力规模 40487.3 公顷,占现状农村建设用地总面积的 33.76%。

(2)重点整治区

重点整治区是优先整治区以外,整治潜力较大,经济发展水平较高,规划近期和中期重点建设和发展的地区,主要是平原或低丘地区。整治区域包括

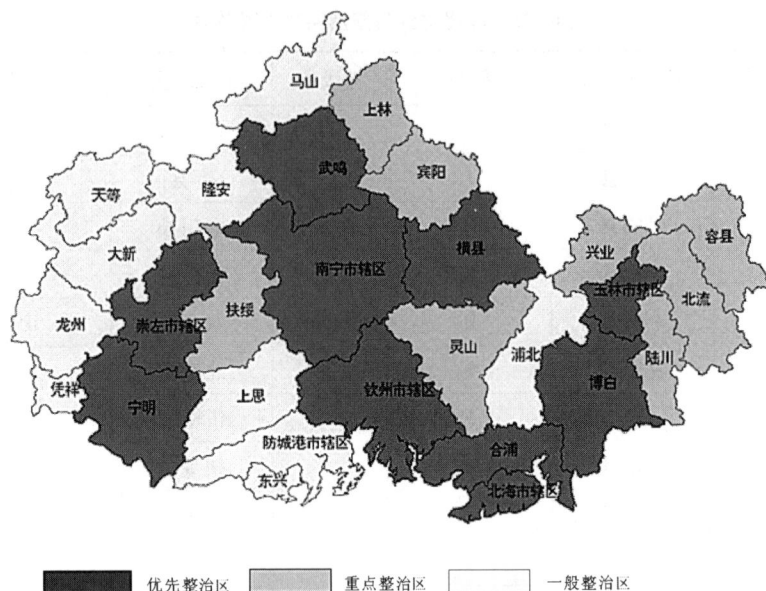

图 6-13　农村建设空间重点整治区域分布图

上林县、宾阳县、灵山县、扶绥县、兴业县、陆川县、容县、北流，整治区域现状农村建设用地总面积80573.77公顷，整治潜力规模17767.21公顷，占现状农村建设用地总面积的22.05%。

（3）一般整治区

一般整治区是除优先整治区和重点整治区外，具有一定整治潜力，但经济水平、地形地貌等有一定困难的地区，主要是高山地区的农村建设用地。整治区域包括：马山、隆安、天等、大新、龙州、凭祥、防城港市辖区、上思、东兴和浦北等。整治区域现状农村建设用地总面积38639.2公顷，整治潜力规模5123.14公顷，占现状农村建设用地总面积的13.26%。

（三）差别化整治模式选择

1. 迁村并点型

所谓迁村并点型农村土地整治就是通过土地整治使一些散户居民或村庄向具有一定规模或经济基础的中心村进行迁移，从而实现居民点集中安置，并对原来的居民点进行复垦。其主要特点为：一是中心村有一定的产业基础，能吸纳附近村庄的劳动力；二是附近的村庄农户少，但占地面积大且集体经济较发达，农民较富裕；三是农户旧房翻新、新建住宅和公建设施配套的要求强烈，群众新建住宅向中心村集聚的意见比较统一。

由于涉及建新拆旧,在实施过程中应注意将建新占用耕地表土层剥离与拆旧复垦相结合,实行拆旧新增耕地与建新占用耕地等级挂钩评价,确保复垦耕地形成配套设施齐全、与周边农田成片连方、质量较好的农田,促进耕地保护。

该模式适用于中心村具有一定产业基础、配套基础设施完善,附近村庄单个农村居民点小于3公顷,农村人均收入达到3000元以上,农户旧房翻新、新建住宅和公建设施配套的要求强烈,群众新建住宅向中心村集聚的村庄。

2. 整村搬迁型

所谓整村搬迁型农村土地整治,顾名思义就是对一些地处不适合人类居住、生产生活条件较差的村庄通过土地整治实施整体搬迁,从而使原来的村民搬迁至便于生活和生产的地方。其主要特点为:一是地处特殊地区,如地质灾害隐患点或水、电、路等基础配套设施条件很差,按照政策规定必须整体搬迁或逐年梯度搬迁;二是老村破旧不堪,布局分散,且大多数年轻人已居住新居民点,通过宅基地整理,可新增耕地的潜力较大。

该整治模式一是适用于因地质灾害隐患点、基础配套设施条件很差等按照政策规定必须整体搬迁或逐年梯度搬迁的村庄,如《广西地质灾害防治规划(2009—2020年)》确定的地质灾害重点防治区为7个,其中北部湾经济区范围内有2个,分别是北流梧州崩塌滑坡地质灾害重点防治区和浦北灵山崩塌滑坡重点防治区,涉及北流市、容县、浦北县和灵山县等4个县市。二是适用于危旧房比重大于80%、房屋空置率大于70%、用地规模小于5公顷、人均建设用地大于140平方米的村庄。

3. 旧村改造型

所谓旧村改造型农村土地整治就是对村庄在原地基础上进行重新规划,并对空心村、危旧房、废弃地进行改造和整治,从而实现新村建设和土地盘活。其主要特点是旧村聚居面积较大,区位较好,但空心村现象突出、一户多宅多、旧房危房多、闲置废弃地多,通过农村土地整治新增村庄建设用地的潜力比较大。该模式适用于危旧房比重大于40%、房屋空置率大于30%、用地规模大于5公顷、人均建设用地大于120平方米的村庄。

4. 城镇社区型

所谓城镇社区型农村土地整治就是通过土地整治和城乡建设用地增减挂钩实现城乡结合部原有农民生产生活方式的转变,使土地整治前的农村变为城镇社区,居民能够就业并有社会保障。其主要特点为:一是主要结合城市总体规划,为城乡结合部的农村居民点进行更新改造,完善基础设施和公共服务设施配套,实现农村社区化管理。二是农民生活收入来源主要以非农就业为主,收入水平较高且基本稳定。

根据各市县土地利用总体规划确定的城镇建设规模边界,规划期内,将规模边界外 2 公里范围内的农村居民点列为城镇社区型整治模式的农村居民点,规划期内将被改造为城镇社区。

5. 工矿发展型

以适应工矿企业发展对土地扩张、占压、污染而对农村产生的胁迫,尽可能控制占用、污染耕地为主要目标的整治模式。其整治基本要求是:适应统筹城乡发展过程中新型工业发展要求,整治低效利用土地,开发后备土地资源,复垦工矿废弃土地,治理污染土地,力求为工矿业发展提供合理用地并限制其不合理用地,另一方面提高土地节约集约利用程度而减轻工矿扩张对农用地的胁迫,为失地农民提供就业机会、生活保障和发展空间。

此模式主要适用于位于工矿业发展较快,对农用地占用需求量大,土地受到占压、污染较严重区域的工矿型乡村。

三、城乡建设发展空间优化阶段部署

(一)城乡建设发展空间统筹优化目标区域

根据对城镇和乡村建设用地整治潜力、整治重点区域以及差别化整治模式的分析,结合北部湾经济区城乡结构体系发展现状,建议新一轮国土规划实施过程中,重点对以下区域开展城乡建设发展发展空间整治工作。

表 6-44　城乡建设空间统筹优化目标区域表

级别	地级市核心区 (周边农村)	县、县级市核心区 (周边农村)	乡镇 (周边农村)
1级	南宁市(4 区);钦州市(2 区);玉林市(1 区);防城港市(2 区);北海市(2 区)	武鸣县、横县、灵山县、北流市、博白县、东兴市、合浦县、凭祥市、宁明县、扶绥县	那马镇、吴圩镇、大塘镇、小董镇、那蒙镇、大垌镇、大寺镇、康熙岭镇、尖山镇、沙埠镇、龙潭镇、福绵镇、新桥镇、马坡镇、茂林镇、企沙镇、江平镇、福成镇、南康镇、硕龙镇
2级	崇左市(1 区)	上林县、隆安县、宾阳县、浦北县、容县、兴业县、大新县、龙州县	白圩镇、大桥镇、陆屋镇、那隆镇、檀圩镇、仁东镇、民乐镇、杨梅镇、公馆镇、夏石镇

规划近期,整治的重点目标区域为南宁、北海、钦州、防城港、玉林 5 个地级市核心区和周边农村;规划中期,整治目标区域为北部湾各重点县或县级市建成区,重点镇和中心镇的城乡建设用地;规划远期,整治目标区域为崇左市、南宁市上林县、隆安县等高山地区。

(二)城镇建设发展空间整治阶段部署

城镇建设发展空间整治部署以城镇建设用地整治潜力分布为基础,按照"试点先行、逐步推进"的思路,科学合理安排不同时期的整治规模和空间部署。

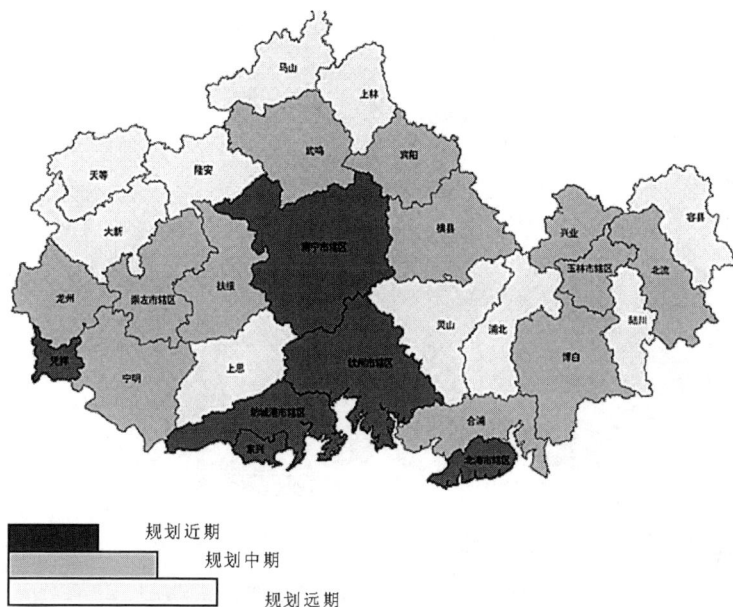

图 6-14　整治区域阶段部署图

1. 规划中期(2016—2020 年)

规划中期,在优先整治区城镇建设空间优化整治的基础上,着重开展重点整治区域的城镇建设空间整治。主要包括武鸣县、宾阳县、横县、合浦县、玉林市辖区、北流市、兴业县、博白县、崇左市辖区、扶绥县、宁明县和龙州县。现状城镇建设用地总面积 35812.95 公顷,可优化整治潜力规模 13664.43 公顷,占现状城镇建设用地总面积的 38.15%。

2. 规划远期(2021—2030 年)

规划远期,在经济区范围内全面开展城镇建设用地优化整治工程。包括上林县、马山县、隆安县、天等县、大新县、上思县、浦北县、灵山县、陆川县和容县等。现状城镇建设用地总面积 12218.71 公顷,可优化整治潜力规模 2700.54 公顷,占现状城镇建设用地总面积的 22.1%。

(三)农村建设发展空间整治阶段部署

农村建设发展空间整治部署以农村建设用地整治潜力分布为基础,结合农村土地综合整治工程、兴边富民重大整治工程等国家和自治区的重点工程,按照"试点先行、逐步推进"的总体思路开展。

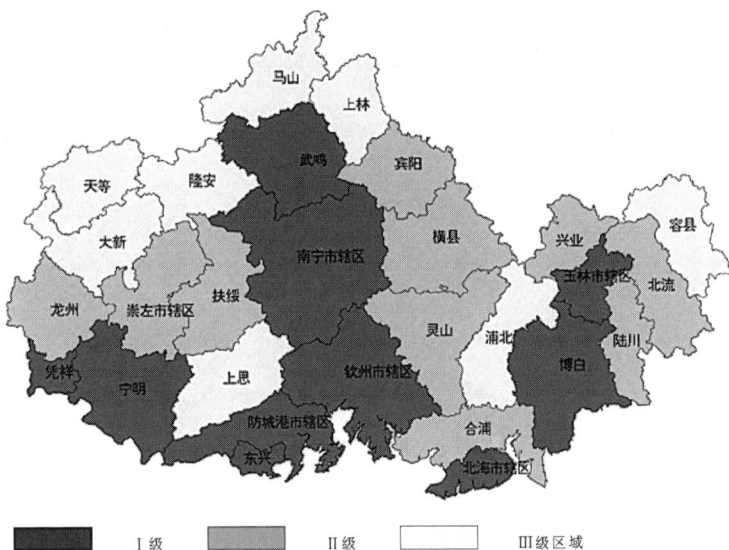

图 6-15　整治区域阶段部署图

1. 规划中期(2016—2020 年)

规划中期,在优先整治区农村建设空间优化整治的基础上,着重开展重点整治区域的农村建设空间整治。主要包括宾阳、横县、合浦、灵山、北流市、兴业县、陆川、崇左市辖区、扶绥县、龙州。现状农村建设用地总面积 131129.73 公顷,可优化整治潜力规模 28720.21 公顷,占现状城镇建设用地总面积的 21.9%。

2. 规划远期(2021—2030 年)

规划远期,在经济区范围内全面开展城镇建设用地优化整治工程。包括:上林、马山、隆安、天等、大新、上思、浦北、容县等。现状农村建设用地总面积 43178.86 公顷,可优化整治潜力规模 7548.84 公顷,占现状城镇建设用地总面积的 17.48%。

第四节　城乡建设空间统筹优化政策措施

一、严格落实土地用途管制制度

土地用途管制制度是指国家为保证土地资源的合理利用以及经济、社会的发展和环境的协调,通过编制土地利用总体规划,划定土地用途区域,确定土地使用限制条件,使土地的所有者、使用者严格按照国家确定的用途利用土地而采取的管理制度。土地用途管制制度是世界各国普遍采用的较为完善的土地管理制度,具有强制性法律效力。

土地用途管制制度包括一系列具体制度和规范,其中,土地利用总体规划是实行用途管制的依据。因此,各级土地利用总体规划编制和修编过程中必须科学合理划定土地用途分区,强化分区的管制性、效力性,深化土地用途管制的层次、方式和方法。农转非建设项目审批过程中,必须严格按照土地用途分区和管制要求进行把关,严格控制城镇外延式无序扩张占用耕地。加强农转非建设项目对区域生态环境影响的评价工作,把土地节约集约利用与生态环境保护结合起来,严格落实、深化土地用途管制制度。

针对城乡建设发展情况,新一轮国土规划实施过程中,着重深化土地用途管制内容和方法,延伸用途管制的范畴,探索结合规划标准完善土地用途管制,对不同区域通过实行不同的规划标准,引导城乡土地利用模式的转变。

二、积极探索促进城镇内涵式建设发展的相关政策

城镇建设发展初期一般以外延式扩张为主要的增长模式,城镇无限制地向农村地区延伸和扩张,肆意占用农村土地资源和生产资源,不断引起生态环境的破坏和城乡发展的不和谐。同时,由于缺乏规划控制和引导,城镇中逐渐形成"城市包围农村"式的城中村现象,引发城镇土地资源得不到高效配置,城镇景观不协调。因此,新时期,城镇建设和发展必须摒弃外延式扩张模式,走内涵式发展道路。

一是加强规划的引导和控制作用。城镇建设和发展必须以土地利用总体规划、城市规划确定的城镇建设发展控制线为准绳,不得突破。规划的编制过程中,加强对城镇中各类用地规模和空间布局的控制,合理引导和调控城镇建设用地结构和空间布局,促进城镇建设用地高效利用。

二是积极探索实践城镇存量建设用地再利用政策措施。针对城镇存量建

设用地类型、规模、分布，可以借鉴吸收深圳等地区城市更新改造的先进经验，结合实际，因地制宜，探索差别化的利用模式，使城镇各类存量建设用地资源得到再分配和高效利用。

三是积极出台城镇建设用地优化整治政策措施。根据新一轮国土规划的研究部署，积极开展城镇建设用地优化整治工作，实施差别化整治模式。

四是探索出台盘活历史遗留闲置建设用地的政策措施。在现有法律法规的范围内，密切协调各方关系，灵活运用各种政策，探索历史遗留闲置建设用地的利用方式和措施。

三、加强小城镇建设，优化小城镇建设用地结构和布局

根据国家、自治区相关政策文件，着重加强国家、自治区设定的重点城镇建设。按照统筹规划、分类指导、突出重点、示范带动的原则，依托高速公路和重大基础设施，建设设施配套、环境优美、各具特色的城镇，促进小城镇从数量型向质量型转变。

针对中心城周围、新城周围、山区小城镇不同的基础条件、资源状况和发展水平，制定分类指导的发展规划和政策。引导和鼓励经济联系紧密、资源互补的城镇进行协作和联动发展，形成重点镇带动一般镇、平原镇带动山区镇、小城镇带动农村的发展格局。

合理确定和强化小城镇的产业依托，发挥比较优势，与国家级、自治区级开发区形成分工合理的产业梯次结构，形成聚集效益和区域竞争优势。小城镇产业发展应以解决农民就业为主要目标，发展符合大城市郊区特点的劳动密集型、都市型工业和第三产业。

规范有序扩大小城镇建设规模，严格控制小城镇建设无序扩展。通过土地利用总体规划、城镇规划，严格控制城镇建设发展扩展速度，科学引导城镇建设用地结构和空间布局。

四、大力推进土地综合整治，探索多渠道资金整合模式

新时期，针对农村建设用地现状，因地制宜，采取空心村整治、自然村撤并、地质灾害搬迁安置、废弃工矿复垦等多种方式，大力推进农村土地综合整治工作，有效解决城乡统筹的民生问题和缓解城镇建设用地的供需矛盾。选择村民居住分散、有整理潜力、住宅选址符合村镇规划和土地利用总体规划、村集体经济实力雄厚、群众基础较好的村先行试点，按照"试点先行、典型引路、面上推广"的思路，逐步推广，全面开展农村建设用地整治工作。

在农村土地综合整治工作中,探索推行"政府主导、国土搭台、多方合作、群众参与"的模式,捆绑项目,对土地整理、农业综合开发等项目资金,以及交通、农业、林业、水利、电力、教育、卫生、科技等部门资金进行有机整合,并采取"渠道不变、管理不乱、使用方向不变、集中投入"的资金使用模式,充分发挥各个方面的积极性。

五、规范实施城乡建设用地增减挂钩工作

城乡建设用地增减挂钩是城镇和乡村统筹建设发展的重要路径。一方面,通过农村建设用地整理,有效推进"工业项目向开发区集中,农民居住向城镇及中心村集中,基本农田向保护区集中";另一方面,将整理所得到的新增耕地面积等量置换到城镇建设区,为城镇和工业发展提供更多的发展空间。现阶段,需加强规范城乡建设用地增减挂钩工作,一是整理纠正试点过程中出现的问题和矛盾,二是规范完善整治指标利用归还方式。

农村土地整治的核心环节是指标,为了指标的生成,需要拆旧、复垦耕地;为使指标的利用能产生相应的经济效益,必须限制指标,使得指标的利用产生的效益能与拆旧、复垦、建新所需要的资金匹配。所以指标是土地整治工作的核心,是实现国家、集体、农民三者利益合理分配的载体,是新增耕地、节约用地、整治农村各类用地的有效手段。

一是国土资源、农业等部门要制定此类耕地验收的标准和程序,对复垦后的耕地进行验收,并确定使用权,确认生成建设用地指标的数量。对新增的耕地先要依原耕地和建设用地的面积进行确权,而后进行均分给村民或有偿出租。

二是限制城镇建设用地出让收入使用用途。土地整治要通过指标的使用才能产生经济效益,从中获得的资金应优先进行耕地的整理复垦和新村建设,以及农村地区基础和公共服务设施建设。

三是限制整治形成的城镇建设用地指标用途。城镇建设用地指标禁止用于经营性商品房建设,鼓励用于保障性住房建设,以缓解城镇房地产市场过热,以及保障性住房短缺的问题。

第七章　工业与旅游业发展
空间统筹优化

第一节　工业发展现状及评价

一、工业产业园区发展概况及评价

工业产业园区是各地工业发展的集中区,对工业经济的发展起着重要的引领作用和示范作用,主要包括各类工业开发区、工业集中区、保税区、出口加工区、外商投资区、物流园区、边境经济合作区、特色产业园区和教育合作园区等。工业产业园区发展速度和用地效益情况能较为客观地反映整个地区的经济水平和产业发展定位情况。

北部湾经济区工业产业园区主要包括国家级和自治区级工业园区、AB类产业园区和工业集中区三类,其中,有国家级工业园区 8 个,自治区级工业园区 11 个;有 A 类工业园区 15 个,B 类工业园区 1 个,共计 16 个;有工业集中区约 25 个,详情如下:

1. 国家级和自治区级工业园区

从拥有国家级和自治区级工业园区数量上来看,南宁市共有 7 个,占国家级和自治区级工业园区总量的 36.84%,其中国家级工业园区 2 个,自治区级工业园区 5 个,分别占国家级、自治区级重点工业园区总量的 28.57%、41.67%;北海市拥有国家级和自治区级工业园区 4 个,占总量的 21.05%,国家级、自治区级工业园区分别有 1 个、3 个;钦州市拥有 2 个国家级工业园区,占北部湾经济区国家级和自治区级工业园区总量的 10.53%;防城港市拥有国家级工业园区 1 个;凭祥市有国家级工业园区 2 个,占国家级工业园区总量的 28.57%;玉林市拥有自治区级工业园区 3 个,占国家级和自治区级工业园区总量的 15.79%。

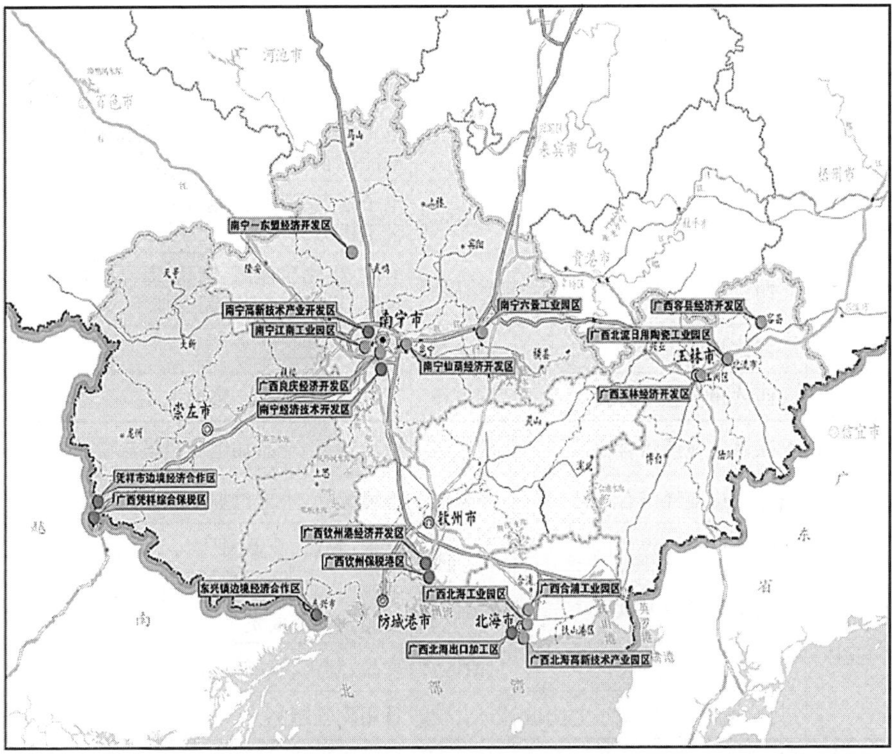

图 7-1　北部湾经济区国家级和自治区级工业园区分布示意图

表 7-1　北部湾经济区国家级和自治区级工业园区发展概况

区　域	工业园区名称	级别	主导工业产业现状
南宁	南宁经济技术开发区	国家级	精细化工、纸制品、电线电缆以及消费品工业
	南宁高新技术产业开发区	国家级	电子信息、生物工程与制药、机电一体化、新材料
	南宁—东盟经济开发区	自治区级	生物制药、食品和农副产品深加工、纸制品加工、机械制造
	广西良庆经济开发区	自治区级	制药、有色金属深加工、建材、饲料产业
	南宁仙葫经济开发区	自治区级	消费品工业、食品加工、制浆及纸制品
	南宁六景工业园区	自治区级	化工、制浆造纸、茧丝绸及轻纺服装加工、农副产品加工产业
	南宁江南工业园区	自治区级	电子信息、医药、铝加工产业、物流仓储

续表

区 域	工业园区名称	级别	主导工业产业现状
北海	广西北海出口加工区	国家级	仓储、物流、出口贸易
	广西北海工业园区	自治区级	电子信息、汽车(机械)制造、食品药品、新能源新材料
	广西北海高新技术产业园区	自治区级	电子信息、海产品精深加工、感光材料、轻工机械
	广西合浦工业园区	自治区级	电子、生物质能源、制药,海洋生物制品、食品、机械、农副产品深加工
钦州	广西钦州保税港区	国家级	仓储、物流
	广西钦州港经济开发区	国家级	石化、能源、冶金、粮油加工
防城港	东兴镇边境经济合作区	国家级	边境贸易、产品加工和边境旅游
凭祥	凭祥市边境经济合作区	国家级	边境贸易、进出口加工和国际物流
	广西凭祥综合保税区	国家级	红木、物流、仓储
玉林	广西玉林经济开发区	自治区级	生物医药、电子、高新技术加工业、建材、食品及物流商贸
	广西容县经济开发区	自治区级	食品、制药、机械制造
	广西北流日用陶瓷工业园区	自治区级	日用陶瓷制品

从国家级和自治区级工业园区主导产业现状来看,南宁市以生物制药、食品和农副产品深加工、纸制品加工、制浆造纸和电子信息等为主,北海市以电子信息、机械、海产品加工等为主,钦州以石化、能源、冶金等为主,防城港市和凭祥市以边境贸易、仓储物流为主,玉林市以食品、建材和陶瓷制品为主。

2. AB 类产业园区

北部湾经济区 AB 类产业园区主要是指经自治区认定的,各市依靠自身的力量规划建设起的一批工业园区。

据统计,广西全区现有市、县工业园区约 140 个,其中被自治区工信委列入 A 类工业园区的有 39 个,列入 B 类工业园区的有 12 个。北部湾经济区范围内有 A 类工业园区 15 个,B 类工业园区 1 个,共计 16 个,占广西区 AB 类产业园区总数的 31.37%。

表 7-2　北部湾经济区 AB 类产业园区发展概况

（单位：公顷）

所在地区	工业园区名称	工业园区类别	规划面积
南宁	明阳工业区	A 类	1704
	隆安华侨管理区	A 类	1863.4
	广西宾阳黎塘工业集中区	A 类	2256
	南宁市隆安宝塔工业集中区	A 类	435.19
	上林县象山工业集中区	B 类	636.6
钦州	钦州市河东工业园区	A 类	1452.88
	浦北县工业集中区	A 类	1309
	灵山工业区	A 类	2878.64
防城港	上思县工业集中区	A 类	1284
	防城港市企沙工业区	A 类	11859.8
	防城港市防城工业园区	A 类	2104.65
玉林	玉柴工业园	A 类	2283
	陆川县北部工业集中区	A 类	2278
	博白县工业集中区	A 类	1711
崇左	崇左市城市工业区	A 类	1800
	广西中国—东盟青年产业园	A 类	3480

根据统计结果，南宁市拥有 AB 类产业园区 5 个，占北部湾经济区 AB 类产业园区总数的 31.25%，其中 A 类工业园区 4 个，规划面积共计 6258.59 公顷，B 类工业园区 1 个，规划面积为 636.6 公顷；钦州市、防城港市和玉林市均拥有 A 类工业园区 3 个，规划面积分别为 5640.52 公顷、15248.45 公顷、6272 公顷；崇左市拥有 A 类工业园区 2 个，规划面积 5280 公顷。

3. 工业集中区

工业集中区主要是指除国家级和自治区级工业园区、AB 类产业园区之外，分布在北部湾经济区各县（区）的一般类型工业园区、经济开发区、产业园区和物流园区等。根据调查，北部湾经济区各市当前已设立和发展工业集中区约 25 个，详见表 7-3：

表7-3 北部湾经济区工业集中区发展概况

所在区域	工业集中区名称	备 注
南宁	宾阳芦圩工业集中区	已开发利用40公顷
	邕宁八鲤工业集中区	重点发展新型建材、轻工纺织、消费品
	兴宁三塘工业集中区	已开发利用75公顷
	西乡塘工业集中区	主要产业有机械、建材、制药、服装
	马山苏博工业集中区	已开发利用280公顷
	横县那阳工业集中区	已开发利用300公顷
	青秀伶俐工业集中区	已开发利用108公顷
	南宁伊岭工业集中区	规划面积3382公顷
北海	北海电子产业园	包括中国电子北海产业园和台湾(北海)电子产业园
	铁山港工业区	重点发展能源化工、林浆纸、临港综合产业、港口物流等临港型产业
	合浦陶瓷工业园	建筑陶瓷、日用陶瓷、高档洁具、建筑涂料
	银海区产业园	农副产品加工、高新技术开发、食品加工、建材五金
	海城区民营工业园	生物化肥、生物制药、珍珠系列化妆品、环保涂料、饮用水生产
钦州	中马钦州产业园	近期规划建设60公顷
防城港	大西南临港工业园	布局大西南地区的矿山设备、特种设备及出口和机械制造以及磷化工等资源型产业
	粮油食品产业园	发展粮油精深加工、生物饲料加工、仓储物流及粮油加工配套的上下游产业
玉林	龙潭产业园	2020年之前以再生资源加工利用、有色金属冶炼加工、石化产业、火电以及农产品加工等为主导产业
	兴业工业集中区	已开发利用330公顷,规划以建材、食品为主体产业,辅以发展机械、轻化产业
	福绵服装工业区	集服装生产销售、服装辅料生产、服装机械制造以及服装信息网络建设于一体的服装产业基地
	玉林健康产业园	重点发展生物制药、食品加工、医疗器械、仓储物流
崇左	扶绥空港经济区	重点发展精密电子、家电、机械及配件、通讯产品
	宁明工业集中区	重点发展糖、林化、林板、膨润土、生物能源、进出口加工
	龙州工业集中区	重点发展糖纸、进出口加工、矿冶、制药等
	大新工业集中区	主要发展锰、糖、化工、农产品加工等产业
	天等工业集中区	主要发展锰、农产品加工、制药等

各工业集中区均匀分布在北部湾各市、县,平均每个县域分布一个工业集中区,部分重点县域分布两个工业集中区。南宁市工业集中区数量最多,有8个,总规划面积12563公顷;北海市重点规划建设铁山港工业区和北海电子产业园,主要发展临港型产业;钦州重点发展中马钦州产业园,规划面积5000公顷;防城港和玉林各重点发展3个工业集中区;崇左市利用园区化方法和跨境产业合作机制,大力发展县域工业,重点建设扶绥空港经济区、宁明工业集中区、龙州工业集中区、大新工业集中区、天等工业集中区等工业集中区,在做大做强糖、锰等传统优势产业的基础上,重点发展出口加工、边贸物流等,充分发挥工业对经济的主导地位和作用。

二、工业发展存在的主要问题

通过对北部湾经济区工业产业发展现状及各市工业园区用地集约程度和用地效益的分析以及综合评价,可以总结出北部湾经济区工业产业发展存在的主要问题有:

1. 工业经济总量不大、经济实力较弱

广西工业占GDP的比重一直低于全国平均水平,虽然北部湾经济区工业经济实力相对于广西其他区域较强,但和国内其他先进地区相比,整体经济实力仍然偏弱,工业化进程与全国相比仍有一定差距,经济发展和结构调整的任务仍很艰巨。

2. 产业园区数量多规模小,用地集约节约水平不高

目前,广西各级各类产业园区总数在170个左右,国家级和自治区级园区31个,各市县及乡镇自身建立起来的地方园区约140个,其中北部湾经济区范围内约有60个各级各类产业园区。园区数量多,必然造成平均规模小,造成规模小的原因主要是园区建设主体的资金不足,导致基础设施建设不完善,无法吸引企业入园,阻碍了园区的成长。

各地产业园区在土地供求关系紧张的同时,还存在着粗放利用和浪费土地的现象。主要表现在:一是园区部分工业企业用地存在着多征少用、征而不用或优地劣用的情况,导致部分工业项目用地效率低和土地资源的浪费;二是部分园区建设项目的投资强度、建筑系数、容积率较低,土地利用强度达不到国家规定的工业建设用地标准的现象比较普遍;三是土地产出效益低,土地没有得到高效利用。

3. 产业园区用地结构不合理，工业用地比例偏低

部分产业园区选址在城区，当初设立时考虑的是依托城市良好的基础设施和生活服务设施等条件来发展园区经济，但在实际建设发展中由于一些城市主干道进入以及房地产开发项目、商业服务项目进入产业园区，致使一些园区的发展方向偏离产业聚集的主旨，实际工业项目用地比例偏低，工业用地投入产出强度较低。

4. 工业结构趋同，各市产业发展的互补性和协调性差

北部湾经济区各市主导产业定位不够明确，资源开发型工业仍占主导地位，产业层次低、结构雷同、产业集聚效应差等现象比较严重，各工业园区优势没有得到充分发挥。北部湾经济区19个重点工业园区中，广西北海出口加工区和凭祥市边境经济合作区确定的主导产业有5个以上，南宁经济技术开发区、南宁—东盟经济开发区、广西钦州港经济技术开发区和广西北海工业园区等园区确定的主导产业都有3个以上；AB类产业园区情况更加复杂，平均每个园区确定的主导产业多达5个。并且，在实际招商引资过程中，有些园区对引进的产业缺乏选择，没有按照园区确定的主导产业引进企业，造成园区内工业企业涉及的产业类型过多，优势、特色产业难以形成，产业链条短，难以形成集聚效应。

5. 产业发展层次低，高新技术产业发展缓慢

当前，北部湾经济区乃至整个广西工业产业发展基础薄弱，再加上工业园区规模小、资金吸纳能力弱，招商引资来的工业企业多是技术含量低、劳动密集型的加工业及低端产业，如机械制造、食品加工、制糖造纸等，基本上属于资源支撑型产业，而服务业和高新技术产业规模普遍较小，发展速度缓慢，各工业园区普遍存在产业层次低下的问题。各产业园区工业门类比较单一，配套不够完善，工业产业低水平趋同使得企业之间产业关联度小，难以形成效率较高、分工明确的产业链，导致各个企业相对封闭，产业集聚效应不强。

第二节　工业空间统筹部署及空间优化

一、工业发展战略及定位

（一）北部湾经济区工业发展战略及方向

北部湾经济区工业发展战略：充分发挥北部湾经济区引领带动作用，利用沿海港口优势，积极引进国内外大企业大项目，不断完善基础设施条件，加快建

设重点产业园区,重点发展石化、钢铁、电子信息、有色金属、食品、装备制造、修造船、能源、林浆纸一体化等产业,加快形成临海重化工业基地和现代物流基地。

具体目标和要求:进一步优化产业空间布局和产业结构,加快重点产业园区建设,促进产业集聚发展,形成特色突出、错位发展、分工协作、布局合理的一体化产业发展新格局。具体而言:第一,根据经济区各市资源禀赋和产业基础,进一步明确各市产业发展方向和重点;第二,依托龙头企业和重大产业项目,延伸上下游产业链,加快形成配套完善、市场竞争力强的六大产业集群,打造沿海环保型重化工产业带和以南宁、北海为主体的经济区高新技术产业带;第三,在改造提升传统产业的同时,积极培育新兴产业,提升产业结构,形成新的经济增长点,新兴产业主要包括海洋、新一代信息技术、生物技术、新能源和新材料;第四,提升现代服务业,坚持产业化、市场化、社会化方向,拓宽投资领域、扩大规模、优化结构、增强功能、规范市场,提高服务业水平;第五,加快重点产业园区建设,完善园区基础设施,实现水、电、气及管网等共建共享,吸引项目入园,壮大产业,取得实效;第六,加快重大产业项目建设,全面贯彻落实自治区党委、政府打造 14 大千亿元产业的重大部署,培育壮大电子、石化、冶金、装备制造、能源、造纸、轻工食品等支柱产业。

(二)各市工业发展重点及分工部署

1. 各市工业发展方向和重点

北部湾经济区 6 市产业发展方向和重点分别为:

(1)南宁市

大力发展铝加工、电子信息、机械装备制造等产业,加快推进农产品加工、化工、建材、造纸、轻纺等产业升级,积极发展生物工程与制药、新材料、新能源等高技术产业。重点加快南宁国家高新技术开发区、南宁国家经济技术开发区、南宁—东盟经济开发区、南宁六景工业园区、明阳工业区等园区建设。全面打造区域性加工制造基地、物流基地和信息交流中心。

(2)北海市

充分发挥港口优势和岸线资源,大力发展石油化工、电子信息等产业,加快发展装备制造、海洋产品加工和林浆纸一体化产业,大力提升新材料、能源、建材及农产品加工等产业。北海组团重点建设北海电子产业园、北海市工业园区、北海高新技术产业园区、北海出口加工区和合浦工业园区,铁山港组团重点建设铁山港(临海)工业区、铁山港东岸临海工业区。

（3）钦州市

依托日益完善的基础设施网络,主动承接国际国内产业转移,以工业园区为载体,优化产业空间布局,重点发展临海石化、造纸、电子信息、电力能源、冶金、粮油食品等产业,加快发展船舶、汽车、加工贸易等产业。加快钦州石化产业园、钦州港经济技术开发区、钦州保税港区、钦州市高新技术产业开发区、河东工业园区、进口资源加工区、中马钦州产业园等园区建设。建设成为北部湾临海核心工业区和广西重要的加工制造基地。

（4）防城港市

依托深水良港和东兴国家重点开发开放试验区,以钢铁、核电、铜镍三大项目为引领,重点发展冶金、有色金属、粮油加工、能源、装备制造、修造船等产业,壮大石化、建材、农产品加工、造纸与木材加工、医药制造等产业,培育发展海洋、新材料、新能源、节能环保等战略性新兴产业。重点加快企沙工业区、大西南临港工业区、粮油食品产业园、东兴边境经济合作区等园区建设。

（5）玉林市

做强机械主导产业,做大做优建材陶瓷、食品健康、皮革服装、电子信息等产业,发展壮大矿冶、石化、林纸化工、电力等产业,改造提升编制工艺、铁锅产业;培育发展新材料、新能源、节能环保和软件产业。重点加快玉柴工业园、玉林经济开发区、玉林龙潭产业园、北流日用陶瓷工业园、容县经济开发区等园区建设。加快建设国家新型工业化装备制造（内燃机）示范基地和全国最大日用陶瓷出口基地。

（6）崇左市

重点发展糖业和锰深加工,着力打造糖业循环经济示范基地和锰业精深加工基地,加快推进铝土矿开发和有色金属加工,大力发展剑麻、木材和松香深加工等特色产业,培育发展汽车动力电池及电池材料产业;依托中国—东盟陆路大通道,加快发展口岸物流和出口加工业;重点加快崇左工业区、中国—东盟青年产业园、扶绥空港经济区、凭祥综合保税区和中国凭祥—越南同登跨境经济合作区等园区建设。

2.重点保障发展产业及园区分工部署

根据北部湾经济区作为西南区域新增长极战略的需要,按照职能互补、优化配置、全面发展和积极竞争的原则,基于北部湾6市工业产业的发展现状,确定北部湾经济区各市重点保障发展的工业产业和园区,具体情况如下:

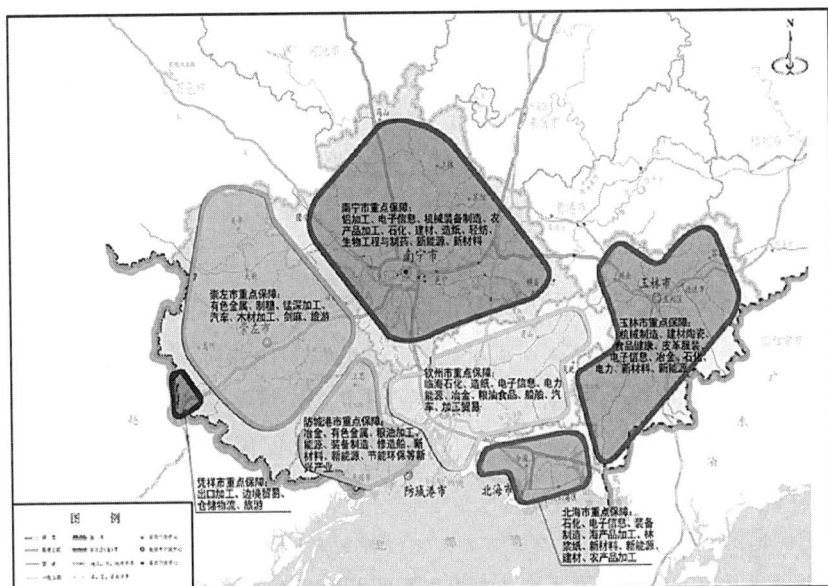

图7-2 北部湾经济区各市重点保障发展产业部署示意图

表7-4 北部湾经济区重点保障发展的工业和园区

区 域	重点保障发展的工业	重点发展产业园区
南宁市	铝加工、电子信息、机械装备制造、农产品加工、石化、建材、造纸、轻纺、生物工程与制药、新能源、新材料	南宁国家高新技术开发区、南宁国家经济技术开发区、南宁—东盟经济开发区、南宁六景工业园区、明阳工业区
北海市	石化、电子信息、装备制造、海产品加工、林浆纸、新材料、新能源、建材、农产品加工	北海电子产业园、北海市工业园区、北海高新技术产业园区、北海出口加工区、合浦工业园区、铁山港工业区、铁山港东岸临海工业区
钦州市	临海石化、造纸、电子信息、电力能源、冶金、粮油食品、船舶、汽车、加工贸易	钦州石化产业园、钦州港经济技术开发区、钦州保税港区、钦州市高新技术产业开发区、河东工业园区、进口资源加工区、中马钦州产业园
防城港市	冶金、有色金属、粮油加工、能源、装备制造、修造船、新材料、新能源、节能环保等新兴产业	东兴边境经济合作区、企沙工业区、大西南临港工业园、粮油食品产业园
崇左市	有色金属、制糖、锰深加工、汽车、木材加工、剑麻、旅游	崇左工业区、中国—东盟青年产业园、扶绥空港经济区
凭祥市	出口加工、边境贸易、仓储物流、旅游	凭祥综合保税区、凭祥市边境经济合作区
玉林市	机械制造、建材陶瓷、食品健康、皮革服装、电子信息、冶金、石化、电力、新材料、新能源	玉柴工业园、玉林经济开发区、玉林龙潭产业园、北流日用陶瓷工业园、容县经济开发区

(三)重点产业园区发展空间战略部署

北部湾经济区重点产业园区包括国家级、自治区级工业园区以及自治区重点支持发展的产业园区,除国家级、自治区级 19 个工业园区外,还包括北海电子产业园、北海铁山港工业区、钦州石化产业园、防城港企沙工业区、防城港大西南临港工业园、钦州港综合物流加工区和玉林龙潭产业园,共计 26 个产业园区。

其中,钦州石化产业园位于钦州市钦州港工业区,总规划面积为 35.8 平方公里,四至范围为:北至钦州港环北路,南至勒沟作业区,西至七十二泾,东至金鼓江;钦州港综合物流加工区位于钦州港大榄坪港区,规划面积 18 平方公里,其四至范围为:广西滨海公路以南、二号路和保税港区以东、鹿耳环江以西、保税港区以北区域。

当前,随着北部湾经济区国家经济战略地位的提升、社会经济的快速发展以及所面临的内外部竞争压力的增大,工业产业园区作为招商引资、培育产业集群、推动工业经济发展的重要载体和平台,在带动整个区域经济腾飞中发挥着更加重要的作用,特别是重点产业园区的核心地位在激烈的竞争中日益提升。因此加强对重点产业园区的统筹部署和管理,推进产业集群化发展,推动单个园区向园区集群化发展、实现园区的产业专业化发展显得更加迫切。

北部湾经济区重点产业园区在空间部署上可划分为南宁功能组团、北海功能组团、钦(州)防(城港)功能组团、铁山港(龙潭)功能组团、东兴(凭祥)功能组团和玉林功能组团等 6 大功能组团。

其中,南宁国家高新技术开发区、南宁国家经济技术开发区、北海高新技术产业园区和北海电子产业园区等高新技术园区部署规划成南宁—北海的高新技术产业带,北海、钦州和防城港的沿海产业园区将形成北部湾经济区沿海环保型产业带,两大产业带是整个北部湾经济区的经济脊梁和肩膀,在推动整个区域工业经济发展中起着举足轻重的作用。

二、工业发展空间统筹整合及优化布局

(一)工业发展空间统筹优化思路和整合要求

1. 按照"布局合理、用地集约、产业集聚"的总体要求,对现有工业园区进行统筹整合和优化。除重点工业园区外,每个县(区)重点培育和发展一到两个工业集中区。禁止在重点工业园区和工业集中区外布局新的工业项目,采

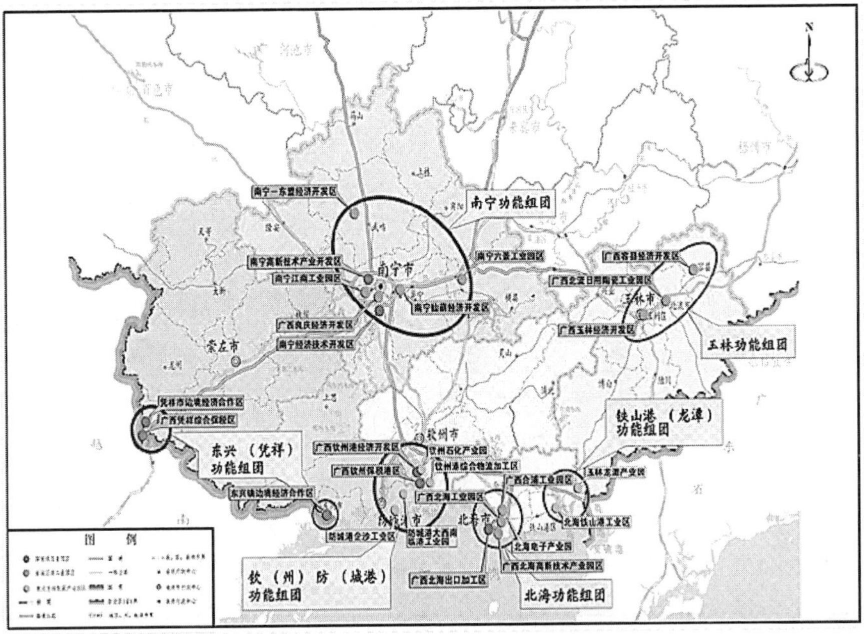

图 7-3　北部湾经济区重点产业园区功能组团示意图

用政策引导和经济调控手段促进各类工业项目向园区集中。

2. 对于规划期内新设立的产业园区，首先要根据国家和自治区有关产业园区用地管理的相关要求供地，进入产业园区的项目须符合产业园区用地控制指标方可单独供地，园区用地不得超出建设用地规模边界；其次应科学规划布局各类土地，严格控制工业用地率、投入产出强度水平，产业园区内办公、居住、生活配套设施用地应统一规划、集中布局、共享共用。

3. 在满足"用地集约"的前提下，确需扩区升级的重点工业园区，可以在城镇规划建设范围内扩区，但用地必须符合土地利用总体规划、城市总体规划、环境保护规划等专项规划，不得突破土地利用总体规划和城镇规划确定的城镇建设用地范围。

4. 优先保障重点工业园区用地，提高 AB 类产业园区用地节约集约水平，不断挖掘存量土地，不再向零星分布的县、镇级产业园区或工业集中区给予用地指标和政策上的倾斜。

5. 进一步细化区域分工和合作，增强产业发展的协同性和互补性，避免产

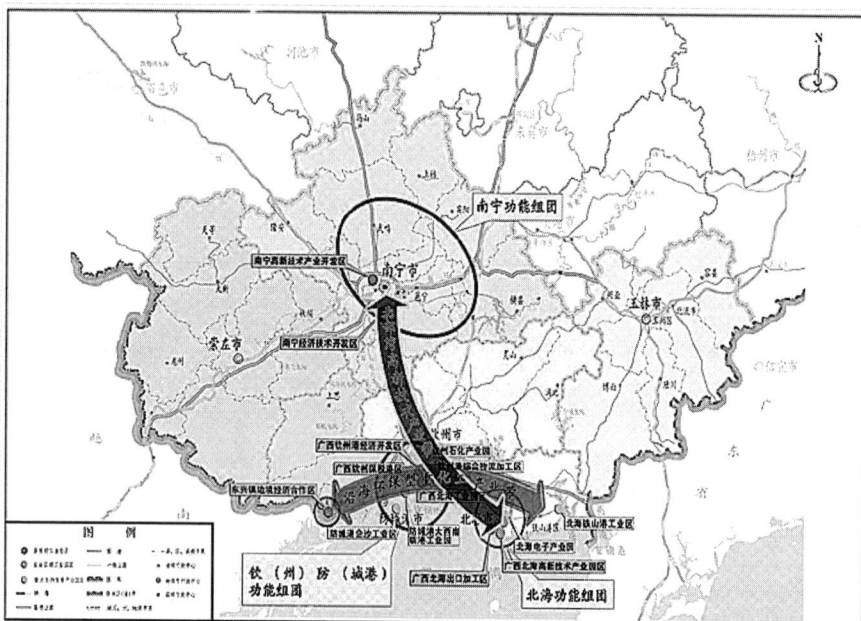

图 7-4　北部湾经济区重点产业带部署示意图

业雷同和无序竞争。积极培育和发展新兴产业,优先保障各市重点工业和新兴产业项目用地。

（二）工业及园区发展空间总体布局模式

依据北部湾经济区在西部大开发中的战略地位与作用及北部湾经济社会发展和城镇规划的总体要求,综合考虑北部湾的自然条件、区位状况及产业基础,在整体挖掘北部湾 6 市工业发展潜力的情况下,以"点—轴系统布局"模式为主,综合运用发展轴极化作用布局和网络布局模式为辅的总体空间布局模式。

1.空间结构体系

依据北部湾区域总体布局战略,有效发挥北部湾经济区"玉林—南宁—崇左"和"防城港—钦州—北海"两大发展轴及以 6 市交通干线上的工业园区为次轴发展极,县(区)中心城镇为增长点,沿交通干线布局,形成"点轴拓展、分部组团、网络推进"式结构体系。到 2020 年,要逐步形成产业及产业园区布局以城市为依托,由核心城市—中等城市—小城市—城镇布局组成的层次分明、规模适度、功能独特、布局合理的空间体系。

2.项目区域布局

根据总体发展规划,吸引产业、企业、项目在两轴区域进行重点分布,工业园区在北部湾经济区大致呈"大"字型分布。分布在"大"字型上的工业园区,着重加强重大基础设施建设,加快实施重大项目,加快推进临海重化工业基地建设,不断提升工业园区的产业发展水平和产业竞争力,带动全区经济社会又好又快发展。

3.产业及园区具体布局

按照布局集中、用地集约、产业集聚、环境友好的总体要求,坚持高起点规划、高标准建设,突出临港产业特色布局产业园区,吸引产业、企业、项目落户,禁止在工业园区以外区域布局新的工业项目,提高工业园区工业项目发展的集中度。设计工业园区发展的新路径,形成工业园区开发的新模式。

(1)沿港口"点状"空间布局

在钦州、防城港和北海三大沿海港口以及南宁等内河港口,优化布局以石油化工、钢铁、林浆纸、修造船、电子信息、粮油加工、新能源等产业为重点的工业园区,培育壮大临港产业集群,加快形成规模港口园区经济。

(2)沿江"线状"空间布局

依托水运航道,沿西江、左江等,布局以汽车、机械、冶金、化工、医药、铝锰深加工、电力等产业为重点的工业园区。

(3)沿交通干线"网状"空间布局

充分发挥北部湾经济区日益完善的国际区域立体交通网络优势,在主要高速公路、铁路沿线布局关联配套的工业园区。

(4)沿江"线状"空间布局

衔接北部湾城镇群发展规划,以中心城市、重点城镇和小城镇为节点,完善空间布局,形成分工明确、优势明显、协作配套的产业带。

三、工业用地空间控制引导及部署管理

(一)工业用地空间规模控制及引导

1.各市工业用地总规模控制

近年来,随着西部大开发战略的深入推进和中国—东盟自由贸易区的加快发展,北部湾经济区迎来了前所未有的发展机遇,北部湾各市工业产业在整个发展大潮中取得了长足发展,并奠定了一定的产业基础。伴随着对外合作

的需求和重大项目的落户,北部湾经济区各市工业用地需求量不断增长,一方面工业用地的大量供给给社会经济发展提供了重要保障,另一方面工业用地的粗放、不集约利用现象也比较突出,一定程度上造成了土地资源的浪费。因此,在今后的经济发展中,在适当保障工业用地的同时,也需要从用地供给上引导工业项目集约节约用地,从用地总量上和用地布局上给予控制和引导。

根据北部湾经济区工业发展空间统筹整合思路和要求,北部湾各市工业用地必须符合土地利用总体规划、城镇发展总体规划和其他专项规划。工业用地需布局在各市、县土地利用总体规划确定的允许建设区范围内,各市(县)各规划期工业用地总量需控制在城镇发展总体规划确定的城镇用地总面积的15%—20%之间。对于工业经济实力强、发展速度快、用地需求量大的市(县),各规划期内工业用地总量可以达到城镇发展总体规划确定的城镇用地总面积25%的标准。

2.产业园区发展空间规模控制及引导

(1)重点产业园区建设空间规模及引导方向

北部湾经济区26个重点产业园区规模控制及发展引导方向情况如下:

表7-5 北部湾经济区重点产业园区规模控制及引导方向

(单位:平方公里)

所在城市	工业园区名称	控制面积	引导方向
南宁	南宁经济技术开发区	10.80	规划近期,率先实现产业结构升级与优化,成为经济区综合性高附加值工业带动龙头。优先保障重点工业园区用地,提升工业集中区用地集约水平,切实提高工业用地投入产出效益。
	南宁高新技术产业开发区	8.52	
	南宁—东盟经济开发区	3.13	
	广西良庆经济开发区	2.63	
	南宁仙葫经济开发区	11.31	
	南宁六景工业园区	1.69	
	南宁江南工业园区	5.12	

所在城市	工业园区名称	控制面积	引导方向
北海	广西北海出口加工区	1.45	充分发挥沿海沿港区位优势和海洋资源优势,全力打造临海临港工业基地,大力发展电子信息、石油化工、装备制造、新材料等千亿元产业,增强产业自主创新能力,培育发展海洋、新能源、节能环保等战略性新兴产业,加快信息化发展,推动产业结构优化升级;优先保障千亿元产业项目用地,提高产业园区用地综合效益水平。
	广西北海工业园区	20	
	广西北海高新技术产业园区	1.20	
	广西合浦工业园区	6.12	
	北海电子产业园	4.67	
	北海铁山港工业区	123	
钦州	广西钦州保税港区	10	
	广西钦州港经济开发区	10	
	钦州石化产业园	35.8	
	钦州港综合物流加工区	18	
防城港	东兴镇边境经济合作区	4.07	
	防城港企沙工业区	92.68	
	大西南临港工业园	17.2	
崇左	凭祥市边境经济合作区	7.20	优先保障边境经济合作区项目用地,通过调整用地政策引导发展循环经济和新型工业。
	广西凭祥综合保税区	8.50	
玉林	广西玉林经济开发区	9.47	加强重点产业、园区和企业的协调发展,做大做强重点产业,培育打造具有竞争力的知名品牌;提高原有产业园区用地集约水平,保障特色园区用地。
	广西容县经济开发区	0.14	
	广西北流日用陶瓷工业园区	13.39	
	玉林龙潭产业园	17.5	

（2）其他产业园区发展空间引导

其他产业园区主要是指北部湾经济区范围内,除重点工业园区之外的AB类产业园区和各市、县根据自身发展需要设定的工业园区、经济开发区、产业园区和物流园区等。

①AB类产业园区用地规模控制和引导

为加强对AB类产业园区的管理和引导,根据当前AB类产业园区的发展定位、用地现状、规划面积、区位交通、项目引进等情况,合理控制和引导AB类产业园区的用地空间规模和重点保障发展的工业产业项目。通过对用地规模和重点产业的控制和引导,提高 AB 类产业园区的用地集约水平,规范项目用地,提升工业用地产出效益水平。

表 7-6　北部湾经济区 AB 类产业园区用地规模控制和产业引导

(单位:公顷)

所在地区	工业园区名称	用地控制面积	产业发展方向
南宁	明阳工业区	1704	生化、生物工程与药业、高新技术
	隆安华侨管理区	1863.4	生物产品、铝材加工、电子
	广西宾阳黎塘工业集中区	2256	建材、消费品加工、仓储物流
	南宁市隆安宝塔工业集中区	435.19	农副产品加工、建材、铝加工
	上林县象山工业集中区	636.6	冶金、金属加工、纺织服装
钦州	钦州市河东工业园区	1452.88	电子信息、机械制造、食品加工、新型建材、加工贸易、物流
	浦北县工业集中区	1309	制药、建材、矿业、木材加工、编织
	灵山工业区	2878.64	制糖、建材、制鞋、纺织、电子、林化、食品
防城港	上思县工业集中区	1284	制糖、林板林化、建材、制药
	防城港市防城工业园区	2104.65	冶金、石化、建材、仓储物流、农产品加工
玉林	玉柴工业园	2283	柴油机、工程机械
	陆川县北部工业集中区	2278	机械制造、物流仓储、建材、饲料
	博白县工业集中区	1711	编织工艺品及相关配套产业
崇左	崇左市城市工业区	1800	蔗糖、冶金、建材、出口加工、外贸物流
	广西中国—东盟青年产业园	3480	有色金属、电子信息、生物医药

②工业集中区用地规模控制和引导

加强对工业集中区的规划引导,优化县域工业布局,各县工业集中区用地需在土地利用总体规划确定的规模边界以内,须符合城镇发展规划和各类专项规划;鼓励各县因地制宜,依托农产品、矿产品等特色资源优势,发展优势互补产业,努力构建"国家级开发区——自治区级开发区——市、县级工业集中区"三级园区构成的综合经济体系;围绕中心城市、大企业、大项目,积极发展专业化协作配套产业和劳动密集型工业,大力推进各具特色的县域工业园区建设,加快形成产业集聚,引导各类项目向工业区集中,推进工业项目集中布局、集约用地、资源共享和配套发展,推动县域经济发展和加快城镇化进程。

表7-7　北部湾经济区工业集中区用地规模控制和产业引导

（单位:公顷）

所在区域	工业集中区名称	用地控制面积	主要发展产业
南宁	宾阳芦圩工业集中区	537	新型建材、竹编、茧丝、纸品加工、农产品深加工
	邕宁八鲤工业集中区	2514	先进装备制造业、临港产业和现代物流业
	兴宁三塘工业集中区	800	农林产品加工、机械、电子
	西乡塘工业集中区	530	生物制药、家具制造、服装
	马山苏博工业集中区	1500	冶金、金属加工、建材
	横县那阳工业集中区	1200	建材、农产品加工、蔗糖、茧丝绸
	青秀伶俐工业集中区	2100	消费品、食品加工、纸制品
北海	合浦陶瓷工业园	266.7	建筑陶瓷、日用陶瓷、高档洁具、建筑涂料
	银海区产业园	133	农副产品加工、高新技术开发、食品加工、建材五金
	海城区民营工业园	16.67	生物化肥、生物制药、珍珠系列化妆品、环保涂料、饮用水生产
钦州	中马钦州产业园	5000	装备制造、电子信息、农副产品深加工、新能源、新材料
防城港	粮油食品产业园	323	粮油精深加工、生物饲料加工、仓储物流及粮油加工
玉林	兴业工业集中区	1285	建材、食品为主体产业,辅以发展机械、轻化产业
	福绵服装工业区	1174	服装生产销售、服装辅料生产、服装机械制造
	玉林健康产业园	1252	生物制药、食品加工、医疗器械、仓储物流
崇左	扶绥空港经济区	—	精密电子、家电、机械及配件、通讯产品
	宁明工业集中区	—	糖、林化、林板、膨润土、生物能源、进出口加工
	龙州工业集中区	—	糖纸、进出口加工、矿冶、制药等
	大新工业集中区	—	锰、糖、化工、农产品加工等产业
	天等工业集中区	—	锰、农产品加工、制药等

3. 工业产业园区各规划期用地规模预测及控制

（1）南宁市

——2020年南宁市工业产业园区用地规模预测

根据《南宁市城市总体规划(2008—2020年)》,预计到2020年,南宁市工业总产值平均增长 18%,2006 年南宁市工业总产值为 639. 28 亿元,由此可以预测到 2020 年南宁市工业总产值约达 6484 亿元;产业园区工业产值总量将占全市工业总量的 78%,约为 5057 亿元;随着工业用地集约水平的提高和生产技术的改进,预计到 2020 年工业产业园区产出强度平均水平将达到 28 亿元/平方公里;预计到 2020 年南宁市工业园区用地总需求量约为 5057÷28 = 180. 61 平方公里,重点工业产业园区实际用地需求总量约为 95 平方公里,初步估计 2020 年南宁市 AB 类产业园区、工业集中区用地总规模约为 86 平方公里。

——2030 年南宁市工业产业园区用地规模预测

南宁市拥有 AB 类产业园区、工业集中区 12 个,总规划面积 160. 76 平方公里(详见表 7-8),根据各工业产业园区的发展规划,预计到 2030 年左右将全部开发建设,因此,截止到 2030 年南宁市 AB 类产业园区、工业集中区用地总规模应控制在 161 平方公里范围内,重点产业园区用地总规模约达到 100平方公里,工业产业园区用地总规模应控制在 261 平方公里以内。

表 7-8 南宁市 AB 类产业园区、工业集中区汇总表

(单位:公顷)

区域	园区类型	工业园区名称	规划控制面积
南宁	AB 类产业园区	明阳工业区	1704
		隆安华侨管理区	1863.4
		广西宾阳黎塘工业集中区	2256
		南宁市隆安宝塔工业集中区	435.19
		上林县象山工业集中区	636.6
	工业集中区	宾阳芦圩工业集中区	537
		邕宁八鲤工业集中区	2514
		兴宁三塘工业集中区	800
		西乡塘工业集中区	530
		马山苏博工业集中区	1500
		横县那阳工业集中区	1200
		青秀伶俐工业集中区	2100
合 计			16076.19

（2）北海市

北海市 9 个工业园区总规划控制面积 16060.67 公顷（160.61 平方公里），详见表 7-9。

根据北海电子产业园发展规划，预计到 2020 年全部土地完成开发建设；根据调查，铁山港工业区现状已开发利用 20 平方公里，根据铁山港工业区发展规划，截止到 2030 年，整个工业区用地全部开发利用完毕；银海区产业园、海城区民营工业园、合浦陶瓷工业园尚在规划建设中，预计到 2020 年全部建成投产。

根据以上分析，预计到 2020 年工业园区用地需求总量约达到 105 平方公里，其中重点产业园区约为 100 平方公里，工业集中区用地规模约为 5 平方公里；截止到 2030 年，各工业园区全部建成投产，用地规模将达到 161 平方公里。

表 7-9　北海市工业园区汇总表

（单位：公顷）

区　域	工业园区名称	规划控制面积
北　海	广西北海出口加工区	145
	广西北海工业园区	2000
	广西北海高新技术产业园区	120
	广西合浦工业园区	612
	北海电子产业园	467
	铁山港工业区	12300
	银海区产业园（规划中）	133
	海城区民营工业园（规划中）	16.67
	合浦陶瓷工业园（规划中）	267
	合　计	16060.67

（3）钦州市

——2020 年钦州市工业园区用地规模预测

根据《钦州市城市总体规划（2008—2020 年）》，预计到 2020 年，钦州市工业用地总面积约为 77 平方公里，占城市建设用地总面积的 25%。重点工业园区用地需求总量约为 45 平方公里,初步估计 2020 年钦州市 AB 类产业园区、工业集中区用地总规模约为 32 平方公里。

——2030 年钦州市工业园区用地规模预测

钦州市工业产业园区 8 个,总规划面积 180.21 平方公里,根据各工业产业园区的发展规划,预计到 2030 年左右将全部开发利用,因此,截止到 2030 年钦州市工业园区用地总规模应控制在 180 平方公里范围内。

表 7-10 钦州市其他工业集中区汇总表

（单位:公顷）

区 域	园区类别	园区名称	规划控制面积
钦 州	重点产业园区	广西钦州保税港区	1000
		广西钦州港经济开发区	1000
		钦州石化产业园	3580
		钦州港综合物流加工区	1800
	AB 类产业园区	钦州市河东工业园区	1452.88
		浦北县工业集中区	1309
		灵山工业区	2878.64
	中外合作	中马钦州产业园	5000
合 计			18020.52

（4）防城港市

——2020 年防城港市工业园区用地规模预测

根据《防城港市城市总体规划（2008—2020 年）》,防城港市工业总产值年均增长 23%,2010 年防城港市工业总产值为 497.66 亿元,由此可以预测到 2020 年防城港市工业总产值约达到 3200 亿元;产业园区工业产值总量将占全市工业总产值的 83%,约为 2656 亿元;随着工业用地集约水平的提高和生产技术的改进,预计到 2020 年工业园区产出强度平均水平将达到 28 亿元/平方公里;预计到 2020 年防城港市工业园区用地总需求量约为 94.86 平方公里,重点工业园区用地需求总量约为 60 平方公里,初步估计 2020 年防城港市 AB 类产业园区、工业集中区用地总规模约为 35 平方公里。

——2030 年防城港市工业园区用地规模预测

防城港市 6 个产业园区总规划面积 151.07 平方公里,根据各工业产业园区的发展规划,预计到 2030 年左右将全部开发利用,因此,截止到 2030 年防城港市工业产业园区用地总规模应控制在 151 平方公里范围内。

表 7-11　防城港市工业园区汇总表

(单位:公顷)

区　域	园区类别	园区名称	规划控制面积
防城港	重点产业园区	东兴镇边境经济合作区	407
		防城港企沙工业区	9268
		大西南临港工业园	1720
	AB 类产业园区	上思县工业集中区	1284
		防城港市防城工业园区	2104.65
	工业集中区	粮油食品产业园	323
合　　计			15106.65

(5)玉林市

——2020 年玉林市工业园区用地规模预测

根据玉林市工业产业发展规划,玉林市工业总产值平均增长 17%,2010年玉林市工业总产值为 1002.2 亿元,由此可以预测到 2020 年玉林市工业总产值约达到 4117 亿元;产业园区工业产值总量将占全市工业总量的 80%,约为 3300 亿元;预计到 2020 年工业园区产出强度平均水平将达到 34 亿元/平方公里,用地总需求量约为 97.06 平方公里,重点工业园区用地需求总量约为35 平方公里,初步估计 2020 年玉林市 AB 类产业园区、工业集中区用地总规模约为 62 平方公里。

——2030 年工业园区用地规模预测

玉林市拥有 10 个产业园区,总规划面积 140.33 平方公里,根据各工业园区的发展规划,预计到 2030 年左右将全部开发建设,因此,截止到 2030 年玉林市工业园区用地总规模应控制在 140 平方公里范围内。

表 7-12 玉林市工业园区汇总表

（单位：公顷）

区　域	园区类别	园区名称	规划控制面积
玉　林	重点产业园区	广西玉林经济开发区	947
		广西容县经济开发区	14
		广西北流日用陶瓷工业园区	1339
		玉林龙潭产业园	1750
	AB类产业园区	玉柴工业园	2283
		陆川县北部工业集中区	2278
		博白县工业集中区	1711
	工业集中区	兴业工业集中区	1285
		福绵服装工业区	1174
		玉林健康产业园	1252
合　计			14033

（6）崇左市

——2020 年崇左市工业园区用地规模预测

根据《崇左市城市总体规划（2008—2020 年）》，崇左市工业总产值年均增长约 25%，2010 年崇左市工业总产值为 335 亿元，由此可以预测到 2020 年崇左市工业总产值约达到 2400 亿元；产业园区工业产值总量将占全市工业总量的 75%，约为 1800 亿元；随着工业用地集约水平的提高和生产技术的改进，预计到 2020 年工业园区产出强度平均水平将达到 25 亿元/平方公里；预计到 2020 年崇左市工业园区用地总需求量约为 72 平方公里，重点工业园区用地需求总量约为 25 平方公里，初步估计 2020 年崇左市 AB 类产业园区、工业集中区用地总规模约为 47 平方公里。

——2030 年崇左市工业园区用地规模预测

根据各工业园区的发展规划，预计到 2030 年各产业园区用地规模达到最大，预计工业产业园区用地总规模约为 115 平方公里，其中 AB 类产业园区、工业集中区用地总规模应控制在 75 平方公里范围内。

根据以上分析和预测，北部湾经济区各市工业园区用地规模在各规划期内的控制面积汇总如下：

表 7-13　北部湾经济区工业园区用地空间规模控制

区　　域	工业园区用地空间规模（平方公里）	
	2020 年	2030 年
南宁市	181	261
北海市	105	161
钦州市	77	180
防城港市	95	151
玉林市	97	140
崇左市	72	115

截止到 2020 年,用地规模应分别控制在 181 平方公里、105 平方公里、77 平方公里、95 平方公里、97 平方公里、72 平方公里;截止到 2030 年,用地规模应分别控制在 261 平方公里、161 平方公里、180 平方公里、151 平方公里、140 平方公里、115 平方公里。

（二）工业园区建设空间控制标准设定

1. 工业园区各行业用地控制指标

为提高北部湾经济区工业企业进入工业园区的标准,保证园区的质量,在借鉴省外部分工业园区控制指标的基础上,结合北部湾经济区工业园区的实际情况,参考《广西工业项目建设用地控制指标（试行）》和《广西壮族自治区产业园区节约集约用地管理办法》,制定了工业园区各行业用地准入标准。

工业园区各行业用地控制指标由投资强度、容积率、建筑系数、行政办公及生活服务设施用地所占比重、绿地率五项指标构成,其中投资强度、容积率和建筑系数控制指标值详见表 7-14:

表 7-14　工业园区各行业用地入园控制指标

地区分类	投资强度（万元/公顷）						容积率	建筑系数（%）
	一类	二类	三类	四类	五类	六类		
行业代码	五、六等	七、八等	九、十等	十一、十二等	十三、十四等	十五等		
13	≥1788	≥1181	≥1081	≥835	≥679	≥633	≥1.1	≥35%
14	≥2139	≥1181	≥984	≥840	≥715	≥558	≥1.1	≥35%
15	≥1710	≥1181	≥936	≥792	≥679	≥528	≥1.1	≥35%

续表

地区分类 行业代码	投资强度（万元/公顷）						容积率	建筑系数（%）
	一类 五、六等	二类 七、八等	三类 九、十等	四类 十一、十二等	五类 十三、十四等	六类 十五等		
16	≥1633	≥1181	≥819	≥693	≥620	≥462	≥1.1	≥35%
17	≥1555	≥1181	≥897	≥759	≥748	≥506	≥0.9	≥35%
18	≥1633	≥1181	≥819	≥660	≥620	≥462	≥1.1	≥35%
19	≥1555	≥1181	≥977	≥693	≥620	≥462	≥1.1	≥35%
20	≥1370	≥1089	≥825	≥677	≥517	≥484	≥0.9	≥35%
21	≥1523	≥1108	≥761	≥635	≥583	≥462	≥0.9	≥35%
22	≥1881	≥1359	≥1073	≥798	≥715	≥534	≥0.8	≥35%
23	≥2260	≥1731	≥1190	≥865	≥780	≥506	≥0.9	≥35%
24	≥1633	≥1181	≥819	≥693	≥620	≥462	≥1.1	≥35%
25	≥2174	≥1580	≥1087	≥908	≥819	≥462	≥0.5	≥35%
26	≥2485	≥1580	≥1055	≥865	≥780	≥484	≥0.6	≥35%
27	≥3105	≥2260	≥1750	≥1450	≥1300	≥506	≥0.8	≥35%
28	≥3260	≥2373	≥1633	≥1360	≥1234	≥462	≥0.9	≥35%
29	≥2070	≥1580	≥1087	≥908	≥819	≥462	≥0.9	≥35%
30	≥1660	≥1392	≥955	≥794	≥625	≥506	≥1.1	≥35%
31	≥1576	≥1139	≥863	≥656	≥633	≥506	≥0.7	≥35%
32	≥2858	≥2087	≥1500	≥1190	≥1075	≥506	≥0.6	≥35%
33	≥2740	≥2150	≥1370	≥1255	≥1115	≥633	≥0.6	≥35%
34	≥2070	≥1505	≥1190	≥995	≥897	≥506	≥0.7	≥35%
35	≥2609	≥1906	≥1307	≥1087	≥982	≥462	≥0.7	≥35%
36	≥2485	≥1815	≥1432	≥1190	≥1075	≥506	≥0.7	≥35%
37	≥3105	≥2260	≥1711	≥1425	≥1175	≥484	≥0.7	≥35%
38	≥2485	≥2087	≥1432	≥1190	≥1075	≥462	≥0.8	≥35%
39	≥3520	≥2575	≥2024	≥1691	≥1530	≥506	≥1.1	≥35%
40	≥2485	≥2087	≥1432	≥1190	≥1075	≥506	≥1.1	≥35%
41	≥1245	≥945	≥656	≥546	≥494	≥462	≥1.1	≥35%
42	≥1307	≥945	≥656	≥546	≥494	≥462	≥0.7	≥35%

注：1. 本表所指代号按《国民经济行业分类注释》（GB/T4754—2002）的规定表述；

2. 建筑物层高超过8米的，在计算容积率时该层建筑面积可加倍计算。

国家级、自治区级工业园区,以及经自治区工业主管部门确认的A、B类产业园区新引进、改建、扩建工业项目的固定资产投资强度、容积率、建筑系数需符合工业园区各行业用地入园控制指标。进入工业园区的项目须符合工业园区各行业用地入园各项控制指标方可单独供地;不符合控制指标但经开发区管委会或市、县政府评估具备较大发展潜力的项目不予单独供地,可采用租赁或购买标准厂房的方式入园生产经营。

行政办公及生活服务设施用地所占比重,严格按照国土资源部关于发布和实施《工业项目建设用地控制指标》的通知(国土资发〔2008〕24号)执行。工业园区所需行政办公及生活服务设施用地面积不得超过园区总用地面积的7%。

绿地率严格按照2008年国土资源部关于发布和实施《工业项目建设用地控制指标》的通知(国土资发〔2008〕24号)执行。工业园区内部一般不得安排绿地,但因生产工艺等特殊要求需要安排一定比例绿地的,绿地率不得超过20%。

2. 重点工业园区建设空间效益标准设定

为切实提高工业园区土地集约利用水平,需从多方面考核和控制园区工业企业用地集约程度。工业园区用地产出强度是指园区总工业产值与工矿仓储用地面积的比值,反映园区工矿仓储用地的产出效益。工业企业的单位用地产出强度作为衡量工业用地集约利用水平的重要指标之一,因此需对此项指标进行控制和引导。

工业园区产出效益标准设定主要遵从三大原则:一是要结合各重点园区实际情况,具有可操作性;二是要充分考虑未来发展趋势,具有一定的前瞻性,能够引导用地向更加集约的方向发展;三是充分借鉴省外先进工业园区的产出效益水平和引导方式。

为使产出效益标准设定工作规范而具有可操作性,将北部湾经济区重点工业产业园区划分为高新技术产业园区、综合类产业园区和外向型产业园区三类,其中综合类产业园区包括经济开发区、工业园区和工业集中区等,外向型产业园区主要包括出口加工、边境经济合作区、保税区等。

(1)高新技术产业园区

从北部湾经济区高新技术产业园区中抽取186家工业企业进行产出效益情况调查,具体情况详见表7-15:

表7-15 高新技术产业园区工业企业产出效益情况表

产出强度（万元/公顷）	企业个数	占调查企业比例%
0<I≤1000	3	1.61%
1000<I≤2000	9	4.84%
2000<I≤3000	15	8.06%
3000<I≤4000	13	6.99%
4000<I≤5000	24	12.90%
5000<I≤6000	55	29.57%
6000<I≤10000	67	36.02%
合　计	186	100%

注：数据来源于2011年3月工信委开展的产业园区工业企业基本情况摸底调查结果。

由表中数据可知，产出强度超过6000万元/公顷的工业企业数量最多，有67家，占总调查对象的36.02%；产出强度位于5000万元/公顷和6000万元/公顷之间的工业企业数量次之，有55家，占总调查对象的29.57%；产出强度小于1000万元/公顷的工业企业数量最少，有3家，占总调查对象的1.61%，绝大部分被调查的工业企业产出强度高于3000万元/公顷。

根据测算，国家级高新技术产业开发区平均产出强度为7480万元/公顷，自治区级高新技术产业开发区平均产出强度为6370万元/公顷。按照指标制定原则，拟确定高新技术产业园区入园项目产出强度要求原则上不低于以下标准：国家级不低于6300万元/公顷；自治区级不低于5300万元/公顷；其他级别不低于4300万元/公顷。

(2)综合类产业园区

从北部湾经济区经济开发区、工业园区和工业集中区中抽取210家工业企业进行产出效益情况调查，具体统计结果详见表7-16：

表7-16 综合类产业园区工业企业产出效益情况表

产出强度（万元/公顷）	企业个数	占调查企业比例%
0<I≤1000	40	19.14%
1000<I≤2000	37	17.70%
2000<I≤3000	28	13.40%
3000<I≤4000	30	14.35%
4000≤I	75	35.89%
合　计	210	100%

注：数据来源于2011年3月工信委开展的产业园区工业企业基本情况摸底调查结果。

由表中统计数据可知,产出强度超过 4000 万元/公顷的工业企业数量最多,有 75 家,占总调查对象的 35.89%;产出强度位于 1000 万元/公顷和 2000 万元/公顷之间的工业企业有 37 家,占总调查对象的 17.70%;产出强度小于 1000 万元/公顷的工业企业数量有 40 家,占总调查对象的 19.14%,各类工业企业的产出强度之间存在明显差异。

根据同样的方法测算,国家级综合类产业开发区企业平均产出强度为 4008 万元/公顷,自治区级综合类产业开发区企业平均产出强度为 3650 万元/公顷。按照指标制定原则,拟确定综合类产业园区(包括经济开发区、工业园区等)入园项目产出强度要求原则上不低于以下标准:国家级不低于 3400 万元/公顷;自治区级不低于 2800 万元/公顷;其他级别不低于 2200 万元/公顷。

(3)外向型产业园区

根据统计分析,广西北海出口加工区、凭祥市边境经济合作区和东兴边境经济合作区产出强度平均水平分别为 5099 万元/公顷、1550 万元/公顷、1743 万元/公顷。

基于当前北部湾经济区外向型产业园区产出强度实际情况,参考区外沿海省份产业园区的产出强度水平,按照指标制定原则,拟确定外向型产业园区(包括出口加工区、边境经济合作区、保税区等)入园项目产出强度要求原则上不低于以下标准:国家级不低于 2800 万元/公顷;自治区级不低于 2300 万元/公顷;其他级别不低于 1800 万元/公顷。

表 7-17　外向型产业园区工业企业产出效益情况表

开发区名称	产出强度(万元/公顷)
广西北海出口加工区	5099
凭祥市边境经济合作区	1550
东兴边境经济合作区	1743

数据来源:2011 年 3 月工信委开展的产业园区工业企业基本情况摸底调查结果。

北部湾经济区工业产业园区建设空间效益标准设定情况汇总如表 7-18 所示:

表7-18　北部湾经济区工业产业园区建设空间效益标准

产业园区类型	园区级别	建设空间产出效益目标值(万元/公顷)	建设空间产出效益目标值(亿元/平方公里)
高新技术产业园区	国家级	6300	63
	自治区级	5300	53
	其他级别	4300	43
综合类产业园区(包括经济开发区、工业园区等)	国家级	3400	34
	自治区级	2800	28
	其他级别	2200	22
外向型产业园区(包括出口加工区、边境经济合作区、保税区等)	国家级	2800	28
	自治区级	2300	23
	其他级别	1800	18

产业园区工业产业项目须满足上述产出效益标准,否则不予供地。工业项目产出效益值未达到上述规定要求的,由产业园区管委会提出整改意见,报当地工信、国土部门审查同意后,督促企业限期整改。

(三)工业园区用地获取途径及管理

优先保障北部湾经济区重点工业园区发展用地,提高重点工业园区用地集约水平,不断挖掘利用存量土地。对于用地集约水平达到园区各项控制指标、在规划期确需扩区的重点产业园,可提请国家或自治区批准,按照节约集约用地的原则科学安排园区拓展规模。

地市级工业园区所需建设空间主要通过县、乡镇农村建设空间整治获得,严格限制占用耕地,禁止占用永久性基本农田;初步确定农村土地综合整治的范围和目标;工业集中区建设空间管理要严格执行土地用途管制制度,按照集约节约用地的原则,主要是挖潜存量建设用地,实现耕地占补平衡。

县级工业园区所需建设空间主要通过农村建设空间整治获得;初步确定农村土地综合整治的范围和目标;工业集中区建设空间管理要严格执行土地用途管制制度,主要是挖潜存量建设用地,实现耕地占补平衡。

一方面,进入工业园区的项目、企业必须符合国家产业发展政策、土地利用总体规划、城市总体规划、城市环境保护规划及镇总体规划,对于新引进的工业项目和企业,投资强度、容积率和建筑系数等指标必须达到各类行业规定的控制指标才能入园;另一方面,有必要建立工业园区土地综合信息系统,对土地供应情况、用途、建设进度、到期及闲置情况、用地投入产出强度等进行动态跟踪,提高园区用地效益,加强用地的批后跟踪和监管。

第三节 工业发展空间统筹优化措施及相关建议

一、提升区域经济实力和核心竞争力

1. 发挥优先区的联动作用,提升整个区域的经济实力

北部湾经济区工业产业最终要实现网络化整体推进的发展态势,提升整个区域的经济实力,从而带动整个广西社会经济又好又快地发展。在统筹布局初始阶段要突出重点,以"玉林—南宁—崇左"和"防城港—钦州—北海"两大发展轴上重点产业和园区为优先发展区,以重点工业园区以及 AB 类产业园区为优先发展点,发挥优先发展区和发展点的联动作用,统筹有序地推进整个区域的发展和提升。

2. 统筹整合工业资源和能源,提升核心竞争力

加快北部湾经济区整体性、一体化建设,统筹整合 6 市优势工业资源和能源,在突出各市重点产业发展的同时,不断提升各市区域协调能力和优势资源互补能力,构建各市功能定位合理、产业协调配套的工业发展新格局,提升整个北部湾经济区的核心竞争力。

3. 构建规划实施协商机制,推动形成发展合力

充分发挥规划的指导作用,积极建立规划实施协调机制,构建协商平台,完善工作机制,统筹协调相关部门,实施区市联动、政企互动、部门协动,形成发展合力,共同推动规划目标任务圆满完成。在北部湾区和各市两级建立由工业主管部门及相关部门参与的会商机制,对规划实施中重大工业项目、工业园区建设、产业布局等重大问题进行会商。

二、统筹整合各类产业园区,推进土地集约利用

1. 整合零散产业园区,优先保障重点产业园区

按照布局合理、用地集约的要求,对现有工业园区进行整合和优化。除重点保障发展的工业园区外,每个县(区)重点培育和发展一到两个工业集中区,撤并各乡镇零散工业集中区,清除不符合土地利用总体规划、城镇发展规

划和其他相关专项规划的工业区。禁止在重点工业园区和工业集中区外布局新的工业项目,采用政策、制度和经济等多种手段促进各类工业产业项目向园区集中。

加快发展重点工业园区,推动产业向工业园区集聚。按照"布局合理、特色鲜明、用地集约、生态环保"的原则,加快产业向工业园区集聚,充分发挥工业园区的产业集聚作用,推动优势产业、优势企业和优势资源向重点园区集聚,建成一批布局合理、产业优势突出、基础设施齐全的百亿元园区,支持和推动南宁经济技术开发区、南宁高新技术产业开发区、广西北海出口加工区等国家级开发区发挥政策优势加快产业结构优化升级,拓展发展空间,以东兴边境经济合作区和凭祥市边境经济合作区为依托,加快国家级开放开发试验区建设。

规划部署工业集中区,鼓励各地发展特色产业。加强规划引导,优化县域工业布局,鼓励各县因地制宜,依托农产品、矿产品等特色资源优势,发展特色农产品加工及矿产资源采掘、冶炼和精深加工等产业;围绕中心城市、大企业、大项目,积极发展专业化协作配套产业和劳动密集型工业,大力推进各具特色的县域工业园区建设,引导各类项目向工业区集中,推动县域经济发展和加快城镇化进程。

2.节约集约用地,促进园区土地高效利用

首先,要建立项目准入制度,严格准入条件。入园项目需符合国家产业发展的有关政策;符合土地利用总体规划和土地利用年度计划;符合城镇建设总体规划和控制性详规;符合工业项目的产业布局和园区产业布局规划;符合国家工业用地控制指标规定;符合环保等相关政策规定。

其次,整合低效用地,实现工业园区土地二次配置,提高土地利用效率。适当提高工业项目用地入园控制标准,推行园区项目用地投资强度最低标准制度,提高土地投资强度。

最后,鼓励建设和使用标准厂房。要鼓励建设标准厂房,出台政策措施鼓励和支持开发建设使用标准厂房,吸引各类投资主体参与标准厂房的投资、建设、管理和经营。鼓励租用标准厂房,对应进标准厂房而不进入标准厂房的工业项目,国土资源部门不再单独供地。

3.要加强土地管理,积极盘活闲置土地

加强土地管理,全面清理园区的项目用地。园区管理部门会同国土资源管理部门对园区的项目用地情况定期进行清理,核查其投资强度、产出效益和容积率等用地指标,特别是对早期入园项目占地多、产出少,长期停工停产、造成土地资源浪费的项目应加大清理力度,腾出土地为新项目入驻创造条件。

及时处理闲置土地,加大存量建设用地盘活力度。对已审批征用但闲置的土地要限期开发,入驻园区企业在依法办理了项目用地等手续后应在 3 个月内开工,大型项目应在半年内开工,对逾期不开工建设的项目将按有关规定收取闲置费;土地闲置满两年未开工建设的,坚决无偿收回,重新安排使用。通过收购、清理、置换、进行二次招商等办法盘活闲置土地。

4. 产业园区实施节约集约用地评价制度

每两年国土部门会同发改、工信、统计部门对产业园区单位 GDP 和固定资产投资规模增长的新增建设用地消耗量进行考核,对产业园区产业政策执行情况、土地开发程度、产业用地结构、土地利用强度、产业用地投入产出效益等指标进行考核评价。对考核成绩突出的园区,在安排下一年度新增建设用地指标时予以奖励;对未达到考核标准的园区,削减其新增建设用地指标。

三、优化园区用地结构,提高工业用地比例

1. 做好园区规划,合理确定产业园区性质

园区建设要科学合理规划,坚持规划先行,尤其是产业的定位与布局,以高标准的规划引领园区发展。园区规划应与相关规划做好衔接,在符合当地经济社会发展规划、土地利用总体规划和城市总体规划的基础上,充分考虑园区规划的科学性和前瞻性,坚持"开发一片,建成一片,收益一片,滚动发展"的建设原则,坚持高起点、高标准规划,加大控制性详细规划的编制力度。

合理确定园区的性质。根据各地的实际情况,在充分考虑当地产业结构、区位特点、环境保护要求的基础上,合理确定园区的性质。明确园区的功能、产业发展定位,突出园区特色,培育主导产业,加快引进配套企业和上下游关联企业,提高产业关联。

2. 科学规划布局园区土地,以产业用地为主

应按照集约用地、产业集聚的原则,科学规划布局园区各类土地,以产业用地为主,引导产业园区通过压缩超标的行政办公及生活服务设施用地面积等方式,扩大生产性用地规模及比例。产业园区内办公、居住、生活配套设施用地须符合国家和自治区的相关用地标准。工业企业内部行政办公及生活服务设施用地面积占项目总用地面积比例和建筑面积占项目总建筑面积比例均

不得超过7%;工业企业内部一般不得安排绿地,但因生产工艺等特殊要求需要安排一定比例绿地的,绿地率不得超过20%。未达到控制指标要求的,按控制指标核减项目用地。

加快建设和完善园区的基础设施,合理布置园区内道路和铺设地下管网。在符合国家建设用地控制指标的前提下,合理安排园区行政设施及生活服务用地,除必要的配套设施外,园区内不得安排房地产开发等非工业项目用地;同时,可考虑在工业园区管委会管辖范围以内但在工业园区以外的区域安排部分基础设施用地。通过压缩工业园区以内非生产性用地比例,提高工业用地所占的比重。

四、调整优化产业结构,促进产业集聚发展

1.加大重点产业扶持力度,加快培育产业集群

根据北部湾经济区工业发展战略确定的主导产业,着重引进和培育千亿元产业,以重大项目为支撑,整合资源,加大投入,形成产业集群发展。围绕延长重点产业的产业链、延伸产品链、扩展技术链,搞好投资项目库建设。创造良好发展环境,加强对新建、续建和拟建项目的跟踪服务,重点解决项目建设中存在的项目审批、建设用地规划、配套设施建设等方面的问题,努力提高项目建设的速度和质量。

2.以重点产业园区为载体,促进产业集聚

以自治区产业政策为指导发展重点产业园区,调整产业结构,促进产业集聚。按照项目集中、产业集聚、用地集约、功能集成的总体思路和要求,以南宁国家高新技术开发区、南宁国家经济技术开发区、北海高新技术产业园区、北海电子产业园区等高新技术园区和自治区重点支持发展的千亿元产业园区为载体,提高项目承载能力和投资强度,促进优质资源、先进要素向各组团功能区聚集。努力使各县建立发展的特色产业园区成为承接产业转移的载体和平台,加快形成产业集聚,实现产业结构的优化升级。

3.科学规划产业体系,推动工业与农业的融合发展

随着广西发展千亿元工业产业战略的部署和实施,北部湾经济区原有产业格局将会发生很大变化,工农业大融合发展成为重要趋势,同时,物流业、旅游业等服务业也将伴随工农业的提升而发展壮大。北部湾经济区在推动工业发展的同时,要注重农业产业的保护和提升,实现原有特色农业产业与规模化、技术先进、附加值高的工业产业同步发展,科学规划经济区未来工业、农

业、物流业和旅游业产业体系。

第四节 旅游业发展现状

一、旅游资源概况

（一）旅游资源概述

广西北部湾地处热带北缘,属热带季风气候,终年温暖,四季常青,是中国乃至全球的一块宝地。广西北部湾集陆地、海洋、半岛、岛屿为一体,具有宁静的海湾、优良的港口、丰富的资源和秀美的山水。在热带亚热带亚洲季风气候的影响下,展现出蓝（海洋）、红（火山地貌与红土地）、绿（植被）的生机勃勃的生态环境。北部湾是目前中国最具原生态特征的海域,区域内洁净的海水、优质的海滩、形态各异的海岛、海底火山和珊瑚礁群等,构成了一个庞大的海洋旅游资源体系。

总体来讲,北部湾旅游资源具有吸引力的旅游项目数量众多,山水资源丰富,形成休闲度假地的资源条件充分;地理位置优越,拥有绵延海岸线,岛屿资源丰富,滨海支撑性强;旅游资源依托城区分布,交通框架基本成型,便于整合形成目的地;少数民族风情浓郁,特色民族文化资源丰富。

（二）旅游资源总体特征

1.旅游资源丰富齐全

广西北部湾旅游资源涵盖滨海休闲、边关跨国、山水生态、民族风情、历史文化、商务会展等众多领域,为区域经济的发展奠定了坚实的资源基础。该区域可开发的旅游资源集中、丰富、多样,既具有现代国际旅游所追求的"阳光、海水、沙滩、绿色、空气"五大要素,也兼具"河流、港口、岛屿、气候、森林、动物、温泉、岩洞、田园、风情"十大风景资源,集自然风光、人文景观、民族风情、珍稀动植物于一体,特别是热带滨海沙滩和少数民族风情极具有吸引力。

2.旅游资源特色突出

北部湾旅游资源拥有南宁业热带都市风情、风光独特的海水海滩、富有异国情调的边关风貌、堆绿叠翠的森林景观,还有壮美神妙的跨国瀑布,特有的资源和区域条件形成了北部湾旅游资源"都"之神情、"海"之神韵、"边"之神秘、"山"之神奇、"林"之清秀、"瀑"之神妙的特色。

海岛旅游是北部湾经济区的一大特色,其中北海涠洲岛最为典型。涠洲岛地理位置十分优越,位于广西北海市东南面北部湾海域中,南望海南岛,北靠北海市,东邻雷州半岛,西近越南,是中国最大、地质年龄最年轻的火山岛。涠洲岛旅游资源类型极为丰富,自然资源有海岸景观、火山景观、生物景观和气候资源四大类,人文资源有天主教堂、圣母堂、三婆庙、烈士纪念碑、海岛民俗民居等,既有现代国际旅游所追求的"阳光、海水、沙滩、绿色、空气、美食"六大要素,又兼具热门的热带农业、滨海沙滩、奇妙海蚀地貌、火山地质遗迹、海底珊瑚景观。

3. 旅游资源文化多姿多彩

北部湾区域内聚居着壮、京、瑶、苗、侗、黎、彝等少数民族,拥有浓厚的少数民族文化,壮族歌圩文化、古代稻作文化、大明山龙母文化、宁明花山文化、古骆越文化等民族风情浓郁,五彩斑斓。此外,还有红色文化、海洋文化以及包括边情、边贸、边关、边疆等的边境历史文化和异国文化。

4. 旅游资源具有唯一性和垄断性

北部湾旅游资源丰富,自然风光与人文风情并茂,具有许多高品位的一流旅游资源,如中国—东盟博览会、南宁国际民歌节、北海涠洲岛、北海银滩、德天跨国大瀑布、宁明花山崖画、凭祥友谊关、中华白海豚保护区、红树林保护区、海上丝绸之路等,旅游资源唯一、品位一流,市场垄断性强。

二、旅游业发展面临的机遇与挑战

(一)发展优势和机遇

1. 广西旅游业进入新的发展战略机遇期

首先,和平、合作、开放的国际环境总体上有利于旅游业的发展;其次,《中共中央国务院关于深入实施西部大开发战略的若干意见》《国务院关于加快发展旅游业的意见》以及《国务院关于进一步促进广西经济社会发展的若干意见》等一系列政策都将推动旅游业加快发展,推进广西旅游强省的建设;再次,国民经济持续发展为旅游业提供重要的经济支撑;最后,科技进步将推动旅游业转型升级。

2. 战略地位的提升,推进广西旅游强省(区)战略纵深发展

广西在国家区域发展总体战略中的地位和作用明显提高,在国家对外开放战略中的地位更加凸显。广西既是西部大开发战略重要省份之一,也是中国—东盟自由贸易区的重要门户和前沿地带,同时肩负民族融合的发展战略,北部湾经济区、西江经济带开发先后上升为国家战略,因此,广西旅游业具有多个国家战略平台,能够成为区域旅游业发展战略的新高地。而北部湾经济区作为广西重点发展区域,拥有宝贵的资源与地缘优势,必将成为广西旅游强省(区)战略纵深发展的领头羊。

3. 优越的旅游资源和生态环境为北部湾旅游业实现跨越式发展奠定了坚实基础

北部湾经济区旅游资源独具魅力,山河秀丽,是多民族聚集区,少数民族风情古朴浓郁,多民族文化缤纷灿烂,秀丽山水与民族风情相互融合,在全国都具有独特的优势。北部湾经济区森林覆盖率达到50%以上,具有舒适宜人的气候环境,一年四季适合旅游,"山青水秀生态美"成为最大的优势和品牌。丰富的旅游资源和优良的生态环境为北部湾旅游业实现跨越式发展奠定了雄厚的资源基础和环境基础。

4. 区位优势和交通新格局的形成为北部湾经济区旅游业发挥特殊功能创造了有利条件

北部湾经济区地处华南经济圈、西南经济圈和东盟经济圈的结合部,是中国西部大开发地区唯一的沿海区域。区位优势明显,自然地理优越,可以成为面向东盟国家的旅游集散地和目的地,可以成为跨国旅游的合作示范区。北部湾经济区区位优势正转变为市场优势,"十二五"期间,广西交通发展目标为建成以南宁国际综合交通枢纽为中心,以海港、空港为龙头,以泛北部湾海上、南宁—新加坡陆路和南宁通往东盟国家航空三大通道为主轴,基本形成各种运输方式布局合理、结构完善、便捷通畅、安全可靠的现代化综合交通体系,交通新格局的形成为北部湾经济区拓宽大客源市场创造了十分有利的条件。

(二)面临问题和挑战

1. 国际金融危机和相关因素的影响

2008年,国际金融危机发生后,全球旅游业受到严重影响,而进入后危机时代的世界经济走势仍未明朗,当前和今后一段时间,我国旅游业仍然面临严峻挑战。旅游业是综合性、关联性较强的产业,容易受到政治、经济和自然等因素影响,广西旅游业也面临国际金融危机后危机时代的挑战和影响。

2. 面临周边国家和其他省份的旅游竞争

一方面,东盟国家因远离主要市场和自身发展条件限制等原因,旅游业是其重要的出口产业,对旅客市场的竞争十分激烈;另一方面,《国务院关于加快发展旅游业的意见》出台后,全国各省旅游业发展热情高涨,旅游发展机制创新步伐加快,给广西旅游业发展带来巨大的竞争压力。北部湾经济区旅游业在未来既要面临周边国家的竞争,还要面临国内周边省份快速发展的挑战。

3.社会经济基础薄弱,旅游整体发展水平有待提高

广西北部湾经济区社会经济处于稳步增长阶段,但经济基础相对于国内发达省份还比较薄弱,工业化城镇化水平不高,城乡差距明显,社会经济对旅游业的综合支撑力不强。北部湾经济区旅游业与国内先进区域相比还有很大差距,在全国旅游业发展大格局中仍存在很多相对弱势,区域旅游合作实现途径急需拓展,旅游市场联动性有待加强。

4.北部湾旅游业自身发展中存在不适应问题

北部湾旅游业还存在发展方式相对粗放,旅游业综合效益凸显不足,产业内部结构欠合理,旅游企业相对弱小,旅游服务意识有待加强;旅游发展的大市场需要纵深拓展,国际化程度较低;旅游安全保障、投诉受理、公共信息服务等机制需进一步完善。

第五节　旅游产业发展空间统筹优化

一、旅游业发展空间优化战略

(一)旅游发展空间布局

分层整合环北部湾和泛北部湾两个旅游圈,构建广西北部湾经济区、海南国际旅游岛、珠三角地区、越南北部湾沿海经济圈四极支撑,推进五轴联动拓展,构筑北部湾旅游发展"一核、两圈、四极、五轴"的空间大格局,优化北部湾旅游空间结构,培育七大旅游组团,完善旅游交通网络和旅游城镇体系,打造一批特色鲜明的旅游优先发展区和主体功能区。

1.空间布局

(1)启动壮大一核

一核即北部湾旅游的核心发展区,包括广西的南宁、防城港、钦州、北海4市,与国务院批准的《广西北部湾经济区发展规划》范围一致。核心发展区既是北部湾各区域联动的中心枢纽,又是旅游发展基础相对薄弱的区域,因此,要全力推进、加快发展,使其成为引领北部湾旅游发展的重点区域。

(2)分层整合两圈

北部湾旅游发展空间布局两圈分别为小圈——环北部湾旅游圈、大

圈——泛北部湾旅游圈,小圈整合内部资源,大圈整合外部市场,形成大小两个圈层,大套小,形成向内有集聚力、向外有扩张力的空间格局,既突出区域合作(内圈),也突出海洋旅游(外圈)。

(3)四极互补支撑

北部湾旅游发展要依托广西北部湾经济区开放开发、海南国际旅游岛建设、珠三角地区合作发展、越南北部沿海经济圈发展,构建四个支撑极,发挥广西北部湾经济区的主体职能和组织能力、海南国际旅游岛的国际国内市场吸引力、以粤港澳为主体的珠三角地区巨大市场支撑力、投资能力以及以下龙湾为核心的越南旅游国际吸引力。

(4)五轴联动拓展

依托主干交通和重点城市,构建北部湾旅游发展的海陆旅游通道,打造特色突出跨国、跨区域旅游发展轴,形成东西互动(越南下龙湾、广西沿海和粤港澳),南北串联(北部湾与桂林、大西南),国际拓展(跨国旅游轴)的旅游大格局。五轴主要包括:南宁—河内—胡志明—金边—曼谷—吉隆坡—新加坡国际拓展轴、南宁—北海(防城港、钦州)—海南国际旅游岛拓展轴、南宁—广东—港澳跨区域旅游拓展轴、北海(防城港、钦州)—南宁—柳州—桂林—昆明/成都旅游拓展轴、大西南出海大通道旅游拓展轴。

2.功能组团

整合优势旅游资源,建设七大旅游组团,支撑"1245"的北部湾旅游发展总体空间框架。北部湾及泛北部湾区功能组团主要有:南宁旅游组团、北钦防旅游组团、中越边关旅游组团、桂东南旅游组团、海口旅游组团、海南岛西海岸旅游组团、雷州半岛旅游组团。

3.交通体系

依托航空、海上航线和高速公路、高速铁路等形成北部湾辐射国内外、方便游客进出的旅游廊道,构建对外网络化、对内公交化旅游交通体系,通过联网骨干、提升服务,加快航空、海上、铁路、公路和自驾车五大运输体系建设,形成海陆空立体式、综合性、国际化的北部湾旅游交通网络体系。

4.旅游城镇体系

(1)母港型城市

建设南宁、北海等母港型城市,构建综合性强、集散功能突出、覆盖面广的北部湾旅游中心城市。

（2）特色旅游城市和区域旅游服务中心城市

建设广西防城港市、钦州市、崇左市、玉林市等北部湾特色旅游城市；建设广西的凭祥市、东兴市为区域旅游服务中心城市。

（3）重点旅游县镇

主要为旅游服务功能的县和镇，主要包括广西的大新、宁明、龙州、武鸣、上思、陆川和容县等县，大新的硕龙、防城的那良、东兴的江平、北海的涠洲、南宁的昆仑等镇。

5.旅游主体功能区空间部署

主体旅游功能区是指在保护好自然生态环境和自然文化遗产的基础上，充分利用该地域空间的特色旅游资源，在满足其原基本功能和特点的前提下，以旅游开发为该地域空间主要内容和发展重点，突出旅游的主要功能和主导作用，各地在土地利用规划、项目申报及审批的时候明确其旅游发展功能，保障旅游发展用地。北部湾经济区主要有以下7类主题旅游功能区：

（1）旅游度假区类

旅游度假区类主体旅游功能区主要有：北海银滩国家旅游度假区、北海涠洲岛旅游度假区、合浦南国星湖岛旅游度假区、防城港江山半岛旅游度假区、玉林佛子山旅游度假区、南宁大王滩国家水利风景区、横县西津湖旅游度假区等。

旅游度假区是为旅游者提供度假休闲等服务的综合性旅游服务场所，以旅游度假服务为主要功能，要划定明确的地域界限和功能分区。

（2）地质公园类

地质公园类主体旅游功能区主要有：广西北海涠洲岛火山国家地质公园等，以地质遗迹资源的保护与利用、向人们灌输地质遗迹资源的科学价值和激发居民对自然遗产的自觉保护意识为宗旨，突出地质地貌的形成过程，根据资源特色，通过适度开发，形成具有特色的旅游产品，以达到保护和利用的目的。

（3）自然保护区类

自然保护区类主体旅游功能区主要有：广西大明山国家自然保护区、十万大山国家级自然保护区、北仑河口国家级自然保护区、防城金花茶国家级自然保护区、广西山口国家级自然保护区、广西隆安龙虎山自治区级自然保护区、广西弄岗国家级自然保护区等。

（4）森林公园类

森林公园类主体旅游功能区主要有：上思十万大山国家森林公园、南宁良凤江国家森林公园、横县九龙瀑布群国家森林公园、北流大容山国家森林公园、北海冠头岭国家森林公园等。

此类主体功能区以森林旅游资源为基础，以良好的森林生态环境为主体，以保护为前提，遵循开发与保护相结合的原则，在科学保护的基础上合理布局、适度开发建设。

（5）风景名胜类

风景名胜类主体旅游功能区主要有：大新德天跨国大瀑布风景旅游区、广西花山崖画风景旅游区、凭祥友谊关风景旅游区、南宁青秀山风景名胜区、陆川水月岩—龙珠湖风景名胜区、陆川谢鲁山庄风景名胜区、北流勾漏洞风景名胜区、容县都峤山—真武阁风景名胜区、博白宴石山风景名胜区、兴业龙泉岩风景名胜区、灵山六峰山—三海岩风景名胜区、东兴京岛风景名胜区等。

（6）国家重点文物保护单位类

国家重点文物保护单位类主体旅游功能区主要有：北海近代建筑、合浦古汉墓群、容县真武阁、容县近代建筑、钦州刘冯故居、凭祥友谊关、花山崖画、南宁昆仑关战役旧址等。

（7）旅游岸线类

旅游岸线类主体旅游功能区主要包括：北海市山口生态旅游岸线、营盘珍珠旅游岸线、涠洲岛—斜阳岛旅游岸线、银滩—冠头岭旅游岸线、钦州市七十二泾—大环半岛旅游岸线、龙门港旅游岸线、防城港市企沙沙扒墩—天堂滩旅游岸线、江山半岛旅游岸线、万尾—京岛旅游岸线、北仑河口旅游岸线等。

（二）统筹优化战略路径及步骤

1.统筹优化战略路径

跨区域整合，国际化突破；大战略叠加，组合式突破；特色化开发，大品牌突破；山海边联动，复合型突破；多产业联动，融合性突破；大城市依托，集群化突破；海陆空联运，立体式突破；可持续发展，生态化突破。

2.统筹优化战略步骤

（1）构建格局阶段（2013—2015）

加快分区建设，推进系统整合，重点旅游区初步形成旅游目的地框架。整合区域形象,精心培育形成北部湾统一的旅游品牌和地域形象。整合跨国邮轮、滨海度假、生态观光、边境探秘、休闲养生等特色产品,推动会展、商贸、住宿、娱乐、餐饮等配套服务要素建设,构建区域旅游发展支撑框架。整合市场,推进共同营销、共享市场、互为客源,形成国内外大旅游市场格局。整合交通、基础设施、旅游接待设施、信息服务等旅游产业要素,优化区域旅游发展环境。通过旅游整合,逐步形成国际化、特色化的旅游产品、产业、市场、信息、交通和创新等体系,初步构建旅游产业大格局。

(2)全面推进阶段(2016—2020)

按照成熟的国际旅游度假区的要求和标准,全面整合北部湾的资源、产品、市场、设施、服务、信息等要素,完善国际化旅游产品体系、市场体系、交通体系、服务体系、信息体系、宣传推广体系、旅游产业体系、政策保障体系、旅游创新体系等九大体系,整体推进北部湾旅游硬环境、软环境建设,建成产品一流、设施一流、服务一流、环境一流、氛围一流、效益一流的世界顶级滨海旅游目的地。

(三)北部湾各市旅游竞合分析

1.各市产业定位

南宁市产业发展定位:以新型制造业为重点,以特色高新技术产业为突破口,以特色资源加工业等为支撑,加快工业化进程;以商贸、旅游等服务业为基础,以物流、房地产、会展、金融等现代服务业为主导,提升城市职能和强化北部湾经济区工业竞争力。

北海市产业发展定位:大力发展石油化工、电力、林浆纸一体化产业为主的临海型工业,建成北部湾经济区临海型工业基地的重要组成部分;集中资源发展电子信息产业、生物制药等制药产业,努力打造广西重要的电子信息产业和生物制药产业基地;以水产品加工业为基础,加强劳动密集型产业的出口能力;以商贸业、物流业、旅游业为主的服务业,建成北部湾经济区商贸、物流和旅游的副中心。

钦州市产业发展定位:坚持以港兴市、工业强市、旅游旺市、商贸活市、农业稳市,大力发展石油化工、电力、林浆纸一体化、粮油加工、修造船舶等产业为主的临海型工业,建成北部湾经济区临海型工业基地的核心;依托现代农业发展成为农副产品加工基地;依托港口发展成为北部湾经济区专业化的物流副中心。

防城港市产业发展定位:大力发展冶金、石油化工、能源、粮油加工为主的临海型工业,建成北部湾经济区临海型工业基地的重要组成部分;大力发展以边境商贸业、物流业、旅游业为主的服务业,建成北部湾经济区商贸、物流和旅游的副中心。

崇左市产业发展定位:大力推进蔗糖业、以锰铝等加工为重点的矿产业、交通物流业、特色效益农业、旅游业和中心城市建设,努力做强做大特色产业,全面建设面向东盟开放合作的区域性新兴城市。

玉林市产业发展定位:不断壮大机械、陶瓷、服装、健康食品、电子等优势产业,培育发展新兴产业,加快发展商贸物流、文化旅游为主的现代服务业,打造泛北部湾中小企业名城。

2.竞合分析:区域联动、功能错层、产品互补、市场共拓

共同打造广西北部湾经济区旅游圈,形成主题不同、旅游功能错层、产品互补、国内外市场共同开拓的分工合作、小竞争大合作的发展格局。

南宁市突出壮乡首府和亚热带风情、中国绿城水城特色,以壮族文化体验、商务会展节庆、美食购物、休闲度假为主要功能的面向东盟的区域性国际商务会展中心、国际旅游目的地、旅游集散地,广西北部湾经济区旅游组织中心。

北海市以滨海休闲度假、海岛度假和海上跨国休闲旅游为主要功能的区域性国际滨海旅游城市、北部湾休闲之都。

钦州市成为中华白海豚、坭兴陶品牌特色突出,以海洋生态旅游、滨海休闲度假、海上运动休闲、山水生态休闲、历史文化体验为主要功能的区域性国际滨海休闲度假旅游目的地、区域性国际航运中心、中国海洋生态旅游胜地。

防城港市成为"东盟门户　激情港湾"主题形象鲜明,"滨海"、"门户"、"生态"三大特色突出,以滨海运动健身、山地休闲度假和中越边境跨国游为主要功能的国际滨海旅游胜地,中国—东盟边海跨国旅游通道,中国面向东盟国家的旅游桥头堡。

崇左市成为南国边关特色突出,以山水生态休闲、边境跨国、历史文化体验为主要功能的边关旅游城市,中越边境跨国旅游服务中心。

玉林市成为岭南文化特色突出,以商贸会展、休闲度假、文化体验为主要功能的旅游城市。

二、旅游产业体系构建与发展

(一)旅游产业体系建设

以旅游产业六要素为基础,以产业创新为引领,以国际化改造为动力,实现旅游业的三个层次拓展、六条产业链延伸、十五个产业支撑,加快旅游产业体系建设,全面提升旅游产业素质,不断完善旅游产业综合功能。

1.三个层次

针对旅游产业发展趋势,北部湾经济区可分三个层次推进旅游产业体系构建,不断优化产业结构,充分发挥旅游业复合型与综合型优势,起到关联性与辐射性作用。一是大力发展以六要素为核心的旅游核心产业,做大做强做精做深传统产业,夯实产业发展的基础;二是依托传统产业优势,与其他相关产业协调发展,融合形成新的支柱,构建形成新的产业链;三是应对新的需求,发展形成新业态,结合北部湾旅游发展潜力和要求,加快培育自驾车与汽车营地网络、海上油轮游艇游船产业、北部湾主题酒店联合体、加强中越合作建设国际合作区、北部湾高尔夫集群等新兴业态。

2.六条产业链

针对北部湾大产业、大港口、大城建、大文化、大交通、大物流、大旅游、大招商发展的区情特点以及北部湾经济区产业规划要求,发挥旅游产业关联带动性强、产业链长的特点,通过产业联动和部门协调着力培育六大产业链。一是旅农林渔产业链(旅游—农业—渔业—林业);二是旅城地居产业链(旅游—房地产);三是旅商会展产业链(旅游—商贸—会展);四是旅文娱体产业链(旅游—文化—娱乐—体育);五是旅科教信产业链(旅游—科教—信息);六是旅工交港产业链(旅游—工业—交通—港口)。

3.十五个重点产业

北部湾经济区重点培育形成景区业、旅游住宿业、旅行社业、旅游交通服务业、旅游商品与购物服务业、餐饮业、文化休闲娱乐业、会展商务业、旅游房地产业、旅游农业、海洋旅游产业、旅游金融保险服务业、旅游知识服务业、医疗康体业、养老业等十五大产业支柱,切实提高旅游经济运行,整体提升旅游产业效益。

(二)旅游企业培育

改善企业经营环境,提高旅游企业市场化程度,促进旅游企业集团化、品牌化、特色化建设,力争形成在全国有一定影响力和竞争力的旅游企业集团。

1. 培育形成跨行业跨地区旅游集团

探索多种途径和方法,引进具有行业主导作用和国际竞争力的旅游企业集团;以北部湾重点特色旅游资源和产品的开发为依托,组建北部湾旅游企业集团。加强与区域外知名旅游企业的交流与合作,实现区域性、全国性乃至国际性的网络化规模经营。发挥大型旅游企业的资源集约化开发、组织集团化发展等功能,在全球范围内延伸、完善旅游产业链,创新旅游发展模式。

2. 大力推进本地旅游企业整合

通过适当的旅游产业引导和扶持政策,在北部湾重点旅游城市南宁、北海,围绕旅游资源和产业整合,鼓励采取政府调控引导下的集团化企业投资经营管理模式,组建若干以大型旅游项目为载体的旅游企业集团,成为北部湾旅游发展主体。通过多种形式进行联合重组,引导规模实力较强的各类旅游核心企业组建"联合舰队",培育综合型的旅游企业集团,实行规模化、一体化经营。

3. 积极鼓励优质旅游企业上市

推进一批优质旅游企业和旅游资产,鼓励、支持有实力的企业通过合资、合作、联合、兼并等方式,组建跨区域、跨行业的旅游企业集团和经营合作网络。在此基础上,要支持一批旅游企业进入资本市场,通过股票上市、发行债券等融资方式吸纳社会资金,增强旅游投资能力,扩大北部湾旅游企业品牌影响力。

4. 扶持中小旅游企业的网络化经营

加大对旅游中小企业的政策、资金扶持力度,形成促进中小企业发展的有效激励和引导机制,积极引导中小旅游企业向经营专业化、市场专门化、服务细微化方向发展。鼓励中小旅游企业之间加强合作,构建旅游企业战略联盟,形成经营网络。引导扶持中小旅游企业建立与大型旅游集团的网络服务协作。

5. 激励群众自主参与和兴办旅游业

建立社区旅游参与机制,鼓励居民、农民参与旅游开发经营。大力发展创业型的个体私营旅游经济,发展家庭手工业,鼓励城镇居民进行旅游创业性就业。进一步降低旅游创业门槛,强化市场信息、技术服务、营销服务等旅游创业服务。

（三）旅游产业集群建设

结合北部湾旅游资源现状、产业发展潜力和要求，规划引导以下产业集群。

1. 北海滨海旅游产业集群

立足旅游需求，发挥滨海特色优势，依托中国优秀旅游城市和国家4A级以上旅游景点，打造旅游精品，完善旅游产品体系，积极发展生态旅游、康体旅游、温泉度假、邮轮游艇、海岛旅游、自驾车旅游等休闲度假旅游产品，构建以北海为中心，辐射钦州、防城港的滨海旅游产业集群。

2. 南宁都市会展产业集群

依托中国—东盟博览会和中国—东盟商务与投资峰会的平台品牌，培育会展主体，开拓会展市场，做大会展经济。结合"会、节、演、赛"，发展特色会展，促进会展、旅游、商贸互动，建设和完善南宁、北海等城市会展服务设施，建成以南宁为龙头的都市会展产业集群。

3. 凭祥—东兴边关产业集群

充分发挥凭祥—东兴紧邻越南的区位优势，大力发展边关风情旅游、边贸经济、口岸经济，加快形成以商贸、旅游、边境城市建设为主要内容的边关旅游经济产业带。

4. 港口旅游产业集群

加快建设现代化沿海港口群，打造北部湾海上通道和港口物流中心，抓住机遇，努力发展滨海港口旅游经济，构建以防城港、钦州港为主体的港口旅游产业集群。

5. 崇左—十万大山生态旅游产业集群

充分利用崇左—十万大山的资源优势和生态优势，重点建设一批生态旅游景区，大力发展生态旅游的产品体系和产业规模建设，形成规划高标准、建设高质量、设施高规格、经营高效益和环保高要求的生态旅游产业集群。

三、北部湾旅游业统筹优化保障措施

1. 加强综合统筹协调

首先，建立和完善广西北部湾旅游联动合作机制。进一步加强旅游管理部门的组织机构建设，健全和提高旅游管理职能和权限。在广西区政府的领导下，在北部湾经济圈管理办公室的协调下，成立广西北部湾经济区旅游发展协调机制，各成员单位相互加强沟通、互通信息、互相协调、配合行动，加强城市旅游功能建设和旅游景区建设,协调交通、公安、卫生、环保等相关部门,进一步改善旅游大环境,共同推动环北部湾旅游业的发展。其次,建立相关区域合作机制。加强规划区域内各市政府、部门的联动发展,区旅游局牵头,整合各市旅游力量,建立广西北部湾旅游联盟体,由北部湾旅游联盟对联盟体内的旅游产品开发、市场营销、人力资源开发、旅游交通建设、旅游资源保护等进行协商、指导和统一操作。最后,统筹考虑旅游产业发展。各市促推进,各县抓落实,各地要根据本地区实际明确旅游业在本地国民经济和社会发展中的定位,制定出台支持旅游业发展的政策措施,加强规划引导,把旅游基础设施和重点旅游项目建设纳入国民经济和社会发展规划,要统筹考虑旅游产业发展需要。

2. 推进体制机制创新

加强区域旅游合作,创新区域旅游开发、营销、管理、服务机制和平台,在中国东盟自由贸易区框架下,探索以下体制机制创新:

一是三区政策共享综合改革实验区。探索广西北部湾经济区、海南国际旅游岛、泛珠与 CEPA 合作这三个改革试验区的区域政策共享,其实施路径可初步设定为:以研究和实施三区合作与政策共享为主要突破口,以基础设施共建、市场共享放大政策共享效应;在三区政策共享中,可从出入境政策的共享和统一为切入口,逐步寻求物流、商贸、资金和项目建设等各类政策的共享统一;渐进式推进,根据试点成效及时总结经验,再逐步扩大范围。

二是鼓励企业跨国经营。以企业跨国经营的市场方式构建区域国际合作新机制。改善投资环境,积极引进国外知名品牌和运营商、投资商;鼓励和支持区域内优势旅游企业逐步扩大对外投资,以国际收购、兼并或建立海外营销网络等方式,促进旅游企业进行专业化和规模化的跨国经营。

三是建立跨国旅游合作区、跨国公园。大力推进中越合作,在中越边境和北部湾海域建立跨国旅游合作区,在德天瀑布、凭祥市和北仑河口建设国际旅游合作区或跨国公园,在限定范围内推进自由跨国旅游安全和卫生协作。

四是设立旅游经济园区。选择一批有优势和潜力、以旅游业为主体功能的区域,设立一批旅游经济园区、开发区和产业基地,实行投资、税收、土地等优惠政策,确立旅游优先发展地位和控制要求。

3. 加强产业整合协作

一是,制度安排的整合与协作。政府层面主要是推动区域各方旅游战略的制定、合作机制的制定、旅游市场的相互开放、旅游产业的同步升级、旅游设施的建设、旅游环境的营造、旅游企业的跨境经营和旅游监管的协同作战等。二是,空间建构的整合与协作。北部湾区域应该加快与珠江三角洲、东南亚、大西南等周边各大旅游圈链接和并网,加强空间建构的整合与协作。三是,产品开发的整合与协作。各市在旅游规划与产品设计过程中,应该从自身的特点和优势、现状与条件以及主动参与区域联合开发的角度出发,选准自己的开发主题和明确自身的市场定位,杜绝只顾小集团利益而不顾全大局的思想与行为,避免重复雷同开发建设和无谓的竞争消耗,避免近距离低水平重复建设和恶性竞争。四是,市场拓展的整合与协作。必须创新营销模式,着眼长远,顾全大局,树立区域一盘棋的观念,强化区域联动,组建营销联盟,合理分工,统一规划,协调开发,联合推介,捆绑营销,立足长远规划,实行整体联合营销模式和互补整合营销模式,发挥整体优势,互补优势和集体力量,扩大宣传和促销影响。五是,产业联动的整合与协作。北部湾地区各市的旅游企业应该加强与知名景区、媒体、旅行商、酒店、航空公司等的合作。加强城市旅游功能建设和旅游景区建设,协调交通、工商、公安、卫生、环保等相关部门,进一步改善旅游大环境。鼓励旅游企业实行连锁经营,并向专业化和集团化方向发展,支持有实力成规模的旅游经营企业通过兼并、收购、控股等形式跨区域发展。

4. 转变旅游发展方式

要适应大众化旅游快速发展的需要,结合当前信息化发展的趋势,加快旅游信息化建设,转变旅游发展方式。实施旅游信息化提升工程,完善旅游信息基础设施,以信息化推动北部湾旅游跨越式发展,加快北部湾旅游综合数据库建设,推动完善旅游目的地信息系统。加强旅游公共信息服务平台建设,健全旅游信息服务网络。大力发展旅游电子商务,鼓励开展旅游在线服务、网络营销、网络预订和网上支付,在北部湾范围内建立覆盖面广的旅游呼叫中心。

第六节 旅游用地管理制度和政策体系研究

一、北部湾旅游资源用地特点

北部湾旅游资源主要包括旅游度假区类、地质公园类、自然保护区类、森林公园类、风景名胜区类、国家重点文物保护单位类和旅游岸线类等七大类,旅游资源用地特征主要有:

1. 旅游用地规模不断增长

随着北部湾经济区旅游业的快速发展,旅游用地的范围已不仅限于建设用地,而且已延伸至农业用地,甚至未利用地。北部湾经济区经济的发展和居民生活水平的提高直接推动着旅游经济的发展,旅游业从传统的观光游向休闲游、体验游转变,旅游产品日益丰富,度假型、休闲型、健康疗养型、商务会议型、专业交流/访问型以及都市旅游、乡村旅游、农业旅游、工业旅游等多种新型旅游产品层出不穷,随之而来的就是旅游用地规模日益增长。同时,随着拓展游、溶洞游等兴起,未利用土地也成为旅游用地的新兴增长源。

2. 旅游用地利用结构复杂多样

北部湾经济区旅游用地结构的复杂多样主要体现在两个方面。首先,用地功能看,旅游用地可以分为三大类:旅游服务用地、基础设施用地和生产管理用地。旅游服务用地包括游憩用地、旅游接待用地、旅游商业用地和休闲疗养用地。基础设施用地包括交通、供水、环境卫生等设施用地。生产管理用地包括旅游管理用地、居住用地、旅游加工用地和旅游农副业用地等,旅游景区(点)内部土地利用结构复杂多样。其次,从旅游用地的来源看,在耕地、园地、林地、草地、商服用地、公共管理与公共服务用地、水域及水利设施用地,甚至交通运输用地、住宅用地以及其他未利用土地中,旅游用地都可能占有不同程度的比例。

3. 旅游用地的开发产生了明显的外部效应

北部湾经济区旅游用地的开发建设具有明显的外部性,南宁、北海等旅游资源在国内外都享有盛誉,旅游资源的开发提高了各市乃至广西的知名度,让国内外旅游人士都了解了广西特有的壮乡风情,社会收益远远大于旅游开发本身带来的经济效益。例如,北海旅游业的发展带动了整个北海市以及周边区域餐饮、住宿、道路、通讯等产业和基础设施的发展。

当然,和国内其他地区旅游产业发展情况相似,北部湾经济区旅游用地在开发利用过程中也存在不少问题,诸如旅游用地规模盲目扩大、旅游耕地占用与旅游用地开发矛盾突出、旅游用地土地集约利用水平较低、旅游资源破坏严重、生态环境受损等,因此,为了减少和消除北部湾旅游用地中存在的问题,发挥北部湾旅游产业的先导、示范作用,需要采取一系列切实可行的管理和政策措施来规范北部湾经济区旅游用地。

二、旅游用地利用及管理中存在的问题

1. 旅游用地产权残缺

旅游用地是一种特殊的土地资源类型,是具备一定旅游功能价值的自然和人文资源的总称,是旅游业最主要的物质基础。从土地利用角度看,旅游用地既不属农业用地,也不属非农业建设用地,因此旅游用地在规划实施中很容易产生产权缺失问题。一方面,现行旅游用地征用制度的典型特征是政府垄断,土地征用成为国家获得旅游用地的主要手段,而农民实际上并没有拥有集体所有制土地较为完全的产权;另一方面,旅游用地的征用是政府为了公共利益的需要而依法强制地取得他人土地并给予补偿的行为。国家出于公共利益的需要,在一定范围内征用土地是完全应该的。但是,公共利益这一概念高度抽象,难以界定。

2. 旅游用地需求与供给矛盾突出

国内外很多地方都把旅游业定位为主导或支柱产业,纷纷实施旅游脱贫、旅游兴市、旅游兴省等发展战略,为此而积极挖掘境内的各种旅游资源,不断开发新的旅游景点,改建或扩建旧景区,修建人造景观并完善基础设施。而旅游必须依托于土地,旅游建设项目的大量增加势必占用大量的土地(包括耕地)。

在现行农地制度安排下,农地承包经营权受诸多限制,政府控制农地所有权交易市场,由此引发的农户承包经营权的不完全性必然降低农地的交易价格,使农地的承包经营权的交易价格不能真正反映农地的稀缺程度,农户农地承包经营权转让收益也会因此下降,进而减少农地市场交易,农地的市场流转机制不能正常发挥作用,使得一些拥有旅游资源的农地不能转为旅游用地,旅游用地供给短缺。

3. 旅游用地与农用地配置失衡

旅游景区(点)的开发一般是依托国有土地或集体土地中的很小部分进行的,一般景区(点)的核心范围都较小,其周边被其他类型的集体土地包围,甚至是农用地包围。有的景区(点)的土地资源是以租赁的方式来进行开发利用的,这种受控于周边环境状况,使许多景区(点)的核心部分与周边土地只有一墙或一栅之隔,旅游管理非常困难。此外,还有少数景区(点)特别是世界文化遗产景区(点)在其保护范围之内或缓冲区内还有不少居民点,其中涉及农民建房或拆迁的矛盾,旅游部门难以自行解决这些问题。

4.旅游用地缺乏监督和规划

旅游用地的开发是获利性较强的项目,一些政府片面地追求经济效益,缺乏对旅游用地使用的监督和规划。旅游用地所有者所有权被制度性虚设,即剩余索取权和剩余控制权的剥夺,也没有监督可持续利用旅游用地的利益动因,旅游用地的开发商在旅游用地承包期内采取短视的、机会主义行为。如无节制地开发利用当地旅游资源,为旅游搞旅游,不重视综合治理,忽视文物古迹的历史价值和生态效益,致使生态旅游资源环境的严重破坏和资源退化问题日益严重。旅游用地的过度开发造成了许多人为的破坏,如破坏性地开挖山体、超负荷开发水系、占用耕地建设旅游设施、在生态保护区修建不协调旅游景观等。

5.海岛型旅游用地可持续性差

海岛作为一个单独的块状单元,往往具有陆地空间狭小、自然状态分散、远离主要生产销售中心及经济生态脆弱等特性,受环境容量和自然承载量限制较大,因此海岛型旅游用地存在可持续利用差的问题。

以北海涠洲岛为例,因缺乏严格的旅游规划体系以及旅游活动与设施集中在容量有限的核心景区,导致景区在开发利用过程中存在环境问题,诸如海滨城市化、建筑物垃圾向海洋倾倒、农业及自然植被的用地被挤占等。加之监管不力,在游客的游、吃、住过程与景区自身营业中及周边居民生活劳作过程产生的大量"三废"和噪声污染未得到妥善处理,导致生态环境被破坏和资源退化等不可逆转的损失,使旅游用地难以持续利用。

三、北部湾旅游用地管理制度和政策建议

(一)建立健全旅游用地相关法律法规体系

旅游用地管理要严格遵守《土地管理法》《城市房地产管理法》《风景名胜区管理暂行条例》《风景名胜区规划规范》等法律中的相关规定。根据国土资源部《招标拍卖挂牌出让国有土地使用权规定》,对于娱乐、旅游等各类经营性用地,必须以招标、拍卖或者挂牌方式出让。根据旅游用地特征,为充分发挥旅游用地的美学价值、生态价值、社会价值和经济价值,建议在相关法律法规中增加旅游用地流转、开发、经营等相关规定。

(二)创新、完善旅游用地相关管理制度

1.创新土地规划计划管理制度。建立土地利用总体规划动态评估与滚动修编机制,实行五年土地利用指标一次下达制度,在新增建设用地总规模不变

的前提下推动年度用地指标弹性管理,为旅游发展用地留下空间。

2. 完善旅游用地有偿使用制度。明确旅游建设用地所有权主体和使用权主体的权利和义务,执行建设用地有偿取得和使用制度;合理界定旅游建设用地使用权的流转制度,通过市场机制来实现旅游资源的有效配置;通过市场和政府的合力作用,协调旅游建设用地有偿使用的效率和公平;加强对旅游建设用地有偿使用的监督和管理。

3. 实行严格的旅游用地用途管制制度。协调旅游规划与土地利用总体规划的关系,土地利用总体规划编制中充分考虑旅游用地规划,赋予土地利用总体规划法律效力,使土地利用总体规划成为旅游用地用途管制的基本依据,实行严格的用途管制制度。旅游建设用地用途管制制度应成为北部湾区域土地管理的核心,建立与旅游建设用地用途管制相适应的土地管理体制;旅游建设用地用途监管要有完善的法律保障体系,严格旅游建设用地。

4. 观光农业园区、旅游园区、森林公园等按照设施农用地进行管理。报经管理部门备案,允许园区内配套建设不超过总面积5%的管理用房,不计入新增建设用地进行管理。

(三)探索多样化的旅游用地征转方式

1. 集体土地所有权的旅游用地可采取不改变土地所有权权属性质的前提下,采用一定年期的租赁、以股份入股或置换等方式转让,也可以尝试采取"只征不转"或"征转分离"的方式开发利用旅游用地;针对国有土地所有权的旅游用地,如果单纯以盈利为目的,宜采用招标、拍卖、挂牌方式出让;如果是非营利性公益目的,可采用协议、划拨等多种方式转让。

2. 开展农村集体建设用地使用权流转试点。在明确农村集体建设用地使用权的基础上,探索建立城乡统一的建设用地市场。在符合土地利用总体规划和城乡规划的前提下,允许依法取得的集体经营性建设用地使用权通过出让、转让、出租、作价入股、联营、抵押等形式进行流转。开展农村集体经济组织和村民利用集体建设用地自主开发旅游项目试点。利用集体建设用地发展乡村休闲度假旅游。

3. 规范土地承包经营权流转。依法健全市、县、乡三级土地承包经营权流转市场,建立土地承包经营权流转信息平台,支持采取转包、出租、互换、转让或者法律允许的其他方式流转土地承包经营权,在保障农民土地承包权益和基本收入的前提下,允许农户以股份合作的方式流转承包经营权,组建农村新型集体经济组织。

4.实行集体林地承包经营制度,推进集体林权制度改革。对于森林公园、生态保护区等以林地为主的旅游区,在保持集体林地所有权不变的前提下,实行集体林地承包经营制度,确立农民作为集体林地承包经营权人和林木所有权人的主体地位,明晰集体林地的承包经营权和林木的所有权,放活经营权,落实处置权,保障收益权,推进相关配套改革,探索建立林农承担生态保护任务的补偿机制。

(四)采取措施保障旅游建设用地需求

1.适当增加旅游发展用地年度供应量。为促进各地旅游产业的蓬勃发展,发挥旅游产业的连带作用,各地年度土地供应可以适当增加旅游产业发展用地。积极支持利用荒地、荒坡、荒滩、垃圾场、废弃矿山、边远海岛和可以开发利用的石漠化土地等开发旅游项目。

2.改革建设用地审批制度,满足旅游发展用地的需要。按照"一次审批,分期实施"的原则,实行土地征收和农用地审批与实施分离。放宽先行用地的申报条件,下放审批权限,允许重点旅游项目"先行用地"。

3.保障旅游基础设施建设用地需求。旅游基础设施建设是旅游业发展中的一项重要任务,是旅游业发展的基础和支撑,因此加快旅游基础设施建设,保障旅游基础设施建设用地需求显得十分必要。重点保障建设旅游道路、景区停车场、游客服务中心、旅游安全及资源环境保护等基础设施用地,重点城市应加强游客集散中心建设。

(五)加强优化配置,提高旅游用地效益

遵循"合理开发和珍惜每一寸土地"的原则,科学制定旅游功能区划,从严控制旅游建设用地规模和项目。深度挖掘和升发旅游产品,有效延长游客停留时间,带动相关产业发展,提高经济效益和旅游用地效益。增强已开发旅游用地和新旅游用地的复合功能,如在旅游景区的土地资源进行经济作物栽种,既可实现观赏价值,又能获得经济效益。

对于海岛型旅游用地,如北海涠洲岛,要保障核心旅游区的旅游用地,按旅游区的景观质量要求,兼顾居民的生活需要和旅游活动的需求进行合理开发。加大力度开发无法在其他领域得到使用的土地资源,例如溪流、礁石等,发挥其旅游价值。也可通过将耕地改为观光生态农业用地加以保护和利用、开发滩涂资源发展观光渔业等方式,将旅游业与农、林、牧、副、渔等产业有效结合,还可在政府宏观指导下适度推广旅游—地产模式,实现旅游用地资源的多重立体利用。

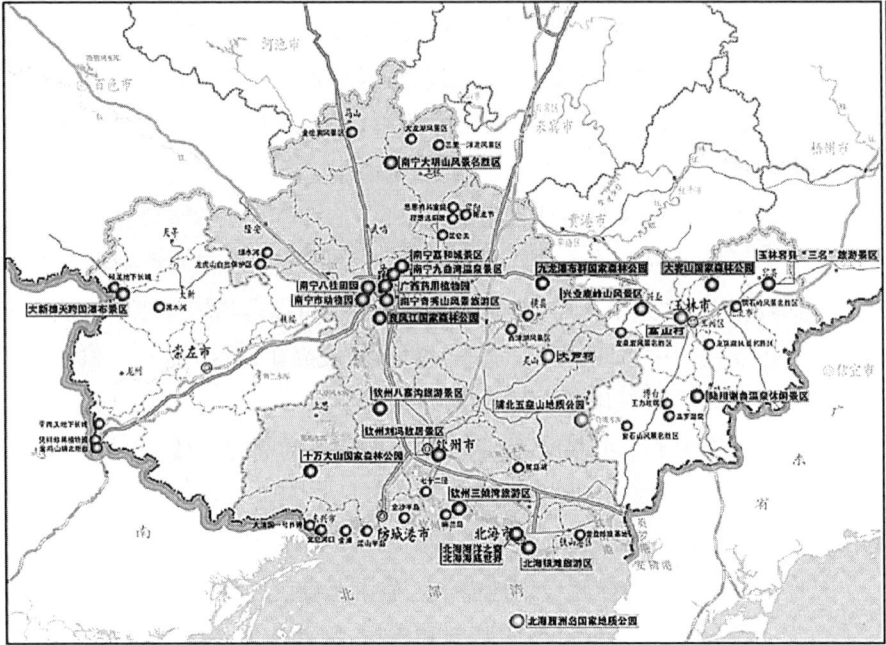

图7-5　广西北部湾经济区重点旅游区空间分布示意图

第八章 矿产资源开发利用与
矿业发展区建设

第一节 矿产资源赋存情况

一、矿产资源总体情况

广西北部湾经济区内已探明资源储量的矿产资源有53种,包括金属矿产:主要是锰矿、铝土矿、铅锌、钛铁、锡、锑等。非金属矿:主要是高岭土、膨润土、水泥用灰岩、石英砂、砖瓦用页岩、各类黏土、花岗岩等。资源储量在全国占有优势的矿产为高岭土、砖瓦用页岩、膨润土、锰矿、水泥用灰岩、陶瓷土等,基础储量分别占全国的28.32%、22%、13.61%、7.93%、1.96%、1.02%。铝土矿是近年勘查的矿种,主要分布在扶绥—龙州一带,初步查明内蕴经济资源量约为8000万吨。

北部湾经济区内共有大中型矿区126个,煤炭主要分布在南宁市和崇左市,只有1个中型矿区在上思县,目前停采;金矿主要分布在南宁市、崇左市、玉林市、防城港市,有4个大中型矿区分布在凭祥市、横县、博白县,处于停采;锰矿主要分布在崇左市、南宁市、玉林市、防城港市、钦州市,有4个大中型矿区,在大新县和天等县;高岭土主要分布在北海市、玉林市和南宁市,8个大中型矿区,分布在合浦县、陆川县、兴业县;水泥用灰岩主要分布在南宁市、崇左市、玉林市、北海市和钦州市,27个大中型矿区分布在上思县、扶绥县、宾阳县、合浦县、兴业县、北流市等县;饰面用花岗石主要分布在南宁市和玉林市,4个大中型矿区分布在防城区、陆川县等县。

表 8-1　北部湾经济区主要矿产资源储量情况表

序号	矿种	矿区数	单位	基础储量		资源量	资源储量
					储量		
1	煤炭	56	千吨	276241.9	144698.1	386649.9	662891.9
2	铁矿	25	矿石 千吨	3006.5	80	113359.9	115351.9
3	锰矿	33	矿石 千吨	14730.01	3706.24	168941.3	183671.3
4	钛矿	6	按 TiO_2 折算 万吨	53.08	0	83.12	136.2
5	铜矿	6	铜 吨	77743	39131.3	84136.62	161879.6
6	铅矿	17	铅 吨	7939.3	218	129301.7	137241
7	锌矿	17	锌 吨	13765.84	768	207309.1	221074.9
8	钨矿	3	WO_3 吨	1233	863	201341.1	202574.1
9	金矿	20	金 千克	1427.92	1141.25	19717.99	21145.91
10	银矿	16	银 吨	226.88	178.19	1791.38	2018.26
11	稀土矿	11	稀土氧化物 万吨	0.09	0.07	22.12	22.21
12	耐火黏土	2	矿石 千吨	9171	6805	6215.25	15386.25
13	硫铁矿	9	矿石 千吨	5308.66	0	10056.5	15365.16
14	磷矿	6	矿石 千吨	8.1	0	13822.64	13830.74
15	高岭土	10	矿石 千吨	180067.8	37400.19	283284	463351.8
16	陶瓷土	3	矿石 千吨	2154.3	446.2	1378	3532.3
17	玻璃用砂	9	矿石 千吨	860	680	257701.5	258561.5
18	水泥用灰岩	29	矿石 千吨	778695.9	332168.4	656310.2	1435006
19	水泥配料用黏土	5	矿石 千吨	6481.8	0	14599	21080.8
20	膨润土	2	矿石 千吨	109893	87914	531267.2	641160.2
21	饰面花岗石	3	矿石 千吨	456	116	274	730
22	砖瓦用页岩	3	矿石 千立方米	11664.18	3490	0	11664.18
23	石膏	4	矿石 千吨	167600	109806	1015849	1183449

表8-2　北部湾经济区主要矿产资源储量占全国比例表

矿 种	基础储量		资源量
		储 量	
锰 矿	7.93%	4.11%	24.68%
钛 矿	0.23%	—	0.19%
铅 矿	0.06%	—	0.37%
锌 矿	0.04%	—	0.30%
金 矿	0.07%	0.11%	0.45%
银 矿	0.59%	0.92%	1.43%
稀土矿	0.01%	—	0.36%
硫铁矿	0.33%	—	0.26%
高岭土	28.32%	17.87%	20.48%
陶瓷土	1.02%	0.31%	0.19%
水泥用灰岩	1.96%	1.32%	1.21%
砖瓦用页岩	22.00%	23.95%	—
膨润土	13.61%	22.74%	26.67%

二、各市矿产资源赋存情况

1.南宁市已发现矿产63种,其中能源矿产4种,黑色金属4种,有色金属10种,贵金属2种,稀有金属1种,化工原料矿产5种,冶金辅助原料矿产2种,建材和其它非金属16种。全市共有矿床、矿点590处,矿产地141处。现有大型钨矿床、银矿床、钒矿床、硭硝矿床、耐火黏土矿床各1个;大型压电水晶矿床2个。有中型水泥用石灰岩矿床10个,水泥配料用砂岩矿床3个,金矿床2个;中型铜矿床、轻稀土矿床、硫铁矿矿床、三水铝土矿矿床、高岭土矿矿床、滑石矿床、硭硝矿床、泥炭矿床、砖瓦用页岩矿床各1个。

2.北海市已发现矿产39种,其中,燃料矿产3种,金属矿产10种,非金属矿产22种,以及地热、地下水、天然泉水、矿泉水等。查明资源储量的矿产28种。矿产地有181处(不含石油、天然气、地下水),其中大型矿床11处,中型矿床16处,小型矿床59处,矿(化)点94处。优势矿产有石油、天然气、高岭土、石膏、玻璃石英砂、钛铁矿砂矿等6种;一般矿产有耐火黏土、陶瓷黏土、砖用黏土、水泥和石料用石灰岩、建筑砂和建筑砂岩等6种,及目前难于开发的泥炭。除钛铁砂矿及其伴生的稀有、稀土金属矿产外,缺少有工业意义的金属矿产和煤、硫、磷等非金属矿产。

3. 防城港市已发现矿产 48 种,其中,燃料矿产 4 种,金属矿产 11 种,非金属矿产 22 种,以及温泉、矿泉水等。矿产地有 261 处,其中大型矿床 6 处,中型矿床 7 处,小型矿床 102 处,矿(化)点 146 处。优势矿产有煤、锰、叶蜡石、花岗岩、砖瓦用页岩、石灰岩、建筑用河砂、建筑砂岩等 8 种。防城港市矿产资源以非金属矿产石灰岩、石英砂、萤石、叶蜡石、褐煤、变质砂岩、建筑用花岗岩、饰面花岗岩、膨润土等为主,其中石灰岩、石英砂、饰面花岗岩、膨润土有潜在的大型矿床。金属矿查明资源储量很少,除钛铁砂矿及锰、铁少数矿产地达到小型矿床规模以上外,缺少有工业意义的金属矿产。

4. 钦州市已发现 46 种矿产,开采矿种 22 种,矿床及矿点共 176 处,达小型规模以上有 46 处,其中大型石膏矿床一处(钦灵石膏矿),中型铅锌矿床和稀土矿床各 1 处,煤、陶瓷土、油页岩、锰、铁、钛、磷、高岭土、水泥用灰岩、水泥配料用页岩、建筑材料用灰岩、建筑材料用花岗岩等矿床 130 处。

5. 玉林市已发现矿产 44 种,共有矿产地(不含砂石黏土开采点)221 处,其中大型矿床 12 处,占总数的 5%;中型矿床 23 处,占总数的 10%;小型矿床 68 处,占总数的 30%,小矿及零星分散资源 118 处,占总数的 53%。地热水和水汽矿产已探明矿泉水 20 处,温热泉 9 处。

6. 崇左市矿产资源较为丰富,已发现矿种 35 种,有煤、锰、铁、钨、铋、铜、铅、锌、金、银、铝、稀土、铀、独居石、石灰石、膨润土、高岭土、页岩、黏土、花岗岩、大理石、方解石等,已经查明资源储量的矿产地有 60 处,优势较为明显,具备规模化开采条件的矿种包括锰、膨润土、铁、煤、石灰石等矿种。铝土矿是近年勘查的矿种,主要分布在扶绥—龙州一带,初步查明内蕴经济资源量约 8000 万吨。

表 8-3　各市矿产地情况统计表

地　区	发现矿种	开采矿种	矿产地				
			合计	大型	中型	小型	矿点
南宁市	63	39	590				
北海市	39	10	181	11	16	59	94
防城港市	48	13	261	6	7	102	146
钦州市	46	22	176	1	2	43	130
玉林市	44	34	221	12	23	68	118
崇左市	35	17	60				

第二节　矿产资源勘查分析

一、矿产资源勘查分区分析

(一)整装勘查区

北部湾经济区内整装勘查区 1 个,扶绥—龙州地区铝土矿整装勘查区,勘查区内现有铝土矿勘查项目有 18 个,勘查面积 1001.84 平方公里。其中 9 个勘查项目铝土矿资源赋存情况较好,主要分布于扶绥县山圩—柳桥地区和龙州县金龙地区,其他地区矿石品质较差,达不到工业开采价值。

勘查区内资源储量情况为:扶绥县柳桥—山圩铝土矿区的堆积型铝土矿,矿体厚度 2.53—4.71 米,Al_2O_3 45.88%—50.15%,Fe_2O_3 19.88%—28.08%,铝硅比 3.1—4.6,含矿率 544—972 公斤/平方米;已查明堆积铝土矿(333)资源量 4675 万吨。沉积型铝土矿,矿体厚度 0.54—7.96 米,Al_2O_3 42.95%—53.54%,铝硅比 1.93—5.2。估算资源量(333)126 万吨。龙州县金龙铝土矿区的堆积型铝土矿(尚未发现沉积型),矿体平均厚度 5.33 米、Al_2O_3 平均值 41.14%,铝硅比平均值 5.86,平均含矿率 906 公斤/平方米,已查明堆积铝土矿(333)资源量 3359 万吨、(3341)840 万吨;隆安布泉地区已查明堆积铝土矿(333)资源量 1167 万吨;勘查区内累计查明资源量约 1.1 亿吨。

(二)重点勘查区分析

广西壮族自治区矿产资源规划划分出重点勘查区 26 处,其中 7 个在北部湾经济区内,分布在崇左市、北海市、南宁市、钦州市,主要矿种为锰矿、铝土矿、铅锌矿等。

表 8-4　北部湾经济区矿产资源勘查分区表

序号	名　　称	所在行政区名称	类别	面积(平方公里)	主要矿种
1	扶绥—山圩堆积型—水铝土矿勘查区	崇左市	重点区	705.81	铝土矿
2	龙州响水堆积型—水铝土矿勘查区	崇左市	重点区	1563.26	铝土矿
3	大新下雷—天等上映锰矿勘查区	崇左市、百色市	重点区	458.43	锰
4	合浦那车峒高岭土矿勘查区	北海市	重点区	205.10	高岭土
5	宾阳王灵高铁三水铝土矿勘查区	南宁市	重点区	843.69	铝土矿

序号	名　称	所在行政区名称	类别	面积（平方公里）	主要矿种
6	横县陶圩—贵港石卡高铁三水铝土矿勘查区	南宁市、贵港市	重点区	1365.39	铝土矿
7	浦北新华铅锌矿接替资源勘查区	钦州市	重点区	10.00	铅锌
8	天等东平—田东印茶锰矿勘查区	崇左市、百色市	鼓励区	430.64	锰
9	马山潘灯锰矿勘查区	南宁市	鼓励区	297.51	锰
10	兴业龙安高岭土矿勘查区	玉林市	鼓励区	89.82	高岭土

（三）鼓励勘查区

广西壮族自治区矿产资源规划划分出鼓励勘查区16个,分布在北部湾经济区内有鼓励勘查区3个,分布在崇左市、南宁市和玉林市,天等东平—田东印茶锰矿勘查区、马山潘灯锰矿勘查区、兴业龙安高岭土矿勘查区,矿种为锰矿和高岭土。

（四）市级矿产资源勘查分区分析

北部湾经济区6个市共划分了176个勘查分区,其中鼓励开采区85个,限制开采区27个,禁止开采区64个。鼓励勘查的主要矿种包括高岭土、水泥用灰岩、建筑用灰岩、锰矿、金矿、石膏、铝土矿、建筑用河砂、花岗岩等;限制勘查区的主要矿种包括煤矿、铝土矿、砖用黏土、建筑用砂、锰矿等;禁止勘查区的主要矿种包括煤矿、砂金、砖用黏土等。

表 8-5　北部湾经济区市级勘查分区统计表

行政区	合计（个）	鼓励勘查区		限制勘查区		禁止勘查区	
		数量（个）	面积（平方公里）	数量（个）	面积（平方公里）	数量（个）	面积（平方公里）
北部湾经济区	176	85	13729.35	27	4977.44	64	9012.97
南宁市	45	25	2217.4	6	774.19	14	1435.9
北海市	29	13	1817.63	5	1575.83	11	1274.5
钦州市	16	12	1666	4	800		3200
防城港市	27	10	1028.86	6	980.12	11	1905.46
玉林市	30	14	2031.57	4	700.09	12	
崇左市	29	11	4967.89	2	147.54	16	1197.11

1. 南宁市

根据南宁市成矿地质条件、成矿规律、控矿因素以及已知矿床(点)的分布特点和经济、社会发展需要,规划为:鼓励勘查区、限制勘查区和禁止勘查区三类。鼓励勘查区 25 个,面积 2217.4 平方公里,其中金矿 9 个,三水铝土矿 2 个,高岭土矿 3 个,滑石矿 2 个,银锌多金属矿 2 个,铅锌矿、锰矿、碰硝矿、白云岩、粉石英、萤石矿、泥炭各 1 个。限制勘查区 6 个,面积 774.19 平方公里,主要矿种为煤炭、锑矿、钨矿、铅锌矿等。禁止勘查区 14 个,面积 1435.96 平方公里,主要为自然保护区、水源保护区等地。

2. 北海市

北海市按照矿产资源勘查规划分区的要求,分为鼓励勘查区、限制勘查区及禁止勘查区三类。划分出 13 处鼓励勘查区,面积 1817.63 平方公里,主要矿种包括花岗岩、钛铁矿、金矿、高岭土、铅锌等。在矿产开发对生态环境可能造成重大影响的旅游开发区及河、海岸保护区划分限制勘查区 5 处,面积 1575.83 平方公里,主要矿种包括地热、建筑用砂、玻璃石英砂等。在国家级和地方级自然保护区,国家级和自治区级森林公园、风景名胜区、地质遗迹保护区(含地质公园),文物古迹等地划分 11 处禁止勘查区,面积共 1274.5 平方公里。

3. 钦州市

根据矿产资源勘查开发现状及市场需求,确定铅、锌、铁、高岭土、陶瓷土及建筑材料用矿为鼓励勘查矿种,离子型稀土、锰、钛铁矿为限制勘查矿种。划分出 12 个鼓励勘查规划区,总面积 1666 平方公里,主要矿种包括铅锌、陶土矿、花岗岩等。划定 4 个限制勘查区,面积约 800 平方公里,主要矿种有钛铁矿、陶土矿、锰矿等。禁止勘查区主要包括:各级风景名胜及自然保护区、水源林保护区、地质公园、森林公园、旅游度假区等地,面积 3200 平方公里。

4. 防城港市

防城港市将成矿条件有利、找矿前景良好、资源潜力大的矿区或具有找矿潜力但勘查工作程度低的成矿区划为鼓励勘查区。划分出那琴硅藻土等 10 处鼓励勘查区,面积共 1028.86 平方公里,主要矿种包括:页岩、金矿、煤矿、铜矿等。划分 6 处限制勘查区,面积共 980.12 平方公里,主要矿种为无烟煤、锰矿、花岗岩等。划分 11 处禁止勘查区,面积共 1905.46 平方公里。

5. 玉林市

玉林市矿产资源勘查规划分区分为鼓励勘查区、限制勘查区、禁止勘查区三类。水泥灰岩和高岭土等优势矿产资源以及国家和自治区紧缺矿种铜、铅锌、金、银、氧化锰等，凡具有一定找矿前景的区域划为鼓励勘查区，共划分14处，面积2031.57平方公里。钨、锡、锑、离子型稀土为国家实行保护性开采的特定矿种，其勘查区划为限制勘查区，共划分4处，面积700.09平方公里。在自然保护区等地划分12处禁止勘查区。

6. 崇左市

崇左市共划分11个鼓励勘查区，面积4967.89平方公里，主要分布在大新县、天等县、江州区、凭祥市、龙州区、宁明县，涉及矿种为锰矿、铅锌矿、金矿、铁矿、铝土矿等。限制勘查区2处，面积147.54平方公里，主要为稀土矿；禁止勘查区16处，面积1197.11平方公里。

二、北部湾经济区矿产资源勘查部署

根据北部湾经济区内已有的矿产资源勘查部署，结合实际工作的需要对区内重要矿产资源勘查部署如下：

1. 重点勘查区

采用省级矿产资源勘查分区的部署，在北部湾经济区内划分重点勘查区6个，分布在崇左市、北海市、南宁市、钦州市、玉林市等地区，面积5151.68平方公里，主要涉及矿种为铝土矿、锰矿、高岭土、铅锌等。如下表：

表 8-6　北部湾经济区重点勘查区表

序号	名　　称	所在行政区名称	类　别	面积（平方公里）	主要矿种
1	扶绥山圩堆积型—水铝土矿勘查区	崇左市	重点区	705.81	铝土矿
2	龙州金龙堆积型—水铝土矿勘查区	崇左市	重点区	1563.26	铝土矿
3	大新下雷—天等上映锰矿勘查区	崇左市、百色市	重点区	458.43	锰
4	合浦那车垌高岭土矿勘查区	北海市	重点区	205.10	高岭土
5	宾阳王灵高铁三水铝土矿勘查区	南宁市	重点区	843.69	铝土矿
6	横县陶圩—贵港石卡高铁三水铝土矿勘查区	南宁市、贵港市	重点区	1365.39	铝土矿

2. 鼓励勘查区

根据省级和市级矿产资源勘查分区,划分出北部湾经济区内重点矿产资源鼓励勘查区60处,面积11025.43平方公里,主要矿种包括:锰矿、金矿、银矿、铅锌矿、铝土矿、钛铁矿、高岭土、水泥用石灰岩等。

表8-7　北部湾经济区重要矿产资源鼓励勘查区表

序号	名称	所在行政区名称	类别	面积(平方公里)	主要矿种
1	马山潘灯锰矿勘查区	南宁市	鼓励勘查区	297.51	锰
2	兴业龙安高岭土矿勘查区	玉林市	鼓励勘查区	89.82	高岭土
3	马山县永州南生微粒金矿鼓励勘查区	马山县	鼓励勘查区	49	金
4	马山县林圩六花金矿鼓励勘查区	马山县	鼓励勘查区	43	金
5	马山县古零里民金矿鼓励勘查区	马山县	鼓励勘查区	50	金
6	马山县金钗高岭土矿鼓励勘查区	马山县	鼓励勘查区	68	高岭土
7	上林县退山铅锌矿鼓励勘查区	上林县	鼓励勘查区	17.6	铅、锌
8	上林县古竹、宾阳南崖银、锌多金属矿鼓励勘查区	上林县、宾阳县	鼓励勘查区	19.4	银、锌多金属
9	隆安县杨湾垌坪金矿鼓励勘查区	隆安县、杨湾乡	鼓励勘查区	20.47	金
10	隆安县雷耀岭金矿外围鼓励勘查区	隆安县	鼓励勘查区	5.32	金
11	武鸣县灵马南蛇岭金矿鼓励勘查区	武鸣县灵马	鼓励勘查区	20	金
12	武鸣县甘圩—和平锰矿鼓励勘查区	武鸣县甘圩	鼓励勘查区	17.24	锰
13	宾阳县国宝金矿鼓励勘查区	宾阳县	鼓励勘查区	14.73	金
14	宾阳县王灵三水铝土矿鼓励勘查区	宾阳县	鼓励勘查区	843.69	高铁三水铝土矿
15	宾阳县陈平金矿鼓励勘查区	宾阳县	鼓励勘查区	23.43	金
16	宾阳县河田陈平高岭土鼓励勘查区	横县、宾阳县	鼓励勘查区	22	高岭土

续表

序号	名称	所在行政区名称	类别	面积（平方公里）	主要矿种
17	横县—宾阳县镇龙山多金属矿鼓励勘查区	横县、宾阳县	鼓励勘查区	514.58	铅、锌、金
18	横县马岭四镇三水铝土矿鼓励勘查区	横县校椅四镇	鼓励勘查区	326.49	铝土矿
19	横县南乡金矿外围鼓励勘查区	横县南乡	鼓励勘查区	14.73	金
20	乌家花岗岩、铜铅多金属勘查规划区	合浦县乌家镇	鼓励勘查区	72.38	花岗岩石料、铜、铅
21	瓦窑村钛铁矿勘查规划区	合浦县西场镇	鼓励勘查区	54.33	钛铁矿
22	石湾金、锰多金属矿勘查规划区	合浦县石湾镇	鼓励勘查区	77.79	金、锰
23	合浦地热、钛铁砂矿勘查规划区	合浦县廉州镇、石湾镇、石康镇、常乐镇	鼓励勘查区	186.72	地热、钛铁砂矿
24	合浦高岭土及金矿勘查规划区	合浦县廉州镇、石康镇、常乐镇、曲樟乡	鼓励勘查区	318.52	高岭土、金
25	合浦铅锌多金属矿勘查规划区	合浦县闸口镇、公馆镇、曲樟乡	鼓励勘查区	285.38	铅、锌
26	公馆水泥用石灰岩勘查规划区	合浦县公馆镇	鼓励勘查区	27.55	水泥用灰岩
27	白沙水泥用石灰岩勘查规划区	合浦县白沙镇	鼓励勘查区	14.34	水泥用灰岩
28	白沙石膏矿、铜多金属矿勘查规划区	合浦县白沙镇	鼓励勘查区	96.54	石膏、铜
29	白沙、山口水泥用石灰岩勘查规划区	合浦县山口镇	鼓励勘查区	20.29	水泥用石灰岩
30	山口矿泉水勘查规划区	合浦县山口镇	鼓励勘查区	9.53	矿泉水

序号	名称	所在行政区名称	类别	面积（平方公里）	主要矿种
31	浦北县新华铅锌银矿鼓励勘查区	钦州市浦北县	鼓励勘查区	104.71	铅、锌矿
32	新棠镇狮子岭铅锌矿鼓励勘查区	灵山县	鼓励勘查区	16.8	铅、锌矿
33	大窝口金矿鼓励勘查区	钦南区	鼓励勘查区	10.2	金矿
34	鹰山花岗岩鼓励勘查区	钦北区	鼓励勘查区	13.2	花岗岩
35	大寺花岗岩鼓励勘查区	钦北区	鼓励勘查区	120	花岗岩
36	那丽花岗岩鼓励勘查区	钦南区	鼓励勘查区	180	花岗岩
37	下雷—东平锰矿鼓励勘查区	大新县、天等县	鼓励勘查区	843.56	锰矿
38	先明—伦坡锰矿鼓励勘查区	大新县、江州区	鼓励勘查区	290.71	锰矿
39	龙茗—长屯铅锌多金属鼓励勘查区	天等县、大新县	鼓励勘查区	216.74	铅、锌多金属
40	小明山银铅锌多金属鼓励勘查区	大新县、江州区	鼓励勘查区	69.98	银、铅、锌多金属
41	西大明山铅锌银多金属鼓励勘查区	江州区、扶绥县	鼓励勘查区	211.47	铅、锌、银多金属
42	八角—上石金矿鼓励勘查区	龙州县、凭祥市	鼓励勘查区	285.89	金矿
43	板利金矿鼓励勘查区	江州区、宁明县、扶绥县	鼓励勘查区	112.17	金矿
44	上龙—彬桥铁矿鼓励勘查区	龙州县	鼓励勘查区	355.78	铁矿
45	山圩—柳桥铝土矿鼓励勘查区	扶绥县、江州区	鼓励勘查区	903.29	铝土矿
46	金龙—水口铝土矿鼓励勘查区	龙州县	鼓励勘查区	880.82	铝土矿
47	响水—天西铝土矿鼓励勘查区	宁明县、龙州县、江州区	鼓励勘查区	797.48	铝土矿

序号	名称	所在行政区名称	类别	面积（平方公里）	主要矿种
48	容县县底镇铅锌矿鼓励勘查区	容县县底镇大坪、古或	鼓励勘查区	65.69	铅、锌、矿
49	兴业县龙安—新庄高岭土、氧化锰矿重点勘查区	兴业县龙安镇十里村、卖酒乡党州、兴业县大平山镇陈村、新庄	鼓励勘查区	77.17	高岭土矿及氧
50	玉州区茂林—北流民安镇龙塘水泥用石灰岩鼓励勘查区	北流市民安龙塘，玉州茂林	鼓励勘查区	42.04	水泥石灰岩
51	北流市民安镇龙珠—容县六王镇铅锌金矿鼓励勘查区	北流市民安镇至容县六王镇	鼓励勘查区	165.36	铅锌矿、金矿
52	兴业县葵阳—城隍水泥石灰岩锰铅锌金矿鼓励勘查区	兴业县城隍镇、大平山镇、	鼓励勘查区	190.37	氧化锰、铅锌
53	北流市大坡外清水口—容县灵山杨村铅锌铜金矿鼓励勘查区	北流市蟠龙大牛岭、大坡外镇—容县灵山—杨梅镇鸡笼	鼓励勘查区	603.6	铅锌矿、金矿
54	北流市新丰镇沙垌镇—扶新镇金银铅锌矿鼓励勘查区	北流市新丰镇、扶新镇及平政镇	鼓励勘查区	70.76	铅锌矿、金矿
55	陆川县沙坡—月垌铅锌高岭土矿鼓励勘查区	陆川县温泉、沙坡镇	鼓励勘查区	100.03	铅锌矿
56	北流市石窝镇金银鼓励勘查区	北流市石窝镇	鼓励勘查区	137.11	金银矿
57	博白县周峒天堂岭—六林铅锌金矿鼓励勘查区	博白县周峒至三滩镇	鼓励勘查区	81.21	铅锌矿、金矿
58	博白县黄凌—陆川县乌石镇下水铅锌金矿鼓励勘查区	博白县黄凌镇—陆川县乌石镇	鼓励勘查区	163.9	铅锌矿、金矿
59	博白县英桥、文地铅锌金矿鼓励勘查区	博白县英桥镇—文地镇	鼓励勘查区	181.85	铅锌矿、金矿
60	四方山—弄怀水泥石灰岩、金属矿鼓励勘查区	上思县	鼓励勘查区	56.58	金、石灰岩

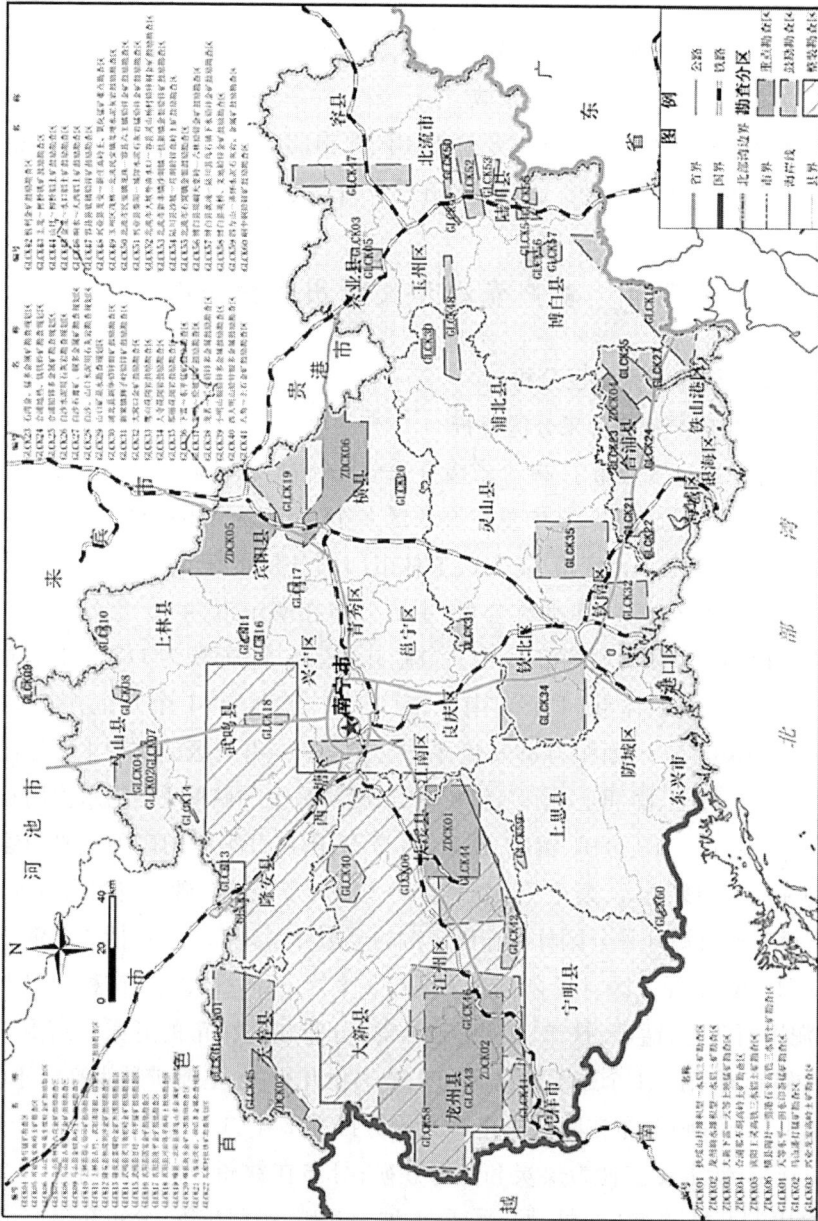

图8-1　北部湾经济区重点矿产资源勘查部署图

3.海洋油气资源勘探

根据国家油气资源规划和海洋资源战略,北部湾经济区内做好南海的基础性、公益性、战略性调查工作,积极开展海域油气基础地质填图工作,加强海域油气资源潜力评价和战略选区工作。加大深水勘查开发的科技攻关力度,加快深海装备建设。加强政府之间合作,实施南海战略行动,积极推进南海油气资源的勘查开发,特别是争议海域。

北部湾盆地石油勘探领域主要位于涠洲西南凹陷的 1 号断裂带、2 号断裂带、东南斜坡。天然气勘探领域主要在莺歌海盆地中央底辟带区域。

第三节　矿产资源开发利用保护分析

一、矿产资源开采分区分析

(一)省级矿产资源开采分区分析

在北部湾经济区分布了 28 个省级开采分区,占广西壮族自治区的 34%,面积为 6831.35 平方公里,其中重点开采区 8 个,面积为 3668.08 平方公里,分布在崇左市(4 个)、南宁市(2 个)、玉林市(1 个)和北海市(1 个);限制开采区 7 个,面积为 1074.45 平方公里,主要分布在南宁市(4 个)、钦州市(1 个)、崇左市(1 个)和防城港市(1 个);鼓励开采区 8 个,面积为 1175.34 平方公里,主要分布在玉林市(4 个)、南宁市(2 个)、钦州市(1 个)、北海市(1 个);禁止开采区 5 个,面积为 899.49 平方公里。重点开采区的矿种主要为锰矿、铝土矿、高岭土、膨润土、钼矿、钨矿等,鼓励开采区的矿种主要为水泥用石灰岩、高岭土、铅锌矿、金矿、银矿、铁矿、石膏等,限制开采区的矿种主要为锰矿、煤矿、陶粒用黏土等,禁止开采区的矿种主要为煤炭、砷、砂金玻璃用砂等。

省级矿产资源开采分区分布在南宁市的开采分区共 11 个,包括 2 个重点开采区、2 个鼓励开采区、4 个限制开采区和 3 个禁止开采区,主要矿种为铝土矿、水泥用石灰岩、锰矿、铁矿、煤炭、砂金等;分布在北海市的开采分区共 3 个,1 个重点开采区、1 个鼓励开采区和 1 个禁止开采区,主要矿种为高岭土、耐火黏土、石膏等;分布在防城港市的开采分区共 2 个,1 个限制开采区和 1 个禁止开采区,主要矿种为煤炭和滨海砂矿;分布在钦州市的开采分区共 2 个,1 个限制开采区和 1 个鼓励开采区,矿种为锰矿、铅锌矿等;分布在崇左市的开采分区共 5 个,4 个重点开采区和一个限制开采区,主要矿种为锰矿、铝土矿、膨润土等;分布在玉林市的开采分区共 5 个,1 个重点开采区和 4 个鼓励开采区,主要矿种为钼矿、金矿、银矿、高岭土、铁矿和水泥用石灰岩等。

表8-8 北部湾经济区省级开采分区统计表

序号	分区名称	所在行政区名称	类别	面积（平方公里）	主要矿产	资源储量单位	储量	基础储量	资源量	累计探明资源储量
1	扶绥—山圩铝土矿开采区	崇左市	重点	105.49	铝	矿石千吨				
2	宾阳王灵高铁三水铝土矿开采区	南宁市	重点	892.97	硫铁矿	矿石千吨		3461	3477	
					铝矿	矿石千吨		7520	7520	
3	横县陶圩—贵港三里高铁三水铝土矿开采区	贵港市，南宁市	重点	1718.61	三水铝	矿石千吨				
4	大新下雷锰矿开采区	崇左市	重点	257.09	锰矿	矿石千吨	29390.41	42764.48	117222.3	170610
5	天等东平锰矿开采区	百色市，崇左市	重点	361.95	锰矿	矿石千吨	5502.54	8001.69	5661.42	16885.69
6	博白油麻坡钨钼矿开采区	玉林市	重点	103.05	钼	吨			21700	21700
					钨	吨			47567	47567
7	宁明膨润土矿开采区	崇左市	重点	84.54	膨润土	矿石千吨	87688	109609	530622.2	640365
8	合浦高岭土矿开采区	北海市	重点	144.38	玻璃用砂	矿石千吨			54475.2	54475.2
					高岭土	矿石千吨	36472	134928.4	144129.8	279931.1
9	隆安都结锑矿开采区	南宁市	限制	17.59	锑	吨			34200	34200
10	武鸣板苏—敢双锰矿开采区	南宁市	限制	260.80	锰矿	矿石千吨	137	170	2269.3	2884.2
					陶粒用粘土	矿石千吨			870	870
11	钦州华荣锰矿开采区	钦州市	限制	309.64	钴	吨	10	18	1053	2172
					锰矿	矿石千吨			8276.72	11836.45

续表

序号	分区名称	所在行政区名称	类别	面积（平方公里）	主要矿产	资源储量单位	保有 储量	保有 基础储量	保有 资源量	累计探明资源储量
12	扶绥煤田煤矿开采区	崇左市	限制	269.79	煤炭	千吨			39349	39349
13	上思七门煤田煤矿开采区	防城港市	限制	137.66	煤炭	千吨	37892	54130	12803	66934
14	上林马鞍山—镇西滑石矿开采区	南宁市	限制	22.39	滑石	矿石千吨	279	635	892	2216
15	上林大丰钒矿开采区	南宁市	限制	56.58	钒	V_2O_5吨	811950	1530343	51236	1530343
16	宾阳镇龙山铝锌多金属矿开采区	南宁市	鼓励	117.53	水泥用石灰岩	矿石千吨	76217.95	97319.25		179650
					锑	吨			13002	13002
					银	吨				53
					镉	吨			212	386
17	浦北新华铝锌矿开采区	钦州市	鼓励	40.00	铝	吨	1158	1528	22358	48707
					锌	吨	3394	4478	33813	103480
					银	吨	5	8	479	570
18	博白金山—中苏银铅锌矿开采区	玉林市	鼓励	200.91	金	千克			2298.88	2298.88
					银	吨			935.72	935.72
19	兴业龙安高岭土矿开采区	玉林市	鼓励	64.86	高岭土	矿石千吨	4380.99	5475.99	9538.9	15020
20	合浦白泥坑高岭土矿开采区	北海市	鼓励	18.40	耐火黏土	千吨	242.3	281.75	1711	6300.15
					石膏	矿石千吨	52699	74550	190800	271290

序号	分区名称	所在行政区名称	类别	面积（平方公里）	主要矿产	资源储量单位	保有			累计探明资源储量
							储量	基础储量	资源量	
21	博白三滩硫铁矿开采区	玉林市	鼓励	108.83	硫铁矿	矿石千吨			3851	4253
22	宾阳黎塘—贵港黄练水泥用石灰岩开采区	南宁市、贵港市	鼓励	277.81	水泥用石灰岩	矿石千吨	208497	262669	165236	459110
23	北流望夫山—陆川荔枝寨水泥用石灰岩开采区	玉林市	鼓励	347.00	水泥用石灰岩	矿石千吨	40270	52590	15020	68310
24	大马山毒砂矿开采区	南宁市	禁止	6.00	砷	吨	1249	2498	2511	5524
25	南宁煤田煤矿开采区	南宁市	禁止	736.41	煤炭	千吨	38858	55512	55240	111766
26	北海白虎头—电白寮石英砂矿开采区	北海市	禁止	55.63	玻璃用砂	矿石千吨			3110	3110
27	防城港滨海砂矿开采区	防城港市	禁止	71.04						
28	上林水台金砂矿开采区	南宁市	禁止	30.41	砂金	千克			5774	5786

(二)市级开采分区分析

北部湾经济区6个市共划分了293个开采分区,其中鼓励开采区183个,限制开采区72个,禁止开采区38个。鼓励开采区的主要矿种包括高岭土、水泥用石灰岩、建筑用灰岩、锰矿、金矿、石膏、建筑用河砂、花岗岩等;限制开采区的主要矿种包括煤矿、铝土矿、砖用黏土、建筑用砂、锰矿等;禁止开采区的主要矿种包括煤矿、砂金、砖用黏土等。

表8-9 北部湾经济区市级开采分区统计表

行政区	合 计	鼓励开采区	限制开采区	禁止开采区
北部湾经济区	293	183	72	38
南宁市	45	18	18	9
北海市	27	4	12	11
防城港市	93	73	9	11
钦州市	19	12	7	
玉林市	38	24	7	7
崇左市	71	52	19	

注:禁止开采区只包括涉及矿种的禁止开采区,不包括自然保护区等禁止开采区。

1. 南宁市

南宁市共划分了鼓励开采区48个,限制开采区18个,禁止开采矿区9个。鼓励开采区的主要矿种包括金矿2处,石灰岩13处,高岭土矿5处,矿泉水2处,砂页岩10处,锰矿、铁锰矿、滑石矿、铅锌矿、银矿、硫铁矿、钛铁矿、碰硝、石膏矿、膨润土矿、粉石英、铅锌多金属、花岗岩、金铁矿、叶蜡石、耐火黏土、石英砂各1处。

限制开采区的主要矿种包括煤矿4个,钨矿、三水铝土矿各2个,锑矿、银矿、铜矿、滑石矿、钒矿、锰矿、砂金、石灰岩、萤石、热水各1个。

禁止开采矿区的主要矿种包括煤矿3个,煤田1个,石英砂矿1个,砂金1个,毒砂2个,河砂1个。

2. 北海市

北海市划分了27个开采分区,其中4个鼓励开采区、12个限制开采区和11个禁止开采区。鼓励开采区的主要矿种为高岭土、建筑砂岩、石膏等,限制开采区的主要矿种为砖用黏土(6处)、建筑用砂、陶瓷黏土等,禁止开采区的主要矿种为砖用黏土、石灰石等。

3. 防城港市

共划定鼓励开采区、限制开采区 82 个,其中鼓励开采区 73 个,限制开采区 9 个,禁止开采区 11 个。鼓励开采区的主要矿种包括:泥岩/页岩(20 个)、建筑用河砂(16 个)、花岗岩(9 个)等,限制开采区的主要矿种包括锰矿、锑矿、煤矿、磷矿、铜矿等。

4. 钦州市

钦州市划分了 19 个开采分区,其中 12 个鼓励开采区、7 个限制开采区。鼓励开采区的主要矿种包括:高岭土、花岗岩、铅锌矿、石膏、水泥用石灰岩等。

5. 玉林市

玉林市划分了 38 个开采分区,其中鼓励开采区 24 个,限制开采区 7 个,禁止开采区 7 个。鼓励开采区的主要矿种为水泥灰岩、高岭土、铅锌、金银、硫铁矿等矿种;限制开采区的主要矿种为滑石、萤石、氧化锰、钛铁砂等;禁止开采区的主要矿种磷矿和稀土砂矿。

6. 崇左市

崇左市划分了 52 个鼓励开采区,主要矿种包括水泥用石灰岩(9 个)、建筑用灰岩(16 个)、建筑用砂(1 个),限制开采区 19 个,禁止开采区为自然保护区和公路、铁路及河流的周边可视范围。

(三)重点矿产资源开采部署

根据北部湾经济区内已有的省级和市级矿产资源开采分区及区块划分,结合已有的采矿权分布情况,确定重要矿产资源开采部署为:

重点开采:在北部湾经济区内划分出重点开采区 8 个,主要分布在南宁市 2 个、崇左市 4 个、玉林市 1 个、北海市 1 个,主要涉及矿种为锰矿、铝土矿、高岭土、膨润土等,面积 3668.01 平方公里。

鼓励开采:在北部湾经济区内划分出鼓励开采区 35 个,南宁市 11 个,北海市 1 个,崇左市 4 个,防城港市 4 个,钦州市 6 个,玉林市 9 个,主要涉及矿种为水泥用石灰岩、高岭土、花岗岩、铁矿、铅锌矿等,面积 3036.08 平方公里。

限制开采:在北部湾经济区内划分出限制开采区 21 个,北海市 2 个,崇左市 3 个、防城港市 4 个、南宁市 9 个,钦州市 2 个,玉林市 1 个,主要涉及矿种为锰矿、煤炭、滑石、锑矿等,面积 1737.72 平方公里。

表 8-10　北部湾经济区重要矿产资源开采部署表

序号	开采区名称	所在行政区	类别	面积（平方公里）	主要矿产
1	扶绥—山圩铝土矿开采区	崇左市	重点	105.49	铝土矿
2	宾阳王灵高铁三水铝土矿开采区	南宁市	重点	892.97	硫铁矿、铝矿
3	横县陶圩—贵港三里高铁三水铝土矿开采区	南宁市	重点	1718.61	三水铝
4	大新下雷锰矿开采区	崇左市	重点	257.09	锰矿
5	天等东平锰矿开采区	崇左市	重点	361.95	锰矿
6	博白油麻坡钨钼矿开采区	玉林市	重点	103.05	钼矿、钨矿
7	宁明膨润土矿开采区	崇左市	重点	84.54	膨润土
8	合浦高岭土矿开采区	北海市	重点	144.38	高岭土、玻璃用砂
9	宾阳镇龙山铅锌多金属矿开采区	南宁市	鼓励	117.53	水泥用石灰岩、锑矿、银矿
10	浦北新华铅锌矿开采区	钦州市	鼓励	40.00	铅、锌矿、银矿、镉
11	博白金山—中苏银铅锌矿开采区	玉林市	鼓励	200.91	金、银矿
12	兴业龙安高岭土矿开采区	玉林市	鼓励	64.86	高岭土、玻璃用砂
13	合浦白泥坑高岭土矿开采区	北海市	鼓励	18.4	高岭土、石膏、耐火黏土
14	博白三滩硫铁矿开采区	玉林市	鼓励	108.33	硫铁矿、铁矿
15	宾阳黎塘—贵港黄练水泥用石灰岩开采区	南宁市	鼓励	277.81	水泥用石灰岩
16	北流望夫山—陆川荔枝寨水泥用石灰岩开采区	玉林市	鼓励	347	水泥用石灰岩
17	江南区苏圩石灰岩鼓励开采区	南宁市	鼓励	23.76	水泥、石料用石灰岩
18	马山县白山石灰岩鼓励开采区	南宁市	鼓励	29.98	水泥用石灰岩
19	隆安县南圩石灰岩鼓励开采区	南宁市	鼓励	27.6	水泥用石灰岩
20	武鸣县城东石灰岩鼓励开采区	南宁市	鼓励	13.21	水泥用石灰岩
21	宾阳县南崖银锌矿鼓励开采区	南宁市	鼓励	1.6	银锌
22	宾阳县思陇—河田花岗岩鼓励开采区	南宁市	鼓励	154.4	花岗岩

序号	开采区名称	所在行政区	类别	面积（平方公里）	主要矿产
23	宾阳县王明河田高岭土矿鼓励开采区	南宁市	鼓励	2.3	高岭土
24	横县马山钛铁矿鼓励开采区	南宁市	鼓励	1.79	钛铁矿
25	钦南区犀牛脚花岗岩、高岭土矿鼓励开采区	钦州市	鼓励	54.89	高岭土
26	灵山至浦北铁矿鼓励开采区	钦州市	鼓励	225.00	铁矿
27	那丽花岗岩鼓励开采区	钦州市	鼓励	140.00	花岗岩
28	六色—平广石料灰岩鼓励开采区	防城港市	鼓励	43.29	石料用灰岩
29	念洗多金属鼓励开采区	防城港市	鼓励	16.13	铁矿
30	平丰饰面花岗岩鼓励开采区	防城港市	鼓励	7.78	饰面花岗岩
31	平木花岗岩鼓励开采区	防城港市	鼓励	20.51	饰面花岗岩
32	新城—龙塘水泥原料鼓励开采区	玉林市	鼓励	76.01	水泥用灰岩
33	灵山—杨梅铜铅锌铁矿、水泥配料鼓励开采区	玉林市	鼓励	129.70	水泥用砂岩
34	三滩水泥原料硫铁矿铅锌金矿鼓励开采区	玉林市	鼓励	31.30	硫铁矿、铅锌矿
35	灯塘—东桃铅锌矿鼓励开采区	玉林市	鼓励	97.34	铅锌矿、铜矿
36	沙坡—月垌高岭土滑石、铁矿鼓励开采区	玉林市	鼓励	147.18	高岭土、铅锌矿
37	大新鼓岩山水泥用石灰岩鼓励开采区	崇左市	鼓励	4.62	水泥用石灰岩
38	宁明膨润土矿鼓励开采区	崇左市	鼓励	12.27	膨润土
39	江州区那佰铅锌矿鼓励开采区	崇左市	鼓励	154.55	铅锌矿
40	龙茗—长屯铅锌矿鼓励开采区	崇左市	鼓励	318.53	铅锌矿
41	大寺花岗岩鼓励开采区	钦州市	鼓励	90.00	花岗岩
42	浦北乐民石灰石矿鼓励开采区	钦州市	鼓励	29.80	水泥用石灰岩
43	马山县周鹿、林圩、乔利锰矿鼓励开采区	南宁市	鼓励	7.70	锰矿

续表

序号	开采区名称	所在行政区	类别	面积（平方公里）	主要矿产
44	隆安都结锑矿开采区	南宁市	限制	17.59	锑
45	崇左六汤稀土矿开采区	崇左市	限制	6	轻稀土矿
46	武鸣板苏—敢双猛矿开采区	南宁市	限制	260.80	锰矿
47	钦州华荣锰矿开采区	钦州市	限制	309.64	锰矿
48	扶绥煤田煤矿开采区	崇左市	限制	269.79	煤炭
49	上思七门煤田煤矿开采区	防城港市	限制	137.66	煤炭
50	上林马鞍山—镇西滑石矿开采区	南宁市	限制	22.39	滑石
51	玉林北市萤石矿开采区	玉林市	限制	66.4	萤石
52	上林大丰钒矿开采区	南宁市	限制	56.58	钒
53	合浦管井钛铁矿开采区	北海市	限制	42.44	钛铁（钛铁矿）
54	闸口公馆白沙石灰岩开采区	北海市	限制	79.19	水泥用石灰岩、建筑石料石灰石
55	上林县木山煤矿限制开采区	南宁市	限制	21.38	煤
56	武鸣县大明山钨矿限制开采区	南宁市	限制	5.74	钨
57	武鸣县两江铜矿限制开采区	南宁市	限制	6.6	铜
58	宾阳县高田—马岭钨多金属矿限制开采区	南宁市	限制	27.75	钨、铜、钼、铋
59	上林县乔贤—塘红煤矿限制开采区	南宁市	限制	141.41	煤矿
60	钦北区那蒙—小董离子型稀土矿限制开采区	钦州市	限制	138.41	钇铕
61	白石锑矿限制开采区	防城港市	限制	13.72	锑矿
62	上思七门煤田煤矿限制开采区	防城港市	限制	137.66	煤矿
63	双沟锑矿限制开采区	防城港市	限制	9.77	锑矿
64	东罗—渠勒煤田限制开采区	崇左	限制	108.21	煤炭

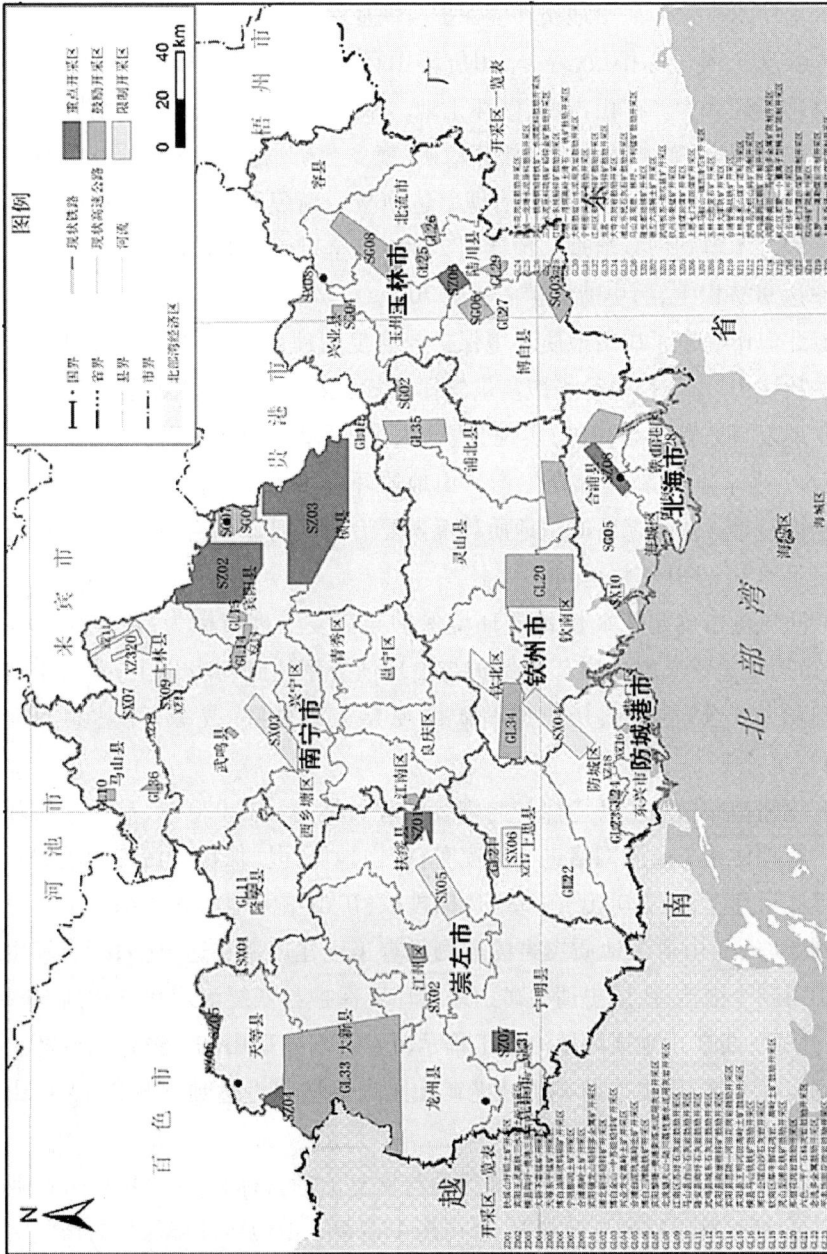

图8-2 广西北部湾经济区重点矿产开发部署图

二、矿山地质环境恢复治理和矿区土地复垦分析

(一)各市矿山地质环境治理恢复目标

1. 南宁市确定了矿山地质环境保护与恢复治理目标为:主要采矿、选矿企业基本实现三废达标排放,停办、闭坑矿山环境恢复治理率达到60%以上。恢复治理新建和生产矿山占用、破坏土地。重点是百龙滩煤矿、金叉煤矿、唐甲滑石矿、乔利锰矿、周鹿锰矿、板苏锰矿、南乡金矿、麓角岭金矿采空区环境恢复治理、矿山地质环境保护与治理率达90%。新建和生产矿山占用、破坏土地面积基本得到恢复治理。预计到2020年,全市矿山地质环境保护与恢复治理率达90%以上,历史遗留矿山达到70%。

2. 北海市确定了矿山地质环境保护与恢复治理目标为:加大矿山地质环境保护执法力度,严格执行土地复垦法律法规,依法落实土地复垦责任,逐步建立土地复垦监管体系,努力实现"边开采,边复垦"。规划期内所有矿山实现"三废"达标排放,新建和在生产矿山地质环境得到全面治理,毁损的土地得到全面复垦。历史遗留矿山地质环境恢复治理率到2020年将达80%以上;土地复垦率到2020年将达80%以上。

3. 防城港市确定了矿山地质环境保护与恢复治理目标为:预计到2020年,全市历史遗留矿山地质环境保护与治理恢复率达到60%以上,矿山土地复垦面积200公顷以上,历史遗留矿山废弃土地复垦(复绿)率达到60%以上。

4. 钦州市矿山地质环境保护与恢复治理目标为:到2020年,矿山地质环境保护管理体系与监测网络进一步完善;矿山地质环境保护与污染防治的考核指标体系建立;所有矿山"三废"达标排放;矿山重大地质环境综合治理率将达到50%;矿山重大地质灾害的监测预警工程建成率将达80%;新建和生产矿山得到全面治理,历史遗留矿山地质环境保护与恢复治理率将达60%以上;建成一批矿山地质环境治理工程示范点。新建矿山和生产矿山破坏土地得到全面复垦,历史遗留矿山及老矿山土地复垦率将达60%以上,矿山土地复垦面积250公顷。

5. 崇左市确定了矿山地质环境保护与恢复治理目标为:到2020年,矿业"三废"的排放总量得到有效控制,全市历史遗留矿山地质环境保护与恢复治理率将达到60%以上,矿山土地复垦面积2500公顷以上,历史遗留矿山废弃土地复垦率达到60%以上。

6. 玉林市矿产资源总体规划中确定了矿山地质环境保护与恢复治理2015 年目标为："三废"全部达标排放;矿山地质环境恢复治理率达到 40%—45%。土地复垦率≥35%。2020 年目标为全市矿山地质环境全面恢复治理。

表 8-11　各市矿山地质环境保护与恢复治理目标表

指　标		2020 年
南宁市	停办、闭坑矿山环境恢复治理率	
	矿山地质环境保护与恢复治理率	90%以上
	历史遗留矿山地质环境保护与恢复治理率	70%
北海市	历史遗留矿山地质环境恢复治理率	80%以上
	土地复垦率	80%以上
防城港市	历史遗留矿山地质环境保护与治理恢复率	60%以上
	历史遗留矿山废弃土地复垦率	60%以上
钦州市	历史遗留矿山地质环境保护与恢复治理率	60%以上
	历史遗留矿山及老矿山土地复垦率	60%以上
崇左市	历史遗留矿山地质环境保护与恢复治理率	60%以上
	历史遗留矿山废弃土地复垦率	60%以上
玉林市	矿山地质环境恢复治理率	
	土地复垦率	

(二)矿山土地复垦面积的确定

1. 南宁市重点治理区和一般治理区共占用、破坏土地面积约 164.95 平方公里,规划期内需要恢复治理面积约 116.96 平方公里,占总面积的 71%。

2. 北海市确定了 4 个矿山地质环境重点恢复治理区:

(1)白泥坑黏土矿矿山地质环境恢复治理区

矿区面积 7.78 平方公里,开采区应恢复治理面积约 1.8 平方公里,位于合浦县星岛湖乡白泥坑一带。矿区复垦率到 2020 年将达 80%以上,完成土地复垦面积 1.44 平方公里。

(2)北风塘高岭土矿矿山地质环境恢复治理区

矿区面积 9.77 平方公里,首采面积 0.2537 平方公里,到 2020 年治理面积将达到 0.1426 平方公里, 复垦率将达到 80% 以上, 完成土地复垦面积 0.11408 平方公里。

（3）闸口石灰岩矿山地质环境恢复治理区

矿区面积 23 平方公里, 开采的矿区面积 0.788 平方公里, 治理面积 0.7264 平方公里, 位于合浦县闸口镇、公馆镇一带。到 2020 年, 复垦率和植被率将达 80% 以上, 完成土地复垦面积 0.58112 平方公里。

（4）包家黏土矿矿山地质环境恢复治理区

矿区面积 10.21 平方公里, 矿山面积 1.7505 平方公里, 治理面积 0.8305 平方公里, 位于北海市郊包家村一带。到 2020 年, 复垦率和植被恢复率将达 80% 以上, 完成土地复垦面积 0.6644 平方公里。

四个重点恢复治理区, 到 2020 年将完成土地复垦面积 2.7996 平方公里。

3. 钦州市

到 2020 年, 预计完成土地复垦面积 100 公顷。

4. 防城港市

到 2020 年, 矿山土地复垦面积将达 200 公顷以上。

5. 玉林市

矿山采空区占用土地 304.9 公顷, 废石、废土、场渣堆放占用土地 119.43 公顷, 尾矿库占用土地 15.34 公顷, 共占用破坏土地面积为 439.67 公顷。到 2020 年, 上述矿山环境问题综合治理率将达到 65% 以上。

6. 崇左市

到 2020 年, 矿山土地复垦面积将实现 2500 公顷以上。

表 8-12　北部湾经济区矿山土地复垦面积情况表

行政区	矿山土地复垦面积（公顷）	
	2015 年	2020 年
南宁市	11031	4799
北海市	140.19	60.99
钦州市	87	100
防城港市	100	200
崇左市	3000	2500
玉林市	374.1	65.6

注：南宁市、钦州市 2015 年矿山土地复垦面积去除了 2010 年以前的土地复垦面积。

第四节　矿产资源型产业集群发展

资源型产业是以资源开发利用为基础和依托的产业。在资源型产业发展的生产要素构成中,自然资源占据主体核心地位。资源型产业体系和贸易体系甚至城镇发展都以资源开发利用为中心,由资源优势所决定的资源型经济循环体系成为其显著特征。

一、矿产资源型产业发展引导分析

北部湾经济区优势矿产资源包括锰矿、高岭土、水泥用石灰岩、膨润土、建筑石料用灰岩等,鼓励开采区的矿种主要为水泥用灰岩、高岭土、铅锌矿、金矿、银矿、铁矿等

1. 锰矿

锰矿资源主要分布在崇左市扶绥县、大新县、天等县,有 4 个大中型矿区,北部湾经济区内共有锰矿山 33 座,其中大中型矿山 27 个,主要为中信大锰有限责任公司大新锰矿、中信大锰有限责任公司天等锰矿、广西马山县那达锰矿、防城港市佳中溢矿业有限公司佳中溢锰矿等,分布在南宁市的武鸣县、钦州市灵山县、崇左市的大新县、天等县和防城港市的防城区。锰矿资源省级重点开采区和鼓励开采区主要分布在大新县和天等县。

根据资源分布及已有开采状况和资源开发利用布局,选择大新县、天等县、灵山县、武鸣县和防城区,作为优先发展锰矿资源型产业的地区。按照规模生产、清洁生产和循环经济的要求,改造提升现有采选冶企业,延长产业链,重点发展碳酸锰矿地采工程建设,发展硫酸锰、电解金属锰、电解二氧化锰、四氧化三锰等深加工产品,提高产品技术含量,促进产业结构和产品结构升级。

2. 铁矿

北部湾经济区铁矿资源主要分布在南宁市、钦州市、玉林市和崇左市,均为小型矿区,有崇左市蒙井可布山铁矿、龙州飞扬贸易有限责任公司先锋铁矿、灵山县万泰成矿业发展有限公司文利镇横山铁矿等小型矿山 10 个,分布在崇左市扶绥县、江州区,玉林市陆川县、博白县;南宁市横县;钦州市灵山县等地。

由于区内铁矿资源有限,不具备资源优势,不能作为引导地区资源型产业发展的有利基础。

3. 铝土矿

北部湾经济区铝土矿资源主要分布在南宁市宾阳县、横县、扶绥县,新发现了大型矿区,资源储量 8000 万吨,目前没有生产的铝土矿山,省级重点开采区中有宾阳王灵高铁三水铝土矿重点开采区和横县陶圩—贵港三里高铁三水铝土矿重点开采区,整装勘查区为广西扶绥—龙州地区铝土矿整装勘查。

广西壮族自治区是全国铝土矿资源储量第一位,占全国的 30% 左右,桂西铝工业基地初具规模。依托崇左市丰富的铝土矿资源,通过龙州铝土矿开发等项目的带动,推进崇左铝土矿勘探与开发,发挥经济区沿海的区位优势和南宁市已有的铝深加工工业的基础,建设南宁铝加工基地和钦州、北海等沿海铝加工基地,积极发展铝精深加工,进一步提高高纯铝、高精度铝板带箔、中高档建筑型材、铝轮毂、铝合金铸件、电线电缆等高附加值产品比例。

4. 铅锌矿

北部湾经济区铅锌矿主要分布在钦州市浦北县、南宁市宾阳县、崇左市大新县,主要矿山有宾阳县银锌矿、大新县长屯铅锌矿区出银山矿段等 10 个小型矿山,主要分布在南宁地区宾阳县、上林县、玉林市陆川县、博白县、钦州市浦北县,省级开采分区主要为浦北新华铅锌矿鼓励开采区。

经济区内铅锌矿资源不丰富,但按已经形成的产业布局,借助沿海港口优势,建议在临海地区北海市铁山港区、玉林市、防城港市、钦州市重点发展有色金属冶炼及深加工业。

5. 高岭土

高岭土资源主要分布在北海市、南宁市和玉林市,北海市分布 5 个大型矿区,玉林市分布 2 个大型矿区;经济区内已有大中型矿山 13 个,主要为兴宁区昆仑镇高岭土矿、广西合浦县十字路高岭土矿区北风塘矿段、合浦沪天高岭土有限责任公司、北海新星汇矿业有限公司清水江矿区温屋矿段高岭土矿、博白县双旺镇老虎头高岭土矿,分布在南宁市的兴宁区和北海市的合浦县、铁山港区、玉林市的博白县、容县和崇左市扶绥县。高岭土资源省级重点开采区和鼓励开采区主要分布在合浦县、兴业县和博白县。

根据资源分布及已有开采状况和资源开发利用布局,选择兴宁区、合浦县、铁山港区、兴业县、博白县、陆川县、北流市等作为优先发展高岭土资源型产业的地区,建议发展产业主要包括高岭土采选及深加工业、陶瓷、耐火材料等工业。

6. 膨润土

膨润土资源主要分布在崇左市宁明县、南宁市宾阳县和横县、防城港市上思县,宁明县有 1 个特大型矿区,宾阳县、横县和上思县分别只有一个小型矿区;经济区内已有 4 个中型矿山,分布在上思县、宁明县。膨润土资源省级重点开采区分布在宁明县、上思县。

根据资源分布及已有开采状况和资源开发利用布局,将宁明县、上思县作为优先发展膨润土资源型产业的地区,加强技术攻关,延伸产业链,鼓励生产蒙脱石、有机膨润土等深加工产品,将其培育成为我国膨润土加工产业基地。

7. 建材资源

水泥用石灰岩资源主要分布在南宁市、北海市、崇左市、玉林市,南宁市分布 10 个中型矿区,崇左市在扶绥县、大新县、宁明县分布了 3 个中型矿区,已有大中型矿山 6 个,主要为兴业葵阳海螺水泥有限责任公司兴业县清湾石灰岩矿、北流海螺水泥有限责任公司龙塘矿区 0—Ⅲ号勘探线水泥用石灰岩矿、北流海螺水泥有限责任公司民安镇龙塘水泥用石灰岩矿、扶绥新宁海螺水泥有限责任公司昌平乡石灰岩矿等,分布在南宁市的宾阳县、崇左市的扶绥县和玉林市的兴业县、北流市。水泥用石灰岩资源省级鼓励开采区主要分布在宾阳县和兴业县。

根据资源分布及已有开采状况和资源开发利用布局,选择宾阳县、横县、扶绥县、兴业县、北流市等,作为优先发展水泥用石灰岩资源型产业的地区,建议发展产业主要包括水泥工业等,建立经济区内大型的水泥生产基地。

砖瓦用页岩:北部湾经济区内砖瓦用页岩资源优势明显,基础储量 11664.18 千立方米,有一个中型矿区在防城港市防城区,已有 74 个大中型矿山,分布在横县、宾阳县、马山县、上林县、灵山县、钦南区、陆川县、兴业县等地,广西壮族自治区禁止开采可耕地的砖瓦用黏土,鼓励开发砖瓦用页岩替代砖瓦用黏土,在砖瓦用页岩资源分布丰富的地区鼓励建设大型砖瓦用页岩矿山,建立大型砖瓦生产基地。

其他建材资源:在防城区、钦南区、钦北区有 24 座中型建筑用花岗岩矿山,陆川县等地有 4 座大中型石灰岩矿山,水泥配料用黏土、水泥配料用页岩大中型矿山分布在扶绥县,利用北部湾经济快速发展对建材资源的需求,在博白县、北流市、兴业县、扶绥县等地区,建设建筑石材生产基地。

综上北部湾经济区内重点发展建材资源开发利用的地区主要包括宾阳

县、横县、扶绥县、兴业县、防城区、玉州区、博白县、北流市等，在以上地区培育大型的建材生产基地，满足北部湾经济区经济建设的需要。

二、矿产资源型产业集群发展区建设研究

（一）产业集聚理论的概述

产业集聚（Industry Cluster）是指同一产业在某个特定地理区域内高度集中，产业资本要素在空间范围内不断汇聚的一个过程。也就是说，产业集聚是在产业发展过程中，某特定领域内相关的企业（机构），因相互间的共性、互补性或其他特征而集中、聚合，形成的在地理上相对集中、产业上相互支撑、发展上相互依存的集聚现象。

产业集聚有利于提高中小企业的整体竞争能力。中小企业由于规模较小、技术创新和产品开发的能力相对较弱，在激烈的市场竞争中，相对处于弱势。但同类型或相关联的中小企业形成产业集聚后，将可以通过多种途径，如降低成本、刺激创新、提高效率、加剧竞争等，提升整个集聚区的企业竞争能力。

产业集聚有利于实现规模经济。同类型或相关联的企业集中在一定的区域内，导致大量的采购和销售活动，从而能够吸引各地的供应商和采购商相对集中，既降低了企业的采购成本，又扩大了产品销售市场，促进了企业规模的迅速扩张。

产业集聚有利于形成"区位品牌"效应。企业通过集聚，集聚内企业的整体力量，加大广告宣传的投入力度，利用群体效应，容易形成"区位品牌"，从而使每个企业都受益，大大增强了集聚内企业的比较竞争优势。

产业集聚有利于技术、管理知识的交流和人力资源的培养与利用。在产业集聚区内，创新的技术、科学的管理方法一旦被使用，就很容易使其它的企业就近学习、模仿，从而迅速得到推广，也促进了人才和劳动力的合理流动。

产业集聚有利于专业性外部服务业和配套设施的发展。由于产业集聚的存在，使得为企业服务的物流、中介、技术研发中心、金融等服务行业能够相对集中，并有合理的经济回报，配套设施也将会日益完善。

（二）资源型产业集群的形成机理

1. 资源型产业集群形成的基础——资源禀赋

尽管产业聚群与自然禀赋之间不是一种简单的对应关系，有些产业集群未必在自然禀赋地区形成，但是资源禀赋却是产业集群形成的基础和重要诱因。对此,马歇尔有过专门阐述:"许多不同的原因引起了工业的地区分布,但主要原因是自然条件,如气候和土壤的性质、在附近地方的矿山和石矿、或是水陆交通的便利。因此,金属工业一般是在矿山附近或是在燃料便宜的地方。英国的炼铁工业最初寻求木炭丰富的区域,以后又迁到煤矿附近。"正是地区自然禀赋的差异才形成不同的具有地方特色的产业集群。一些地区产业集群的形成与发展同该地区或产业所具有的某些本地独有的、不可移动、难以模仿的条件或产品的特殊属性有关。资源型产业的聚集依靠的是资源的禀赋,受惯性因素的影响,即使初始的区位优势消失,区域仍然维持特定产业的专业化趋势。

在工业化进程中,资源结构对地区产业结构的形成、特点有着决定性的影响,资源的数量和分布对采掘业的开发规模及地点具有决定性作用:资源组合特征影响原料加工工艺路线的选择,资源的品种和质量影响自身利用方向和加工工业技术经济指标。在工业化的初期,大多数工业都是在资源富集地区兴建,形成了一大批的资源型产业集群,最典型的就是德国、法国和卢森堡三国交界的鲁尔—卢森堡—洛林和萨尔的"煤—钢铁"产业集群。

2. 资源型产业集群形成的诱因——市场需求

没有市场需求,资源禀赋仅仅是区域的条件优势,只有在市场有效需求的吸引下,厂商才愿意组织资本、劳动力和技术等要素到资源富集地集聚,组织生产,这些最初的厂商就成为资源型产业集群的"产业核"。更重要的是,市场需求只有在市场经济条件下才能真正成为产业集群的诱因。

产业集群是市场化的产物,市场是集群经济发展的内在力量。产业集群对各种资源的吸引有利于形成一系列的市场,并使产业集群与市场相互促进,在竞争中居于有利地位。当一个地区具有区位上或者原材料、劳动力、市场销售等方面的优势时,出于利益的驱动或者裙带关系的拉动,它们就会自觉按照比较优势原理进行生产经营。市场机制在资源配置中的作用越来越重要,依旧是以前的资源型产业,在进入重化工业发展阶段对资源、能源的需求不断增长的情况下,在市场需求和市场机制条件下,我国的资源富集区特别是西部地区已经或正在形成资源型的产业集群。

3. 资源型产业集群形成的路径——政府培育

政府提供是经济剩余赖以建立的秩序构架,如果没有政府提供的这种秩序稳定性,理性行为也不可能发生,所以政府政策对经济增长的贡献怎么强调也不过分。尤其对于欠发达地区,"管得最少的政府是最好的政府"的自由放任的观点是片面的,资源禀赋地区大多属于欠发达地区,政府在产业集群形成,特别是萌芽期和成长期往往发挥着主要的作用。第一,地方政府充当整个集群的代表会比任何一家企业更为合适,地方政府在引进外部资源中,从谈判能力到组织信誉,从合作网络的扩展能量到各项条款的承诺,都比一般的企业更有优势。第二,地方政府行为是经济活动的区位模式形成的重要因素,在政府能够拥有较大的经济资源和规制权力时,应采取推动性的政策,形成资源型产业集群的竞争优势。在特定的资源条件下,政府支撑性条件成为集群的高级要素,加强了其可持续发展的能力。在产业集群规模形成之后,政府的培育功能逐步让位于服务功能。

(三)资源型产业集群发展建议

为体现资源型产业集群化发展的优势,提高资源型产业效率,以现有省级和市级矿业经济区为基础,建议在北部湾经济区内划分4个资源型产业集群发展区,包括贸易—深加工资源型产业集群发展区、锰矿资源型产业集群发展区、高岭土资源型产业集群发展区、建材资源型产业集群发展区。

1. 贸易—深加工资源型产业集群发展区

充分利用丰富的港口资源,紧邻越南等东盟国家的区位优势,发挥临海工业区的作用,以建成和正在筹建的钢铁基地和石油化工项目为基础,利用已有良好的产业基础,依靠进口铁矿石、石油、煤炭等资源,发展石油化工、钢铁、有色金属冶炼等行业,建立贸易—深加工资源型产业集群发展区。

包含区域:北海市铁山港区、钦州市钦南区;防城港市港口区、防城区;南宁市江南区;玉林市龙潭镇。

发展重点:

南宁市:依托南宁铝工业园区,以铝业加工业为核心,以高精尖铝板带箔以及民用、工业用铝型材产品为切入点,培育发展航天、航空、轨道交通、建筑、装饰、包装、印刷、电子、汽车配件、电力等行业的后续铝深加工产品,实现由粗加工产品向深加工产品方向延伸,形成集铝精深加工与相关配套产业于一体的铝加工产业集群,逐步建成具有国内领先技术水平、西南规模最大、以高端铝材加工为主要特色的铝加工产业基地。

北海市:依托铁山港工业区,以石油化工生产为核心,重点发展石油炼制、油气开发和精细化工等产业,以中石化炼油异地改造为驱动,发展"炼化一体化",打造上下游产业链,形成重化工产业集群,加快建设铁山港临港千亿元石化产业基地,建成具有国际竞争力的非乙烯型炼油化工一体化石化产业基地。

钦州市:以石化产业发展为核心引致产业聚集,建立石化产业群,加快建设钦州市进口原油加工项目,生产聚丙烯、苯、二甲苯、丙烷等化工原料,提高附加值,形成石化产业群。以进口资源加工区为依托,避免钦州港与北海港、防城港之间的产业同质化竞争,实现差异化发展,加工生产以钛、钒、锰、铬为主的有色金属产品、合金产品或化工产品。

防城港市:依托大西南临港工业园,重点发展磷化工产业,积极引进和培育壮大磷酸加工企业,开发医药磷酸、电子级磷酸系列深加工产品,提高产品附加值。充分利用硫磷专用码头,以硫黄和磷肥铁路散装箱对流运输为疏港方式,优化磷化工物流销售网络,形成集科研、生产、销售于一体的绿色磷化工产业基地,利用广西磷化工产业协会雄厚的产品开发优势,打造中国最大的磷化工产业基地。

依托企沙工业区,大力培育和发展钢铁产业集群,打造特大型钢铁精品基地,采用最先进的技术、工艺,优先发展以钢铁为主的冶金工业,重点发展高附加值的造船板、桥梁板、管线板、锅炉板和工程结构板等专用精品宽厚板,汽车板、家电板、建筑板、集装箱板等精品宽带板和机电板、输变电材料等无取向冷轧硅钢板卷精品。积极开发利用国外镍矿资源,进口东盟及澳洲的红土镍矿,发展镍铁合金项目;积极开发利用国外锰矿资源,配合利用广西低品位锰矿资源,发展锰硅合金项目;开发利用国外铬矿资源,发展铬铁合金项目。

依托企沙工业区金川有色金属加工产业园,构建特色鲜明的有色金属工业基地。铜产品:重点发展与海洋、船舶工业配套的铝青铜、锰青铜、铝黄铜、炮铜、白铜以及镍铜合金等耐腐蚀铜合金;发展与汽车工业配套的电解铜—铜带(板)—高软化点超薄水箱、制动系统管路或集成电路引线框架、变压器铜带、接插件、弹性导电材料等产品;发展与电子电器产业配套的电解铜—铜杆—电缆线—电磁线(绕组线)—微型电机—电子产品等系列产品;发展与电子信息产业配套的电解铜—铜箔—覆铜板—印制电路板产品;发展与建筑产业用铜配套的电解铜—铜水管、铜材、铜制散热器、铜阀门、铜连接件、装饰装潢用铜板、动力电线等铜产品。镍产品:重点发展与钢铁、冶金产业配套的各种镍合金材料镍钢、高镍钢、高镍合金、钛镍合金、钴镍合金等高性能合金产品;发展与装备制造产业配套的各种镍材、镍管、镍板等精深加工产品;发展与化工产业、电镀工业配套的金属镍、镍粉、镍盐等深加工产品。铝产品:重点发展与包装、电子、家电制造相配套的铝板带箔材;发展与交通运输业配套的地铁和轻轨车辆用材、汽车、船舶和集装箱用材等铝深加工产品;发展各种高性能铝合金材料、复合材料、纳米铝粉等铝精深加工产品。

玉林市:以龙潭产业园为依托,推进玉林市龙潭镍冶炼基地建设,加快建设有色金属产业园,积极发展高附加值品种和镍深加工产品,支持镍合金项目建设;大力推进博白文地有色金属生产基地建设,加快发展不锈钢、镍铬合金、镍铁合金、特种钢等产品,着力打造有色金属冶炼、加工等产业基地。

2.锰矿资源型产业集群发展区

依靠北部湾经济区内锰矿资源富存优势,发挥沿边的优势,充分利用周边国家资源,依托省级大新—天等锰业矿业经济区,在已有产业布局的基础上,建立大型锰矿资源型产业集群区。

包含区域:大新县、天等县、马山县和防城区。

发展思路:

(1)加强资源勘查,扩大基础储量,降低勘探门槛,减少勘探投资者风险,用政策鼓励社会资金和外商进入商业性勘探领域,培育商业性锰矿勘查的市场主体。加大公益性、战略性资源的勘查投入力度,加快危机矿山接替资源找矿步伐,增加资源储量。关注国内国际两个勘查市场,利用东盟博览会和东盟自由贸易区寻找周边国家可利用的锰矿资源。

(2)提高采选冶技术水平,在锰矿加工各环节中实现节约应通过产、学、研结合,提高资源利用水平,攻克关键技术,重点解决低品位碳酸锰矿利用问题,为锰业大发展提供资源保障。通过查清矿石种类、粒度大小、赋存状态,以提高开采回收率和选矿回收率。重视含锰尾矿的回收利用,如采取先筛分,较粗粒则再次强磁选法回收,微细粒则采用化学法回收等方法。

(3)加大锰产品深加工的开发力度,抓好电解二氧化锰、电解金属锰、四氧化三锰等产品开发和项目的建设,不断开发适应市场需求的锰盐及深加工产品。利用高新技术、先进适用工艺技术及装备,改造提升铁合金产业,开发高纯度、低杂质、低碳、低磷、低硫等精炼产品;支持中信大锰矿业有限责任公司等大力发展锰盐及深加工产品。依据国家产业政策,重点发展国家支持的锰系列产品,争取引进锰酸锂、环保电池、高锰不锈钢等锰系列深加工及其下游产品开发项目。

(4)合理规划锰业布局,形成地区性产业分工。根据总体工业布局、区域发展战略、地方经济状况、社会发展环境、区位优势、相关自然资源禀赋、交通运输状况、人力资源状况等因素组建锰业基础原料基地、深加工基地和新产品研发基地等。合理配置各种资源,化解不必要的恶性竞争,提升整体竞争力。

3.高岭土资源型产业集群发展区

依靠北部湾经济区内高岭土资源富存优势,依托省级合浦高岭土矿业经济区,在已有产业布局的基础上,鼓励优质陶瓷级、填料级、造纸涂料级高岭土、煅烧高岭土及高纯超细高岭土等精选及深加工生产技术开发,建立大型高岭土资源型产业集群发展区。

资源状况:高岭土资源主要分布在北海市合浦县,玉林市陆川县、兴业县,南宁宾阳县。

表8-13　高岭土资源大中型矿区统计表

序号	矿区名称	资源储量单位	储量	基础储量	资源量	资源储量	资源查明储量
1	宾阳六明高岭土	矿石千吨			528		528
2	合浦县十字路高岭土矿区(北风塘矿段)	矿石千吨	36472	45644.1	18116		64633
3	合浦县十字路高岭土矿区(庞屋矿段)	矿石千吨			25781		25781
4	合浦县清水江高岭土矿区(温屋矿段)	矿石千吨	5662	35622.1	35391.6		71014.2
5	合浦县清水江高岭土矿区(骆屋矿段)	矿石千吨		31382	37787.9		69169.4
6	合浦县新屋面高岭土矿区	矿石千吨		28963.9	35245		64208.9
7	陆川县温泉白坭高岭土矿	矿石千吨				5500	5500
8	兴业县龙安高岭土矿区	矿石千吨	4381	5476	9538.9	15014.9	15020

大中型矿山分布情况:北部湾经济区内主要的高岭土开采矿山有6座,全部分布在北海市合浦县。

表 8-14 高岭土资源主要矿山统计表

矿山名称	开采规模类型	矿区面积（平方公里）	资源储量（万吨）
南宁市兴宁区昆仑镇高岭土矿	中型	0.612	43
北海高岭科技有限公司新屋面矿区高岭土矿	大型	7.4991	4800.98
北海新星汇矿业有限公司清水江矿区温屋矿段高岭土矿	大型	3.4067	14018.36
合浦沪天高岭土有限责任公司清水江矿区骆屋矿段高岭土矿	大型	3.6875	6916.94
合浦县锦海高岭土有限公司庞屋矿段高岭土矿	大型	3.7703	3264.15
兖矿北海高岭土有限公司高岭土采选厂	大型	8.1839	4651.72
铁山港区兴港镇进强高岭土营业部	中型	0.1252	50
北海市伸信进出口贸易有限公司	中型	0.0733	36.4
博白县领成矿物科技有限公司高岭土矿	中型	0.1939	24.43
容县六吟高岭土矿石泥场	中型	0.162	21.47
博白县海峰高岭土有限公司	中型	0.012	8.39
龙头乡林旺高岭土矿	中型	0.1098	30
扶绥种畜场渌尊分场崩坝岭高岭土矿	中型	0.0425	33.28

已有产业布局:合浦县有高岭土加工企业共5家,(1)兖矿北海高岭土有限公司,生产陶瓷用各级水洗土约20万吨/年,其它造纸、涂料、橡胶填充料等干粉类系列产品10万吨/年。(2)合浦沪天高岭土有限公司,主要经营范围:高岭土矿开发和深加工,矿产品购销、信息服务。(3)北海星汇高岭土矿业有限公司,负责开发建设广西合浦清水江矿区温屋矿段深加工项目。(4)合浦县锦海高岭土有限公司,负责开发建设合浦县十字路矿区庞屋段高岭土矿深加工项目,主要经营高岭土矿开采和深加工。(5)北海高岭科技有限公司,主要经营范围是高岭土和无机非金属矿深加工系列产品研究、开发、生产和销售等。

北海市有大中型陶瓷生产企业19个,分布在合浦县、铁山港区、银海区等;玉林市有大中型陶瓷生产企业9个,分布在容县、北流市、博白县、陆川县。

表 8-15 北部湾经济区陶瓷大中型企业统计表

序号	企业名称	规模	所属行政区
1	广西南山瓷器有限公司	中性	容县南山镇
2	广西北流仲礼瓷业有限公司	中型	北流市
3	广西陆川县华林陶瓷有限公司	中型	陆川县
4	博白县金沙瓷厂	中型	博白县
5	广西北流市老田瓷业有限公司	中型	北流市
6	北流市铭超瓷业有限公司	中型	北流市
7	广西鑫富源陶瓷有限公司	中型	博白县博白镇
8	广西北流市晨立陶瓷业有限公司	中型	北流市
9	广西北流玉洁瓷业有限公司	中型	北流市
10	合浦县石康兴达陶瓷厂		北海市·合浦县
11	合浦县石康镇太平陶瓷厂		北海市·合浦县·石康镇
12	合浦县展鹏实业有限公司		北海市·合浦县·石康镇
13	合浦县石康陶瓷综合厂		北海市·合浦县·石康镇
14	合浦县石康镇新兴陶器厂		北海市·合浦县·石康镇
15	合浦县石康镇还珠陶器厂		北海市·合浦县·石康镇
16	合浦县石康镇永华胶杯厂		北海市·合浦县·石康镇
17	广西合浦县石康镇陶瓷厂		北海市·合浦县·石康镇
18	合浦县石康镇日用陶瓷二厂		北海市·合浦县·石康镇
19	北海市铁山港区赤江华侨世豪陶瓷厂		北海市·铁山港区·兴港镇
20	北海市铁山港区兴港镇振兴陶瓷厂		北海市·铁山港区·兴港镇
21	北海市铁山港区赤江永兴陶器厂		北海市·铁山港区·兴港镇
22	北海市铁山港区阳光陶瓷厂		北海市·铁山港区·兴港镇
23	广西北海市赤江兴盛陶瓷厂		北海市·铁山港区·兴港镇
24	铁山港区南康镇信安陶瓷厂		北海市·铁山港区·南康镇
25	北海市银海区康健陶瓷厂		北海市·银海区·西塘镇
26	北海市海城区昌茂陶瓷加工厂		北海市·海城区·靖海镇
27	北海市佳味陶器厂		北海市·海城区·靖海镇

包含区域:北海市合浦县、铁山港区、银海区,玉林市兴业县、博白县、陆川县,北流市。

发展思路:根据北部湾经济区内合浦高岭土资源质量情况,结合现阶段加工技术,产品加工方向主要定位于陶瓷级高岭土,增加塑料、橡胶、油漆、涂料用填料级高岭土,以及煅烧高岭土等高档次产品,实现产品多元化和结构合理化的发展方向。积极拓展高岭土资源匮乏的国家和地区的市场,如日本、韩国、东南亚等国家和地区,提高产品的技术含量,提高产品的质量,降低生产成本,加大市场营销的力度,拓展北部湾经济区内高岭土资源型产业集群发展壮大的有效途径。依托已有陶瓷产业发展的基础,加快北流日用陶瓷生产基地建设,扩大生产规模,提高技术工艺和环保水平,增强创新研发能力,建设以北流、合浦为中心,辐射容县、陆川、博白的国家级日用陶瓷生产和出口基地。引进资金和技术,提高现有建筑陶瓷的水平,扩展卫生陶瓷产业,发展新型工艺技术,提高产品质量,开拓市场,支持研发新产品,开发高强、多功能、配套化的环保、抗污、抗菌建筑卫生陶瓷新产品,鼓励发展高科技、高档次、高附加值的产品。

4.建材资源型产业集群发展区

充分利用北部湾经济区内丰富的水泥用石灰岩、建筑石料用灰岩、砖瓦用页岩等建材矿产资源,抓住经济区建设发展的机遇,依托贵港—玉林水泥矿业经济区,在已有产业布局的基础上,建立建材资源型产业集群发展区。

包含区域:兴业县、陆川县、玉州区、博白县、北流市、宾阳县、横县、扶绥县、防城区。

发展思路:加快建材产业的优化升级,以技术创新为动力,加快现有水泥厂的技术改造,淘汰水泥落后产能,发展干法水泥生产先进技术,配套使用火力发电厂和钢厂的生产废渣,大力推广余热发电技术等节能技术,加大工业废弃物的利用力度,促进建材企业清洁生产。

利用丰富的矿产资源优势,大力发展水泥、石炭、涂料、石材、墙体砌块、模板装饰材料等建材工业。积极采用旋窑工艺及新型装备,重点发展新型干法水泥生产线、大型水泥粉磨站等,大力发展节能绿色环保、功能化的新型建材业,促进建材业快速发展。

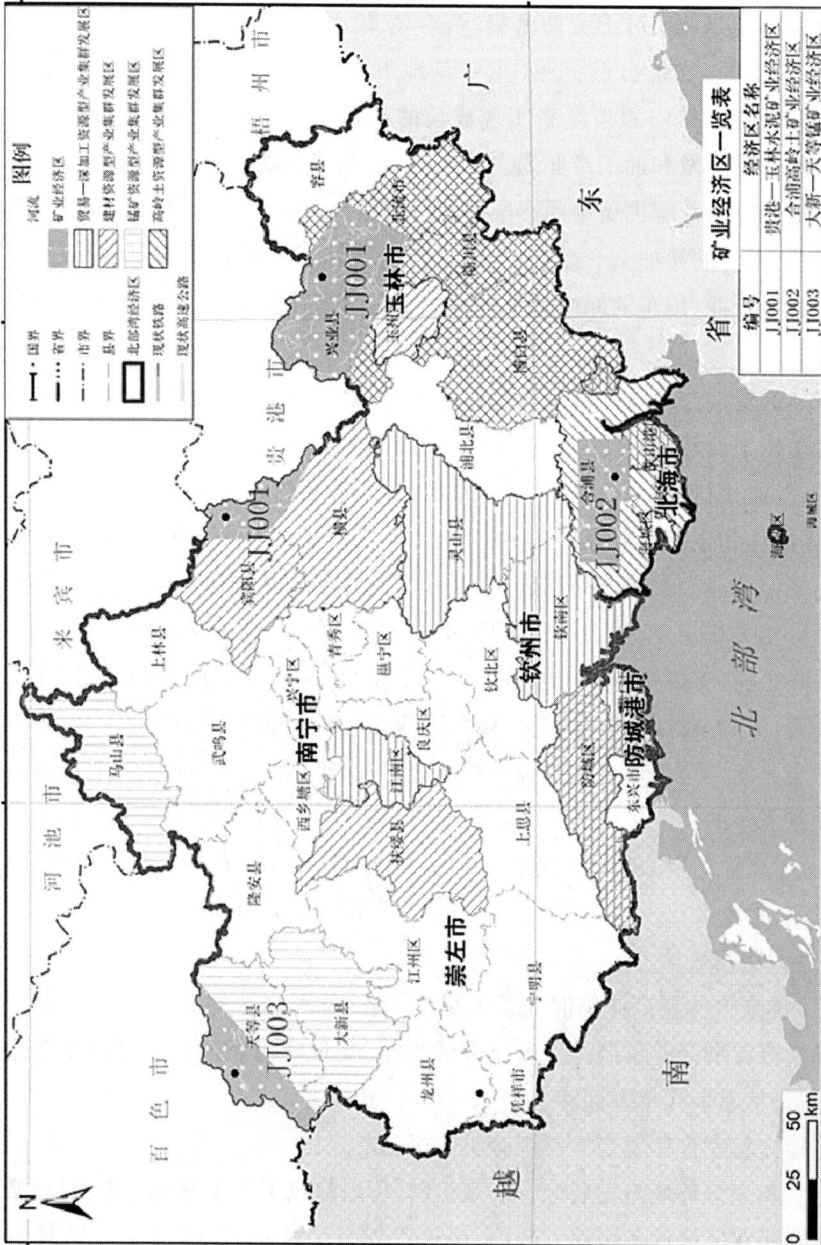

图8-3　广西北部湾经济区矿产资源产业集群空间部署示意图

（四）资源型产业集群发展政策建议

1. 资源型产业集群特点

资源型产业是相对于劳动密集、资金密集、技术密集、知识密集型等"落脚自由产业"的，立足自然资源（主要是地下的矿产资源和地上的动植物资源）优势，依赖自然资源消耗来实现成长的产业类型。而资源型产业集群就是以自然资源开发和加工产业为主导的，由众多相互联系的企业（或机构）在一定的地理空间范围内聚集而形成的经济群落。这样的例子包括山西的人造原油产业、吉林的盐加工产业、河北的贵金属冶炼产业和炼铁产业、湖南的有色金属合金产业、山东的原始纤维材料加工业和烟叶复烤业、内蒙古的羊绒加工业等。

成熟的资源型产业集群应具有四个特征：第一，资源的地理独占优势。产品成本结构中自然资源物耗成本占主体，资源禀赋成为企业成长的基础。第二，具有专业化特征。纵向一体化水平低，加工链比较短；上游的原材料、机械设备、零部件和生产服务等投入供应商多，下游的销售商及其网络、客户较少；而侧面延伸企业如类似产品制造商、互补产品的制造商、技能与技术培训和行业中介等相关联企业、基础设施供应商等较多。第三，地理集聚。同类企业、产业关联企业、支撑机构（如地方政府、行业协会、金融、教育、中介机构）在空间上集聚，成为一种柔性生产综合体。第四，较低程度的多样性和活力。由于资源型产业集群是基于自然资源的基础上发展起来的，集群内单一的产业结构仅存在简单的物流供应形式，因此，与典型制造业产业集群和服务业集群相比，资源型产业集群表现出较低程度的多样性和活力，集群内成员的网络活动关系较差，不能突出反映集群所应具有的互补性、网络性的特点。

2. 对策建议

（1）确立资源型产业集群生态化发展战略

确立资源型产业集群的生态化发展战略，实现资源型产业集群的生态化发展，需要从以下几个方面着手。

①建立和完善环境与发展综合决策机制

建立和完善环境与发展综合决策机制，可以从以下几个方面考虑：资源型产业集群所在区域的各级地方政府，应该设立有关针对本地资源型产业集群实现生态化发展的专门管理决策机构，为此集群内部也可以设立相应的跨部门的综合性生态化发展管理决策分支机构，通过完善资源型产业集群生态化建设的管理体制,组织、监督和协调集群生态化发展战略的具体实施;要改变在集群以往的发展过程中那些不符合生态发展要求的各种政策,制定集群全面实行生态发展的战略,明确优先发展的领域并确立重点目标;制定一系列鼓励个人、企业或相关机构参与集群生态化建设的政策,推动集群更快走上生态化发展道路,真正建设一个在资源上可以综合利用、经济上互惠互利、环保上共同维护的集群企业生产链条。

②建立并完善战略环境影响评价制度

资源型产业集群的环境保护应该坚持预防为主的方针,尤其要在高层次上尽量避免重大资源开发活动和发展规划中的决策失误和环境破坏。单一建设项目的环境影响评价还不足以全面保护环境和实现资源可持续利用,应加强对重大资源开发活动和发展规划的环境影响评价,努力从源头上控制新的污染和生态破坏,使经济发展、社会进步和环境保护之间协调一致,优化生产要素的配置和生产力的布局。

③加强生态意识的教育与传播

加强生态意识的教育和传播可以从以下几个方面着手:首要的是提高公众的生态保护意识,强化生态环境教育,培育生态文化,倡导生态价值观。先从宣传、普及生态意识和倡导生态价值观入手,使全社会真正树立对自然资源、生态环境的忧患意识和危机意识,增强自觉节约自然资源、保护生态环境的责任感和紧迫感。

④适度控制集群发展规模

产业集聚形成产业集群,其间会产生规模效应,在一定范围内,产业集群规模越大,其规模的正效应(规模经济)也越大。但是,产业集群的规模也是有限度的,当产业集群的规模超过某一个度时,就会产生规模不经济情况。资源型产业集群对环境的污染是不可避免的,我们只能尽量减少污染,而不能绝对消除污染。

控制集群发展规模,可以从以下几个方面着手:建立有效的竞合机制通过"竞合"机制的淘汰功效的发挥,自然地控制集群的有效规模,保证产业集群动态持续发展的活力;增强集群企业的异质性,提高集群企业的产业关联度集群规模的有限性是建立在同质企业的假设基础上的,所以增强集群企业的异质性,提高产业之间的关联度,可以相对延伸集群规模的极限点,扩大集群规模的有效区间和产业集群的规模效益;对大企业进入集群区域所引起的集群结构变化应给予关注,根据集群发展的状况,适当地限制大企业进入的数量,防止技术垄断和产业控制,促使集群内天然的"竞合"关系的形成;地方政府应适当引导集群的规模,增强集群总体的生产能力和市场占有率,扩大集群的影响力。

(2)实施资源型企业可持续发展战略

企业是产业集群的核心和关键所在,资源型企业的自身状况是影响资源型产业集群的重要因素,资源型产业集群的可持续发展是建立在企业的可持续发展基础之上的。因而,资源型产业集群可持续发展目标的实现,依托于资源型企业能够可持续发展。

①实施技术创新战略

由于资源型企业的特殊性,自然资源作为这类企业的主要生产要素,与其他生产要素相比,不可能和它们一样地成比例增加,只会越用越少。正因如此,资源型企业相比非资源型企业而言,必须投入更多的人力、物力和财力来运用各种技术手段,创造技术条件,以减少因资源供给的不可持续性可能造成的负面影响。资源型企业应通过不断完善技术创新体系和运行机制、不断提高自身科技创新水平和效率来实施技术创新战略。具体而言:一是健全和完善企业技术创新的激励机制;二是加大投入,加强产学研联合;三是加强知识产权保护,大力培育核心技术和核心竞争力。

②实施产业链延伸战略

资源型产业集群内的企业,也可以通过拓展和延伸产业链,来逐渐摆脱对资源的过度依赖,谋求可持续发展。有色金属企业则可以将产业链延伸至金属深加工和精加工环节,加大比重生产高纯金属、超细粉末金属、超级合金、金属化合物、金属新材料等产品,这就可以在不断减少对矿产品消耗的同时使其产品价格大幅度提高。从资源型企业自身的角度来说,应该做到:延伸产业链,引进替代产业;要由传统的追求经济增长向追求经济发展转变。资源型企业追求的不仅仅是经济效益,还有社会效益、环境效益,这是资源型企业可持续发展的重点;利用资源、能源要由耗费型向节约型转变。资源的总量是有限的,唯有节约利用才能延长资源的利用年限,也才能在根本上保证资源型企业的发展;对污染进行全程监控。资源型企业在发展中,要注意在生产的各个环节对污染进行监控,切实减少污染;资源型企业发展战略要从资源导向型向市场导向型转变,根据市场需求变化来调节企业的生产结构;全球一体化时代,资源型企业积极实施走出去、引进来战略,在充分利用国内外资源、市场优势的基础上,通过开展国外资源勘查开发项目的可行性研究,学习先进技术和经验,鼓励出口深加工高附加值产品和进口初级产品,努力建立资源可持续供应体系;加强专业分工,完善产业链。分工越精细,产业链也越长越复杂,集群的发展水平也越高。

(3)完善资源型产业集群的竞争体系

资源型产业集群作为一种特殊类型的产业集群,对区域经济的发展具有重要的驱动作用,但同时也有可能带来诸如经济衰退、环境污染等负面影响。资源型产业集群除了资源枯竭带来的结构性风险外,其自身产业链单向的、线性的集群内部结构特征也决定了和其他类型的集群相比具有更大的衰退风险。只有不断优化结构,提高竞争优势,才能在资源型产业集群发展进入衰退周期中获得重生与希望。

①思路

在建立作为产业竞争体系重要组成部分的资源型产业集群竞争体系的过程中,首先要明确自己的战略定位,其次要突出专业化、集中化、网络化与地域化的产业特征,根据本区域的实际情况,贯彻独特性、优势性、创造性等原则,发挥资源型产业集群及其相关配套产业的独特优势,在国内外产业分工中找准自己的位置。

②策略

建立资源型产业集群的竞争体系,还必须针对集群所在城市或地区在技术、环境、企业自身条件等方面的薄弱环节和突出问题,加快突破影响产业集群发展的难题,拉动和推进资源型产业集群、产业结构的战略转型。

(4)加强政府公共管理的创新

①创造良好的资源型产业集群发展的政策环境

资源型产业集群在其形成和发展的过程中始终伴随着政府的引导和监督,作为政府介入性较为强烈的一类产业集群,创造良好的政策发展环境,对于资源型产业集群的健康发展无疑具有强大的推动作用。政府应该把注意力更多地放在营造产业集群整体政策环境上面,包括取消各种不合理收费、简化手续、改革管理制度、提供优良的公共服务等。资源型产业集群发展的政策环境的优化,还包括消除资源型产业集群发展的行政壁垒。对资源型产业及其相关产业的集聚要消除行政壁垒,宽松政策环境,使更多的产业和企业能够进入到产业集群中来,既可以优化产业集群的网络结构关系,又可以避免地区间的产业发展的低级重复,以提高资源型产业集群的整体竞争力。

②提供公共物品满足集群的共性需求

资源型产业集群的形成依靠的是政府的规划和培育。资源型企业、产业在集聚后形成资源型产业集群的过程中,会产生对许多公共产品的共性需求,例如公路专用线、专用铁路线等基础设施和科研机构等技术设施,政府可以按照公共资源共享原则,针对集群内部企业的公共性需求,集中建立以产业集群为基础的协调机构和技术创新平台。在基础设施方面,由于企业在空间上高度集聚,已经在很大程度上减少了对基础设施建设的压力,对于以资源为依托的资源型产业,可以建设资源运输专用道,产业集群内的企业可以共享运输专用道,其他供电、供水、网络、信息等方面,也可以在企业间协调,统一建设。而在技术设施建设方面,主要可以从下列两方面入手:一是通过直接建立科研机构或者对科研机构进行相应补贴,制定优惠政策来鼓励或资助建设共性检测设备、仪器等专业服务机构等,提供原始性创新供给,在产业集群发展过程中不断注入创新因子。二是建设区域性的技术市场。通过这种区域性技术市场的建设,不但可以降低企业进行技术创新的门槛,减少创新风险,降低技术创新的交易费用,而且还可以在全国或全球范围内寻找技术源用于企业的技术改造和产品开发。

③扶持产业集群的中介机构和完善服务体系

集群相对于其他在市场经济条件下,中介服务机构是产业集群发展过程中不可缺少的黏合剂,对于资源型产业集群的发展来讲尤其如此。为了保证资源型产业集群的持续健康发展,政府必须强化各种中介机构的功能,完善服务体系,引导包括金融、法律、物流、信息服务、技术辅导中心等在内的相关配套服务体系以及行业协会等中介机构,来共同为产业集群内企业的合作创新发挥必要的黏合剂功能和重要的支撑作用,通过完善的服务体系来为行为主体提供各种相关服务,并大大降低企业的交易费用。矿产开发及深加工是资本密集、技术密集、劳动密集的产业,需要大量的流动资金、强有力的技术研发和多样化的劳动力。这些完全由企业解决是不可能的,需要各级政府的扶持与鼓励政策。在资源型产业集群品牌建设上,政府充当着重要的公共服务平台搭建者。政府通过提供有效的公共服务,可以促成产业集群品牌的形成和升级,比如举办各种信息交流会、发展论坛、产品博览会等,提高本地知名度,树立良好形象,以增强对资源的吸引力。

④进一步提高对产业创新平台的运作支持力度

产业创新平台的作用是引导和服务产业的发展,不以盈利为目的,具有公益性的特点。根据经济发展水平和状况确立产业创新平台建设规模和投入力度是地方政府首先要解决的问题。成立专门的技术研发队伍,逐步实现在技术上与国际接轨。给予财政支持,产业创新平台的建设不是一蹴而就的,尤其是对于资源型产业集群的创新平台,随着产业的关联度的进一步扩大,其对产业集群内部结构、技术水平等的要求也越来越高,而这些方面的提高需要创新平台的调节作用,因此必要时应在政策和财政上给予产业创新平台连续的支持和投入,确保其作用的有效性和持续性。

第九章　国土综合整治与生态环境保护

第一节　国土综合整治的内涵和范畴

一、国土综合整治内涵

国土综合整治是指对土地、矿产、地质环境、水资源开发利用过程中的重点问题进行治理、整理和保护,促进经济区可持续发展,提高重要国土资源保障度,实现经济效益、社会效益和生态效益平衡。

二、国土综合整治类型

1. 水土整治

水土整治是指对自然因素和人为活动造成的水土流失进行预防和治理。

水土整治的主要措施有工程措施、生物措施和蓄水保土耕作措施。

工程措施指防治水土流失危害,保护和合理利用水土资源而修筑的各项工程设施,包括治坡工程(各类梯田、台地、水平沟等)、治沟工程(如淤地坝、拦沙坝、谷坊、沟头防护等)和小型水利工程(如水池、水窖、排水系统和灌溉系统等)。

生物措施指为防治水土流失,保护与合理利用水土资源,采取造林种草及管护的办法,增加植被覆盖率,维护和提高土地生产力的一种水土整治措施。主要包括造林、种草、封山育林和育草。

蓄水保土耕作措施指以改变坡面微小地形,增加植被覆盖或增强土壤有机质抗蚀力等方法,保土蓄水,改良土壤,以提高农业生产效益的技术措施。如等高耕作、等高带状间作、沟垄耕作少耕、免耕等。开展水土整治,就是要以小流域为单元,根据自然规律,在全面规划的基础上,因地制宜、因害设防,合理安排工程、生物、蓄水保土三大水土整治措施,实施山、水、林、田、路综合治理,最大限度地控制水土流失,从而达到保护和合理利用水土资源,实现经济社会的可持续发展。因此,水土整治是一项适应自然、改造自然的战略性措施,也是合理利用水土资源的必要途径;水土整治工作不仅是人类对自然界水土流失原因和规律认识的概括和总结,也是人类改造自然和利用自然能力的体现。

2. 土地"三化"防治

土地"三化"指土地石漠化、土地沙化、土地盐碱化。

土地石漠化是在湿润、半湿润气候环境和岩溶环境中,由于人类活动和气候变化等因素作用,造成地表植被退化、土壤侵蚀、地表水流失、基岩裸露,形成类似石质荒漠景观的土地退化过程。土地石漠化导致石漠化土壤的物理、化学和生物特性或经济生产力退化及生产潜力衰退。因此,其实质是土地退化,其结果则是造成岩溶区可利用土地资源的丧失,最终形成石质荒漠这种土地退化的顶级形式和景观。

土地沙化是指因气候变化和人类活动所导致的表面呈现以沙(砾)状物质为主要标志的土地退化过程。土地沙化是自然的和人为的因素共同作用的结果,其过程以耕地风蚀作用和草场风积作用为主。土地沙化是环境退化的标志,是环境不稳定的正反馈过程。如不采取根本措施,土地风蚀沙化过程不仅不会自动停止,反而会加剧发展。

土壤盐碱化是指土壤含盐量太高(超过 0.3%),而使农作物低产或不能生长。形成盐碱土主要有两个条件:一是气候干旱和地下水位高(高于临界水位);二是地势低洼,没有排水出路。地下水都含有一定的盐分,如其水面接近地面,而该地区又比较干旱,由于毛细作用上升到地表的水蒸发后,便留下盐分:日积月累,土壤含盐量逐渐增加,形成盐碱土;如是洼地,且没有排水出路,则洼地水分蒸发后,即留下盐分,也形成盐碱地。治理盐碱地的措施有水利改良措施(灌溉、排水、放淤、种稻、防渗等);农业改良措施(平整土地、改良耕作、施客土、施肥、播种、轮作、间种套种等);生物改良措施(种植耐盐植物和牧草、绿肥、植树造林等);化学改良措施(施用改良物质,如石膏、磷石膏、亚硫酸钙等)。

3. 中低产田改造

中低产田是指土壤中存在一种或多种制约农业生产的障碍因素,导致单位面积产量相对低而不稳的耕地。中低产田主要障碍因素是干旱缺水、耕层浅薄、土壤黏重、土壤酸性太强、土层含水量沙量太高土体下部含砂太高而漏水、涝渍、盐碱、粘盘、砾石含量太多、潜育化,以及风沙、白浆、沙浆、碱化、石灰板结和矿毒、污染等。

中低产田的改造是通过工程、物理、化学、生物等措施对中低产田土的障碍因素进行改造,提高中低产田土基础地力的过程。中低产田改造好了能长期见效益。中低产田改造的基本原则是统一规划,综合治理,先易后难,分期实施,以点带面,分类指导,搞好技术开发,注意远近期结合,并与区域开发、生产基本建设等紧密衔接。中低产田改造不单纯是提高当年产量,而是着眼于根本性的土壤改良,提高耕地特别是要进行提高综合生产能力的基本建设。要针对不同类型中低产田采取综合措施,清除或减轻制约产量的土壤障碍因素,提高耕地基础地力等级,改善农业生产条件。在改造中低产田中应通过调整种植业结构,增加养地作物,增施有机肥,并进行生态农业建设,进行水、土、田、林、路综合治理,提高土地的可持续生产能力。

4. 土地污染防治

土地污染是指土地因受到采矿或工业废弃物或农用化学物质的侵入,恶化了土壤原有的理化性状,使土地生产潜力减退、产品质量恶化并对人类和环境造成危害的现象和过程。按污染源不同,可分为工业污染、交通运输污染、农业污染和生活污染四类。土地污染的防治必须从治理污染源着手,防治土地污染和水污染并重。防治土壤污染的措施主要有生物防治、施加抑制剂、增施有机肥料、加强水田管理、改变耕作制度、换土和翻土等。

5. 矿山土地整治

矿山土地整治是指对在矿山建设和生产过程中,因挖损、塌陷等造成破坏的土地,采取整治措施,使其恢复到可供利用状态的活动。矿山土地整治主要包括恢复农田、改土造田及土地他用等项。整治的内容包括塌陷区、采空区充填,尾矿库造地、排土场改土造林及建成新风景观赏区等。

第二节　国土综合整治问题调查
评价及综合整治工程

一、国土综合整治问题调查评价

北部湾经济区国土整治问题主要有:水土流失、岩溶山区土地石漠化、沿海土地沙化、沿海盐土、中低产田、土壤污染、水体污染、矿山环境破坏等。

1. 水土流失情况

（1）水土流失现状

北部湾经济区土壤侵蚀分为水力侵蚀、风力侵蚀、重力侵蚀、工程侵蚀等类型，以水力侵蚀为主。

土壤水力侵蚀按强度划分为 5 级，即轻度侵蚀、中度侵蚀、强度侵蚀、极强度侵蚀和剧烈侵蚀。根据六市水利部门提供的资料统计，北部湾经济区水土流失面积 7861.48 平方公里，占土地总面积的 10.81%。水土流失以轻度侵蚀为主，轻度侵蚀占 72.43%，中度侵蚀占 20.09%，强度侵蚀占 6.44%，极强度侵蚀占 0.95%，剧烈侵蚀占 0.09%。

（2）水土流失分布

水土流失面积按行政区分布情况如下：

南宁市水土流失面积 2935.56 平方公里，北海市 196.19 平方公里，钦州市 557.47 平方公里，防城港市 125.99 平方公里，玉林市 972.13 平方公里，崇左市 3074.14 平方公里。

水土流失面积按流域分布情况如下：

南流江流域：包括玉林市区、博白县、浦北县、合浦县、北海市区，水土流失面积为 579.63 平方公里，以轻度侵蚀为主，轻度侵蚀占 79.27%，中度侵蚀占 15.93%，强度侵蚀占 4.37%，极强度侵蚀占 0.43%。

钦江流域：包括灵山县、钦州市区，水土流失面积共 437.57 平方公里，以轻度侵蚀为主，轻度侵蚀占 74.73%，中度侵蚀占 17.77%，强度侵蚀占 5.43%，极强度侵蚀占 2.03%。

防城河流域：包括防城区，水土流失面积为 42.33 平方公里，以轻度侵蚀为主，轻度侵蚀占 63.52%，中度侵蚀占 12.35%，强度侵蚀占 20.12%，极强度侵蚀占 4.00%。

左江流域：包括大新县、龙州县、江州区、扶绥县、宁明县、上思县，水土流失面积为 3135.08 平方公里，以轻度侵蚀为主，轻度侵蚀占 77.99%，中度侵蚀占 19.51%，强度侵蚀占 2.50%。

清水河流域：包括宾阳县、上林县，水土流失面积为 151.10 平方公里，以轻度侵蚀为主，轻度侵蚀占 76.21%，中度侵蚀占 19.59%，强度侵蚀占 4.05%，极强度侵蚀占 0.15%。

武鸣河流域：包括武鸣县，水土流失面积为 151.10 平方公里，以轻度侵蚀为主,轻度侵蚀占 61.49%,中度侵蚀占 33.33%,强度侵蚀占 5.08%,极强度侵蚀占 0.10%。

(3)水土流失原因

土壤侵蚀的影响因素有自然因素和人为因素。

自然因素包括岩性、地形、土壤、植被、水文和气象等。

岩性分为碳酸盐岩和非碳酸盐岩两大类。碳酸盐岩类主要为石灰岩、白云岩,其面积分布较广,面积为 22695 平方公里,占总面积的 31.03%。碳酸盐岩类主要在崇左市的龙州、大新、天等、扶绥、江州等县(区),南宁市的马山、上林、武鸣、隆安、宾阳等县。非碳酸盐岩类有花岗岩、页岩、沙岩和砾岩等,主要分布地域为北海市、钦州市、玉林市、南宁市东部和南部、崇左市南部。由于历经构造变动,岩层破碎,在长期风化作用下发育形成相应的土壤类型。不同种类母岩发育形成的土壤的结构、成分、质地不同,因而表现出不同的侵蚀特性。如花岗岩、沙页岩发育的土壤含沙量大,结构较疏松,易受到侵蚀;石灰岩、泥岩、页岩等发育的土壤结构致密、土质偏黏,抗侵蚀能力较强。

北部湾经济区山地丘陵面积较大,占土地总面积的 57.37%。一般海拔 800 米以上山地的坡度超过 35°,甚至可达到 60°—70°。海拔 800 米以下低山丘陵区,坡度一般也在 25°—35° 之间,坡度大有利于土壤侵蚀的发生。

北部湾经济区雨量充沛且集中,暴雨频繁,强度大。汛期(4—9 月)的暴雨天数,多年平均在 20 天以上,24 小时的暴雨量多在 200 毫米以上,最大达 700 多毫米。强降雨可对地表产生强烈的冲击、剥离作用,同时可使土壤含水量很快达到饱和,并形成地表径流,对地表土产生冲刷和运移。

森林植被能固土保水。良好的植被可减轻降雨对地表土的冲击,减缓地表径流的汇流速度,滞留地表水使下渗量增加,相对减少边表径流量,从而减缓地表径流对表土的冲刷,减少土壤侵蚀。森林植被还可以调节小气候,使年降雨量的时间(季节)分布较为均匀,减轻因一次性降雨量过大造成的侵蚀。

人为因素对土壤侵蚀有较大的影响,毁林毁草、陡坡开垦、矿山开采、拦河筑堤、道路修建以及其他设施的建设等,造成地表植被破坏,表土裸露或被剥离,从而加重或造成新的土壤侵蚀。

2. 土地"三化"情况

(1)岩溶山区土地石漠化情况

北部湾经济区石漠化面积约 3613.18 平方公里,占经济区土地总面积的

4.93%。以重度石漠化和中度石漠化为主,石漠化面积中,重度石漠化占59.26%,中度石漠化占24.18%,轻度石漠化占16.56%。

石漠化土地分布在南宁市和崇左市。南宁市石漠化面积1433.85平方公里,其中上林县503.33平方公里、马山县481.82平方公里、武鸣县389.15平方公里、隆安县59.55平方公里;崇左市石漠化面积2179.33平方公里,其中天等县964.48平方公里、大新县425.63平方公里、扶绥县329.13平方公里、江州区289.75平方公里、龙州县159.83平方公里、凭祥市石漠化面积10.51平方公里。

影响石漠化形成的因素既有自然的原因,也有人为的原因。随着社会经济和人类社会活动的发展,人为因素越来越成为石漠化发生的主导因子。

自然影响因素:①岩性的影响。北部湾经济区内的岩溶山区的成土母岩主要为泥盆系、石炭系、二叠系的碳酸盐岩,岩石质地纯净,方解石、白云石等易溶性物质含量很高,极易被淋失,岩石风化溶解后能提供形成土壤的物质甚少,成土过程极为缓慢。据计算,典型岩溶山区每形成1厘米的风化土层需要4000余年,慢者需要8500年。一方面,岩溶山区的土层一般很薄且分布零星,一旦流失极易造成石漠化。另一方面,岩溶地区的土体一般很薄,且发生层次不明显,表土常常直接与碳酸盐岩基岩接触,形成上下两个软硬明显不同的岩土界面,其岩土之间的亲和力和黏着力很差,故土层极不稳定,一旦植被遭到破坏,在降雨等诱发条件下,易发生土壤侵蚀和土体整体滑动而使基岩裸露,石漠化也随之发生。此外,与非岩溶地区相比,岩溶山区溶蚀裂隙、落水洞和地下暗河发育,地表水不易保存,风化和溶蚀作用形成的物质易随水进入近地管道洞穴系统,这也是造成水土流失、岩石裸露的重要原因。②地形地貌的影响:岩溶地区地表崎岖、山势陡峻、平地少,这样的地表特征不但使降水极易流失,而且也加大了降水的侵蚀能力,在不合理的人类活动干扰下,岩溶山地极易退变为荒山秃岭。③岩溶生态环境本身的脆弱性:虽然广西岩溶地区降水较丰,但由于地表地下岩溶的发育,降水、岩溶水、地下水之间转化迅速,地表水大量漏失,加之土层浅薄,具有富钙、易板结、持水力低等特点,这种水土条件下的植物一般生长缓慢,且对环境变化反应极为敏感,一旦受到破坏,极难恢复,生境迅速退化。

人为影响因素:人为活动导致的森林植被破坏、丧失是石漠化发生的直接原因。岩溶山区,历史上曾有茂密的森林覆盖,并形成独特的岩溶森林生态系统。随着人口的增长、经济的发展对资源的需求不断加大,如对林木的过度采伐,为解决口粮进行的毁林开荒,超载过牧、公路修建、矿产开发等活动,导致一些地方石山植被严重破坏、生态系统结构改变和功能丧失,造成了严重的水土流失,加剧了石漠化进程。

(2)沿海土地沙化情况

根据北海市、钦州市和防城港市林业部门提供的资料统计,北部湾经济区沙化土地面积2115.78平方公里,以轻度为主,轻度沙化占87.84%,中度沙化占10.12%,重度沙化占1.53%,极重度沙化占0.51%。沙化土地中,流动沙地10.85平方公里,半固定沙地17.03平方公里,固定沙地437.50平方公里,沙化耕地1650.40平方公里。

沿海沙化土地集中在南流江、大风江、钦江、茅岭江、防城河等江河沿岸三角洲及河海汇合口处。北海市沙化土地面积最大,占沙化土地总面积的82.1%。

沿海沙化土地形成和发展主要有两个因素,一是海相沉积的沙质土和河口沉积的沙质土长期在暴雨冲刷和风力搅动的影响下形成沙化土;二是人为活动造成地表植被破坏后,在雨水和台风的共同作用下,加剧水土流失,使地表泥沙随地表径流和风力运行,形成新的沙化土。

(3)沿海盐土情况

北部湾经济区盐碱土壤不多,只有盐土,没有碱土。盐土面积866.94平方公里,分布于北海、钦州、防城港的滨海地区。根据含盐特点分为滨海盐土及酸性硫酸盐土。

滨海盐土分布在沿海,东起合浦山口,经北海、钦州,西至东兴市的海岸线。在高潮线至低潮线之间,均有滨海盐土分布。滨海盐土面积775.34平方公里,占盐土面积的89.43%。滨海盐土表层含盐量为0.6%—1.5%,盐分组成以氯化物为主,PH值6.0—7.5。

酸性硫酸盐土分布于港湾海汊之内高潮线附近地区,位于滨海盐土的内缘泥滩地。酸性硫酸盐土面积91.60平方公里,占盐土面积的10.07%。酸性硫酸盐土表层含盐量为0.84%—1.52%,盐分组成以氯化物为主,PH值3.0—4.5。

盐土地区滩涂面积大,一般多未脱离海水影响,且质地偏沙缺磷、缺钾,土壤肥力低,因土壤酸度大,肥力未能发挥。

3. 中低产田情况

2009 年北部湾经济区耕地面积 188.33 万公顷,其中水田 76.90 万公顷,占 40.83%;旱地 111.43 公顷,占 59.17%。

北部湾经济区中低产田面积 143.23 万公顷,占耕地总面积的 76%。其中南宁市 55.33 万公顷,北海市 10.83 万公顷,钦州市 16.92 万公顷,防城港市 8.01 万公顷,玉林市 13.48 万公顷,崇左市 38.66 万公顷。

中低产田大部分为旱地,少部分为水田,多分布于山地、丘陵、岩溶地区。主要特点是:土壤肥力差,灌溉条件差,耕作管理粗放,作物产量较低。

4. 土壤污染情况

北部湾经济区内土壤污染的类型主要有两种,分别是有机物污染和重金属污染。

(1)有机物污染

土壤有机污染主要是化学农药。农药残留在土壤中,种植在土壤中的农作物将吸收残留农药,人类吃了含有残留农药的各种食品后,残留的农药转移到人体内,这些有毒有害物质在人体内不易分解,经过长期积累会引起内脏机能受损,使肌体的正常生理功能发生失调,造成慢性中毒,特别是杀虫剂还会引起致癌、致畸、致突变"三致"问题,影响身体健康。

据统计,北部湾经济区农业使用农药量每年基本在 3.77 万吨左右,致使大量农药残留,带来严重的土壤污染。北部湾经济区的土壤污染主要分布在以农业生产为主、农药使用量大的区域。

(2)重金属污染

土壤中的重金属污染主要来自于矿山的开采、矿石冶炼,以及金属制造业排放的含有重金属的废水。重金属进入土壤的另一条途径是随大气沉降落入土壤。重金属主要有汞、镉、铜、锌、锰、铁、铬、镍、钴等。土壤污染具有累积性、不可逆转性、难治理等特点。由于重金属不能被微生物分解,土壤一旦被重金属污染,其自然净化过程和人工治理都是非常困难的。此外,重金属可以被生物富集,可通过食物链危害人体健康,因而对人类有较大的潜在危害。植物对重金属吸收的有效性,受重金属在土壤中活动性的影响。一般情况下,土壤的 PH 越低,重金属在土壤中活动性越强,重金属对植物的有效性越高,也就是植物对重金属的吸收量越大。因此,土壤的 PH 值将直接影响植物吸收土壤当中重金属的多少,而土壤长期施用酸性肥料或碱性肥料皆会引起土壤

PH 的变化,从而影响重金属通过食物链危害人体健康。

北部湾经济区也存在着重金属污染的现象,主要污染源为矿山的开采和金属冶炼,主要污染区域为大新铅锌矿区、大新锰矿区、天等锰矿区。大新县铅锌矿洞灵水库灌区,土壤平均含镉量为 51.84—52.84mg/kg,最高达的168.5mg/kg,超 GB15618—95《土壤环境质量标准》三级标准的 168 倍。大新锰矿区的重金属污染严重,Cd 的污染级别为 5—6 级,污染程度为极严重污染;Mn 的污染级别为 6 级,污染程度为极严重污染;Zn 的污染级别为 1—3级,污染程度为中等污染;Pb 的污染级别为 2 级,污染程度为中等污染;Cu 的污染级别为 2—3 级,污染程度为中等污染。

5.水体污染情况

(1)河流水环境情况

根据南宁、北海、钦州、防城港、玉林、崇左等 6 市的环境状况公报,北部湾经济区河流总体水质状况良好,经济内郁江河段及其支流八尺江,左江干流及其支流归春河、下雷河、黑水河、水口河、平而河和明江,右江河段及其支流武鸣河,清水河段及其支流,南流江及其支流武利江、钦江、茅岭江、大风江、防城河等河流的年均水质均符合Ⅲ类水标准,河流水质为"优良"。

北仑河的年均水质为Ⅳ类水标准,河流水质为"轻度污染",主要超标因子为有机污染物。

河流污染主要为乡镇生活污水和垃圾污染、农村规模养殖污染。

(2)水库水环境情况

西津水库、小江水库、凤亭河水库、大王滩水库等水库的年均水质符合Ⅱ—Ⅲ类水标准。

6.矿山环境破坏情况

(1)矿山环境地质问题

北部湾经济区主要矿山有南宁煤田、板苏铜矿、两江铜矿、上思煤田、南宁江西村、武鸣包桥耐火黏土矿、那佳泥炭矿、合浦官井钛、钦州锰矿、四方岭萤石矿、大头岭石膏矿、合浦陶瓷黏土、大新锰矿、天等锰矿、横县南乡金矿、凭祥金矿、隆安凤凰山银矿等,矿山环境地质问题有矿山地质灾害、占用及破坏土地资源、影响及破坏地下水系统、矿山废水废渣环境污染等四大类。

1)矿山地质灾害

矿山地质灾害有崩塌、滑坡、地面塌陷、地面沉降、地裂缝、泥石流、矿坑突水等类型,矿山地质灾害的规模以小型为主。

采空地面沉陷主要分布在东罗煤矿区,造成大范围地面沉降,地面塌陷15处,地裂缝5处;破坏房屋46幢、2间倒塌,大量水田倾斜变旱地。

2)矿业开发占用及破坏土地资源

矿业开发占用及破坏土地资源是一个普遍性的环境地质问题,几乎每一处矿山或多或少、不同程度地存在着各类固体废弃物(废石、废土、尾矿等)占用及破坏土地资源问题,或由于地面塌陷、地裂缝等矿山地质灾害造成土地资源的破坏,或由于露天采矿场对土地资源造成破坏。一方面,固体废物的产出伴随着矿业开发采、选、冶的全部生产过程,而固体废物的排放则不断地压占并消耗着土地资源;另一方面,矿业活动引发的地面塌陷、地裂缝等矿山地质灾害,不仅破坏地面设施,而且破坏土地资源,诸如,塌陷区地表水漏失,水田变旱土,导致土地不能耕作、土地荒芜等现象。此外,露天剥采破坏土地、植被,并导致水土流失、土质劣化。

矿业活动不同方式占用及破坏土地情况分为采矿场、固体废料场、尾矿库、地面塌陷区。据统计,北部湾经济区内矿业开发占用及破坏土地面积3928.34公顷。其中,采矿场3130.64公顷,占破坏土地面积的79.69%;固体废料场356.49公顷,占破坏土地面积的9.07%;尾矿库156.21公顷,占破坏土地面积的3.98%;地面塌陷区285公顷,占破坏土地面积的7.25%。

南宁市矿业开发占用及破坏土地面积1351.90公顷,占北部湾经济区内矿业开发占用及破坏土地面积的34.41%;北海市375.15公顷,占破坏面积的9.55%;防城港市48.4公顷,占破坏面积的1.23%;钦州市335.93公顷,占破坏面积的8.55%;玉林市544.05公顷,占破坏面积的13.85%;崇左市1272.91公顷,占破坏面积的32.40%。

3)矿业开发对地下水系统的影响和破坏

矿山采掘大规模抽排地下水,导致地下水位大幅度下降,形成大范围降落漏斗或地下水疏干区,使地下水补、径、排系统不同程度地被改变或遭受破坏,在破坏严重的矿区往往导致地下水资源枯竭,这种枯竭是指地下水的水位、水量、含水层厚度、天然排泄量及排泄区(点)等在矿坑疏排地下水的作用下发生了显著的降低和减少,在相当长时间内不能恢复或永不恢复破坏了整个地下水均衡系统,并导致水资源短缺,影响人们生活用水、工业用水和农业用水。

扶绥的东罗煤矿是地下水系统破坏程度最为严重的典型大水矿区。钦州市浦北县恒丰磷矿区，由于长达数十年的大量连续抽排矿坑水，使大量的泉井干枯，含水层大规模被疏干。

4)矿山废水、废渣对环境影响

矿业废水主要包括矿坑水、选矿废水、堆浸废水、洗煤水等。在每年排放的矿业废水中绝大多数排入地表河流，少部分排入消水洞或溶洞中，成为地表水和地下水的重要污染源。导致这些矿山环境地质问题的主导因素是人为因素，其次是自然因素。产生矿山环境地质问题的人为因素包括采矿行为因素和管理行为因素。

矿山地质环境问题的形成与气象水文、自然地理及地质环境因素密切相关。北部湾经济区降雨丰沛且集中，而且还常形成暴雨。因此，降雨是矿山产生崩塌、滑坡、泥石流、地面塌陷及水土流失的一个重要因素。另一方面，北部湾经济区气候十分有利于岩体的风化作用，许多矿区岩体风化强烈，降低了岩体的完整性和稳定性，同时，强烈的风化作用也降低了废石堆的稳定性，容易产生矿山地质灾害。

北部湾经济区许多矿区地表水系发育，地表切割强烈，有些矿区地表水与地下水之间具有水力联系，地表水往往成为矿井充水、突水的主要来源。

北部湾经济区成矿区主要处于地质环境条件复杂的区域，其生态地质环境一般比较脆弱。一般有色金属矿区，在漫长的地质历史时期，历经复杂的内、外动力地质作用，矿区褶皱、断裂等地质构造十分发育，水文地质条件一般比较复杂。此外，成矿过程产生的围岩蚀变作用，也在一定程度上降低了矿体（层）围岩的稳定性。一般而言，矿区原生地质环境质量在某种程度上低于非矿区的原生地质环境质量，北部湾经济区矿区地质环境本身比较脆弱是导致矿山地质环境问题的自然因素之一。

(2)矿山地质环境分区

北部湾经济区内矿山地质环境综合评估划分为Ⅰ严重区、Ⅱ较严重区、Ⅲ一般区。

严重区3个，包括：

1)大新—天等黑金属矿山以损毁土地和污染问题为主的地质环境严重区：内有广西天等锰矿、广西天等县锰矿、广西大新锰矿、广西大新县土湖锰矿、广西大新县下雷龙泉磁选厂、广西大新县下雷锰业采选厂布及锰矿、大新县兴湖锰矿。以露天开采黑色金属矿产为主,导致的矿山环境地质问题主要是崩塌、滑坡、泥石流、地面塌陷、地裂、土地损毁、水土流失及金属矿山在采选冶过程中产生的废水、废液、废渣对环境污染较严重,人民生活用水困难,尤以土地损毁最为突出。

2)凭祥—扶绥金属及能源矿山以崩塌和地面沉陷灾害为主的地质环境严重区:内有广西物探院崇左板利金矿、龙州县八财金矿、广西鑫宝矿业有限责任公司凭祥市龙塘金矿、广西鑫宝矿业有限责任公司凭祥市埂土金矿等金矿4处,上思县煤矿、扶绥县东罗工矿实业有限公司广龙矿、广西扶绥县新东矿业有限公司(一号井)、广西扶绥县新东矿业有限公司(二号井)、宁明县大闸郑大明煤矿、宁明县天西矿业有限公司等煤矿6处,砖瓦用黏土及采石场等其它类矿山169处。分布于凭祥、宁明、扶绥等峰丛洼地、谷地及低山丘陵区,主要包括179个矿区,矿区总面积1871.98公顷。以露天开采贵金属矿产、非金属矿产及井下开采煤矿为主,导致的矿山环境地质问题主要是崩塌、地面塌陷、沉降、地裂、土地损毁。

3)武鸣—上林—马山金属矿山以损毁土地、水土污染问题为主的地质环境严重区:区内有武鸣县鑫源锰矿场、马山县乔利村拉旧屯罗予始锰矿场、上林县明亮镇塘马卓哲旭锰矿等锰矿场22处,武鸣县两江采选厂大明山铜矿百家沟02号窿、大明山铜矿鞍风矿区等有色金属矿产10处,马山县古零镇灵狮矿粉加工塘甲滑石矿、广西上林县矿产公司马鞍山滑石矿等滑石矿14处,隆安县白马煤炭有限责任公司煤矿1处,砖瓦用黏土及采石场等其它类矿山35处。主要包括82个矿区,矿区总面积1604.49公顷。本区以露天开采锰矿及井下开采有色金属矿产为主,导致的矿山环境地质问题主要是崩塌、滑坡、地面塌陷及沉陷,土地损毁及金属矿山采选冶过程中产生的废水、废液、废渣对环境的污染,尤以土地损毁较为严重。

较严重区2个,包括:

1)合浦建材及其它非金属矿山以损毁土地为主的地质环境较严重区:内有北海金地置业有限公司、合浦县矿产公司、兖况北海高龄土有限公司等9处高岭土矿场、广西合浦县恒大石膏场、广西合浦县双合石膏场、砖瓦用黏土等25处。分布于合浦县滨海平原区,主要包括36个矿区,矿区总面积1378.61公顷。本区以露天开采高岭土矿产及井下开采石膏矿为主,导致的矿山环境地质问题主要是崩塌、土地损毁,尤以土地损毁最为严重。

2)钦州黑金属矿山以损毁土地、污染问题为主的地质环境较严重区:内有钦州市钦北区大直镇米拱村华团锰矿场、钦州市钦北区大直镇明亮锰矿开采点、钦州市钦北区大直镇屯笔天名华期锰矿场、钦州市大垌凌正佳洗矿点等20处锰矿,黄屋屯镇企办大角马骝胎花岗岩矿、黄屋屯那烈米桃岭花岗岩矿。分布于钦州市的钦北、钦南区丘陵山地区,主要包括22个矿区,矿区总面积76.04公顷。本区以露天开采锰矿为主,民采矿点滥采乱挖现象严重,导致的矿山环境地质问题主要是土地损毁及采选冶过程中产生的废水、废液、废渣对环境的污染,尤以土地损毁最为严重。

二、国土综合整治工程

1.重点流域水土整治工程

(1)左江流域水土整治工程

左江流域水土流失面积3135.08平方公里,主要分布在上思、宁明、江州、扶绥、龙州、天等、大新等县(区)。

到2020年,预计新增综合治理水土流失面积2250平方公里,水土流失治理程度达到70%以上,使生态环境和农业生产条件明显改善。

左江流域水土流失综合治理采取植物措施、工程措施和耕作保土措施。

植物措施包括封禁治理和人工造林治理。封禁治理是利用森林的更新能力,实行封山,禁止垦荒、砍柴等人为的破坏活动,使具备封育条件的疏林地、灌丛地等经过5—10年的封育,大多成为有林地。流域内规划新增封禁治理面积1293平方公里。人工造林治理主要是种植水土保持植物。在左江流域赤红壤区种植的水土保持植物有大叶相思、荷木、马占相思、马尾松、余甘子等;在石灰土区种植的水土保持植物有任豆、香椿、苦楝、菜豆树、枫香、黄荆、银合欢、吊丝竹等。预计规划期末,流域内新增水保林597平方公里、经济林(果林)74平方公里、种草231平方公里。

工程措施包括治理坡耕地,修筑拦山沟、小山塘、蓄水池、小水窖、排灌沟渠、挡土墙、沟头防护、谷坊、拦蓄坝,修建跌水、崩壁小台阶等。

耕作保土措施包括以改变小地形增加地面糙率为主的农业技术措施,如等高耕作、等高沟垄耕作、水平防冲沟等;以增加植物被覆为主的耕作措施,如轮作、间作、混作、套种、等高带状间作等;增加地面覆盖物为主的耕作技术措施,如留茬耕作、地膜种植、覆盖种植等;改善土壤物理性状的耕作措施,如深耕、少耕、免耕等。

（2）南流江流域水土整治工程

南流江流域治理水土流失面积为 579.63 平方公里，主要分布在博白县、合浦县、北海铁山港区。

到 2020 年，预计新增综合治理水土流失面积 500 平方公里，水土流失治理程度达到 86%以上，使生态环境和农业生产条件明显改善。

南流江流域水土流失综合治理采取植物措施、工程措施。

植物措施主要是种植水土保持植物，主要树种有马尾松、大叶相思、马占相思、苦楝、余甘子等。预计规划期末，流域内新增水保林 400 平方公里、经济林（果林）100 平方公里。

工程措施包括治理坡耕地，修筑拦山沟、小山塘、排灌沟渠、挡土墙、沟头防护、谷坊、拦蓄坝，修建跌水、崩壁小台阶等。

（3）钦江流域水土整治工程

钦江域治理水土流失面积为 437.57 平方公里，分布在灵山县和钦北区。

到 2020 年，预计新增综合治理水土流失面积 400 平方公里，水土流失治理程度达到 90%以上，使生态环境和农业生产条件明显改善。

水土流失综合治理采取植物措施、工程措施。

植物措施主要是种植水土保持植物，主要树种有马尾松、湿地松、大叶相思、马占相思、荷木等。预计规划期末，流域内新增水保林 300 平方公里、经济林（果林）100 平方公里。

工程措施包括治理坡耕地，修筑拦山沟、小山塘、排灌沟渠、挡土墙、沟头防护、谷坊、拦蓄坝，修建跌水、崩壁小台阶等。

2. 土地"三化"防治工程

（1）石漠化治理工程

石漠化土地治理工程主要在崇左市和南宁市，规划治理石漠化土地 3613.18 平方公里，其中崇左市天等县 964.48 平方公里、大新县 425.63 平方公里、扶绥县 329.13 平方公里、江州区 289.75 平方公里、龙州县 159.83 平方公里、凭祥市 10.51 平方公里，南宁市的上林县 503.33 平方公里、马山县 481.82 平方公里、武鸣县 389.15 平方公里、隆安县 59.55 平方公里。

以生态恢复和重建的理论和实践为指导，遵循自然规律，采取生物和工程措施相结合，综合治理石漠化土地，恢复和重建岩溶山区生态系统，改善生态状况，发展生产增加农民收入，促进岩溶山区经济社会可持续发展。

石漠化土地治理是一项复杂的系统工程,需要开展综合治理。以县为基本单位,以小流域为治理单元,全面开展林草植被的保护与建设、草食畜牧业发展、水资源开发与基本农田建设、农村能源建设等,把生物措施、工程措施和社会措施有机结合。

林草植被保护和建设工程:封山育林 30.05 万公顷,人工造林 2.34 万公顷,草地建设 7.57 万公顷。

草食畜牧业发展工程:改良种蓄 8.28 万头,建设棚圈 41.52 万平方米,青贮窖 51.80 万平方米,饲草机械 0.83 万台。

水资源开发与基本农田建设工程:坡改梯 0.55 万公顷,泉点引水 486公里。

农村能源建设工程:沼气池 27.61 万口,节柴灶 43.79 万口。

(2)沿海沙化土地治理工程

北部湾经济区沙化土地面积 2115.78 平方公里,其中流动沙地 10.85 平方公里,半固定沙地 17.03 平方公里,固定沙地 437.50 平方公里,沙化耕地1650.40 平方公里。

规划治理沙化土地面积 2000 平方公里,沙化土地治理程度达到 90%以上,综合治理改良沙化土地,使当地生态环境和农业生产条件明显改善。

对流动沙地、半固定沙地和固定沙地的治理方向主要是恢复和保护林草植被,通过以人工造林为主增加森林植被,以封山(沙)育林(草)为主的天然植被保护和适度利用为主的沙区资源开发等措施,综合治理沙地。对于沙化耕地,要建立农田防护林,改良土壤,改善灌溉条件,建设高产农田。

(3)沿海盐土治理工程

北部湾经济区沿海盐土面积 866.94 平方公里,分布于北海市、钦州市、防城港市的滨海地区。

规划治理盐土面积 600 平方公里,盐土治理程度达到 70%以上,综合治理改良盐土,使当地农业生产条件明显改善。

盐土治理内容包括:

发展盐土农业:已围垦的盐土地区,要加强基本农田建设,实行水旱轮作,提高土壤肥力。盐土农业是指利用各种盐土资源,并利用海水进行灌溉,种植能在盐土生长的有一定经济价值的植物新品种农业,即种植耐盐特种经济作物、耐盐牧草等。

发展养殖业:已围垦的盐土地区发展养殖业,根据沿海不同类型海岸带分段开发。

发展盐田:利用滨海盐土地区扩大盐田建设,增加食盐生产,使广西食盐达到自给有余。

3. 中低产田改造工程

北部湾经济区中低产田面积 12618.34 平方公里,其中南宁市 4627.46 平方公里,北海市 839.72 平方公里,钦州市 1426.75 平方公里,防城港市 615.18 平方公里,玉林市 1626.28 平方公里,崇左市 3482.95 平方公里。

规划治理中低产田面积 11500 平方公里,中低产田治理程度达到 90% 以上,综合治理中低产田,改善农田生态环境,提高作物产量。

中低产田防治要结合工程措施、生物措施和农业措施。工程措施主要包括水利工程、平整土地。大力开展农田水利建设,推广节水抗旱技术;进行土地整理,采取坡改梯、砌墙保土和平整土地等工程措施。生物措施主要为种树种草,构建农田林网,提高耕地的防护和水源涵养。农业措施包括实行秸秆还田和测土配方施肥改良土壤结构和恢复地力肥力、增施有机肥、合理调整耕作布局和耕作方式,通过深松、少耕、轮作、粮草间作、因土种植等耕作管理方式可以大大改善土壤的理化性状,提高土壤肥力,增加粮食产量。

4. 土壤污染防治工程

重点开展大新铅锌矿区、大新锰矿区、天等锰矿区等矿区的重金属污染治理。

对于重金属污染土壤的治理,有化学修复、物理修复、生物修复等方法。①化学修复,通过施用抑制剂、清洗剂、增施有机肥等降低重金属的生物有效性,减少植物对重金属的吸收。②物理修复,通过灌水调节土壤、换土或深翻、土壤通风等措施,降低或消除重金属污染。③生物修复,通过生物降解或植物吸收而净化土壤中的重金属。

对于有机物污染土壤的防治,有物理修复、化学修复、微生物修复和植物修复等方法。①物理修复主要通过换土、通风去污等措施移除或降解有机污染物。②化学修复常用的方法有化学焚烧、化学清洗、光化学降解、化学栅防治。③微生物修复是利用微生物的生命代谢活动降解土壤中的有机物,费用低效果好。④植物修复,通过种植超累积植物吸收土壤中的有机污染物。通过合理施用农药、化肥来减少土壤有机物的污染。

5. 水体污染防治工程

重点对经济区范围内的郁江、左江、右江、南流江、大风江、钦江、茅岭江、防城河、北仑河等江河,以及大龙洞水库、仙湖水库、西津水库、大王滩水库、凤亭河水库、屯六水库、小江水库、老虎头水库、灵东水库、洪潮江水库、那板水库、客兰水库等水库和各类生态保护区和水源涵养区内的水质进行动态监测。特别是加强对经济区范围内重点河流上游段和水源地的水质监测。开展浅层地下水水质动态监测工作。对近期易被周边工业区、城镇、农业养殖等污染的郁江、左江、右江、南流江、钦江、茅岭江、防城河、北仑河等江河,以及大王滩水库、洪潮江水库、老虎头水库、灵东水库、清水江水库、客兰水库等,先行部署水生态保育工程。切断水源地保护空间内的所有排污口,引导工农业生产活动空间外迁和改造;加快部署城镇污水处理工程,逐步部署村庄污水处理工程;开展农村养殖集中区建设,集中处理养殖污染;开展地下水水质监测防治工作。

北部湾经济区内中心城市、县城等已建成污水处理厂30座,已开始运行,中心城市、县城的生活污水基本上得到治理,经济区内江河水质逐年提高。今后重点建设乡镇和村庄的污水处理厂。北部湾经济区内有乡镇384个,其中南宁市102个、北海市23个、钦州市57个、防城港市24个、玉林市102个、崇左76个。十二五期间,建设384个乡镇污水处理厂。此外,集中居住的大村庄要建设村庄污水处理厂。另外,规划建设乡镇垃圾处理厂或垃圾中转站,集中处理生活垃圾。

6. 矿山环境整治工程

(1)矿山环境整治分区

将矿山环境整治划分为重点整治区、一般整治区。

1)矿山环境重点整治区

矿产资源开发利用程度高、地质环境破坏严重、社会经济影响大、治理后将产生良好的社会效益、经济效益和环境效益的矿山(区),作为急待恢复治理区加以重点整治。如计划经济时期的大中型国有矿山和群采矿区等,特别是金属矿区和煤矿区。共划分了3个重点整治区:

下雷—湖润锰矿土地重点整治区:加固尾矿坝体,土地平整,进行造地、绿化工程,修建排水沟渠。完善"三废"排放设施,治理尾矿库达到国家规定的闭库标准。

凭祥龙塘金矿土地重点整治区:加固加高尾矿坝体,修建排水沟渠,平整采坑,对废土废渣进行平整碾压处理,恢复植被,完善"三废"排放设施,"三废"无害化处理及利用。

南宁煤矿土地重点整治区:废石堆场土地复垦、恢复植被;治理地面塌陷及沉陷区;实施煤矸石胶结和水砂充填采空区。

2)矿山环境一般整治区

矿产资源开发利用程度较高、地质环境破坏较严重、治理后将产生较好的社会效益、经济效益和环境效益的矿山(区),作为一般整治区,共划分了5个一般整治区:

横县泰富金矿土地一般整治区:规范露采切坡高宽比,防治崩塌、滑坡地质灾害,防止水土流失。闭坑露采场回填采坑,平整废石土堆场及采场,恢复植被,完善"三废"排放设施,对泥石流及堆侵废水进行治理。

上林—马山锰矿土地一般整治区:对服务期满的露采场、排土(石)场进行固坡、平整覆土,植树种草绿化及部分复垦,完善"三废"排放设施。

武鸣锰矿土地一般整治区:对服务期满的露采场、排土(石)场进行固坡、平整覆土,植树种草绿化及部分复垦。完善"三废"排放设施。

东罗—上思煤矿土地一般整治区:清理整顿塌陷区房屋搬迁,废石堆场土地复垦、恢复植被,治理地面塌陷,实施煤矸石胶结和水砂充填采空区,推广煤矸石综合利用方法。

钦北区锰矿土地一般整治区:对服务期满的露采场、排土(石)场进行固坡、平整覆土,植树种草绿化及部分复垦。完善"三废"排放设施。

(2)矿山环境整治重点工程

矿山环境整治分区为重点整治区的矿山,主要以闭坑矿山和无法找到责任人的矿山、国有大中型煤矿、金属矿山及城市规划区、旅游风景区和主要交通干线两侧矿山为主进行治理,优先安排对人居安全和经济社会发展影响大、危害重、治理效益显著的老矿山。矿山整治分区为一般整治区,安排治理后其社会效益、经济效益和环境效益显著的矿山,主要以大中型金属矿山、非金属矿山和小型煤矿区为主进行治理。

重点工程主要有大新下雷锰矿区和土湖锰矿区环境整治工程、大新长屯铅锌矿区环境整治工程、凭祥市夏石金矿区和龙塘—埌土金矿区环境整治工程、天等锰矿矿山环境整治工程、扶绥东罗煤矿环境整治工程、南宁板苏锰矿环境整治工程、陆川县清湖镇钛铁矿环境整治工程、合浦县白泥坑黏土矿环境整治工程、横县金矿区环境整治工程。

第三节　自然灾害调查评价及
防治战略与工程布局

一、自然灾害调查评价

1. 旱灾

(1)干旱成因

造成干旱最直接的原因是相当长时间内无降雨或降雨量不足。北部湾经济区的干旱分为春旱、秋旱和冬旱。春旱影响适时下种,直接影响种植计划的完成,以致影响全年的产量;秋旱主要影响秋收作物后期的生长。春旱和秋旱发生频率最高,对农业生产和生态环境影响最大。由于冬季作物种类较少,一般来说,冬旱的发生对农业生产影响不大。

(2)干旱的空间分布

1)春旱

春旱发生在2—4月。分为早稻插秧期干旱和旱作干旱。

早稻插秧期干旱的地域差异明显,南宁市中部、崇左市北部及上思县的早稻插秧期干旱出现频率在80%以上,属于重旱区;北海市、南宁市东部、钦州市南部、防城港市南部的早稻插秧期干旱出现频率为60%—80%,属于中旱区;玉林市的早稻插秧期干旱出现频率为40%—60%,其余地区的早稻插秧期干旱出现频率小于40%,属于轻旱区。

旱作干旱的地域差异明显,龙州、宁明、上思等地的旱作干旱频率为60%—80%,属于重旱区;南宁、北海、钦州等3市及崇左市北部的旱作干旱频率为40%—60%,属于中旱区;玉林市旱作干旱频率为20%—40%,属于轻旱区。

2)秋旱

秋旱发生在9—10月。南宁市大部分地区属于中旱区,崇左市、钦州市、防城港市、北海市等都是轻旱区。

(3)干旱的特点

北部湾经济区干旱的特点:一是干旱频繁,平均每1.5年就发生一次全区性干旱;旱期长,范围广,危害重。例如1998年8月至1999年3月,出现的秋冬春连旱,各地降水量比历年同期偏少2—6成,导致大部分小河流断流,严重影响工农业生产。二是旱年且多为连续出现,旱年连续出现的频率为75%。

2.洪涝灾害

(1)洪涝成因

北部湾经济区降水虽然丰富,但由于降水的不均匀性,一年内形成明显的雨季和旱季,同时降水的年际变化大,其变化幅度一般最大年降水量为最小年降水量的1.5—2.5倍。因此,洪涝成为北部湾经济区的主要自然灾害之一。洪涝灾害形成的主要因素有自然地理环境及气候、暴雨、人类活动等。

1)自然地理环境及气候

北部湾经济区内的十万大山横贯西江水系与沿海西部河系,六万大山、大容山等山脉大致呈东北—西南走向,在热带气旋入侵时,因地形的抬升作用强烈而产生暴雨,特别是十万大山东南坡,是广西的最大暴雨区。大明山东北部是冷空气南下的迎风面,上林是山脉的迎风面,由于地形抬升的作用较强烈,往往形成较小范围的暴雨中心。

由于北部湾经济区气候属亚热带季风气候区,又地处低纬度,直接承受印度洋及西太平洋水汽补充,且距水汽源地(南海及孟加拉湾)较近,大气中水汽含量充沛,南北气团交汇又较频繁,而且又易受热带环流的直接影响;同时,海陆分布差异会产生边界层加热,容易产生中尺度天气系统。因此,北部湾经济区内雨量充沛,暴雨频繁,强度大。

2)暴雨

暴雨是洪涝形成的重要因素之一,暴雨多发区及相关地区易形成洪涝灾害。北部湾经济区的雨量充沛,强度大,多年年平均降雨量为1400—2000毫米,防城港市长歧站年最大降雨量达5005.8毫米。

十万大山东南部年降雨量为2800—3600毫米,是暴雨高值区;大明山、大容山及云开大山的迎风坡的年降雨量1600—1800毫米,是暴雨次高值区。

雨量主要集中在4—9月的汛期,汛期雨量约占年总雨量的70%—85%,个别年份达90%以上。南宁市4—9月的雨量占年雨量的80%,玉林市4—9月的雨量占年雨量的78.8%,钦州市4—9月的雨量占年雨量的82.9%。

灾害性洪水的发生,主要是短历时暴雨,中小河暴雨历时一般是1—3天,较大河流则多为大面积、历时3—7天的暴雨所形成。洪水峰高(峰量),往往取决于 3—72 小时的暴雨量。根据 24 小时最大暴雨量统计,水口河其龙站雨量达 339 毫米,明江汪门站达 397 毫米,黑水河岳圩站达 420 毫米,郁江南宁站达 312 毫米,南流江合浦站为 359 毫米,大风江坡朗坪站为 485 毫米,钦江灵山站为 486 毫米,防城河大录站为 491 毫米。

3)河道安全下泄量

河段的河道天然安全下泄量是指洪水不泛岸的流量。当洪水峰量超过河道安全下泄量,相应的河流稍遭遇洪水,就会发生灾害性洪水。如南宁市河道天然安全下泄量(修筑防洪堤前的河道安全下泄量)约为 9000 立方米/秒,洪水峰量超过河道安全下泄量的年份占实测记录年份的 65%,即约两年就发生一次不同程度的灾害性洪水,1968 年最大流量达 13300 立方米/秒,为河道安全下泄量的 1.48 倍,造成较严重的洪水灾害。

洪水峰量与河道安全下泄量的倍比,反映洪水灾害的严重程度,即倍比越大灾害越严重。郁江南宁站调查历史最大洪水峰量与河道安全下泄量的倍比达 2.29,南流江常乐站最大洪水峰量与河道安全下泄量的倍比达 3.32,其所造成的灾害严重程度很大。

4)人类活动

人类活动对洪涝灾害的影响,大致有两类因素,即直接或间接促成或加重洪涝灾害和减免灾害。主要因素有森林植被、水土流失、城乡建设、防洪工程。

森林植被有拦截暴雨、增大降雨损失(涵蓄和土壤下渗)、减少地表径流、延缓流程和消减洪峰流量的作用。因此森林覆盖率大,径流系数会减少。

水土流失与森林植被的关系密切,其对洪涝灾害的影响,主要是表层土壤流失,减少土壤蓄水及下渗量,增加地表径流,泥沙增加并向河道及蓄水工程推移,造成淤积,抬高河床及库底,降低河道的行洪能力,增大工程排洪量,减少蓄洪能力,促成或加重洪涝灾害。

(2)洪涝特点

北部湾经济区一般从 5 月开始出现暴雨天气,至 9 月底基本结束,因而洪涝灾害主要集中在 5—9 月,其中 6 月中旬至 7 月底最为集中。暴雨天气过程一旦形成,其持续时间少则 2—3 天,多则 10 天半月,故造成大洪灾的概率很大。玉林、北海、钦州、防城港等 4 市的洪水高峰期在 7、8 月。崇左市的洪水高峰期则多出现在 8 月以后,受北部湾或从越南登陆的台风影响形成区域性暴雨。

多数地区平均每年有 1—2 次洪涝发生,多涝年份发生 3—4 次洪涝。玉林、北海、钦州、防城港等 4 市平均每年发生洪涝 2 次以上,其中东兴年平均洪涝次数达 6.5 次。

(3)主要河流(段)洪涝的分布特点

北部湾经济区内主要河流有左江、右江、郁江、南流江、钦江。

主要河流发生洪涝灾害均有较明显的季节性,左江、右江、郁江、南流江、钦江等河流的洪涝灾害发生在 6—10 月。按发生一般大洪水以上发生的月份次数与权重,郁江 7、8 两个月权重为 71.4%,南流江 7、8 两个月权重为75%。大洪水级以上的洪涝发生时间集中在 7 月。

3. 台风

台风灾害是制约北部湾经济区经济社会发展的一种重大自然灾害。北部湾经济区台风灾害特点有:(1)多发性。平均每年有 5.2 个台风或热带低压,多的年份达 9—10 个之多,最少的年份也有 1 个。台风活动期长,最早在 5 月初,最迟在 12 月初,前后长达 7 个月之久。(2)连续性。在某一个短时间内,数个台风连接不断袭击沿海地区,从而导致在一个时期内台风灾害的重复出现及灾害的增幅现象,使防灾、救灾重建恢复工作难度增大。(3)数灾同发性。台风灾害的关键因素有三个,即狂风、暴雨和爆潮。若出现两个或两个以上成灾因素,则出现严重的台风灾害。(4)突发性。近海台风的爆发性发展在极短的时间内袭击沿海地区,使沿海地区出现突发性台风灾害。

4. 风暴潮

(1)风暴潮的成因

风暴潮是指由热带气旋和冷峰等的强风作用、气压骤变等因素的作用下,引起的海面异常升降的现象。风暴潮灾害主要是风暴形成的较大增水,与高潮期的高潮位遭遇叠加,实时潮位高丁正常潮位及风浪的冲击而形成。

热带气旋是导致风暴潮灾害的重要因素。北部湾经济区海岸线总长1437.5 公里,受热带气旋影响比较频繁。在热带气旋期间,由于长时间强风(风力≥8 级)作用,再加上低压的虹吸作用,引起海面异常升高,此时若遇上高潮位,则演变为风暴潮,海面风暴潮以孤立波的形式随热带气旋移动的方向推进,大量水体向北部湾沿岸推进,造成漫滩,从而形成沿海风暴潮灾害。

风暴潮灾害多以漫滩、河口涌水和堤围溃决为主要形式产生,特别以堤围溃决为主。因此,潮流冲击力大,破坏和淤积严重,伴生的潮涝历史较长使土地盐碱化,后期处理或恢复困难。发生风暴潮灾害的同时,往往伴有风灾和暴雨洪水灾害。如1967年6706号热带气旋的影响,南流江普降大暴雨,致使合浦常乐及以下河段,发生相当10年一遇的洪水;1971年的7109号台风,使钦江陆屋以下河段发生了相当20年一遇的大洪水,24小时最大暴雨量达644毫米。

（2）风暴潮的分布

北部湾经济区海岸线长1437.5公里,直线距离约250公里。北部湾经济区岸段风暴潮灾害属多发区、重灾区。沿海岸线风暴潮大致划分为东部区域、中部区域和西部区域。

1）东部区域

台风在沿海登陆时,从该区登陆的比率占40%多。因此,东部区域是北部湾经济区沿海风暴潮灾害最严重的区域。东部区域大致可分为廉州湾、北海市区、石头埠三个小区。廉州湾小区为大风江口至北海市区高德镇南流江的出海口,河道纵横、河海相通,地形平坦,是产粮区,而海堤的防洪能力一般为10—20年一遇,灾害往往是洪潮伴生。北海市区地处半岛,是城区,海堤较标准,防御能力为20年一遇。虽然其地理位置使高潮位较易扩散,在同一场风暴潮的情况下,潮位相对其它点低,但一旦风暴潮超过海堤防御能力,灾害就相当严重,如8609号台风所诱发的风暴潮(高潮位相当50年一遇)。石头埠小区指北海市区大冠沙以东岸线,沿岸多是沙丘地带,有产盐企业,而海堤的防洪能力为10年一遇,8609号台风所诱发的风暴潮中,该小区全线崩溃,损失巨大。

2）中部区域

本区域为大风江以西至龙门外海岸线,可分为茅尾海、犀牛脚两个小区。茅尾海小区包括茅尾海内湾及龙门镇,是钦江和茅岭江出海口。风暴潮灾害主要发生在两江出海口之间的康熙岭镇和尖山乡,海堤的防洪能力为10年一遇。犀牛脚小区指大风江以西至龙门外海。本区沿海岸线多是丘陵和山坡,受风暴潮的影响较少。

3）西部区域

本区域始于防城港市的企沙镇终至北仑河口,在广西登陆的热带气旋约有45%是从这里登陆。大致分为防城港和珍珠港两个小区。防城港小区包括企沙半岛和白龙半岛东侧的沿海岸段,地貌多属丘陵,受风暴潮影响不大。珍珠港小区为白龙半岛西侧至北仑河口,港湾呈漏斗状,热带气旋多次在此登陆,因此,属于风暴潮严重的地域。

5.地质灾害

北部湾经济区地质灾害种类有崩塌、危岩、滑坡、泥石流、地面塌陷、不稳定斜坡等。根据《广西壮族自治区地质灾害防治规划(修编)——重要地质灾害隐患点一览表(2009—2020年)》统计,目前,北部湾经济区内存在地质灾害隐患点251处(个),其中崩塌87处、不稳定斜坡28处、地面塌陷17处、滑坡90处、泥石流6处、危岩23处。地质灾害隐患点规模达549.69万立方米,威胁着37511人和32147万元财产安全,其中80%的地质灾害点在农村。

（1）崩塌

崩塌有土质崩塌和岩质崩塌。土质崩塌主要分布在山区公路边,岩质崩塌分布在石山区。崩塌多发生在雨季。北部湾经济区内崩塌有87处,总规模为65370立方米,威胁着12105人和7887万元财产安全。其中南宁市崩塌有35处,总规模15456立方米;玉林市崩塌有8处,总规模为2084立方米;北海市崩塌有4处,总规模为2125立方米;防城港市崩塌有9处,总规模为12240立方米;钦州市崩塌有14处,总规模为6915立方米;崇左市崩塌有17处,总规模为26650立方米。最大的土质崩塌位于凭祥市凭祥镇竹山村龙塘屯,规模达16000立方米;最大的岩质崩塌位于上林县木山乡木山社区塘楼屯,规模达1000立方米。

（2）危岩

危岩主要分布在石山区。北部湾经济区内危岩有23处,总规模为8504立方米,威胁着2296人和2165万元财产安全。其中南宁市危岩有13处,总规模为6854立方米;崇左市危岩有10处,总规模为1650立方米。最大的危岩位于马山县白山镇上龙村兑里屯,规模达3075立方米。

（3）滑坡

滑坡主要分布在土山区,以碎屑岩区(泥页岩)居多。北部湾经济区内滑坡有90处,总规模为3714811立方米,威胁着13234人和13325万元财产安全。其中南宁市滑坡有22处,总规模为2138730立方米;玉林市滑坡有26处,总规模为1131600立方米;防城港市滑坡有3处,总规模为122000立方米;钦州市滑坡有20处,总规模为44651立方米;崇左市滑坡有19处,总规模为 277830 立方米。最大的滑坡位于陆川县马坡镇清秀村碰冲肚村,规模达 360000 立方米。

(4)泥石流

泥石流分布甚少。多为小型,分布在土山区。北部湾经济区内泥石流有 6 处,总规模为 369000 立方米,威胁着 804 人和 1097 万元财产安全。其中玉林市泥石流有 2 处,总规模为 184000 立方米;防城港市泥石流有 2 处,总规模为 170000 立方米;崇左市泥石流有 1 处,总规模为 15000 立方米。最大的泥石流位于防城港市防城区福隆乡田心村田心屯,规模达 140000 立方米。

(5)不稳定斜坡

北部湾经济区内不稳定斜坡有 28 处,总规模为 164850 立方米,威胁着 5725 人和 3337 万元财产安全。其中南宁市不稳定斜坡有 8 处,总规模为 84140 立方米;玉林市不稳定斜坡有 3 处,总规模为 22800 立方米;防城港市不稳定斜坡有 3 处,总规模为 2290 立方米;钦州市不稳定斜坡有 9 处,总规模为 62820 立方米;崇左市不稳定斜坡有 5 处,总规模为 12800 立方米。最大的不稳定斜坡位于博白县那林镇那林村那林街,规模达 19800 立方米;其次为灵山县石塘镇东安村架间鹿,规模达 14300 立方米。

(6)地面塌陷

塌陷主要分布在岩溶区,非岩溶区的矿山采空区也有分布。塌陷多发生在纯碳酸盐岩组、岩溶强发育的岩溶平原、地下水浅埋区。塌陷多发生在干旱季节地下水大幅度下降期,或旱季末突降大暴雨时,或由于强烈的抽水形成。北部湾经济区内地面塌陷有 17 处,总规模为 1174382 立方米,威胁着 3347 人和 4336 万元财产安全。其中南宁市地面塌陷有 4 处,总规模为 511900 立方米;玉林市地面塌陷有 26 处,总规模为 1131600 立方米;崇左市地面塌陷有 4 处,总规模为 651000 立方米。最大的地面塌陷位于大新县土湖锰矿,规模达 600000 立方米;其次为上林县乔贤镇龙头村上街屯,规模达 500000 立方米。

北部湾经济区地质灾害发生的主要原因:一是地质构造复杂,岩石风化强烈,地形地貌变化大,山地丘陵面积大等脆弱的地质环境;二是降雨量丰富,特别是强降雨或持续降雨天气较多;三是人类经济活动对地质环境的干扰破坏,如不合理的切坡建设,特别是广大农村地区,切坡建房普遍,建筑物距山体较近,而且没有对边坡采取有效的防护措施,一旦遇到强降雨天气就容易诱发滑坡、崩塌等地质灾害。

二、自然灾害防治战略与工程布局

1. 旱灾防治

以抗"百年一遇"的干旱为目标,加强农村水利建设、水资源开发利用和水资源节约保护。

（1）农村水利建设

1）农村人饮安全工程

2010 年,北部湾经济区内农村饮水安全不达标的人口有 673.56 万人。规划 2015 年前解决农村饮水不安全人口 673.56 万人,兴建集中供水工程和分散供水工程,加强水质检测体系建设,力争逐村配套手持余氯、色度、浊度等便携式检测仪。大力发展城乡扩网和连片集中供水系统,建立较为完善的农村供水社会化服务体系,逐步实现城乡供水一体化,提高城乡供水保障率和用水安全性,使村镇自来水供水普及率达到 80%。至 2020 年,农村供水条件进一步改善,乡镇饮水水源水质状况明显改善,建成饮用水安全保障体系,村镇自来水供水普及率达到 90%。

在天等、大新、龙州、江州、扶绥、马山、上林、隆安、武鸣等县（市、区）区的大石山区,重点解决"缺水喝"问题;在沿海地区的合浦县、北海市区、钦州市区、防城港市区、东兴市等县（市、区）重点解决"苦咸水"问题。

通过兴建集中供水工程和分散供水工程解决饮水不安全问题。集中供水工程包括管网延伸、联片提水、联片引水、单村提水、单村引水,分散供水工程包括家庭水柜、引蓄（泉）工程。

2）农田水利建设工程

2010 年北部湾经济区有效灌溉面积为 61.53 万公顷,占耕地总面积的 32.67%,灌溉水利用系数为 0.4。规划到 2015 年,有效灌溉面积稳定在 65 万公顷,占耕地总面积的 34.51%,灌溉水利用系数为 0.45;到 2020 年,有效灌溉面积稳定在 70 万公顷,占耕地总面积的 37.17%,灌溉水利用系数为 0.50。

加快推进大中型灌区续建配套与节水改造。进一步开展合浦、北海洪潮江、钦灵等大型灌区的续建配套与节水改造,加快实施重点中型灌区的续建配套与节水改造。通过水源及渠首工程、干支渠输水工程、干支渠系建筑物工程、量水设施及信息系统、工程管护设施及田间工程等配套改造,达到提高灌溉水利用率,增加灌溉面积,改善灌溉条件,提高农产品产量和质量,增加农民收入等一系列目标。

加快实施大中型灌排泵站更新改造工程,完善西津电灌总站、左江电灌总站2处大型电灌总站的更新改造。

为解决部分地区干旱缺水问题,开展新灌区建设。加快推进左江流域治旱工程及左江流域抗旱灌溉工程,桂中治旱工程(南宁市部分),南宁市和崇左市的石山区治旱工程,北海市涠洲岛、合浦县乌家镇、山口镇、白沙镇等旱片治理工程,钦州市钦南区、钦北区旱片治理工程,玉林市龙潭旱区和兴业高峰—沙塘旱片治理工程。

大力推进小型农田水利基础设施建设,重点在左江旱片和其他旱灾易发的重旱县区大力推进小型农田水利基础设施建设,开展农村小型水源、渠道、机电泵站等工程设施的新建、修复、续建与改造,加大灌区田间工程改造力度,大力推广田间高效节水灌溉技术。

(2)水资源配置工程建设

规划期间,建成较完善的城市和村镇饮水安全保障体系,提高工业生产用水和农业灌溉用水保证率;进一步提高水资源合理配置能力,基本形成与全面建设小康社会要求相适应的水资源合理配置总体格局。

建设一批支撑北部湾经济区经济社会发展的重要水源工程。新建1座大型水库,即位于崇左市宁明县的驮英水库;新建4座中型水库,包括位于钦州市钦北区的王岗山水库,位于玉林市兴业县的黄章水库、北流市大容山的平河水库、博白县的蕉林水库;扩建1座中型水库,即位于玉林市玉州区的寒山水库。建设一批小型水库。此外,建设大风江调水工程、郁江调水工程、浦北县南水北调工程和北水南调工程,以保障北部湾经济区生活及生产用水。

建设一批支撑国家新增千亿斤粮食生产能力的水源保障工程及新灌区建设,新建左江流域驮英联合灌区,可新增灌溉面积43.82万亩。加快干旱易发区的水源工程及配套设施建设,建设一批提水工程和引水工程。

建设一批解决城镇和人口较集中乡村人饮供水问题的水源工程,提高重点干旱地区供水保障能力。

加快抗旱应急备用水源建设,提高应对特大干旱、连续干旱和供水安全突发事件的能力。实施一批城市应急备用水源工程,包括已有水源连通工程、已有水源工程新建输水工程及配套、新建地下水工程等。重点支持天等、大新、江州、扶绥、马山、上林等因旱人饮困难县及玉州、兴业、北流、陆川、博白、合浦、钦北、浦北、灵山、武鸣、宾阳、横县、上林、隆安等重点建设粮食生产县的抗旱应急备用水源建设,包括已有水源工程的扩建清淤及配套改造、已有水源连通工程、已有水源的提水工程及配套、新建水库地下水工程等。

(3)水资源高效利用与节约保护

到2020年,水资源利用效率和效益明显提高,节水型社会建设取得显著成效;主要江河湖库水功能区水质达标率进一步提高,重点地区水资源质量状况明显改善。基本建成与全面建设小康社会要求相适应的水资源保护体系。

加强高标准节水示范工程建设。建设一批高效农业节水工程,项目分布于钦州市钦南区、防城港市港口区、玉林市玉州区、南宁市青秀区和西乡塘区。实施一批工业、农业、城镇节水重点工程,切实提高水资源利用效率和效益,完成北海市、玉林市国家级试点地区的节水型社会建设工作。

加强重点饮用水水源地保护。重点饮用水水源地保护工程包括南宁市中心城区、北海市中心城区、钦州市中心城区、防城港市中心城区、玉林市中心城区、崇左市中心城区、武鸣县城、隆安县城、马山县城、上林县城、宾阳县城、横县城、合浦县城、上思县城、东兴市城区、灵山县城、浦北县城、容县县城、陆川县城、博白县城、兴业县城、北流市城区、扶绥县城、宁明县城、龙州县城、大新县城、天等县城、凭祥市城区等6市的中心城区和县城的饮用水水源地保护工程。主要建设隔离防护工程、污染源综合整治工程、生态修复保护工程、泥沙及面源污染控制工程、水源建设工程、水源监控体系建设等。

2. 洪涝灾害防治

加强防洪薄弱环节建设,堤库结合,工程措施与非工程措施相结合,完善北部湾经济区综合防洪减灾体系。

(1)大江大河及中小河流治理

加强对左江、右江、郁江、南流江、大风江、钦江、茅岭江、防城河、北仑河等河流以及其他中小河流治理。防洪标准为:中心城市河段到2015年为50—100年一遇,到2020年为100—200年一遇;县城河段到2015年为20年一遇,到2020年为50年一遇;乡镇河段到2015年10年一遇,到2020年为20年一遇;农村河段到2015年为5年一遇,到2020年为10年一遇。通过河道整治、堤防护岸、清淤疏浚等工程措施,使洪涝灾害频繁发生的重点河段防洪能力得到增强,水生态环境状况得到改善。

1)郁江河段的防洪建设

位于郁江河段的城市有南宁市中心城区、横县县城;小城镇有横县的六景镇、峦城镇、平朗乡、南乡镇、那阳镇,青秀区的长塘镇、伶俐镇。

南宁市主城区现有防洪能力为 50 年一遇,规划到 2020 年,老口水利枢纽建成后,防洪能力达到 200 年一遇。

横县县城现有防洪能力为 10 年一遇,到 2020 年防洪能力达到 50 年一遇。

六景、峦城、平朗、南乡、那阳、长塘、伶俐等小城镇现有防洪能力为 5 年一遇,到 2020 年防洪能力达到 20 年一遇。

郁江的农村河段现有防洪能力多为不足 5 年一遇,个别河段还没有防洪能力,对村庄和农田安全构成威胁。到 2020 年防洪能力达到 10 年一遇。

2)右江河段的防洪建设

位于右江河段的城镇有隆安县的县城、雁江镇、那桐镇,西乡塘区的金陵镇。

隆安县县城现有防洪能力为 10 年一遇,到 2020 年防洪能力达到 50 年一遇。

雁江、那桐、金陵等小城镇现有防洪能力为 5 年一遇,到 2020 年防洪能力达到 20 年一遇。

右江的农村河段现有防洪能力多为不足 5 年一遇,个别河段还没有防洪能力,对村庄和农田安全构成威胁。到 2020 年防洪能力达到 10 年一遇。

3)左江河段的防洪建设

位于左江流域河段的城市有崇左市中心城区、扶绥县城、龙州县城、宁明县城、大新县城、凭祥城区;小城镇有江州区的驮卢镇、宁明县的明江镇、海渊镇。

崇左市中心城区位于左江河畔,除江北一段有护岸工程外,城区无任何防洪排涝设施,现有防洪能力为 10 年一遇,到 2020 年防洪能力达到 50 年一遇。

扶绥县城位于左江边,现有防洪能力为 10 年一遇,到 2020 年防洪能力达到 50 年一遇。

龙州县城位于左江支流丽江边,目前尚未建设防洪堤和防洪排涝泵站,城区基本上处于不设防状态,现有防洪能力不足 5 年一遇。到 2020 年防洪能力达到 50 年一遇。

宁明县城和驮龙工业区位于左江支流明江边,目前还没有建成防御洪涝灾害的防洪工程,尚处于不设防状态,现有防洪能力不足 5 年一遇。到 2020

年防洪能力达到50年一遇。

大新县城位于左江的二级支流桃城河边,目前尚无防洪设施,河流上游亦无防洪水库,尚处于不设防状态。到2020年防洪能力达到50年一遇。

凭祥城区位于左江的三级支流凭祥河边,现有防洪能力为2年一遇,基本上处于无防洪工程状态。到2020年防洪能力达到50年一遇。

驮卢、明江镇、海渊等小城镇基本上处于无防洪工程状态。到2020年防洪能力达到20年一遇。

右江流域的农村河段,基本上处于无防洪工程状态,现有防洪能力不足5年一遇,对村庄和农田安全构成威胁。到2020年防洪能力达到10年一遇。

4)南流江河段的防洪建设

位于南流江河段的城镇有博白县的县城、沙河镇,合浦县常乐镇。

博白县城位于南流江边,现有防洪能力为10年一遇,到2020年防洪能力达到50年一遇。

沙河、常乐等小城镇基本上处于无防洪工程状态。到2020年防洪能力达到20年一遇。

南流江流域的农村河段,基本上处于无防洪工程状态,现有防洪能力不足5年一遇,对村庄和农田安全构成威胁。到2020年防洪能力达到10年一遇。

5)钦江河段的防洪建设

位于钦江流域河段的城市有钦州中心城区、灵山县城。小城镇有灵山县的那隆镇、三隆镇。

钦州中心城区的现有防洪能力为20年一遇,到2020年防洪能力达到100年一遇。

灵山县城现有防洪能力为10年一遇,到2020年防洪能力达到50年一遇。

那隆镇、三隆镇等小城镇基本上处于无防洪工程状态。到2020年防洪能力达到20年一遇。

钦江流域的农村河段,基本上处于无防洪工程状态,现有防洪能力不足5年一遇,对村庄和农田安全构成威胁。到2020年防洪能力达到10年一遇。

6)防城河的防洪建设

位于防城河河段的城市有防城港中心市防城区组团,小城镇有福隆镇。

防城港中心市防城区组团的现有防洪能力为10年一遇,到2020年防洪能力达到50年一遇。

防城河流域的农村河段,基本上处于无防洪工程状态,现有防洪能力不足5年一遇,对村庄和农田安全构成威胁。到2020年防洪能力达到10年一遇。

7)北仑河的防洪建设

位于防城河河段的城市有东兴市城区,东兴市中心城区是沿北仑河呈东西走向的城市,沿江地势较低。东兴市旧城区,防洪标准仅达2年一遇左右;西城区公园滩至北仑河与罗浮江汇合处水流西堤、北城区口岸至北郊中间村,仅能抵御5年一遇左右的洪水。到2020年防洪能力达到50年一遇。

(2)山洪灾害防治

以工程措施与非工程措施相结合治理山洪沟,重点防治区涉及龙州县、宁明县、凭祥市、江州区、天等县、大新县、隆安县、武鸣县、马山县、上林县、宾阳县、横县、博白县、陆川县、容县、北流县、兴业县、合浦县、浦北县、灵山县、钦北区、上思县、防城区等县(市、区)。工程措施有拦挡措施、排洪渠道修筑与整治措施、防洪堤工程措施、沟道疏浚和山坡水土保持措施等;非工程措施有监测、通信及预警系统建设、防灾预案及救火措施、政策法规建设等。

(3)防风暴潮工程建设

加快沿海北海市区、钦州市区、防城港市区、合浦县、东兴市的重点海堤标准化建设,规划续建、加固重点海堤12处,新建重点海堤建设项目55处,续建、加固、新建标准海堤总长268公里。重点海堤建设标准为50年一遇,一般海堤建设标准为10—20年一遇。

廉州湾地形平坦,是产粮区,现有海堤的防洪能力一般为10—20年一遇,灾害往往是洪潮伴生,规划海堤建设标准为50年一遇。北海市区现有标准海堤的防御能力为20年一遇,一旦风暴潮超过海堤防御能力,灾害就相当严重,规划海堤建设标准为50年一遇。石头埠小区下游海堤的防洪能力为10年一遇,受风暴潮影响大,规划海堤建设标准为50年一遇。

茅尾海小区受风暴潮影响大,但海堤的防洪能力为10年一遇,规划海堤建设标准为50年一遇。犀牛脚小区海岸线多是丘陵和山坡,受风暴潮的影响较少,规划海堤建设标准为10年一遇。

防城港小区海岸段多属丘陵,受风暴潮影响不大,规划海堤建设标准为10年一遇。珍珠港小区风暴潮属于严重的地域,规划海堤建设标准为20年一遇。

（4）中越国境界河国土防护

对中越国境界河北仑河、左江流域界河段进行整治,规划界河整治长度54公里,其中北仑河流域整治界河长度26公里,左江流域整治界河长度28公里。

（5）病险水库除险加固

目前,北部湾经济区内还有984座水库(其中中型水库9座)存在安全隐患,需要除险加固;有大中型病险水闸37座,亟待除险加固。全面开展大中型病险水闸除险加固,完成病险水闸的除险加固任务,消除安全隐患。

（6）防洪非工程措施建设

加强水文站基础设施建设,建成覆盖全部中小河流水文监测网络,加强雨情水情的监测预报,提高水文监测和预报精度;建立覆盖全经济区山洪灾害防治区的监测预警系统和群测群防体系;加快中小型水库防汛报警通信设施建设,建成全经济区中小型水库防汛报警通信系统及水情自动监测系统、大型流域洪水预警预报系统、沿海防洪防潮预警预报系统;完善中小河流、中小水库防洪预警,建立洪水风险管理制度,加强科学决策管理,提高洪水资源化水平。

3. 地质灾害防治

（1）地质灾害易发区

地质灾害易发区指容易发生地质灾害的区域。北部湾经济区地质灾害易发区分为高易发区、中易发区、低易发区、不易发区等四级。

地质灾害高易发区(A):分为玉州区塌陷高易发区(A1),横县新福—灵山佛子—博白水鸣滑坡、崩塌、泥石流高易发区(A2),宾阳思陇—南宁昆仑滑坡高易发区(A3),隆安雁江—屏山滑坡、崩塌高易发区(A4),龙州逐卜—凭祥滑坡、崩塌、泥石流高易发区(A5)。

地质灾害中易发区(B):分为浦寨圩—三合滑坡、崩塌、泥石流中易发区(B1),容县黎村—陆川乌石滑坡、崩塌、泥石流中易发区(B2),宾阳露圩—南宁伶俐滑坡、崩塌、泥石流中易发区(B3),武鸣太平—隆安城厢滑坡、崩塌中易发区(B4),宁明爱店—防城那良滑坡、崩塌、泥石流中易发区(B5),上思那琴—防城镇崩塌、滑坡、泥石流中易发区(B6),南宁吴圩—崇左江州崩塌、滑坡、泥石流中易发区(B7)。

地质灾害低易发区(C):分为容县—玉州—博白—灵山崩塌、滑坡、泥石流低易发区(C1),南宁—钦州—防城崩塌、滑坡、泥石流低易发区(C2),宁明—上思崩塌、滑坡、泥石流低易发区(C3)。

地质灾害不易发区(D):分为横县地质灾害不易发区(D1),灵山那隆—北海西场地质灾害不易发区(D2),合浦南康—福成地质灾害不易发区(D3)。

(2)地质灾害重点防治区

北部湾经济区地质灾害重点防治区有2个:

北流崩塌滑坡地质灾害重点防治区:低山丘陵区,出露主要岩性为花岗岩或混合岩,主要地质灾害为滑坡、崩塌、不稳定斜坡。

浦北灵山崩塌滑坡地质灾害重点防治区:低山地貌,出露花岗岩,主要地质灾害为滑坡、崩塌,有自治区级重大地质灾害隐患点43处,市级地质灾害隐患点157处。

(3)地质灾害隐患点治理工程

对严重威胁人员安全和财产损失的地质灾害隐患点,采取削坡、排水、挡护、清除与绿化结合等工程措施进行治理。

继续治理对威胁80人以上或财产100万元以上的崩塌、危岩、滑坡、泥石流、地面塌陷、不稳定斜坡等地质灾害隐患点共231处进行工程治理,治理规模达1121047立方米,总投资实现3987万元。其中治理崩塌81处,治理规模60738立方米,投资274万元;治理滑坡82处,治理规模535407立方米,投资1774万元;治理不稳定斜坡27处,治理规模151652立方米,投资496万元;治理地面塌陷15处,投资335万元;治理泥石流5处,治理规模366000立方米,投资985万元;治理危岩21处,治理规模7250立方米,投资123万元。

第四节　支撑国土整治和灾害防治重大工程政策及途径

一、国土整治和灾害防治重大工程建设资金配套方案

国土整治和灾害防治重大工程属于纯公益性或绝大部分具有公益性、事关广大人民群众生命财产安全的重大工程,应由中央、自治区、地方政府根据项目实施的迫切性和可行性统一规划,由中央、自治区、地方财政统筹安排解决,中央、自治区、市县(区)财政按5∶3∶2的比例承担,市县(区)承担的20%部分,由市、县(区)分别承担10%。地方财政短期内集中实施确有困难的,可先制定中长期规划,根据轻重缓急,分期分批逐步实施。对社会效益显

著、确需建设而地方财政又实在困难的项目按地方财力状况实行分类配套,其中,地方财政比较困难的市级配套资金全部由自治区级财政承担;国家级、自治区级扶贫工作重点县(区)的配套资金,由市级财政承担。分类资金配套方案做到既照顾了贫困地区,又合理适度地确定市、县负担的配套比例,使北部湾经济区落实国土整治和灾害防治重大工程地方配套资金具有较强的操作性和可行性,为地方配套资金预算管理提供了切实可行的制度保障。

1. 水土整治重大工程建设资金配套方案

水土流失治理、流域综合整治等重大工程属于社会公益性工程,资金筹措以业主自筹和财政补助为主。流域水土流失综合整治重大工程主要由中央财政预算内专项资金、地方配套资金统筹安排解决,中央、自治区、市县(区)财政按5∶3∶2的比例承担,市县(区)承担的20%部分,由市、县(区)分别承担10%,各市、县要加大财政投入力度,落实配套资金。由省级财政出资建设的重大工程,自治区、市、县(区)按6∶2∶2的比例承担。由于业主开发建设造成的水土流失,由业主承担治理费用。

2. 土地"三化"防治重大工程建设资金配套方案

土地"三化"防治重大工程属于公益性工程,应由中央财政预算内专项资金、地方配套资金统筹安排解决,中央、自治区、市县(区)财政按5∶3∶2的比例承担,市县(区)承担的20%部分,由市、县(区)分别承担10%。由自治区级财政出资建设的重大工程,自治区、市、县(区)按5∶3∶2的比例承担。

3. 中低产田改造重大工程建设资金配套方案

中低产田改造重大工程从自治区级土地整理复垦开发专项资金中安排。土地整理复垦开发专项资金主要包括新增建设用地土地有偿使用费、耕地开垦费、土地出让金用于农业土地开发部分等。鼓励地方政府和有关部门捆绑使用各项涉农资金,集中投入项目区建设,形成资金使用合力,发挥整体效益。由自治区级财政出资建设的重大工程,自治区、市、县(区)按5∶3∶2的比例承担。

4. 土地污染防治重大工程建设资金配套方案

土地污染防治重大工程属于公益性工程,应由中央财政预算内专项资金、地方配套资金统筹安排解决,中央、自治区、市县(区)财政按5∶3∶2的比例承担,市县(区)承担的20%部分,由市、县(区)分别承担10%。由自治区级财政出资建设的重大工程,自治区、市、县(区)按6∶2∶2的比例承担。农业面源污染和土壤污染防治工程可由中央农村环境保护专项资金承担,地方财政给予一定补助。

5. 矿山土地整治重大工程建设资金配套方案

矿山开发项目属于经营性工程,矿山土地整治应与矿山开发项目结合,矿山土地整治重大工程投资应由矿山开发项目的业主承担。若业主无法承担矿山土地整治建设的,应征收税费、资源费等,再由财政拨回建设进行矿山土地整治。

6. 灾害防治重大工程建设资金配套方案

灾害防治重大工程属于纯公益性工程,应由中央财政预算内专项资金、地方配套资金统筹安排解决,中央、自治区、市县(区)财政按 5∶3∶2 的比例承担,市县(区)承担的 20% 部分,由市、县(区)分别承担 10%。由自治区级财政出资建设的重大工程,自治区、市、县(区)按 5∶3∶2 的比例承担。

自治区级地质灾害防治项目专项资金建设的地质灾害防治工程,应按规定要求筹措落实防治项目配套资金。地方配套资金比例为:①经济欠发达地区申报地质灾害应急调查与排险、重点监测、勘查项目,其配套资金比例应不低于 30%;申报治理工程项目,其配套资金比例应不低于 50%;②其它地区申报地质灾害应急调查与排险、重点监测、勘查项目,其配套资金比例应不低于50%;申报的治理工程项目,其配套资金比例应不低于 70%。

二、国土整治和灾害防治重大工程资金保障政策和途径

(一)资金保障政策

1. 制订资金配套规定

为保障地方配套资金预算管理制度化、规范化,同时又能符合基层实际,使之能落到实处,在统一认识的基础上,制定并下发《关于调整北部湾经济区国土整治和灾害防治财政资金投入结构和配套比例的规定》,确定国土整治和灾害防治重大工程市(区)、县地方配套方案,要求各级财政必须按配套方案明确的比例,将各级地方配套资金全额列入预算,不留缺口。

2. 严格项目资金预算审核

严格按照预算管理程序的规定审核下达项目资金预算,不得超国家规定的投资规模、方向和范围下达预算,严禁擅自提高工程建设标准和变更建设内容、挤占挪用其他专项资金、拖欠工程款和截留资金。

3.加强政府投资项目采购监管

严格执行《中华人民共和国招标投标法》和《中华人民共和国政府采购法》有关规定,加强对政府投资项目设备、材料采购的监督管理。

①依法发布政府采购信息情况。重点治理不按法律法规制度规定发布招标信息,解决应发未发、信息公开范围不够、信息发布不全面等问题。②规范执行招投标制度情况。重点治理规避招标采购的行为。解决弄虚作假、化整为零等规避公开招标的问题和采购方式变更中的不规范行为以及预算执行中影响规范操作的制度性矛盾。③政府采购工程市场程序规范情况。重点治理不按法规制度要求审核投标供应商资质和招投标中的围标、串标行为,加强制度、机制建设,规范政府采购市场秩序。④依据法规制度组织评标的情况。重点治理评标不公的问题。解决评审专家乱作为,评审现场监督、组织不到位的问题。⑤加强政府投资项目政府采购的监管。严格执行《招投标法》和《政府采购法》的有关规定,加强对政府投资项目设备、材料采购的监督管理。⑥加强政府采购工程资金财政集中支付管理。重点治理弄虚作假套取财政资金和采购资金支付过程中的不规范行为,严格执行财政国库集中支付制度。

4.加强工程项目建设资金监管

严格执行国库集中支付制度、政府采购制度和工程建设项目资金财务管理办法,强化项目概(预)算管理和竣工财务决算管理,建立健全预算执行动态监控机制,督促项目建设单位严格执行基本建设财务管理制度。

(1)严格工程建设投资预算管理。一是严格投资预算审核把关。按照预算管理规定,重点审核具体项目安排是否符合党中央、国务院确定的投向和范围,是否履行基本建设程序和报批手续,是否符合管理要求,是否已具备下达投资计划和投资预算条件,确保用于土建工程、设备购置安装、材料采购等规定的用途和范围。二是严格资金拨付管理。严格执行国库集中支付制度或报账制,按照投资预算、项目建设进度、招投标或政府采购合同等,将资金直接拨付至经招投标或政府采购确定的施工单位或供应商,既要保证资金及时拨付,又要保证资金安全和有效使用。三是严格项目单位财务管理。督促和指导项目单位做到项目分账核算,资金专款专用,成本规范归集,及时编制竣工财务决算,按照规定处理项目结余资金,严格项目合同管理,规范价款结算。四是强化建设项目结算、决算审核及跟踪问效,从严审查项目结算、竣工决算,从严控制建设成本。五是强化内控制度,严格执行扩大内需资金使用情况报告制度,将预算执行进度分析工作制度化。

(2)积极落实地方政府配套资金。地方各级政府是落实本地区中央扩大内需投资项目地方配套资金的责任主体。督促各级财政部门认真履行职责、采取措施、加大力度,督促有关部门和单位加快落实地方配套资金。统筹安排财力,充分利用一般预算资金、土地出让收益等各类政府性基金、地方政府债券和地方政府其他可用财力筹措配套资金。切实加强对地方政府融资平台公司的管理,规范融资活动,坚决制止地方政府违规担保承诺行为,有效防范和化解财政金融风险。同时,将中央和自治区级投资项目地方配套资金落实情况作为安排后续中央和自治区级投资计划的重要参考,对配套资金不落实的地方,相应减少或暂缓安排该地区后续中央和自治区级投资,防止出现"半拉子"工程。

(3)严格地方政府债券资金安排使用。地方政府债券资金要优先用于中央扩大内需投资公益性项目地方政府配套,在满足中央扩大内需投资公益性项目地方政府配套需求后,可用于其他难以吸引社会投资的公益性建设项目。严格控制用于能够通过市场化筹资的投资项目,严禁用于经常性支出以及党政机关办公楼等楼堂馆所项目。

(4)加大监督检查力度,确保财政资金使用规范、安全和有效。加强对扩大内需投资的监督检查,重点检查项目投资预算执行、资金拨付、配套资金落实情况、地方债券资金使用情况、项目财务管理以及会计核算和竣工财务决算等,建立健全预算执行动态监控机制,定期考核资金预算的编制和执行情况,对重点项目实施全过程管理,及时纠正扩大支出范围等违纪行为。

(5)积极推进电子政务建设工作。各市应积极推进电子政务建设,实现对内延伸到各部门业务处室,对外与自治区政务网络平台互联贯通。有关政府采购和工程建设资金审批实行网上审批,并与自治区电子网络平台实现网络互联,实施网络同步监督。进一步完善政府采购网与国库支付系统联网支付采购资金功能,并进一步完善政府采购管理系统与自治区电子监察平台联网对接,实施网上同步监督。

(二)资金筹措渠道

为保证国土整治和灾害防治重大工程的顺利实施,北部湾经济区各市政府及各部门广开思路,群策群力,多方筹集配套资金,保证工程建设的顺利实施。

1. 财政投资

财政投资是公益性投资的主要资金来源,主要包括以下三个方面:①国家、自治区、各级地方政府财政投资是公益性建设投资最主要的筹资渠道,它来源于国家的财政收入。要想扩大财政拨款,就得增加财政收入,所以,目前应加快以"费改税"为核心内容的财税体制改革,取消不合理收费,但对一些应收的费用应将其改为税收形式,列入财政预算。加强财政管理,尤其是税款征收工作,将改收的税收及时足额缴入国库,以壮大财政实力,增加财政的投资能力。②基础设施建设债券,基础设施建设债券作为财政收入的补充,是财政筹资的又一大来源。国家应当根据国内外金融形势的变化,适时适量地发行国债,投入国土整治和灾害防治工程建设,一方面直接增加了投资总额,另一方面带动了地方财政配套资金的增长,同时还有利于增强国土整治和灾害防治工程建设项目的资信和融资能力,吸收大量社会资金的投入。③利用其他专项资金,如国家、自治区的生态建设基金,应力争纳入国家提供专项补助资金或贷款项目计划。

2. 国债资金

通过自筹和地方财政投入仍有缺口或资金来源渠道难度大的建设项目,可通过申请国债资金,力争取得低息、减免税收等优惠政策予以实施。

3. 广泛吸纳社会资金

广开投资渠道,广泛吸收各种社会资金参与国土整治和灾害防治重大工程建设。可通过利用外资、银行贷款、发行债券、社会集资等多种方式广泛吸收各种社会闲置资金进行投资,自工程立项、开工建设到工程完工后的经营管理都实行规范的公司化运作。这样既减轻中央和各级地方财政的压力,又能够按市场规则办事,提高国土整治和灾害防治重大工程建设和管理效益。

(1)银行信贷资金。这是各级各类企业均可经常利用的一个重要筹资渠道,并可用多种方式取得,期限也有长有短,有政策性和非政策性之分。

(2)非银行性质金融机构资金。主要是信托投资公司、信贷公司、保险公司、证券公司、企业集团的财务公司等可提供的融资租赁性资金。目前,在工程建设领域,国际上比较成熟的融资方式主要有 BOT、TOT 及 ABS 债券融资、PFI 私人主动融资等。这些融资方式对于有条件(主要表现在投资收益大、经济效益显著)的工程建设,可以借鉴。

(3)利用外资。外商投资资金,形式多样,主要分为两大类,一类是间接利用外商投资,另一类是吸收外商的直接投资。充分利用外资,可对国土整治和灾害防治重大工程项目资金短缺给予弥补。公益性国土整治和灾害防治工程是基础设施建设,有利于区域的经济环境的改善和投资环境的改善,吸引外资并提高外债偿还能力,实现"引进外资—经济增长—扩大出口—清偿债务—扩大引进"的良性循环。同时,由于国土整治和灾害防治工程所具有的社会公益性,政府一般要参与建设和管理,政府也要给予一些优惠政策和适当的补贴,这样,公益性项目将有政府的信誉做保证,虽然投资于公益性项目的利润不高,但其收益比较稳定,所以对国际金融组织、外国政府有较强的吸引力。

(4)其他企业和经济组织的资金、企业自留资金和其他资金。

(5)个人、企业捐赠物资。这部分资金相对来说较少,但它也是公益性工程投入的一种补充形式。

第五节　生态空间保护战略

一、生态保护空间内涵及类型

(一)生态保护空间内涵

生态保护空间指在保持流域、区域生态平衡,防止和减轻自然灾害,具有重要生态服务功能和保护价值的,在维护区域生物多样性和生态安全等方面有重要作用的,需要实施严格保护的自然地域。

(二)生态保护空间类型

要加强北部湾经济区生态空间保护和建设,协调好生态保护与各项国土开发建设活动之间的关系。为此,将生态保护空间划分为禁止建设的生态空间和限制建设的生态空间。

1. 禁止建设的生态空间

禁止建设的生态空间是指经过国家、自治区和地方政府批准的各级各类生态保护区,包括自然保护区、森林公园、地质公园、风景名胜区、饮用水源保护区。

禁止建设的生态空间是国土绿色空间的红线区,严格按照生态环境保护条例相关要求,落实各项生态保护区政策和措施,禁止进行工业化、城镇化开发,降低人类活动密度和强度,将具有生态负效应的产业活动逐步迁出。

（1）自然保护区

指有代表性的自然生态系统,珍稀濒危野生动植物物种的天然集中区,有特殊意义的自然遗迹等保护对象所在的陆地、陆地水体或者海域,经县级以上人民政府批准建立的特殊保护和管理的区域。

（2）森林公园

指森林景观优美,自然景观和人文景物集中,具有一定规模,可供人们游览、休息或进行科学、文化、教育活动的场所。

（3）地质公园

指在地球演化的漫长地质历史时期,由于各种内外动力地质作用,形成、发展并遗留下来的珍贵的、不可再生的地质自然遗产,主要包括具有重大科学研究价值的典型地层剖面、生物化石组合带地质剖面、岩性岩相建造剖面、典型地质构造剖面、构造形迹、古人类和古生物化石遗迹、岩溶、火山和海岸等奇特地质景观。

（4）风景名胜区

指具有观赏、文化或科学价值,自然景观、人文景物比较集中,环境优美,可供人们游览或进行科学、文化活动,经国务院或省政府审定公布的特定区域。

（5）饮用水源保护区

指国家为防治饮用水水源地污染、保证水源地环境质量而划定,并要求加以特殊保护的一定面积的水域和陆域。

2. 限制建设的生态空间

限制建设的生态空间是指自然条件较好,环境质量高,植被覆盖率高,生物资源丰富,涵养水源、保持水土、维持物种多样性等生态服务功能重要的重要生态功能区以及重点江河、湖泊、水库、浅层地下水富集区等水源地。

根据经济社会发展实际需要,在限制建设的生态空间可以适度发展生态旅游、生态文化、生态农业、生态林业、生态养殖业,但禁止进行大规模工业化、城镇化开发,严禁部署各类破坏性开发建设活动,适当降低人类活动强度和密度。

（1）重要生态功能区

重要生态功能区是指在保持流域、区域生态平衡,防止和减轻自然灾害,确保广西和北部湾经济区生态安全方面具有重要作用的区域,包括江河源头区、重要水源涵养区、水土保持的重点预防保护区和重点监督区、生物多样性丰富地区以及其它具有重要生态功能的区域。对这些区域的现有植被和自然生态系统应严加保护,实施保护措施,防止生态环境的破坏和生态功能的退化。

(2)重要水源地

要加大陆域优质淡水水源地保护力度,为经济区长期全面发展提供基础性生产、生活、生态水资源支撑。重要水源地分为重点江河水源地、重点水库与湖泊水源地、浅层地下水富集区水源地。

重点江河水源地是指为生产、生活、生态用水提供支撑的主要河流及其支流上游河段,包括两岸对应宽度在50—100米范围内的国土空间。

重点水库与湖泊水源地是指为生产、生活、生态用水提供支撑的水库、湖泊以及与水库、湖泊相连的江河及周边在200米范围内国土空间。

浅层地下水富集区水源地是指为生产、生活、生态用水提供支撑的地下水资源。

重点水源地范围内,禁止部署任何国土开发建设项目。要全面完成城镇及村落生活污水处理设施建设与配套。生态旅游、特色文化、特色种植与养殖等产业发展空间部署,须远离水源地保护空间2公里以上。科学安排水源涵养林种植和生物多样性保护工程。适当降低人类活动密度,根据地区发展实际,对生产生活条件艰苦、贫困落后地区农村居民,有规模、分步骤、有计划进行转移,多方面保证水源地水质安全。

二、北部湾经济区生态保护空间规模及分布情况

(一)生态保护空间划分的依据

1. 自治区层面的相关规划和区划

(1)《广西北部湾经济区发展规划(2006—2020年)》

(2)《生态广西建设规划纲要(2008—2025年)》

(3)《广西生态功能区划》

(4)《广西壮族自治区林业发展"十三五"规划》

2. 各个市层面的相关规划和区划

(1)《南宁生态市建设规划(2008—2020年)》

(2)《南宁生态功能区划》

(3)《南宁城市总体规划(2008—2020年)》

(4)《南宁市土地利用总体规划(2006—2020年)》

(5)《南宁市林业发展"十三五"规划》

(6)《南宁市水利发展"十三五"规划》

(7)《南宁市环境保护"十三五"规划》

(8)《北海生态市建设规划(2009—2020年)》

(9)《北海生态功能区划》

(10)《北海城市总体规划(2008—2025年)》

(11)《北海市土地利用总体规划(2006—2020年)》

(12)《北海市林业发展"十三五"规划》

(13)《北海市水利发展"十三五"规划》

(14)《北海市环境保护"十三五"规划》

(15)《钦州生态市建设规划(2009—2020年)》

(16)《钦州生态功能区划》

(17)《钦州城市总体规划(2008—2025年)》

(18)《钦州市土地利用总体规划(2006—2020年)》

(19)《钦州市林业发展"十三五"规划》

(20)《钦州市水利发展"十三五"规划》

(21)《钦州市环境保护"十三五"规划》

(22)《防城港生态市建设规划(2009—2020年)》

(23)《防城港生态功能区划》

(24)《防城港城市总体规划(2008—2025年)》

(25)《防城港市土地利用总体规划(2006—2020年)》

(26)《防城港市林业发展"十三五"规划》

(27)《防城港市水利发展"十三五"规划》

(28)《防城港市环境保护"十三五"规划》

(29)《玉林生态市建设规划(2009—2020年)》

(30)《玉林生态功能区划》

(31)《玉林城市总体规划(2008—2020年)》

(32)《玉林市土地利用总体规划(2006—2020年)》

(33)《玉林市林业发展"十三五"规划》

(34)《玉林市水利发展"十三五"规划》

(35)《玉林市环境保护"十三五"规划》

(36)《崇左生态市建设规划(2010—2020年)》

(37)《崇左生态功能区划》

(38)《崇左城市总体规划(2002—2020年)》

(39)《崇左市土地利用总体规划(2006—2020年)》

(40)《崇左市林业发展"十三五"规划》

(41)《崇左市水利发展"十三五"规划》

(42)《崇左市环境保护"十三五"规划》

(二)生态保护空间划分的结果

2015年北部湾经济区生态保护面积23591.82平方公里,占经济区总面积的32.16%,其中禁止建设的生态面积4894.81平方公里,占经济区总面积的6.67%;限制建设的生态面积18697.01平方公里,占经济区总面积的25.49%。

2020年北部湾经济区生态保护面积24024.37平方公里,占经济区总面积的32.75%,其中禁止建设的生态面积4894.81平方公里,占经济区总面积的6.67%;限制建设的生态面积19129.56平方公里,占经济区总面积的26.08%。

1.禁止建设的生态空间

禁止建设的生态面积4373.07平方公里,占经济区总面积的5.96%。禁止建设的生态空间包括自然保护区、森林公园、地质公园、风景名胜区、饮用水源保护区。

(1)自然保护区

大明山国家级自然保护区:位于东经108°20′—108°24′,北纬23°24′—23°30′,跨武鸣、马山、上林、宾阳四县。北回归线横贯保护区中部,属森林生态系统类型自然保护区,保护对象为常绿阔叶林、水源涵养林及自然景观。保护区总面积169.94平方公里,核心区面积83.77平方公里,缓冲区面积43.58平方公里,实验区42.59平方公里。

十万大山国家级自然保护区:位于防城港市上思县与防城区交界处,北部湾,紧靠中越边境,地处东经107°29′59″—108°13′11″,北纬21°40′03″—22°04′18″。属森林生态系统类型自然保护区,保护对象为热带季雨林及沟谷雨量森林生态系统、水源涵养林。保护区总面积582.77平方公里,其中核心区面积

235.85平方公里,缓冲区面积226.46平方公里,实验区120.46平方公里。

防城金花茶国家级自然保护区:位于防城港市防城区,地处东经108°02′33″—108°12′52″,北纬21°43′34″—21°49′39″。属野生植物类型自然保护区,保护对象为金花茶及森林生态系统。保护区总面积91.95平方公里,其中核心区面积7.29平方公里,缓冲区面积41.40平方公里,实验区43.26平方公里。

弄岗国家级自然保护区:位于东经106°42′28″—107°04′54″,北纬22°13′56″—22°39′09″,地处崇左市的龙州和宁明两县境内,跨逐卜、武德、上龙、响水、上金、驮龙(宁明)、亭亮(宁明)等七个乡镇。属森林生态系统类型自然保护区,保护对象为北热带石灰岩季雨林、白头叶猴、黑叶猴。总面积100.80平方公里。

马山弄拉自然保护区:为自治区级自然保护区,地处东经108°15′51″—108°25′07″,北纬23°36′38″—23°42′48″,涉及马山县古零镇、古寨乡、加芳乡等3个乡(镇)的13个行政村。属森林生态系统类型自然保护区,保护对象为南亚热带岩溶森林生态系统。总面积84.81平方公里。

武鸣三十六弄—陇均自然保护区:为自治区级自然保护区,地处108°03′31″—108°08′44″,北纬23°04′27″—23°08′10″,涉及武鸣县宁武镇和锣圩镇的12个行政村。属森林生态系统类型自然保护区,保护对象为南亚热带岩溶森林生态系统以及苏铁、林麝等珍稀动植物。总面积128.22平方公里,其中核心区面积42.05平方公里,缓冲区面积49.62平方公里,实验区36.55平方公里。

隆安龙虎山自然保护区:为自治区级自然保护区,地处北纬22°56′—23°00′,东经107°27′—107°41′。分布于隆安县屏山镇。属森林生态系统类型自然保护区,保护对象为以猕猴、石山苏铁、毛瓣金花茶、珍贵药用植物为主的野生动植物及石灰岩生态系统。总面积22.56平方公里,其中核心区8.25平方公里,缓冲区4.72平方公里,实验区9.59平方公里。

上林龙山自然保护区:为自治区级自然保护区,地处东经108°30′—108°48′,北纬23°14′—23°30′。分布于上林县大丰镇、巷贤镇、澄泰乡、三里镇、覃排乡的16个行政村。属森林生态系统类型自然保护区,保护对象为常绿阔叶林、典型山地森林生态系统。总面积107.49平方公里,其中核心区45.50平方公里,缓冲区29.40平方公里,实验区32.60平方公里。

横县六景泥盆系地质自然保护区：为自治区级自然保护区，地处东经108°52′38″—108°53′41″，北纬22°52′44″—22°53′31″。分布于横县六景镇郁江北岸霞义岭至火车站一带。属自然遗迹类型自然保护区，保护对象为泥盆系地层剖面。总面积0.05平方公里。

北流大风门泥盆系地质自然保护区：为自治区级自然保护区，地处东经110°21′00″—110°21′05″，北纬22°42′50″—22°46′00″。分布于北流市陵城镇北郊约4公里处的大风门一带。属自然遗迹类型自然保护区，保护对象为泥盆系地层剖面。总面积0.08平方公里。

涠洲岛鸟类自然保护区：为自治区级自然保护区，地处东经109°05′—109°13′，北纬20°54′—21°05′。分布于北海市涠洲镇。属野生动物类型自然保护区，保护对象为各种候鸟和旅鸟。总面积26.00平方公里。

博白县那林自然保护区：为自治区级自然保护区，分布于博白县那林镇。属森林生态系统类型自然保护区，保护对象为水源涵养林、野生动植物及其生境。总面积198.90平方公里。

天堂山自然保护区：为自治区级自然保护区，分布于容县、北流交界处。属森林生态系统类型自然保护区，保护对象为森林生态系统及水源涵养林。总面积28.17平方公里。

大容山自然保护区：为自治区级自然保护区。位于大容山林场及玉林市玉州区、北流市和兴业县境内。属森林生态系统类型自然保护区，保护对象为森林生态系统及水源涵养林。总面积208.18平方公里。

西大明山自然保护区：为自治区级自然保护区，地处东经107°17′—107°46′，北纬22°40′—22°58′。位于扶绥、隆安、大新、崇左四县交界处，地处包括凤凰山、西大明山、小明山三大片。属森林生态系统类型自然保护区，保护对象为水源涵养林和林区珍稀植物金花茶、珍稀动物冠斑犀鸟。总面积601.00平方公里。

下雷自然保护区：为自治区级自然保护区，地处东经106°42′23″—107°01′46″，北纬22°42′34″—22°58′42″。位于大新县西北部。属森林生态系统类型自然保护区，保护对象为北热带岩溶森林生态系统、黑叶猴、熊猴、岘木、石山苏铁、兰科植物。总面积271.85平方公里，其中核心区81.68平方公里，缓冲区52.42平方公里，实验区137.75平方公里。

恩城自然保护区：为自治区级自然保护区，地处东经107°01′—107°15′，北纬 22°42′—22°48′。位于大新县中部。属野生动物类型自然保护区,保护对象为黑叶猴、猕猴、冠斑犀鸟等珍稀濒危动物及其北热带喀斯特森林生态系统。总面积 258.20 平方公里。

崇左白头叶猴自然保护区:为自治区级自然保护区,地处东经 107°16′20″—107°59′51″,北纬 22°10′43″—22°36′55″。地跨崇左市江州区和扶绥县。属野生动物类型自然保护区,保护对象为白头叶猴、黑叶猴、猕猴等珍稀濒危动物。总面积 351.48 平方公里,其中核心区 137.05 平方公里,缓冲区 71.85 平方公里,实验区 142.58 平方公里。

左江佛耳丽蚌自然保护区:为自治区级自然保护区,保护区由两段组成,第一段位于江州区太平镇,地处东经 107°15′38.3″—107°19′51.6″,北纬 22°21′34.2″—22°23′55.3″;第二段位于龙州县水口镇、龙州镇,地处东经 106°37′39.2″—106°52′00.0″,北纬 22°27′01.1″—22°20′06.7″。属野生动物类型自然保护区,保护对象为佛耳丽蚌等淡水贝类及其栖息地。总面积 4.80 平方公里,其中核心区 2.98 平方公里,缓冲区 1.26 平方公里,实验区 0.56 平方公里。

南宁那兰鹭鸟自然保护区:为市级自然保护区,地处东经 180°35′—108°36′,北纬 22°69′—22°70′。位于南宁市良庆区南晓镇。属野生动物类型自然保护区,保护对象为鹭鸟及其生境。总面积 3.47 平方公里,其中核心区 0.12 平方公里,缓冲区 0.33 平方公里,实验区 3.02 平方公里。

防城万鹤山鹭鸟自然保护区:为县级自然保护区,地处东经 108°18′21″—108°20′13″,北纬 21°40′27″—21°43′35″。位于防城港市东兴市江平镇巫头村。属野生动物类型自然保护区,保护对象为鹭鸟及其生境,总面积 1.00 平方公里。

龙州青龙山自然保护区:为县级自然保护区,地处东经 106°32′20″—106°53′25″,北纬 22°27′2″—22°39′42″。位于龙州县西北部,属森林生态系统类型自然保护区,保护对象为水源涵养林,总面积 151.00 平方公里。

春秀自然保护区:为县级自然保护区,地处东经 106°32′—106°36′,北纬 22°22′—22°32′。位于龙州县西部,属森林生态系统类型自然保护区,保护对象为水源涵养林及野生动植物,总面积 78.70 平方公里。

海南虎斑鳽自然保护区(规划):规划建设为县级自然保护区,位于上思县公正乡,属野生动物类型自然保护区,保护对象为海南虎斑鳽及其生境,总面积 18.00 平方公里。

天等福新自然保护区(规划):规划建设为自治区级自然保护区,位于天等县福新乡,属森林生态系统类型自然保护区,保护对象为北热带岩溶森林生态系统、黑叶猴等,总面积100.00平方公里。

(2)森林公园

良凤江国家森林公园:位于南宁市江南区,总面积2.48平方公里。

十万大山国家森林公园:位于防城港市上思县境内,总面积20.37平方公里,其中水源林13.36平方公里。

五象岭森林公园:为自治区级森林公园,位于南宁市良庆区,总面积6.50平方公里。

石门森林公园:为自治区级森林公园,位于南宁市青秀区,总面积1.13平方公里。

老虎岭森林公园:为自治区级森林公园,位于南宁市兴宁区,距市中心12公里,以老虎岭水库及库区森林组成,总面积2.07平方公里。

九龙瀑布森林公园:为自治区级森林公园,位于横县镇龙山西麓,总面积16.40平方公里。

三十六曲森林公园:为自治区级森林公园,位于钦州市区,总面积34.01平方公里。

冠头岭森林公园:为自治区级森林公园,位于北海市银海区,总面积2.13平方公里。

南珠森林公园:为自治区级森林公园,位于合浦县,总面积4.00平方公里。

大容山森林公园:为自治区级森林公园,位于北流县大容山海拔1275.6米的主峰莲花顶腹地内,总面积29.29平方公里。

天雹森林公园(规划):规划建设为自治区级森林公园,位于南宁市西乡塘区,总面积3.00平方公里。

昆仑关森林公园(规划):规划建设为市级森林公园,位于南宁市兴宁区,总面积5.00平方公里。

金鸡山森林公园(规划):规划建设为自治区级森林公园,位于南宁市江南区,总面积16.37平方公里。

高峰岭森林公园(规划):规划建设为国家级森林公园,位于南宁市兴宁区,总面积22.83平方公里。

进军山森林公园(规划):规划建设为市级森林公园,位于南宁市青秀区,总面积3.00平方公里。

罗文森林公园(规划):规划建设为市级森林公园,位于南宁市西乡塘区,总面积2.00平方公里。

南蛇岭森林公园(规划):规划建设为市级森林公园,位于南宁市马山县,总面积5.30平方公里。

箭竹岭森林公园(规划):规划建设为市级森林公园,位于南宁市邕宁区县,总面积1.00平方公里。

万盆森林公园(规划):规划建设为市级森林公园,位于南宁市宾阳县,总面积10.00平方公里。

白鹤观竹海森林公园(规划):规划建设为市级森林公园,位于南宁市宾阳县,总面积10.00平方公里。

大庙河森林公园(规划):规划建设为市级森林公园,位于南宁市上林县,总面积23.00平方公里。

长江岭森林公园(规划):规划建设为市级森林公园,位于南宁市隆安县,总面积12.00平方公里。

九洞山森林公园(规划):规划建设为市级森林公园,位于南宁市武鸣县,总面积8.00平方公里。

(3)地质公园

北海涠洲岛国家地质公园:位于北海市涠洲岛,地理坐标为东经109°05′03″—109°08′25″,北纬21°00′29″—21°02′46″,总面积25.00平方公里,主要保护对象为古火山景观。涠洲岛是中国最大、地质年龄最年轻的火山岛。

浦北五皇山地质公园:为自治区级地质公园,位于浦北县龙门镇马兰村西部五皇岭山脉内,地理坐标为东经109°23′10″—109°19′21″,北纬22°07′29″—22°12′15″,总面积58.00平方公里,主要保护对象为花岗岩地质地貌景观。

(4)风景名胜区

花山国家级风景名胜区:位于崇左市宁明、龙州、凭祥、大新等县内,为古崖壁画和岩溶峰林类型的风景区,分布于3000多平方公里范围之内,大壁画有68处,最集中的是花山和明江两处。其中宁明花山景区面积12.70平方公里、大新德天瀑布景区面积12.25平方公里、崇左石林景区0.40平方公里、凭祥大连城景区2.56平方公里、凭祥友谊关景区5.56平方公里,合计33.47平方公里。

龙虎山风景名胜区：为自治区级风景名胜区，位于隆安县，属于山地风光类型的风景区，总面积 10.00 平方公里。

水月岩—龙珠湖风景名胜区：为自治区级风景名胜区，坐落在陆川县城北的珊罗田龙村，其山脉属勾漏山脉的分支，从北流市塘岸镇伸进陆川县珊罗镇田龙村，均属喀斯特地貌，属于山地风光类型的风景区，总面积 10.00 平方公里。

谢鲁山庄风景名胜区：为自治区级风景名胜区，位于陆川县城南部 26 公里，属于文物古迹类型风景区，总面积 2.00 平方公里。山庄的建筑布局依照苏杭园林特色，依山而建，迭迭而上，造型幽雅别致。

勾漏洞风景名胜区：为自治区级风景名胜区，位于北流市东北 5 公里的勾漏山下，属于岩溶景观类型风景区，总面积 2.00 平方公里。由宝圭洞、玉阙洞、白沙洞、桃源洞以及许多小洞连贯组成，全长 1000 多米，因洞勾、曲、穿、漏而得名。

都桥山—真武阁风景名胜区：为自治区级风景名胜区，位于容县，属于文物古迹类型风景区，总面积 5.00 平方公里。

南万—涠洲岛海滨风景名胜区：为自治区级风景名胜区，位于北海市区，包括银滩风景区、涠洲岛风景区，属于海滨风光类型风景区，总面积 20.00 平方公里。

六峰山—三海岩风景名胜区：为自治区级风景名胜区，位于灵山县，属于山地风光类型风景区，总面积 14.00 平方公里。

青秀山风景名胜区：为自治区级风景名胜区，位于南宁市青秀区的青山，属于山地风光类型风景区，总面积 20.00 平方公里，由青山岭、凤凰岭等 18 座大小岭组成。

宴石山风景名胜区：为自治区级风景名胜区，位于博白县南流江畔石弓湾渡口，距县城 30 公里，属于山地风光类型风景区，总面积 5.00 平方公里。该风景区以宴石山为中心，宴石寺为首景，是典型的丹霞地貌景观。

江山半岛风景名胜区：为自治区级风景名胜区，位于防城港市防城区江山半岛，属于海滨风光类型风景区，总面积为 2.08 平方公里。

京岛风景名胜区：为自治区级风景名胜区，位于防城港市东兴市，属于海滨风光类型风景区，总面积为 5.00 平方公里。

龙泉岩风景名胜区:为自治区级风景名胜区,位于兴业县城隍镇境内西南面鹿峰山,属于岩溶类型风景区,总面积为 4.00 平方公里。是以山岳景观和溶洞景观为主、田野风光及森林景色为辅的风景区。

(5)饮用水源保护区

南宁市中心城区饮用水源保护区:位于沙井、江西、石埠等乡镇内的邕江段和位于蒲庙镇西北部的邕江段,面积 65.94 平方公里;位于金陵镇和那龙镇的右江段,面积 33.05 平方公里;位于江西镇和坛洛镇的左江段,面积 28.44 平方公里。位于良庆区的大王滩水库为备用水源,面积 141.47 平方公里。

武鸣县城饮用水源保护区:位于县城内的灵水湖,武鸣河县城西江汇合口以上至骆才河段,面积 3.16 平方公里。

宾阳县城饮用水源保护区:县城地下水面积 2.00 平方公里,清水河邹圩饮用水源保护区 8.49 平方公里。

横县县城饮用水源保护区:位于横州镇的郁江段,面积 6.83 平方公里。

隆安县城饮用水源保护区:位于城厢镇和雁山镇的右江段,面积 19.82 平方公里。武鸣河丁当饮用水源区,面积 16.27 平方公里。

马山县城饮用水源保护区:县城地下水面积 5.61 平方公里

上林县城饮用水源保护区:位于大丰镇和西燕镇的清水河段,面积 19.82 平方公里。

北海市中心城区饮用水源保护区:包括龙潭村地下饮用水源保护区、禾塘村地下饮用水源保护区、牛尾岭水库饮用水源保护区、湖海运河东岭段饮用水源保护区。总面积 33.36 平方公里。

合浦县城饮用水源保护区:为总江口水源地,总面积 52.86 平方公里。

钦州市中心城区及钦州港饮用水源保护区:位于钦南区久隆镇的钦江段,面积 20.20 平方公里;位于黄屋屯镇的茅岭江段,面积 11.57 平方公里;位于东场镇和沙埠镇的大风江段,面积 20.07 平方公里;位于犀牛脚镇的金窝水库,面积 9.34 平方公里。

浦北县城饮用水源保护区:位于小江镇和福旺镇的小江段,面积 19.00 平方公里。

灵山县城饮用水源保护区:位于灵山镇和佛子镇的钦江段和灵东水库,面积 28.51 平方公里。

防城港市中心城区饮用水源保护区:位于防城镇的三波水库,面积 15.73

平方公里;位于华石镇和防城镇的防城河段,面积 15.77 平方公里。

东兴市城区饮用水源保护区:位于东兴镇的北仑河段,面积 1.45 平方公里;位于马路镇的黄淡水库,面积 34.95 平方公里。

上思县城饮用水源保护区:位于思阳镇的明江,面积 2.42 平方公里。

玉林市中心城区饮用水源保护区:位于大塘镇的苏烟水库,面积 3.39 平方公里;位于成均镇的江口水库,面积 10.80 平方公里;位于樟木镇的罗田水库,面积 64.83 平方公里;南流江的源头—沙牛江坝河段,长 28.5 公里。

北流市城区饮用水源保护区:位于民乐镇的龙门水库,面积 2.46 平方公里;位于西垠镇六洋水库,面积 3.39 平方公里。

容县县城饮用水源保护区:位于容厢镇的宁冲水库,面积 1.42 平方公里。

兴业县城饮用水源保护区:位于石南镇的富阳水库饮用水源保护区面积 3.33 平方公里;位于城隍镇的马坡水库饮用水源保护区面积 12.06 平方公里;位于石南镇的长壕水库饮用水源保护区面积 2.82 平方公里。

陆川县城饮用水源保护区:位于温泉镇的东山水库群(包括东山水库、麻兰水库、暗地水库、黑水水库)饮用水源保护区面积 14.60 平方公里,西山水库群(包括凤凰田水库、三合水库)饮用水源保护区面积 6.33 平方公里,石铲水库饮用水源保护区面积 3.85 平方公里。

博白县城饮用水源保护区:位于双凤镇的充粟水库,面积 28.09 平方公里;位于成均镇的江口水库,面积 10.80 平方公里;南流江的六司桥—博白县自来水厂抽水站河段,长 28.5 公里。

崇左市中心城区饮用水源保护区:位于太平镇的左江段,面积 4.11 平方公里。

扶绥县城饮用水源保护区:位于新宁镇的左江段,面积 7.27 平方公里。

大新县城饮用水源保护区:位于桃城镇的龙门河,面积 3.71 平方公里;禾苗水库,12.54 平方公里。

天等县城饮用水源保护区:位于天等镇的地下水源,面积 2.32 平方公里。

龙州县城饮用水源保护区:位于龙州镇和彬桥乡的水口河段,面积 11.21 平方公里。

宁明县城饮用水源保护区:位于明江镇的明江段,面积 6.44 平方公里。

凭祥市城区饮用水源保护区:位于凭祥镇的平而河段,面积 6.45 平方公里;位于友谊镇的大象水库,面积 1.11 平方公里。

2. 限制建设的生态空间

(1)重要生态功能区

重要生态功能区主要分布于山地丘陵区,这些区域是北部湾经济区的江河源头区、水源涵养区、生物多样性丰富区、水土保持重点地区,是北部湾经济区的生态屏障。北部湾经济区重要生态功能区总面积17512.37平方公里,其中与自然保护区、森林公园和风景区重复面积2700.82平方公里,余下面积14811.55平方公里,占北部湾经济区总面积的20.19%。重要生态功能区主要有如下17个:

1)大明山水源涵养与生物多样性保护重要生态功能区

该区总面积555.78平方公里(其中自然保护区277.43平方公里,其余面积278.35平方公里),范围包括武鸣县两江镇西北部和西南部、马头乡西北部和西南部,上林县西燕乡西部、大丰镇西部、明亮乡西部、巷贤镇西部,马山县古零镇东南部,宾阳县思陇镇北部。本区主导生态功能为水源涵养与生物多样性保护。

大明山呈西北—东南走向,一般海拔约1000米,主峰龙头山海拔1760米,位于上林县境内。发源于大明山的河流有33条,是右江重要支流——武鸣河和红水河重要支流——清水河的源头区和水源涵养区。大明山生态功能区的保护对于保护武鸣河流域和清水河流域的生态安全周边地区可持续发展具有重要作用。大明山国家级自然保护区和龙山自治区级自然保护区分布于该区。大明山森林茂密,生物多样性丰富,珍稀物种多,是我国南热带地区的重要物种贮存库(有维管束植物2023种、脊椎动物294种、昆虫531种、大型真菌202种,有国家级保护植物29种、国家级保护动物36种)。大明山生态功能区的保护对于保护南亚热带生物多样性具有重要作用。

生态保护主要方向与措施:本区应重点建设水源涵养和生物多样性保护生态功能保护区,加强对重要水源涵养区和生物多样性丰富地区的保护。主要任务与措施是:围绕水源涵养、生物多样性保护等主要生态功能,加强区内自然保护区建设和管理;开展退耕还林、植被恢复和水土流失治理;发展生态旅游、八角、茶等生态产业项目。

2)十万大山水源涵养与生物多样性重要生态功能区

该区总面积3137.22平方公里(其中自然保护区674.72平方公里,其余面积2462.50平方公里),范围包括宁明县寨安乡南部、明江镇南部、东安乡南部、板棍乡南部、那堪乡南部、峙浪乡、爱店镇、桐棉乡、那楠乡,上思县平福乡南部、华兰乡南部、叫安乡南部、公正乡、南屏乡,钦州市钦北区大直镇、贵台镇西南部,防城港市防城区的峒中镇、板八镇、那垌乡、那良镇、那梭镇、扶隆乡、那勒乡、大录镇、平旺镇。本区主导生态功能为水源涵养与生物多样性保护。

十万大山海拔 700—1000 米,最高峰莳良岭,位于上思西南端与防城区交界处,海拔 1462 米。十万大山是明江、北仑河、长湖江、竹排江、江平江、防城河和茅岭江的源头区和水源涵养区,是 25 个大中小型水库的水源地,对于保护这些流域和水库的生态安全具有重要作用。有十万大山和防城金花茶国家级自然保护区,有大面积的北热带季节性雨林,珍稀物种资源丰富,是我国北热带地区的重要物种贮存库(有维管束植物 1997 种、大型真菌 135 种、陆栖脊椎动物 396 种、昆虫 789 种。有国家级保护植物 14 种、国家级保护动物 49 种),是具有国际意义的生物多样性分布中心,对全球生物多样性的保护具有重要意义。

生态保护主要方向与措施:充分保护北热带季雨林生态系统;该区是江河源头区和水源涵养区,必须保护现有天然林,努力扩大阔叶林面积,提高森林涵养水源的功能;治理坡耕地,25°以上坡耕地实行退耕还林,25°以下坡耕地要坡改梯。建设好自然保护区,保护生物多样性;发展生态旅游业;适度发展八角、玉桂经济林基地;发展生态旅游、绿色食品、有机食品等生态产业。

3)西大明山水源涵养与生物多样性保护重要生态功能区

该区总面积 903.27 平方公里(其中自然保护区面积 601 平方公里,其余面积 302.27 平方公里),范围包括大新县福隆乡南部、昌明乡西南部、榄圩乡东北部,隆安县古潭乡西南部、屏山乡南部,南宁市区富庶乡西部,崇左市江州区那隆镇北部、驮卢镇北部,扶绥县中东镇北部。本区主导生态功能为水源涵养与生物多样性保护。

该区为西大明山山脉,为中山和低山地貌,海拔 800—1000 米,最高峰海拔 1071 米。发源于西大明山的河流分别注入左江和右江。靠西大明山涵养水源的水库有龙潭、宝山、派林、乔苗等位于大新内的水库以及位于隆安县的屏山水库和位于江州区的那隆水库,总库容 4000 万立方米,灌溉大新县的龙门、昌明、福隆、桃城、榄圩等五个乡镇 12 个村以及隆安县屏山乡 2 个村和江州区那隆乡 2 个村共 10 万亩良田。区内有西大明山自治区自然保护区,保护区保存有大片的北热带季节性雨林,生物多样性丰富,珍稀物种多,有冠斑犀鸟、穿山甲、水獭、白鹇、大灵猫等国家重点保护动物,对于保护生物多样性具有重要作用。

生态保护主要方向与措施:加大封山育林力度,恢复退化自然植被特别是天然林,提高山地森林生态系统服务功能;加强对区内重要水源涵养区和自然保护区建设和管理;继续实施退耕还林、农村生态能源建设、小流域综合治理;合理发展八角、苦丁茶等经济林。

4)高峰岭—白花山—三状岭水源涵养重要生态功能区

该区总面积1848.83平方公里,范围包括武鸣县甘圩镇南部、太平镇东南部、上江乡,南宁市区双定镇东南部,高峰林场,邕宁县四塘镇北部、五塘镇北部、昆仑镇、伶俐镇北部、长塘镇北部,宾阳县思陇镇西部、太守乡、新桥镇南部、高田乡、河田乡、陈平乡、甘棠镇北部、露圩乡西部,横县六景镇北部。本区主要生态功能为水源涵养。

本区北部为中山低山,海拔一般500—800米,最高峰白凿山,位于宾阳县思陇镇,海拔1004米;西部、东部和东南部为丘陵,海拔300—400米。内有银岭水库、天雹水库、寺村水库、马定水库、那岭水库、老虎岭水库、东山水库、山东水库、渌一水库、西云水库、清平水库、桃园水库、六佑水库、陶鹿水库等14个水库,发源于高峰岭的河流注入邕江和红水河;高峰岭山地丘陵围绕着位于南宁盆地的南宁城市,是南宁城市天然生态屏障,对南宁城市生态环境的保护非常重要。

生态保护主要方向与措施:本区应建设水源涵养生态功能保护区,作为南宁城市天然生态屏障进行重点建设;围绕水源涵养主要生态功能,开展植被恢复和水土流失治理,保护现有天然林,进行封山育林,恢复为阔叶林,提高森林质量和森林涵养水源的功能;高峰岭部分作为森林公园,发展生态旅游;在部分区域适度发展速生丰产用材林和经济林。

5)镇龙山水源涵养重要生态功能区

该区总面积572.36平方公里(其中森林公园面积16.40平方公里,其余面积555.96平方公里),范围包括横县镇龙乡、灵竹乡、云表镇北部,宾阳县双桥乡东部、露圩镇东部。本区主要生态功能为水源涵养。

镇龙山呈椭圆形,一般海拔700米,主峰镇龙山在宾阳与贵港市的交界处,海拔1140米。发源于镇龙山的河流分别注入郁江和红水河,在山地周围建有26个中小型水库。镇龙山生态功能区的保护对于镇龙山周边地区的生态安全具有重要作用。

生态保护主要方向与措施：该区是江河源头区和水源涵养区，海拔500米以上区域必须封山育林，让其逐渐恢复为天然常绿阔叶林，以提高森林涵养水源的功能；海拔500米以下区域适度发展用材林和经济林；保护山地周围的26个中小型水库。

6）大容山水源涵养重要生态功能区

该区总面积663.14平方公里（其中自然保护区面积208.17平方公里，其余面积454.97平方公里），范围包括容县石头镇、罗江镇、松山镇、县底镇西部，北流市兴龙镇北部、民乐镇北部、西琅镇北部、新圩镇北部、大里镇北部，桂平市中沙镇南部、中和镇南部、罗秀镇南部，兴业县小平山乡东部、林场。本区主导生态功能为水源涵养。

大容山呈东北—西南走向，海拔一般为800米上下，主峰梅花顶海拔1275米。大容山是南流江、北流江和郁江、浔江一些支流的源头区和水源涵养区，在山地周围建有10个中小型水库，大容山对于保护这些流域的生态安全具有重要作用。

生态保护主要方向与措施：该区是江河源头区和水源涵养区，必须保护现有天然林，进行封山育林，恢复为阔叶林，提高森林涵养水源的功能；适度发展杉木、松树用材林基地和玉桂、八角经济林基地；在保护生态环境的前提下，适当发展生态旅游业。

7）云开大山水源涵养重要生态功能区

该区总面积471.36平方公里（其中自然保护区面积28.17平方公里，其余面积454.97平方公里），范围包括容县杨村镇、黎村镇、杨梅镇南部、灵山镇南部，北流市大坡外镇东部、新丰镇东北部。本区主要生态功能为水源涵养。

云开大山呈东北—西南走向，一般海拔500—800米，在广西境内云开大山最高峰为天堂山，海拔1274.1米。云开大山是北流河很多支流的发源地。天堂山自然保护区分布于该区南端，有大片的天然阔叶林。云开大山的保护对于北流河流域的生态安全具有重要作用。

生态保护主要方向与措施：该区是江河源头区和水源涵养区，必须保护现有天然林，进行封山育林，恢复为阔叶林，提高森林涵养水源的功能；在山脚发展荔枝、龙眼、沙田柚等优质水果，林下种植牧草，建设果—草复合生态系统；建设好天堂山自然保护区，保护生物多样性。

8）六万山水源涵养重要生态功能区

该区总面积 1597.17 平方公里（其中自然保护区面积 198.9 平方公里，其余面积 1398.27 平方公里），范围包括玉林市福绵区成均镇西部、樟木镇西部、沙田镇西部，兴业县城隍镇南部，博白县双凤镇、浪平乡、永安镇、水鸣镇、大利镇西北部、那林镇、江宁镇东部、顿谷镇西北部、沙河镇西北部，浦北县平睦镇、官垌镇、六垠镇、寨圩镇东南部、福旺镇东部。本区主导生态功能为水源涵养。

六万山呈东北—西南走向，一般海拔 500—800 米，主峰葵扇顶，位于浦北县与玉林市区交界处，海拔 1118 米。发源于六万山的河流分别流入南流江和郁江。六万山是小江水库（为大型水库）和充粟水库（为中型水库）的水源地，对于保护这些流域和水库的生态安全具有重要作用。区内有那林自治区级自然保护区，生物种类丰富。

生态保护主要方向与措施：该区是江河源头区和水源涵养区，必须保护现有天然林，封山育林，努力扩大阔叶林面积，提高森林涵养水源的功能；发展松树、杉木、火力楠和红椎用材林基地以及八角经济林基地。

9）罗阳山水源涵养重要生态功能区

该区总面积 529.10 平方公里，范围包括浦北县乐民镇、寨圩镇西部，灵山县石塘镇、平山镇、佛子镇中部和东南部、新圩镇中部和南部、檀圩镇东南部、武利镇西北部。本区主导生态功能为水源涵养。

罗阳山作东北—西南走向，长 60 公里，宽 10—20 公里，一般海拔 300—500 米，主峰罗阳山位于山地北部，海拔 869 米。罗阳山是钦江和武利江的源头区和水源涵养区，是灵东水库（为大型水库）的水源地。罗阳山的保护对于这些河流和水库的生态安全具有重要作用。

生态保护主要方向与措施：罗阳山是江河源头区和水源涵养区，必须保护现有天然林，封山育林，努力扩大阔叶林面积，提高森林涵养水源的功能。在山坡上部封山育林，山坡中下部发展荔枝、龙眼等果林。

10）铜鱼山水源涵养重要生态功能区

该区总面积 302.29 平方公里，范围包括灵山县太平镇东南部、旧洲镇西部，港北区板城镇东部、青塘镇西部、小董镇东部、平吉镇西部、大洞镇北部。本区主导生态功能为水源涵养。

铜鱼山作东北—西南走向，长 45 公里，宽 8—10 公里，一般海拔 400—500 米，主峰百马岭位于山地北部，海拔 521m。发源于铜鱼山的河流分别流入钦江和茅岭江。

生态保护主要方向与措施：罗阳山是江河源头区和水源涵养区，必须保护现有天然林，封山育林，努力扩大阔叶林面积，提高森林涵养水源的功能。在山坡上部封山育林，山坡中下部发展荔枝、龙眼等果林。

11）四方岭水源涵养重要生态功能区

该区总面积 752.47 平方公里，范围包括扶绥县柳桥镇南部、东门镇南部，宁明县那堪乡北部，上思县在妙镇北部、七门乡北部、思阳镇北部、那琴乡西部。本区主导生态功能为水源涵养。

西方岭近似东西走向，平均海拔 500—700 米，主峰蕾烟泰位于上思县城的西北面，海拔 834.5 米。发源于四方岭的河流分别流入明江和左江。四方岭是客兰水库（大型水库）、派关水库、那加水库、那江水库、崎林水库等水库的水源地。

生态环境保护主要方向与措施：本区要封山育林，逐步恢复天然林，提高水源涵养功能。特别是在河流源头区域和水库周边区域要逐步恢复为水源涵养能力强的常绿阔叶林。在不破坏水源涵养功能的前提下，在局部区域发展水果产业，重点发展澳洲坚果、红江橙、柑橙、龙眼等经济果木林。

12）宁明县南部—凭祥市南部山地水源涵养重要生态功能区

该区总面积 438.01 平方公里，范围包括宁明县寨安乡西南部、桐棉乡西南部和南部、那楠乡东南部、崎浪乡西南部、爱店镇，凭祥市友谊镇东部、上石镇西部和南部、夏石镇西南部。本区主导生态功能为水源涵养。该区地貌属于中低山，是明江很多支流发源地和水源涵养林区，是重要的国防林区，因此，该区域对于左江流域和边境生态安全具有重要作用。

生态保护和建设的重点：保护现有天然林，进行封山育林，恢复阔叶林，提高森林涵养水源的功能，加强国防林建设。

13）大青山—那当山水源涵养重要生态功能区

该区总面积 193.21 平方公里，范围主要包括龙州县下冻镇西南部、彬桥乡西部，凭祥市凭祥镇西部、友谊镇西部。

本区主导生态功能为水源涵养，是平而河、水口河等很多支流的源头区和水源涵养林区，是重要的国防林区，因此，该区域对于左江流域和边境生态安全具有重要作用。

生态保护和建设的重点：围绕水源涵养主要生态功能，开展植被恢复和水土流失治理,保护现有天然林,进行封山育林,恢复为阔叶林,提高森林质量和森林涵养水源的功能,加强国防林区建设。

14)隆安敏阳—武鸣玉泉—宁武岩溶山地土壤保持与生物多样性保护重要生态功能区

该区总面积533.23平方公里(其中自然保护区面积128.22平方公里,其余面积405.01平方公里),范围包括隆安县敏阳乡东南部、丁当镇北部,武鸣县玉泉乡、宁武镇西北部和西南部,西乡塘区双定镇北部。

本区主导生态功能为土壤保持、生物多样性保护。该区是典型岩溶山区,容易土壤侵蚀导致石漠化。区内有三十六弄—陇均自然保护区,保护区保存有大片的石灰岩季节性雨林,岩溶生物多样性丰富,珍稀物种多。

建设方向:本区应重点建设土壤保持和生物多样性保护生态功能保护区,保护和恢复石山天然植被,提高土壤保持和岩溶生物多样性功能。主要任务与措施是:实施严格的封山育林,加快水源涵养林和水土保持林建设;加强自然保护区建设管理,构建生态廊道,保护自然生态系统与重要物种栖息地。

15)大新西北部—天等西南部岩溶山地土壤保持与生物多样性保护重要生态功能区

该区总面积1256.71平方公里(其中自然保护区面积480.85平方公里,余下面积775.86公顷),范围包括把天等县上映乡南部、龙茗镇西部、福新乡西北部,大新县下雷镇、硕龙镇北部和东部、那岭乡西部、恩城乡北部、桃城镇西南部。本区主导生态功能为水源涵养与生物多样性保护。该区西北部的四城岭为中山地貌,西部的灯草岭为低山地貌,其余为岩溶峰丛。该区是黑水河上游的下雷河、归春河、三湖河水源涵养区,区内有8座水电站、4座水库、29处山塘以及著名的德天瀑布风景区和黑水河山峡风景区。区内有下雷自治区级自然保护区,保存有大片北热带石灰岩季节性雨林,岩溶生物多样性丰富,珍稀物种多;保护区有维管束植物182科637属1067种,其中国家重点保护植物15种;有陆栖脊椎动物26目82科238种,其中国家重点保护动物35种。区内有恩城自治区级自然保护区,有黑叶猴、熊猴等国家一级保护珍稀动物和10多种二级保护动物。该区域生物多样性的维护对崇左生物多样性的保护具有重要意义。

生态保护和建设的重点:围绕水源涵养、生物多样性保护等主要生态功能,实施严格的封山育林,加快水源涵养林和水土保持林建设;加强自然保护区建设管理,构建生态廊道,保护自然生态系统与重要物种栖息地;综合治理矿山生态环境。

16)马山东北部—上林北部岩溶山地土壤保持重要生态功能区

该区总面积 1764.03 平方公里(其中自然保护区面积 84.81 平方公里,其余面积 1679.22 平方公里),范围包括马山县里当乡、古寨乡、加方乡、古零镇、白山镇,上林县乔贤镇、木山乡、塘红乡三里镇、西燕镇北部、白圩镇北部。

本区主导生态功能为土壤保持。该区是典型岩溶山区,也是贫困山区,是水土流失的主要发源地,容易导致石漠化。区内分布的林、灌、草植被具有重要的水土保持功能,对保护岩溶山区的生态安全都具有重要作用。区内有弄拉自治区级自然保护区,保护区保存有大片的石灰岩季雨林和石灰岩常绿落叶阔叶混交林,岩溶生物多样性丰富,珍稀物种多,是岩溶地区的重要物种贮存库。该生态功能区的保护对于保护岩溶地区生物多样性具有重要作用。

生态保护和建设的重点:本区应重点建设水土保持生态功能保护区,保护和恢复石山天然植被,保护和提高水土保持功能。主要任务与措施是:围绕水土保持主要生态功能,全面实施石漠化综合治理,通过封山育林、退耕还林还草、小流域治理、农村生态能源建设以及改变耕作方式和草食动物饲养方式等措施,恢复自然植被,提高水源涵养和水土保持能力;充分发挥生态系统的自我修复能力,促进生态功能的修复;巩固水土流失综合治理、封山育林、退耕还林还草、坡改梯、建立地头水柜和家庭水柜等生态建设成果,促进地方经济发展和农民脱贫致富;加强自然保护区建设管理,构建生态廊道,保护自然生态系统与重要物种栖息地。

17)天等东南部—大新东北部—隆安西部岩溶山地土壤保持重要生态功能区

该区总面积 1994.19 平方公里,范围包括天等县进结镇东南部、驮堪乡东部、天等镇东南部、小山乡北部和东部,大新县全茗镇北部和东部、五山乡、昌明乡北部、福隆乡北部、龙门乡北部,隆安县都结乡、杨湾乡、布泉乡、南圩乡西部和中部、屏山乡北部。本区主导生态功能为土壤保持。该区是典型岩溶山区,水土流失严重,石漠化面积大。区内分布的林、灌、草植被具有重要的水土保持功能,对保护天等县、大新县和隆安县石山地区生态安全具有重要作用。

生态保护和建设的重点:全面实施石漠化综合治理,通过封山育林、退耕还林、小流域治理、农村能源建设以及改变耕作方式和草食动物饲养方式等措施,恢复自然植被,提高水源涵养和水土保持能力;充分发挥生态系统的自我修复能力,促进生态功能的修复;实施易地生态扶贫搬迁工程;巩固生态建设成果,促进地方经济发展和农民脱贫致富。

(2)水源地

水源地生态保护空间 4810.92 平方公里,其中饮用水源保护区面积 684.72 平方公里,其余水源地面积 4126.20 平方公里,占北部湾经济区总面积的 5.62%,分为重点江河水源地保护空间、重点水库水源地保护空间和重点浅层地下水富集区水源地保护空间。

1)重点江河水源地保护空间

重点江河水源地保护空间是指为生产、生活、生态用水提供支撑的主要河流及其支流上游河段,包括两岸对应宽度在 50 米范围内的国土空间。重点江河水源地保护空间 2931.09 平方公里,其中作为城市(包括县城)饮用水源保护区的江河水源保护空间 309.68 平方公里,其余面积 2621.41 平方公里,占经济区总面积的 3.57%。加强对水源地的保护,严格按照有关法律法规对水源地的土地实行保护,防止污染,确保生产、生活、生态用水安全。

郁江(包括邕江)水源地保护空间:郁江在北部湾经济区内的河道全长 237 公里,上游从距南宁水文站 38 公里的江南区江西镇同江村开始(俗称三江口),下游至横县百合镇同菜村止。其中在南宁市区内的河道称邕江,为南宁中心城区重要饮用水水源河流。郁江(包括邕江)水源地保护空间面积 454.63 平方公里,其中作为饮用水源保护区空间 72.77 平方公里,其余面积 381.86 平方公里。郁江是南宁市中心城区、横县县城以及横县的六景、峦城、平乡、南乡、那阳和青秀区的长塘、伶俐等乡镇的生产、生活、生态用水水源。

左江水源地保护空间:左江发源于越南谅山省与宁明县交界的枯隆山西侧,流经越南后从平而关入境,流经凭祥市、龙州县、江州区、扶绥县进入南宁市区。左江在北部湾经济区内的河道全长 343 公里。左江重要支流有水口河、明江,黑水河。左江水源地保护空间面积 841.63 平方公里,其中作为饮用水源保护区空间 67.62 平方公里,其余面积 774.01 平方公里。左江流域及其重要支流是崇左市江州区、扶绥县、龙州县、宁明县、大新县、凭祥市以及防城港市的上思县的生产、生活、生态用水水源。

右江水源地保护空间:右江在北部湾经济区内的河道全长 110 公里。右江重要支流有武鸣河。右江水源地保护空间面积 321.64 平方公里,其中作为饮用水源保护区空间 52.87 平方公里,其余面积 268.77 平方公里。右江流域及其重要支流是隆安县、武鸣县以及西乡塘区的金陵、双定、坛洛等乡镇的生产、生活、生态用水水源。

南流江水源地保护空间:南流江发源于北流市大容山南麓,向南流经北流市、玉州区、福绵区、博白县、浦北、合浦县,在合浦县党江镇入海。干流全长 274 公里。南流江重要支流有小江、武利江。南流江水源地保护空间面积 489.67 平方公里,其中作为饮用水源保护区空间 19.00 平方公里,其余面积 470.67 平方公里。南流江及其重要支流是玉林市区、博白县、浦北县、合浦县等县(区)的生产、生活、生态用水水源。

钦江水源地保护空间:钦江发源于灵山县东北部的罗阳山,流经灵山县平山、佛子、灵城、三海、檀圩、那隆、陆屋转入钦州市区的青塘、平吉、久隆、沙埠、钦州等乡镇,于尖山乡的犁头咀、沙井注入茅尾海,全长 179 公里。钦江水源地保护空间面积 139.07 平方公里,其中作为饮用水源保护区空间 20.21 平方公里,其余面积 118.86 平方公里。钦江是灵山县、钦北区部分乡镇、钦南区部分乡镇的生产、生活、生态用水水源。

防城河水源地保护空间:防城河发源于十万大山柞老顶南侧,经防城区扶隆、那勒、华石等乡,至防城镇后流入防城港湾,全长 90 公里。防城河水源地保护空间面积 65.12 平方公里,其中作为饮用水源保护区空间 15.77 平方公里,其余面积 49.35 平方公里。防城河是防城区的生产、生活、生态用水水源。

北仑河水源地保护空间:北仑河发源于十万大山的捕老山东侧,流经东兴镇,注入北部湾,全长 107 公里。防城河水源地保护空间面积 33.90 平方公里,其中作为饮用水源保护区空间 1.45 平方公里,其余面积 32.45 平方公里。防城河是防城区西部和东兴市西部的生产、生活、生态用水水源。

2)重点水库水源地保护空间

重点水库水源地保护空间是指为生产、生活、生态用水提供支撑的水库及周边 200 米范围内的国土空间。重点水库水源地保护空间 53 个,面积 1879.83 平方公里,其中 2010 年作为城市(包括县城)饮用水源保护区的水库水源保护空间 375.04 平方公里,其余面积 1505.79 平方公里,占经济区总面积的 2.05%。重点加强对水库的保护,严格按照有关法律法规对水源保护空间内的土地实行保护,防止污染,确保农业用水安全。

西津水库水源地保护空间:分布于横县,为大型水库,总库容 30 亿立方米,保护面积为 249.56 平方公里。

大王滩水库水源地保护空间:分布于南宁市良庆区和江南区,为大型水库,总库容 6.38 亿立方米,保护面积为 141.47 平方公里。

凤亭河水库水源地保护空间:分布于南宁市良庆区西南部和上思县东北部,为大型水库,总库容 5.07 亿立方米,保护面积为 63.39 平方公里。

屯六水库水源地保护空间:凤亭河分布于南宁市良庆区和防城港市的上思县,为大型水库,总库容 2.26 亿立方米,保护面积为 79.27 平方公里。

仙湖水库水源地保护空间:分布于武鸣县,为大型水库,总库容 1.25 亿立方米,保护面积 29.88 平方公里。

大龙洞水库水源地保护空间:分布于上林县,为大型水库,总库容 1.51 亿立方米,保护面积 37.84 平方公里。

小江水库水源地保护空间:分布于浦北县和博白县,为大型水库,总库容 10.25 亿立方米,保护面积 218.32 平方公里。

老虎头水库水源地保护空间:分布于博白县,为大型水库,总库容 1.20 亿立方米,保护面积 40.09 平方公里。

灵东水库水源地保护空间:分布于灵山县,为大型水库,总库容 1.79 亿立方米,保护面积 27.53 平方公里。

洪潮江水库水源地保护空间:分布于合浦县西北部、钦南区东部、灵山县西南部,为大型水库,总库容 8.24 亿立方米,保护面积 197.86 平方公里。

旺盛江水库水源地保护空间:分布于合浦县东北部,为大型水库,总库容 1.50 亿立方米,保护面积 22.15 平方公里。

那板水库水源地保护空间:分布于上思县明安乡,为大型水库,总库容 8.24 亿立方米,保护面积 119.63 平方公里。

客兰水库水源地保护空间:分布于崇左市江州区东南部和扶绥县西南部,为大型水库,总库容 3.23 亿立方米,保护面积 35.12 平方公里。

东敢水库水源地保护空间:分布于上林县,为中型水库,总库容 0.4170 亿立方米,保护面积 11.41 平方公里。

六朗水库水源地保护空间:分布于马山县,为中型水库,总库容 0.2638 亿立方米,保护面积 11.08 平方公里。

暮定水库水源地保护空间:分布于武鸣县,为中型水库,总库容 0.4786 亿立方米,保护面积 18.56 平方公里。

那隆水库水源地保护空间:分布于隆安县,为中型水库,总库容 0.2712 亿立方米,保护面积 8.78 平方公里。

清平水库水源地保护空间:分布于宾阳县,为中型水库,总库容 0.9710 亿立方米,保护面积 11.99 平方公里。

桃园水库水源地保护空间:分布于宾阳县,为中型水库,总库容 0.2043 亿立方米,保护面积 32.39 平方公里。

六佑水库水源地保护空间:分布于宾阳县,为中型水库,总库容 0.2388 亿立方米,保护面积 11.80 平方公里。

陶鹿水库水源地保护空间:分布于宾阳县,为中型水库,保护面积 19.16 平方公里。

青年水库水源地保护空间:分布于横县,为中型水库,总库容 0.1477 亿立方米,保护面积 12.16 平方公里。

北滩水库水源地保护空间:分布于横县,为中型水库,总库容 0.6500 亿立方米,保护面积 22.01 平方公里。

旺天塘水库水源地保护空间:分布于横县,为中型水库,保护面积 15.08 平方公里。

六盘水库水源地保护空间:分布于横县,为中型水库,保护面积 21.58 平方公里。

西云江水库水源地保护空间:分布于南宁市青秀区和武鸣县,为中型水库,总库容 0.5848 亿立方米,保护面积 28.04 平方公里。

青龙江水库水源地保护空间:分布于南宁市青秀区,为中型水库,总库容 0.2490 亿立方米,保护面积 10.93 平方公里。

英雄水库水源地保护空间:分布于南宁市邕宁区,为中型水库,总库容 0.2761 亿立方米,保护面积 22.56 平方公里。

龙潭水库水源地保护空间:分布于南宁市江南区,为中型水库,总库容 0.1680 亿立方米,保护面积 9.98 平方公里。

天雹水库水源地保护空间:分布于南宁市西乡塘区,为中型水库,总库容 0.1684 亿立方米,保护面积 1.95 平方公里。

冲粟水库水源地保护空间:分布于玉林市博白县,为中型水库,总库容 0.6040 亿立方米,保护面积 27.30 平方公里。

清湖水库水源地保护空间：分布于玉林市陆川县，为中型水库，总库容0.1651亿立方米，保护面积13.00平方公里。

苏烟水库水源地保护空间：分布于玉林市玉州区，为中型水库，总库容0.1486亿立方米，保护面积9.01平方公里。

共和水库水源地保护空间：分布于玉林市玉州区，为中型水库，总库容0.1163亿立方米，保护面积9.47平方公里。

民安水库水源地保护空间：分布于玉林市北流市，为中型水库，保护面积12.01平方公里。

佛子湾水库水源地保护空间：分布于玉林市北流市，为中型水库，保护面积8.83平方公里。

清水江水库水源地保护空间：分布于合浦县廉州镇，为中型水库，总库容0.6260亿立方米，保护面积27.71平方公里。

牛尾岭水库水源地保护空间：分布于北海市银海区平阳镇，为中型水库，总库容0.2225亿立方米，保护面积5.16平方公里。

石康水库水源地保护空间：分布于合浦县石康镇，为中型水库，总库容0.1230亿立方米，保护面积12.46平方公里。

闸口水库水源地保护空间：分布于合浦县闸口镇，为中型水库，总库容0.2000亿立方米，保护面积9.64平方公里。

金窝水库水源地保护空间：分布于钦州市钦南区，为中型水库，总库容0.5660亿立方米，保护面积9.33平方公里。

黄淡水库水源地保护空间：分布于防城港市东兴市，为中型水库，总库容0.5870亿立方米，保护面积35.71平方公里。

三波水库水源地保护空间：分布于防城港市防城区防城镇，为中型水库，总库容0.1321亿立方米，保护面积15.05平方公里。

小峰水库水源地保护空间：分布于防城港市防城区那勒乡，为中型水库，总库容1.85亿立方米，保护面积9.78平方公里。

新安水库水源地保护空间：分布于崇左市扶绥县，为中型水库，总库容0.1804亿立方米，保护面积8.57平方公里。

寺林水库水源地保护空间：分布于崇左市扶绥县，保护面积10.90平方公里。

那江水库水源地保护空间：分布于崇左市扶绥县，为中型水库，总库容

0.2286 亿立方米,保护面积 11.26 平方公里。

乔苗水库水源地保护空间:分布于崇左市大新县,为中型水库,总库容 0.2448 亿立方米,保护面积 12.32 平方公里。

若兰水库水源地保护空间:分布于崇左市天等县,为中型水库,总库容 0.5254 亿立方米,保护面积 15.96 平方公里。

那利水库水源地保护空间:分布于崇左市天等县,为中型水库,总库容 0.1642 亿立方米,保护面积 13.76 平方公里。

金龙水库水源地保护空间:分布于崇左市龙州县,为中型水库,总库容 0.2320 亿立方米,保护面积 9.99 平方公里。

青龙山水库水源地保护空间:分布于崇左市龙州县,为中型水库,保护面积 8.00 平方公里。

大王山水库水源地保护空间:分布于崇左市宁明县,为中型水库,保护面积 20.89 平方公里。

3)浅层地下水富集区水源地保护空间

加强对经济区地下水资源的保护和水质监管,经科学评价,确定北海市银海区龙潭村、禾塘村等 2 个浅层地下水富集区作为地下水资源重点保护空间,总面积约为 128.9 平方公里,占经济区国土空间总规模的 0.18%。

(三)生态保护空间的保护对策

1.依据相关法律法规和规划进行管制

(1)自然保护区

要依据《自然保护区条例》和各个自然保护区规划进行管制:

1)按核心区、缓冲区和实验区分类管理。核心区,严禁从事任何生产建设;缓冲区,除必要的科学实验、教学实习、参观考察、旅游以及驯化、繁殖珍稀濒危野生动植物等活动外,严禁其他任何生产活动;实验区,除必要的科学实验以及符合自然保护区规划的旅游、种植业和畜牧业等活动外,严禁其他生产活动。在自然保护区的外围保护地带建设的项目,不得损害自然保护区内的环境质量;

2)自然保护区内的土地,依法属于国家所有或者集体所有。依法改变土地的所有权或者使用权的,必须向县级以上地方人民政府土地管理行政主管部门申请办理土地权属变更登记手续,更换土地证书;

3)依法使用自然保护区内土地的单位和个人必须严格按照土地登记和

土地证书规定的用途使用土地,并严格遵守有关法律的规定。改变用途时,需事先征求环境保护及有关自然保护区行政主管部门的意见,由县级以上人民政府土地管理行政主管部门审查,报县级以上人民政府批准;

4)在自然保护区内依法使用土地的单位和个人,不得擅自扩大土地使用面积;

5)禁止在自然保护区及其外围保护地带建立污染、破坏或者危害自然保护区自然环境和自然资源的设施;

6)禁止在自然保护区内进行开垦、开矿、采石、挖砂等活动;

7)在自然保护区所划定的区域开展旅游,应维持原地貌和景观不受破坏和污染;在自然保护区外围保护地带,当地群众可以照常生产、生活,但是不得进行危害自然保护区功能的活动;自然保护区内的土地受到破坏并能够复垦恢复的,有关单位和个人应当负责复垦,恢复利用;

8)禁止任何单位和个人破坏、侵占、买卖或者以其他形式非法转让自然保护区内的土地;

9)不得在自然保护区的核心区和缓冲区建设任何生产设施。

(2)森林公园

依据《森林法》《森林法实施条例》《野生植物保护条例》《森林公园管理办法》和各个森林公园进行管制。

1)森林公园的设施和景点建设,必须按照总体规划设计进行。在珍贵景物、重要景点和核心景区,除必要的保护和附属设施外,不得建设宾馆、招待所、疗养院和其他工程设施;

2)禁止在森林公园毁林开垦和毁林采石、采砂、采土以及其他毁林行为。采伐森林公园的林木,必须遵守有关林业法规、经营方案和技术规程的规定;

3)占用、征用或者转让森林公园经营范围内的林地,必须征得森林公园经营管理机构同意;

4)森林公园经营管理机构应当按照林业法规的规定,做好植树造林、森林防火、森林病虫害防治、林木林地和野生动植物资源保护等工作。

(3)地质公园

依据《世界地质公园网络工作指南》《关于加强国家地质公园管理的通知》以及各个地质公园建设规划进行管制。

1)地质遗迹保护区的范围和界限由批准建立该保护区的人民政府确定、

埋设固定标志并发布公告。未经原审批机关批准,任何单位和个人不得擅自移动、变更碑石、界标;

2)任何单位和个人不得在保护区内及可能对地质遗迹造成影响的一定范围内进行采石、取土、开矿、放牧、砍伐以及其他对保护对象有损害的活动。未经管理机构批准,不得在保护区范围内采集标本和化石;

3)不得在保护区内修建与地质遗迹保护无关的厂房或其他建筑设施;对已建成并可能对地质遗迹造成污染或破坏的设施,应限期治理或停业外迁;

4)管理机构可根据地质遗迹的保护程度,批准单位或个人在保护区范围内从事科研、教学及旅游活动。一级保护区,非经批准不得入内;二级保护区经设立该级地质遗迹保护区的人民政府地质矿产行政主管部门批准,可有组织地进行科研、教学、学术交流及适当的旅游活动;三级保护区,经设立该级地质遗迹保护区的人民政府地质矿产行政主管部门批准,可组织开展旅游活动。

(4)风景名胜区

按照《风景名胜区条例》和各个风景名胜区建设规划进行管制。

1)风景名胜区内的景观和自然环境,应当根据可持续发展的原则,严格保护,不得破坏或者随意改变;

2)在风景名胜区内禁止进行开山、采石、开矿、开荒、修坟立碑等破坏景观、植被和地形地貌的活动;禁止修建储存爆炸性、易燃性、放射性、毒害性、腐蚀性物品的设施;禁止在景物或者设施上刻画、涂污;禁止乱扔垃圾;

3)禁止违反风景名胜区规划,在风景名胜区内设立各类开发区和在核心景区内建设宾馆、招待所、培训中心、疗养院以及与风景名胜资源保护无关的其他建筑物;已经建设的,应当按照风景名胜区规划,逐步迁出;

4)在风景名胜区内进行设置、张贴商业广告、举办大型游乐、改变水资源、水环境自然状态和其他影响生态和景观的活动,应当经风景名胜区管理机构审核后,依照有关法律、法规的规定报有关主管部门批准;

5)在风景名胜区内进行建设活动的,建设单位、施工单位应当制定污染防治和水土保持方案,并采取有效措施,保护好周围景物、水体、林草植被、野生动物资源和地形地貌。

(5)水源保护区

1)整个水域保护区内,禁止一切破坏水环境生态平衡的活动以及破坏水源林、护岸林、与水源保护相关植被的活动;

2)禁止向水域倾倒工业废渣、城市垃圾、粪便及其它废弃物;

3)水源地保护区内严格禁止各类污染源进入水源地及其保护区范围内,禁止受污染的水自然流入或人为排放进入水源地保护区,不得直接或者间接向水体倾倒垃圾、渣土和其他固体废弃物;

4)禁止使用剧毒和高残留农药,不得滥用化肥,不得使用炸药、毒品捕杀鱼类;鼓励在水源地保护区植树种草,以净化环境,涵养水源;

5)严禁在水源地及其附近地区进行矿产开采、搞地下建筑和大型建筑,以防水源地保护区的地质构造和生态植被遭到破坏;

6)水源地保护区的土地不得作为与水源保护无关的建筑用地使用;

7)保护区附近不得建设化工、造纸、制药、制革、印染、电镀、冶金以及其他对水质有严重污染的建设项目,建设其他项目,必须遵守国家和广西有关建设项目环境保护管理规定。

(6)重要生态功能区

1)经济社会发展应与生态功能区的功能定位保持一致;

2)开发利用项目应当符合生态功能区的保护目标,不得造成生态功能的改变;

3)禁止建设与生态功能区定位不一致的项目;

4)已建和在建的与功能区定位不一致的项目,应根据保护生态功能的要求,逐步改造或搬迁,落实恢复项目所在区域生态功能的措施。

2.制定有利于生态保护空间保护的相关政策

制定有利于生态保护空间保护的相关政策,以调动各级政府和广大群众参与生态保护的积极性,增强节约资源的自觉性。

(1)完善财政转移支付制度。自治区财政和各市财政要增加对生态保护空间用于公共服务和生态补偿的转移支付,保障生态保护空间的人均基本服务支出与全经济区平均水平大体相当;

(2)建立生态补偿机制。自治区财政和各市财政要分别建立省级和市级生态补偿机制,加大生态保护空间的支持力度,建立健全有利于切实保护生态空间的奖惩机制。鼓励生态受益地区采取资金补助、定向援助、对口支援等多种形式,对生态保护空间保护造成的利益损失进行补偿;

(3)完善政府投资政策,公共服务设施建设投资和生态环境保护投资向生态保护空间地区倾斜;

（4）引导生态保护空间地区发展生态特色产业，限制不符合生态保护要求的产业扩张；

（5）完善土地供应政策，严禁生态空间改变生态用途的土地供应；

（6）引导生态保护空间的人口逐步自愿平稳有序转移，缓解人与自然关系紧张的状况；

（7）对生态保护空间地区的绩效和政绩考核要突出大气和水体质量、水土流失和石漠化治理率、森林覆盖率、森林蓄积量、生物多样性等生态环境保护和公共服务的评价，弱化经济增长、工业化和城镇化的评价。

3. 建立生态保护空间管理信息系统

将生态保护空间的科学研究作为重点研究领域列入自治区科技发展计划，加强生态保护空间生态保护技术和生态破坏恢复治理技术的研究；建立生态保护空间监测网，开展生态保护空间生态环境状况的动态监测，及时掌握生态保护空间区生态环境状况和变化趋势，为生态保护空间管理提供科学依据；建立结构完整、功能齐全、技术先进的生态保护空间管理信息系统，促进生态环境行政管理和社会服务信息化；对生态保护空间的生态功能及其保护状况定期组织评估和考核，并公布结果。

4. 加强生态保护空间保护的宣传教育

积极宣传生态保护空间的重要性，加强对党政干部、新闻工作者和企业管理人员的培训，普及生态保护教育；调动广大人民群众和民间团体参与资源开发保护监督，鼓励公众和非政府组织参与生态保护空间管理。

第十章 海岸带和海洋资源
开发利用及保护

第一节 现有涉海相关规划的主要内容

一、北部湾经济区发展规划

《广西北部湾经济区发展规划》涉及海岸带和海洋资源开发利用及保护的规划内容包括以下四部分：

1. 广西海岸线规划为 7 种类型。

——港口及工业岸线：规划 228 公里，主要用于深水港口开发、渔港扩建和临港工业发展。

——城镇建设岸线：规划 147 公里，用于城镇发展和功能拓展。

——旅游观光岸线：规划 53 公里，用于大众化旅游服务设施建设。

——休闲游憩岸线：规划 133 公里，用于高档休闲疗养健身等设施建设。

——养殖岸线：规划 213 公里，用于各类高效特色水产养殖。

——生态保护岸线：规划 390 公里，用于海洋生态环境和稀有动植物资源保护。

——其他岸线：用于国防设施建设。

2. 规划 3 个沿海港口群，即防城港港口群、钦州港口群、北海港口群，见图 2.1—2。其中：北海港口群包括铁山港港区、石步岭港区、涠洲港区、大风江港区、海角老港区、侨港客运旅游泊位港区、榄根港区、沙田港区；钦州港口群包括西港区、中港区和东港区以及茅岭港区、沙井港区和那丽港区等小港区；防城港以渔澫港区为中心、企沙港区和江山港区为两翼，统筹发展茅岭、潭吉、竹山等中小港口群。

3. 规划 3 个临海城市组团，即钦（州）防（城港）组团、北海组团、铁山港（龙潭）组团。其中：钦（州）防（城港）组团主要包括钦州、防城港市区和临海工业区及沿海相关地区,发挥深水大港优势,建设保税港区,发展临海重化工业和港口物流,成为加工制造基地和物流基地;北海组团主要包括北海市区、合浦县城区及周边重点开发区,发挥亚热带滨海旅游资源优势,开发滨海旅游和跨国旅游业,重点发展电子信息、生物制药、海洋开发等高技术产业和出口加工业,保护良好生态环境,成为人居环境优美舒适的海滨城市;铁山港(龙潭)组团主要包括北海市铁山港区、玉林市龙潭镇,充分发挥深水岸线和紧靠广东的区位优势,重点建设铁山港大能力泊位和深水航道,承接产业转移,发展临港型产业,建设海峡两岸(玉林)农业合作试验区。

4. 规划 3 个临海重化工业集中区,即钦州港工业区、企沙工业区和铁山港工业区。其中:钦州港工业区主要发展石化、能源、磷化工、林浆纸一体化及其他配套或关联产业;企沙工业区主要发展钢铁、重型机械、能源、粮油加工、修造船及其他配套或关联产业;铁山港工业区主要发展能源、化工、林浆纸、集装箱制造、港口机械、海洋产业及其他配套或关联产业。

5. 规划 7 个滨海旅游区,即万尾金滩—江山半岛旅游区、钦州七十二泾游乐中心、钦州三娘湾旅游区、北海银滩旅游区、涠洲岛旅游区、山口红树林生态旅游区。

二、北部湾经济区城镇群规划纲要(2009—2020 年)

《北部湾经济区城镇群规划纲要》提出,将广西北部湾城镇群建设成为:南中国地区具有国际影响力和竞争力的特色城镇群,科学发展示范区,我国与东盟开展区域合作的大舞台,国家经济发展新兴增长极,中国滨海生态环境友好区,西部城乡一体化协调发展示范区和文化先进的社会和谐区。

城镇空间布局按照"中部集聚,引领发展核心;两翼支撑,推动区域协调发展"的总体策略,构筑"南宁+沿海"发展双极、"南宁—滨海城镇发展主轴",提升区域新功能的"玉崇发展走廊",形成"双极、一轴、一走廊"的空间发展结构。以大范围生态自然景观为背景,以网络化、开放式的交通体系为骨架,以区域经济联系主要方向为依托,构筑"一主、五副、多中心"的中心体系,以南宁为主中心,以北海、钦州、防城港、玉林、崇左 5 市为区域性副中心,以县城和重点镇为地区性中心城市(镇)的多层次城镇体系。重点推进南宁大都市区、钦—防联合都市区、北海都市区、玉林都市区优先发展。其中沿海三市的中心城区人口发展规模为:北海 100—120 万,钦州 90—100 万,防城港 65—75 万。

三、广西沿海三市城市发展规划（2008—2025年）

《北海市城市总体规划》中有关海域开发利用的要求：北海市城市发展定位为"国际北海、海洋北海、休闲北海、宜居北海"，成为国际城市网络的重要节点、品质高尚的区域性国际滨海城市。滨海城镇形成以主城区、铁山港区、合浦县城（廉州镇）、西场镇、沙岗镇、党江镇、营盘镇、山口镇、白沙镇为发展轴的核心圈层。工业园区主要布局于主城区、铁山港区、合浦县城（廉州镇），形成临港工业、高新技术产业、加工业三大工业板块。滨海旅游将开发建设冠头岭到大冠沙的银滩旅游度假带、北海半岛休闲旅游度假区、涠洲岛—斜阳岛生态旅游区、山口红树林生态旅游区。港口物流主要布局为：石步岭港布置国际海洋物流园及客运中心，主要承担港口货物中转及国际海上旅游服务；铁山港布局现代工业物流园，主要承担工业原料及产品进出口的运输；铁山港东岸的龙潭工业组团发展边贸和渔业加工贸易等物流业。

《钦州市城市总体规划》中有关海域开发利用的要求：钦州市定位为北部湾临海核心工业区，成为面向中国—东盟的区域性国际航运中心的重要组成部分；中心城区的布局为"一城两区"带状组团式结构，"一城"为主城区，"两区"为茅尾海滨海新城区和港区，各组团间以山体绿地为生态隔离。其中毗邻茅尾海的滨海新城区定位为北部湾沿海生产性服务中心，将依托钦州临港工业及保税港区，发展服务于北部湾沿海地区的商务办公、科技研发、金融贸易等生产性服务业；钦州港区的西港区以石化产业区为主，中港区主要为港口码头、临港工业及保税物流、贸易加工区和配套居住服务区。滨海旅游发展区主要有：三娘湾，打造成国际知名、北部湾重要的休闲产业基地；七十二泾，建成集自然景观和人文景观于一体的滨海型旅游区；辣椒槌，建设休闲度假设施，开发滨海浴场，建成面向城市居民和商务游客的休闲胜地。

《防城港市城市总体规划》中有关海域开发利用的要求：防城港定位为我国沿海主要港口城市，环北部湾地区重要临海工业基地和门户城市，区域性国际滨海旅游胜地。中心城用地布局结构为"一核、两湾、六组团"的组团式城市空间结构。"一核"即由行政、文化娱乐、信息中心等组成的沙潭江核心区，"两湾"即以生活居住、旅游服务为主的西湾，以及以港口、临海工业为主的东湾，"六组团"即由防城组团、渔万组团、西湾新城、江山组团、公车组团和企沙组团构成的城市多组团。临海工业集中区主要包括：江平工业集中区、企沙工业区、公车工业园区、茅岭工业园区等。滨海休闲旅游区主要有：西湾滨海景观大道:由江山半岛—西湾新城—沙潭江—渔𣸣岛—跨海大桥—江山半岛的滨海景观大道,将江山半岛旅游度假区和新、老城区的滨海景观区、景观节点串联成为防城港市的滨海风景旅游带;滨海公园主要规划海岛公园、榕木江滨海公园、风流岭江滨海公园、云约江滨海公园、蝴蝶岭—天堂角滨海公园、企沙滨海公园、旧洋江滨海公园、平石江滨海公园和白沙江滨海公园。

四、广西海洋产业发展规划(2009 年)

根据《广西海洋产业发展规划》,广西海洋产业的重点发展领域如下:

1. 海洋交通运输业:合理利用岸线,统筹港口布局,完善西南出海大通道的交通基础设施建设;建设北部湾沿海组合港,拓展以现代物流为中心的港口功能;抓住国际船舶工业重组转移的机遇,加快发展船舶修造业。

2. 滨海旅游业:建立环北部湾滨海跨国旅游区,突出海洋生态、海洋文化与北部湾的热带气候、沙滩、海岛、边关风貌、京族风情的特色;加快海岛开发,建设海上植物园、动物园、主题博览园、休闲度假村等景区景点,把北部湾经济区的涠洲岛、斜阳岛、龙门诸岛和麻蓝岛等岛屿建设成为特色鲜明的海岛型旅游休闲度假区;优化旅游产品结构,筹划建设滨海影视基地、专题海洋博物馆,建设游艇基地、游艇俱乐部等。

3. 海洋渔业及配套服务业:加快发展水产品精深加工及配套服务产业,建设水产品物流中心;进一步压缩近海捕捞,鼓励外海及远洋捕捞,加快北部湾口以南外海渔业资源开发;积极发展特色名贵品种养殖,加快近海水域养殖开发;重视发展休闲渔业,延伸海洋渔业产业链。

4. 海洋油气业及滨海矿业:利用邻近北部湾油气田的有利条件,争取将莺歌海盆地的部分天然气和石油输送到自治区境内储存和加工。继续扩大合浦官井钛铁矿的开采规模,加强对钦州湾等海滨钛铁矿的勘查。划定滨海石英砂资源限制开发区,限制开采规模。

5. 新兴海洋产业:通过引进、消化国内外海洋高新技术产业的成果,培育海洋生物制药业,扶持发展海洋化工业,加快发展海洋风力和海洋能发电业,鼓励发展海水综合利用业,支持发展海洋信息服务业。

五、广西沿海港口布局规划(2010 年批复)

根据广西沿海港口规划,防城港、钦州、北海三港同处北部湾,建港条件相似,都有发展深水港的条件。改革开放前,建有防城港和北海两港,总体规模较小,商贸功能较弱,但战备功能突出。20 世纪 80 年代,防城港在国家及地区政治经济战略部署中的重要地位及对外开放优势得到进一步发挥,港口规模迅速扩大,初步确立了广西沿海枢纽港的地位。20世纪90年代,逐步形成以防城港为枢纽港,钦州、北海港共同发展的格局。进入21世纪,沿海三港在发展公用码头的同时,积极发展服务于临港工业的专用码头,港口功能日趋多样化。2006年年末,防城港生产性泊位数、深水泊位数、通过能力都占到全区沿海港口的一半左右,承担着大宗物资的主要转运功能,确立了综合性枢纽港的地位。钦州港初步形成企业专用码头、公用码头共同发展的局面。北海港以商贸旅游功能为主。

但中国—东盟自由贸易区建设要求港口发挥重要的纽带作用,沿海港口将成为我国对东盟国家海上贸易、人员往来的重要枢纽;泛珠江三角洲区域合作要求完善港口综合运输枢纽功能;全面实施"工业兴桂"战略、发展外向型经济对沿海港口提出了更高要求。因此,把以下规划为开发主要货类专业化码头或作业区的岸线:

防城港的蝴蝶岭岸线、钦州的三墩岸线、北海的涠洲岛岸线,作为15万吨级及以上原油码头的岸线;防城港的第四港区岸线、企沙半岛西岸线的南段,钦州的果子山岸线、鹰岭岸线、大榄坪岸线、大榄坪南岸线、三墩岸线,北海的铁山港岸线,作为建设10—20万吨级干散货码头的岸线;防城港的第二港区和第三港区岸线,钦州的勒沟岸线、大榄坪南岸线、大环岸线,北海的石步岭岸线、铁山港岸线,作为建设5万吨级及以上集装箱码头岸线;防城港的蝴蝶岭岸线和渔万半岛东岸线,钦州的鹰岭岸线,北海的铁山港岸线、涠洲岛岸线,作为建设5—10万吨级成品油或液化气码头的岸线。小型码头岸线包括潭吉、京岛、竹山、白龙、茅岭、潭油和市边贸岸线等七段岸线,主要从事杂货和对越南的边境贸易。

港口布局分层次规划如下:

防城港为西南地区出海大通道的重要港口和综合运输体系的重要枢纽,以大宗散货运输为主,加快发展集装箱运输,逐步成为具有运输组织、装卸储运、中转换装、临港工业、现代物流、信息服务及保税、加工、配送等多功能、现代化的综合性港口。钦州港为服务临港工业为主的地区性重要港口,近期主要依托临港工业开发,形成以能源、原材料等大宗物资运输为主的规模化、集约化港区;远期发展成以服务临港工业为主,兼顾为西南地区利用国际国内两个市场、两种资源服务的多功能现代化港口。北海港以商贸和旅游服务、临港工业为主的地区性重要港口;石步岭港区以商贸和旅游服务为主,形成以商贸旅游和清洁型物资运输为主的综合性港口;铁山港区发展成为以服务临港工业为主,兼顾大宗散货中转运输及物流、保税、加工等多功能的现代化港口。

六、广西北部湾港总体规划(2010 年)

根据《广西北部湾港总体规划》(2010 年批复),广西北部湾港将形成"一港、三域、八区、多港点"的港口布局体系。"一港"即广西北部湾港;"三域"指防城港域、钦州港域和北海港域;"八区"指广西北部湾港规划期内重点发展的八个枢纽港区(渔澫港区、企沙西港区、龙门港区、金谷港区、大榄坪港区、石步岭港区、铁山港西港区、铁山港东港区);"多港点"指主要为当地生产生活及旅游客运服务的规模较小的港点。各港域、港区主要性质及功能定位如下:

防城港域:是我国沿海主要港口之一和综合运输体系的重要枢纽,是我国西南地区实施西部大开发战略和连接国际市场、发展外向型经济的重要支撑,是西南地区出海大通道的重要口岸,将以大宗散货运输为主,加快发展集装箱运输,逐步发展成为多功能、现代化的综合性港口。

钦州港域:是以临港工业开发和保税物流服务为主的地区性重要港口,近期主要依托临港工业开发和港口保税功能拓展,形成以能源、原材料等大宗物资和集装箱运输为主的规模化、集约化港区,远期将发展成为集装箱干线港,为广西重化工业产业带的重要支撑,为西南地区利用国际国内两个市场、两种资源服务。北海港域:是以商贸和旅游服务、临港工业为主的地区性重要港口,近期重点发展现代物流,形成以商贸和清洁型物资运输为主的集约化程度较高的综合性港口;远期将发展成为内外贸物资运输结合、商贸、旅游及工业开发并重的多功能综合性港口。

渔澫港区:以外贸进口铁矿石、粮食、集装箱运输为主,将发展成为西南地区主要的外贸进口铁矿石中转运输基地,逐步形成服务"三南"的重要散矿物流配送中心;同时依托现代化的港口储运设施,逐步发展成为我国重要的粮食储存、加工和贸易基地。

企沙西港区:近期以发展重化工业为主,成为铁路、公路、水路联运,多种海洋产业兼顾,内外贸货物运输、装卸与仓储相结合的多功能港区;远期充分利用其资源优势,扩大工业范围,发展中下游加工产业,成为多功能的现代化临海工业港区。

龙门港区:为平陆运河修建后江海货物水—水中转港区,成为沟通广西北部湾经济区与泛珠三角经济合作区域的重要交通运输节点。

金谷港区：以煤炭、原油、成品油和各类液体化工产品运输为主的大型专业化港区。规划为石油及液体化工品转运基地，逐步发展成为我国主要的油品转运和临港加工产业基地，兼顾散杂货中转运输。

大榄坪港区：发展成为集装箱中转运输基地、现代综合物流服务中心、原油储存中转基地。以国际集装箱运输为核心，建立保税港区，全面拓展现代化港口服务功能，近中期具备集装箱支线港功能，远期发展成为集装箱干线港。

石步岭港区：以客运、旅游、运动休闲及集装箱运输为主，积极拓展国际邮轮母港功能，形成集客运、旅游和航运服务功能为主的现代化国际客运和商务中心，同时积极发展现代物流和集装箱运输业务。

铁山港西港区：为桂东和粤西大宗物资中转运输和临港工业服务，积极发展商贸、物流等相关功能。

铁山港东港区：以服务临港工业为主的港区，积极发展商贸、物流等相关功能。

七、广西北部湾经济区沿海修造船基地规划（2009 年）

根据《广西北部湾经济区沿海修造船基地规划》，广西将主动承接国内外船舶修造业的工业转移，按照"修船起步、修造并举、后发优势、科学发展"的规划原则，形成"一岛两湾四基地"的沿海修造船基地的布局规划：即充分利用企沙半岛钢铁基地的支撑优势，在防城港云约江口发展大型海洋工程和船舶的建造基地；依托钦州湾东西 2 条进港航道的便利条件，在钦州观音堂发展为进港船舶服务的修船基地；根据人力资源及土地利用条件，结合铁山港产业发展规划，在北海铁山湾雷田和石头埠发展"修、造、配套产业"一体化的船舶修造基地，积极促进广西北部湾经济区船舶工业的整体发展。

表 10-1　广西沿海修造船基地发展规划表

厂　址	修船（艘）	造船及海洋工程（万吨）
云约江厂址	100	200
观音堂厂址	600	40
石头埠厂址	150	20
雷田厂址	800	300
总　计	1650	560

云约江口厂址:规划布置能建造大型海洋工程设备基地及 10—20 万吨级干船坞、舾装码头和物资码头,形成岸线 4.7 公里,纵深 1450 米,规模为建造大型海洋工程设备及造船 200 万吨/年、修船 100 艘/年。

观音堂厂址:规划布置 5—15 万吨级干船坞、舾装码头和 3000—5000 吨级材料泊位;规划岸线总长 3.3 公里,陆域面积 2600 亩。建设规模为年造船 40 万载重吨、修船 600 艘/年。

石头埠厂址:规划布置 5 万吨级干船坞、船排滑道和舾装码头,占用岸线 1.11 公里,纵深,可形成规模为造船 20 万吨/年、修船 150 艘/年。

雷田厂址:规划布置 5—10 万吨级干船坞、舾装码头和物资码头,形成岸线 5.16 公里,纵深 850 米,可形成规模为造船 300 万吨/年、修船 800 艘/年。

八、广西壮族自治区海洋环境保护规划

根据《广西壮族自治区海洋环境保护规划》,广西海洋环境保护的主要任务有:

1. 污染控制:重点抓好陆源污染物排海控制,建立和实施入海污染物总量控制制度,减轻和控制沿海工业、城镇生活污水、农业面源污染海洋环境,有计划地消减污染物入海总量;加强港口、船舶和海洋工程的污染防治,2010 年以前,防城港、钦州港、北海港、铁山港等大中型港口和海洋工程全部安装废水、废油、垃圾回收与处理装置,达标排放;采取科学的方式从事海水养殖,减少养殖饵料及药物对海洋环境的污染;加强海洋倾倒区的监测、监督与管理,优化废弃物海洋倾倒区在沿海三市的区域布局;建立完善环境污染、溢油与赤潮灾害监测及应急体系,控制重大涉海污染事故发生。

2. 海洋生态保护:加强保护区特别是红树林、珊瑚礁和海草床以及珍稀濒危海洋生物的保护区的建设与管理,完善山口红树林生态国家级自然保护区、合浦儒艮国家级自然保护区、北仑河口国家级自然保护区、茅尾海红树林自然保护区和北部湾二长棘鲷幼鱼、幼虾、珍珠、文蛤、牡蛎、方格星虫等天然苗种场的基本建设与管理保护措施,规划建设钦州三娘湾海洋生态区、北海涠洲岛—斜阳岛珊瑚礁海洋生态区;加快南海北部湾北部广西海域海洋渔业资源维持生态功能保护区推进工作,严格按照国家伏季休渔制度对北部湾渔场进行控制性管理。

3. 海岛生态保护:加强以涠洲、斜阳两岛和钦州茅尾海"七十二泾"岛群为主的海岛生态环境保护与建设,重点抓好火山地质地貌、珊瑚礁、其它海洋

资源和生物多样性的保护,提高其生态服务功能。

4.生态灾害防治:继续抓好现有涠洲赤潮监控区的工作,有步骤地扩大赤潮监控的范围,完善赤潮监测系统;完善海上溢油监视监测体系,建立溢油事故和船舶危险化学品事故应急响应机制和支持信息系统;制定广西海洋外来入侵生物防治实施办法和工作方案,建立引种风险评估制度,加强海洋生物及其制品检疫,确保海洋生态安全。

九、广西壮族自治区海洋功能区划

根据《广西壮族自治区海洋功能区划》,广西划分了农渔业区、港口航运区、工业与城镇建设区、矿产与能源区、旅游娱乐区、海洋保护区、特殊利用区和保留区共8个类别64个海岸基本功能区和农渔业区、港口航运区、矿产与能源区、旅游娱乐区、海洋保护区、保留区共6个类别21个近海基本功能区。其中:

1.农渔业区24个:海岸农渔业区10个,分别是珍珠湾农渔业区、企沙农渔业区、茅尾海西岸农渔业区、茅尾海农渔业区、三娘湾农渔业区、廉州湾农渔业区、营盘农渔业区、莉竹冲农渔业区、沙塍至闸口农渔业区和根竹山至良港村农渔业区;近海农渔业区12个,分别是北仑河口农渔业区、防城港金滩南部农渔业区、江山半岛南部农渔业区、企沙半岛南部农渔业区、钦州湾外湾农渔业区、钦州湾东南部农渔业区、大风江航道南侧农渔业区、廉州湾西南部浅海农渔业区、电建南部浅海农渔业区、白虎头南部浅海农渔业区、西村至营盘南部浅海农渔业区和营盘至彬塘南部浅海农渔业区。

2.港口航运区16个:海岸港口航运区14个,分别是竹山港口航运区、京岛港口航运区、潭吉港口航运区、白龙港口航运区、防城港西湾港口航运区、防城港港口航运区、茅岭港口航运区、沙井港口航运区、龙门及观音堂港口航运区、鹰岭—果子山—金鼓江港口航运区、大榄坪至三墩港口航运区、那丽港口航运区、北海港口航运区和铁山港港口航运区;近海港口航运区2个,分别是三墩外港口航运区和涠洲岛港口航运区。

3.工业与城镇建设区7个:海岸工业与城镇建设区7个,分别是白龙工业与城镇建设区、企沙半岛工业与城镇建设区、企沙半岛东侧工业与城镇建设区、茅尾海东岸工业与城镇建设区、大榄坪工业与城镇建设区、廉州湾工业与城镇建设区和营盘彬塘工业与城镇建设区;未区划近海工业与城镇建设区。

4.矿产与能源区2个:海岸矿产与能源区1个,即铁山港矿产与能源区;近海矿产与能源区1个,即钦州湾矿产与能源区。

5. 旅游娱乐区 15 个：海岸旅游娱乐区 14 个，分别是防城港金滩旅游娱乐区、江山半岛东岸旅游娱乐区、防城港西湾旅游娱乐区、防城港东湾旅游娱乐区、沙井西侧旅游娱乐区、茅尾海东岸旅游娱乐区、七十二泾旅游娱乐区、金鼓江旅游娱乐区、鹿耳环至三娘湾旅游娱乐区、三娘湾旅游娱乐区、北海市区北部旅游娱乐区、北海银滩旅游娱乐区、闸口至公馆港旅游娱乐区和沙田东岸旅游娱乐区；近海旅游娱乐区 1 个，是涠洲岛旅游娱乐区。

6. 海洋保护区 11 个：海岸海洋保护区 8 个，分别是北仑河口红树林海洋保护区、防城港东湾海洋保护区（海洋公园）、茅尾海红树林海洋保护区、茅尾海海洋保护区（海洋公园）、三娘湾海洋保护区（海洋公园）、大风江红树林海洋保护区、山口红树林海洋保护区和合浦儒艮海洋保护区；近海海洋保护区 3 个，分别是涠洲岛海洋保护区（海洋公园）、斜阳岛海洋保护区（海洋公园）和北海珍珠贝海洋保护区。

7. 特殊利用区 3 个：海岸特殊利用区 3 个，分别是茅岭江特殊利用区、茅尾海北部特殊利用区和廉州镇特殊利用区；未区划近海特殊利用区。

8. 保留区 9 个：海岸保留区 7 个，分别是防城港红沙保留区、沙井北岸保留区、樟木环保留区、大风江口西岸保留区、大风江口东岸保留区、北海市保留区和公馆港至根竹山保留区；近海保留区 2 个，分别是企沙半岛东侧保留区和老人沙保留区。

十、相关涉海规划的一致性和兼容性分析

上述所有规划的功能定位大致一致，但涉海空间部分存在部分差异，主要体现在：

1. 北部湾经济区发展规划把岸线规划类型分为港口及工业岸线、城镇建设岸线、旅游观光岸线、休闲游憩岸线、养殖岸线、生态保护岸线、其他岸线 7 大类型。

2. 广西沿海港口布局规划、广西北部湾港总体规划把企沙半岛东岸线、大小冬瓜岸线、大风江西岸线、大风江东岸线、榄根岸线调整为港口岸线；相应的近海功能也随之调整。

3. 沿海修造船基地规划的所有修造船基地岸线均落在广西沿海港口布局规划、广西北部湾港总体规划的港域范围内。

4. 海洋功能区划确定的海岸港口功能区空间分布与在广西沿海港口布局规划、广西北部湾港总体规划基本一致。

5.海洋功能区划确定了防城港东湾海洋公园、茅尾海海洋公园、三娘湾海洋公园和涠洲岛海洋公园、斜阳岛海洋公园的海域空间分布。

第二节 海岸带和海洋资源开发利用评价

一、海岸线和海洋空间资源分布

1.海岸线和海洋空间资源

广西面临的北部湾海域,面积约 12.93 万平方公里。海岸线东起粤桂交界处的洗米河口,以英罗港为起点,沿铁山港、北海港、大风江、钦州湾、防城港、珍珠港等沿岸,西至中越边境的北仑河口,海岸线长 1628.59 公里(其中防城港市 537.79 公里,钦州市 562.64 公里,北海市 528.16 公里),直线距离为 185 公里,海岸线的曲直比高达 8.8∶1;相对于广西陆地面积 23.67 万平方公里,海岸线系数为 0.00688 公里/平方公里;相对于北部湾经济区陆地面积 4.25 万平方公里,海岸线系数为 0.03959 公里/平方公里。广西海域外边界与广东、海南、越南对接,因界线未定海域面积尚没有公布数据。但根据海图等深线,广西沿岸滩涂(包括海洋岛屿滩涂)总面积 1000 多平方公里,沿岸水深 0—20 米的浅海面积 6650 多平方公里,其中 0—5 米浅海面积 1430 多平方公里。除防城港(渔澫岛)、京族三岛因经济开发而与大陆相连成为半岛外,目前海岛总数为 513 个,其中有居民海岛 12 个,面积 95.38 平方公里,岸线长度 175.17 公里;无居民海岛 501 个,面积 11.27 平方公里,岸线长度 283.66 公里。最大的海岛为涠洲岛,面积 24.78 平方公里;第二大海岛为合浦县更楼岛,面积 21.87 平方公里。

2.港口资源

广西沿岸天然港湾 53 个。曲折的海岸线和众多的港湾、水道使广西沿海地区素有天然优良港群之称。沿海可开发的大小港口 21 个,其中可开发泊靠能力万吨以上的有钦州港、铁山港、防城港、珍珠港、北海港等多处,可建 10 万吨级码头的有钦州港和铁山港等;除防城港、北海港、钦州港三个中型深水港口之外,可供发展万吨级以上深水码头的海湾、岸段还有 10 多处,如:铁山港的石头埠岸段、北海的石步岭岸段,涠洲南湾、钦州湾的勒沟、防城的暗埠江口、珍珠港等,可建万吨级以上深水泊位 100 多个。据初步估计,现有岸线资源可建成 100 个以上 3 万吨级深水泊位,年吞吐能力达 3 亿吨;优化利用岸线可建成 200 个以上深水泊位,年吞吐能力可达 6 亿吨以上。

表 10-2　港口资源表

港口名称	性质(功能)	港口资源概况
北海港	综合性港口	有码头泊位 8 个(其中 10000t 级 2 个)
沙田港	渔、商	靠泊能力 1000 吨,货物吞吐量 25 万吨
公馆港	渔、商	靠泊能力 100 吨,货物吞吐量 20 万吨
石头埠港	渔、商	靠泊能力 200 吨,货物吞吐量 3 万吨
涠洲南湾港	渔、军	已利用岸线 500 米,码头 2 座总长 200 米
营盘港	渔、商	概况不清楚
白龙港	渔	概况不清楚
英罗港	渔、商	概况不清楚
铁山港	商、渔	万吨级泊位
钦州港	商业港	新建港口,自然岸线长 5 公里,可建 1—15 万吨级码头泊位 28 个
茅岭港	商、渔	靠泊能力 500 吨,货物吞吐量 10 万吨
龙门港	综合性港口	利用岸线长 3500 米,高潮时可靠泊 500 吨级船 4 艘
犀牛脚港	渔港	国家一级渔港
大风江港	渔、商港	利用岸线 300 米,商潮可靠泊 100 吨渔船 6 艘
防城港	商港	广西沿海最大商港,自然岸线长 38 公里,有码头泊位 22 个
京岛港	渔、商港	靠泊能力 200 吨,货物吞吐量 3 万吨
江平港	渔、商港	靠泊、库场情况不清楚
东兴港	渔、商港	靠泊能力 500 吨,货物吞吐量 100 万吨
企沙港	渔、商港	利用岸线长 1700 米
珍珠港	渔、军用港	自然岸线长 2 公里,低潮可靠泊 60 吨渔船,高潮可靠泊 100—500 吨渔船
红湾港	渔、港	靠泊、库场面积不清楚

3. 渔业资源

广西海域鱼类区系属于亚热带过度热带区系,是印度—西太平洋鱼类区系的一部分。海洋无脊椎生物资源中,有多毛类 151 种、软体动物 244 种、甲壳动物 207 种、棘皮动物 68 种。软体动物头足纲中有乌贼、章鱼、鱿鱼等;瓣鳃纲以贻贝、牡蛎(大蚝)、文蛤、方格星虫为主;甲壳类动物有虾类、蟹类(银壳梭子蟹、锯缘青蟹);棘皮动物中有海参纲的海参,有刺瓜参、玉足海参,黄海参等。海洋脊椎动物中,有珍贵的海洋爬行动物海龟;海洋哺乳动物有海豚、大白鲸、海牛、海马。

4.滨海旅游资源

在广西沿海地带,北海以南亚热带海洋系列景观和滨海沙滩资源为代表,分布有享誉"天下第一滩"美名的北海银滩、涠洲岛、斜阳岛和合浦星岛湖;钦州有"南国蓬莱"之称的"七十二泾"、三娘湾、麻蓝岛;防城港有江山半岛海滩、东兴与越南芒街的边贸互市、以及与越南相邻的京族三岛等特色旅游资源、形成"上山下海又出国"的旅游格局。此外,沿岸连绵分布的"海上森林"红树林湿地及其多样性生物,也是独特的生态旅游资源。

表 10-3 海洋旅游资源类型、分布组群状况表

资源类型		景 点	分布地点
（一）海岸旅游景观	1. 基岩海岸景观（海蚀地貌景观）	出水灵芝、平台观海、蛙守南海、滴水丹屏、月门奇趣、百兽闹海、龙宫探奇、鱼豚拱碧、抗风城堡、仙人密洞	北海、涠洲
	2. 砂质海岸景观（海积地貌景观）	白虎头银滩、万尾金滩、砂堤绵亘、砂滩拾宝（贝壳类）、海滩彩带	北海、防城江平、涠洲
	3. 河口海岸景观	南流江口、大风江口、钦江口、北仑河口等景点	合浦、钦州、东兴
（二）岛屿景观	1. 火山岛景观（震迹景观）	火山口港、火山口、火山弹丸、火山集块岩、火山熔岩、冲击坑、重荷模、环形小断层	涠洲、斜阳岛
	2. 沙积岛屿景观	沙滩、沙地、沙丘、沙堤、砂生植物、砂地原始林、林带	万尾、巫头岛
	3. 岛群景观	龙门岛群、七十二泾、星湖岛	钦州、合浦
（三）生态景观		白虎头海域渔礁区（海洋生物）、涠洲海域珊瑚礁（海洋生物）、海底森林（红树林生态景观）	北海、涠洲、山口、英罗港湾、钦州湾、渔万岛、北仑河口
（四）海底景观		海岸地形,海底生物	北海白虎头海域、涠洲海域
（五）山岳景观		冠头岭、牛头岭	北海市西南端、防城港
（六）人文景观	1. 遗迹、古迹	大士阁、东坡亭、海角亭、文昌塔、珍珠城遗址、白龙城、天主堂、小天主堂、天后宫、三宣堂、古墓群、新石器时代遗址	合浦、涠洲、龙门
	2. 休憩游乐园	海滨公园、海滩游场、海滩浴场、海艇运动场、海参养殖场、珍珠养殖场、虾蟹养殖场、海上娱乐场	北海、防城、钦州
	3. 独特景观	海港风光、渔村风光	防城港、钦州湾

规模较大的滨海旅游点有：

（1）列入国家级旅游度假区的北海"银滩"，全长约 24 公里，沙滩均由高品位的石英砂堆积而成，在阳光的照射下，洁白、细腻的沙滩会泛出银光，故称银滩。北海银滩以其"滩长平、沙细白、水温净、浪柔软、无鲨鱼"的特点，被誉为"中国第一滩"。

（2）东兴市万尾岛有自治区级风景名胜区"金滩"，全长 10 公里，宽阔坦荡，沙质细柔金黄，是天然的海滨浴场，滨海旅游度假胜地，可同时容纳 5 万人进行水浴和沙滩运动，现已成为广西继北海银滩之后又一滨海旅游热点。

（3）防城港市防城区的大平坡，因其极为宽广平坦而得名，又因沙滩上常常可见一排排滚滚而来的白浪，壮观瑰丽，故又名白浪滩。

（4）涠洲岛是我国最大的死火山岛，位于北海市东南面 36 海里处，与银滩隔海相望，面积 26，涠洲岛的最高海拔 79 米。这里海蚀、海积及溶岩构成一个个奇特的景观："龟豚拱碧""滴水丹屏""法国传教士人头像""火山弹荟萃""三婆庙"及"汤显祖观海处"……在它的附近有一个斜阳岛，站在涠洲岛上可以观看到太阳斜照该岛的情景，这就是著名的"涠州斜阳"。

（5）"七十二泾"又名"龙泾还珠"，是集自然景观和人文景观于一体的旅游胜地，北起钦江出海口——沙井港，南至钦州湾内湾的门户——三墩。自明清以来"七十二泾"一直是钦州八景之一，自古有"南国蓬莱"之美称，今人称之为"小澎湖"。景区内 100 多个大小各异的岛屿镶嵌在波平如镜的海面上，岛与岛之间是无数曲折奇诡的水泾，其中主要水泾有七十二条，因而得名"七十二泾"。

（6）钦州三娘湾生长着被誉为海上大熊猫之称的——中华白海豚。这一水域栖息着多达上千头的中华白海豚，中华白海豚等群种在三娘湾海域频繁出现，白、灰、黑、粉红、墨绿等色彩各异的海豚在这一带觅食、嬉戏、追逐、跳跃，游客纷至沓来，叹为观止。

（7）山口国家级红树林自然保护区位于北海市合浦县山口镇，海岸线长 50 公里，面积 8000 公顷。区内分布着发育良好、结构典型、连片较大、保存较完整的天然红树林，其中连片的红海榄纯林和高大通直的木榄在我国已极为罕见。

5.重要生态资源

广西沿海拥有红树林、珊瑚礁和海草床三类最典型的海洋自然生态系统。

现有红树林沼泽湿地8374.9公顷,其中天然林7592.0公顷,人工林782.9公顷,红树林种类有13种,分布于滩面明显的海湾和海河口汇合处的滩涂及附近,在宏观上沿整个海岸线呈展开式均匀分布,14个海湾中有10个海湾的红树林岸线率≥80%;红树林分布由海岸(堤)向外海延伸50—1000米,最远外延达2820;74.4%的红树林分布于海堤外侧;61.9%的红树林覆盖度≥70%。

现有珊瑚礁生态系统生长总面积约300公顷,主要分布于涠洲岛西北、东北、西南部沿海岸近海水深2—12.5米的海域,斜阳岛东部局部海岸有小面积分布,约10公顷。珊瑚属种较多,有沙珊瑚、鹿角珊瑚、假鹿角珊瑚等21属45种。

现有海草床生态系统主要分布在铁山港、英罗港及珍珠港沿岸中潮带至下潮带浅滩,面积约640公顷,其中分布在铁山港、英罗港一带,约分布在防城港市的珍珠港一带。

红树林、珊瑚礁和海草床生态系统均是地球上生物多样性最丰富、生产力最高的海洋生态系统,是多种海洋生物的繁殖和栖息地,是全球多样性保护的主要对象。

6. 海岛资源

广西出露高潮线以上的岛屿共有513个,其中有居民海岛包括陆连岛有12个,无居民海岛501个。最南面的海岛为斜阳岛,最北面的海岛为沙井岛,最东面的海岛为铁山港湾的茅草墩岛,最西面的海岛为北仑河口的独墩岛;最大的海岛为涠洲岛,面积24.78平方公里;第二大海岛为合浦县更楼岛、面积21.87平方公里。其余大多数的海岛面积很小。

在地理分布上,位于近海、港湾的海岛多,位于远海的只有涠洲岛和斜阳岛。在地表构造方面,海岛地表基岩、砂岩和赤红壤居多,其次为风沙土、滨海盐土、火山性薄层土,而水稻土较少。在植被方面,有植被的海岛多,占总数的85%;无植被的海岛少。植被类型共有10大类18个林系,林木资源丰富。

7. 海洋石油、天然气及其他矿产资源

广西沿海地区和北部湾蕴藏着丰富的石油和天然气资源,有北部湾盆地、涠洲与斜阳岛西南海区含油盆地和合浦盆地三个含油沉积盆地。据有关专家预测,北部湾盆地具有12.6亿吨的石油天然气储量,现已探明含油气面积45万公顷,地质储量1.157亿吨;涠洲岛西南海区含油盆地,含油面积3.5万公顷,已圈定储油构造22个,潜在石油资源23亿吨;合浦盆地探明石油储量为3.5亿吨,是全国最有开发前景的八大石油小盆地之一。

此外,还有石英砂矿远景储量 10 亿吨以上,钛铁矿地质储量近 2500 万吨。

表 10-4　海洋油气资源情况表

海　域	圈团面积 (平方公里)	石油储量 (吨)	天然气储量 (立方米)
北部湾	2087.75	$12.59×10^8$	
涠洲与斜阳岛	11	$1×10^8$	$350×10^8$
合浦盆地	299		

8.海水化学资源

广西沿海地区海水平均盐度为 30—32‰,海水含溴量为 60ppm,平均海水温度 23℃,滩涂平坦,广阔,同时,日照时间长,气流交换条件好,是发展盐业和海水化工的较好场所。此外,还可利用现有盐田发展溴素、氯化钾、氧化镁、硫化钠等化工产品。

9.海洋能源资源

广西沿海相对集中且有较大开发价值的海洋能源主要是潮汐能,风能在局部地区具有开发价值,波浪能、潮流能和海流能有一定资源潜力。沿岸有 18 处港湾具有装机容量以上的资源潜力;潮流能资源 1.2 万千瓦,海流能 0.2 万千瓦,波浪能 52 万千瓦(包括岛屿波能);广西沿海年有效风能为 2500—3000 万千瓦,对于解决岛屿能源问题具有潜在的开发价值。

二、海岸带和海洋资源开发利用概况

广西从 2004 年开始进行的沿海基础设施大会战,投资超过 60 亿元,重点实施深水航道、道路、供排水、供电、出口加工区等基础建设一揽子项目。从 2006 年开始,又进行第二期沿海基础设施大会战建设,以构建华南、西南、华中出海大通道和中国—东盟最便捷的国际大通道,重点实施出省、出海、出国的重大交通项目。通过沿海基础设施大会战建设,广西沿海港口群在发挥其作为西南地区主要出海口作用的同时,作为中国—东盟自由贸易区重要枢纽港的作用日益凸现;同时,依托港口优势,发展临海产业,石化、冶金、能源、粮油加工、生物制药等工业发展渐成规模,大型钢铁、油气化工、林浆纸一体化等临海工业项目正逐步展开。

1. 港口建设概况

广西沿岸现有各种类型港口 31 个,共有码头、泊位 90 多个,其中万吨级以上的深水泊位 19 个,1000—5000 吨级泊位 10 多个,500 吨级及 500 吨级以下的泊位 60 多个。其中防城港、北海港和钦州港是广西沿岸对外贸易的三大港口,其余为中小型渔业或商渔兼用港口。

防城港是广西第一大港,是我国 20 个主枢纽港之一。现有 26 个泊位,其中万吨级以上泊位 11 个,其吞吐量占广西沿海港口总吞吐量三分之二以上。北海港现有泊位 15 个,其中万吨级以上泊位 4 个。钦州港是新建大港,现有泊位 9 个,万吨级以上泊位 4 个。铁山港区是深水良港,现有泊位 8 个。

钦州港已经建成投入使用的码头主要有 5 万吨级电厂专用煤码头 1 个,2 万吨级商业起步码头 2 个,其余为地方码头泊位。正在建设和拟建的码头主要有:铁山港区 2 个 10—15 万吨级商贸通用码头、中石化广西 LNG 项目 10 万吨级石油化工泊位、哈纳利油气储存库项目 5 万吨级油气专用码头等。

北海港的石步岭港区现有万吨级以上泊位 4 个,其中 1 万吨级泊位 2 个,2 万吨级泊位 1 个,3.5 万吨级泊位 1 个。老北海港现有 7 个泊位,最大可靠1000 吨船泊,其中有一个 1000 吨级滚装码头。

铁山港已经建成投入使用的码头主要有 5 万吨级电厂专用煤码头 1 个,2 万吨级商业起步码头 2 个,5 千吨级石油气装卸码头 1 个,其余为 50—500 吨级地方小型码头。正在建设和拟建的码头主要有:铁山港区 2 个 10—15 万吨级商贸通用码头、中石化广西 LNG 项目 10 万吨级石油化工泊位等。

2. 渔业资源开发概况

海洋渔业是广西沿海地区经济发展的支柱产业之一。海水养殖在传统品种近江牡蛎、文蛤、珍珠带动下,对虾、鱼类等名贵品种养殖稳步推开。

沿岸浅海滩涂以海水养殖为主,沿海三市海水养殖面积达 6.14 万公顷,主要养殖品种有:

珍珠:广西沿海是我国海水珍珠主要产地,所产珍珠素称"南珠",是世界三大名珠之首。据调查,广西浅海宜养珍珠海区,面积达数万公顷,主要分布在北海的营盘、防城的珍珠港一带海域,面积达 0.47 万公顷。其中近期可开发的最佳面积有 466 公顷,营盘占 333 公顷,珍珠港 86 公顷,钦州和北海也有数百亩。从目前情况看,广西海水珍珠的研究与开发技术处于国内领先水平。

牡蛎:广西沿海天然牡蛎资源面积达 20 万公顷,可供近期开发利用的

3.33 万公顷,近期最佳开发面积为 0.66 万公顷。

对虾:北海营盘的滩涂是广西沿海最适合养殖对虾的地方,其次是合浦县西场。目前主要养对虾的有北海营盘,合浦西场,钦州犀牛脚、防城港等地。

3. 旅游资源开发概况

近年广西滨海旅游业发展迅速,已开发的滨海旅游景点多处。其中北海以"中国第一滩"——银滩为领衔品牌,建立了适合不同旅游者需求的滨海旅游观光度假项目,开发了北海海底世界、涠洲岛国家地质公园等大型旅游项目,已建成国家级旅游度假区;钦州市把独特的岛礁红树林、岛屿星罗棋布、水道迂回曲折的七十二泾以及有中华白海豚栖息地的三娘湾生态旅游区建成了重要的滨海旅游景区;防城港市已初步建成江山半岛旅游度假区、东兴京岛旅游度假区,并且与其西部邻海越南的"海上桂林"下龙湾,形成了具有"上山、下海、出国"特色的旅游区。

4. 临海工业开发概况

临港工业的发展是以转口贸易、石油化工、临海重工业和能源工业为首选。在实施西部大开发战略的推动下,中国—东盟自由贸易区加快建设,目前三个临海工业区的规划已经完成,2008 年投资几十亿元进行基础设施建设。

铁山港临港工业区开始起步,铁山港铁路支线、广西沿海铁路扩能改造、玉林至铁山港铁路、合浦至湛江铁路、兴港地区工业铁路 5 条铁路陆续启动。

钦州港工业区随着中石油 1000 万吨炼油项目、金桂林浆纸一体化项目(60 万吨纸、30 万吨浆)、国投(钦州)燃煤电厂、广西东油沥青有限公司、广西木薯综合开发示范工程、大洋粮油、东方资源等重大项目落户、投产,目前已初步成为大型石化、能源、林浆纸、粮油加工及冶金等产业的聚集区域。

企沙工业区已完成部分填海造地,推动钢铁基地、红沙核电、金川铜镍等重大项目落户,临海工业区供水、供电、道路、港口等一批基础设施项目正在加快建设,其中防城港电厂由中电广西防城港电力有限公司投资建设,建设规模为装机容量 4×60 万千瓦。红沙核电一期工程也已开工建设。

5. 保护区建设概况

已建立北仑河口红树林和山口红树林 2 个国家级生态自然保护区、茅尾海红树林自治区级生态自然保护区;建立合浦儒艮国家级自然保护区、涠洲岛珊瑚礁自然保护区、马氏珍珠贝自然保护区。红树林、珊瑚礁、儒艮和中华白海豚等特色生态系统和珍稀海洋生物得到有效地保护与恢复。

6. 矿产资源开发概况

广西近岸海域已开采的滨海矿产主要有钛铁矿、玻璃石英矿、石灰岩和粘矿等。总体上看开采量有限,经济效益不高。

海底矿产资源分滨海沙矿、油气资源和多金属结核三大类。这些矿藏在海底的分布具有一定的规律。海底矿产资源勘探和开采是一项高投资、高技术难度、高风险的工程。目前,海底矿产资源开发以油气资源为主。海底油气开发始于 20 世纪初,受技术条件限制,最初只能开采从海岸直接向浅海延伸的油气矿藏。20 世纪 80 年代以来,在能源危机和技术进步的刺激下,近海石油勘探与开发迅速发展,逐渐形成了崭新的近海石油工业部门。

广西已开发的油气田有涠 10—3、涠 6—1、涠 11—4。涠洲岛西南油气田已有涠 10—3、涠 11—4 和涠 12—1 等 3 个油田进入开采阶段,年产原油达 200 万吨,年处理能力 200 万吨的终端处理厂已在涠洲岛建成投产。

7. 海岛资源使用概况

对于海岛资源,大多已经开发利用,且用途呈现多元化态势,主要用于城镇建设、旅游、围海养殖、农林种植等。用于城镇建设的如钦州市龙门群岛,20世纪 60 年代被开发建设成为军港,现为钦州市龙门镇政府所在地。用于港口设施建设的如防城港市渔澫群岛,现已开发建设成深水良港。用于旅游资源开发建设的如北海的涠洲岛、斜阳岛,钦州的麻蓝岛、龙门群岛(七十二泾)等,其中涠洲岛已建有国家级地质公园、海底珊瑚公园等。用于围海养殖的海岛如防城港市珍珠三岛、钦州市七十二泾等,自 20 世纪 90 年代中期以来就有当地群众开发用于围海养殖。此外,还有部分海岛被沿海群众开发用于种植松树、速生桉、农作物等。但这些开发利用主要是沿海渔民群众自发进行,政府部门仅投资于少数港址资源或者旅游资源丰富的海岛,而企业主体相对欠缺,处于粗放型开发状态的多,集约化程度不高。对于一些用于城镇建设的海岛,多采用填海和修筑非透水构筑物等方式将海岛连陆变为半岛。

三、海岸带和海洋资源开发利用总体评价

总的来看,广西海域的开发利用程度不高。主要表现在空间和各类资源的使用率和集约化程度方面。

对于岸线资源,港口和临港工业占用岸线约 17.2 公里,约占大陆海岸线的 1.1%,其中深水码头岸线 9.5 公里,占港口和临港工业岸线的 55.2%;现有及在建电厂 3 个,占用岸线约 5.3 公里。另有渔港 12 个,码头长约 8.7 公里。

在海域空间的使用布局上,近岸海域开发利用密集度较高,包括滩涂养殖、围垦养殖、港口码头建设、滨海旅游开发等。浅海海域主要吊养、网箱养殖,还有珍珠养殖。浅海以外除涠洲岛西南海域的油气田外,主要仅有渔业捕捞生产和船舶通航使用。

沿岸滩涂以底播养殖和围垦养殖使用为最多,沿海三市海水养殖面积达6.14万公顷,其他如盐业、临海工业、围垦和城镇建设等使用滩涂约1万。滩涂利用率约71%。沿海滩涂围垦和人工构筑物建设、临海工业区取排水和城市尾水排放等,导致维持生物多样性的滩涂和沼泽资源减少,使许多海洋动物失去了大面积的栖息地、产卵地、育苗场、索饵场,从而引起海洋物种种群减少。

浅海珍珠养殖尚有扩展海域,例如,防城港市珍珠港为我区南珠的养殖基地,海域面积12万平方公里,适宜珍珠养殖面积6000多亩,目前养殖面积仅为3000亩,养殖海域主要分布在防城区江山乡的白龙、万欧、双墩、横港等地。

滨海旅游海域,根据专家评价研究结果,广西具有世界级的资源(景点):涠洲岛—斜阳岛、北仑河口海洋自然保护区、山口红树林保护中心、北海银滩、东兴金滩等具有很高的开发价值。此外还有茅尾海湿地公园、冠头岭国家森林公园、天堂滩—蝴蝶岛沙滩、大平坡沙滩、白龙珍珠城遗址、珍珠港珍珠养殖观光等众多具有国家级开发价值的资源(景点)。这些旅游资源除北海银滩建有国家级旅游度假区外,尚处于简单粗放型的开发利用状态。

浅海以外北部湾海域渔业资源,由广西、广东、海南三省(区)和越南为主的渔船在北部湾内的捕捞量远超过了100万吨/年,在总量上已过度捕捞。由于过度捕捞,传统经济鱼类资源不断衰减,处于食物链较高营养级的优质鱼类已出现资源危机。珍稀物种数量急剧减少,有的种类已几乎绝迹。

此外,由于技术的原因或社会经济发展需求的原因,以下海洋资源基本未得到开发利用

1. 海洋水资源

海洋水资源利用通常是指海水的直接利用和海水的淡化。海水淡化是海洋水资源利用的主要方式,大量利用海水成为未来解决淡水短缺的重要途径。全世界已建成的大型海水淡化厂主要分布在三类地区:第一类是沿海干旱、半干旱地区,如中东的科威特、沙特阿拉伯等石油收入高的富裕国家;第二类是淡水供应困难的岛屿或矿区,如我国的西沙群岛;第三类是沿海城市,那里人口和工业集中,耗水量大,因而淡水紧缺。但目前海水淡化因成本较高,尚未

普及。

海水的直接利用,就是用未经淡化的海水代替淡水来利用。例如,在农业利用上,用低盐度海水灌溉农田;在生活利用上,将海水用于地面冲洗、消防用水等;在工业利用上,海水主要用做工业冷却水。随着海水淡化技术的逐渐成熟,生产成本的日趋降低,海水淡化正在成为一种安全、稳定,而且不受降水季节变化影响的供水源,将在一定程度上解决滨海地区特别是海岛地区淡水资源短缺的问题。

2. 海水化学资源

海洋被称为"液体矿山""盐的故乡",海水中已发现的化学元素有80多种。但是,这些元素大多属微量元素,浓度极低。海水化学资源的开发利用需要处理大量的海水,属于"稀薄工艺"。因此,实现综合开发,即在处理一次海水时提取多种元素,是海水化学资源开发利用的方向。目前已形成工业规模的主要有食盐、镁、溴等。

3. 海洋能

海洋能通常指海洋中所蕴藏的可再生的自然能源,主要包括潮汐能、波浪能、海水温差能和盐差能等。海洋能具有显著的特点。第一,总量大、密度小。海洋能在海水中蕴藏量巨大,但单位体积、面积上所拥有的能量较小。第二,可再生。海洋能来源于太阳辐射能与天体间的万有引力,只要太阳、月球等天体与地球共存,这种能源就会取之不尽、用之不竭。第三,污染小。海洋能属于清洁能源,其开发利用对环境影响较小。第四,时空分布不均。在空间上,海洋能因地而异,具有各自的富集海域;在时间上,它们大多具有明显的日变化、月变化和年变化。

目前,海洋能的开发主要用于发电。20世纪后期以来,美国、俄罗斯、日本、法国等沿海国家非常重视海洋能的开发。有些潮汐能和波浪能的发电技术已经进入实用阶段,例如,为航标灯提供电力的波浪能发电装置已实现了批量生产。但盐差能、温差能和海流能的发电技术还不够成熟,仍处于研究与实验阶段。随着科学技术的不断进步,海洋能必将成为重要能源。作为未来技术,实现海洋能综合利用是海洋能开发利用的一个重要发展趋势。

四、规划基期存在的问题和潜在矛盾

广西海洋资源开发利用以传统的渔业用海为主,港口用海和滨海旅游用海迅速增加,临海工业用海越来越多,说明广西海洋产业正在逐步调整优化。

但与全国其他沿海省的海洋经济相比,目前广西海洋经济仍处于初步发展阶段,海域开发利用中存在的问题仍然比较突出。主要表现在:

一是传统的海洋渔业用海占主要部分,滨海旅游、海洋港口海运和临港工业的发展优势尚未得到有效发挥,有待调整以适应海洋产业结构调整需求。

二是海洋产业发展的基础设施和技术装备比较落后,科技水平总体偏低。海洋养殖业以滩涂养殖、浅海养殖和围塘养殖为主;渔港大多比较简易;港口基础设施和技术装备有待进一步开发建设;滨海旅游基础设施也有待进一步开发建设;临港工业亟待大力发展。

三是海域开发利用的空间布局不够合理,海域使用区域大多在近海港湾,与其广阔的海域不相称。特别是水产养殖,在有限的港湾内滩涂养殖、围塘养殖、筏式养殖和网箱养殖高度集中,严重影响水流交换条件。浅海以外除涠洲岛西南海域的油气田外,主要仅有渔业捕捞生产和船舶通航使用。

四是局部区域出现海洋环境污染和海洋生态退化现象。一方面是径流携带的污染物迅速增长,海上养殖的营养物质直接入海,入海污染物除传统的无机物与重金属外,还受到含有多种人工合成有机物污染的威胁;另一方面是沿岸的填海造地占用了潮间带及浅水区生物栖息地,过度捕捞威胁着生态系统的平衡。此外,红树林生态系统结构已简单化,仅为残留次生林和灌木丛林,有些珍贵树种已消失。

为适应北部湾经济区发展要求,北部湾海洋国土空间布局规划在《广西海洋功能区划》的基础上,注重陆海统筹,考虑如下要求:

1. 满足《北部湾经济区发展规划》提出的"3大临海港口群""3个临海重化工业集中区""3个临海城市组团""7个滨海旅游区"发展空间要求;

2. 兼顾《北部湾经济区城镇群规划纲要》和北海、钦州、防城港城市规划提出的用海要求;

3. 兼顾《广西沿海港口布局规划》提出的用海要求;

4. 兼顾《广西海洋经济发展规划》和《广西海洋产业发展规划》要求;

5. 兼顾《广西海洋环境保护规划》要求。

第三节　海岸线和海洋国土空间发展类型划分

按照国土规划三类空间关系,即:以国土经济空间、国土生态空间、国土整治空间3类型空间为基础,由国土经济空间与国土生态空间共同组成全覆盖,国土综合整治空间作为"覆区"在国土经济空间和国土生态空间范围内进行重点选择和部署。海洋国土空间发展类型依据《海域使用管理法》和《海洋环境保护法》确定的海洋功能区划为基础,把海岸线和海洋国土规划空间关系划分为海洋经济空间、海洋生态空间和海洋保留空间。海洋经济空间、海洋生态空间和海洋保留空间组成全覆盖,海洋综合整治空间作为"覆区"在海洋经济空间和海洋生态空间范围内进行重点选择和部署。

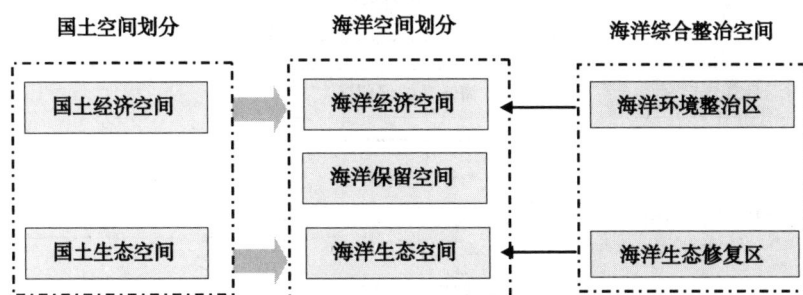

图 10-1 海洋国土空间发展类型空间属性

参照国土规划空间各2级分区类型,将海洋国土经济空间2级分区划分为港口开发建设区、工业与城镇建设区、滨海旅游发展区、农渔业发展区4个类型;海洋保留空间的2级分区为海洋功能保留区,保留现有的自然状态或使用状态、在规划期内不安排开发利用、留待远景开发利用或海洋生态建设;海洋生态空间的2级分区为海洋自然保护区和海洋特别保护区(其中海洋自然保护区为禁止和限制开发,海洋特别保护区在有效保护海洋生态和恢复资源的同时,允许并鼓励科学合理的开发利用活动)。

一、海岸线国土空间发展类型划分

海岸是海域开发利用规划和陆域开发利用的衔接带,是海域资源开发利用的重要依托。综合考虑北部湾经济区岸线利用规划和沿海三市城市发展规划,以满足广西海洋经济发展规划和各类涉海规划的海域使用要求为宗旨。依据广西海域资源、环境特征,按照广西社会经济发展的用海需求,在空间布局上,把海岸划分为港口建设岸线、工业与城镇建设岸线、旅游开发岸线、渔业发展岸线、生态保护岸线和作为自然岸线或保留使用现状的保留岸线。

港口建设岸线:港口开发建设岸段,共有16段,分别是竹山港岸段

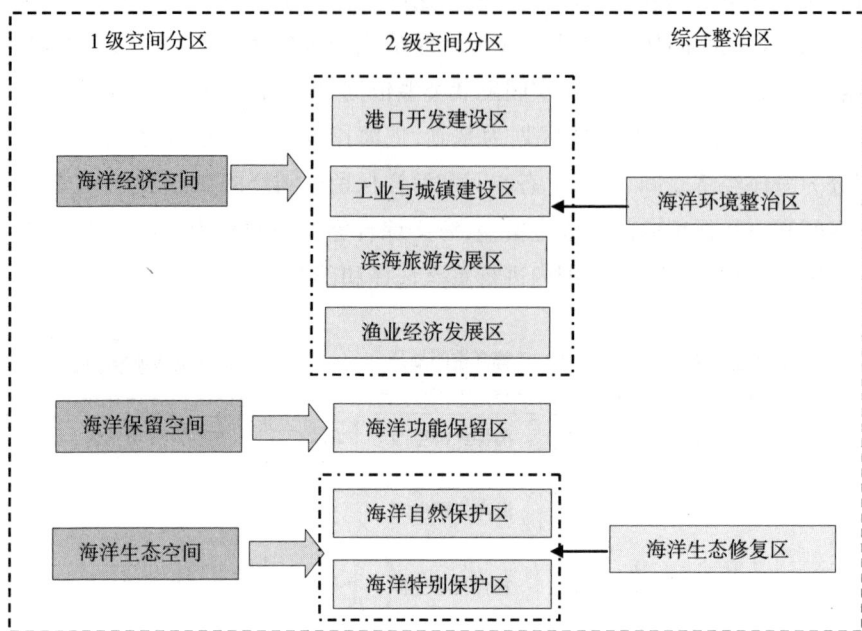

图 10-2 海岸线和海洋国土 2 级分区空间属性

（1269）、京岛港岸段（4577）、潭吉港岸段（6024）、白龙港岸段（9857）、防城港西湾港岸段（5245）、防城港岸段（137767）、茅岭港岸段（8177）、沙井港岸段（1075）、龙门及观音堂港岸段（2106）、鹰岭—果子山—金鼓江港岸段（53211）、大榄坪至三墩港岸段（682）、那丽港岸段（1908）、北海港岸段（3019）、铁山港岸段（91859）、览根港岸段（9820）和涠洲岛港岸段（2050）。

工业与城镇建设岸线：临海工业区或滨海城镇建设岸段，用于工业取排水以及适当的岸线整治理顺或填海造地建设工业园区或城镇滨海公园、休闲游憩观景平台等海岸基础设施，共有 7 段，分别是白龙工业与城镇建设岸段（2328）、企沙半岛工业与城镇建设岸段（12260）、企沙半岛东侧工业与城镇建设岸段（42530）、茅尾海东岸工业与城镇建设岸段（10694）、大榄坪工业与城镇建设岸段（7934）、廉州湾工业与城镇建设岸段（17275）和营盘彬塘工业与城镇建设岸段（8385）。

旅游开发岸线：游客观光游览、休闲度假、娱乐运动等旅游开发岸段，需要通过适当的综合环境整治优化并建设适当的旅游基础设施，共有 15 段，分别是防城港金滩岸段（6568）、江山半岛东岸岸段（27931）、防城港西湾岸段

（34454）、防城港东湾岸段（5908）、沙井西侧岸段、茅尾海东岸岸段（12229）、七十二泾岸段（14631）、金鼓江岸段（57957）、鹿耳环至三娘湾岸段（59132）、三娘湾岸段（8887）、廉州湾岸段（47193）、北海银滩岸段（72488）、闸口至公馆港岸段（6244）、沙田东岸岸段（2357）和涠洲岛岸段（20010）。

渔业发展岸线：各类渔业生产、渔业基础设施建设和水产品物流区建设岸段，共有 10 段，分别是珍珠湾农渔业岸段（23876）、企沙农渔业岸段（47969）、防城港红沙农渔业岸段（4028）、茅尾海西岸农渔业岸段（66781）、三娘湾东部农渔业岸段（4302）、廉州湾农渔业岸段（4785）、营盘农渔业岸段（37121）、白沙头至红坎农渔业岸段（19795）、沙螺至闸口农渔业岸段（14393）和根竹山至良港村农渔业岸段（22306）。

生态保护岸线：保护重要海洋生态环境和稀有海洋动植物资源，共有 8 段，分别是北仑河口红树林岸段（39840）、防城港东湾海洋保护区（海洋公园）岸段（3956）、茅尾海红树林岸段（13829）、大风江红树林岸段（202718）、山口红树林岸段（63872）、合浦儒艮保护岸段（9703）、涠洲岛珊瑚礁保护岸段（1310）、斜阳岛珊瑚礁保护岸段（5270）。

保留岸线：自然岸线或目前保留现有使用状态、在规划期内不安排开发利用、留待远景开发利用或生态建设的岸段，共有 11 段，分别是防城港保留岸段（40186）、茅岭江保留岸段（11282）、茅尾海北部岸段（21861）、沙井北岸保留岸段（29701）、樟木环保留岸段、大风江口西岸保留岸段（49765）、大风江口东岸保留岸段（16885）、北海市保留岸段（6281）、廉州湾保留岸段（23004）和公馆港至根竹山保留岸段（22385）。

二、海域国土空间发展类型划分

以广西海域的自然资源、生态、环境条件为基础，以资源、生态和环境承载力为约束，顺应广西社会经济发展要求，以广西的海洋功能区划为基础，以满足广西海洋经济发展规划和各类涉海规划的海域使用要求为宗旨，综合平衡港口建设、渔业发展、旅游开发、自然保护区建设、城市和工业区排污等的发展需求，在空间布局上，把广西海域分为港口建设区、工业与城镇建设区、旅游开发区、农渔业发展区、海洋生态保护区和海洋功能保留区，见图 10-2。

1.港口开发建设区

共 16 个，分别是竹山港口开发建设区、京岛港口开发建设区、潭吉港口开发建设区、白龙港口开发建设区、防城港西湾港口开发建设区、防城港港口开发建设区、茅岭港口开发建设区、沙井港口开发建设区、龙门及观音堂港口开发建设区、鹰岭—果子山—金鼓江港口开发建设区、大榄坪至三墩港口开发建设区、三墩外港口开发建设区、那丽港口开发建设区、北海港口开发建设区、铁山港港口开发建设区和涠洲岛港口开发建设区。

竹山港口开发建设区：位于东兴市江平镇北仑河口北岸竹山街沿岸，港口开发建设主要服务于当地生产生活以及旅游客运等；

京岛港口开发建设区：位于东兴市江平镇万尾岛西端，港口开发建设主要服务于当地生产生活以及旅游客运等；

潭吉港口开发建设区：位于东兴市江平镇潭吉村沿岸，港口开发主要服务于工业集中区的配套港口；兼顾旅游娱乐功能；

白龙港口开发建设区：位于防城港江山半岛西南海岸，主要边境贸易和海警公务港口建设；兼顾旅游娱乐功能；

防城港西湾港口开发建设区：位于防城港西湾大桥西端南面，主要用于公务码头建设；

防城港港口开发建设区：位于防城港渔㴱岛东、西两侧海域，用于防城港枢纽港开发建设，围填海布局要开展严格的论证；

茅岭港口开发建设区：位于钦州市茅岭乡茅岭江入海口西岸，主要服务于当地生产生活以及旅游客运等；兼容旅游娱乐功能；

沙井港口开发建设区：位于钦州沙井岛东南侧，主要服务于当地生产生活以及旅游客运等；兼顾旅游娱乐功能；

龙门及观音堂港口开发建设区：位于钦州龙门岛东南侧海域，主要服务于当地生产生活以及旅游客运等；兼顾旅游娱乐功能；

鹰岭—果子山—金鼓江港口开发建设区：位于钦州湾东侧鹰岭—果子山—金鼓江沿岸，用于钦州港大港开发建设，服务于临港工业园区；

大榄坪至三墩港口开发建设区：位于钦州湾东侧大榄坪至三墩之间海域，服务于钦州保税港区及配套综合加工与物流园区的港口建设需要；

三墩外港口开发建设区：主要布置大宗散货、液体散货或石油泊位；

那丽港口开发建设区：主要服务于当地生产生活以及旅游客运等；兼顾旅游娱乐功能；

北海港口开发建设区：包括海角港（公用、客运）、石埠岭港（集装箱、通用及国际油轮）、侨港（客运主港、国际客运）等码头的建设；

铁山港港口开发建设区:服务于临港(海)工业区港口建设需求;

涠洲岛港口开发建设区:服务石油码头终端,合理发展客货码头。

2. 工业与城镇建设区

共7个,分别是白龙工业与城镇建设区、企沙半岛工业与城镇建设区、企沙半岛东侧工业与城镇建设区、茅尾海东岸工业与城镇建设区、大榄坪工业与城镇建设区、廉州湾工业与城镇建设区和营盘彬塘工业与城镇建设区。

白龙工业与城镇建设区:保障工业与城镇建设需求,禁止大规模围填海活动;禁止截弯取直形成人工岸线;

沙半岛工业与城镇建设区:保障企沙工业区建设需求,要从节约用海角度优化围填海的平面布置;

企沙半岛东侧工业与城镇建设区:保障防城港核电厂建设与发展需求,部分海域布局核电厂取排水、码头、航道等基础设施;兼容风电场建设;

茅尾海东岸工业与城镇建设区:保障钦州市滨海新城建设需要,优化围填海平面设计,禁止采取截弯取直方式形成人工岸线;

大榄坪工业与城镇建设区:保障钦州港工业区建设需要,优化围填海平面设计,集约节约用海;

廉州湾工业与城镇建设区:保障北海市城市建设需求,优化围填海平面设计,禁止采取截弯取直形成人工岸线;

营盘彬塘工业与城镇建设区:保障城市与工业发展用海需求,优化围填海平面设计,集约节约用海。

3. 滨海旅游发展区

共15个,分别是防城港金滩旅游发展区、江山半岛东岸旅游发展区、防城港西湾旅游发展区、防城港东湾旅游发展区、沙井西侧旅游发展区、茅尾海东岸旅游发展区、七十二泾旅游发展区、金鼓江旅游发展区、鹿耳环至三娘湾旅游发展区、三娘湾旅游发展区、廉州湾旅游发展区、北海银滩旅游发展区、闸口至公馆港旅游发展区、沙田东岸旅游发展区和涠洲岛旅游发展区。

上述旅游开发区空间的发展方向为城市休闲观光、旅游度假、海上游乐运动和观光游览等,兼顾发展渔业观光活动;要求完善旅游港口等配套设施建设;构筑物建设要与旅游景观发展相协调;限制大规模围填海及其他破坏海岸地形、岸滩形态的活动;周边海域不得新设置排污口、工业排水口或其他污染源。

4.农渔业发展区

海岸农渔业区10个,分别是珍珠湾农渔业区、企沙农渔业区、防城港红沙农渔业区、茅尾海西岸农渔业区、三娘湾农渔业区、廉州湾农渔业区、营盘农渔业区、白沙头至红坎农渔业区、沙塍至闸口农渔业区和根竹山至良港村农渔业区。

近海农渔业区14个,分别是北仑河口农渔业区、防城港金滩南部农渔业区、江山半岛南部农渔业区、企沙半岛南部农渔业区、茅尾海农渔业区、茅尾海东部农渔业区、钦州湾外湾农渔业区、钦州湾东南部农渔业区、大风江航道南侧农渔业区、廉州湾西南部浅海农渔业区、电建南部浅海农渔业区、白虎头南部浅海农渔业区、西村港至营盘南部浅海农渔业区和营盘至彬塘南部浅海农渔业区。

上述农渔业区空间的发展模式为:集渔业增养殖和渔港于一体,严格执行相关海洋生物资源养护规定,按照养殖容量控制养殖规模和养殖密度;引进生态养殖技术,逐步开发休闲渔业。海水水质执行不低于二类标准,海洋沉积物和海洋生物执行一类标准。

5.海洋功能保留区

海岸保留区11个,分别是防城港保留区、茅岭江保留区、茅尾海北部保留区、沙井北岸保留区、樟木环保留区、大风江口西岸保留区、大风江保留区、大风江口东岸保留区、北海市保留区、廉州湾保留区和公馆港至根竹山保留区。

近海保留区2个,分别是企沙半岛东侧保留区和老人沙保留区。

上述海洋功能保留区在规划期内保留现有的自然状态或使用状态,暂不安排开发利用方向、留待远景开发利用或海洋生态建设。随着对海洋国土功能认识水平的提高和开发利用条件的成熟,通过科学论证安排开发利用方向或生态建设方向。优先支持海洋可再生能源开发、科学研究、公益性项目及其他实验性用海活动,严格控制大规模围填海活动和其他严重改变海域自然属性的开发利用方式。

6.海洋生态保护区

海洋生态保护区分为海洋自然保护区和海洋特别保护区。其中海洋自然保护区有山口国家级红树林生态自然保护区、北仑河口国家级海洋自然保护区、茅尾海红树林自然保护区;生物物种自然保护区有合浦儒艮国家级自然保护区、合浦马氏珍珠贝自然保护区。海洋特别保护区有防城港东湾海洋特别保护区（海洋公园）、茅尾海海洋特别保护区（国家级海洋公园）、三娘湾海洋特别保护区（海洋公园）、涠洲岛海洋特别保护区（海洋公园）、斜阳岛海洋特别保护区（海洋公园）。

山口红树林自然保护区，8000 公顷，保护红树林、湿地生态系统，属于国家级；

北仑河口自然保护区，3000 公顷，保护红树林、湿地生态系统，属于国家级；

茅尾海红树林自然保护区，2784 公顷，保护红树林、湿地生态系统，属于自治区级；

合浦儒艮自然保护区，35000 公顷，保护儒艮、湿地生态系统，属于国家级；

防城港东湾海洋特别保护区（海洋公园）：防城港渔氵万岛东侧海域，314 公顷，用于海洋公园建设；兼容旅游娱乐功能，园区内适当进行城市基础设施与道路建设等；

茅尾海海洋特别保护区（国家级海洋公园）：茅尾海中部，3480 公顷，用于国家海洋公园建设，适度开展海上观光旅游、海上运动、休闲渔业、增养殖等活动；

三娘湾海洋特别保护区（海洋公园）：钦州三娘湾海域，用于国家级海洋公园建设；兼顾旅游娱乐功能；保护中华白海豚及其海洋环境；

涠洲岛海洋特别保护区（海洋公园）：涠洲岛东侧和西南侧海域，1739 公顷，用于珊瑚礁生态海洋公园建设；

斜阳岛海洋特别保护区（海洋公园）：斜阳岛东西两侧海域，142 公顷，用于珊瑚礁生态海洋公园建设。

第四节　经济空间和生态空间的协调以及陆海统筹管理协调

一、海洋经济空间与海洋生态空间关系协调

（一）海洋经济发展空间开发利用要求

海洋经济发展空间包括港口开发建设区、工矿与城镇建设区、旅游开发区、农渔业区。海洋经济发展空间为海洋经济产业发展和工业城镇拓展提供

服务,各2级分区的发展导向如下:

1. 港口开发建设区

主要用于港口建设、运行和船舶航行及其它直接为海上交通运输服务的活动,包括港口区、航道区和锚地区,严禁其他海岸工程或海洋工程占用深水岸线资源。重点保障铁山港、北海港、钦州港、防城港等港口发展需要。在已经开发利用的港区、锚地、航道以及规定的航路及其保护范围内,禁止开展与航运无关、有碍航行安全的活动;在未开发利用的港区内,无碍港口功能发挥的海洋开发活动应予以保留,但上述开发利用活动在港口开展建设时,应逐步予以调整和撤出。新建、改扩建港口航运区应根据相关法律法规严格论证,优化工程平面设计,尽量降低其对海洋生态环境的影响;改扩建航道、锚地时应尽量降低对临近功能区主导功能的影响。严格控制港口开发区填海造地范围和规模,合理利用港口疏浚物。港口区执行不低于四类的海水水质标准,航道区和锚地水域执行不低于三类的海水水质标准。新建和邻近海洋生态敏感区的港口应根据周边海洋功能区的环境质量要求提高水域环境质量标准。

港口开发建设区应围绕形成大西南最便捷出海通道和海港交通的目标,充分开发防城港、钦州港、北海港、铁山港等,结合后方铁路、公路的建设,有计划地扩建、改造、配套完善防城港、北海港和钦州港,逐步形成以港口为轴心的临海工业体系。

2. 工业与城镇建设区

主要用于临海工业园区和城镇拓展建设,包括临海工业建设区和城镇拓展建设区。重点保障国家产业政策鼓励类产业用海,优先满足铁山港工业区、钦州港工业区、企沙工业区用海需求,适度支持北海、钦州、防城三市城市空间拓展需要。围填海要严格执行围填海年度计划制度,合理控制新增围填海规模,加强平面设计方案的优化,切实贯彻节约、集约用海原则,提高海域空间资源的整体使用效能。采取有效措施,防止工程建设污染海域环境,防范海洋灾害的侵害和风险事故的发生。根据周边海洋功能区的环境质量要求,确定工业与城镇建设区水域环境质量标准。

工业建设区应依托深水港区,促进电力、冶金、石化、钢铁、食品等耗水量大的产业向沿海发展;培育发展海产品深加工、海洋生物制药、海洋化工等海洋产业;承接国内外船舶修造业的工业转移,建设修造船基地;合理开发广西沿海丰富的石英砂资源,以油气加工及选矿业为龙头,建立广西最大的油气加工和玻璃工业基地;开发广西丰富的海水及其化学资源以及地下卤水资源,形成海洋盐业、盐化工业、海水直接利用业、海水淡化产业等;开发广西海洋能、风能、太阳能和海洋空间资源,形成新型空间利用产业和海洋服务业;积极推动北部湾盆地油气资源在国家层面的合作勘探、开发,共同实现规模化开发海底油气资源。

城镇建设区应整治提升城市滨海区的海岸景观,保持优良的海水水质环境和多样性的海洋生物环境,适当建设亲海基础设施,提高滨海城市的品位和形象。

3. 滨海旅游发展区

主要用于滨海旅游度假、观光、休闲娱乐、公众亲海等公益性服务,可适当建设旅游基础设施。重点保障北海银滩、涠洲岛、三娘湾、七十二泾、京族三岛等旅游区发展需要,加强滨海旅游区自然景观、滨海城市景观和人文历史遗迹的保护和旅游服务基础设施建设。加强自然景观和旅游景点的保护,严格控制占用海岸线、沙滩的建设。旅游区的污水和生活垃圾处理,必须实现达标排放和科学处置,禁止直接排海。修复受损区域景观,养护萎缩和退化的海滨沙滩浴场。

滨海旅游发展区应实施旅游精品战略,充分开发广西的沙滩、海水浴场、海岛风光、自然生态、人文历史遗迹、民族风情、珍稀生物等旅游资源,提升滨海休闲度假、滨海文化体验、滨海生态观光三大主导旅游功能,把沿海地区建成南疆特色滨海旅游区。

4. 农渔业发展区

主要用于拓展农业发展空间和开发利用海洋生物资源,可供围垦,海上养殖,人工鱼礁、渔港和育苗场等渔业基础设施建设,海水增养殖和捕捞生产,重要渔业品种养护等。禁止在规定的养殖区、增殖区和捕捞区内进行有碍渔业生产和污染水域环境的活动,其他用海活动要处理好与养殖、增殖、捕捞之间的关系,避免相互影响。保证营盘渔港、犀牛角渔港、企沙渔港等重点大型渔港建设需要;有序、有度利用近海渔业资源,保护珍珠母贝、近江牡蛎等种质资源;保护蓝圆鲹和二长棘鲷等重要的经济渔业品种及其产卵场、越冬场、索饵场和洄游路线等栖息繁衍生境。

农渔业区要合理开发利用海洋生物资源、开展围垦养殖、滩涂养殖、浅海养殖,建设和完善渔港等渔业基础设施。建设一批休闲渔业主题园、海上游钓公园、海上休闲渔庄、海上休闲渔排、观赏鱼养殖基地等。

（二）海洋生态保护空间保护要求

海洋生态保护空间包括海洋自然区和海洋特别保护区,用于保护珍稀、濒危海洋生物物种、经济生物物种及其栖息地,以及有重大科学、文化和景观价值的海洋自然景观和历史遗迹。保护区内应加强海洋生物多样性、重要海洋生境、海洋景观、海洋资源的保护,禁止其他用海干扰保护目标和保护对象。各2级分区的保护目标如下:

1. 海洋自然保护区

对于自然保护区本身的空间布局,可以分为核心区、缓冲区和实验区。对于自然生态系统保存完好的区域、珍稀濒危野生动植物和重要遗传资源的集中分布区,以及对保护区整体生态具有决定性影响的区域,应当划定为核心区;为保证核心区免受人为干扰和影响,应当在核心区外围或者外侧划一定区域作为缓冲区;核心区、缓冲区之外为实验区。

对于保护对象为典型性、代表性生态系统的自然保护区,重点保护其生态系统的完整性,保护生境基础条件不受破坏,其周边海域严禁外来物种入侵。对于保护对象为珍稀、濒危物种保护的自然保护区,重点保护其生境基础条件,并对保护物种进行周期性的保护观测调研,辅以必要的人工培育。可根据保护对象的生活习性,规定绝对保护期和相对保护期。绝对保护期内,保护区内禁止从事任何损害保护对象的活动,但经该保护区管理机构批准,可适当进行科学研究、教学实习活动;相对保护期即绝对保护期以外的时间,保护区内可从事不捕捉、损害保护对象的其他活动。

对于红树林自然保护区,在保护自然资源和自然环境的前提下,可以因地制宜,合理发挥保护区红树林生态系统资源潜力和优势,采用先进技术和设备,适度开展生态旅游(如学术考察、观鸟、自然风光游等)和生态养殖(如基围养殖、围网养殖和封滩轮育生态养殖等),促进保护区和周边社区的经济共同发展,最终使保护区实现人类与红树林湿地自然环境的和谐统一。

对于北仑河口国家级自然保护区,由于北仑河是中国和越南两国的界河,地理位置特殊,位于北仑河口我国一侧红树林的保护直接涉及我国领土的安全,必须确保红树林防风消浪和促淤造陆的生态功能,防止土壤侵蚀和保护海堤,以维护我国的国土安全和海洋权益。

对于合浦儒艮自然保护区,因海草床是儒艮(我国一级保护哺乳动物)活动和觅食得场所,且海草生长有明显的季节性,故必须制定海草床的保护措施,围垦养殖、围网养殖、贝类采捕、拖网等渔业活动,不得造成海草和海草床的损坏。

对涠洲岛火山地貌自然地质历史遗迹自然保护区,可划定一级保护区、二级保护区和三级保护区。一级保护区:对国际或国内具有极为罕见和重要科学价值的地质遗迹实施一级保护,非经批准不得入内。经设立该级地质遗迹保护区的人民政府海洋行政主管部门批准,可组织进行参观、科研或国际交往;二级保护区:对大区域范围内具有重要科学价值的地质遗迹实施二级保护,经设立该级地质遗迹保护区的人民政府海洋行政主管部门批准,可有组织地进行科研、教学、学术交流及适当的旅游活动;三级保护区:对具一定价值的地质遗迹实施三级保护,经设立该级地质遗迹保护区的人民政府海洋行政主管部门批准,可组织开展旅游活动。

2. 海洋特别保护区

具有特殊地理条件、生态系统、生物与非生物资源及海洋开发利用特殊要求,需要采取有效的保护措施和科学的开发方式进行特殊管理的区域,分为海洋特殊地理条件保护区、海洋生态保护区、海洋公园和海洋资源保护区等4种类型。与海洋自然保护区的禁止和限制开发不同,海洋特别保护区按照"科学规划、统一管理、保护优先、适度利用"的原则,在有效保护海洋生态和恢复资源的同时,允许并鼓励合理科学的开发利用活动,从而促进海洋生态环境保护与资源利用的协调统一。

(三)海洋经济空间与生态空间关系协调

在海洋经济空间与海洋生态空间的2级分区中,海洋生态保护区的边界及其面积具有约束性,边界内,禁止开展与保护区保护目标不一致的开发利用活动;经济空间各2级分区的边界是导向性边界,不作为开发利用活动选址约束性条件。在海域经济分区属性未实现之前,可保留现有开发利用活动或进行其它不对经济分区属性造成不可逆转改变的开发利用活动;当海域经济分区属性实现之后,只能安排与经济分区属性相适宜和兼容的开发利用活动。

海洋功能保留空间随着对海洋国土功能认识水平的提高,通过科学论证可转为海洋经济空间或海洋生态空间。

二、陆海统筹关系协调

(一)填海造地关系统筹协调

根据《中华人民共和国海域使用管理法》第三条和第四条,海域属于国家所有,国务院代表国家行使海域所有权。单位和个人使用海域,必须依法取得海域使用权;国家实行海洋功能区划制度,海域使用必须符合海洋功能区划,国家严格管理填海、围海等改变海域自然属性的用海活动。经济空间内的填海造地活动,应按照国家海洋局《关于改进围填海造地工程平面设计的若干意见》(国海管字〔2008〕37号)和国家海洋局关于《填海项目竣工海域使用验收管理办法》(国海发〔2007〕16号)的要求进行围填海工程方案设计和竣工验收管理。填海项目竣工后形成的土地,属于国家所有;海域使用权人应当自填海项目竣工之日起三个月内,凭海域使用权证书,向县级以上人民政府土地行政主管部门提出土地登记申请,由县级以上人民政府登记造册,换发国有土地使用权证书,确认土地使用权。

为防止围填海规模增长过快、海岸和近岸海域资源利用粗放、局部海域生态环境破坏严重、防灾减灾能力明显降低,保障沿海地区经济社会的可持续发展,国家发展改革委、国家海洋局发布了加强围填海规划计划管理的通知(发改地区〔2009〕2976号),实施围填海年度计划管理,严格规范计划指标的使用。对于已批准的北部湾经济区包括沿海三市的港口、工业、城镇布局规划(包括重点建设区域)的填海造地规模必须在符合已批准的海洋功能区划基础上实施工程平面设计后报批。

为加强用海和用地管理的衔接、规范围填海造地管理工作,国土资源部与国家海洋局联合下发了《关于加强围填海造地管理有关问题的通知》(国土资发219号),《通知》主要内容包括区划规划衔接、计划衔接、项目审查、供地方式、调查登记和监督检查等内容,提出了6项具体要求:

一是加强规划、区划对围填海造地的引导和管理。沿海地区修编各级土地利用总体规划和海洋功能区划时,应坚持统筹海陆资源利用的原则,综合考虑区域自然、社会、经济条件和发展要求,合理确定围填海造地的用途、规模、结构、布局和时序。对用于非农业建设的,应严格控制建设用海和用地总规模,防止过度利用。要明确土地利用总体规划和海洋功能区涉及围填海造地的内容、范围、规模要相互衔接,近期围填海的规模、用途和布局要一致,远期利用方向不冲突。

二是进一步强化围填海造地计划的管理。国家海洋局负责提出全国围填海年度总量建议和分省方案。依据国家国民经济和社会发展计划,国家海洋局下达建设用和农业用围填海计划。国土资源部在下达土地利用年度计划时,将建设用围填海计划同时下达。

三是明确围填海造地项目审查相关要求。严格依照法定权限审批围填海项目,严禁将单个项目化整为零、拆分审批。坚决杜绝没有实际需求就进行围填海的行为。

四是规范围填海造地的供地方式。对用于建设且区域成片开发的围填海造地,由同级政府作为实施主体,编制区域用海规划。具体项目依法履行围填海审批手续后组织实施,形成的土地按具体项目依法履行土地供应手续。属非公益性且依法可协议出让土地的项目,签订协议出让合同并补交土地出让金与海域使用金的差价后,申请办理土地相关手续。属于经营性的项目,由国土资源部和国家海洋局另行制订规定。

五是明确围填海造地形成土地的调查登记有关事项。对具体围填海项目竣工验收后,符合划拨用地目录的,由取得海域使用权的单位和个人申请划拨国有建设用地使用权初始登记,办理海域使用证换发国有土地使用证手续,注销海域使用权。

六是明确围填海造地的监督检查。沿海各级国土资源主管部门对围填海形成的土地纳入每年土地卫片执法检查范围。沿海各级海洋主管部门及其所属的海监队伍,加强围填海项目的监督检查。

(二)陆域国土空间和海域国土空间关系统筹协调

在地球家园中,人类生活的陆地面积仅占地球总面积的29%,71%的地球表面积是海洋。海洋可以供给人类生存与发展所需的丰富资源,其储量远比陆地多得多。从全球发展趋势上看,进入21世纪,随着陆地资源因长期的开发利用而日趋减少,人类要维持自身的生存与发展,必须充分开发利用和保护地球上宝贵的海洋资源。

坚持陆海统筹,在长远发展战略选择上要"重陆兴海"。沿海国土空间的开发利用,必须与海洋国土的资源特色相得益彰。严格按照海洋国土空间发展类型划分和功能定位,有序开发:宜港区域,布局开发港口仓储物流业和临港工业;宜渔区域,发展渔产品加工业;宜生态保护和旅游开发区域,适度发展生态观光旅游和开发滨海旅游业;等等。同时,海洋产业的发展也要陆域空间产业布局相辅相成:在核电、化工、钢铁等工业区近岸海域,不宜布局渔业养殖,宜布局配套港口泊位;在城镇人口密集居住区近岸海域,不宜布局港口泊位和渔业养殖,宜建设景观休闲海岸;在河口咸淡水交界浅海区域,营养盐丰富,宜发展渔业养殖;等等。

(三)陆海污染控制和生态保护关系统筹协调

1. 严格控制陆域城镇和工业尾水达标排放

广西北部湾海域属半封闭性大陆架海域,湾多水浅,等深线大致与海岸线平行;近岸海域水动力场基本属集中于海湾深槽的往复流,两侧存在大量的水交换不活跃的弱流区,自净能力比较有限。根据《广西壮族自治区碧海行动计划》,将入海河流以外的主要污染源进行归并,在广西近岸海域规划了9个主要入海排污区和集中纳污海域,并核算了各主要纳污海域的主要污染物最大容许排放量。应落实节能减排措施,尾水排放量和尾水中各污染物总量不能超出各纳污海域的环境容量。主要措施包括:

◆治理工业污染源。各级政府及有关部门,要采取积极措施,加快产业结构调整,积极推行清洁生产,提高能源、资源利用率;实行污染物总量控制,严格执行国家关于建设项目的环境影响评价制度;在工业集中的区域建设大型的污水综合处理厂,提高工业污染的治理水平。

◆治理沿海城镇生活污水。随着沿海地区经济的蓬勃发展,沿海地区人口密度不断扩大,大量含有氮、磷、有机污染物的生活污水排放入海域,将造成近岸海域富营养化加剧,加剧海域赤潮的范围和频率。应确实加强沿海城镇生活污水处理,全面推动沿海城市生活污水处理厂的建设。

2. 控制农牧业对海洋环境的污染

包括:

◆治理农业污染源。随着农用化肥和农药的广泛使用以及养殖业的快速发展,农业排放的废水已成为重要的污染源。在调整农业生产结构的同时,应大力推广有机复合肥、土杂肥的使用,加大生物肥开发力度,减少化肥使用强度,积极推广高效、低毒、低残留农药特别是生物制剂、菊酯类农药使用,禁止使用有机氯等高毒、高残留农药。

◆严格控制畜禽养殖污染。合理布局养殖密度,科学控制养殖容量,施行集约化畜禽养殖场废水达标排放。

第五节　近岸海域建设区填海造地规模测算

一、重点建设区填海造地规模测算

按照广西北部湾经济区发展规划和沿海三市城市总体空间布局规划,广西海域开发利用的重点建设区域主要有防城港企沙工业区、防城港企沙东部离岸岛、渔澫港区、钦州港工业区、北海铁山港工业区,这五大重点建设区为主要填海造地区,经测算共 147.5 平方公里。

1. 防城港企沙工业区建设区及其填海造地规模

企沙工业区选址于企沙半岛西部,拥有水深、避风、航道短、潮差大、可用岸线长、基本无淤积的优良建港条件。企沙工业区依靠深水码头,主要布局建设钢铁、电力、石油化工、机械、修造船、建材等大型项目,发展重点放在以钢铁产业为龙头,积极拓展钢铁产业链,努力创造发展家电、造船、集装箱等产业的机会,相应适度发展煤化工产业。

企沙临港工业区空间布局包括"两轴、三片、六区"。两轴:规划的南北向疏港路、东西向跨东湾大桥,这两条主路在推动开发中起基本骨架作用,是带动整个企沙地区开发的两条发展轴;三片:把企沙半岛按照自然地形特点分成赤沙片、企沙(镇)片、潭油片三片,作为不同时序进行开发建设;六区:将规划的企沙临港工业区根据不同功能相互之间的关系划分为六种类型功能区:工业与仓储区、修造船工业区、水产品加工区、综合生活区、预留城市发展区以及以天堂滩、蝴蝶岭、玉石滩等景点为主的旅游休闲区。

按照最新修测的海岸线计算,如果工业区和配套专用港区全部建成,企沙工业区填海造地约 17.6 平方公里。

2. 防城港企沙半岛东部离岸岛填海造地规模

根据《企沙工业区总体》规划,企沙半岛东部拟通过离岸填海,用于发展石化产业用地。虽然在近期内,企沙上石化的前期基础条件缺乏,近期上项目可能性也很小,但因为石化产业用地大,企沙半岛陆地面积有限,且根据一般经验,同一个地区钢铁和石化同时发展,对基础设施协调要求高,用地矛盾大,因此预留作为石化产业用地空间约填海造地 36.2 平方公里。

3. 防城港渔澫港区建设区及其填海造地规模

防城港是中国大陆海岸线最西南端的深水良港;是全国 25 个沿海主要港

图 10-3　企沙临港工业区海域使用布局图

口之一,中国西部地区第一大港;防城港渔澫港区位于江山白龙半岛和防城企沙半岛之间的防城湾,三面环山,港湾可利用岸线长,水深条件、避风条件优良。

防城港渔澫港区第一至第四作业区沿着渔澫岛南部的西岸和东岸布置,第五作业区布置在防城港西湾西岸(西湾大桥南面)。第一作业区岸线 2639 米,主要布置散货、件杂货泊位;第二作业区岸线 2470 米,主要布置散货、集装箱泊位;第三作业区岸线 1556 米,主要布置大宗散货泊位;第四作业区岸线 3747 米,主要布置散货、集装箱泊位;第五作业区岸线 5480 米,南段主要布置液体散货、件杂货泊位,北端规划港口支持系统使用岸线 600 米;第六作业区岸线 2850 米,主要布置大宗散货泊位。

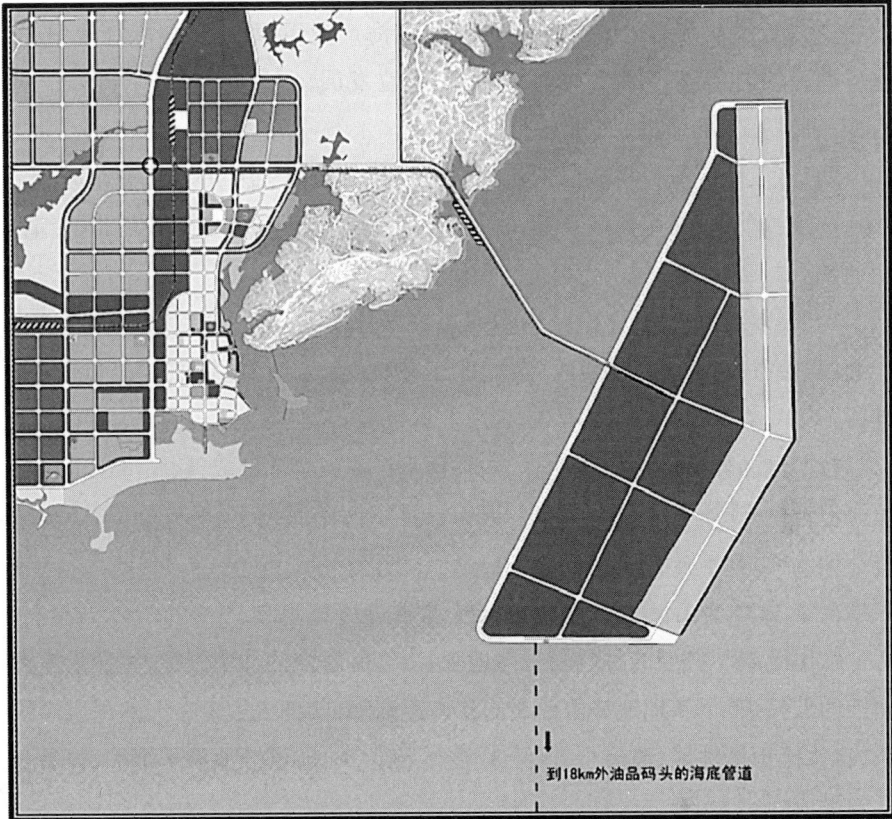

到18km外油品码头的海底管道

图10-4 企沙东部离岸岛海域使用布局图

按照最新修测的海岸线计算,如果这些作业区全部建成,港区将填海造地约12.4平方公里。

4. 钦州市钦州港工业区建设区及其填海造地规模

钦州港天然深水岸线63公里,内湾深槽天然水深一般-15—-22米,最深处达-28.5米,避风条件好、回淤小,是我国非常宝贵的天然深水良港,是孙中山先生《建国方略》中规划的"南方第二大港"。

目前钦州港已建成投产的码头有:中国石油广西石化公司10万吨原油接卸泊位2个,5000吨和3000吨成品油泊位各2个;钦州港一期万吨级泊位2个,二期5万吨级通用泊位2个;东油沥青5万吨级油气泊位1个;开盛5万吨级油气泊位1个;中石化3万吨级油气泊位1个;广明万吨级油气泊位1个;华润红水河5万吨级泊位1个;国星5000吨级液化气泊位1个。

钦州港工业区作为临海工业基地、重化工业基地、加工制造业基地、物流中心,将朝着"北部湾地区的核心工业区、沿海产业组织中心、海港物流中心、服务西南辐射东盟的国际航运中心"的定位发展。在空间布局上,形成"两心、一轴、四区"的结构,如图10-4。

两心:工业区服务功能由工业区配套服务中心、生活中心两部分组成。

一轴:滨海公路综合联系轴,联系钦、防、北沿海城镇和产业发展带的综合交通轴。

四区:以滨海公路、金鼓江为空间边界划分4大片区,分别为金谷北石化产业区、金谷南综合工业港区、金光北工业区、金光南制造加工与国际贸易港区。

按照最新修测的海岸线计算,如果这些作业区全部建成,钦州港工业区将填海造地约53.5平方公里。扣去近年已批填海用海约12平方公里,还将填海造地约41.5平方公里。

5.北海市铁山港工业区建设区及其填海造地规模

铁山港属于典型的台地溺谷湾地貌,由于受海潮的冲刷侵蚀,海洋沿岸多剥蚀的低丘,整个基地地势由西北向东南逐渐降低,伸入大海。天然深水岸线长、自然掩护条件好、波浪小、泥沙来源少、潮差大,航道港池易于维护,容易开发建设成深水大港。

铁山港现有地方码头11个,其中5万吨级电厂专用煤码头1个,2万吨级商业起步码头2个(在建),5000吨级石油气装卸码头1个,其余为50—500吨级地方小型码头。

铁山港区是广西的临海工业基地,整个工业区的工业包括一类、二类和三类工业其中:一类工业用地包括配套产业用地和保税出口加工用地,以一般加工业为主;二类工业用地包括装备制造业和部分综合企业;三类工业包括石化、林浆纸、船舶修造业等。仓储物流用地综合考虑工业布置及交通条件,分三类集中布置在工业区内。港区规划五个码头作业区,分别为石化码头作业区、大宗干散货码头作业区、集装箱码头作业区、通用码头作业区以及企业码头作业区。

按照最新修测的海岸线计算,如果这些作业区全部建成,铁山港区将新增填海造地约49.8平方公里。

二、其他主要建设区填海造地规模估算

其他主要建设区填海包括：工业与城镇建设区中的白龙尾工业与城镇建设区、企沙半岛东侧工业与城镇建设区、茅尾海东岸工业与城镇建设区、廉州湾工业与城镇建设区和营盘彬塘工业与城镇建设区；港口开发建设区中的竹山港口开发区、京岛港口开发区、潭吉港口开发区、白龙港口开发区、防城港西湾港口开发区、茅岭港口开发区、沙井港口开发区、龙门及观音堂港口开发区、那丽港口开发区、北海港口开发区和涠洲岛港口开发区；滨海旅游发展区的旅游基础设施填海；农渔业发展区的渔港基础设施建设填海。由于这些建设区的填海造地规模有赖于所在区域的发展需求和开发利用方案，暂按地形环境特征和建设类型宏观估算，共约68.7平方公里，如下表：

表 10-5　部分建设区填海造地规模估算结果表

建设区名称	填海造地规模（平方公里）
白龙尾工业与城镇建设区	1.28
企沙半岛东侧工业与城镇建设区	10.40
茅尾海东岸工业与城镇建设区	6.00
廉州湾工业与城镇建设区	9.09
营盘彬塘工业与城镇建设区	7.50
竹山港口开发建设区	0.12
京岛港口开发建设区	0.85
潭吉港口开发建设区	0.56
白龙港口开发建设区	1.25
防城港西湾港口开发建设区	0.82
防城港暗埠口江港口开发建设区	9.24
茅岭港口开发建设区	0.68
沙井港口开发建设区	0.54
龙门及观音堂港口开发区	5.37
三墩外港开发建设区	2.66
那丽港口开发建设区	0.22
北海港口开发建设区	1.40
榄根港口开发建设区	10.28
涠洲岛港口开发建设区	0.46

三、填海造地规模测算结果汇总及潜在问题分析

根据估算结果,2030 年共区划和规划填海造地用海约 216 平方公里,用于物流仓储用地、临港工业区、港区建设、沿海城镇拓展、旅游基础设施建设等。

围填海是人类向海洋拓展生存和发展空间的一种重要手段。在围填区土地上,建起了农业资源开发基地(如辽宁省大洼围区、江苏省大喇叭围区)、重要能源与工业企业基地(如上海石油化工公司、浙江秦山核电站)、大型国际机场(如上海浦东机场、香港、澳门机场)、滨海城镇拓展用地(珠江三角洲的部分城区、厦门市的部分城区)、大型港口(上海的洋山港)、休闲胜地(如天津海滨浴场),还出现了多个全国百强县(如浙江萧山市、绍兴县等),对推动国家经济建设和地方经济发展起到了很大的作用。实践证明,围海造地是我国沿海地区解决土地紧张问题和拓展生存空间较好的途径之一,我国的围填海建设大致经历了以下几个阶段:

1. 20 世纪 50 年代,除群众自发性的小规模围涂外,政府组织围垦了一部分土地,兴办了一批国营农场、华侨农场、军垦农场、养殖场等,除有较大面积用于盐业生产以外,一般规模不大,面积较小。

2. 20 世纪 60 年代初期,在人民公社、大跃进和农业学大寨形势下,从新中国成立前群众自发的小规模、低标准围海,发展成由社队集体或地方政府组织的大规模围涂造地运动。部分省、市还为此成立了专门的围垦海涂管理局、围垦指挥部等管理机构,制定了一些管理办法。在"以粮为纲"的思想指导下,提出了"向海要地,与海争粮"的口号,使围海由群众性的自发行动走上了有计划有领导的阶段。

3. 20 世纪 60 年代中期到 80 年代末期,在上阶段积累的经验基础上,扩大了围海范围,即从高滩围海开始发展到中、低滩促淤围海,从河口海岸筑堤围海扩大到堵港围海。各级政府开始加强对围海工作的管理,注意了工程的前期工作,开始协调围海与治水及其他行业之间的关系,对工程建设建立了一定的审批手续和制度。本阶段的围海工程,规模明显扩大,工程难度增加,但施工仍以人力为主。这期间不少围海是上万亩至 10 万亩一宗的大工程,除少数因故失事,或因规划不周而停建以外,大都获得了成功,并取得了显著的经济效益。

4. 20 世纪 90 年代及以后,各级政府进一步加强了对围海工作的管理,加强了围海工程的总体规划,重点协调处理好围海与江河治理、河道行洪、排涝、引水和航运、环境、生态各个方面的关系,妥善处理局部利益和整体利益的关

系,近期利益与长远利益的关系;坚持围海工程严格按照基本建设程序办事。90年代以后的围填海主要用于港口及临港工业开发、城市空间拓展建设。

然而,围填海可能带来一系列的负面效应,例如滩涂浅海湿地减少、生物栖息地丧失、近海水动力环境改变、港湾淤积、海岸侵蚀以及污染、溢油等事故灾害风险的集中等,特别是海湾内的围填,将大大缩短海湾的自然演化进程,减少海湾寿命,使海湾提前衰亡。当填海造地平面布置和人工构筑物布局不合理,将使海湾的水动力环境和动力地貌环境发生改变进而影响海湾的开发利用活动甚至使港口城市走向衰退。例如,泉州港在宋、元时期曾是世界性大港,港口包括洛阳江口之后诸港、大盈溪口之安平港和泉州湾口的獭窟岛港等,到了明朝,却因港口淤塞而使建立了380余年的泉州市舶司迁往福州。又如山东蓬莱的登州港,曾是北方重要的海洋文化发源地和东方海上丝绸之路的始航地。由于流入登州港湾的黑水、密水两条河数千年携沙沉淤,加上垃圾入海人为淤积和筑墙修坝,1860年终因"港狭水浅"、不适合通航而将通商口岸改至烟台,从此登州古港衰落,蓬莱逐步失去了作为区域中心城市的地位。香港由于平地少而山多,港英政府早年便已经常进行填海工程以扩展土地;香港主权移交后,香港政府的填海工程依然没有减少。今天的维多利亚港由于经多次填海造地已面积大幅减小,船舶活动密度加大,海上的交通却一天比一天频繁,船行波浪比往日增大,船舶航行条件恶化,体形较小的船只在海上航行摇曳不定,海运事故增加,部分航道的大型船舶通航被局部限制。

因此,围海造地应执行严格的论证,包括海岸稳定性、地形地貌变化、潮汐梯度变化、行洪安全、通航安全、生态环境变化等的论证以及围海造地的后评估,包括海平面变化的影响、地面沉降的影响、对河道纳潮梯度的影响等。建议做好前期的数模、物模实验,充分论证吹填造地工程的影响,采取适当的防范对策措施,确保现有港湾良好条件以及生态良好环境不被破坏。同时对于规模化的填海造地,还要充分考虑沙土石方的来源。

第六节 海岸带和近岸海域开发利用及保护策略

一、港口海域开发利用策略

世界各国主要沿海城市的发展与兴起多以港口为依托,如鹿特丹、安特卫普、温哥华、新加坡、中国香港、上海等。港口与城市的发展息息相关,港口的兴衰对城市甚至国家的经济影响极大。因此,各国城市都在港口建设上采取积极的态度,港口与城市共同发展已成为各国及各地政府的共识。在经济全球化迅速发展的背景下,实施环北部湾区域经济的合作与开发不仅成为中国及地方政府发展战略的重点,而且也成为相关国家发展战略的重心所在。

广西港口海域的开发利用以建设亿吨级大型组合港为目标,促进沿海港口向大型化、专业化方向发展,提高港口竞争力。

1. 防城港

国务院通过的《全国沿海港口布局规划》已将其规划为我国沿海的主要港口和综合运输体系的重要枢纽,是我国西南地区实施西部大开发战略和连接国际市场、发展外向型经济的重要支撑,是西南地区出海大通道的重要口岸。防城港由渔澫港区、企沙港区和东兴港区三大港区组成,同时预留企沙半岛南段岸线和大小冬瓜岸线为远景港口发展区。根据运输社会化、规模化、专业化的要求,将通过政府的宏观调控、引导,对港口功能进行合理布局。

渔澫港区:岸线,可建泊位 96 个。

企沙港区:岸线,可建泊位 235 个。

东兴港区和其他港点:建设对越边境贸易散杂货泊位和渔货两用港。

2. 钦州港

钦州港为服务临港工业为主的地区性重要港口,近期主要依托临港工业开发,形成以能源、原材料等大宗物资运输为主的规模化、集约化港区;远期发展成以服务临港工业为主,兼顾为港口腹地利用国际国内两个市场、两种资源服务的多功能现代化港口。钦州港划分为三个大港区、三个小港区和若干个小港点。主要港区分别为西港区、中港区和东港区,小港区分别为茅岭港区、沙井港区和那丽港区,小港点分别为东场、沙坪等港点。

钦州西港区:作为临港重化工、石化、能源电力、煤化工、造船、装备制造业等的专用配套港;

钦州中港区:作为散矿、散粮、集装箱等三大专业化中转运输基地;

钦州东港区:作为远期规划。

茅岭港区、沙井港区和那丽港区:地方散杂货装卸作业和渔货船停泊。

3. 北海港

北海港属于以商贸和旅游服务、临港工业为主的地区性重要港口。北海港按地理位置划分为 8 个港区,即:铁山港港区、石步岭港区、涠洲港区、大风江港区、海角老港区、侨港客运旅游泊位港区、揽根港区、沙田港区。其中,铁山港港区、石步岭港区、涠洲港区等三个港区为主要生产性港区,大风江港区、揽根港区、沙田港区等三个港区为未来发展及地方配套港区。

石步岭港区:现有万吨级以上泊位 4 个,其中 1 万吨级泊位 2 个,2 万吨级泊位 1 个,3.5 万吨级泊位 1 个。以集装箱、散货运输和国际客运码头为主的综合性海港,并作为广西唯一的国际海上旅游服务功能区,力争发展成为国际邮轮停靠的母港。

铁山港区:现有地方码头 11 个,其中 5 万吨级电厂专用煤码头 1 个,2 万吨级商业起步码头 2 个(在建),5000 吨级石油气装卸码头 1 个,其余为 50—500 吨级地方小型码头。重点发展以石油化工、煤化工、能源电力、林浆纸一体化以及装备制造等临港工业为主的现代化海港。

涠洲岛港区:南湾北岸建有水产码头,现已停止使用;涠洲码头(现有客货码头)为高桩框架式结构,建有 500 吨级泊位 2 个;中国海洋石油南海西部公司在涠洲岛西部建有 2000 吨级和 5000 吨级油气码头各 1 个和 60000 吨级单点系泊油气码头 1 个;涠洲岛西北角高岭附近在建客货码头,其中客货泊位 1 个,滚装船泊位 1 个。作为地方性旅游港和重要的油料战备储备库涠洲岛中转基地。

侨港港区:现有客滚泊位 2 个,辅助泊位 1 个,均为 2000 吨级。现有航道水深为-3.5 米。以国内航线为主的旅游港。

揽根港区:以杂散货运输为主的 10 万吨级以下的公共港区。

其他港区均为以杂散货运输为主的万吨级以下的公共港区。其中海角老港区现有泊位 4 个,其中千吨级泊位 2 个,200 吨级泊位 1 个,千吨级客滚泊位 1 个,岸线全部使用,没有预留发展岸线;沙田港区现有 300—500 吨级泊位 3 个。

二、旅游海域开发利用策略

滨海旅游业已成为沿海国家竞相发展的重点产业,与海洋石油、海洋工程并列为海洋经济的三大新兴产业。世界主要滨海度假旅游区分布在地中海沿岸、加勒比海沿岸和太平洋的部分区域,滨海生态旅游发展较好的发达国家有美国、法国、西班牙、意大利、澳大利亚等。我国滨海旅游开发最早可上溯到 19 世纪,开始于秦皇岛的北戴河,但当时的北戴河海滨主要用于避暑、疗养。

滨海旅游作为一项产业是进入 20 世纪 80 年代后才出现的,开发利用形式大致有:

1.滨海观光旅游:观览自然风光、名胜古迹等,即"单纯的观景旅游"。

2.滨海度假旅游:度假活动与观光、游览、体育、健身、文化娱乐及商务贸易活动相互结合,成为颇受旅游者欢迎的一种旅游产品形式。例如大连的金石滩、三亚亚龙湾、北海银滩、涠洲岛。

3.滨海生态旅游:以海洋生态保护、珍稀物种保护为旅游目的的参观游览,需要控制游览人数数量和游览时间。

综合北部湾经济区旅游发展规划和北海、钦州、防城港城市总体规划中的滨海旅游开发规划,滨海旅游开发规划如下:

防城满尾金滩—江山半岛旅游区:建设江山半岛—西湾新城—沙潭江—渔满岛—跨海大桥—江山半岛的滨海景观大道,将江山半岛旅游度假区和新、老城区的滨海景观、景观节点串联成为防城港市的滨海风景旅游带。

钦州"七十二泾"游乐中心:恢复钦州古八景之一——龙泾还珠,利用海岛优势,建成集自然景观和人文景观于一体的滨海型旅游区;改造并提升仙岛公园、茅尾海、龙门岛、亚公山、青菜头、绿岛、五马归槽等景点;新辟从沙井游艇俱乐部和辣椒槌游艇码头的水上游览线路。

钦州三娘湾旅游区:打造成国际知名、北部湾重要的休闲产业基地。依托滨海风情和中华白海豚两大特色,发展海滨度假、休闲游憩;开辟滨海活动区和海上活动区,建设高档滨海浴场、淡水泳场等,建设白海豚科普展览馆,开辟白海豚驯养,海底潜水观赏等参与性项目;建设度假酒店、海滨度假村、渔家度假村,提供多样化的旅游休闲功能。

北海市银滩旅游度假区:西起冠头岭的大墩海,东至北海半岛大冠沙,绵延24公里,已建成国家级旅游度假区,北海银滩度假区由三个度假单元(银滩公园、海滩公园、恒利海洋运动度假娱乐中心)和陆岸住宅别墅、酒店群组成。海水浴、海上运动、沙滩高尔夫、排球、足球等沙滩运动以及大型音乐喷泉观赏、旅游娱乐等是北海银滩旅游度假区的主要内容。整个旅游度假区由海滩向内陆划分为四个地带:沙滩休闲带,低密度低强度的滨海度假设施带,湿地生态带,中等强度的观海开发带。强化空间布局的韵律感与休闲设施使用的便捷度,并重点突出规划布局对丰富沙滩活动及提高吸引力所起的促进作用。

山口红树林生态旅游区:1990年9月经国务院批准建立的我国首批(5个)国家级海洋类型保护区之一,1993年加入中国人与生物圈,1994年被列为中国重要湿地,1997年5月与美国佛罗里达州鲁克利湾国家河口研究保护区建立姐妹保护区关系,2000 年 1 月加入联合国教科文组织世界生物圈,2002 年被列入国际重要湿地。作为海洋生态旅游区开发,主要开发内容为:1)修建中国红树林博物馆;2)在不破坏红树林生态的前提下,搭建竹木架,开挖潮沟,建红树林迷宫;3)开发海上美人鱼游览线;等等。

涠洲岛—斜阳岛旅游区:保护性地利用涠洲岛火山自然地质遗址景观和涠洲岛珊瑚礁生态景观,建设国内一流、国际知名的休闲度假海岛,"涠四海风景,汇五洲风情"。涠洲岛以中高端旅游为主,特别是南湾和石螺湾(滴水至石螺口),可以建成高端的度假胜地,最高端的旅游项目放在斜阳岛上。构建"一岛一湾一环五片一海",即"11151"发展格局。"一岛":斜阳岛顶级休闲度假岛;"一湾":南湾风情度假湾;"一环":环岛风景廊道;"五片":石螺口高端度假区、东岸国际社区、西港生活区、热带农业观光区、热带海岛生态保护区,形成各具特色的五大休闲度假片区;"一海":海洋休闲运动区。

三、临港工业区海域利用策略

发展临海型工业体系的三个必要条件:深水大港、陆域开阔、淡水充足。具备这些条件的区域是社会经济发展的珍贵资源。我国已经进入重化工业阶段,经济发展对钢铁、机械、炼油和石油化学工业等需求旺盛,发达国家的实践证明:临海型工业布局是促进重化工业发展的成功实践。国家也充分认识到这一点,从新一轮的国家产业布局调整看,为加强能源安全建设,国家正在沿海地区布局一批重化工业项目。广西北部湾经济区三个港口有区位、自然资源、电力、土地、劳动力和政策上的优势,其中最大的优势是区位优势,特点是多区域合作的交汇点,既是我国沿海地区资源进入东盟市场,也是东盟国家资源进入我国沿海地区的最便捷之路。

广西北部湾经济区临港产业主要规划布置在企沙工业区、钦州港工业区以及铁山港工业区。参考《防城港企沙工业区总体规划》《钦州市钦州港工业区规划》《北海市铁山港工业区规划》,广西临港工业区开发建设中的海域利用主要为工业区建设用填海造地、配套港口泊位及进出港航道、取排水等。

四、渔业海域开发利用策略

渔业海域开发利用主要包括渔港及渔业设施基地建设海域、海水养殖海域(含围垦池塘、滩涂、海上设施养殖)和捕捞海域。

海岸带是全球单位面积生物生产力最高的区域,也是人类可利用生物资源的重要生产基地。在内陆许多地区的自然条件恶劣、土壤承载力有限的情况下,要解决粮食问题,单靠内陆日益减少的可耕地资源是远远不够的,必须向海洋要食品和蛋白质,充分利用广阔的海岸带资源,发展科学化、集约化、生态化、田园化的海水养殖,不仅是开发利用海洋生物资源的趋势和热点,也是人类生存和发展的需要。但在城市化过程中,近岸海域更多地作为港口航运、旅游休闲开发,导致渔业水域水质不适宜于渔业生产,并且随着城市化进程的深入,渔业生产也会有部分转移到休闲旅游渔业。

根据现行功能区划和相关涉海规划布局,结合广西沿海的实际情况,广西渔业海域主要分布在近岸和近海农渔业区以及养殖尚未退出的其他非养殖区等。养殖海域的开发利用要以优势特色名贵品种为重点,发展规模化设施化浅海海水养殖,压缩近海捕捞,拓展外海和远洋捕捞,发展方向如下:

1. 生态工程化养殖。强调养殖新模式和设施渔业中新材料与新技术的运用,建立动植物复合养殖系统,优化海域的养殖结构,设计现代养殖工程设施,实施养殖良种生态工程化养殖,有效地控制养殖的自身污染及因养殖活动对海域环境造成的影响。

2. 控制和压缩近海传统渔业资源捕捞强度,加强重点渔场、江河出海口、海湾等海域水生资源繁育区的保护,实行禁渔区、禁渔期和休渔制度,确保重点渔场不受破坏。投放保护性人工鱼礁,加强海珍品增殖礁建设,扩大放流品种和规模,增殖优质生物资源种类和数量,加强珍稀濒危物种保护区建设。

3. 发展都市休闲渔业和海洋旅游渔业,在渔业和滨海旅游业之间建立连接桥梁。伴随城市生活品位提高,旅游观光、休闲娱乐等时尚文化兴起,对渔业生产过程的有关环节进行整合、凝练和提升,以渔港、渔村为依托,以渔文化为主线,形成具有旅游价值的垂钓、潜水、观光、度假以及体验渔家风情等为主题的休闲产业。此外,基于人类对动物天赋表演的兴趣和对各种水产动物的欣赏等,还可发展观赏渔业。

另外,根据广西海域使用现状,广西现有渔港有 30 多个,经农业部审批并公布的有 13 个:中心渔港 1 个,即南万渔港;一级渔港 5 个,分别是北海港渔业港区、企沙渔港、营盘渔港、龙门渔港、犀牛角渔港;二级渔港 2 个,分别是沙田渔港和渔万渔港;三级渔港 5 个,分别是电建渔港、涠州渔港、石头埠渔港、大风江渔港和双墩渔港;其余为普通群众渔港。目前获国家规划投资建设的沿海渔港有 10 个,其中:中心渔港 5 个(北海南湾中心渔港、北海内港中心渔港、北海营盘中心渔港、钦州犀牛脚中心渔港、防城港企沙中心渔港);一级渔港 5 个(北海电建一级渔港、合浦县沙田一级渔港、钦州港渔业基地一级渔港、钦州龙门一级渔港、防城港渔洲一级渔港)。随着广西北部湾经济区发展规划和沿海城市发展规划的实施,这些渔港有的需要进行整合,有的退出,同时将增加一些水产品加工与贸易基地。例如北海城市规划将主城区内包括南漫渔港在内的所有渔港搬迁,集中在营盘镇和沙田镇设立两个全市性的中心渔港;防城港的万欧渔港、红沙渔港、红星渔港、茅岭渔港、潭吉渔港、京岛渔港、玉石滩渔港等则随着工业化和城市化可能进行改造或退出。

渔业捕捞海域主要分布在涠洲岛北端即北纬 21°05′ 线以北的海域,连接涠洲岛至广东省海康县流沙港以西-20 米等深线以内海域。该海域可使用国家规定的渔具或人工垂钓的方法获取海产经济动物;同时遵照南海渔政分局规定,每年 12 月 5 日至翌年 5 月 20 日为禁渔期;12 月 16 日至翌年 8 月 9 日为禁虾期,此期间禁止底拖网渔船以及其它有损幼鱼幼虾的作业方式在该区作业。此外,整个广西沿岸为刺钓作业海域。

五、其他海域开发利用策略

根据广西海洋产业发展导向、海洋功能区划和相关涉海规划,广西的海域开发利用还包括矿产资源利用海域、海水资源利用海域、排污倾废利用海域等。

矿产资源利用海域分布在涠洲岛西南海域油气资源开发海域、合浦西场官井钛铁矿开采海域、大风江中间沙海砂开采海域。对探明的固体矿产区要根据不同矿种,按相关的法律法规和不同政策进行开采。海砂开采应严格开展论证,合理控制海砂开采的数量、范围和强度。加强北部湾广西沿海矿产、油气等资源勘查与开发。

海水资源利用海域有竹林盐场、大灶盐田区、平山盐田区、企沙盐场、江平盐场等 5 个,但面临转业转产要求。

对于海洋新兴产业,积极开发鲎试剂、海洋功能食品、海洋药物、海水珍珠和海藻类系列产品、海洋生物肥料等海洋生物产业和开发以溴系列制品、苦卤综合利用制品、精细化工产品等为重点的海洋化工。

六、无居民海岛开发利用策略

依据《中华人民共和国海岛保护法》,结合广西海岛的自然资源、环境条件特征,资源保护和开发利用现状及社会经济发展规划,广西壮族自治区已组织编制了《广西海岛保护规划(2011—2030 年)》,根据广西海岛分布、资源、环境、保护与开发、社会经济发展现状的实际情况,按照海岛规划分类体系,将广西无居民海岛划分为3个二级类11个三级类。

表10-6　广西无居民海岛功能分类保护体系

一级类	二级类	三级类	海岛分布位置
无居民海岛	特殊保护类	国防用途海岛	钦州湾中部的大胖山,防城港湾西湾的将军山。
		海洋自然保护区内海岛	涠洲岛国家地质公园内的猪仔岭岛,北仑河口红树林保护区内的独墩岛。
	一般保护类	保留类海岛	铁山港湾北部无居民海岛6个;大风江河口湾北部无居民海岛20个;大红沙—细红沙海域无居民海岛8个;旧洋江—火筒径海域无居民海岛58个。
	适度利用类	旅游娱乐用岛	①流江口无居民民海岛;②犀牛脚沿岸无居民海岛;③七十二泾无居民海岛;④金鼓江无居民海岛;⑤龙门北部沿岸无居民海岛;⑥企沙港沙耙墩无居民海岛;⑦防城港西湾无居民海岛;⑧珍珠港湾东南部无居民海岛;⑨红沙海区六墩无居民海岛。
		交通运输用岛	港口用岛:①观音堂无居民民海岛;②钦州港三墩无居民民海岛;③暗埠口江无居民海岛;④东湾潭油港海域无居民民海岛;⑤云约江无居民海岛;⑥铁山港斗谷墩无居民民海岛。 路桥用岛:①西湾跨海大桥北风脑岛、龙孔墩无居民海岛;②龙门跨海大桥无居民海岛;大风江口抄墩无居民海岛。
		工业用岛	①东湾榕木江海域无居民海岛;②企沙半岛南部蝴蝶墩、蝴蝶岭无居民海岛;
		仓储用岛	钦州港三墩无居民海岛
		渔业用岛	①铁山港湾北部无居民海岛;②大风江河口湾无居民海岛;③西村岛北部沿岸海域无居民海岛;④西村岛南部沿岸海域无居民海岛;⑤大陶蚝场沿岸海域无居民海岛;⑥红沙—盐田海域无居民海岛;⑦尖山江—三角井村沿岸海域无居民海岛;⑧白沙江沿岸海域无居民海岛;⑨企沙港海域无居民海岛;⑩珍珠港湾东部沿岸海域无居民海岛。
		农林牧业用岛	①南流江口北部无居民海岛;②大风江河口湾无居民海岛;③茅岭江口西岸海域无居民海岛。
		城乡建设用岛	①钦江口无居民海岛;②东茅墩无居民民海岛;③生牛朴沿岸无居民岛。
		公共服务用岛	助航导航用岛:①铁山港湾北部的老鸦洲岛;②钦州湾口东部的大庙墩岛、中部的青菜头岛、小果子山。 科学研究用岛:珍珠湾小双墩岛。

七、海岸带和海洋环境保护策略

（一）污染控制

1. 重点抓好陆源污染物排海控制。加快沿海城镇和工业区生活污水、工业废水、垃圾处理设施建设，实现污水、固废、废气的集中处理、达标排放。抓好农村面源污染控制与整治工作。建立和实施入海污染物总量控制制度，减轻和控制沿海工业、城镇生活污水、农业面源污染海洋环境，有计划地消减污染物入海总量。加强对南流江、钦江、大风江、茅岭江、防城江和北仑河等主要入海江河入海口和各类陆源排污口特别是大中型工矿企业和北海市、钦州市、防城港市的重点排污口的监测管理力度。

2. 加强海上污染源控制管理。加强港口、船舶和海洋工程的污染防治，防城港、钦州港、北海港、铁山港等大中型港口和海洋工程全部安装废水、废油、垃圾回收与处理装置，达标排放；海洋工程建设严格执行海洋环境影响评价制度，环境保护设施应当与主体工程同时设计、同时施工、同时使用；工程建设和运营过程中，采取有效措施防止污染物大范围扩散，污水排放符合国家和地方排放标准或污染物排海总量控制指标；采取科学的方式从事海水养殖，减少养殖饵料及药物对海洋环境的污染；严格执行倾倒区科学论证和审批程序，依法申报和批准废弃物海洋倾倒区；加强海洋倾倒区的监测、监督与管理，优化废弃物海洋倾倒区在沿海三市的区域布局，合理利用海域的纳污能力，充分保护海洋环境与海洋资源。建立完善环境污染、溢油与赤潮灾害监测及应急体系，控制重大涉海污染事故发生。

3. 开展重点港湾污染治理，实行污染物排海监控。加强北海外沙内港、防城港区、钦州港区、企沙港、铁山港湾、廉州湾、钦州湾、防城港湾以及南流江口、茅岭江入海口、防城江入海口等重点污染区域的综合整治和管理。实施对各类严重损害海洋环境的污染源进行全面监控，确保重点海湾总量控制目标的实现。

4. 加强近岸海域环境质量控制管理。客货运港口一般控制在第四类水质以内，但竹山港、京岛港、茅岭港、沙井港、那丽港、大风江港等靠近保护区或重要生态区的港口控制在第三类水质以内；各类航道区控制在第三类水质以内；沙田渔港、营盘渔港、电建渔港、涠洲渔港、北海地角渔港、龙门渔港、企沙渔港、控制在第四类水质以内，其它渔港控制在第三类水质以内；养殖区控制在第二类水质以内，增殖区控制在第一类水质；涠洲岛西南海域油气资源开发区等矿产资源开发区控制在第三类水质以内；涠洲岛、斜阳岛旅游区等旅游风景区一般控制在第二类水质以内；盐场附近海域控制在第二类水质以内；铁山港、地角等排污区控制在第三类水质以内；山口红树林生态自然保护区等海洋和海岸自然保护区、生物物种自然保护区等控制在第一类水质；城市、工业排污口区控制在第三类水质，废弃物海洋倾倒区控制在第三类水质；各类预留区和功能待定区在明确功能和正式利用之前应控制在第二类水质以内。

（二）海洋生态保护

1. 加强海洋生态区建设。进一步完善山口红树林生态国家级自然保护区、合浦儒艮国家级自然保护区、北仑河口国家级自然保护区、茅尾海红树林自然保护区和北部湾二长棘鲷幼鱼、幼虾、珍珠、文蛤、牡蛎、方格星虫等天然苗种场的基本建设与管理保护措施，规划建设钦州三娘湾海洋生态区、北海涠洲岛—斜阳岛珊瑚礁海洋生态区，建立健全地方性保护区管理法规体系，实现保护区的规范化管理，使重要海洋功能区、珍稀濒危海洋生物资源、特殊海洋自然景观和历史遗迹得到有效保护与恢复。

2. 加强典型生态系统的保护，维护恢复近海重要生态系统的生态功能。开展红树林、珊瑚礁、海草床、河口、港湾湿地等典型海洋生态系统及生物多样性的调查与保护研究。依据海洋功能区划、广西海洋经济发展规划以及有关产业政策，结合沿海中长期经济社会发展需求，科学合理规划各区域的开发容量，有序安排和协调各种海陆开发活动，动态调控海洋开发利用强度和分布区域，建立协调的生态经济模式，获得最佳的整体效益。加快南海北部湾北部广西海域海洋渔业资源维持生态功能保护区推进工作，严格按照国家伏季休渔制度对北部湾渔场进行控制性管理。

（三）海岛生态保护

加强以涠洲、斜阳两岛和钦州茅尾海"七十二泾"岛群为主的海岛生态环境保护与建设，重点抓好火山地质地貌、珊瑚礁、其它海洋资源和生物多样性的保护，提高其生态服务功能。有选择地进行海岛开发利用与保护示范。加强外来种引入海岛的管理，实行外来种引入海岛审批制。

（四）生态灾害防治

1. 赤潮灾害防治。根据自治区《赤潮灾害应急预案》完善赤潮监测系统，加强有关赤潮监测的队伍建设，加强各地、各部门的合作，提高赤潮灾害应急响应能力和赤潮早期预警能力，以有效减少赤潮造成的危害。针对近期拟在沿海上马的若干重大项目,有步骤地扩大赤潮监控的范围。

2.溢油灾害防治。完善海上溢油监视监测体系,建立和完善海上溢油监测台站,提高监测水平;建立溢油事故应急响应机制和支持信息系统,加强海上溢油和船舶危险化学品事故应急反应能力建设,加强海上溢油事故应急反应队伍和溢油应急装备库的建设,提高海上重大溢油事故的应急处置能力。

3.外来物种入侵防治。对从国内外引进海洋生物物种实行严格的管理;建立引种风险评估制度,加强海洋生物及其制品检疫,规范引种程序,避免或减少引种带来的负面影响;进行互花米草等外来物种入侵调查,对已发现的外来物种入侵进行评估,确定治理方案。开展外来物种监测及应急管理,及时发现并采取有效措施清除外来物种或控制其扩散范围,确保海洋生态安全。

4.加强海岸侵蚀防治。根据海洋功能区划、广西及沿海中长期经济社会发展规划等规划岸线的使用并预留发展空间,严格控制岸线外侧的工程建设、砂石开采等开发活动,建设海岸生态隔离带,将海岸工程建设控制在海岸生态隔离带向岸一侧,并针对易毁岸段的特点采取一定的防护措施,防止海岸侵蚀,保护海岸景观和生态功能。实施广西沿海海岸防护林带、湿地植被保护修复工程,加强防城港市企沙镇岸段、东兴市和北海市合浦部分侵蚀岸段的治理与保护。

第七节　海岸带环境综合治理和生态修复保护工程

根据北部湾经济区发展规划和防城港、钦州、北海 3 市产业发展部署规划,按照未来 20 年的产业发展情况及海洋生态环境变化趋势,针对海岸带和近海海域海底冲淤环境、水质底质环境、生物多样性等部署环境综合治理工程和生态修复保护工程,同时对产业部署较为密集的港湾(如茅尾湾、铁山港等),提前安排部署海洋生态环境保护工程。

一、海岸侵蚀防护工程和海水入侵防护工程

广西侵蚀海岸主要分布于北海半岛北部沿岸的北海外沙至高德外沙一带、合浦北暮盐场至合浦珍珠养殖场岸段、营盘镇以东至南康河口西侧岸段、高德岭底岸段、江平万尾岛南岸、企沙湾口东侧岸段、沙螺寮一带。

在这些侵蚀岸段中,北海外沙至高德外沙沿岸已筑有人工堤保护海岸;合浦北暮盐场至珍珠养殖场之间的岸段同样见到北海组边缘陡坎濒临岸边,

海滩上部侵蚀树根裸露,下部则冲刷出露北海组红层;南康河口两侧的侵蚀岸段,北海组和湛江组构成的陡崖高达,崖脚下可见海蚀穴及海蚀凹槽,海滩下部可见冲刷出露的北海组红土层或湛江组杂色黏土;高德岭底附近活海蚀崖濒临海岸;江平万尾岛南岸由于海浪侵蚀强烈,多处人工海堤被海浪冲垮,向陆地推进3—10米不等,防护林树根裸露;企沙湾口东西侧岸段实地可见多处人工海堤、人工海岸被海浪冲垮、冲毁现象。局部地段沿岸的松树由于海浪冲蚀使得树根裸露,有的树木甚至被冲倒。海岸侵蚀造成的影响主要有:海岸崩退、海堤损毁、滩涂沙源流失甚至导致其类型改变等。其中沙源流失导致滩涂类型改变主要发生在防城港市沙螺寮一带,该地段岸滩原为沙滩,近年来由于被侵蚀,其侏罗系岩质滩底逐渐裸露成为岩滩。

广西沿海大部分地区海水入侵极轻微或无海水入侵迹象,仅北海市海角大道一带和南部侨港局部地段出现海水入侵。动态监测资料表明,北海市海角路一带海水入侵于20世纪80年代末至90年代初开发热潮时最甚,面积达3平方公里左右,其间造成市自来水公司厂部开采井等大批水井咸化报废。现海水入侵范围有所缩小,仍然咸化的地段是因为几家冷冻厂利用开采井抽水制冰的缘故。北海市南部侨港镇,入侵面积曾经达0.5平方公里,现入侵范围也有所缩小,仍然咸化的地段主要是因为该地段仍有冷冻厂在开采地下水以及侨港水厂的地下水开采。海水入侵造成的影响主要有:土地盐渍化,影响淡水资源、影响陆域植被发育、腐蚀构筑物等。

海岸侵蚀岸段多是由于海上风浪作用强烈造成的,在工程上多采用建设挡浪堤或建设护岸的形式。海水入侵多是由于地下水补充来源缩减或地下水过度开采造成的,在对策上多采用增加地下水补给和减少地下水开采的途径。

二、海湾海域或河口海域环境综合治理工程

广西沿海的主要入海河流的河口一般都连接着海湾,自西往东有珍珠港湾、防城港东西湾、茅尾海、廉州湾、铁山港等。这些海(港)湾不仅具有优越的建港条件,还是沿海地区调整农渔业经济结构发展海洋产业的有利场所。新中国成立以来,特别是20世纪80年代改革开放以来,主要港湾均得到了不同程度的开发利用,为沿海地区经济的发展起到了积极的至关重要的作用。同时也带来了不同程度的淤积等问题,一些享有天然深水良港美誉的港口近年来不得不花费大量的财力物力进行疏浚处理,一些海湾水下地形的不断变化也引起了人们的关注。

1. 珍珠港（湾）

资源环境现状

珍珠港（湾）地处广西沿海西部，口门西起沥尾岛的东沙头，东至江山半岛的白龙台，口门宽约 3.5 公里。全湾岸线长 46 公里，海湾面积 94.2 平方公里，其中滩涂面积 53.33 平方公里。湾内有数条小河流入海，生长有连片红树林。该湾为"南珠"的养殖基地。

开发利用规划

环珍珠港（湾）分布有江平镇和江山乡，西岸为"京族三岛"，东岸为白龙半岛。根据防城港市发展规划，江平镇将依托京岛风景名胜区等旅游资源、潭吉港和京岛港等港口设施，建设江平工业集中区，江山乡将发展水产养殖及综合加工、开发江山半岛旅游。

海域环境综合治理导向

保护红树林湿地生态系统，遵守北仑河口红树林自然保护区管理规定；

保护"南珠"繁育、养殖生长环境；

潭吉港和白龙港开发建设及其停泊水域和航道疏浚，疏浚泥沙应作为回填料或到指定抛泥区处置；

严格控制沿岸的工业尾水、生活尾水、畜禽养殖污染源和农田径流污染源。

2. 防城港东西湾海域

自然资源环境现状

防城港（湾）位于广西沿岸西部，湾口朝南，口门东是企沙半岛，西为江山半岛，NE—SW 走向的渔万岛将海湾分为两部分，东湾为暗埠口江水道，西湾为防城港。湾口宽 10 公里，全湾岸线长 115 公里，海湾面积 115 平方公里，其中滩涂面积 75 平方公里。西湾有防城江注入，东湾有榕木江、风流岭江、云约江等，湾内防城江口、榕木江口、风流岭江口等滩涂湿地生长有红树林，河口区滩涂有大量围垦养殖区，养殖品种以对虾、牡蛎、文蛤、青蟹四大优势品种为主。

开发利用规划

渔潢岛南部的西岸和东岸将布置港区的第一至第四作业区，防城港西湾大桥南面将布置港区的第五作业区，西湾大桥北面规划开发环湾休闲旅游并适当布置旅游基础设施，防城港东湾西岸将规划建设渔洲坪海洋公园、东湾东岸将规划建设企沙工业区及其配套码头泊位等，开发利用密集度高。

海域环境综合治理导向

防城港东湾渔洲坪海洋公园建设、东西湾红树林湿地生态修复；

暗埠口江海域生态环境综合整治修复和人工岛建设；

防城港西湾休闲旅游开发(海岸景观、海上旅游娱乐设施)；

防城港西湾北部针鱼岭岛红树林生态保护与景观改善工程；

防城港西湾南部江山潭蓬古运河口海域段综合整治工程；

防城港第一至第六港区开发建设、企沙半岛西侧港口开发建设(泊位填海造地和航道清淤疏浚)，清淤疏浚泥沙应作为回填料或到指定抛泥区处置；

严格控制沿岸的港区污水排放、城区生活尾水排放以及进入河流的畜禽养殖污染源和农田径流污染源。

3. 钦州湾茅尾海海域

资源环境现状

钦州湾由内湾(茅尾海)、湾颈和外湾三部分构成，中间狭窄，两端开阔，湾口朝南，与北部湾相通。湾口门宽 29 公里，纵深 39 公里，全湾岸线长 570 公里。海湾总面积 380 平方公里，其中滩涂面积 200 平方公里，是广西沿海最大的海湾，湾内有岛屿 300 多个。内湾湾顶有茅岭江、大榄江和钦江入海，外湾东岸有金鼓江、鹿耳环江入海，河口区滩涂生长有大片红树林。钦州港位于茅尾海口门天然深水潮汐通道东岸，于 1999 年被广西壮族自治区定为临海工业港，七十二泾海岛旅游区位于湾颈海域。

目前茅尾海由于周边围塘养殖面积不断扩大以及茅尾海内大量打排吊养大蚝，海域纳潮面积不断减少，严重影响了茅尾海的水动力环境；茅尾海上游河流钦江和茅岭江带来的泥沙在河口两侧不断向海推进，茅尾海淤积严重；钦江、茅岭江带来的工业、生活污水及沿岸虾塘养殖排出的污水使茅尾海海水污染日益严重，根据广西环境状况公报，茅尾海属于轻度污染海域。

开发利用规划

钦州港区将布局码头作业区、保税物流区、保税加工区和管理服务区 4 个功能区，平均纵深约 2.5 公里；茅尾海东岸和沙井岛片区将建设钦州滨海新城(沙井风情岛和辣椒槌休闲运动文化岛)；钦州湾东岸将建设钦州港工业区，钦州湾内湾潮汐通道东西两岸和金鼓江西岸将开发建设服务于后方工业区的干散货、件杂货、集装箱泊位，钦州湾东岸大榄坪、大环、三墩将开发建设主要服务于其后方的大型临海工业区和现代物流园区，并兼顾发展大型公用泊位功能。

海域环境综合治理导向

钦江河道清淤和护岸工程建设,保障钦州防洪安全;

茅尾海浅滩清淤疏浚,增加茅尾海水深和纳潮量;

沙井岛南部红树林湿地生态修复与水下护坡保护工程;

茅尾海东岸钦州滨海新城填海造地建设;

七十二泾红树林保护和海岛生态旅游开发;

保护渔业资源、渔业水产养殖并部分转为休闲旅游渔业;

钦州港及钦州港工业区开发建设;

严格控制茅尾海内的围填海,严格控制污染物排放。

4.廉州湾海域

资源环境现状

廉州湾位于北海市北侧,湾口朝西半开放,呈半圆状。口门南起北海市冠头岭,北至合浦县西场高沙。海湾口门宽 17 公里,海湾面积 190 平方公里,其中滩涂面积 100 平方公里,该湾大部分区域水深较浅,仅在北海市冠头岭至外沙沿岸形成一条潮流深水槽。流入廉州湾的主要河流有南流江、廉州江、七星江等,其中南流江是广西沿海最大的入海河流,南流江口分布有红树林和海草床。廉州湾海域底播养殖象鼻螺。南岸建有北海石步岭港区和海角老港区。

廉州湾由于底播养殖密集,加上周边陆域污染源汇入,根据环境状况公报,廉州湾水质污染超标,曾导致湾内养殖区内出现贝类异常死亡现象。

开发利用规划

依托南流江山水风光和温泉带开发旅游度假区;依托现有石步岭港区建成以集装箱、散货运输和国际客运码头为主的综合性商港。

海域环境综合治理导向

保护南流江口红树林和海草床生态系统,适度发展生态旅游;

加强海水养殖业的管理,适当控制海水养殖面积和养殖密度,控制养殖污染排放;

严格控制沿岸港区污水排放、城区生活尾水排放以及进入南流江的畜禽养殖污染源和农田径流污染源。

5.北海大冠沙海域

资源环境现状

大冠沙位于北海市区东南方约 15 公里,东边为西村港,因其形状如冠且是大沙丘而得名,俗称大冠沙头,长满了马尾松、榄古、仙人掌和海薯藤等植被,是蛇类、地龙和雷公狗等爬行动物的栖息地,更是候鸟每年迁徙的驿站。20世纪50年代末"大跃进"时期开始修建大冠沙海堤,从西南经大冠沙头向东北方向延伸,全长数公里。经过历年的加固改造,如今已建设成为标准的一级海堤。大堤内已由原来的盐场改建成海水养殖场。现有滩涂或湿地数千公顷,生长有200多公顷的红树林,还有以跳狗鱼、青蟹、对虾、花鸽螺、泥丁和沙虫为代表的水生动物。

大冠沙碧海翠堤。十里长堤的内侧边,种有一排排马尾松树和木麻黄,树干挺拔,针叶成簇,在海边形成了一条绿色的长廊。向海一侧,风平浪静时,宽阔平坦的滩涂,在清澈的海水中泛出灿灿的银光;涨潮的时候,奔腾的排浪在深蓝的海面上,以山峦的形状滚滚而来,挟着瞬息万变的浪花由远及近,冲向沙滩,淹没红树林;退潮时的时候,则呈现出一片翠绿的红树林和望不到尽头的炫目的金沙滩,令人神往。

开发利用规划

现已初步开发金海湾红树林生态休闲度假旅游区,为我国极富滨海湿地风情和渔家文化内涵的黄金景点。可以漫步在十里大堤上陶醉于滨海风情;可以在树荫底下躺在舒适的沙滩椅上吹海风看海景遐想无限;可以在林中树干之间吊上一个网床,躺上去在海浪轻拍的韵律中入梦;可以拿着小扒犁和小竹篓跟随渔民到广阔的金滩上尽情体验赶海的乐趣,或者一起去拉大网捕鱼感受疍家人的集体主义精神。拟建设国家级海洋公园。

海域环境综合治理导向

保护防护林,保护红树林生态系统;

进行旅游承载力研究,防止过量游客干扰和损坏自然生长环境;

加强海水养殖业的管理,控制养殖污染排放;

严格控制沿岸和西村港污水排放以及进入西村港的畜禽养殖污染源和农田径流污染源。

三、沙滩综合整治与养护工程

广西沙滩资源有限,随着人们对环境的要求越来越高,应该提前对有侵蚀倾向或泥化倾向的沙滩采取修复保护工程。

1. 北海银滩

资源环境现状

北海银滩由西区、东区和海域沙滩区组成,东西绵延约24公里,均由高品位的石英砂堆积而成,在阳光的照射下,洁白、细腻的沙滩会泛出银光,故称银滩。银滩以"滩长平、沙细白、水温静、浪柔软、负氧离子高、无鲨鱼"闻名于世,是典型的"3S"(Sun,Sandbeach,Sea)景区,被誉为中国旅游的"王牌景点",每年吸引着数以百万计的游客前来旅游观光。近年来,随着游客的不断增加,洁白的沙滩被破坏得很严重,沙滩上有时可见大面积的海藻,并伴有很多垃圾,脚踩上去也不是细软的感觉,取而代之的是遭受污染后变黑、硬化的"沙块"。

资源环境现状

保护天然海滩资源,拆除不协调的人工构筑物,保护防风固沙林,旅游开发区及附近岸段特别加强排污管理及污染综合治理,不得新设置排污口、工业排水口。

2. 三娘湾沙滩

资源环境现状

沙滩长约 5 公里,宽度十几米至一两百米不等,部分沙滩处于侵蚀退化状态;潮间带地貌有沙滩、砾石滩和岩滩;部分岸段后方海岸见高约 10 米的土崖,海岸蚀退比较严重。三娘湾景区有较为完善的旅游设施,建有人工泳池沙滩浴场,作为三娘湾岸段滨海沙滩的一个补充。

综合整治与养护工程

统筹考虑滨海沙滩保护养护和海岸侵蚀防护的双重需求,拆除不协调的人工构筑物,保护海岸防风固沙林,不得新设置排污口、工业排水口。

3. 江山半岛东岸大坪坡至月亮湾沙滩

资源环境现状

本岸段岸线长度约 15 公里,以天然砂质岸线为主,间有部分岩滩岸段以及部分人工护岸;海岸后方依次为海积平原、侵蚀、剥蚀低丘;潮间带地貌以沙滩为主,滩面平缓,沙滩宽度几十米至一两公里不等;大坪坡岸段有简单的旅游设施,夏季游人较多。海滩资源开发处于较低层次。

综合整治与养护工程内容

统筹考虑滨海沙滩保护养护和海岸侵蚀防护的双重需求,拆除不协调的人工构筑物,不得新设置排污口、工业排水口。

4. 东兴澫尾金滩

资源环境现状

本岸段岸线长度约 10 公里,以天然砂质岸线为主,滩面平缓,沙滩宽度几十米至数百米不等;海岸后方为海积平原,岸线普遍处于侵蚀状态,部分岸段建有人工护岸。目前海滩资源开发处于较低层次。

综合整治与养护工程内容

统筹考虑滨海沙滩保护养护和海岸侵蚀防护的双重需求,拆除不协调的人工构筑物,保护海岸防风固沙林,不得新设置排污口、工业排水口。

四、近岸海域和海岛生态修复保护工程

1. 红树林生态恢复修复工程

资源环境现状

广西沿海现有红树林沼泽湿地8374.9公顷,其中天然林7592.0公顷,人工林782.9公顷,红树林种类有13种,分布于滩面明显的海湾和海河口汇合处的滩涂及附近。目前北仑河口红树林、山口红树林已建立国家级红树林自然保护区,茅尾海(含茅尾海、七十二泾、大风江)红树林、党江红树林已建立广西壮族自治区级红树林自然保护区。

生态修复保护工程

对于已列入自然保护区的红树林,按照自然保护区管理条例,划出核心区、缓冲区和实验区,将对保护区整体生态具有决定性影响的区域划定为核心区,同时为保证核心区免受人为干扰和影响,在核心区外围或者外侧划一定区域作为缓冲区,核心区、缓冲区之外为实验区。

对于未列入自然保护区的红树林,在保护自然资源和自然环境的前提下,因地制宜,适度开发滨海旅游或海洋公园建设。

对于北仑河口红树林,由于北仑河是中国和越南两国的界河,地理位置特殊,位于北仑河口我国一侧红树林的保护直接涉及我国领土的安全,必须确保红树林防风消浪和促淤造陆的生态功能,防止土壤侵蚀和保护海堤,以维护我国的国土安全和海洋权益。

2. 合浦儒艮生态修复工程

资源环境现状

合浦儒艮国家级自然保护区东起合浦县山口镇,西至沙田镇海域,全长43公里,总面积350平方公里,其中核心区132平方公里,试验区108平方公里,缓冲区110平方公里,是中国唯一的儒艮国家级自然保护区。这一海域生长大片海草,海洋环境质量好,有海底深槽供儒艮栖息,是儒艮的理想活动家园。

儒艮是世界上最古老的海洋动物之一,一般体长在一米至三米,体重有的超过一千公斤,行动缓慢,活动范围相对固定,并有靠近浅水域栖息的习惯。这种动物喜欢吃二药藻、喜盐草等水生植物,用肺呼吸,每隔十多分钟就要浮上水面用鼻子换气,不然就会溺死。雌儒艮平均三年产一仔,全年大部分时间都有繁殖行为,某些分布区6—9月为产仔高峰期,妊娠期约13—14个月,每胎产一仔。儒艮俗称"美人鱼",因雌儒艮哺乳时用前肢拥抱幼仔,头部和胸部露出水面,犹如美人在水中游泳而得名,是中国国家一级濒危珍稀哺乳类保护动物。

生态修复保护工程

设置儒艮自然保护区范围标志,保护海草床生境,限制在海草床分布区域内的人为干扰行为。严禁对儒艮的捕杀,并根据儒艮的生活习性,规定绝对保护期和相对保护期。绝对保护期内,保护区内禁止从事任何损害儒艮的活动,但经该保护区管理机构批准,可适当进行科学研究、教学实习活动;绝对保护期以外的时间即相对保护期,可从事不捕捉、损害儒艮的其他活动。

3. 三娘湾中华白海豚栖息生境保护工程

资源环境现状

钦州三娘湾岸段具沙滩旅游资源,其海域生长着被誉为海上大熊猫之称的中华白海豚。这一水域栖息着多达上千头的中华白海豚,中华白海豚等群种在三娘湾海域频繁出现,白、灰、黑、粉红、墨绿等色彩各异的海豚在这一带觅食、嬉戏、追逐、跳跃,游客纷至沓来,叹为观止。

生态保护工程

为保护中华白海豚的栖息活动生长环境,建设海洋公园,该岸段应加强海岸侵蚀防护,制订海岸建筑控制线,控制线向海一侧严禁建造构筑物。严格实行污水达标排放和生活垃圾处置,执行不低于GB3097—1997Ⅱ类海水水质标准。

4. 合浦珠母贝资源恢复工程

资源环境现状

合浦珠母贝又称马氏珠母贝,是世界上用于生产海水珍珠的最主要贝类,我国的海水珍珠几乎都为合浦珠母贝所产。马氏珍珠贝生长在亚热带浅海中,繁殖栖息于风浪较为平静、没有淡水河流汇入的海湾,分布于我国南海,最著名的产地当属广西合浦县,故又被称为合浦珠母贝,所产珍珠虽然个头不算大(直径6—10毫米),但其质地致密结实、表面光滑润泽、玲珑剔透、个头圆正,深受珍珠爱好者青睐,自古为朝廷贡品,享誉世界珍珠界,习称为"南珠"。

自 20 世纪 60 年代中期我国合浦珠母贝人工育苗取得成功并大批量生产之后,其养殖种苗则完全为人工苗,养殖规模因此得到很大的发展。但由于长期不注重野生合浦珠母贝资源的保护和利用,不注重科学育种及珠贝的择优、复壮培育,导致种质资源严重退化,其主要表现在珠贝个体越来越小,生长迟缓、抗病力差、成活率下降,严重影响珍珠的质量,影响"南珠"在国际上的声誉。

资源恢复工程

保护马氏珍珠贝的野生环境,并辅以必要的人工培育。

5. 涠洲岛、斜阳岛周边海域珊瑚礁生态修复保护工程

资源环境现状

涠洲岛、斜阳岛珊瑚礁是广西沿海的唯一珊瑚礁,也是广西近海海洋生态系统的重要组成部分。目前涠洲岛虽然有关部门三令五申严禁开采珊瑚礁,但私采行为仍未根本杜绝;加之岛上生产、生活污水排放、捕鱼和海水养殖,特别是旅游业发展,带动了住宿、餐饮、交通运输的发展,环保压力也不断增大。为了吸引游客,岛上潜水基地从一家发展到三家,开设游客下海触摸珊瑚项目,涠洲岛珊瑚礁面临的威胁日益严重。广西红树林研究中心的调查结果表明,涠洲岛部分礁坪上珊瑚的死亡率和白化率占覆盖率的 50%—90%。

生态修复保护工程

按照《广西海洋功能区划》(2010—2020 年)划定的涠洲岛、斜阳岛海洋特别保护区(海洋公园)范围,进行生态修复保护。

6. 钦州"七十二泾"海岛群生态修复工程

资源环境现状

钦州"七十二泾"海岛群位于茅尾海出海口,"七十二泾"又名"龙泾还珠",是集自然景观和人文景观于一体的旅游胜地。自明清以来"七十二泾"一直是钦州八景之一,自古有"南国蓬莱"之美称,今人称之为"小澎湖"。景区内 100 多个大小各异的岛屿镶嵌在波平如镜的海面上,岛与岛之间是无数曲折奇诡的水泾,其中主要水泾有七十二条,因而得名"七十二泾"。泾内生长着若干片岛屿红树林。

生态修复保护工程

按照我国加强海岛生态保护与修复工程的要求,施行退堤还海、海岛植被生态修复和红树林生态修复,改善海岛生态环境。

7. 其他退堤退垦还海海岛生态修复工程

龙门岛

龙门岛位于钦州茅尾海出口西南海域,位于茅尾海出口,东与钦州港隔海相望(约3公里),西北有茅岭江入海。龙门岛是龙门群岛中最大岛屿,为龙门镇所在地,由连岛海堤和养殖池塘将龙门岛和西村岛连接形成一体称为龙门岛;龙门岛东南沿岸已建设若干地方渔货码头,是广西沿海最大的渔业生产基地之一。龙门岛亦为历代兵家力争之地,民国时期广州江防司令申保藩曾驻扎于此,岛上至今仍保存有清代修筑的炮台遗址及民国时期修建的"将军楼"。

按照我国加强海岛生态保护与修复工程的要求,施行建设跨海桥梁、退堤还海、水道清淤、海岸加固工程。建桥退堤还海,拆除海堤公路以南、以北水道中由围海形成的农作物耕地、水稻田或海水养殖池塘等,修复水道自然原貌,促进海岛周边海水畅通,改善水道和周边海域水质环境和生态环境,恢复水中生物群落;海岸加固有利于保护岛体免受海水侵蚀而破坏,确保岛上居民生命财产安全。

潭尾岛

潭尾岛系我国广西"京族三岛"中最大的海岛,现其北面已通过围垦与大陆相连,南面有约10公里长的海滩。"京族三岛"即潭尾岛、巫头岛和山心岛,居民以京族为主,位于东兴市江平镇。其中潭尾岛被初步定名为金滩国际旅游岛,将突出其在跨境旅游合作、少数民族边关风情等与其它旅游岛不同的特色。自1993年开始,潭尾金滩被作为省级风景名胜区来开发,京港大道、民族路、京族哈亭广场、京族博物馆、海岸护堤工程等已相继建成。

我国将加强海岛生态保护与修复工程,对有特殊景观价值的海岛,将推进景观保护和环境整治。按照这一思路和理念,潭尾岛将开展退垦退堤还海,拆除周围养殖设施,拆除现有岛陆改建跨海大桥,恢复海岛海洋环境,并按照国际旅游岛定位开展岛屿生态环境整治。

麻蓝头岛

麻蓝头岛位于钦州湾外湾东部海域,其北部和东部沿岸发育有自然沙滩,由于该海岛四周沿岸建设有一条观光滨海道路,将沿岸沙堤与沙滩隔开,造成沿岸沙堤与沙滩连接的自然沙质海岸变人工海岸、破坏了沙滩自然景观。

规划将麻蓝头岛北部和东部沿岸有自然沙难分布的岸段的人工海堤拆除

并清除所有的水泥混凝土块和石块等固体废物,恢复沙滩自然原貌的长度、坡度、宽度、沙质纯净度。同时开展海岸植被恢复工程和岛上旅游设施建设工程。

蛇岭、大山佬岛

蛇岭岛和大山佬岛位于防城港红沙海域,由人工海堤连接,将两岛周边海域围海开辟形成养殖池塘,潮间带礁石裸露,破坏了红树林和天然滩涂、植被、岸线等。

规划将拆除海堤和周围池塘,清除池塘底泥,并将围塘的清淤用于海岛周围的滩涂改造;种植红树林,进行红树林滩涂修复,改造岛陆植被,种植防风林和景观树;大山佬岛建设简易码头1座。

大墩岛

大墩岛位于大风江河口湾的中部,在该岛南岸、西岸均由人工海堤与南面的龟头岛及西面的两个无名岛连接围成养殖场,其东岸局部弯曲岸段围成养殖池塘,这对该岛沿岸的红树林滩、沙泥滩和淤泥滩造成了破坏。规划拆除该岛沿岸的围海养殖和人工海堤,清除石块沙砾和混凝土块,回填沙泥和淤泥,种植红树林,恢复沙泥滩、淤泥滩、红树林滩的生态功能。

白沙墩岛生态修复工程

白沙墩岛位于大风江河口湾的中南部。该岛周边海域是养殖近江牡蛎的优良场所,近二三十年来,建有近江牡蛎养殖场多个。20世纪80年代初在岛上建有一栋二层建筑物(守护近江牡蛎养殖场,现已废弃),该建筑物对海岛的自然生态环境及植被造成较为严重破坏。因此,需要对白沙墩岛陆域进行生态修复工程。规划拆除该建筑物,清除其石块沙砾和混凝土块、钢筋等固体废物,并将所拆除的固体废物运到陆地固体垃圾处理场进行处理,禁止往海域倾倒,污染海洋环境。清除后根据该岛的植被类型进行植被的人工恢复和重建工程。

第十一章　边境国土安全建设研究

第一节　边境地区概况

一、地理位置和自然条件

1. 地理位置

广西北部湾经济区边境地区位于广西壮族自治区西南部,介于东经106°33′—108°15′,北纬21°31′—22°44′之间。东南濒临北部湾,西面和南面与越南高平、谅山两省接壤,北邻靖西县、天等县,东与上思县、扶绥县、崇左市江州区、隆安县相连,是广西乃至中国通往越南以及东南亚最便捷的通道,也是中国与东盟唯一海陆相连的区域,总面积12425.60平方公里,占北部湾经济区土地总面积的17%。

2. 地形地貌

广西北部湾经济区边境地区地势总体来看是西北高东南低,西北部地处云贵高原边缘,东南濒临北部湾海面,十万大山呈西南—东北方向横亘于南部,岭谷相间排列。边境地区地形复杂,既有山地、丘陵、谷地,也有河谷冲积成的平原,地形特点是山地多,平地少,石灰岩地层分布广。北部以山地为主,中部以丘陵和台地为主,东南部沿海则以低洼平地为主。

3. 气候植被

广西北部湾经济区边境地区处于北回归线以南的低纬度地带,夏长冬短,气温高,降水丰富。北部中低山和丘陵地带夏长高温多雨,冬短温暖干燥,无霜期长,属南亚热带季风气候区域;南部滨海地带冬无严寒,夏无酷暑,气候宜人,温、光、雨源充沛,属亚热带海洋性季风气候,全年盛行东风、东南风和南风。

植被属于热带季雨林与向南亚热带常绿阔叶林过渡的自然带,发育有针叶林、阔叶林、竹林、灌丛、草丛等五个植被类型,林业资源十分丰富。

4. 地质土壤

广西北部湾经济区边境地区地形复杂,成土母岩多样,主要为砂页岩、石灰岩、紫色岩、花岗岩等。区域内主要有红壤、赤红壤、冲积土、水稻土、棕色石灰土、紫色土,以砂页岩赤红壤面积最大。水稻土主要分布在河流小平原及融蚀谷地;赤红壤则分布于丘陵和台地,耕性赤红壤是旱地土壤的主要类型;冲积土主要分布于河流两岸,水稻土耕作层深厚,保水保肥性较好;紫色土亦分布低丘及台地,也是旱地的主要土壤类型。

二、土地开发利用现状与主要问题

(一)土地开发利用现状

根据第二次土地资源调查数据,边境地区土地总面积124.25万公顷。其中,农用地102.66万公顷,占82.62%;建设用地4.06万公顷,占3.27%;其他土地17.53万公顷,占14.11%。

1. 农用地

耕地面积25.66万公顷,占农用地总面积的25.00%,主要分布在宁明县、大新县和龙州县,以种植水稻、甘蔗、木薯和蔬菜为主。

园地4.31万公顷,占农用地总面积的4.20%,主要分布在大新县、龙州县、宁明县,以种桑养蚕、菠萝、杨桃、荔枝、龙眼、枇杷为主。

林地69.16万公顷,占农用地总面积的67.36%,主要分布在宁明县、防城区和龙州县,以速丰桉、良种松、竹子等速生丰产用材林为主。

牧草地4.4公顷,占农用地总面积的0.0004%,以人工牧草地为主,全部分布在防城区。

其他农用地3.53万公顷,占农用地总面积的3.44%,主要为农村道路、坑塘、沟渠、设施农用地和田坎等。

2. 建设用地

城乡建设用地2.98万公顷,占建设用地总面积的73.31%。其中,城市用地0.31万公顷,主要分布在防城港、凭祥市和东兴市;建制镇0.48万公顷,主要分布在东兴市、宁明县和龙州县;农村居民点2.04万公顷,宁明县和防城区面积较大;采矿与独立用地0.16万公顷,主要在大新县。

交通水利及其他建设用地1.08万公顷,占建设用地面积的26.69%。交通用地0.52万公顷,以公路用地为主;水利设施用地0.45万公顷,主要为水库水面;风景名胜及特殊用地0.13万公顷。

3. 其他土地

水域面积 3.12 万公顷,占其他土地面积的 17.79%。其中,河流、滩涂面积分别为 2.11 万公顷和 1.01 万公顷,主要河流有北仑河、黑水河等。

自然保留地 14.41 万公顷,占未利用地面积的 82.21%,以荒草地和裸地为主,面积分别为 4.42 万公顷和 9.99 万公顷。

(二)土地利用现状主要问题

1. 耕地资源匮乏且质量偏低

边境地区由于岩溶地貌广布,耕地资源缺乏。边境一线农村人均耕地不足 1 亩,低于全区平均水平。由于岩溶存在,使得当地的耕地呈现以下特点:一是农业生产受水资源制约大,有效灌溉水田仅占耕地的 33.22%;二是坡耕地比例大,以凭祥为例,坡度在 2°—15°的平坡地和缓坡地占 69%,坡度在 15°以上的斜坡地和陡坡地占 17%;三是中低产田比重大,凭祥市中低产田占耕地的 60% 以上。

2. 建设用地结构和布局不合理

农村居民点用地面积大,占城乡建设用地面积的 68.41%,而且缺乏规划引导,布局分散利用粗放。

3. 土地利用节约集约利用水平有待提高

边境地区尚有 4.42 万公顷的荒草地和 9.99 万公顷的裸地有待治理。农用地特别是耕地,产出水平低于全区平均值。人均城镇工矿用地和人均居民点用地均比广西平均水平高。单位建设用地 GDP 为 57.89 万元/公顷,单位建设用地第二、三产业产值为 42.71 万元/公顷,也均低于广西平均水平。各项指标与广西平均水平均有一定差距,土地利用效率还较低。

第二节　边境国土安全建设现状

一、基础设施

广西北部湾经济区边境地区要从根本上解决贫穷落后问题,关键是要改变边境地区基础设施、公共设施落后状况,为边境地区和边民创造一个良好的发展环境。兴边富民行动基础设施建设大会战以来,边境地区基础设施建设取得明显改善,但与全区其他地区相比仍存在差距。

1. 交通设施

农村道路——边境地区农村道路用地9023.14公顷,宁明县、龙州县和大新县农村数量多,农村道路用地面积比较大,自治区政府实施边境基础设施大会战以来,建成沙石路面的通村通屯道路近200条,农村道路得到较大程度的改善。

公路——边境地区公路里程4925公里,其中高等级公路135公里,公路用地4488.28公顷。干线公路主要有南宁至友谊关高速公路、钦州至防城港高速公路、322国道、325省道(沿边公路)。南宁至凭祥高速公路直达友谊关与越南一号公路对接,东兴与越南芒街由中越一桥相连。县域内交通主要由二级及其以下等级公路承担。

铁路——边境地区铁路营业里程102公里,用地609.60公顷,分布在宁明县、凭祥市和防城区,共有湘桂铁路(南宁至凭祥段)和南宁至防城港铁路两条。湘桂铁路穿境而过,是莫斯科—北京—河内国际铁路联运的必经之路。

港口码头——边境地区港口码头用地29.85公顷,主要分布在东兴市,竹山港、潭吉港、京岛港与华南各海港及越南各大海港通航。

表11-1 边境县(市、区)交通用地面积统计表

(单位:公顷)

区 域	农村道路	公路用地	铁路用地	港口码头用地
东兴市	286.36	291.81	0	24.12
防城区	712.04	1167.78	55.96	5.54
凭祥市	515.27	625.8	226.58	0
宁明县	3418.82	1024.34	327.06	0.19
龙州县	1786.51	765.35	0	0
大新县	2304.14	613.2	0	0
合 计	9023.14	4488.28	609.6	29.85

数据来源:第二次土地调查。

2. 水利设施

广西北部湾经济区边境地区境内分布有两大水系,即西江水系、桂南沿海诸河水系。边境地区河流水面21098.85公顷,西江水系主要河流有左江、黑水河、明江河、水口河、平而河和公安河等,分布在大新县、龙州县和宁明县境内;桂南沿海诸河水系分布在防城区和东兴市,发源于十万大山南麓,流向东南注入北部湾,主要河流有北仑河、防城河、江平江(上游叫那梭江)和罗浮江等。根据《广西中越界河整治规划》,广西中越边界以河流为界的有北仑河、披劳河和左江流域的干流平而河、支流水口河、平孟河、垌桂河、枯贡河、归春河,界河河段总长度117.50公里,其中北仑河(含支流嘉隆河)界河段长度57.95公里,披劳河(含支流那沙河)界河段长度22.42公里,左江流域界河段长度40.13公里。

表11-2　边境县(市、区)河流、水库和水利设施用地面积统计表

(单位:公顷)

区　域	河流水面	水库水面	水工建筑用地
东兴市	1058.76	729.96	54.03
防城区	9473.93	1399.63	59.99
凭祥市	374.09	150.08	6.52
宁明县	4774.7	1010.34	48.99
龙州县	3314.46	393.67	22.23
大新县	2102.91	540.08	45.34
合　计	21098.85	4223.76	237.10

边境地区水库水面4223.76公顷,主要分布在大新县的苗乔水库、岜帖水库和新怀水库,龙州县的金龙水库、青龙山水库和春秀水库,宁明县的农安水库、大闸水库和大王山水库,防城区的小峰水库、三坡水库和三曲水库等。

边境地区水工建筑用地237.10公顷,主要分布在水库沿岸和东兴市、防城区的沿海(海堤),河流沿岸水工建筑用地比较少。近年来,随着中越国境勘界工作完成,广西加快中越边境界河整治工程建设步伐,已建、在建工程24个,整治长度36.51公里。

二、城镇和农村居民点

1.城镇

塑造良好的边境城镇面貌,对全面融入多区域合作的区域经济合作机制,加快城镇化步伐,推进城乡风貌改造等将起到积极而深远的影响。根据第二次土地调查,边境地区城市用地3059.68公顷,分布在防城区、东兴市和凭祥市。建制镇用地4769.41公顷,分布在边境地区的27个建制镇,人均城镇用

地面积 161 平方米。

沿边城市——东兴和凭祥是边境地区最重要的边境口岸城市,在积极促进边贸、物流、旅游等产业,加快沿边地区开发开发进程中,起到最重要的作用。凭祥以口岸数量多、种类全、规模大的物流通道为特征;东兴则以海路相济、人流密集为特色,边贸已成规模。两个城市成为边境地区城市发展的双核。

沿边建制镇——边境地区重要的建制镇有东兴镇、峒中镇、板烂镇、爱店镇、凭祥镇、水口镇、硕龙镇、岳圩镇等。

2. 农村居民点

边境地区共有 469 个行政村,其中与边境线相接的镇有村有 90 多个。边境一线(距边境线 0—5 公里的地区)共 40 多个贫困村,贫困人口超过 5 万人。

根据第二次土地调查,边境地区农村居民点用地总面积 20375.10 公顷,人均居民点用地 167 平方米,人均住房面积 30 平方米。从农村居民点分布看,边境一线地区农村居民点用地规模小,布局分散。

三、开放合作空间

广西边境地区已经成为中国连接东盟各国的重要贸易通道。而作为对外交往和对外贸易的重要门户,边境口岸建设的现状还难以适应中国—东盟自由贸易区发展的需要。近年来,随着中越关系的改善,越南政府非常重视边境口岸的建设,先后制定出台了一系列扶持边境口岸建设的优惠政策和措施,越南边境口岸基础设施建设进展很好。在这种良好的国际形势下,中方如果不加大投入,加快边境口岸建设步伐的话,不仅会严重影响和制约边境地区的经济社会发展,而且会影响到我们的国门形象和国际地位。

(一)边境口岸

近年来,边境基础设施建设大会战的实施,较大地改善了广西北部湾经济区边境地区的交通、通讯、文教卫生状况和生产生活条件,在一定程度上也改善了边境口岸基础设施条件,促进了边境地区经济特别是对外贸易的发展,边境居民的收入也有了大幅度增长,边境口岸建设的加快推进产生了比较明显的效果,边境口岸框架已初步形成。边境 6 县(县、市)沿边分布有东兴、凭祥、友谊关、水口 4 个国家一类口岸,硕龙、科甲、平而关、爱店、峒中 5 个二类口岸,边境沿线还分布有东兴、杨屋、浦寨、平而等 19 个边民互市贸易点,成为我国通往越南最便捷的陆路通道。

表 11-3　边境地区边境口岸互市点统计表

边境县 (市、区)	边境口岸		边贸互市点
	一类口岸	二类口岸	
东兴市	东兴		东兴、杨屋
防城区		峒中	峒中、里火、滩散
凭祥市	凭祥(铁路)、友谊关	平而关	叫隘、油隘、弄尧、浦寨、平而
宁明县		爱店	北山、板烂
龙州县	水口	科甲	那花、布局、水口、科甲
大新县		硕龙	岩应、德天、硕龙

　　根据自治区商务厅统计数据,出入境货运量为 167.64 万吨,同比增长 79.53%,其中进口货运量 27.45 万吨,同比增长 12.4%,出口货运量 140.19 万吨,同比增长 47.27%;出入境人员为 496.75 万人次,同比增长 22.41%,其中出境人员为 249.31 万人次,同比增长 20.78%,入境人员为 247.44 万人次,同比增长 24.05%。边境口岸进出口主要货物为:钢材、化工产品、铁矿、橡胶、建筑材料、轻纺产品、机电产品等。

　　(二)工业开发区

　　1. 凭祥市边境经济合作区

　　1992 年 9 月由国务院特区办批准设立,国土资源部落实四至范围面积 720 公顷,以进出口加工、物流、红木产品产销为主导产业。根据第二次土地调查结果,已供应国有建设用地 282.12 公顷,已建成城镇建设用地 229.76 公顷。已建成城镇建设用地中,住宅用地、工业用地、交通用地、商服用地、公共用地和其他用地的比重分别为 6.28%、17.97%、35.19%、22.98%、8.90% 和 8.67%。

　　2. 东兴镇边境经济合作区

　　1992 年 9 月由国务院特区办批准设立,国土资源部落实四至范围面积 407 公顷,以边境贸易、产品加工和边境旅游为主要产业。根据第二次土地调查结果,已供应国有建设用地 392.57 公顷,已建成城镇建设用地 368.87 公顷。已建成城镇建设用地中,住宅用地、工业用地、交通用地、商服用地、公共用地和其他用地的比重分别为 41.45%、0.97%、12.57%、28.65%、13.82% 和 2.54%。

3. 广西凭祥综合保税区

广西凭祥综合保税区,是继中国越南同登边境跨境合作区、凭祥边境经济合作区之后凭祥市的第三个国家级开发区,作为国家战略实施,突出凭祥在北部湾经济区中的国际性和开放性,拓展全市开放合作的新空间。

(三)边境开放开发试验区

2007年广西和越南先后签署地方政府间的相关框架协议或备忘录,先后提出设立凭祥—同登跨境经济合作区和中国东兴—越南芒街跨境经济合作区。跨境经济合作功能区实施"境内关外政策",采取"境内关外、自由贸易、封闭运作"的管理模式,通过建立中越跨境经济合作区,提高中越之间通关便利化,加快投资贸易发展,开展社会文化事业、加强环境保护等方面的交流,发挥边境地区两国经济互补的优势。

2010年6月,党中央、国务院召开全国西部大开发工作会议,出台了《关于深入实施西部大开发战略的若干意见》,提出建设广西东兴、云南瑞丽、内蒙古满洲里等重点开发开放试验区,东兴市开放开发正式上升为国家发展战略。根据报国家的实施方案,东兴试验区范围主要包括广西防城港市所辖东兴市、港口区,以及防城区防城镇、江山乡、茅岭乡等,国土面积1200平方公里,重点布局国际经贸区、港口物流区、国际商务区、临港工业区、生态农业及发展预留区五大功能。东兴试验区在实施方案上采取"先行先试",即对东兴经济社会发展有重大影响、对西部地区有重要示范作用的体制创新和制度设计先行先试;对西部地区与东盟国家经济合作的重要事项先行先试;对外合作实施人员、资金、交易、投资、运输便利化的先行先试;对推进东盟产业转移及加强与东盟合作先行先试。

在深入实施西部大开发战略中,加快建设东兴试验区,有利于探索和创新西部开发开放新模式,提升沿边开发开放水平,打造新的区域经济增长极;有利于深化拓展我国与东盟国家的全面合作,深入推进中国—东盟自由贸易区建设,实现互利共赢;有利于加快兴边富民,率先实现全面小康,创建国门国界新形象,促进民族团结,稳固边疆安宁,实现睦邻安邻富邻。

四、边境

边境地区旅游资源丰富,包括自然景观和历史人文景观两个大类,涵盖自然生态景观、民族风情、边关风貌、红色之旅、历史人文等诸多内容。自然景观主要有德天瀑布、明仕田园风光、弄岗原始森林、陇瑞自然保护区、左江风光等。人文景观主要有国家级花山风景区、凭祥市友谊关、龙州起义纪念馆、红八军军部旧址、京族风情园等。中越边境游已成为广西对外推荐的旅游精品线路。

近年来,边境地区旅游业快速发展,旅游产业具备一定规模,中越边境游成为广西十大精品旅游线路之一。大新县、东兴市和凭祥市旅游业已成为地方的主导产业,在地区生产总值中占据较大的比重。

五、生态环境

广西北部湾经济区边境地区山地丘陵地貌分布广泛,是喀斯特地貌发育的典型地区,林草植被覆盖率高,生态环境质量较高。根据第二次土地调查,经济区边境 6 县林地面积达 6915.76 平方公里,占区域土地总面积的55.66%。林地主要分布于中越边境沿线,构成中越间天然的地理屏障和生态保护屏障,具有水土保持,涵养水源、改善区域生态环境和保护边境山体的重要作用,对维护边境国土安全具有重要的意见。

边境地区内受保护地区主要有弄岗自然保护区、花山风景名胜区、德天瀑布风景名胜区、友谊关风景区以及生态公益林和饮用水源地,受保护地区占国土面积比例接近 30%,重要生态地区得到较好保护。归春河、平而河、水口河、明江、黑水河、左江等河流水质均达到水环境功能区的 III 类标准要求。

第三节　边境国土安全建设存在的主要问题

一、基础设施

(一)交通设施

1.路网密度低,通达条件差

从广西交通地图看,边境地区的交通路网密度明显低于广西中、东部地区和广西北部湾经济区其他区域的路网密度。并且,交通路线连贯性差,断头路多,还有部分乡镇未通公路。边境一线(距边境线0—5公里)的农村、边境二类口岸以及边防哨所的通达性均亟待提高。

2.公路等级低,通行能力弱

从边境地区公路看,仅有 2 条高速公路,高等级公路里程仅占公路里程的2.74%,比例非常低。沿边公路,是一条沿着中越边境国境线修筑的三级公路,东起东兴市竹山镇,西到那坡县弄合村,全长780公里,是唯一横向贯穿边境地区的通道,路面宽度6.5米,道路等级偏低、路况差。北仑河一桥和湘桂铁路(南宁至凭祥段)等急需扩能改造。现有交通设施难以满足经济社会快速发展需求。

(二)水利设施

1.边境河流堤防工程缺口较大,水土流失威胁边境国土完整

根据《广西中越界河整治规划》,广西中越界河规划整治工程点37个,工程总长度87.10公里,目前已建成界河里程不足1/3,堤防工程缺口较大。广西中越边界界河均属于山区河流,地处广西的高降雨区,尤其是北仑河和披劳河,位于十万大山的南面,是广西最大暴雨中心区,流域雨量充沛,河床坡度较陡,洪水暴涨暴落。我方一侧河岛和河岸多为砂质黏土,高程较低,极易冲蚀,且由于人类活动频繁,部分河段植被破坏亚种,致使我方一侧的河岸、岛州冲刷逐年加剧,造成界河主流偏向我方或改道现象,如北仑河的独墩岛、插尾岛以及左江上的水口河段、平儿河段等,这些河段主流正在逐渐改道,偏向我方。特别是近10年来,越方十分重视界河岸线防护整治,于1994年向日本政府贷款600万美元投入界河护岸整治工程,目前已基本完成界河护岸工程,致使界河流态加剧对我方河岸的冲刷,界河主流逐年向我方侵移。

2.边境河流水质污染事件时有发生,威胁边境的生产生活安全

随着中国—东盟自由贸易区经济发展新格局的形成,中越经济不断发展,中越跨国界河流面临的环境问题和压力与日俱增。广西中越边境跨国界河流越方水污染事故时有发生,不仅危及广西边境地区及下游人民的身体健康和生产安全,也影响了中越两国的睦邻友好关系。水污染事故频发的河段主要包括水口河、平而河等越方入境河流,事故起因主要有两方面:一是工业废水未经处理排入河流。2004—2008年,越方流入崇左市龙州县境内的水口河先后发生4起水污染事故,造成我国边民网箱养鱼大量死亡,经调查污染是由于河流上游越方一家糖厂直接将废水排入河流所致。近年来与广西相邻的越南高平省采矿洗矿活动频繁,洗选矿废水也是在未经任何处理的情况下就直接排入江河,极易造成我方境内的水质污染。二是将疫病致死的畜禽投入河流。1999年以来,越方流入广西凭祥市的平而河多次出现因越方将疫病致死的畜禽投入河中,造成下游我方水源污染,导致上千头畜禽死亡的情况。

此外,广西边境市、县的环保能力建设仍很薄弱,难以保障广西边境地区的生态环境安全。表现在:一是中越边境跨国界入境河流环境监控预警基础建设薄弱。二是边境地区基层环保人员素质难以适应当前复杂的边境环保工作要求。三是缺乏中越边境环境问题沟通协商机制。

3. 水利设施陈旧,安全饮水问题未解决

边境地区现有的水利灌溉设施全部是 20 世纪六七十年代建设的,年久失修,很多已失去了灌溉作用,部分农田每年只能耕种一次,还要靠天才有收成。

人畜饮水困难。未解决安全饮水问题的人口还有近 30 万人,特别是冬春季节,饮水困难更为明显。

二、城镇和农村

(一)城镇

1. 城镇规模小,竞争力不足

以东兴和凭祥为例,城市用地面积分别为 895.39 公顷和 761.57 公顷,规模都比较小,未能形成支撑城市长远发展的空间构架,难以满足作为国家开发开放试验区的空间承载需求。越南在城镇在投资、旅游、物流方面实施了一系列特殊优惠政策,给东兴和凭祥的发展造成较大的竞争压力和挑战。

2. 功能结构分区不明显,城镇建设缺乏合理引导和控制

部分建制镇建设由于长时间缺少适合经济社会发展要求的城镇总体规划的指导,造成城镇功能结构分区不明显,城镇建设空间拓展松散,土地浪费现象严重,且多数是被占用的农田、耕地。

3. 城镇建设用地结构不合理,产业用地明显不足

长期以来,东兴、凭祥市城镇建设项目主要以商贸和房地产为主,缺乏与经济发展相适应的工业项目。工业用地分别为 30.3 公顷和 13.8 公顷,仅占城镇建设用地 5.67% 和 2.9%。产业用地的不足制约了城镇化和经济的发展,使城镇发展缺少产业的支撑,也不利于地方城镇化的快速推进。

4. 城镇基础设施配套建设不完善

边境城镇城区道路交通系统不健全,外部交通依然从城区穿过,影响城镇的生活,同时城镇道路网密度偏低,路网结构不完善,无法形成系统。大多数道路的市政管线建设不配套,尤其是排污管道和污水处理系统。城市生活污水、生产废水只经过简单处理,与雨水直接排入北仑河、凭祥河,严重污染河水,影响两岸的生态和城镇景观,既不利于城镇的可持续发展,也容易引起国际争端。

(二)农村居民点

1.越南大力资助边境农村发展,中方边境农村发展明显滞后

2000年以来,越南政府不断出台资助边境地区移民和稳定居民的政策。越南政府为稳定边境居民、鼓励人口向边境迁移、改善边境生产生活条件,制定的资助边境农村发展的政策包括:①资助投资基础设施建设,服务靠近边境居民的生产与生活,如:交通、饮水、学校、医疗站等,并优先投资无人居住的旧村(屯)、以及靠近边境的新村(屯)的基础设施建设;②资助土地和住房,移民户依政策可享受宅基地、生产用地和住房,政府对贫困家庭在修建房子时,给予资金资助(一般500万越盾/户);③资助生产,对边境地区发展森林、开荒等给予资助(开荒造田:700万越盾/公顷);④边境居民享有的优惠政策,如优先优惠贷款、每年一次给每户家畜注射疫苗;等等。这些政策对外来的移民户、边境贫困家庭、自然条件比较差的地区有所倾斜。通过政策的实施,有效地促进人口向边境县集中,边境居民点数量不断增加,规模不断增长,居民生活生产条件不断改善。

我国各级政府在对广西北部湾边境农村居民点发展上,近年来主要是实施兴边富民工程和边境基础设施大会战,但边境地区与广西其他地区相比,生产生活条件还是比较落后的。并且,边境地区享有的政策吸引力不足。因此,导致边境地区人口外迁,边境人口呈减少趋势。边境线人口的不断减少,弱化了中国的边防力量,中越双方在边境线附近的居民数量对比悬殊,威胁到边境国土安全。

2.农村居民点分布零散,住宅和基础设施建设条件差

由于长期以来缺乏规划引导,农户建房选址比较随意,村庄规模小,布局分散。目前边境地区的旧危房改造任务还很艰巨,边境地区尚存在一定数量的贫困群体,边民茅草房、危房问题尚未得到彻底解决,需要投入数亿元巨资才能彻底解决。村内水、电、气、通讯、道路等基础设施建设滞后,教育、卫生医疗等设施条件差。

教育欠债严重,城乡教育资源不均衡,边境地区、少数民族聚居地区大部分教学点教学设备缺乏,教师老龄化,教学条件十分简陋。

乡镇卫生医疗条件差。目前边境地区乡镇卫生院,基本上建于20世纪70年代初,设施简陋。

三、边境合作空间

(一)边境口岸

由于特殊的地理位置和历史的原因,广西北部湾经济区边境地区经济基础薄弱,边境口岸建设目前仍然存在一些突出问题。

1. 口岸开放开发水平较低

广西北部湾经济区边境口岸9个,其中国家一类口岸4个,尚有5个二类口岸未正式对外开放,严重影响了边境地区对外交流和对外贸易的发展。随着北部湾经济区开放开发进程的推进,进出口货物和出入境人员也随之迅速增加,因而对口岸提供服务的综合能力和便捷程度提出了更高的要求,增加口岸数量及扩大口岸开放范围势在必行。但是,由于审批环节多,周期长,增设口岸和扩大口岸开放范围难度很大。

2. 口岸硬件和配套设施比较薄弱

广西边境口岸普遍存在通往边境口岸的道路等级低,口岸过货能力不强,货场规模较小,口岸查验设施和设备陈旧,功能不够完善或不配套等问题。防城港口岸至今还没有联检办公大楼,查验单位分散办公,影响了口岸的国际形象和通关速度。东兴口岸目前只有北仑河大桥为唯一通道,人流、物流都通过北仑河桥进出,而且过载量只有20吨,货柜车通行存在着比较大的安全隐患。崇左的水口口岸没有实行客货分流,通关能力弱,中越水口大桥老化、损坏严重,只能限载通行。同时,边境口岸信息化建设普遍滞后,办公自动化程度不高,网络建设也不完善,没有形成统一的口岸信息网络平台,无法解决目前货物进出口通关需要办理手续的提速问题。

3. 口岸建设资金投入不足

边境地区长期处在战争前沿,建设起步晚,经济基础薄弱,口岸建设任务重。随着广西北部湾经济的迅速崛起,口岸查验点多线长,边境口岸设施面广量大。国家和自治区下拨的口岸建设专项资金比较少,边境地区可用财力少,口岸建设资金投入极为有限,口岸建设存在巨大的资金缺口。由于缺乏资金,边境城市防城港、崇左的物流园区、物流中心、配送中心等仍然处于规划之中,没有形成与边境贸易发展速度相匹配的现代物流设施。

4. 边境口岸经济发展的产业支撑弱

以崇左市为例,该市除甘蔗产业化有一定规模以外,其他行业产业化程度还很低,工业领域发展起步晚、水平低、规模小、基础薄弱,基本上都是资源型的传统工业,附加值高的加工工业、制造业不多,高技术产品企业几乎还是空白。同时,这种单一的经济结构一旦受到外力影响,极易产生波动。比如在2005年上半年,由于国家暂停办理出境旅游,东兴市的出入境人数锐减,旅游收入也大幅减少,对东兴市财政收入造成了较大影响。

(二)边境经济合作区(开发区)

1.合作区经济规模小,竞争力比较弱

虽然凭祥和东兴两个合作区都是国家级开发区,但由于当地的工业经济基础薄弱,产业层次低,在招商引资方面能给予的优惠政策有限,现有企业实力不强。因此,虽然经历近20年的发展,两个合作区的经济综合实力、建成规模均比较小。

2.产业用地比重低,用地结构不合理

已建成城镇土地中,凭祥和东兴边境经济合作区工业用地比例均比较低,分别为17.97%和0.97%。随着城镇规模扩大,东兴合作区用地范围纳入城镇范围内,原有工业企业发展受限搬离合作区。

3.土地利用强度低,集约水平低

凭祥何东兴合作区的已建成土地综合容积率和建筑系数偏低,土地利用强度水平不高。主要是因为合作区是以边贸为主,企业主要为物流、小型进出口加工企业,企业需要保留物资的存放地,造成企业建筑密度较低。

4.后备土地资源较少,土地供需矛盾突出

主要是东兴镇边境经济合作区,规模本身小,土地供应程度高,可供应土地已不能满足合作区的发展,用地矛盾将日益突出。

(三)跨境合作试验区

1.如何协调国家战略与地方行为之间的矛盾

建立边境开放开放实验区和中越跨境经济合作区是中越两国的国家战略,但是具体实施主要由地方政府来推动,由于涉及两个国家,决策层面主要由国家来决定,地方政府只是积极的推动者和执行者,这就存在决策者与执行者之间步骤不协调的问题,制约跨境经济合作区建设的进度。

2.如何开展有效的跨国合作是一个比较迫切和棘手的问题

跨国合作涉及的规范和框架太多,权力关系过于复杂,出现纠纷解决过于繁琐。虽然中越两国社会制度相似,但很多法律规章制度、工作方法、管理方法还有很多区别。跨境经济合作区涉及两国的外交、海关、边防检查、检验检疫、交通、经贸主管部门等,这些部门的政策和规章制度与跨境经济合作区的要求相差甚远,加大了跨境经济合作区合作和协调的难度。

3. 财力有限,基础设施建设滞后

凭祥、东兴作为广西的边境县市,经济总量不大,财政收入都不多,很难有多余的财力投入城市基础设施及口岸建设。

4. 经济结构趋同,经贸交流层次较低,形式不多

凭祥与同登、东兴与芒街的产业结构大致相同。从经济发展的实践看,经济结构趋同,意味着凭祥与同登、东兴与芒街不可避免地产生一定程度的竞争,经贸交流与合作层次较低,两地交流合作形式单一,尚未出现股份合作公司或投资对方创办大型企业等。

四、边境产业

(一)边境贸易

1. 边境贸易规模不大,档次不高

边贸的形式仍以小额贸易和易货贸易为主,加工贸易、技术贸易和服务贸易等贸易形式所占比重较小。易货贸易占用资金多、周转时间长,缺乏多样性和灵活性,一定程度上束缚了交易的发展。中越边境贸易对象较为单一,越南对中国的出口主要集中于农产品、水产品和矿产资源,中国对越南的出口主要集中于钢铁、机械和电子产品。边境地区产业结构层次低,几乎都是资源型开发,高附加值产品所占份额过小,未开发出具有竞争优势的特色产品,多数企业属于初级产品加工工业体系。

2. 贸易壁垒阻碍双边贸易的快速发展

加入世界贸易组织以后,越南将75%的工业品关税降低到15%以下,而中国的关税平均水平是9.8%,尽管如此越方仍然为中越贸易设置了种种壁垒。近年来,越南提高了部分从中国进口产品的关税税率,如普通机械由15%提高到50%,布匹由15%提高到35%,饮料由50%提高到100%。除提高关税外,越南还采取非关税壁垒政策,禁止从中国进口17种商品,而这17种商品均为我区边贸出口的主要大宗商品。这两项政策的出台,对我区边境贸易影响较大。

3. 边境口岸功能不强

中越边境口岸框架已初步形成,建成了较为完善的边境口岸体系和边境贸易市场,对应口岸和边贸市场的基础设施的建设也取得了进步。但仍存在

口岸通关能力不强、基础设施不完善等问题。部分口岸没有国门、验货场、储货仓,电子化程度低,加工流通和配送功能也较弱。例如东兴、爱店、蒲寨、水口等几个较大的口岸也仅是进行分拣、再包装、贴标签等简单的流通加工,口岸功能无法发挥应有的整体效用,远远跟不上口岸物流快速增长的需求。一些边境地区口岸和边贸市场的交通状况普遍较为落后,运输问题已成为制约口岸对外贸易发展的主要瓶颈。有35%的互市市场没有同越南公路接通,有60%的边贸公路等级低、路况差,不便于大型、大吨位的集装箱货车通行,阻碍了边境地区的进出口物流速度。例如,东兴口岸是国家一类口岸,现有口岸车辆通过能力为200辆次/天,人员通关能力2万人/天。2009年,出入境人员386万人次(其中旅游人员260万人次),进出口货物为21.36万吨。连接北仑桥的口岸道路仅7米宽且过于弯曲,只能勉强通过10吨车,贸易加强后柜车很难通过。

(二)边境旅游业

1.边境旅游基础设施建设较为缓慢,景区景点建设水平低

中国已经成为越南旅游市场的最大客源地,但边境城市政府对旅游基础设施建设的支持有限,交通、通讯等配套基础设施较东部地区落后,一定能够程度上制约了当地旅游业的发展。在景点开发上,目前广西与越南的边境旅游线路仅有三条,对区外和国际游客缺乏吸引力,国内或世界知名的景区景点较少,旅游线路有待开拓,旅游内容有待丰富。这些因素导致了旅游者在边境城市逗留时间短、消费低。如很多境外游客从凭祥市入境后就直接去了南宁或其他地方,而在凭祥市过夜的时间也非常短,据统计,凭祥市境外过夜游客中,越南游客占了98%,平均停留天数仅为1.5天。

2.旅游景区规划编制滞后,用地供需矛盾突出

部分旅游景区由于技术、资金等条件限制没有编制景区规划,对景区的发展方向、功能分区、用地布局、开发建设等缺乏统筹考虑,不利于景区的长远发展。部分旅游景区编制旅游景区规划时,没有做好与土地利用总体规划的衔接工作,用地不符合土地利用总体规划,导致旅游景区规划难以实施。同时,由于旅游开发项目一般规模较大,而土地利用年度计划指标实行指令性管理,有限的用地指标难以全部满足景区用地需求,造成旅游业用地供需矛盾突出。

五、生态环境

由于边境沿线开发力度的加大和地形地貌因素影响,区内生态环境也存

在一些急需解决的问题。

1.岩溶广布,生态环境脆弱

广西北部湾经济区边境地区岩溶广布,占区域总面积的40%以上。岩溶山地森林生态系统敏感而且脆弱,遭破坏后恢复困难。同时,岩溶地区干旱、洪涝等自然灾害频繁,岩溶地区地表水很快渗到溶洞,地面蒸发量大,地表干旱,缺水问题突出。

2.地质灾害较频繁

受经济利益驱动,不合理利用和破坏国防林地现象时有发生。陡坡开垦、乱砍滥伐、毁林开荒,加上修建公路,矿山开采等开发活动,使得部分区域地表植被屡受破坏,崩塌、滑坡等地质灾害时有发生,主要类型有滑坡、崩塌、岩溶塌陷、泥石流,发生灾害的规模均为小型,重点地质灾害隐患点50多处。

第四节　边境国土安全建设

一、基础设施建设

(一)加强交通设施建设

加强边境地区交通基础设施建设,重点是加大国省干线建设改造力度,完善高等级公路网络;推进建制村通沥青(水泥)路建设和通屯道路建设,改善农村生产生活条件;加强通往口岸、边民互市贸易点、旅游点的公路改造和建设;加快边防公路的改造和边境巡逻道路建设。

表 11-4　边境地区重点交通项目统计表

重点工程	性　质	工程内容	位　置
崇左—水口高速公路	新　建	高速公路,全长45公里	龙州县、江州区
防城港至东兴高速公路	续　建	高速公路,续建55公里	防城区、东兴市
325省道(沿边公路)	扩　建	扩能改造,里程550公里	边境各县(市、区)
中越北仑河二桥	新　建	双向4车道	东兴市
湘桂铁路(南宁至凭祥段)	扩　建	扩能改造,里程192公里	凭祥市、宁明县
行政村通村四级公路	新建、扩建		边境各县(市、区)
通屯道路	新建、扩建		边境各县(市、区)

完善边境地区高等级交通网络,续建防城港至东兴高速公路,修建中越北仑河二桥,实现防城港—东兴—芒街—海防—河内高速公路对接;推动湘桂铁路(南宁至凭祥段)进行扩能改造,提升南宁—友谊关—谅山—河内的铁路运输能力;修建崇左至水口高速公路,对沿边公路进行升级改造,服务边境经济发展和边防建设。

改善边境沿线地区农村居民点交通条件。边境地区通乡镇的公路及通往中越陆地边界戒备的公路全部硬化。距离陆地边境线 0—5 公里范围内的行政村全部通 4 级硬化路,所有的居民点全部通村级路。距离边境 5—20 公里范围内 60%以上的行政村通 4 级硬化路,其余通 4 级沙石路。

(二)加强水利设施建设

1.加快推进界河治理

安排部署中越边境线河流中方岸基和河道整治建设工程。严格按照国境线河流中线划定位置,对北仑河、平而河、归春河等国境线河流的中方岸基部分实施堤岸防护加固和建设,减少水流对中方岸基的侵蚀和冲刷作用,防治洪涝、塌陷等灾害发生,保证国土安全,防治水土流失。

重视和加强国际界河保护是维护国家利益,保障生态安全,促进和平发展的战略性任务。共同维护边境河流生态系统,共享清洁水资源,实现水资源可持续利用,促进双边和谐发展。继续对中越国界河——披老河、北仑河、左江流域界河进行整治,至 2015 年前规划界河整治长度 49.74 公里,整治工程点 16 处。工程实施后可保护国土面积 11.1 平方公里,其中保护耕地面积和养殖面积 2262.2 公顷,保护人口 8.37 万人,至 2020 年完成全部界河整治工程,界河治理工程达到 90 公里。界河治理对维护我国领土完整、维护我国尊严与形象、维持界河本来流态,促进广西中越边境地区的民族团结、社会稳定、经济发展,都具有重要的意义。

2.加强边境河流环境监控

完善中越边境跨国界河流水质监测体系,并加强人员配备和培训,对主要河段、主要水资源点进行实时自动监测监控,保障经济社会用水安全。建立两国环境污染通报制度,实现环保监测数据互认,建立和完善环境污染纠纷赔偿协商机制。

表 11-5　边境重点水利项目统计表

重点工程	性质	工程内容	位　置
一、界河治理工程			
1.北仑河整治工程	续建	修建护岸、护岛工程,整治长度16.28 公里。	东兴市
2.归春河整治工程	新建	修建护岸工程,整治长度 9.96 公里。	大新县
3.垌桂河整治工程	续建	修建护岸工程,整治长度 9.52 公里。	龙州县
4.披劳河整治工程	新建	修建护岸、护岛工程,整治长度11.23 公里。	防城区
二、界河生态环境监测工程			
1.黑水河边境河段监测工程	续建	建立监测点,实施实时监控	大新县
2.平而河边境河段监测工程	续建	建立监测点,实施实时监控	凭祥市

3.加快推进边境饮水安全工程建设

巩固兴边富民行动基础设施建设大会战成果,继续把解决边境地区农村饮水安全问题作为全区重点水利工作来落实。

通过开展调查,全面摸清边境一线群众饮水情况,建立尚未解决饮水安全问题村屯档案。在尊重群众意愿的前提下,因地制宜,采取多种模式解决边民饮水安全问题,促进边境的稳定和发展。

二、居民点建设

(一)城镇建设

1.科学规划,加强城市规划的引导和控制作用

城市规划是建设城镇、管理城镇的基本依据,是保证城镇合理开发建设和土地利用及其正常经营活动的前提和基础。加强城市规划的研究、编制和管理,可以促进我区东兴、凭祥市等边境城镇健康地发展。

2.调整城镇布局的结构与形态

东兴、凭祥市的布局结构与形态是在特定的自然地埋条件和社会文化背景的共同影响下逐步形成和发展的,与城镇的性质、功能存在一些矛盾,需要科学合理地进行调整,以利于土地的集约化使用。如城镇的发展方向、建设用地的构成和土地的置换等。

3. 完善城镇的道路交通系统

城镇的道路交通系统是构成联系城镇各个有机组成部分的支撑与骨架，是城镇人流、物流及市政工程管线的载体。东兴、凭祥市需要形成主干道、次干道、支路和广场构成的城镇道路交通系统，利于居民的出行，提高城镇运转的效率。

4. 强化城镇市政设施和环境的建设

完善的市政设施是保证城镇安全、高效运转的前提，美丽、清洁的城镇环境是市民生存的基础。东兴、凭祥市近期需要着重污水的处理、雨污分流排水系统的建设，以及城镇环境的改善，提高城镇居民的生活质量。

(二)农村居民点

1. 科学规划，合理安排边境居民点用地规模和布局

通过规划，引导居民点向边境线靠近，并在边境一线规划新农村建设，优先建设一批示范村。

2. 扎实做好边境地区住房建设和茅危房改造

继续开展边境建设大会战和兴边富民行动基础设施建设大会战，彻底解决边民茅草房、危房问题，确保户均有稳固住房面积60平方米以上。建设廉租周转房，逐步解决与越南接壤乡镇政府、学校、医院干部职工住房难的问题。所有建房户要明确有乡(镇)、村干部帮助组织实施、协调落实宅基地、组织劳动力进行施工，确保茅危房改造工作顺利进行。

3. 加强基础设施建设，改善边境地区环境

首先要抓好边境地区乡村公路和屯级公路网络建设，要在已经实现"村村通"的基础上，对路面进行硬化，提高已通公路等级。其次要加快水利工程和坡改梯工程建设步伐。要多方筹资，改善边境地区灌溉条件；要切实解决好人畜饮水困难；要继续抓好边境地区村屯电网改造，实施好广播电视"村村通"工程，提高电视覆盖率和收视率，扩大边民与外界的了解、交往和沟通。第三要加大对边境地区生态环境的保护力度，尤其是要教育边民群众退耕还林，减少水土流失，改善生存条件。对边境沿线缺乏生存条件、生活特别困难，但因守土固边不能异地搬迁的特少数民族边民，政府要认真地实行特困户生活救助制度和推行农村最低生活保障制度。

4. 扩大边境地区新型农村社会养老保险试点范围

建立和完善边境贫困地区农村最低生活保障制度和扶贫开发政策有效衔

接机制。支持边境地区根据实际情况逐步建立和完善对承担守边任务边民的补助制度。支持边境地区社会保障和社会服务设施建设,建立和完善救灾应急体系。支持边境地区公共就业服务体系建设。

三、合作空间建设

(一)边境口岸建设

1. 加快推进边境口岸和互市点对外开放

争取国家对边境口岸和互市点的重点支持,在扩大开放方面给予特殊政策支持。同时,自治区和各级地方政府在制定经济和社会发展规划,要将口岸开放规划纳入各类各级总体规划和专项规划,制定相关政策措施予以支持,逐步形成边境口岸和互市点布局合理、通过能力强、具备较强辐射作用的口岸开放格局。

根据中越签订的《中越口岸管理制度协定》,边境地区每个县级行政区至少设立一个国家一类口岸,提高广西边境口岸开放水平。加强中越双方的沟通和协调,争取尽快将宁明县爱店、防城区峒中、大新县硕龙、凭祥市平而、龙州县科甲升格为一类口岸,将里火等口岸升格为二类口岸。

2. 加强口岸基础设施建设

必须把基础设施建设作为重点,加快电子口岸建设步伐,进一步完善口岸信息网络,形成全区口岸统一、高效、安全的信息服务平台。完善口岸联检、仓储、通关、货场等口岸配套设施,全面提高口岸基础设施水平和档次。进一步加强边境地区交通、通信等基础设施建设,加快建设和完善南宁至友谊关高速公路、防城至东兴一级路和崇左至上思二级公路等一批边境地区公路项目,全面打造边境地区间"四通八达"的交通网。

根据《广西口岸发展"十二五"规划》,加快友谊关、东兴、凭祥铁路口岸基础设施升级改造,打造中国—东盟陆地便捷通道;提成和完善水口、爱店、峒中、硕龙口岸基础设施,营造一流口岸环境,体现良好国门形象;加快岳圩、平而、科甲口岸基础设施建设,全面提升口岸查验设施水平。

3. 争取国家特殊的财税政策支持

加快边境口岸的发展,仅仅依靠广西和有关边境城市的自身努力是不够的,迫切需要国家进一步加大力度,在政策、资金和项目布局等方面给予倾斜,实现更快发展。一是建议国家尽快出台相应的优惠政策,批准凭祥、东兴两市分别在自己的边境经济合作区内,设立规范、封闭的国际互市贸易加工区试点,实行"境内关外"的管理体制,形成"前店后厂、两头在外"的发展格局,有效地利用国内外两种资源,促进扩大对外贸易规模,带动边境地区经济的发展。二是建议国家借鉴越南的做法,争取国家从广西口岸税收中提成一定比例通过专项转移支付方式返还广西用于口岸建设。

4. 积极推进中越口岸国际合作

一是建立与越南边境地区的口岸合作会晤机制,就口岸开放、建设、信息交流、通关便利化建设等方面加强与越方的交流和沟通,共同促进口岸发展;二是在中越国际公路运输协定框架下,大力推进中越跨境运输便利化,积极推进开通广西与越南国际线路的公路客货运输业务,尽快实现跨境运输的直接进出;三是积极推动在广西友谊关口岸推行中越陆路边境口岸"一站式"通关模式;四是推动凭祥铁路口岸与越方同登口岸实施"一地两检"的通关模式。

5. 大力发展口岸特色经济

充分利用边境口岸的区位和政策优势,以市场为导向,大力发展农特产品加工、制糖、制药、矿产品精深加工等一批有规模、有市场、有特色的边境优势产业。加强与先进发达地区的联合,全面引进一批符合国家产业政策和拉动力强的大企业、大项目,加快边境地区经济和对外贸易的发展。进一步完善边境专业批发市场建设,扩大流通渠道。加快边境地区服务业的发展,培育一批口岸经济中介服务组织。在保证互利双赢、维护国家经济安全的前提下,大力发展边境贸易。

(二)边境合作区建设

1. 科学规划合作区用地,为统筹土地利用提供依据

科学规划合作区土地和产业定位,为统筹土地利用、道路交通、市政规划等方面提供依据和指导。

2. 营造多元化投融资环境,加大招商引资力度

通过加大财政资金扶持力度、拓宽融资平台等途径,并申请更多的优惠政策。紧紧抓住当前中国—东盟自由贸易区建成、"泛珠"合作多重发展机遇,采取项目推介会、组团招商、驻点招商等多种形式,扩大招商引资成果。

3. 盘活低效用地,提高土地集约水平

加强土地管理,积极盘活闲置土地,整合低效用地,实现合作区土地二次配置,提高土地利用效率。适当提高项目用地入园控制标准,提高土地投资强度。支持和鼓励建设多层标准厂房,提高用地强度,集约节约用地。

4.及早申请开发区扩区和区位调整,保障合理用地需求

针对后备土地不足与土地供需矛盾突出,建议东兴镇边境经济合作区尽早拟定扩区和调整区位计划,为合作区扩区和调整区位做好充分准备。

（三）边境经济试验区

1.中越建立有效的合作协调机制

中越双方要建立有效的合作协调机制,以加强相互之间的协商和衔接,保证合作项目的落实。两国省区要加强双边定期会晤交流机制,找准切入点共同推进项目进程,努力使两国政府关注、支持和批准该项目,争取中越双方共同启动建设。两国省区要加快推进项目前期工作,加强项目推进信息的交流和沟通,共同探索和落实项目管理机制、配套政策等方面的问题,尽早确定合作区的区域范围、功能定位、运作模式及政策取向,争取将项目纳入"两廊一圈"合作框架范围,在中越两国高层予以统筹推进。同时,为提升中越边境地区整体品牌,增强区域国际竞争力,中越双方应在招商引资、国际经济技术合作等领域加强交流与合作。

2.中越共同研究制定合作规划

中越两国政府以及边境省区政府组织联合专家组共同研究制定合作规划。在《中国凭祥—越南同登跨境经济合作区可行性研究》报告的基础上,推动编制中越跨境经济合作区总体方案,组织开展中方区域的总体规划、控制性详细规划的编制工作,研究编制跨境经济合作区建设方案、跨境经济合作区产业发展规划等规划。通过合作规划,实现跨境经济合作区规划、产业、政策的真正对接。

3.以新型的国际化的产业园区为目标

跨境经济合作区的设立是一项新事物,目的是用政策创新以进一步促进彼此经济技术合作,深化合作程度和拓展合作内涵,整合资源与市场,为经济发展创造新动力,从而促进边境地区经济的跨越发展。但边境地区经济发展不能再走原来的老路和传统经济发展模式,必须创新发展模式,不该把低端产业作为开发主导,跨境合作区应该向着高新技术开发、大宗国际商贸和金融产业发展,逐步建成新型的国际化产业园区。当前可以考虑的边境加工产业方向:制药、IT、高价值食品、机械制造和电子产品以及化工产品等。同时,我们还需和大新、百色等资源型城市联系起来,在凭祥建立锰产品和铝产品的深加工型企业,还可以把凭祥的稀土资源利用起来,建立深加工的稀土产品链。

4. 中越双方加快基础设施建设

基础设施建设主要包括铁路、公路、口岸以及物流网络规划、边民互市市场、物流配送、保税仓库等与经贸相关的物流设施的建设。双方要在这些方面加强交流和沟通,尽量争取同步规划和建设,实现无缝对接。

5. 争取国家给予政策支持

任何一个经济特区、经济合作区的发展,国家政策支持是必不可少的。广西壮族自治区有关部门应根据广西区情、凭祥、东兴口岸的实际情况及时向中央和国务院主管部门专题反映汇报,在原有优惠政策不变的基础上,要求给予相应的政策支持,地方获得更多的自主权,使凭祥、东兴口岸能适应新形势更好地协调发展。

四、边境产业建设

(一)边境贸易

1. 加快推进边境加工贸易发展

鼓励加工贸易向边境口岸城镇转移。重点培育凭祥、东兴、靖西三个区位优势明显、产业基础好、配套能力强、基础设施完善、具有比较优势的边境加工贸易梯度转移重点承接地。支持重点承接地与沿海发达地区开展加工贸易转移对口合作,采取资源整合、项目共建、税收共享等形式,积极承接农产品、纺织服装、电子、矿产品等加工贸易产业。利用各类资金支持友谊关工业园、江平工业园和湖润工业园区的配套工程建设、公共服务平台建设、人员培训和投资促进等方面的工作,打造加工贸易聚集区。

2. 加快推进边境商贸物流发展

加快中国—东盟自由贸易区凭祥物流园、东兴市北仑河二桥物流园等一批辐射广、功能齐、规模大的边境物流园区建设。加快凭祥、东兴边境经济合作区的申请和建设,并争取设立具有保税物流功能的特殊监管区域,完善边境保税物流体系。在凭祥市建设农产品配送中心,在江山港、果子山港等地发展煤炭和矿产品储备和配送中心。重点培育广西万通国际物流有限公司等一批竞争力强、适应边贸新形势的物流企业,鼓励拓展商贸物流领域,开展仓储、包装、配送等业务。支持重点边贸市场和物流基地的信息化建设,搭建商贸物流一体化信息平台。

3. 进一步完善口岸功能

全面提升和完善友谊关、水口、峒中、硕龙口岸功能,重点建设东兴、凭祥

(铁路)、龙邦、爱店口岸,加快建设平而、科甲二类口岸。加快推进平孟、爱店、峒中、硕龙口岸升格为国家一类口岸,支持水口口岸扩大向第三国人员开放。提升口岸基础设施水平,实现一类口岸一栋联检楼、一个验货场、八条出入境通道,二类口岸一栋联检楼、一个验货场、四条出入境通道的建设标准。加快口岸交通体系建设,形成一类口岸通高速公路、二类口岸通一级公路、各口岸之间互通互达的现代公路交通网络。加快边境口岸大通关统一信息平台建设,实现"一网联通、一站式服务、一个核心枢纽、一个载体、一个对外窗口"的建设目标,发挥电子口岸在提高通关效率,降低通关成本,扩大口岸贸易等方面的作用。

(二)边境旅游业

1.着力打造精品景区和精品路线

大力培育开发具有边境特色的重点旅游景区和线路。重点完善和建设德天瀑布跨国旅游区、北仑河口跨国湿地生态旅游区、崇左—德天山水田园画廊、浦寨跨国商贸互市旅游区、凭祥平而河跨国漂流景区、友谊关历史文化旅游区、大连城景区、小连城景区、东兴边贸城、弄岗国家级自然保护区、左江—花山文化生态旅游区、中越边境公路旅游带等项目。全力打造三条精品旅游路线:一是东兴—芒街—下龙湾—芒街—东兴旅游线路;二是凭祥—谅山—河内—谅山—凭祥旅游线路;三是中越边境探秘游:宁明—凭祥—龙州—大新旅游线路。

2.完善旅游相关配套设施

加强旅游景区景点基础设施建设和公共服务设施建设,通过线路串联和拓展,丰富和提升景区游赏价值。依托边境公路,进一步完善边境地区的道路交通建设,形成便捷的通道,同时推进旅游交通标识系统建设。加强旅游线上的各景区的建设,完善景区基础设施和公共服务设施,推进友谊关、德天瀑布跨国公园、北仑河口跨国公园建设。简化中国与越南的通关手续,打造特色鲜明的跨国红色旅游线路。

3.加快编制景区规划

旅游部门要加强与国土部门的沟通和联系,合理安排旅游景区用地,确保景区用地符合土地利用总体规划要求,在与新一轮土地利用总体规划修编成果进行衔接的基础上,科学编制旅游景区规划,特别是做好景区的用地规划,有效整合景区土地资源,开发建设旅游精品。

4. 探索多样化的土地使用权转让方式

集体土地所有权的旅游用地可采取不改变土地所有权权属性质的前提下，采用一定年期的租赁、以股份入股或置换等方式转让；针对国有土地所有权的旅游用地，如果单纯以营利为目的，宜采用招标、拍卖、挂牌方式出让；如果是非营利性公益目的，可采用协议、划拨等多种方式转让。

五、生态环境建设

1. 严格保护边防林地

边境沿线国防林地进行严格保护，禁止毁林开荒、滥砍滥伐、非法采矿等不合理利用活动。加强国防林地恢复和建设，通过封山育林、退耕还林等措施，巩固和扩大林地规模，促进生态自然修复，维护边境国土安全。

2. 加强生态保护和土地综合整治

对区内现有的各类自然保护区、水源保护区等重要生态功能区进行严格保护，强化对保护区的管理，落实生态保护区的管制措施。加快边境岩溶石山地区石漠化治理，对岩溶石山地区科学地进行资源开发和工程建设活动，避免过度开发，保护现有林木，广泛种植树木，涵养水土，防止水土流失。对局部石漠化严重地区，积极运用生物措施和工程措施，加快岩溶石山地区石漠化治理。通过植树造林、封山育林，恢复和增加森林植被。

3. 加强对自然灾害防治

采取有效措施继续抓好自然灾害防治工作。不断完善地质灾害气象预警预报工作，着力抓好汛期地质灾害预防。强化对地质灾害治理项目的管理，确保治理工程按期按质完成，消除地质灾害隐患，保护广大人民群众的生命财产安全。

六、边境地区建设的政策支持

1. 财政支持

边境地区各族人民为保卫边疆作出了重大贡献，同时也经受了巨大的战争创伤，经济基础比较薄弱。边境县（市、区）财政收入总量少，人员工资发放、社会保障、机关运转和维护边境地区稳定等一系列问题的解决需要大量财力来支持。建议国家加大边境地区财政转移支付力度，确保边境地区干部职工工资按时发放，并达到不低于中等收入县的水平，不足部分由国家转移支付拨给，促进边境地区与内地均衡发展。

充分利用国家对边境地区的特殊支持政策，配合国家部委重点工程、重要领域的专项规划制定好具体实施计划,争取中央财政加大对边境地区农村公路、农村危房改造、水利设施、清洁能源推广使用、村镇建设、社区综合服务设施、社会事业等基础设施建设支持力度。

2. 土地支持

对边境地区土地资源进行整理,明确功能区土地主体概念,合理确定土地资源使用范围,充分发挥土地资源优势,整合土地资源综合效益最大化;对边境地区的林业及经济作物种植业的耕地、林地进行保护,坚持土地用途管制制度,强化耕地占补平衡管理,严格执行城市用地规模审核制度,建立有效的土地收益分配机制。

对重点项目的土地使用,给予边境县(市)享有更加灵活地土地规划调整权利,并采取"特事特议",项目环评形式进行土地使用的决策,并保障企业合理使用土地资源的权利。

边境地区土地实施精细化管理。根据距边境线的远近,划分0—1公里、2—3公里和3—20公里等区间,各区间稳定住户和新移民家庭在住宅用地、生产用地和修建住宅资金上,享受的优惠政策有所差异,总体上是距离边境线越近的住户,所享受的优惠政策越多,政府投入的资金越多。

3. 产业扶持

扶持边境地区特色农业发展,对优良经济作物种植给予专项补贴,允许地方与个人资本进入国家产品市场,并向其提供优惠财税政策。

完善边境地区中小企业扶持体系。加大中小企业技术改造和产业结构调整等专项资金对边境地区中小企业发展的支持力度,支持中小企业科技成果转化。有关中小企业专项资金对融资性担保机构开展的符合条件的边境地区中小企业融资担保业务给予支持。

充分考虑边境地区经济发展用地需求,重点予以倾斜。支持边境地区少数民族特需商品生产企业技术改造和大型商品市场升级改造,扶持民族特色手工艺品开发和生产。

4. 社会保障

自治区已明确将离边境线0—3公里范围内的农村人口全部纳入低保范围,并确保距边境线3—20公里范围内的农村困难家庭全部应保尽保,考虑到低保政策的特殊性,建议在边境沿线0—5公里范围实施"一线边民生活补贴",每人每年补足12个月。同时将边境沿线家庭困难的城镇居民也纳入补助范围。

　　建议中央或自治区适当提高边境干部职工的福利待遇,提高边境地区村干部补助标准,落实对县乡基层医生、教师的工资待遇倾斜政策。对在与越南接壤的边境建制乡镇工作的国家公务员、事业单位干部、职工、医务工作者设立边境津贴,使其安心在边境乡镇工作。

责任编辑：柴晨清

图书在版编目（CIP）数据

区域国土空间规划编制实证研究：以广西北部湾经济区为例／强真 等 著.—北京：
　人民出版社，2017.10
ISBN 978－7－01－018305－3

Ⅰ.①区…　Ⅱ.①强…　Ⅲ.①国土资源-土地规划-研究-中国
　Ⅳ.①F129.9

中国版本图书馆 CIP 数据核字（2017）第 238178 号

区域国土空间规划编制实证研究

QUYU GUOTU KONGJIAN GUIHUA BIANZHI SHIZHENG YANJIU

——以广西北部湾经济区为例

强真 等 著

人民出版社 出版发行

（100706　北京市东城区隆福寺街99号）

北京汇林印务有限公司印刷　新华书店经销

2017 年 10 月第 1 版　2017 年 10 月北京第 1 次印刷
开本：710 毫米×1000 毫米 1/16　印张：44.5
字数：710 千字

ISBN 978－7－01－018305－3　定价：85.50 元

邮购地址 100706　北京市东城区隆福寺街 99 号
人民东方图书销售中心　电话 （010）65250042　65289539